劉伯驥著

宋代政教史

（中下篇）

中華書局印行

宋代政教史 中下篇 目次

中篇　宋代教育內容

下篇 宋代文化教育之影響

中篇　宋代教育內容

第一章　學校組織與編制

第一節　中央官學

中央官學，以國子監爲掌管之最高機構。初制：置判監事二人，——一在東京，一在西京。淳化五年，其下置直講；皇祐中，以八人爲額，由京官中選人充當，每員各專一經，教授諸生。又置丞一人，以京朝官或選人充當，掌錢穀出納之事；主簿一人，以京官或選人充當，掌文簿，以勾考其出納。

元豐官制行，始置祭酒、司業、丞、主簿各一人。直講原爲八人，熙寧間改爲太學博士，至是增至十人——每經二人；學正、學錄各五人。祭酒掌國子學、太學、武學、律學、小學之政令，司業爲之副，丞則參預監事。元祐二年，增司業一員。崇寧初，立辟雍，置大司成一人，爲師儒之首，總管辟雍太學之政令，位諸曹侍郎上，又置司業一員。四年，詔辟雍待四方貢士，在國之郊，太學教養上舍生，在王城之內。改辟雍司成爲太學司成，總理國子監及內外學事；凡學之事，皆許專達。宣和罷之。南渡初，建炎三年，國子監併歸禮部。紹興三年，復置國子監，養生徒，置博士。十二年，置祭酒司業各一人。監內又置書庫官，以京朝官充當，掌印經史羣書。官學之編制，有如下列數種：

甲、國子學　國子學卽附屬國子監之學，故學生曰監生。國子監一面主管諸學，一面掌教經術，專教京朝官七品以上之子弟，分習五經。宋初，增修學舍，但監舍簡陋，僅堪釋奠齋厨，而生員無所容。初時，監生員數無定，開寶初，僅七十人，其後以二百人爲定額。此等生員，皆以享受太厚，入學不過徒具虛名，其目的在維持學籍，——因其繫籍，方能享保送秋試之權利，否則聽於本貫申請。繫籍者或掛名久不至，而住京進士諸科常赴講席肄業，故開寶八年，實施插班補缺之法。景德時，又許附學取解之制。慶曆間，錄取監生，要試策論。元豐學制，謂國子監以國子名而實未嘗教養國子，乃詔許清要官之親戚入監爲國子生，聽讀額二百人。慶元二年，以國子生員多僞濫，制自今職事官期親，鑫務官子孫，乃得補試。咸淳十年，生員只得八十人。凡監生皆給綾牒，以爲憑證。經術教授，初置直講八人。熙寧改爲太學博士，元豐官制因之。大觀元年，置國子博士四員，國子學正、學錄各二員，與太學官分掌教導。紹興二年，詔卽杭州駐蹕所置國子監，立博士二員，以隨駕之士三十六人爲監生，皆冑子也。十三年，修立監學新法，詔國子博士正錄通治諸齋。其後博士正錄增減不常，兼攝並置不一。隆興後，定國子博士一員，正錄共四員，學官之制始定。

乙、太學　宋代太學，最爲發達，其制亦較爲完備。初定人學資格，只限於八品以下之子弟及庶民之俊秀者。慶曆四年四月壬子（二十一日），判監王拱辰、田況、王洙、余靖等言：「首善當自京師，漢太學二百四十房，千八百餘室，生徒三萬人。唐學舍一千二百間。今取才養士之法盛矣，而國子監才二百楹，制度偪小，不足以容學者，請以錫慶院（蕃使招待所）為太學，」（註一）從之，太學遂由國子監脫胎而出。然當時假錫慶院西北隅廊廡數十間為校舍，逼窄湫陋，內舍生二百人，即無容足之地，又以火禁，學生不許寄宿，至感不便。五年二月，改以馬軍都虞候公廨為校舍。時方尚詞賦，胡瑗之湖學，劃分經義治事兩齋，以敦實學，至是詔下湖州，取其法，著為法令。皇祐三年，詔太學生舊制二百人，如不足，只百人為限。其後生徒日盛，常至三四百人。嘉祐元年，言事之臣言建學取士之法者，欲立三舍以養生徒，歐陽修於議學狀謂聽其言則甚備，考於事則難行，事遂寢。及孫復胡瑗領教事，乞弛太學火禁，自爾諸生，方敢留宿，四方學者，亦稍稍臻集。

神宗垂意儒學，熙寧元年，於內舍生外，增置一百員，名外舍生，尋詔以九百員為額。四年，侍御史鄧綰請以錫慶院為太學，仍修武成王廟為右學，「上以擬三王四代膠庠序學東西左右之制，下則無後於漢唐生員學舍之盛。」乃詔盡以錫慶院及朝集院西廡建講書堂四，諸生齋舍，官吏廬居，太學棟宇，始略具足用。自主判官外，直講增至十員，率二員共講一經，委中書遴選，或主判官奏舉學行卓異者充之。立太學生內外上舍法，生員分為三學，程其藝能，以次差升舍。初入學為外舍，定額七百人；外舍升內舍，員三百人；內舍升上舍，員一百人。隸籍有數，給食有等，庫書有官，治疾有醫，學校之規模粗具。各生員以其自專之一經，從所講官受學，每月考試其業，優等以次升舍。其正錄學諭，以上舍生為之。上舍生學行卓異者，免發解及禮部試，主判直講薦之於中書，召試而特賜第除官。元豐二年，命李定、畢仲衍、蔡京、范鏜、張璪詳定於太學，頒學令，制三舍法條：「入學試而後入，月一私試，歲一公試，補內舍生。間歲又一試，補上舍生。月書行藝（以帥教不戾規矩爲行，治經程文合格爲藝）。外舍生入第一二等，參以行藝，升內舍生；內舍生入優平二等，參以行藝，升上舍生。三等俱優爲上；一優一平爲中；俱中，若一優一否爲下（上等以官，中等免禮部試，下等免解）。以升補人行藝進退，計人數多寡，爲學官之殿最賞罰。」（註二）太學補試，要考經義。學生肄業，要憑其品學成績，經過公試，始得升舍，而學生成績之優劣，又爲考核學官之根據，迫使其不得不認眞教導，法頗詳備。學齋八十間，每齋五楹，容三十人，共有生員二千四百人，——上舍生一百，內舍生三百人，外舍生二千人。博士月巡所隸之齋，隨經分齋，易博士兼巡禮齋，詩博士兼巡書齋，所至備禮請問，相與揖諾，亦或不發一言而退，以防私請而杜賄賂。哲宗即位之初，太后高氏聽政，劉摯王巖叟等既反新法，對三舍法極力抨擊，以爲此在科擧之外，別開進取之歧路，以支離其心，而激其爭端。現行條例，煩密太甚。乞罷博士諸生不許相見之禁，教誨請益，聽其在學往還。高太后遂詔罷三舍法。迨哲宗親政，始又復之。元符元年，詔全國州縣學仿太學行三舍法。崇寧元年，蔡京變其法，以爲周代成均在邦中，而黨庠遂序則在國外，遂仿周制，建外學於京城南薰門外，外圓內方，是爲辟雍，建屋一千八百七十二楹。定生員額共三千八百人，上舍生二百人，內舍生六百人，教養於太學；外舍生三千人，則處於外學。士初貢至，皆入外學，待其歲考行藝中率，始得進太學。廢太學自訟齋，太學生之不率教者，移之外學。以祭酒總管兩學，辟雍別置司業、丞各一人，博士十人，正錄各五人，學諭十人，直學二人，齋長齋諭各一人。分爲百齋，每齋三十人，講堂凡四所。二年，推行三舍法，歸省之令，由九年改爲三年。三年詔曰：「神考議以三舍取士，而罷州郡科舉，其法行於畿甸，而未及郡國。肆朕纂圖，制詔有司講議其方，書來上，悉推行之。設辟雍於國郊，以待士之升貢者。又與臨幸，加恩博士弟子有差。朕勸勵學者至矣，然州郡猶以科舉取士，不專於學校。其詔天下將來科場取士，悉由學校升貢。其州郡發解，及試禮部法並罷，庶幾復古。自此歲試上舍，悉差知舉如禮部試。」然當時尚未遽廢科舉，蓋科舉與學校，不相關聯，每秋試自縣令佐察行義保任之，上於州；州長貳復審察得實卽入試院，其士子未嘗繫名學校。迨三舍法行，是爲學校之科舉，其不由學校而應科舉者如故也。四年詔：「將來大比，更參用科舉取士一次，辟雍太學，其亟此以意諭達遠士，使卽聞之。」大觀元年，立八行取士科，(註三)免試補太學上舍，設爲形迹，求與名格相應，牽合瑣細，不足取也。宣和三年，王黼反蔡京之政，奏廢舊制，太學以三舍考選，開封府及諸路，則以科舉取士，辟雍官屬並罷。

紹興元年，兵燹之餘，先建臨安府學於凌家橋東，以慧安寺故址重建，置六齋，曰升俊、經德、敦厚、彌新、賁文、富文。十二年，起居舍人楊愿請以臨安府學拓增爲太學，從之，定員額爲三百人。十三年，詔以錢塘縣西岳飛第，建國子監太學，規模宏濶，金碧壯麗。學之西偏建大成殿，殿門外立二十四戟。大成殿以奉至聖文宣王，十哲配享，兩廡彩畫七十二賢，前朝賢士公卿皆從祀。置學官，自祭酒、司業、丞、簿、正、錄等共十四五員。學有崇化堂、首善閣、石經閣。東西爲學官位。始建十齋，曰服膺、禔身、習是、守約、存心、允蹈、養正、持志、率履、誠意。其後又續建循理、時中觀化、貫道、務本、果行、篤信，米友仁書。二十七年，復增置三齋，曰節性、經德、立禮，張孝祥書，共爲二十齋，各齋有樓。後又建有光堯閣，奉高孝二帝宸書御製札。諸生衫幗出入，規矩森嚴，官給學廩，動以萬計，日供飲膳，甚爲優待。（註四）嘉定十年，齋舍以四齋爲額，名立愛、貴仁、大雅、信厚，堂名明倫。職事置學正學錄各一員，仍兼直學、學諭，各月給三千；每廊齋長齋諭各一人，月給各一千。（註五）生員人數，紹興十五年，增至八百人；十六年，將達一千人。開禧間，一千六百三十六人。嘉定七年，一千六百三十六人。咸淳十年，人數亦同。共計上舍額三十人，內舍額二百零六人，外舍額一千四百人。禮部於春試進士畢，取去歲秋舉之見遺而不忍棄者，試以經義詩賦，中則升之太學曰外舍生。以經義詩賦論策月各一試，而學官自考之曰私試；歲終較其優升內舍曰外優。優成，又取內舍生月考之，歲終，較其優曰內優。優成，禮部再歲取內舍生通試之，爲優平二等，曰上舍試。內優成而再入優爲上等上舍，其次一優一平爲中等上舍，二平爲下等上舍。上等上舍就化原堂釋褐，號釋褐狀元，恩數與進士第一人等，例補承事郎，太學正錄。紹興六年後，詔與殿試第二人恩例。若入中下等，例得免省，直赴殿試。

太學博士，熙寧間改直講爲之，掌分經教授，考校程文，以德行道藝訓導學者。另置學正學錄，掌行學規，負訓育之責。皇祐末，胡瑗掌太學，其正錄第補諸生。熙寧間，興三舍之法，始選官爲正錄，各五人，如學官之制。元豐二年，學正五人，而學錄增至十人，參以員生爲之。元祐三年，罷命官正錄，以上舍內舍生充，後復置命官學正二員。紹聖悉如元豐舊制，太學博士、學正錄，命國子監長貳薦舉，召試而後除。大觀元年，置太學辟雍博士共二十員，太學每經一員，辟雍二員。紹興十二年，置太學博士三員，正錄復各置一員。

太學教育，尤其三舍法，評論者至多，議者病其立捷徑之途，長奔競之風，或指爲聲利之場，或譏爲姑息之地。朱熹主張：「擇士之有道德可爲人師者，以爲學官，而久其任，使之講明道藝以教訓其學者。而又痛減解額之濫，以還諸州。罷去舍選之法，而使爲之師者，考察諸州所解德行之士，與諸生之賢者，而特命以官，則太學之教，不爲虛設，而彼懷利干進之徒，自無所爲而至矣。」（註六）葉適之改革意見，殆與朱熹相同，謂：「今宜稍重太學，變其故習，無以利誘。擇當世大儒，久於其職，而相與爲師友講習之道，使源流有所自出，其卓然成德者，朝廷官使，自無難矣。」（註七）兩賢之觀點，皆以教重於選而立論焉。趙汝愚謂：「惟重教官之選，仍假守貳之權，倣舍法以貢才，因大比而取士，考終場之數，定所貢之員，期以次年，試於太學，庶幾士修實行，不事虛文，漸復淳風，仰裨大化，有三舍之利，而無三舍之害。」（註八）此則主名實並重而提補救之法也。

丙、小學　小學之設，始於元豐年間。此學初立時，生徒人數尚少，只設就傳、初筮兩齋。至政和四年，生徒增至近千人，尚有繼至者，於是分爲十齋處之。頒小學條例，立三舍法，用貢士教諭十員，生徒約百名，便增教諭一員。增教諭月俸錢兩貫，不許受束脩。生徒入學年齡，以八歲至十二歲爲合格。八歲能誦一大經，日書字二百，補小學內舍下等。誦二經一大一小，書字三百，補內舍上等。十歲加一大經，字一百，補上舍下等。十二歲以上，又加一大經，字二百，補上舍上等。卽年未及而能書誦及等者，隨所及等補。又生徒能文而書誦不及等，博士引試，考其文理稍通者與補內舍上等，優者補上舍下等。（註九）五年，曹芬則、駱庭芝以文優，賜同上舍出身；金時澤、李徽賜童子出身，並赴將來廷試。置職事教諭二人，掌訓導及考校賞罰；學長二人，掌序齒位糾不如儀者；集正二人，掌籍諸生姓名，糾課程不逮者。紹興二十九年，生徒只得四十人。

除國子學、太學、小學外，有兩種高等講習性質之學校，但規制無定，興廢靡常，屬一種短期性質之教育機構。

甲、廣文館　此館於宋初設立，四方學子洎京應科舉試或已試落第之舉人，皆可入館聽講，不限資格，不定期限，亦無嚴格考試。凡試國子監者，先補中廣文館生，乃得執牒求試，十人取一。元祐間，館生增至二千四百人。紹聖元年罷之，其額悉還之開封府國子監，以後廢置無常。

乙、四門學　國子監除七品以上子孫許召保官試補外，八品以下至庶人子弟，例不收補，以此每遇科場，多有冒稱品官子孫，難以詳別，或興詞訴。慶曆三年，乃仿唐制置此學，以納未能入太學之學子，自八品以下至庶人之子弟，皆有入學之資格。每歲一補試，差學官鎖宿封彌，精加考校，取文理稍通者，具名聞奏，給牒收補；不及格留學，三次不中，不在試補之限，則開除學籍。設立不久即罷。

宗室子孫受教之地，為貴胄學校，有宗學、諸王宮學及內小學。此類學校，亦廢置無常，分別敘述如下：

甲、宗學　唐高宗詔宗室子孫，就秘書外省別爲小學，此卽爲宗學。宋初，宗學卽已設立，但隨置隨廢。至道元年，太宗將爲皇姪等置師傅，執政謂環衞之官，非親王比，當有降，乃以教授爲名。咸平初，遂命諸王府官分兼南宮北宅教授。南宮者，太祖太宗諸王之子孫處之，所謂睦親宅也。北宋宗子，分爲六宅；宅各有學，學各有訓導之官。故凡諸王屬尊者，皆於其王宮內，開設小學，聘請教師教導其子弟，自八歲至十四歲，皆可入學。讀書課程，以每日誦習二十字完畢。此不過是一種私塾性質。大中祥符三年七月，詔南宮北宅大將軍以下，各赴書院講經史，諸子十歲以上並須入學，每日授經書，至午後方罷；仍委侍教教授，伴讀官誘勸，毋令廢惰。(註一〇)治平元年六月，增置宗學，「凡皇族年三十以上者百三十人，置講書四員；年十五以上者三百九人，增置教授五員；年十四以下者，別置小學教授十二員，並舊六員，爲二十七員以分教之。」(註一一)並定課試規罰之法，但其制未備。至熙寧十年，始制定宗子試法，凡宗室貴胄子弟如欲取得進士者，除祖宗祖免親已仕者逕赴鎖廳應試外，其他均往國子監應試，但卷式及閱定標準，與一般生徒不同。取中以後，應廷試之規定，亦與其他進士有別。元豐六年，宗室令鑠乞建宗學，詔從之，既而中輟。建中靖國元年復置。崇寧元年十一月，宰臣蔡京劄子，奏乞所在諸宮置學添教授，逐宮各置大小二學，量立考選法，月書季考，取其文藝可稱，不戾規矩者注於籍。在外住而願入宮學者聽。依熙寧詔書，元符試法，量試推恩，其學制從本司參定，願入太學集學者亦聽應。宗子年十歲以上入小學，二十以上入大學，年不及而願入者聽從便。若無故應入學而不入，或應聽讀而不聽讀者，罰俸一月。再犯勒住朝參，三犯移自下齋。卽兩人不入學，本宮本位尊長罰俸半月；三人以上併犯者，罰一月。十人以上罰兩月。重者申宗正司奏取敕裁。(註一二)自崇寧大觀以來，諸宮各置博士十三員，以三舍法考校德行藝文，升補與貢士一體。靖康之變，宗學遂廢。

南渡後，唯有睦親一宅，紹興五年，有教官二員，講堂三間而無齋舍。十四年，始正式建宗學於臨安，隸屬於宗正寺，規定生徒名額一百人，大學生五十名，小學生四十名，職事各五員，置博士學諭等員，掌管教職務。並依州學例，日給飲食，學制有學規齋規並小學規，十六年以後，其文藝卓異，免文解一次。嘉定七年八月，詔臨安府建宗學，其學置六齋，生員以一百人爲額，遇補試年份，申請補入，如太學法，隸宗正寺。置宗學博士宗學諭各一員，前廊職事四員，每齋長諭各一員。(註一三) 宗學博士，班序在太常博士之下，諭在國子正之上，俸給賞典，依國子博士及國子正體例施行。於是宗室疏遠者，皆得就學。

乙、諸王宮學 此學與宗學性質相似，北宋及南宋初年皆有設置。崇寧三年五月，置睦親宅北宅廣親宅大學小學教授各一員。廣親北宅睦親西宅周王宮大學兼領小學教授各二員。五年，改稱爲某王宮宗子博士。至嘉定七年，與宗學合併，宮學教授，改爲博士宗諭。旋有旨復存諸王宮大小學教授一員。(註一四)

丙、內小學 此學於嘉熙三年九月設立，專教十歲以下宗室子弟之儁秀者，置有教授二員及直講贊讀等員。

從學科性質類別之，律、算、書、畫、醫、武六學，可稱爲專門或專業學校，除畫學外，皆仿自唐制。醫學普及於各州縣，其餘只限於中央官學。

甲、律學　律學於宋初已有之。熙寧六年，始正式設立學校，以朝集院爲之，賜錢一萬五千緡出息，以助給養生員，隸屬於國子監，由監直接管理。立學之旨，以士之涖官，以法從事，今所習非所學，宜置律學以教之。置教授四人，專任教席。迨後乃以教授一人，兼管學務，執行學規。元豐新制，置律學博士二人，掌傳授法律及校試之事。入學資格，分爲兩種：一爲命官，一爲舉人，後者須有命官二人保送。學中分兩齋：一處舉人，一處命官，命官得聽其外宿。每齋立齋長齋諭各一員。進學手續，初入學聽講，作爲備取生。經過相當時期，始舉行入學試驗。試卷及格，方爲正取生，以公費待遇。正取以後，各以所習每月公試一次：習律令生員，試大義三道；習斷案生員，試案一道，每道敍列刑名五事至七事。中格乃得給食。私試三次：義二道，案一道，每道敍列刑名三事至五事。如需用古今刑書，許於所屬索取。凡朝廷有新頒條令，即由刑部發下，令學生學習。學生犯規，除罰金外，一切懲罰規則，與太學同。律學雖有規制，施行不嚴格，多因應故事，徒具虛文。政和二年四月，臣僚言：「訪聞律學官員，羣居終日，惟務博奕，不供課試，相習衩袒，嬉遊市肆。晝則不告而多出，夜則留門而俟歸，假曆門簿，徒爲虛設。願戒飭所隸官司，舉行學規，詔今後律學博士學正可依大理寺官格除授外，仍不許用恩例陳乞及無出身之人。學門啓閉視太學法。學生所犯規罰，再犯者罰訖取印曆或補授文字批書出官，到部理遺闕。」（註一五）

乙、算學　元豐七年詔：四選命官，通算學者，許於吏部就試，其合格者，上等除博士，中次等爲學諭。元祐元年，議者謂本監雖準朝旨造算學，原未興工，其試選學官，亦未有應格，竊慮徒有煩費，乞罷修建。崇寧三年，遂將元豐算學條制修成敕令，始建學，生員以二百一十人爲額。五年，罷算學，令附於國子監。十一月，從薛昂之請，復置算學。大觀三年，太常寺考究，以黃帝爲先師，自常先力牧至周王朴以上從祀者凡七十四人。(註一六)四年，以算學併入太史局。政和三年，復置算學，命官及庶人皆可應試入學。課程習九章、周髀義及假設疑數爲算問，兼通海島、孫子、五曹、張邱建、夏侯陽算法。並曆算三式天文書爲本科。此外，兼習一小經，願習大經者聽其自便。私試公試，與太學略同。私試：孟月（季月同）九章義二道，周髀義一道，算問二道。仲月，周髀義二道、九章義一道、算問一道。升補上內舍，第一場九章義三道、第二場周髀義三道、第三場算問五道。(註一七)算學命官公試，一入上等轉一官，三入中等循一資，五入下等占射差遣。算學升補，上舍上等通仕郎，上舍中等登仕郎，上舍下等將仕郎。宣和二年詔，並罷官吏。

丙、書學　此學創於崇寧三年，置博士一員，生員三十人，五年罷。大觀元年復置。四年詔省，學官及人吏皆罷，由翰林書藝局管轄。學生名額及入學資格，並無規定。課程分練習及研究兩門：練習以篆隸草三體字爲主；研究以說文、字說、爾雅、大雅、方言爲主。此外，須兼通論語、孟子義，如願意選習大經者，聽其自便。習篆體者，以古文大小二篆爲法。習隸體者，以二王、歐、虞、顏、柳眞行爲法。習草體者以章草、張芝九體爲法。考查所書之成績分三等：以方圓肥瘦適中，鋒藏筆勁，氣清韻古，老而不俗者爲上。方而有圓筆，或圓而有方，或瘠而不怯，或肥而不濁，各得一體者爲中。方而不能圓，肥而不能瘠，摹仿古人，得其筆畫而不得其意，但尙均齊可觀者爲下。其入學手續及三舍升降法，略同算學，惟畢業後所授官職，則低一等。宣和六年，詔書藝置提舉措置書藝所。篆正文法鐘鼎，小篆法李斯，隸法鍾繇、蔡邕，眞法歐、虞、褚、薛，草法王羲之顏、柳、徐、李。逐月會試，有兼經義舉人及貴游子弟，又分士流雜流爲二，以杜從古、徐兢、米友仁爲措置管勾官。

丁、畫學　太祖統一天下，南唐後蜀之畫家，先後入朝，乃仿後蜀南唐之翰林畫院，益加擴大，其官秩名稱亦較多。除翰林待詔、圖畫院待詔、圖畫院祇候外，尙有祇應修內司、祇應甲庫等名稱。然翰林畫院，除院內規模稍爲擴大者外，大抵沿襲五代舊制，無甚變動。元豐中，朝廷修景靈宮，調全國畫工詣京師。事畢，有詔選試其優者，留翰林院授官祿。有臺亨者名第一，以父老，固辭，歸於田里。(註一八)至徽宗朝，建五嶽觀，大集全國名手，應詔者數百人，咸使圖之，多不稱旨。自此以後，益興畫學，教育衆工。崇寧三年，因獎勵書畫，設投試簡拔之法，命建官養徒，以米芾爲書畫兩學博士，置博士一員，生員三十人，始以繪畫併入科舉學校制度之內，開教育上之新例。五年九月，大司成薛昂言：書畫學止係置籍，注入年甲鄉貫三代，入學條，三年經大比，定奪等第，方分三舍。昨來兩學，今止各以三十人爲額。近本監條畫，以五十人爲上舍，十人爲內舍，其外舍止各十五人。而舊法原無補試，乞願入學者逐季附太學補試，院以所習書畫文義，量行校試，取合格補充外舍生，仍依武學法破食。所有量行校試，乞令國子監詳酌立法。至大觀元年復置，始上畫學令：諸補試外舍，於本貫出給保明公據照驗，或召命官一員委保，詣實投納家狀試卷稱說，士流雜流聽收試（限試前五日生投）。諸補試外舍，士流各試本經義二道（或論語孟子義），雜流各誦小經三道，各及三十字以上，或讀律三板，附太學孟月私試院引試。次日本學量試畫，間略設色。諸補試外舍，士流試到經義卷，仍附太學私試封彌謄錄，送本學考校，限五日畢。其試到士流畫卷封印，長貳同定高下。諸補試外舍，取文理通者爲合格，俱通者以所習畫定高下，每二人取一人，餘分亦取一人。本學官不鎖額赴監試廳，參定注籍出榜。諸補試中外舍候入學訖，本學將其姓名關太學公厨給食，依武學法。諸補試放榜議題，引試及畫，官吏祇應人食錢等，並依武學條例。給諸試畫日應用作物等，監庫排辦。二月十七日，詔書畫學諭、學正、學錄、學直各置一員。（註一九）

大觀四年，畫學由翰林圖畫局管轄。畫院之佈置，頗似學校，設立科目，分列等級。畫人錄取入院後，亦全如學生，但名額未有規定。除正式授繪畫課程外，兼習輔助學科。政和元年，翰林圖畫院置待詔三人，藝學六人，學生四十人，工匠六人。學生中第一等十人，第二等十人，第三等二十人，遇闕以次遞補。「畫學之業，曰佛道，曰人物，曰山水，曰鳥獸，曰花竹，曰屋木。以說文、爾雅、方言、釋名教授。說文則令書篆字，著音訓。餘書皆設問答，以所解義，觀其能通畫意與否。仍分士流雜流，別其齋以居之。士流兼習一大經，或一小經。雜流，則誦小經或讀律。」（註二〇）鄧椿曰：「亂離以後，有畫院舊史，流落於蜀者三人，嘗爲臣言：某在院時，每旬日，蒙恩出御府圖軸兩匣，命中貴押送院，以示學人。仍責軍令狀，以防遺墜漬汚，故一時作者，咸竭盡精力，以副上意。」

(註二一)教學之法，如進士科下題取士，復立博士，考其藝能。當時有宋子房，筆墨妙出一時，以當博士之選。院中平時舉行進級等考試，用古人詩句命題，由試者描寫以狀其意。茲列舉其例如下：

(一)野水無人渡，孤舟盡日橫。　「所試之題，如野水無人渡，孤舟盡日橫（寇準句），自第二人以下，多繫空舟岸側，或拳鷺於舷間，或棲鴉於篷背。獨魁則不然，畫一舟人，臥於舟尾，橫一孤笛。其意以謂非無舟人，止無行人耳，且以見舟子之甚閑也。」

(二)亂山藏古寺　「又如亂山藏古寺，魁則畫荒山滿幅，上出幡竿，以見藏意。餘人乃露塔尖，或鴟吻，往往有見殿堂者，則無復藏意矣。」(註二二)

(三)蝴蝶夢中家萬里，子規枝上月三更。　「成都郫縣人王道亨，七歲知丹青，用筆命意，已有過人處。政和中，肇置畫學，用太學法補試四方畫工。道亨首入試，試唐人詩兩句爲題曰：蝴蝶夢中家萬里，子規枝上月三更。餘人大率淺下，獨道亨作蘇屬國牧羊北海上，被氈杖節而臥，雙蝶飛舞其上，沙漠風雪嚴棲愁苦之容，種種相稱。別畫林木扶疏，上有子規，月正當午，木影在地，亭樹樓觀，皆隱隱可辨，曲盡一聯之景，遂中魁選。明日進呈，徽宗奇之，擢爲畫學錄。」

(四)六月杖藜來石路，午陰多處聽潺湲。　「又學中嘗以六月杖藜來石路，午陰多處聽潺湲爲題，餘人皆畫高木臨清谿，一客對水坐。有一工獨爲長林絕壑，亂石磴道，人立於樹陰深處，傾耳以聽，而水在山下，目未嘗覩也，雅得聽潺湲之意，亦占優列。」(註二三)

(五)竹鎖橋邊賣酒家　「嘗試竹鎖橋邊賣酒家，人皆可以形容，無不向酒家上着工夫。惟一善畫者，但於橋頭竹外，掛一酒帘，書酒字而已，便見得酒家在竹內也。」

㈥踏花歸去馬蹄香　「又試踏花歸去馬蹄香，不可得而形容，無以見得親切。有一名畫者，克盡其妙，但掃數蝴蝶飛逐馬後而已。便表得馬蹄香出也，果皆中魁選。」(註二四)

㈦嫩綠枝頭紅一點，動人春色不須多。　「聞舊時嘗以此試畫工，衆工競於花卉上裝點春色，皆不中選。惟一人於危亭縹緲綠楊隱映之處，畫一美婦人，憑欄而立，衆工遂服。可謂善體詩人之意矣。」(註二五)按此詩句與王荊公石榴花詩「濃綠萬枝紅一點，動人春色不須多」相近。其後有試「萬綠叢中一點紅」者，皆繪楊柳美人，或萬松一壑，獨劉松年畫一輪紅日於萬波海水之中，因是中選，亦善運用詩意也。

當時四方應試畫士，羣聚於京師，然不稱旨而去者甚多。陳繼儒謂：「宋畫院各有試目，思陵嘗自出新意，以品畫師。」(註二六)上舉之詩句，當爲徽宗自出新意以試士者也。「夫以畫學之取人，取其意思超拔者爲上，亦猶科舉之取士，取其文才角出者爲優。二者之試，雖下筆有所不同，而得失之際，只較智與不智而已。」(註二七)通常試畫士大抵「筆意簡全，不模仿古人而盡物之情態，形色俱若自然，意高韻古爲上。模仿前人，而能出古意，形色象其物宜，而設色細運思巧爲中。傳模圖繪，不失其眞爲下。」(註二八)畫院衆工，凡作一畫，必先呈稿本，世稱粉本，然後上眞。所畫山水人物，花木鳥獸，皆是無名者。(註二九)然此等粉本，前輩多寶蓄之，蓋其草草不經意處，有自然之妙，宣和紹興所藏粉本，多有神妙者。(註三〇)徽宗專尚法度，重形似、每臨幸畫院，以爲指導，稍不如意，即加漫塈，別令命思。應試稱旨入選者，往往以能精意人物畫者爲多。然畫工爲技藝人員，太祖雖優遇之，尚有不得擬外官之規定。至眞宗時，其身份始稍提高。徽宗時，畫工升遷，旣有一定之程序，且間有差遣，(註三一)待遇亦較他種技藝人員爲優異。惟雜流授官，止自班借職以下三等。鄧椿謂：「本朝舊制，凡以藝進者，雖服緋紫，不得佩魚。政宣間，獨許書畫院出職人佩魚，此異數也。又諸待詔每立班，則畫院爲首，書院次之，如琴院棋玉百工皆在下。又畫院聽諸生習學，凡係籍者，每有過犯，止許罰値。其罪重者，亦聽奏裁。又他局工匠，日支錢，謂之食錢。惟兩局則謂之俸値，勘旁支給，不以衆工待也。」(註三二)宮廷向以工匠待遇畫人，至此始以士大夫待之矣。

戊、醫學 醫學設立較早，與律學同於太祖統一天下後卽置之。雍熙四年，詔諸道送醫術人，校業太醫署，又校醫術人，優者爲翰林學生。仁宗朝，京師人口百萬，而醫者僅千數，率多庸劣，誤傷人命者多。慶曆四年，范仲淹奏乞在京並諸道設醫學，敎授生徒，以精其術。(註三三)乃創考試之制，差到尚藥奉御孫用和趙從古充醫師，就武成王廟講說醫經，十餘年間，嘗有一二百人聽習，京城醫人，由是頗有通方書者。八年，判太常寺張方平，曾評定該寺太醫署比試條式，凡諸科醫人補充太醫署學生者，聽讀方書，學習醫道，候及三年，由寺奏乞差官考試，藝業精熟入高等者，具名聞奏，送翰林院安排。(註三四)但考試之制，竟不曾行，其翰林院夤緣濫進，實繁有徒。至和三年，詔試醫官，須引醫經本草以對，每試十道，以六通爲合格。(註三五)又詔全國貢醫士。五年，令諸州縣置醫學，立貢額，此爲大規模設置醫學之始。熙寧九年，置太醫局，後詔勿隸太常寺，置提舉一，判局二。判局選知醫事者爲之，主以醫學教授生徒。設九科，每科置教授一人，選翰林醫官以下與上等學生及在官良醫充之。學生額三百人，其中大方脉一百二十人，風科八十人，小方脉二十人，眼科二十人，瘡腫兼折傷二十人，產科二十人，口齒兼咽喉科十人，鍼兼灸科十人，金鏃兼書禁科十人。太學律學武學生諸營將士疾病，輪差學生往治，各給印紙，令該學官及該營將校塡具其所診症狀，病愈或死，經本局官押或診言不可治，即別差人往治，候愈或死，各書其狀，以爲功過。歲終比較爲三等，上中書取旨，等第收補。上等月給錢十五千，毋過二十人；中等十千，毋過三十人；下等五千，毋過五十人。其錯失多者，本局量輕重行罰，或勒令出局。(註三六)元豐間，教學分爲三科，一爲方脉科，二爲鍼科，三爲瘍科。方脉科之教材分大小經，以素問、難經、脉經爲大經，巢氏病源、龍樹論、千金翼方爲小經。鍼瘍二科教材，除去脉經，而增三部鍼灸經。常以春季試三科學生，願參加者聽。崇寧二年，太醫局歸併國子監，置博士正錄各四員，分掌管教之職。仿三舍之制，上舍生四十人，內舍生六十人，外舍生二百人，每齋置長諭各一人。共分三科：一、方脉科，通習大小方脉；二、鍼科，通習鍼灸術及口齒咽喉眼耳諸病；三、瘍科，通習瘡腫傷折金瘡書禁。其試補考察，仿太學立法。三科各習黃帝素問、難經、巢氏病源、補本草。方脉科兼習王氏脉經、張仲景傷寒論；鍼科兼習黃帝三部鍼灸經、龍樹論。瘍科兼習黃帝三部鍼灸經、千金翼方。補試一場，考大義三道(內運氣一道)、假令治病法一道。私試三場，季一周之。公試二場：第一場三經大義三道，方脉科，脉經大義二道；鍼瘍科，小經大義二道。第二場，假令治病法二道，運氣大義一道。公私試分上中下三等：凡外舍生私試三入上等或公私試各一入上等，不犯第二等以上罰而試在中等以上，又無考察而試在上等者，補內舍。若闕多就試人少，即以就試人爲率，所取不得過三分之一，仍先取有考察者，或皆無考察，即以考試名次爲先後。試上舍分優平二等，以內舍生私試三入上等或公私試各一入上等，不犯學規而試在優等者，補上舍。試在平等而醫治入上等者，依試入優等法。若闕多就試人少，即以就試人爲率，所取不得過三分之一，仍先取醫治，次程文，若均等，即以考試名次爲先後。上舍生私試，五入上等，不犯學規，而醫治比校入中等以上者，本學保明推恩。(註三七)中格高等者差爲尚藥局醫師以下職，其餘或差爲本學博士正錄，或差爲外州醫學教授。五年罷。大觀元年復置，四年併入太醫局。政和三年，復置醫學，七年，太醫學三舍生，依太學辟雍國子監法，隸屬禮部。臣僚言：伏覩朝廷興建醫學，教養士類，使習儒術者通黃素，明診療，而施於疾病，謂之儒醫，甚大惠也。宣和二年詔太醫局已置丞教授，立學生員額，罷在京醫學，但維持醫學三舍之制。(註三八)

州縣亦置醫學，元符間，京府及上中等州置醫學博士助教各一人；下州置醫學博士一人。醫生人數，京府節鎮一十人，餘州七人，試所習方書，試義十道。政和元年八月，臣僚言：伏見諸路郡守，許補醫學博士助教，明著格令，京府上中州各一人，下州一人，選本州醫生以次選補，仍許依條令供本州醫職。五年，諸州縣並置醫學，隸於州縣學提舉學事司，選差本州現任官通醫術能文者一員，兼權醫學教授。比倣諸州學格，內文士三年所貢人數，十分中以一分五釐人數，創立諸路醫學貢額，分爲三年，並不侵占文士貢額。縣學升州學外舍，州學授課，公試私試，亦與太醫學之制相同，可相銜接。諸路貢士與本學之內舍同試，三歲共取合格人數升補上舍，以上中等一百人爲額，並附文士引見釋褐。學生亦分方脉科、鍼科、及瘍科，各習七書。逐路並置醫學諭一員，以本學上舍出身人充。諸州醫學博士改爲醫博士。(註三九)八年，諸路醫學三年合貢人數七百三十三人（第一二年各二百三十九人，第三年二百五十五人）。此在醫學教育上自成一系統。

南渡後，高宗仍設醫局，置醫學，以醫師主之。隆興元年，省併醫官而罷局生。乾道三年，以虞允文請，存留御醫諸科，不置局，權令太常寺掌行其事。淳熙中，又稍變其制。紹熙二年，復置太醫局，局生以百員爲額。餘並依未罷局時之體例，仍隸太常寺。醫學考試，分爲六項：一、墨義；二、脉義；三、大義；四、論方；五、假令治病法；六、運氣。然至末流，弊端百出，太醫局徒具虛名，俞文豹曰：「所謂太醫局生者，始以賂隸名籍，每年則隨銓闈公試，題目以五經爲主，程文以一義爲限，考試以五日爲期，考官則判局送差，率皆市井盤藥合藥貨生藥之徒，捐數百緡賂判局卽得之。其就試者，亦是賂判局指授考官，臨去取不看文字，惟尋暗號，錢到則雖乳臭小兒，庸鄙粗材，不識方脉，不識醫書，姓名亦皆上榜。監試者視爲文具，率不經意，向惟察院呂午知此文義，遂去一二，考官稍取得幾人爾。局有八齋，率四日設一早饍，公帑錢糧，悉入局長之家。爲生員者，志不在食，惟欲僥倖省試一得，便可授駐泊，坐享俸給矣。」(註四〇)

己、武學　仁宗朝，開始注重武學。景祐四年，韓億言：「武臣宜知兵書，而禁不得傳，請篡其要以授之。」於是出神武秘略以授邊臣。慶曆三年五月，詔置武學於武成王廟內，以阮逸爲武學論，生徒以一百人爲額。八月，以議者言，古名將如諸葛亮、羊祜、杜預等，豈專學孫吳者耶？遂罷之。胡瑗上書曰：「頃歲吳育已建議興武學，但官非其人，不久而廢。今國子監直講內梅堯臣曾注孫子，大明深意。孫復而下，皆明經旨。臣曾任丹州軍事推官，頗知武事。若使堯臣等兼涖武學，每日令講論語，使知仁義之道；講孫吳，使知制勝御敵之術。於武臣子孫中選有智略者二三百人教習之，則一二十年之間，必有成效。臣已撰成武學規矩一卷進呈。」(註四一)但時議難之。熙寧五年，樞密院言：「古者出師，受成於學，文武弛張，其道一也。」乞復置武學。詔於武成王廟置學，尋詔生員以百人爲額。選文武官知兵者爲直講，以兵部郎中韓縝判學，內藏庫副使郭固同判。使臣未參班與門蔭草澤人，許召京朝官保任，人材弓馬應試武舉合格者，方許入學，給食本錢萬緡，習諸家兵法。教授編纂歷代用兵成敗及前世忠義之節足以訓者，逐日講釋。有願試陣隊者，酌給兵伍，令其演習。講習三年，期滿考試，凡試中，三班使臣與三路巡檢監押寨主，未有官人與經略司教押軍隊準備差使，三年無過，則升親民至大使臣。有兩省待制或本路鈐轄以上三人保舉堪充將領者，並兼諸衛將軍外，任回試閤門舍人，與文官召試館職無異，歸環衛班，當環衛官、閤門帶御器械，以示將帥之儲。未及格者，留學一年再試。科場前一年，武臣路分都監，文官轉運判官以上，各奏舉一人，聽免試入學，生員及應舉者，不過二百人。春秋各一試，步射一石三斗，馬射以八斗，矢五發中的，或別習武技副之。策略雖弓刀不及，學業卓然，並爲優等，補上舍，以三十人爲額，蓋亦用三舍法也。元豐官制，改直講爲博士學諭各二人，掌教導之責。建中靖國元年十一月，學制局言：「奉御筆，武學三人取一名爲上舍生，雖多以百人爲額。分三十人爲上等，七十人爲中等，其餘爲下等。」(註四二)政和三年六月詔：武學州縣外舍生稱武選士，內舍生稱武俊士，則州縣亦置有武學，與醫學之制同也。

南宋戰禍甚烈，亟需將才，然迄紹興十六年，始建武學，兵部上武士弓馬及選試去留格。凡初補入學，步射弓一石。若公私試步騎射不中，即不許試程文，其射格自一石五斗以下至九斗，凡五等。二十六年，高宗見武學廢弛，詔兵部討論典故，參立新制。武學在太學之側，建武成殿，祀太公，曰昭烈武成王，以張良諸葛亮配，歷朝諸名將從祀，學規依太學例試補。(註四三)學生以八十員爲額，上舍十五人，內舍二十五人，外舍四十人，置博士學諭各一員。未幾，詔學生以百員爲額，上舍十人，內舍二十人，外舍七十人，(註四四)習七書兵法步騎射。置博士一員，以文官有出身，或武舉高選人爲之；學諭一員，以武舉補官人爲之。置六齋，每齋差置長諭各一人。凡補外舍，先類聚五人以上附私試，先試步射一石弓，不合格不得試程文，中格者依文士例試七書義一道。其內舍生，私試程文，三在優等，弓馬兩在次優，公試入等，具名奏補。試上舍者，以就試人三取其一，以十分爲率，上等一分，中等二分，下等七分，仍以三年與發解同試。(註四五)二十九年，武學生只得三十六人。淳熙五年，復立武學，國子員額收補武臣親屬，其文臣親屬願赴武補者亦聽之。

第二節　地方教育

地方教育，由府、州、軍、監設立者，稱爲府學、州學、軍學、監學；由縣設立者，稱爲縣學。

惟府、軍、監三治，非每路普遍設置，爲數亦有限，故地方敎育最普設者爲州學與縣學。路治不置學，亦無敎育行政機構，其所屬州縣之學，崇寧二年，由京另派提舉學事司一員統理之。要之，地方敎育系統，縣學隸於州學，州學隸於提舉學事司。然提舉學事司，並非州縣學常駐之行政長官，不過每年前往各州縣巡視一次，察師儒之優劣，生員之勤惰，檢舉而告於朝，有類於督學性質。此司制只行十八年，至宣和三年罷。至於藩王轄地，另設學校，名曰藩輔學，直轄於中央，與其他州縣學，不相聯屬。

宋初，有嵩陽、廬阜、嶽麓、睢陽四大書院，各有師徒，賜之經傳，未建州學。咸平四年，詔諸路州縣有學校聚徒講誦之所，賜九經書一部，雖示奬勵，原未有學也。建興元年，兗州守臣孫奭私建學舍，召收生徒，乞請太學助敎楊光輔充本州講師，從之，餘鎮未置學也。天聖五年，晏殊知應天府，延范仲淹以敎生徒，自五代以來，全國學校廢，興學自殊始。九年三月，賜靑州州學九經，從王曾之請也，自是州縣當立學者，皆得賜書。景祐二年，范仲淹在蘇州，奏請立郡學，而在其南園之地，首先建學，當是時，全國郡縣未嘗皆置學也。四年，詔藩鎮始立學，他州勿聽也。建興元年十一月，孫奭乞給田十頃，爲兗州學糧，諸州給學田始此。天聖八年，給江寧府學田十頃。明道景祐間，累詔州郡立學，賜田給事，學校相繼而興。（註四六）潁州爲支郡，寶元元年，守臣蔡齊請立學，特許之，時太郡始有學，而小郡猶未置也。慶曆四年，參知政事范仲淹等建議興學校，詔近臣議，於是翰林學士宋祁等奏興學校，行科舉新法：「今敎不本於學校，事不察於鄉里，則不能覈名實。……參考衆說，擇其便於今日，莫若使士皆土著而教之於學校，然後州縣察其履行，則學者修飭矣。」三月，乃詔曰：「今朕建學興善，以尊子大夫之行；而更制革弊，以盡學者之才。教育之方，勤亦至矣。有司其務嚴訓導，精察舉，以稱朕意。學者其進德修業，無失其時。」（註四七）此詔州縣立學，本道使者選屬部官為教授，不足，則取於鄉里宿學之有道業者，士須在學三百日，乃聽預秋試；舊嘗充試者，百日而止。試於州者，令相保任，有匿服犯刑虧行冒名等禁。三場先試策，次試論，又其次試詩賦，通考為去取，而罷帖經墨義，士通經術，願對大義，試十道，可為永式。（註四八）每秋試，自縣令佐察行義而保任之，上於州。州長貳復審察得實，然後上本道使者。類試已保任，而後有缺行，則州縣皆坐罪；若省試而文理紕繆，坐原考官。學置教授，以三年為一任，以經術行義，訓導諸生，掌其課試之事，而糾正不如規者。當時雖置教授，或用兼官，或用士人，委於漕司，而未隸朝廷也。然教授數量實不足，如四川五十餘州，其有教授者，惟成都、梓、夔三州而已。自經此興學運動，州軍監固紛紛立學，縣有學生二百以上者，亦得特奏立學，宋興八十四年，全國之學校，始克大立。然千室之邑，未能響應立學者尚多，縱有粗舉，不過敗屋數椽，立先師像，僅能行春秋祭菜事，庠聲序音泯如也。例如廣州，慶曆三年十二月，許立學，然番禺僅能修夫子廟，以應故事。至皇祐間，始建學於郡之東南隅。熙寧初，徙於西。紹聖初，守臣章楶改創新學，然規模未宏，不足以容多士，與雄大之府弗稱。筠州亦至治平三年始立學。學校之內容，由京兆府小學學規，可窺一斑：

府學牓准使帖指揮於宣聖廟內置立小學，所有合行事，須專指揮。

一、應生徒入小學，並須先見教授，投家狀，並本家尊屬保狀（其保狀內須聲說情願令男或弟姪之類入小學聽讀，委得令某甲一依學內規矩施行）申學官押署後，上簿拘管。

一、於生徒內選差學長二人至四人，傳授諸生藝業及點檢過犯。

一、教授每日講說經書三兩紙，授諸生所誦經書文句音義，題所學書字樣，出所課詩賦題目，撰所對屬詩句，擇所記故事。

一、諸生學課，分為三等：第一等，每日抽籤問所聽經義三道，念書一二百字，學書十行，吟五七言古律詩一首，三日試賦一首（或四韻），看賦一道，看史傳三五紙（內記故事三條）。第二等，每日念書約一百字，學書十行，吟詩一絕，對屬一聯，念賦二韻，記故事一件。第三等，每日念書五七十字，學書十行，念詩一首。

一、應生徒有過犯，並量事大小行罰，年十五以下行扑撻之法；年十五以上，罰錢充學內公用，仍令學長上簿，學官教授通押。

行止踰違、盜博鬥訟、不告出入、毀棄書籍、畫書窗壁、損壞器物、互相往來、課試不了、戲玩諠譁。

一、應生徒依府學規，歲時給假，各有日限，如妄求假告，及請假違限，並關報本家尊屬，仍依例行罰。

右事須給牓小學告示，各令知委　以前件如前。

至和元年四月　日

權府學教授蒲宗孟、府學說書兼教授裴濟、提舉府學韓繹、提舉府學薛俅、忠武軍節度使特進檢校太尉知軍府事文(彥博)、本學教授兼說書草澤任民師、三峯進士李邵管句立石。」(註四九)

然虛有其表之州學尚多，司馬光曾論之曰：「臣伏見自慶曆以來，天下諸州，雖立學校，大抵多取丁憂及停閑官員以爲師長，藉其供給，以展私惠。衆在仕官員及市井豪民子弟十數人，遊戲其間，坐耗糧食，未嘗講習。修謹之士，多恥而不入。間有二千石自謂能興學者，不過盛修室屋，增置莊產，廣積糧儲，多聚生徒，以采虛名。師長之人，自謂能立教者，不過謹其出入，節其遊戲，教以鈔節經史，剽竊時文，以夜繼晝，習賦詩論策，以取科名而已。此豈先王立學之意邪？於以修明聖道，長育人材，化民成俗，固已疏矣。」(註五〇)蓋自慶曆興學以後，二十五年間，各地奉命行事，雖創立學校，顧組織不健全，學規之鬆弛，敷衍故事而已，其流弊如此，自非過論。

神宗之新政，不僅改革政治經濟，即對地方教育，亦思積極發展，自始議建學，久而不克，至是乃卒成就之。熙寧四年，詔置京東、京西、河東、河北、陝西五路學，以陸佃等爲諸州學官。行三舍之法，頗欲進士盡由學校，而鄉舉益重教官之選，遂更定科舉法以應之。蘇軾奏議反對，謂：「慶曆固當立學矣，天下以太平可待，至於今惟空名僅存。」此可見當時施行新政，持異議者固不問事之當否無一而不反對之也。因師資不足，六年，詔置諸路學官，並委中書門下訪各路有經術行誼者各三五人，雖未仕亦給簿尉俸，使權充教授，至是教授始命於朝廷矣。(註五一)其他各路州軍，命選薦京朝官有學行可為人師者堂除，各路官令兼所任州教授。州給田十頃為學糧，仍置小學教授。初，內外學官，多由朝廷特注，後稍令國子監取其舊試藝等格優者用之。七年四月詔，州學已差教授處，轄下有書院並縣學舊有錢糧者，並撥入本學，補試生員，選差職掌，餘官毋得干預，從國子監請也。(註五二)八年，始立教授試法，詔諸州學官，先赴學士院，試大義五道，甄取優通者，上等為博士，下等為正錄，願授教授者聽。既有出身，年至三十，又經考試，遴選頗嚴，不肯輕授濫置。又別設官提其綱要，司其舉刺，驗其勤惰。元豐元年，詔諸路州府學官共五十三員，(註五三)諸路惟大郡有之，軍監蓋未盡有也。七年，令諸州無教官者則長吏選在任官，上其名，而監學審其可者使兼之。元祐元年，詔齊、盧、宿、常、虔、潁、同、懷、澶、河陽等州，各置教授一員，自是以後，列郡多有教官矣。又詔近臣擇經明行修堪任內外學官者，人舉二員，遂罷試補法。已而論薦益衆，乃詔須命舉乃得，故選擇仍嚴。紹聖元年，三省立格，侍從臺諫國子監長貳，歲舉堪任諸州學官一員，須當中制科或進士甲第，年及三十者。若制科及進士第在上五人。禮部奏名在上三人，府監廣文館第一人，或從太學上舍得第，皆不待試而用。餘並召附吏部試兩經大義各一道，以通經善作文為合格，即授教官。於是內外現任學官，非制科進士及由上舍生入官者並罷。二年，命蔡卞詳定外州學制。元符二年，詔諸州置教授者，依太學三舍法考選生徒，升補悉如太學三舍法，州許上舍生歲貢一人，內舍生歲貢二人。其上舍附太學外舍，試中，補內舍，三試不升，遣還其州，其內舍免試補太學外舍生。又詔諸路各選監司一員，提舉學校，通令各郡，專責掌管，學官考取，增試三經。

崇寧元年，蔡京建議全國皆置學，如郡小或應書人少，卽合二三州共置一學，每學置敎授二員，縣亦置學。州縣皆置小學，以三舍法推行全國。縣學生考選，升諸州學；州學生每三年貢太學，至則附試，別立號考，分三等：入上等補上舍；入中等補下等上舍；入下等補內舍。餘居外舍。舍法加密，雖閭里句讀童子之師，不關白州學者皆有禁。當時學校甚盛，提學有官，贍學有賦。三年正月，詔諸路增養縣學弟子員，大縣五十人，中縣四十人，小縣三十人。各州置田業養士，以絕戶田撥充，如不敷，以官田宅物業補足。各縣令佐擘畫地利及不係省雜收錢內樁充費用。九月，詔諸路州學，別爲齋舍，敎養武士，並依進士法，其考選升補，以現行武學條制修立頒下。又令州縣用三舍法升太學，罷科舉，從此，縣學考選升州學，州學升三舍，全國學制，分爲三級。四年，諸路學校各已就緖，其所貢入，中選者，多舊日科舉遺落老成之士，十一月，置諸路提舉學事官。五年，詔諸州學生員達五百人以上，許置敎授二員；不及八十人者，罷置敎授，以在州有科名者兼之。又參考在京小學規約，頒之州縣小學，州隸敎授，縣隸學長，其小學生皆自備餐錢附食。大觀二年五月，提舉京西南路學事路瑗言：「臣所領八州三十餘縣，比諸路最爲褊小，學舍乃至三千三百餘區，敎養生徒三千三百餘人，贍學田業等歲收錢斛六萬三千餘貫石。竊計諸路學舍生徒田業錢斛之數，何翅數百萬，此曠古所未嘗有也。乞詔有司總會諸路州軍縣文武大小學生幷學費所入所用實數，具圖冊上之御府，副在辟雍，仍宣付史館，」一從之。(註五四)又吉州建州，皆以養士數多，置敎授三員。政和元年正月詔：諸路州軍學士不及八十人處，不置敎授，若熙豐曾置敎授者，雖人少，亦當保留。又詔縣學並州縣小學生更不給食，縣學長諭、敎諭、直學，係由州學選差內舍外舍生充者，自當依條給食。(註五五)二年，臣僚言：元豐召試學官六十人，而所取四人，皆知名之士，故學者厭服。近試率三人取一，今欲十人始取一人，以重其選，從之。自是或如舊法，或用元豐試法，更革無常。三年四月，宣義郎黃冠言：「欲令天下士自鄉而升之縣學，自縣學而升之州學，通謂之選士，其自稱則曰外舍生。才之向成，升於內舍，則謂之俊士，自稱內舍生。又其才之已成，而貢之辟雍，然後謂之貢士，其自稱亦以是，」從之。(註五六)四年六月，禮部言：州軍小學生，宜置功課簿，具報國子監，諸學並分上中下三等，能通經爲文者爲上，日誦本經二百字，論語或孟子一百字以上者爲中，若本經一百字，論語或孟子五十字者爲下，置曆紀錄，從之。(註五七)九月，詔以「辟雍大成殿」名頒諸路州學，國子監並印書賜之。又定州軍學生員有百人以上者，始置敎授。宣和三年，罷州縣學三舍法，始令諸州敎授，若係未行三舍法以前置者依舊，餘並減罷。如贍學田產等係行三舍法後所添給者，亦復拘收。

建炎二年，復敎官試，置敎授者凡四十三州。三年並罷，任滿不再差遣。紹興三年，復置敎授四十二州。五年，罷試學官科。十二年，詔舉敎授，州軍令吏部申尙書省選差。十三年，詔諸州軍並各置敎授。十五年，詔自明春始，試諸州敎官，凡有科舉及太學出身者許應，先具經義詩賦各三首赴禮部，乃下省闈分兩場試之，初任爲諸州敎官，由是爲兩學之選。其後於六經中取二經，各出兩題，毋拘義式，以貫穿該贍爲合格。十八年，江西轉運使賈直淸奏請立縣學，於縣官內選有出身人兼領敎導。尋下國子監參酌措置，定縣學令佐內選有出身官一員兼領敎導職事，及諸州軍如未差敎授處，郇令本路提舉司於本州有出身官選差一員兼領。若州縣官俱無出身，只令本學長諭專主教導，而由知州縣令覺察點檢，從之。（註五八）海南昌化雖遠郡，二十二年，重修新郡學，應舉考試者三百餘人。孝宗朝，州縣皆有學，學舍廩饌，無所不備，置官立師，職司管教，惟其無所考察，不能上於監司，聞於禮部，士子聚食，徒具形式而已。

學生名額，未有詳細規定，只慶曆年間，「學者二百人以上，許更置縣學，」及崇寧三年，「增縣弟子員，大縣五十人，中縣四十人，小縣三十人。」縣學生不及二十人者，許依州學例，併附鄰近大縣教養。至於州學，崇寧間定以一百人爲額，數少者以二州或三州併附一州。政和間，大抵以二百人爲額。紹興隆興間，州郡生徒，僅有二三十人，或全無一生徒者。惟朱熹言漳州之學，「凡邦之士，廩食縣官而充弟子員，多至五六百餘，少不下百十數，」（註五九）此又見其學風之盛也。然生徒雖多少不等，教學全爲單級制。州學生之來源有二：一、由縣學升補，如崇寧令：「凡縣學生隸學，已及三月，不犯上二等罰，聽次年試補州學外舍，是名歲升」（註六〇）；二、由直接招收，如朱熹之知南康榜文：「本軍學校，養士不過三十人。………今請鄉黨父兄，各推擇其子弟之有志於學者，遣來入學。」（註六一）學校之教官，謂之教授，州學二人，縣學一人。教授之職責，除管教學生外，「又當嚴先聖先師之典祀，領護廟學，而守其圖書服器之藏，其體至重。下至金穀出納之纖，亦皆獨任之。」（註六二）

州學課程及講習法，無一定之標準。其教材不外五經。終宋之世，惟有熙寧八年頒王安石書詩周禮義於學官，是名三經新義，爲頒行國定教本之首次。天聖五年，范仲淹掌教應天府學，「嘗宿學中，訓導學者，皆有法度，勤勞恭謹以身先之。夜課諸生，讀書寢食，皆立時刻，往往潛至齋舍詗之，見有先寢者詰之，其人紿云：適疲倦暫就枕耳，仲淹問未寢之時觀何書，其人亦妄對。仲淹取書問之，其人不能對，乃罰之。出題使諸生作賦，必先自爲之，欲知其難易，及所用意，使學者準以爲法。」(註六三)朱熹知南康軍，聘人在軍學傳道堂主盟文社教授，總司教條，每日講書，次日覆解，三八日出題，四九納課。縣學行月書季考之制，崇寧間定孟月試義，仲月試論，季月試策。訓練方法，重德行道藝。學校之堂，均設孔子像位，十哲從祀，以爲釋奠。其就原來孔廟闢爲學校者，學者朝夕亦得瞻仰。乾道五年，呂祖謙任嚴州教授時，所定州學規約六項，似可爲訓導之準繩：「凡與此學者，以講求經旨，明禮躬行爲本。肄業當有常，日紀所習於簿，多寡隨意。如遇有幹，輟業，亦書於簿，一歲無過百日；過百日者，同志共擯之。凡有所疑，專置冊記錄，同志異時相會，各出所習，及所疑，互相商搉，仍手書名於冊後。怠惰、苟且，雖漫應課程，而全疏略無序者，同志共擯之。不修士檢，鄉論不齒者，同志共擯之。同志遷居，移書相報。」(註六四)就此約所言，同學間切磋討論，似重於師授，而所謂同志遷居，則自非內宿也。然北宋時，州縣學之學生，皆在校內寄宿，膳食書籍，亦由學校供給，頗爲優待。崇寧元年規定：凡州縣學生，曾經公私試者復其身，內舍免戶役，上舍仍免借，借如官戶法。以宋代差徭丁役之重，此乃極大之招徠。惟因有免役之優待，就發生富家子弟以錢買人頂替試補入學之事，故用簾試以別僞冒。政和中，徽宗方崇道教，嘗命學校分治黃、老、莊、列之書，宣和七年，以其有失專經之旨，詔罷之。夫地方官學之盛衰，可從士子登科之多寡而覘焉，官學所造就之人才，即爲貢士，而貢士之中選與否，鼓勵或沮喪，影響於官學亦大也。(註六五)

建學多立有碑記，常見於宋儒文集中，曾鞏撰高安學記，論士大夫之師友淵源，常出於一世豪傑之士，至於長育人才而成就之，則在當塗之君子。故州縣之學，皆由州縣長吏所倡立，爲之建校舍，置廩產，延師儒，立學規以教養之。景祐元年，知永興軍范雍，於城中官隙地，建立學舍五十間，量撥官荒田五頃，充府學支用，由國子監賜與九經書籍，差官一員管勾，訪經明行修者爲師，召篤學不倦者補諸生，後增至一百三十人，關中風俗稍變。洪州之學，景祐二年，州守趙槩於先聖祠宮增建黌舍，爲室百楹，以處生徒。仍乞國子監鏤板書以賦其時習。給閑田五頃，以充其日廩，選文行之士觀察推官陳肅總其衆。又請畫工，以夏商周車服珪璧梡俎彝斝之器而見於禮經者，繪於講論之堂，使學子朝夕觀摩焉。(註六六)寶元二年，湖州守滕君與州人相與輸金建學。明年四月，勅書先至，錫名州學，仍賜田五頃。六月，新學成，凡爲屋一百二十楹，重門廣殿，論堂書閣皆相次，東西序分十八齋，治業者羣居焉。入門而右，爲學官之署；入門而左，有齋宿之館。復立小學於東南隅，爲初學肄業之所。(註六七)饒州之學，慶曆五年，州守得貲三百五十萬始役，朞年而成，爲室一百二十楹，壹講夜習，市田三頃，以賦其日廩，仍奏署屬縣宿儒胡寧，以爲表率。(註六八)南安軍之學，紹聖四年，由太守曹登建，以官費錢九萬三千，而助者不貲，爲屋一百三十間，禮殿講堂皆備。凡學之用莫不嚴具，又以其餘增置廩給，食數百人。(註六九)南宋時，「紹興六年，南蘭陵陳公尉縣，實能以經術文章起人慕心，凡邑秀民，爭北面講席，戶內人滿，率坐戶外。後至或以無地莫能聽，則相與言曰：師如是，吾等不於學可乎？乃度地於縣南，以差出錢爲夏屋五十楹，殿居中，問答有堂，退息有舍，門廡炮湢，榱桷井井，口體百須，無器不具。基於次年春正月，成於秋八月。又斥其贏買書千餘卷。陳公日日來與諸生論說，自堯舜至孔子不脫口，一經指畫，輒得輸墨畦逕。邑故應鄉書士不半百，自是常過八百人，拔第於廷者踵相躡。休寧之人，益以鄉學爲先務，早夜弦誦，洋洋秋秋，有洙泗之風。」(註七〇)廣州番禺之學，乾道四年，提刑龔茂良「以學迫隘，於是始議改造，卽禺山之址以爲堂閣，御書於其上。東西十一筵，南北九之。庭之下什佰。其初增闢兩廡，倍其舊，六齋對峙，前繪從祀像。又置番禺南海二縣於後，惟大成殿仍舊規而加葺之，藻飾煥然，侈於他所。門以櫺星，繚以周垣。大江橫其前，協泮水之制。費出激賞公庫撙節之數，憲漕舶三司助以羨緡。」(註七一)信州之有學，始於景德二年，廟貌雖嚴，黌舍未修。迨元豐增闢，始有藏書之閣，職教之廬，肄業之室。元祐再葺徙其門，與清流秀峯對峙。寶慶二年，知州陶崇欲更新之，慨然捐錢三百萬爲之費。未幾，陶氏亡，權州事通判陳夢建，捐錢六十萬續其費，轉運使邱壽邁，亦以錢十萬來。知上饒陶木，知鉛山史夏卿，及諸生有請於教授，亦各有助。越明年，知州陳章，下車首以未畢工爲念，復助錢二十萬，遂於八月落成，講堂名成化堂，後建稽古閣，安奉御書，閣下爲直舍。直舍東有祭器庫書庫，直舍西爲學舍土地祠。講堂東爲錢庫，講堂西爲先儒堂，祀濂溪、二程、橫渠、晦庵、東萊、二陸。鄉賢堂則祀魯國陳文正公、端明汪玉山、大參余堯弼、施公點。東廊有五齋，曰達善、貫道、興賢、成德、建德。西廊有五齋，曰炳文、明道、術業、明德、志行。東廊外有學廚。端平二年，知州趙與歡興修齋舍，復修先儒堂及鄉賢祠，加以粉飾，煥然改觀，增餼廩以豐士膳，選儒先以師後學，於是士習丕變，儒風藹如。淳祐六年，郡守章鑄於直舍之東，立爲小學，增設官田，爲小學莊，常請講書一員提其綱，逐月輪請經賦學諭各一員，分任教導，早經，次史，次古文，次時文，講習之課程甚嚴。所收學糧，錢一千六百六十八貫九百二十四文，穀米共三千八十二石三斗五升。凡官撥之學田，命教授董其要，擇諸生可任者治其凡。別委郡糾掾視其出納，教授爲之區畫，積三年，租課所入，貯爲六邑賓興東上之贐焉(註七二)。建學之慘淡經營，由上述諸例可見之矣。當慶曆以前，州軍興學，州給常平或係省田（在籍官產）宅充養士費，學田大致以五頃爲限。縣得用地利所出及非係省錢以供之。慶曆四年興學詔，不言經費，至熙寧四年第二次興學，詔凡置學官之州，率給田十頃以贍士。元豐三年，又增郡縣田租屋課息錢之類，以爲學費。崇寧以後，學田之外，又有市廛房廊，撥屬州學，出租收息者。惟以所撥無論田宅，均係官產，故各州有無不定，多寡各異。紹興年間，有所謂學糧田，括沒官田充之，勒農戶分畝認米，(註七三)實爲擾民之舉。及其末年，學校衰微，贍學田土，多爲勢家侵漁，經大理寺主簿丁仲京奏聞，高宗遂詔另撥未經賜匾額之庵廟產業爲學產。(註七四)自此以後，雖不見記載，但學校經費短絀情形，由朱熹知南康軍時，令學生自備膳食一端，不難知之。

官費既苦不足，置學之州縣，對於經費之籌措，煞費苦心。自元祐以降，須自行張羅，以濟其乏。有由州守自籌者，「元祐某年，河中劉侯守冀，始大作學舍，師之授經有堂，而諸生肄業有室。

凡學之百須皆其精壯完好，可以傳久遠。又爲之買良田，治市舍，籍其所入以養士，而士之來學者，日有餼，學之有司者月有給。」（註七五）有由地方士紳捐獻者，「縣故有孔子祠，前令常增爲學舍，而不果成，廢且二十年矣。君（縣令皇甫君）於是相地賦輿役，四旬而學成。自孔子之堂，與夫門廡齋序，凡學之百須皆具。而邑之士，買田十有二頃以獻。君又闢學之四隅，得地六十畝，植雜果千本。凡此十二頃六十畝之地，取其毛足以給養士。」（註七六）至於州守沒收或收贖訟田爲學產者亦有之。又有刻書販售，挹注學校之經費。如湖州之學，乾道之後，贍士之費益艱，「王贍叔（之望）爲學官，嘗請摹印諸經義疏，及經典釋文，許郡縣以贍學。」（註七七）其他南劍州學、興化軍學，皆有刊書，大抵亦以佐贍學之費。州教授之月薪，約爲二千錢，生活亦頗淡薄也。

除州縣官學外，邊疆亦設有蕃學。程師孟知廣州，開設學校教授諸生，諸蕃子弟願入學者聽之。熙寧八年三月，知河州鮮于師中，乞置蕃學，教蕃酋子弟，賜田十頃，歲給錢千緡，增解進士二人，從之。（註七八）崇寧四年八月詔：陝西新造之郡，猶用蕃字，可置蕃學，選通蕃語識文字者爲之教授，訓以經典，譯以文字，或因其所尚，令誦佛書，以變其俗。（註七九）自是熙河蘭湟路置蕃學。廣州亦有蕃學，擇南州之純秀練習土俗者，付以教導之職。大觀政和間，廣州泉州蕃人，請建蕃學，以教蕃人之子弟。

鄉村間之基層教育，則爲私塾，蘇軾曰：「吾八歲入小學，以道士張易簡爲師，童子幾百人。」（註八〇）孩童初從塾師，每讀古千字文，蒙求、（註八一）或論語，習字帖。（註八二）莆田劉夙（一一二四—

一一七二），字賓之，謂其毀齒時，日讀千字，已記憶，猶擒誦不離口，此其例也。冬季農隙，設三月之短期小學以教導農家兒童識字，謂之冬學。陸放翁詩：「三冬暫就儒生學。」（註八三）又云：「兒童冬學鬧比鄰，據案愚儒卻自珍。授罷村書閉門睡，終年不著面看人」。自注謂農家十月乃遣子入學，謂之冬學，所讀雜字百家姓之類，謂之村書。（註八四）公卿及富豪之家，每設讀書堂，聘學者教授子弟。洪州胡仲堯，字光弼，奕葉儒學，以爲上古之風可以馴致，由六經之旨可以成化也，乃即別墅，華林山陽，玄秀峯下，建書堂，爲室百區，聚書五千卷。子弟及遠方之士肄學者常數十人，歲時討論，講席無絕。（註八五）淳化年間仍存在，王禹偁、張齊賢、陳堯叟等寄題詠詩以紀之。又有義學，亦與書堂相類，乃鄉間程度稍高之學校也。淳熙十五年，德安縣宰劉允迪，玉山人，設有劉氏義學，割田立屋，聘知名士以教族子弟，而鄉人之願學者，亦許造就。兄弟之間，有以貲來助。允迪又出新安餘俸爲之發舉，居積以助其費，而凡所以完葺丘壟，周恤族姻者，亦取具焉。（註八六）此類鄉學，或稱書堂，或稱義學，或稱書院，爲實實際際教學之所。林擇之謂太學不如州學；州學不如縣學；縣學不如鄉學。晦翁亦曰：「太學眞個無益。」（註八七）蓋官學重課而鄉學重教，故認鄉學勝於官學也。

第三節　書院教育

書院之設，肇於唐朝之元和，推行於五代，至宋而大盛。五代時，干戈相尋，學校殆皆停廢。地方一二賢士大夫，每擇名勝之區，建堂舍，收學子，相與講肄其中，取名書院，此其制之所由起也。

至宋，大亂既平，全國統一，未有州縣之庠，先有鄉黨之序，故書院之設，蓋先於州縣之學也。且州縣之學，有司奉旨所建耳，或作或輟，不免具文。鄉黨之學，賢士大夫留意斯文者之所立也，前規後隨，皆務興起，是以書院能繼續維持。況經名儒倡導，官方獎掖，各自養士，其所待之廩給禮貌，乃過於進士。而田土之賜，教養之規，課程充實，學子衆多，往往駕凌州縣學之上，形成一邦兩學，並行不悖。自是書院遍設於郡國，每爲名儒講學之中心。北宋書院，最具有悠久歷史而可考者有四焉，茲分述如下：

甲、石鼓書院　書院創建最早者爲石鼓書院，舊爲尋眞觀。唐刺史齊映建合江亭於山之右。元和中，州人李寬結廬讀書其上，刺史呂溫嘗訪之，太守宇文炫題山之東曰東巖，西曰西溪。宋至道中，郡人李士眞援寬故事，請於郡守，即故址剏書院以居學者。院址據瀟湘之會，挾山嶽之勝，位於衡州北石鼓山，故名。景祐中，郡守劉沆請於朝，得賜石鼓書院敕額。其後遷之城南，士感不便，而還其故址。乾道元年，提點刑獄王彥洪等復修葺之。淳熙十二年，部使者潘時加以重建，但只列屋數間，牓以故額，以俟四方之士有志於學而不屑於科舉者居之。十四年，部使者宋若水又益廣之，別建重屋，以奉先聖先師之像，且印書多種，而俾郡縣擇遣修士以充入之。十五年落成，朱熹曾撰有記。（註八八）是時，戴溪（岷隱）領書院山長，與諸生講說，撰有石鼓論語答問三卷，其說切近明白，朱熹亦稱其近道。開慶中，燬於兵，提刑俞琰重建，並築仰高樓。提學黃幹出公帑，置田三百五十畝，以贍生徒。

乙、白鹿洞書院　白鹿洞在廬山之陽，距九江十餘里，爲唐代李賓客渤隱居之地，山川環抱，草木秀潤，眞閒燕講學之區，當時學者多從之遊，遂立學舍。南唐昇元中，乃因洞建學館，以國子監九經李善道爲洞主，領洞事，掌其教授，日爲諸生講誦。割善田數十頃，取其租廩給之，以教養生徒，當時又名白鹿洞庠，號爲國學。四方之士，多來受業，其後出爲世用，功跡彰顯者甚衆。宋太平興國二年，知江州周述言：「廬山白鹿洞學徒常數十百人，乞賜九經肄習，」詔從其請，俾國子監給以印本，仍傳送之。五年，又以洞主明起爲蔡州褒信縣主簿，以旌儒學，嘗聚生徒數百人，起建議以其田入官，故爵命之，然白鹿洞由是漸廢。(註八九)七年，始置南康軍，遂屬郡境。咸平五年，有勅重修，仍塑宣聖及其弟子像。至大中祥符初，直史館孫冕請以爲歸老之地；及卒，還葬其所。其子琛，復建學館十間，書「白鹿洞之書堂」六字，揭於楹間，以教子弟；四方之士，願就學者，亦給其食。(註九〇)其後既有軍學，而洞之書院遂廢；復經兵亂，棟宇不存。

淳熙六年，朱熹爲南康軍守，時書院不過小屋三五間，「慨念廬山一帶老佛之居，以百十計，其廢壞無不興葺。至於儒生舊館，只此一處，既是前朝名賢古跡，又蒙太宗皇帝給賜經書，所以教養一方之士，德意甚美，而一廢累年，不復振起，吾道之衰，可不憚懼？」(註九一)於是奏請重修，檄教授楊大法，星子縣令王仲傑重建，爲小屋二十餘間，教養生徒一二十人。援嶽麓書院例，疏請勅額，俾高宗御書石經與監本九經於其中。又立白鹿洞書院學規，令諸生講明遵守：

「五教之目：父子有親，君臣有義，夫婦有別，長幼有序，朋友有信。

圖十六　白鹿洞書院

爲學之序：博學之，審問之，愼思之，明辨之，篤行之。

修身之要：言忠信，行篤敬；懲忿窒慾，遷善改過。

處事之要：正其義不謀其利，明其道不計其功。

接物之要：己所不欲，勿施於人；行有不得，反求諸己。」(註九二)

七年，又以邵雍誡子孫文，刻於白鹿洞之書堂，以示學者。八年，重修，本路諸司及四方賢士大夫捐贈書籍，並撥買田土。陸九淵訪朱熹於南康，熹延其登白鹿洞講席，講君子喻於義小人喻於利一章，發明敷暢，懇切明白，並書其講義，尋刻於石。(註九三)一時名儒如劉子澄、林擇之輩，皆來講學。白鹿洞書院之名，遂洋溢於遐邇。從其學者，皆以希聖希賢爲旨。既而學徒益衆，乃於建昌縣置東源莊田以贍學者。後熹遷浙東提舉，復遺錢三十萬，屬軍守錢聞詩建殿廡並塑像。後二年，軍守朱端章加板壁，繪從祀諸賢像，又撥佛寺沒入田以益之。嘉定十四年，知軍守黃桂，重建正殿，增闢三門，續置西源莊田三百畝。紹定中，知軍守史文卿建五經堂。淳祐間，知軍守陳洽建友善堂及文昌宮。咸淳間，州守劉傳漢增置貢士莊。書院舊有洞主、堂長之職，主持敎導。理宗朝，朱子門徒陳文蔚，曾主講於其間。此山林講學，當放館時，諸生散歸，山林爲之闃寂也。

丙、嶽麓書院　此書院在潭州嶽麓山抱黃洞下，「湘山負其背，文水縈其前，靜深清曠，眞士子修習精廬之地也。」(註九四)開寶九年，朱洞爲潭州守時所建，實彭城爲釐拟之。當時有講堂五間，齋序五十二間。至道二年，州守李允則益崇大其規，中開講堂，揭以書樓，塑先師十哲之像，畫七十二賢。允則復奏書院修廣宇舍，生徒六十餘人，請下國子監，賜諸經釋文義疏、史記、玉篇、唐韻，從之。大中祥符五年，山長（山長之名始此）周式以行義著，學子數百人，請於州守劉師道廣其居。八年，召式見便殿，拜國子學主簿，使歸教授，因舊名賜額，仍增給中秘書，於是書院之名，聞於全國。天聖八年，漕臣黃總請授山長進士孫胄以一官。元豐中，張舜民監郴州酒稅南行時，嘗見「岳麓書院有孔子堂、御書閣、堂廡尚完，清泉流堂下，景意極爲瀟湘。」（註九五）

紹興初，更兵革灰燼，十一僅存，已而遂廢。及秦檜當國，胡宏因書請興復舊區，重賜院額，命山長，置舍宇以居諸生。乾道八年，知潭州湖南安撫使劉珙恢復開寶之舊，屬州學教授邵穎經紀其事，重建爲四齋，定養士額二十人，延修士彪居正爲山長，以張栻主教事，朱熹自閩至，相與講學，手書「忠孝廉節」四大字於堂。張栻教授後學，嘗讀書遇解釋，屬其子庶（晞顏）筆之，題曰南軒書說。淳熙十五年，帥臣潘時修之，廣二齋，益額十人，州教授兼山長顧杞、堂長吳獵主持院事。紹熙四年，朱熹爲潭州守，會涖書院，抽簽子，請兩士人講大學，語意皆不分明，晦翁遽止之，謂其反不如州學。翌日，邀教授諸職事，共商仿白鹿洞書院，訂立教規，（註九六）置田五十頃，別置額外學生十員，以處四方遊學之士。又仿州學則例，學生每日破米一升四合，錢六十文。（註九七）學子聞風負笈而至者，至座不能容，所謂瀟湘爲洙泗，荆蠻爲鄒魯矣。淳祐中，賜御書嶽麓書院四字，揭之於前。時潭士以居學肄業者爲重，州學月試積分高等，升嶽麓書院；又積分高等，升嶽麓精舍，潭人號爲三學生。及其末年，湖南轉運副使吳子良，聘進士歐陽守道爲副山長，亦升講，發明孟子正人心承三聖之說，學者悅服。又置有講書之職，書院講學仍盛。德祐二年正月，元兵圍潭州，凡三月，三學生聚居州學，猶不廢業。敎授兼帥臣李芾禮之參謀尹穀，知城危，闔家自焚死，諸生數百人往哭。城破，激於義，荷戈登陴，死者什九，(註九八)書院亦燬於兵。

丁、**應天府書院**　此書院設於商邱，商邱宋名南京，爲應天府治，故名。初，郡人戚同文，爲人質直，尚信義，聚徒講授，士不遠千里而至，敎誨無倦。登科者題名於舍，自孫何以下七榜，凡五十六人。(註九九)應天府民曹誠，於大中祥符二年，即戚同文舊居，造舍一百五十間，聚書數千卷，博延生徒，講習甚盛。府奏其事，詔賜額曰應天府書院。命同文之孫奉禮郎戚舜賓主之。仍令本府幕職官提舉，以誠爲府助敎。(註一〇〇)國子監說書王洙(天聖二年進士)，曾在此講學三年。明道二年，置講授官一員。景祐二年，以書院爲府學，給田十頃。寶元元年四月，復賜田十頃。

除四大書院外，北宋之世，尚有嵩陽書院，玉海曾舉之與白鹿洞、嶽麓、應天府並列，而爲北宋四大書院也。院在河南府登封縣太室山下，五代周時建，初名太室書院。至道二年賜額及印本九經書疏。大中祥符三年，又賜九經。景祐二年重修，三年，詔以嵩陽書院爲額。寶元元年，賜田十頃，其後衰廢。仁宗朝，錢袞(治平三年卒)知縣時規復之，嵩陽之學復盛。江寧府三茅山後，處士侯遺建有茅山書院，敎生徒而供膳食，凡十餘年，天聖二年，賜田三頃，爲書院贍用，後爲崇禧觀所據。南宋以後，屢加興復，咸淳七年，徙金壇縣南三里顧龍山麓。雷塘書院，一名雷湖書院，在安義縣南二十里南昌鄉雷湖之側，乃建昌縣豪族洪文撫創建，以敎子弟，並舍來學者。至道三年，太宗賜書百軸，召文撫弟文舉赴闕賜宴，解褐授江州助教，於是詔旌表其門閭。潁谷書院，在河南登封縣西南，崇寧中建，並立廟以祀宣聖。

書院之制，北宋雖開其端，但至南宋始盛。誠以道學名儒，聚徒教授，山林講學，蔚爲風會，每築舍宇，以容負笈。及其既沒，門人私淑，仿白鹿洞之規制，每剏書院以祧師承。至若令宰之倡學，名賢之追思，亦建書院以振興學風，懷賢尚德。故書院設立，遍於州郡，然時興時廢，殊難擢數。南宋書院教育之中心，仍在白鹿洞與嶽麓，而朱熹、陸九淵、呂祖謙之學術，遺風流韻，所建書院，各成系統，分別言之，略可窺其梗概焉。朱熹初講學於考亭（建陽縣西三桂里），有竹林精舍，後更名滄洲精舍。理宗表彰熹學，以熹從祀廟庭，始賜考亭書院額，置田養士，諸生世守其學而不替。「通天下讀朱文公之書，尊文公之道，其始生之鄉，僑居之里，宦遊之邦，與乾淳諸老盍簪傾蓋講貫切磋之處，往往肖其像，庋其書，聚成學之士，敬事而傳習焉。如徽，如建，如南康，如清漳，如潭衡，曰精舍，曰書院，皆奎畫扁，或郡文學兼領，或別置師弟子員，規式略如白鹿。」咸淳二年，泉山書院之建立，可爲朱系書院之代表。書院之建築，前爲燕居堂，孔子危坐，顏、曾、思、孟跪侍。兩堵則圖濂溪、二程、邵、張、涑水六君子。堂下左右兩廡則圖楊時、胡安國、謝良佐、尹焞等道學家十六人。後爲文公祠，以黃勉齋、趙遠庵、眞西山、陳復齋，配講堂南峙，取北面尊師之意，亦以明其學統也。四齋旁列志道、據德、依仁、遊藝，則大同名齋之舊也。（註一〇一）南溪書院，嘉熙元年，於南劍州尤溪縣朱熹誕生地創立；學道書院，趙順孫於咸淳七年創於蘇州，皆以祀晦翁也。陸九淵講學於象山，紹定三年，其再傳弟子江東提刑趙彥悈，重修其象山精舍。九淵本欲創建書院，顧拜命守荆而未果。紹定四年，再傳弟子江東提刑袁甫秉其志，建書院於貴溪之徐巖。山上有田可耕，有圃可蔬，池塘碓磑，色色皆備。招延山長，買田養士，並重印九淵文集，以惠後學。五年三月，袁甫至書院釋菜，禮畢講書，貴賤咸集，塞溢堂廡，聘楊簡門人錢時爲堂長主教，遠近學者，聞風蟻聚，至無齋可容，又修書院外廢寺之法堂以處之。書院築室百楹，齋曰志道、明德、居仁、由義；精舍曰儲雲、佩玉，並賜象山書院額。六年，金谿邑宰陳泳之，於邑治之西二陸先生祠堂右，亦建象山書院，買田養士，聘傅子雲（季魯）主教，以發明象山之學，始至講學，聽者甚衆，士風翕然。（註一〇二）至淳祐十年，撫州守葉夢得，命金谿宰王有大更創立祠堂，增葺書院，乃建新祠於槐堂之前，翼以四齋，環以門廡。復於郡學之西，造祠廟三間，翼以兩廡，前爲一堂，外爲四直舍，又外爲書樓，下列四齋，左侑以袁燮，次侑以傅子雲，皆傳九淵之學。此兩處象山書院，前者爲其講學之地，後者爲其故鄉也。九淵之門人楊簡，居於慈溪，咸淳間，制置使劉黻，在是地建慈湖書院。楊簡之門徒桂萬榮，在慈湖東山之麓，亦築石城書院，讀書其中焉。呂祖謙（一一三七—一一八一）居金華城中，建有麗澤書院，爲晚年會友之地。書院課程，以五經爲教授，每講一章，則選其有關於涵養與治道者，加以特別說明，編成短篇文字，謂之麗澤講義。學校之有講義，此時業已流行。（註一〇三）其著名之學規，有乾道四年規約，計十一條，除第一條以孝弟忠信爲講學宗旨外，其餘全屬於行動之規律，人格之陶冶。乾道五年規約共六條，除第五條關於士檢之注重及第六條關於遷居之報告外，其餘四條皆爲開示讀書之方法，其中並要學生作日記，及塡寫書院學務登錄簿。東萊治學之精神在務實，故其管教方法，比其他書院爲嚴謹而實際也。景定五年，何基任婺州學教授，亦兼麗澤書院山長。

書院有官立私立兩種。令宰興學，每倡建書院，撥官產以維持之，謂之官立。嘉定間，知南劍州陳宓建延平書院、知漳州危稹，建龍江書院。嘉定十四年，廣信太守唐震，以辛棄疾居址，築精舍以居生徒，咸淳十一年，李陽補建之，額曰廣信書院。淳祐七年，寧國府教授劉養浩，於白石山建精舍，以處學者，建安蔡抗扁之曰白石書院，劉爲黃榦之門人，而蔡與黃皆晦翁之弟子也。名儒鄉士，在其故鄉亦嘗創書院，謂之私立。國子監學錄高可仰，紹興年間，在貴溪縣南建桐源書院，教其鄉之子弟。葉夢得建石林書院於貴溪，延盧玉溪、陸梭山講學其中。嘉定三年，魏了翁於其家鄉臨邛之古白鶴岡烽燧故址，建白鶴書院，爲預賓貢者講肄之所。後因負笈而至者衆，乃增廣前後各爲一堂，二內廊廡，旁爲小室，曰立齋。堂之後爲尊經閣，藏書十萬卷。閣之陰，有花圃池沼，爲遊息之所。（註一〇四）十四年，鄉士黃惟直創龍山書院於永豐，中爲堂一，旁列齋六，並捐產之半以奉之，廩給課試悉仿州縣法。春秋校藝，聘邑佐或鄉人之中第者司其衡尺，日講月肄，則惟直自主之。（註一〇五）因戰禍收容難民，亦有建書院者，如丹徒淮海書院，南渡後淮士多寓京口，因建書院爲講學之所。當蒙古南侵，襄蜀蕩析，士無所歸，蜀士聚於公安，襄陽之士多聚鄂渚。淳祐二年，孟珙因置公安書院於公安，南陽書院於鄂渚，各建屋宇六十間，以資收容，並以沒官田屋地隸焉。公安田歲入二千餘石，山澤間架之利約二百萬，歲養士一百二十人。南陽田歲入六千餘石，山澤所入約四百萬，歲養士一百

四十人。置山長堂長，季試而月課之，暇則習射，中則有賞，賜書院額。(註一〇六)

當濂洛之說行，於是先賢之祠競立，首於其鄉，復推其居官遊歷之地，甚者謂其觀風宣化，雖其足跡之所不至，亦當有祠。(註一〇七)故諸儒過化之地或生賢之鄉，莫不建立書院，表其舊傳。如兩浙則平江之學道、和靖，鎮江之濂溪、淮海，湖州之安定，建德之釣臺，紹興之稽山，婺州之麗澤，台州之上蔡，衢州之明正。江東西則建康之明道、南軒，徽州之紫陽，太平之天門，信州之象山、宗文，隆興之景濂，江州之濂溪、景星，袁州之南軒，吉州之鷺洲、龍溪，撫州之臨汝，建昌之盱江。荊湖則全州之清湘，道州之濂溪、西山，鄂州之南陽、竹林。福建則建寧之建安，漳州之龍巖，興化之涵江。廣西則靜江之宣成，凡三十三間。(註一〇八)其餘可考者，寧宗開禧中，衡山有南嶽書院，掌教有官，育士有田，略仿四書院之制。嘉定中，涪州有北巖書院。理宗時，其得請於朝，或賜額或賜御書及間有設官者，應天有明道書院，蘇州有鶴山書院，丹陽有丹陽書院，建陽有考亭書院，廬峯書院，崇安有武夷書院，寧波有甬東書院，衢州有柯山書院，黃州有河東書院，丹徒有濂溪書院，善化有湘西書院，全州有清湘書院。度宗時，淳安有石峽書院，衢州有清獻書院。(註一〇九)至於廣州有禺山書院，韶州有相江書院，皆有講肄。輔廣建傳貽書院，高定知夾江縣築同人書院，饒魯於餘干作石洞書院，及東陽之安田書院，又為私人講學以授生徒之所也。

書院帶有山林講學之風，每建於山明水秀之境，如白鹿洞書院，四面山川，清邃環合，無市井之喧，有泉石之勝，眞羣居講學，遯跡著書之所。(註一一〇)永豐之龍山書院，其地五山輻輳，蜿蜒如龍，溪橫其前，淸澈可鏡，前望靈峯懷玉，秀峙天表，誠宜學者藏修之地。講學讀書，每擇優美之環境，以涵煦心性，此爲書院特色之一。書院之編制內容，茲綜述如下各點，可領略其概要：㈠主持院務者曰山長或洞主，又有堂長及講書，爲講授之職。㈡院額由御賜或長官頒給。㈢以院田收息作常年經費，學生由院供給膳宿。此等院田，或由私人捐置，或由朝廷賜給，但爲私人自設而未經朝廷認許之書院，一切用度，皆由學生自備。㈣教材以五經爲主，旁及史學詩文，書籍或由私人捐贈，或由朝廷頒賜。㈤院內訂立敎條，與官學相同，其可考者，如朱熹主持白鹿洞、嶽麓兩書院，及呂祖謙主持麗澤書院時，皆立有嚴格敎規，訓導生徒，又有所謂揭示者，亦屬訓導性質。㈥書院志在講肄，學生程度有比州學爲高者，如潭州之州學生，積分高者升嶽麓書院生，又高者升嶽麓精舍生。㈦書院之作用，主要在講習學問，而非求科第出身；州學之作用，主要在貢生。故書院肄業之學生，不能直接解送應試，如欲應考科場，必須繫籍於州學。㈧書院授課，除經常講書外，有月課校藝，每請院外之名儒碩彥，爲之品評，與州軍學之主盟文社相似。㈨書院之有道學家主持風會者，每請名儒開設講座，作高深學問之硏究，講義勒石，以垂久遠。（註一二）㈩書院內必崇祀孔子，塑有孔子及十哲像，甚至圖繪七十二賢一同配饗。道學家之書院，則有主祀之祠廟，而有關係之道學名儒，亦附配饗，以崇其學統。書院制雖與朝廷發生關係，但不受其支配，講習比較自由，與貢選試額無關。主持講席者，多爲品學兼優而負有時望之師儒，師生相處其間，日以德行氣節相砥礪。造就之人才，不僅學博而風義亦高，宋代國勢雖弱，而風俗醇厚，以氣節相尙，蓋受書院講學之影響，大有關係。

第四節　私人講學

私人講學方式，頗與書院教育相似，惟規模較小耳。呂蒙正與溫仲舒讀書於洛陽龍門利涉院土室中。韓億、李若谷、王隨同於嵩山法王寺讀書。范仲淹，二十一歲，讀書長白山醴泉寺僧舍凡三年。可見宋初學者之成名，多由自己力學而得也。自宋興八十餘年，至慶曆皇祐間，學者以泰山孫復、徂徠石介，海陵胡瑗爲師，皆爲私人講學，而以胡瑗（九九三—一〇五九）之門爲最盛。瑗，字安定，湖州人，以學行名於時。自慶曆中，敎學於蘇湖間二十餘年，訓人有法，科條纖悉備具，以身率先，雖盛暑，必公服坐堂上，嚴師弟子之禮，視諸生如其子弟，諸生亦信敬如其父兄，從之遊者常數百人。（註一一二）是時方尚詩賦，獨湖學敎以經義及時務，以敦實學。學中分經義與治事兩齋。經義齋者，擇心性疏通有器局可任大事者居之，使之講明六經。治事齋者，人各治一事，又兼攝一事，治民以安其生，講武以禦其寇，堰水以利田，算曆以明數是也。（註一一三）又率弟子遊歷西北，考察山川，更爲重視實學之明證。「胡先生翼之嘗謂滕公曰：學者只守一鄉，則滯於一曲，隘吝卑陋，必遊四方，盡見人情物態，南北風俗，山川氣象，以廣其聞見，則爲有益於學者矣。一日，嘗自吳興率門弟子數人遊關中，至潼關，路歧隘，捨車而步。既上至關門，與滕公數人坐門塾，少憩。四顧黃河抱潼關，委蛇洶湧，而太華、中條，環擁其前，一覽數萬里，形勢雄張。慨然謂滕公曰：此可以言山川矣，學者其可不見之哉？」（註一一四）弟子有一千七百人，魁傑之士，公卿偉人，出其門者，接踵於時，數十年而未已。故全國謂湖學多秀彥，其出而筮仕，往往取高第；及爲政，多適於世用。其弟子劉彝，以論治水見稱，後治郡，率能興水利，任朐山知縣時，修陂築池，著有政績，其顯例也。

私人講學，南宋亦盛。紹興間，張孝祥自謂年十八，居建康，從鄉先生蔡清宇爲學。清宇之門人以百數，同學有汪膠者，少兩歲，豫章人，修謹敏銳，獨異流輩。其祖父文舉，携膠以俱，晝夜督課，膠卒有聲場屋，連取鄉薦，號名進士。(註一一五)而孝祥於紹興二十四年中狀元。當時私人授徒，每稱爲書社。孝宗朝，章用中（端叟）平陽萬全人，於其徒相厲以學，責難勸義，定爲期會，程式稽考有誚，惰游有罰，其人嚴憚之，則所謂江南書社也。(註一一六)陳傅良在溫州授徒，亦曰城南書社。陸九淵(一一三九—一一九二)授徒於象山，可稱爲私人講學之典型。淳熙十四年，九淵登貴溪應天山，門人彭興宗等建精舍，迎其講學。易應天山爲象山，又得勝處爲方丈，學徒各來結廬，郡縣文士，時相謁訪，喜聞其化，故四方學者大集。九淵常居方丈，每旦精舍鳴鼓，則乘山簥至，會揖升講座。學者又以一小牌書姓名年甲以序揭之，觀此以坐，少亦不下數十百人，齊肅無譁。首誨以收斂精神，涵養德性，虛心聽講。諸生皆俛首供聽。間舉經語爲證，音吐清響，聽者無不感動興起。初見者或欲質疑，或欲致辯，或以學自負，或有立崖岸自高者，聞誨之後，多自屈服，不敢復發。其有欲言不能自達者，則代爲之說，宛如其所欲言，乃從而開發之。至有片言半辭可取，必獎進之。故人皆感激奮礪。諸生登方丈請誨，和氣可掬，隨其人有所開發，或教以涵養，或曉以讀書之方，未嘗及閑話，亦未嘗令看先儒語錄。每講說痛快處，則顧傅子雲曰：「豈不快哉！」子雲年最少，坐必末，嘗掛一座於側間，令代說時，有少之者，九淵曰：「季魯，天才也。」九淵大率二月登山，九月末治歸，中間亦往來無定。居山五年，到訪者逾數千人。當時九淵與晦翁門徒俱盛。亦各往來問學。晦翁門人，乍見九淵教學不同，不與解說無益之文義，無定本可說，卒然莫知所從，無何辭去。自謂其門人以傅子淵居其首，鄧文範、傅子雲、黃元吉居其次。至紹熙二年，離山赴知荊門軍，山門囑傅子雲居山講學，率諸友日切磋焉。(註一一七)

私人講學之規矩，以程董之學則為最著。程端蒙（一一四三—一一九一），字正思，號蒙齋，鄱陽人，淳熙七年鄉貢補太學生，對策不合罷歸。董銖，字叔重，稱槃澗先生，德興人，登嘉定進士，皆受業於朱熹。程董二氏作學則，以教其鄉人子弟。淳熙十四年朱晦翁跋之曰：「蓋有古人小學之遺意矣，余以為凡為庠序之師者，能以是而率其徒，則所謂成人有德，小子有造者，將復見於今日矣。」其學則如下：

「嚴朔望之期　其日昧爽，值日一人，主擊板。始擊，咸起盥漱，總櫛衣冠。再擊，皆著深衣或涼衫，升堂，師長帥弟子詣先聖像前再拜焚香訖，又再拜退。師長西南嚮立，諸生之長者，率以次東北嚮再拜，師長立而扶之。長者一人前致辭訖，又再拜。師長入於室，諸生以次環立，再拜退，各就案。

謹晨昏之令　常日擊板如前，再擊，諸生升堂序立，俟師長出戶，立定，皆揖次分兩序相揖而退。至夜，將寢，擊板，會揖如朝禮。會講會食會茶，亦擊板如前。朝揖會講以深衣或涼衫，餘以道服褶子。

居處必恭　居有常處，序坐以齒。凡坐必直身正體，毋箕踞傾倚，交脛搖足。寢必後長者，既寢勿言，當晝勿寢。

步立必正　行必徐，立必拱，必後長者，毋背所尊，毋踐閾，毋跛倚。

視聽必端　毋淫視，毋傾聽。

言語必謹　致詳審，重然諾，肅聲氣，毋輕毋誕，毋戲謔諠譁，毋及鄉里人物長短，及市井鄙俚無益之談。

容貌必莊　必端嚴凝重，勿輕易放肆，勿粗豪狠傲，勿輕有喜怒。

衣冠必整　勿為詭異華靡，毋致垢弊簡率，雖燕處不得衩袒露頂，雖盛暑不得輒去鞋襪。

飲食必節　毋求飽，毋貪味，食必以時，毋恥惡食，非節假及尊命不得飲，飲不過三爵，勿至醉。

出入必省　非尊長呼喚，師長使令，及己有急幹，不得輒出學門，出必告，反必面，出不易方，入不踰期。

讀書必專　必正心肅容，以計遍數，遍數已足而未成誦，必須成誦；遍數已足雖已成誦，必滿遍數。一書已熟，方讀一書，毋務泛觀，毋務強記，非聖賢之書勿讀，無益之文勿觀。

寫字必楷敬　勿草勿攲傾。

几席必整齊　位置有倫，簡帙不亂，書笥衣篋，必謹扃鑰。

堂室必潔淨　逐日值日再擊板如前，以水灑堂上良久，以帚掃去塵埃，以巾拭拭几案，其餘悉令齋僕掃拭之。別有穢汚，悉令掃除，不拘早晚。

相呼必以齒　年長倍者以丈，十年長者以兄，年相若者以字，勿以爾汝，書問稱謂亦如之。

接見必有定　凡客請見，師坐定，值日擊板，諸生如其服升堂序揖立，侍師長，命之退則退。若客於諸生中有自欲相見者，則見師長，既畢，乃就其位見之。非其類者，勿與親狎。

修業有餘功遊藝有適性　彈琴習射投壺，各有儀矩，非時勿弄。博奕鄙事，不宜親學。

使人莊以恕而必專所聽　擇謹愿勤力者莊以臨之，恕以待之，有小過者訶之，甚則白於師長。懲之不悛，衆稟師長遣之，不許直行己意。苟日從事於斯而不敢忽，則入德之方，庶乎其近矣。」（註一一八）

程董學則，乃對初學指導其做人與爲學之基本教條，但其重點，仍側重於行爲之訓導，蓋欲仿古禮之遺意，陶冶兒童，使其循規蹈矩，漸進而爲君子。此學則雖僅條具十八項，但包涵當時所欲以教人之全套生活儀矩與治學方法，故爲後代之義學書院所採用。

第五節　學校行政及管理

宋代以太學爲最高學府，設施較爲完備，編制亦較有系統，可爲代表全部學校教育之典型。慶曆、熙寧、元豐、元祐、紹聖、元符、崇寧、大觀、政和、紹興、淳熙等學令，皆與太學行政之變革有關。茲將學校行政及管理分述如下：

甲、學生入學

學生入學，可分爲三途：一爲選士入貢，多由各州之三年一貢而得，爲進太學之正常途徑；二爲補試入學，補試及格則錄取；三爲擢拔儁秀，亦得入太學者。

（一）**選士入貢**　自三舍法施行，凡諸生之始入太學，驗其所隸州之公據，經辟雍試，以定去取，及格者充外舍生。此乃由州郡經歲升試而貢之辟雍，由辟雍經甄別試而升之太學。（註一一九）崇寧五年，貢士至辟雍，不合格者凡三十八人，皆遣歸，而提學官皆罰金。所貢士至太學試，考中上等或預升舍人多，其本籍監司太守，推賞有差。

（二）**補試入學**　紹興十三年二月二十二日，詔補太學生，以「諸生住本貫，學滿一年，三試中選，不曾犯第三等以上罰；或雖不住學，而曾經發解，委有士行之人教授委保，申州給公據，赴國子監補試。」補試科目，有經義與詩賦。是年太學新成，秋季補試生員，四方應試者有六千人，分數場考試，結果錄取徐驤等三百人。（註一二〇）自後春秋兩補。二十七年詔：自今以春季放補，省試年即以孟夏，立爲定制。但因州縣鹵莽，隨便發給公據，而應試者每不守場規，有改名冒試者，肆無忌憚。孝宗即位之初，詔罷太學補試，改由各州解發舉人赴省試下者，按太學外舍生闕額多少保送，則爲三歲一補。試辦一年，又覺凡未應省試者，則無進太學之希望，殊欠公允，乃於乾道元年三月七日詔太學依舊舉行補試，每三歲科舉後，朝廷差官鎖院，凡四方舉人皆得就試，取合格者補入太學，亦謂之混補制。朱熹批評此制謂：「今之士子不安於鄉舉而爭趨太學試者，以其本州解額窄而試者多，太學則解額濶而試者少。本州只有解試一路。太學則兼有舍選之捷徑，又可以智巧而經營也，所以倡為混補之說者，多是溫、福、處、婺之人，而他州不與焉。」（註一二一）然而應試者愈多，淳熙二年，多至一萬六千人，場屋殆不能容，且有假手假冒等舞弊情事，於是四年十一月二十七日，禮部國子監修改考試辦法，採取待補制。「每遇科舉年分，諸州依解額取定合格人赴省試外，乞將其餘解發不到試卷，紐計終場人數，每一百人取三人，零分不及三十，亦取一人，名曰待補太學生。考試院具姓名申本州置籍，俟太學開補，本州給據，申國子監赴補試一次。其以前曾實得解到省試下人願就補者，召保官一員，當年得解赴省人只照元發解公據赴補。」（註一二二）施行十四年，亦覺有流弊。紹熙三年，禮部侍郎倪思言：「來者既少，而取人之額如舊，中選之人得以僥倖。兩浙福建解額既窄，住學亦便，士子願一試而不可得，則必巧為經營；遠方之士，解額自寬，於補試無甚利害，縱或得之，住學亦非所便，雖中待補，第為虛名。於是有貨賣文帖，改移鄉貫，變易父祖之弊。」主張罷去待補，只循舊制，每三歲放混補試一次。詔令集議，經朝臣詳析，咸謂待補制弊多利少，惟如恢復混補制，亦應革除弊病。至寧宗即位，遂恢復混補制，除禮部貢院可容一萬六千人外，臨安府及轉運司兩貢院約可分授萬人，命監察御史一人督之，命題彌封等事，力求嚴密。（註一二三）嘉泰二年，行混補法，就試者達三萬七千餘人。(註一二四)乃分六場，十八日引試。

(三)擢拔儁秀　學子行能優異，如被擢拔，亦得進太學。崇寧五年著令：如有孝弟、婣睦、任恤、忠和，若行能尤異，爲鄉里所推，鄉上之縣，縣延入學。審考無僞，縣上之州，免試入學，考其等第，孝弟、忠和爲上，婣睦爲中，任恤爲下。苟備八行，俟歲終，即奏貢入太學，免試補爲上舍。司成以下，審考不誣，即釋褐命之官，仍優加升擢。不能全備者，爲州學上舍，餘有差。

學生既許入學，元祐六年令，限榜出三日內要報到，又須同縣五人以上爲保。入學後即造錄牒，載明身世、經歷、以及在校之學行成績，一份存學校，一份存學生手中，隨時紀錄。凡州學生貢入太學者，禮遇甚隆。崇寧五年著令：凡州學上舍生升舍，以其秋即貢入辟雍，長吏集闔郡官，及提學官，就本所設宴，以禮敦遣，限歲終悉集闕下。自川、廣、福建入貢者，給借職劵。過二千里，給大將劵，續其路食，皆以學錢給之。(註一二五)

乙、師　長

太學管教學生之師長，置有直講(熙寧間改爲博士)、學正、學錄、學諭、直學等職。博士掌分經講授，考校程文，以德行道藝訓導學者。學正學錄掌執行學規，凡諸生之戾規矩者，待以五等之罰，考校訓導，如博士之職。掌事學錄五人，與正錄通掌學規。學諭二十人，掌以所授經傳諭諸生。直學四人，掌諸生之籍及譏察出入。太學官任期爲三年。學舍凡八十齋，每齋置齋長齋諭各一人，掌表率齋生，凡戾規矩者糾以齋規五等之罰，仍月書齋生行（率教不戾規矩）藝（治經程文）於籍。職事官置丞一人，掌錢穀出納；主簿一人，掌文簿以勾考其出納。嘉定十四年，置醫官一員。

宋初，當眞仁之際，所謂儒林之草昧也，師資多藉薦舉；遴選教師，亦無資格之限制。自神宗以後，教師之委充，要經考試。元豐法：進士第一甲、或省試十名內，府監發解五名內、太學公私試三名內、季試兩次爲第一人、上舍內舍生曾充經論以上職掌，或投所業乞試者，皆許參加考試。試入上等注博士，中下等注正錄。三年詔：自今奏舉太學博士，先以所業進呈，雖經考試，仍由薦奏。元祐四年，詔太學正錄，依熙寧法，選上舍生充，闕則以內舍生。元祐罷考試，紹聖恢復，較前尤嚴，元年，監察御史劉拯言：「請自今太學長貳博士正錄，選學行純備，衆所推服者爲之，有弛慢不公，考察不實，則重加譴責。差職掌長諭改正如元豐舊制。」從之。並詔內外學官，非制科進士出身及上舍生入官者皆罷。又詔太學正錄，如元豐舊制，各置五人。崇寧後，因建辟雍，需才孔亟，取人日濫。政和八年，詔兩京博士正錄，並諸州教授，兼用元豐試法，仍止試一經。（註一二六）南宋太學教官，初重經驗與品德而略資歷，取消考試，由大臣保薦。其後恢復考試，但不限名額。

丙、授　課

課程以經義爲主，兼習詩賦。掌教之師儒，以學行著者，每爲學生所推崇。師道甚嚴，不率教者亦用夏楚。康定中，石介爲國子監直講，「前數日於首善堂出題曰：請皇帝幸國學賦，糊名定優劣。學生作業淺劣，激其勃怒。守道晨興，鳴鼓集諸生曰：此輩鼓篋遊上庠，提筆場屋，稍或出落，尙騰謗有司，悲哉！吾道之衰如此，是物宜亟去，不爾則鼓其名物，撻之以懲其謬！一時引退者數十人。」(註一二七)皇祐末，以胡瑗爲國子監講書，專管勾太學，數年進天章閣侍講，猶兼學正。其初，人未甚信服，乃使其徒之已仕者盛僑顧臨輩，分治其事。又令孫覺說孟子，中都士人，稍稍從之。一日，升堂講易，音韻高朗，指意明白，衆方大服。然在列者皆不喜，謗議蠭起。瑗不顧，強力不倦，使太學之規模以立。學生聞其名，自遠而至，太學不能容，遂旁取官舍以爲學舍。諸生服其德行，亦遵規矩，日聞講誦，進德修業。其講授之課程，早晨經書，每授五百遍。飯後史書，可誦者百遍。夜讀子書，每授三百遍。(註一二八)諸生留校寄宿，依個人學習興趣，聚類而居，「故好尙經術者，好談兵戰者，好文藝者，好尙節義者，皆所以類羣居，相與講習。胡亦時召之使論其所學，爲定其理，或自出一義，使人人以對，爲可否之。時取當時政事，俾之折衷，故人皆樂從而有成。」(註一二九)每公私試罷，掌儀率諸生會於首善堂，令雅樂歌詩，乙夜乃散。諸齋亦自歌詩，奏琴瑟之聲，徹聞於外。嘉祐初，國學開封府並鎖廳進士得解人中三百餘人，是瑗所敎。故太學之授課，以胡瑗爲模範。

熙寧初，王安石以經術當國，太學課程，士各專治易、書、詩、周禮、禮記一經，兼論語孟子，而儀禮春秋，皆不列學官。又頒其三經新義於太學，以爲統一教材。凡置博士試，諸生皆以新書從事，不合者罷黜之。故當時讀書風氣，重經不重史。元祐元年，始復春秋左傳，詔置春秋博士一員。紹聖初，太學悉用元豐制。元符三年，復置春秋博士，崇寧二年罷。太學生以營養不足，缺乏運動，例有脚氣病。熙寧十年二月，太學西門修築射圃，聽諸生遇假日習射，從管勾國子監黃履之請也。（註一三〇）元豐六年五月，司業朱業，請學生旬休習射。（註一三一）研讀之餘，遇旬日放假，則乘暇過武學而運動焉。淳熙元年，以過武學不便，詔太學置射圃。（註一三二）

功課督導，最重考試，其旬課是每旬遇三日出題，上旬經義，中旬論，下旬策，乃爲常課。除旬試外，考試種類，尚有私試（月考）、公試（學年試）、及舍試（卒業試）等三種。

學生習文，本欲以經世，然以勢利之引誘，世俗之影響，文體亦多變。南渡後，「乾淳之文師淳厚，時人謂之乾淳體，人材淳古，亦如其人。至端平，江萬里習易，自成一家，文體幾於中復。淳祐甲辰（四年），徐霖以書學魁南省，全尚性理，時競趨之，即可以釣致科第功名，自此非四書、東西銘、太極圖、通書、語錄，不復道矣。至咸淳之末，江東謹思、熊瑞諸人，倡爲變體，奇詭浮艷，精神煥發，多用莊列之語，時人謂之換字文章。」（註一三三）由於文體之變，亦足見太學學生心理之趨向，講學精神之蛻化也。

丁、修業期

太學肄業，原無期限，學生進修之目的，初在憑太學之學籍，以獲得取解額，應科場考試，在學呫嗶之久暫，本不重視也。大中祥符二年，曾定修業期限爲兩年。慶曆二年，天章閣侍講王洙言：「國子監每科場詔下，許品官子弟投保官家狀，量試藝業，給牒，充廣文、太學、律學三館學生，多或致千餘人，卽隨秋試召保取解。及科場罷日，則生徒散歸，考官倚席。若此，但爲遊士寄應之所，殊無國子肄習之法。居常講筵，無一二十人聽講者。欲望自今應國子監，每遇科場勅下，授納取解家狀日已前，須實習附本監聽學滿五百日者，許投狀令本授官取文簿勘會詣實，依例召京朝官委保，方得取應。每十人之中，與解三人。其未係監生欲求試補者，亦不限時月投狀試業收補。每日講筵應係聽讀生徒，並於本授業學官前親書到曆。如遇私故出入，或疾告歸寧，並具狀給假。若滿周年不來參假者，除落名籍。」事下國子監，該監請自今試補學生，聽讀五百日，方許取解，已得國學文解省試下者，止聽讀一百日，許再請解。但諫官余靖奏言其不便，請應國子監太學生徒，如有情願聽讀滿五百日，卽依先降敕命，將來如解十人之中，與解三人。其不滿五百日者，並依舊額取解應舉。所有開封府及全國州軍建立州學處，立取情願聽讀，更不限以日期。所貴寒士營生務學，不失其所。(註一三四)四月，遂詔罷聽讀日限，卽不立修業期也。

及三舍法行，鼓勵學生考試升級，而限制其在學之期限，規定隸太學三年，經兩試不預升貢，卽除其籍。故在太學肄業，不得逾三年。崇寧間稍寬，許在學三年。紹興十八年，外舍生許肄業五年，則期限爲更寬矣。

戊、考試

學生受業，有各種考試，以程其藝能，定其升降。月有試，曰私試。歲有試，曰公試。而季亦有試，則曰季試也。私試者，學校常課之試也，孟月考經義，仲月考論，季月考策。公試者，外舍生升進之階也，初場考經義，次場考論策，皆封彌謄錄，如貢舉法。季試者，升舍之試也，學生入學後，「每季終論可選者，考於學諭，十日考於學錄，二十日考於學正，三十日考於博士，四十日考於長貳。歲終校定，具注於籍，以俟覆試，參驗而序進之。」（註一三五）

學生升舍之考試，元豐二年學令：每月一私試，每歲春季一公試，由外舍補內舍生；間歲一舍試，補上舍生。而上舍試，則學官不與考校。凡公試，外舍生入第一第二等，參以所書行藝，與籍者升內舍。內舍試，入優平二等，參以行藝，升上舍。上舍分三等，俱優為上，一優一平為中，俱平或一優一否為下。上等得不經禮部試，取旨特命以官，其得也難。中等免禮部試，以俟殿試。下等免解，以俟省試。元祐元年，詔每歲公試，以司業博士主之，如春秋補試法。紹聖三年，公試依元豐舊制，以長貳監試，輪差博士五員考試，朝廷更派官五員參考。舊法：隸太學三年，經兩試不預升貢，即除其籍。崇寧五年，論者以為法涉太嚴，乃改「凡貢士入辟雍外舍，三經試不與升補，兩經試不入等，仍犯上三等罰者，削籍，再赴本州歲升試，是名退送。即內舍已降舍，而又一試不與，或兩犯上四等罰者，亦如外舍法退送。」（註一三六）升舍甄別，一則考察其平時行藝之紀錄，再則憑考試之中選，以整齊學生程度，提高太學水準。但每年春季一試，三經試自是三年，在學三年考試不及格，留級三次，而又須犯上三等罰者，方除名退送，立法不可謂不寬矣。紹興十二年，三舍考試，凡三經季選者，歲終校定外舍生一百人，內舍生三十人注於籍（如逐舍與校定，生不滿原額，即計分數取）。

內舍仍分優平二等，於次年六月以前聞奏，諸補內舍附公試，以外舍上二等同考選簿參定。茲將公試舍試分述如下：

（一）**公試**　太學公試，遇省試年，則在省試後二月下旬，凡引試二日，經賦一日，論策一日。非省試年份，則隨銓試後同在太學鎖院引試，由朝廷派官考校。大約七人取一。第一等缺，第二等約二十人取一，餘約七人取一，第四第五並一分。公試魁，縱不該升補，他日登第，亦是部注敎官，若三名前，例是敎官。有外校，次年公試中第二等，謂之入等升，又謂之正升。或外舍成校人，前一年已中第三等，本年再中第三等，謂之本等升。或外舍成校定人，前一年中第四等，本年中第三等，謂之進等升。若先在三而今在四，謂之退舍，不能成事。此外，又有追補法，前一年或不成校，本年忽中公試第二等，名爲入等，却用本年私試二場，並得。如中魁，亦當一場，謂之追升，可以陳乞追升內舍。或止中兩場則無用。又前一年外校八分以上或優，本年公試不同得失，謂之升榜。若下就試者，非內舍校定以升補做內舍校定者，一年止有兩試，一試中則又試兩試，若一年兩試俱失，謂之折脚，不復試第三試。以三試不中，則當退舍。（註一三七）乾道年間，起居郎留正，以學生程度越差，乃進言：「數年以來，有司去取以意，士人志於得而已，程文多不中度，故議論膚淺，而以怪語相高。對策全無記問，而以浮辭求勝。大抵策尤卑弱，每刊行公私試文字，不足以傳示四方。」因此，建議太學公試，要精加考校，詩賦取合律、經義求得體，論策以記問該傳，議論淵源者爲上選。（註一三八）淳熙十六年，右諫議大夫何澹，對於公試每在省試後附帶舉行，所委官披閱省試文卷之餘，精力疲僨，時間又復迫促，未免鹵莽以求畢事，自難得士子愜服，望今後省試年分，所有太學公試，令赴別院收試，庶幾考官專精，升黜惟允。從之。（註一三九）

（二）**舍試**　舍試分內舍試、上舍試兩種，每兩年舉行一次，由朝廷派官監試。考試科目，亦爲經義、詩賦及策論等。

(1)內舍試　內舍試爲升入上舍之階。「淳熙十二年七月二十八日，國子祭酒顏師魯言：太學內舍生舊例歲校十人，於十人之中以三人爲優。其後臣僚有請以優校之士，間有六七分而得者，似爲稍易，遂乞以十分爲率。從上止校二名，分數既高，士之銖積寸累偶應其格者，比之往年固艱，又從而損元額之一，不亦甚乎？且太學歲校三優率，亦間歲再試，視其中否，尚有守年者。今欲依舊與校優等三人，仍以十分爲率；如不及，則闕之，庶幾士知所勸。上曰：既限十分爲率，不必更減一員，可依奏。」（註一四〇）是十人中取三人。太學對學生考試成績分等，舍試部份大抵分爲優平兩等，以十分爲率，優等八分以上，平等六分。（註一四一）

(2)上舍試　上舍試，太學間歲一試，每在秋季舉行，由朝廷派官命題監試。乾道間，以就試終場人數每十人取三人。（註一四二）但周密謂：「上舍試每三人取一人，優等十人（賦三，書二，餘經各一），通榜魁十分，亞鼎各九分，餘七名並八分，平六分。」（註一四三）由內舍升上舍，及內舍試上舍試成績合併計算，以爲升補及出仕之依據。「升補上舍有三等：內舍平校，試舍試平等；或內舍優校，不中上舍試；或有季無校定，試入上舍試優等，亦與隨榜升補下等上舍，謂之赤脚升，其升補名字，依上舍試榜資次，蓋舍試壓公試，內舍新升，及無季人，雖中舍試，只作內校分數。然舍試一中，優等八分，平等六分，五名以前，又有加分，盡可趕優。或前一年已有平校，本年有平等上舍試，入兩中舍試平等已上，謂之俱平。或一優一否，皆爲下等上舍。謂如內舍平校人，試入上舍優等，當舉免省到殿，元有求免人，理作升甲用；已升甲者升名。謂之一優一平爲中等上舍。謂如內舍優校人，又中上舍試優等，以優中優，皆是釋褐，不拘名數，先賜進士出身，謂之上等上舍。」居下等上舍或中等上舍者，皆可有出仕之機會。「解褐舍法：下等上舍，先免解後免省，待三年後到殿。中等上舍，徑到殿，或特旨徑行解褐。釋褐恩數成而優者，謂之狀元。」」(註一四四)

太學生升補上等上舍者，自乾道三年太學生黃倫始，特與補左承郎，除太學錄。九年，鄭鑑是第二人。後至淳熙十二年，又有易祓、顏棫二人，特補文林郎。此卽所謂「兩優釋褐」，稱之曰釋褐狀元，先授以京官，旋任學官，不數年便可作監司郡守。此爲科舉制度外之舍選制，亦爲拔擢人才之一途。從舍選與鄉舉相比較，以資望言，則舍選尊而鄉舉卑；以名額言，則舍選優而鄉舉窄。是以未嘗有以太學生退就鄉舉者，非惟國家無此法，而士亦決不肯辭尊而居卑，舍優而就窄。然紹興間尚有參假而歸復取鄉舉者，則爲例外耳。

考試之積分法，似起於南宋。其法，以考試成績，固定評分。太學私試，以孟仲季月分爲三場，或司成無暇，則併在歲晚。有公試，則無私試。試爲監中司成命題，就派學官，充考核封錄之職，不復經由朝廷。至第三日卽揭曉，每十人取一，孤經則二三人亦取二名。第一等常缺，第二等謂之放等，魁當三分，第二名二分半。第三等，魁二分。率從第二三取起，魁二分，第二第三，一分半，第四第五，一分三釐，餘併一分。(註一四五)此種積分，執行極爲認眞而嚴格。以迄咸淳九年，猶毫不放鬆。「咸淳九年，外舍生晏泰亨以七分三釐，乞理爲第三優。朝命不許，遂申嚴學法，今後及八分者，方許歲校三名，如八分者有一人，而援次優三優之例者，亦須只少二三釐，方可陳乞特放，庶不盡廢學法，當亦不過一人而止。」(註一四六)此原爲利用人類競勝心理，以比較競爭方式，促進學習效果，制度本佳，但當時仍有人反對。楊時謂：「學校以分數多少，校士人文章，使之胸中日夕只在利害上，如此作人要何用？」(註一四七)葉適亦謂：「何謂京師之學？有考察之法，而以利誘天下，……蓋其本爲之法，使月書季考校定分數之毫釐，以爲終身之利害，而其外又以勢利招徠之。」(註一四八)道學家不愜意於考試競爭，以爲非教養之道也。

己、學規

太學之法條煩密，肇自胡瑗。瑗教人之法，科條纖悉俱備，故其所立學規至嚴。及至王安石興學，實施有名之三舍法。惟自此法施行，路狹人稠，升補困難，鑽營奔競之風起，以致發生大株連之虞蕃訟獄。(註一四九)自是咸認爲禁制疏濶，啓士子試法之心，屬於失策。於是太學生檀宗益上書言教養之策，神宗覽之，元豐二年，乃命李定與畢仲衍、張璪、范鏜等，根據法意，制訂學令四百一十條，有敕，有令，有式，科條苛細，爲最完備之三舍法規。（註一五〇）然因法禁太密，博士勞於簿書，諸生困於文法，而博士與諸生，竟有不許相見之禁。元祐初，侍御史劉摯上疏極力抨擊三舍法，於是詔程頤、顧臨、及國子監長貳考詳國子監，修定條例。程頤所定，「大概以爲學校，禮義相先之地，而月使之爭，殊非教養之道，請改試爲課。有所未至，則學官召而教育之，更不考定高下，制尊賢堂，以延天下道德之士。鐫解額以去利誘，省繁文以專任委，勵行檢以厚風教，及置待賓吏師齋，立觀光法，如是者亦數十條。」（註一五一）但輒爲禮部疏駁，訖不行。御史中丞劉摯又批評謂高潤以慕古，新奇以變常，非徒無益，而又有害，乞罷修學制所。三舍法之精神，是在考試按級晉升一點，既不考定高下，自然無法按級升舍，形同廢置，故宣仁太后將三舍法罷廢。至哲宗親政，始又恢復。崇寧三年，詔廢科舉，爲國掄才，集中於三舍。蔡京採元豐學令若干條目，發揮其效用，擴大其規模。及王黼執政，又將三舍法實施範圍減縮，只限於太學，所幸太學制度本身，未受影響。南宋繼之，三舍法獨行於太學，範圍雖不若舊制之廣，但紹興重修學令，三舍法之組織視元豐爲尤密也。

北宋時，太學西廡，即御書閣所在，素嚴火禁，將夜分，齋即滅燭，學生不得留宿，一律通學。慶曆初，改錫慶院爲太學，都下學子稍稍居之，不過數十人，至暮始歸，亦不許宿，以火禁也。至嘉祐中，孫復胡瑗領教事，乞弛太學火禁，脫有失職，願負其責。自此諸生方敢留宿，四方學子，稍稍臻集。學生內宿，設學官值宿制，以執行火禁。每月除准四次豁宿外，不得外宿。起牀就寢皆鳴鼓。學校有門禁，非假日不得見客及出謁。自宿禁開放，四方遊學之士，樂而忘返，至有長期在學，十年不歸者。（註一五二）南宋時，太學生限定丙宿，出宿者必須請病假。陳鵠謂：「余爲太學諸生請假出宿，前廊置一簿，書云感風，則害肚歷，可對感風簿。」（註一五三）學生有旬假，猶今之星期例假。此外，上巳假一日（武學三日），淸明假三日（武學一日）。遇私故或疾病者，可給假，但踰期不回校者，開除學籍。然學生長期請假，習以爲常，虛佔學籍，妨碍後進，告假踰期不除籍，學風大壞。紹興二十六年，由於禮部之陳請，乃規定「自今年七月朔爲始，太學生請長假滿百日之人，並依條檢舉塡闕」。此由於江浙之士，長假家居者過多，遂定此補救之法。

南宋時對學生管理，「學規五等，輕者關暇幾月，不許出入，此前廊所判也。重者前廊關暇，監中所行也。又重則遷齋，或其人果不肖，則所遷之齋亦不受。不遷別齋，必須委曲人情方可。直須本齋同舍，力告公堂，方許遷還本齋，此則比之徒罪。又重則下自訟齋（猶今軍事學校之禁閉室），則比之黥罪，祇許自處，同舍亦不敢過而問焉。又重則夏楚屏斥，則比之死罪。凡行罰之際，學官穿秉序立堂上，鳴鼓九通，二十齋長諭，並襴幞各隨東西廊序立，再拜謝恩，罪人亦謝恩。用一新參集正，宣讀彈文，一集正權司罰，以黑竹篦量決數下，大門甲頭，以手對衆，將有罪者就堂下毀裂襴衫押去，自此不與士齒矣。」（註一五四）其等序自關暇幾月至夏楚屏斥爲五等。南宋太學圖，正門之右，有屋獨立無倚，題曰：「自訟齋」，與周密所記正合。然其最重之處罰，學官每懸而不用，使犯者自動請求退學了事，以保持書生之體面。至於干犯除籍之罰及雜規，乾道六年，呂祖謙復召爲太學博士，在學所訂規約之一云：「親在別居、親歿不葬、因喪婚娶、家族訟財、侵擾公私（謂告訐、脅持、邀索之類）、喧嘩場屋（詐冒同）、游蕩不檢，並除籍；仍關報諸州在籍人」。此約所列七項，均屬於德行方面，似是補充條款，並非全文。約後另附一行云：「諸齋私錄講說之類，並多訛舛，不可傳習。」此指學生間自相私錄講說者而言。又乾道五年關白，乃祖謙通告諸州在學各籍生員，遞相傳報遵守，其中一款，謂：「在籍人如有不遵士檢，玷辱齋舍，同籍人規責不悛者，仰連名具書報知堂上，當行除籍；如共爲隱蔽，異時惡聲彰聞，或冒犯刑法，同州同縣人，並受隱蔽之罰。」（註一五五）嘉定十年，兩廊四齋置正齋二人，貼齋四人，甲頭一人，臨安府差遣指揮一員，監門監厨，將兵十人，充巡防看管，看門二人。（註一五六）對學校之管理與門禁，均甚嚴密也。

庚、用　費

太學之師長薪俸，即由官俸支給。學生之膏火則自備，清寒子弟，每借燈而讀。其一匹最大之經費，則爲養士之膳食錢，此外公用錢爲數不大。慶曆中，學生每人月支膳食費三百文，其後物價高漲，膳食費亦陸續增加，熙寧五年，初給外舍生食，每人月支八百五十文，至元豐三年則增至一千一百文。因此太學用費，歲賜額不同。熙寧五年，歲賜錢萬緡；九年，則爲一萬四千緡，而國子監有編敕、經義、充監等三項錢，存者亦及萬緡。（註一五七）元豐二年頒學令，太學三舍生額共有二千四百人，歲賜錢二萬五千緡，（註一五八）公使錢七百緡，公用錢則另給，平均每學生年費十緡又四百文強。三年，國子監歲費三萬七千緡，收入尚差一萬二千緡，故正月增加歲賜一萬五千緡，但以膳食費之增加，故四月又增歲賜六千緡，(註一五九)則其用費總額爲四萬三千緡矣。崇寧間，初興學校，州郡建學，聚學糧，日不暇給。大觀三年，詔諸路贍學餘錢並起發，充在京學事支用。此則因太學擴充，其經費不足之數，仍仰給於各路之贍學錢。紹興間，王喚知臨安府，括民間冒占白地錢歲八十二萬緡，爲太學養士之費。嘉定十年，養士費用，一年約四千五百餘緡，米二百五十餘石，供給公膳。刑部派副尉一名，另庫子一名，共掌管錢物書籍柴米等；攢司一名，充書記管賬；廚子二名，抬盤子一名，充雜役；茶酒司一名。(註一六〇)主辦公膳人員，皆由朝廷差遣。

朱服撰有國子監支費令式一卷，則爲記載法定官學用費之書，惜已佚，故內容不詳。

辛、釋奠

皇帝視學，幸國子監，親行釋奠之禮，宋沿唐制，爲訓導學生尊師重道之表率。太祖建隆元年正月視學，詔增葺祠宇，塑繪先聖先賢像，自爲贊，書於孔顏座端，令文臣分撰餘贊，此欲以鼓勵臣庶向學，知爲治之道也。太祖幸學凡四次，但皆幸國子監，因太學尚無獨立之校舍。自慶曆四年太學獨立設校後，幸監與幸學始分。南宋國子監與太學復合，每幸學，學官與諸生推恩特賜有差；幸學既有特賜，故官生常請求幸學。當車駕幸學，長貳率官屬諸生拜迎，儀式極繁。皇帝躬詣至聖文宣王殿行釋奠禮，一獻再拜，召從官三學學生坐。祭酒講經，宰臣以下至三學學生坐，賜茶或賜酒食。慶曆四年五月，仁宗至太學，謁孔子，特再拜，賜直講孫復五品服。宋帝幸學凡十八次，太祖及徽宗各爲四次，英、神、哲、欽及光宗未幸學。所謂推恩有差者，卽特賜上舍及第，諸生免省試、免解，或賜帛。南宋幸學必命講。

眞宗尊孔子爲文宣王，徽宗詔殿以大成爲名，大成之賜號自此始。宋初，國子學修飾先聖十哲像，畫七十二賢及先儒二十一人像於東西廊之板壁，太學亦然。對孔子崇祀釋奠，師生無間焉。然有功於聖道者，在宣尼廟堂中，有配享，有從祀。配享則在殿上，從祀在堂下兩旁，此以示敬學尊師之意。唐貞觀二十一年，詔以左丘明、卜子夏、公羊高、穀梁赤、伏勝、高堂生、戴聖、毛萇、孔安國、劉向、鄭衆、杜子春、馬融、盧植、鄭玄、服虔、賈逵、何休、王肅、王弼、杜預、范寧等二十二人，代用其書，垂於國冑。自今有事於太學，並令配享宣尼廟堂，蓋所以報其傳注之功。迄宋之仁宗英宗，未有改易。熙寧七年，以孟子同顏子配享殿上，封荀況蘭陵伯、揚雄成都伯、韓愈昌黎伯，並從祀於左丘明等二十二人之間。此三人雖無傳注之功，而其書亦有合於聖人。政和三年，封王安石舒王，同顏孟配享殿上。安石子雱臨川伯，從祀諸賢之末。寶慶三年，進朱熹。淳祐元年，進周敦頤、張載、程顥、程頤。景定二年，進張栻、呂祖謙。咸淳三年，定顏曾思孟四子之配享，並進邵雍司馬光從祀。(註一六二)南宋時，學校又有魁星樓，並祀魁星，——魁卽奎，以奎爲文章之府，故亦祀之。

第六節　圖籍與印刷

甲、圖　籍

宋承五代擾攘之後，建隆初，三館（昭文館、史館、集賢院）所藏書僅一萬二千餘卷。乾德元年後，諸國削平，收其圖籍，多得蜀書一萬三千卷，江南書二萬餘卷。（註一六二）又下詔開獻書之路，於是全國書復集三館。四年閏八月，詔求遺書，是歲三禮涉弼、三傳彭幹、學究朱載，皆應詔獻書共一千二百二十八卷，命分置書府，賜弼等科名。（註一六三）太平興國初，太宗幸三館，以廬舍十數間，為五代所遺，湫隘卑濕，纔蔽風雨，顧謂左右曰：「若此之陋，豈可以蓄天下圖籍延四方之士耶？」詔經度左升龍門東北舊車輅院，別建三館。二年三月，三館書院成，賜名崇文院，盡徙舊館之書以實之，六庫書籍正副本凡八萬餘卷。（註一六四）唐兩京皆有三館，而各為之所，每館令修撰文字。宋朝三館合而為一，皆在崇文院中，但各以庫藏書列於廊廡間耳，如東廊為昭文書庫，南廊為集賢書庫，西廊有四庫，分經史子集四部為史館書庫。時兩浙錢俶歸朝，遣使收其書籍，悉送館閣。雍熙元年正月，詔三館以開元四庫書目閱館中所闕者，具列其名，募中外有以書來上達三百卷者，當議甄錄酬獎，餘第卷帙之數等級優賜，不願送官者借其本，寫畢還之。自是四方之書，往往間出矣。（註一六五）太宗慕唐太宗之英風，於端拱二年，就崇文院中堂特建秘書閣，簡稱秘閣，由秘書監掌管，以三館書籍眞本萬餘卷，並內出古畫墨蹟一百一十四軸藏之。此秘閣與三館並重，但不過在崇文院中，別爲四處書庫，大抵以秘閣之圖籍最珍貴，故太宗聽朝之餘，時或遊幸也。咸平二年三月，詔三館寫四部書各二本，一置禁中之龍圖閣，一置後苑之太清樓，而玉宸殿、四門殿，亦各有書萬餘卷。此藏書分隸，既可防水火散亡，亦便觀覽也。四年十月，詔中外臣庶，家有收得三館所闕之書籍，每獻一卷，給獎千錢，其所進書多至三百卷以上者，量才試用，與出身。景德元年三月，直秘閣黃夷簡等上校勘新寫御書凡二萬四千一百六十二卷，校勘官六人，賜錢帛有差。(註一六六)眞宗闢龍圖閣，二年，上儲太宗御製御書文集共五千一百一十五卷軸冊，其下列六閣，經典閣三千七百六十二卷，史傳閣八百二十一卷，子書閣一萬零三百六十二卷，文集閣八千零三十一卷，天文閣二千五百六十四卷，圖畫閣一千四百二十一軸卷冊。(註一六七)三年九月詔：民以書籍赴緣邊榷場博易者，如非九經書疏，悉禁之，違者處罪，其書沒官。(註一六八)四年，太清樓藏四部羣書三萬三千七百二十五卷，玉宸殿東西聚書八千餘卷，皆正經正史之書，其後羣書增至一萬一千二百九十三卷。(註一六九)大中祥符中，獻書者十九人，賜出身，得書一萬零七百五十四卷。(註一七〇)自建隆至大中祥符間，書籍著錄者共三萬六千二百八十卷。八年，榮王宮延燔，三館焚燒殆遍，秘閣書多煨燼，其僅存者遷於古掖門外，謂之崇文外院，於是借太清樓本就館閣補寫，且命儒臣編類詳覆校勘，校理之官始此。(註一七一)然書既多損蠹，更命繕還，天聖三年，成一萬七千六百卷，歸於太清樓。九年冬，新作崇文院，館閣復而外院廢，時已增募寫書吏，專事補緝。景祐初，命翰林學士張觀，知制誥李淑、宋郊，編四庫書，判館閣官覆視錄校。二年，上經史八千四百二十五卷。明年，上子集一萬二千三百六十六卷。詔購求逸書，復以書有謬濫不完，始命定其存廢，因倣開元四部法，以類分門，賜名崇文總目（六十卷），慶曆元年，成書三萬零六百六十九卷，以視隋所藏書三十七萬卷，唐開元間八萬九千六百卷，相差遠矣。然或相重，亦有可取而誤棄不錄者。嘉祐四年，右正言秘閣校理吳及言：近年內臣監館閣書庫，書多亡失，補寫不精，請選館閣職分吏編寫，重借書法，求訪所遺書並施用。令陳襄、蔡抗、蘇頌、陳繹編定四館書，不兼他局，二年一代，置編校官八員，雜讐四館書，給吏百人，悉用黃紙寫印正本，以防盜竊蠹敗，自此私家不敢輒藏。明年冬，奏黃本書六千四百九十六卷，補白本二千九百五十四卷。又詔加購賞，以廣獻書，中外士庶，並許上館閣闕書，每卷賞絹一疋，五百卷與文資官。自是編寫不絕，收獻書二百一十七部，一千三百六十八卷。合崇文總目除前志所載刪去重複訛謬，定註一千四百七十四部，八千四百九十四卷。

熙寧四年，集賢院學士史館修撰宋敏求言：「今三館秘閣，各有四部書外，經史子集，其書類多訛舛，累加校正，尚無善本，蓋逐館幾四萬卷，校讐之時，務存速畢，每帙止用元寫本一冊，校正而已，更無兼本照對。第數既多，難得精密，故藏書雖富，未及前代。」然補寫校定，訪求闕遺，未嘗廢也。七年，成都府進士郭有直及其子大亨獻書三千七百七十九卷，命三館秘閣編校所看詳，得秘閣所無者五百零三卷，詔官大亨爲將作監主簿。自是中外以書來上，凡增四百四十部，六千九百三十九卷。元豐改官制，廢館職，以崇文院爲秘書省，刊寫分貯集賢院史館昭文館秘閣經籍圖書，以秘書郎主之；編輯既定，正其脫誤，則校書郎正字主之。歲於仲夏曝書，則給酒食費，諫官御史及待制以上畢赴。元祐中，重寫御前書籍，又置校對黃本，以館職資淺者爲之。崇寧中，詔兩浙成都府路有民間鏤板奇書，令漕司取索上秘書省。政和七年因訪求遺書，累年所得總目之外，已數百家，幾萬餘卷，增入總目，合爲一書，更崇文總目之號，名曰秘書總目。宣和四年詔曰：「三館圖書之富，歷歲滋久，簡編脫落，字畫訛舛，校其卷帙，尙多逸遺，甚非所以示崇儒右文之意。」乃命建局，以補全校正文籍爲名，設官總理，募工繕寫，一置宣和殿，一置太淸樓，一置秘閣，由提舉秘書省官兼領。所有用費，悉出內帑。四方奇書，自是間出。五年，提舉秘書省言：「有司搜訪士民家藏書籍，悉上送官，參校有無，募工繕寫，藏之御府。近與三館參校，榮州助教張頤所進二百二十一卷，李東一百六十二卷，皆係闕遺，乞加褒賞。」詔頤賜進士出身，東補迪功郎。七年，提舉秘書省又言：「取索到王闐張宿等家藏書，以三館秘閣書目比對所無者凡六百五十八部，二千四百一十七卷，及集省官校勘，悉善本。」詔闐補承務郎，宿補迪功郎。自熙寧以來，搜訪補輯，至宣和爲最盛。

至靖康之變，宣和館閣之儲，蕩然靡遺。其見於著錄，往往多非曩時所訪求者，凡一千四百四十三部，二萬五千二百五十四卷。高宗渡江，移蹕臨安，乃建秘書省於國史院之右，詔搜江浙閩粵載籍，屢優獻書之賞，或以官，故家藏者或命就錄，鬻者悉市之。乃詔分經史子集四庫，仍分官日校。紹興二年，進士曾昷夫獻家藏書二千卷，將仕郎賀廩獻書五千卷。五年，大理評事諸葛行仁獻書萬卷於朝，詔官一子。淳熙四年，秘書少監陳騤等言：中興館閣藏書，前後搜訪，部帙漸廣，乞倣崇文總目類次。五年，書目成，分五十二類，四萬四千四百八十六卷，較崇文舊目所藏，實多一萬三千八百一十七卷；復參三朝所志多八千二百九十卷，兩朝所志多三萬五千九百九十二卷。每年七月七日，秘書省作曝書會，由臨安府排辦，館閣並帶貼職官皆赴宴。嘉定十三年，以四庫之外，書復充斥，詔秘書丞張攀等續書目，再得一萬四千九百四十三卷，視崇文總目又有增加，而太常太史博士之藏諸郡諸路刻板而不及獻者不預焉。紹定四年火災，書多闕。(註一七二)然館閣所藏圖籍，迄宋亡而尚盈四庫也。

太宗詔江南西蜀降臣，分纂述之任，編太平御覽（太平總類）一千卷，參考秦漢以來之書多至一千六百九十餘種；太平廣記五百卷，引用書三百四十五種；及文苑英華一千卷，神醫普救方一千卷，三教聖賢事蹟各五十卷（不傳）。眞宗詔編冊府玄龜一千卷，彤管懿範七十卷，此等類書，乃從羣籍中蒐集而加以編纂。但此等宏偉巨著，可證知宋初圖籍，蒐藏尚富。其列局修書，至徽宗朝崇寧、大觀、政和、宣和而後，尤爲詳備，而其書則包括經、史、圖、樂書、禮制、科條、詔令、記注、故實、道史、內經等編著，獨臣下之文鮮得列焉。遠自太祖朝，令全國置敕書樓。州郡各學，朝廷每有賜書，則築御書閣以貯之。每學有藏書樓、經史閣、稽古閣、藏書閣等名目。書院義學，亦添貯圖籍，故地方藏書，甚爲普遍也。

宋人好藏書，仕宦稍顯者，家必有書數千卷，富厚之家亦然，每建樓閣或大室以貯之，故私人藏書，亦極豐富。太宗子越王元傑，建樓藏書二萬卷。京朝藏書之家，惟王溥爲多，官嘗借本傳寫。

丁度祖顗，父逢吉，以醫術事眞宗藩邸，好聚書，盡其家貲，置書八千卷，且曰吾聚書多矣，必有好學者爲吾子孫。度於大中祥符中登詞科，官至參知政事。(註一七三)丁謂家書亦多，收入秘府。李宗諤藏書萬卷。宋綬家藏書萬餘卷，親自校讎，其子敏求，藏書至三萬卷。宋白聚書，亦有數萬卷。錢惟演家聚書，侔於秘府。宋初，眉山孫氏書樓，藏書萬卷。天聖初，孫闢重建書樓，又設塾爲師徒講肄之所，號山學，於是士子負笈景從，而書樓山學之名聞於時。(註一七四)郭友，字伯龍，華陽人，景祐中，被薦試尚書省不第，掌教於成都學舍，生員常數百人，凡三十年，喜藏書，至萬餘卷，謄寫校對，盡爲佳本。(註一七五)韓琦萬籍堂，歐陽修六一堂，司馬光讀書堂，皆藏書豐富。修自謂集古錄一千卷，藏書一萬卷，光亦貯文史萬餘卷。邯鄲李淑，藏書二萬三千卷。翰林學士彭乘，家聚書萬卷，多手自校正。李常(公擇)少時，讀書於廬山五老峯下白石庵之僧舍，常既去，山中之人指其所居爲李氏山房，藏書凡九千餘卷。道士陳景元，博識多聞，藏書數萬卷，士大夫樂與之遊。(註一七六)元豐間，曾鞏家藏書至二萬餘卷，手自讎對，雖白首不倦，楊景略(一〇四〇—一〇八六)，字康功，元豐六年，知揚州，藏書萬餘卷，常以讎校得失爲樂。元祐初，胡戢字叔文，號蘇門居士，藏書萬卷，集古今石刻又千卷，牓其堂曰琬琰。田偉居荆南，家藏書三萬卷，其子鎬，撰田氏書目六卷，元祐中，袁默爲之序。(註一七七)雍子儀，元祐中，家於四川閬中縣城南將相坊，築會經樓，經史子集京本、蜀本、浙本各一本，共三萬餘卷，蘇軾題其閣額，蒲宗孟爲之記。曾任撫州路總管詹景仁，崇安人，致仕後，在武夷山之平川，築樓藏書，稱萬卷樓，名公巨卿，莫不往謁。蘇頌亦藏書萬卷。賀鑄退居吳下昇平橋及橫塘別墅，藏書萬餘卷，手讎校無一字誤。吳與，福建漳浦人，元豐五年進士，生平歷官凡七任，悉以薪餘市書，所藏至三萬餘卷，鄭樵稱海內藏書者四家，以與所藏本爲最善。元祐紹聖間，嗣濮王宗晟（一〇三一—一〇九五）藏書數萬卷，而榮王宗綽（一〇三五—一〇九六），聚書七萬卷，宣和中，其子曾進書目。南都王欽臣侍郎家，藏書最豐，其目至四萬三千卷，(註一七八)手自讎正，世稱善本。岐亭監酒胡定之，載書萬卷隨行，喜借人看。(註一七九)建中靖國間，知亳州傅楫（一〇四二—一一〇二），興化軍仙遊人，聚書至萬卷。崇寧間，括蒼鮑慎由，家藏書萬餘卷，率手下雌黃，(註一八〇)非讎得其眞不止，有譽於時。(註一八一)大觀政和間，婺源胡霖（一〇六〇—一一一二）主簿，晚築亭館溪山之間，藏書萬卷，以課子弟。慕容彥逢（一〇六六—一一一七），字叔遇，常州宜興人，元祐三年進士，紹聖二年中宏詞科，任越州州學教授，刋印三史，讎校精審，遂爲善本，四方士大夫爭購求之。政和元年，官至刑部尚書。幼嗜學問，晚節益篤，藏書數萬卷，朝夕繙閱。(註一八二)善藏書者，最重在讎校，讎正則得善本。然每因世變，或家道中落，雖紅牙玉軸，亦遭厄而蕩然矣。「承平時，士大夫家如南都戚氏，歷陽沈氏，廬山李氏，九江陳氏，鄱陽吳氏，俱有藏書之名，今皆散逸。」(註一八三)「本朝之初，如江元叔所藏，合江南及吳越之書，凡數萬卷，而子孫不能有之，爲臧僕盜去，與市人裂之以藉物者，不可勝數。余嘗偶過安陸，亦得其吳越省中所藏晉史，則佚於它人者可知。安陸張氏得江書最多，其窮也一篋之富，僅供一炊。王文康初相周世宗。多得唐舊書。李文正所藏，亦爲一時之冠，而子孫皆不克守也。宋宣獻兼有畢文簡楊文莊二家之書，可敵中秘之藏，而元符中蕩爲煙埃。晁文元累世之蓄，校讐是正，視諸家爲精，自中原無事時已有火厄，至政和甲午之災，尺素不存。劉壯輿家於廬山之陽，所儲亦博，今其子孫無聞焉。南陽井氏之書凡五十篋，則盡歸諸晁氏。」（註一八四）最著名之藏書爲李淑、宋綬兩家，藏書皆不減三萬卷，讐校尤爲精詳。然而宋氏書不幸兩遭回祿之禍，而方策掃地；李氏書屬靖康之變，金人犯闕，散亡皆盡。北宋私人藏書之滄桑，略可窺其一斑。

宋室南渡，士大夫故家，文物淪喪，然藏書家可得而言者：河北東路提點刑獄郭永，大名府元城人，建炎二年守大名殉節。永本武人，博古通今，得錢卽買書，故家藏萬卷。（註一八五）宇文虛中謂南來士大夫，家家有圖籍。葉夢得少年貴盛，平生好收書，逾十萬卷，置之霅川弁山，山居建書樓以處之，極爲華煥。紹興十七年，其宅與書俱蕩一燎。（註一八六）李泰發家舊有書萬餘卷，亦以是歲火災被燬。（註一八七）朱公倬家藏書數萬卷，皆手自讐校。洪皓有書萬餘卷，名畫數百卷，全厄於兵燼。晁公武撰晁氏郡齋讀書志（紹興二十一年），自序言得南陽公書五十篋，合其家舊藏得二萬四千五百卷。乾道間，李衡，江都人，致仕後定居崑山，結茅別墅，聚書逾萬卷，自號樂庵。（註一八八）歐陽修之諸孫曰棐者，居廬陵之安成，築室其居之東偏，藏書萬卷，號曰萬卷堂。（註一八九）宗室趙善應（彥遠，一〇一八—一一七七），乃汝愚之父，藏書三萬卷。宰相王淮，亦聚書數萬卷。方崧卿，福建莆田人，紹熙四年，官至京西轉運判官，居官凡三十年，所得俸賜，半以鈔書，築聚書堂貯之，積卷至四萬有餘，皆手自讐校。（註一九〇）眉州靑神楊泰之（正叔），家藏書數萬卷，並加以校正。王正己（一一一九—一一九六）藏書至二萬卷，手鈔爲多，號酌古居士。其弟正功（一一三三—一二〇三）藏寫本及版行者，亦有萬餘卷。撫州崇仁縣李彥華（紹熙三年卒），鄉人號之曰藏修先生，家有書萬餘卷。廬陵太和彭惟孝（一一三五—一二〇七）聚書萬餘卷，號彭氏山房，延老師宿士主講說。四川廣都郭叔誼（一一五五—一二三三），自號肯舟老人，築室藏書萬卷，皆手所校讐。寶慶元年，洪舜俞自考功郎言事罷，歸於潛，讀書天目山下寶福僧寺，寺靚深，舜俞合新舊書得一萬三千卷，藏之閒復閣下，如李廬山故事。(註一九一) 遂寧蘇伯起（振文，紹定六年卒），聚書數萬卷，聖經賢傳，山經地志，私乘野史，以至虞初稗官，旁行敷落之書，靡不搜羅。私人藏書之盛，實不遜於北宋。周密綜述南宋藏書家曰：「至若吾鄉故家，石林葉氏賀氏，皆號藏書之多，至十萬卷。其後齊齋倪氏、月河莫氏、竹齋沈氏、程氏、賀氏，皆號藏書之富，各不下數萬餘卷。近年惟貞齋陳氏書最多，傳錄夾漈鄭氏、方氏、林氏、吳氏舊書至五萬一千二百八十餘卷，且做讀書志作解題，極其精詳。至如秀喦東窗鳳山三李，高氏，牟氏，皆蜀人，號爲史家，所藏僻書尤多。吾家三世積累，凡有書四萬二千餘卷，及三代以來金石之刻一千五百餘種，庋置書種志雅二堂。以上之書，或厄於兵火，或散失無遺。」(註一九二) 圖書之厄，南宋亦不免焉。

藏書既豐，自需編撰書目。書目者，記載藏書之目錄與數量，作實錄，備稽考也。此種記載目錄之學問，亦稱爲目錄學。宋代目錄學，可分爲二派：一爲崇文總目附各書解題，晁公武郡齋讀書志及陳振孫直齋書錄解題因之，並準爲撰述之式；一爲鄭樵通志藝文略，始無所銓釋，並建議廢崇文總目之解題，尤袤遂初堂書目屬之。自是以後，兩體並行。茲爲藏書之所屬而類別之：㈠記官藏之書目者：有禁書目錄一卷，王堯臣歐陽修崇文總目六十六卷，秘閣書目一卷，史館書新定書目錄四卷，秘書省書目二卷，國子監書目一卷，陳騤中興館閣書目七十卷，張攀中興館閣續書目三十卷。㈡記私藏之書目者：有劉沆書目二卷。沈氏萬卷堂目錄二卷。李淑邯鄲圖書志十卷（皇祐元年自序），載其家所藏圖書五十七類，經史子集共一千八百三十六部，二萬三千一百八十六卷，此外，又有藝術志、道書志、書志、畫志等，共爲八目。淑子德芻，又撰邯鄲再集書目三十卷。吳秘家藏書目二卷。荊州田氏書總目三卷。元祐中，劉涇成都府古石刻總目一卷。徐士龍求書補闕一卷。東平董逌廣川藏書志二十六卷，書跋十卷，畫跋五卷。鄭樵求書闕記七卷，又求書外記十卷，羣書會記三十六卷。陳貽範潁川慶善樓家藏書目二卷。濡須秦氏書目一卷。徐州江氏書目二卷。呂氏書目二卷。三川古刻書目一卷。鄱陽吳氏籯金堂書目三卷。孫氏羣書目錄二卷。紫雲樓書目一卷。川中書籍目錄二卷。莆田李氏藏六堂書目一卷（自云唐江王之後，有家藏誥命，其藏書寖以散逸）。吳氏書目一卷（閩中吳與家藏）。晁公武郡齋讀書志二十卷，紹興二十一年撰，每篇輒論其大指。遂初堂書目二卷，淳熙名臣錫山尤袤集，袤藏書至多，法書尤富，但燬於火。莆田鄭氏書目七卷，知樞密院鄭僑之子寅（端平初出仕）記家藏之書。臨安陳思寶刻叢編二十卷。滕强恕東湖書（自志）一卷。（註一九三）陳振孫直齋書錄解題二十二卷。又有夷門蔡氏藏書目，蘇過序謂蔡致君喜收古今之書，手校而積藏之，凡五十年，今二萬卷云。

乙、刻書

刻書自後唐明宗提倡以來，傳至宋代，盛稱一時。先刻佛藏，始於開寶四年，太祖勅令刻大藏經，至太平興國八年竣工，成五千零四十八卷。次刻經，始於端拱元年，國子監祭酒邢昺（九三二—一〇一〇）等校定周禮、儀禮、公羊、穀梁傳正義，凡一百六十五卷，命摹印刊行。刻史始於淳化五年，詔選官分校史記、前漢書、後漢書，既畢，遣內侍齎本就杭州鏤板。刻集始於大中祥符四年。主持刻印書籍之官爲書庫官，淳化五年判國子監李至言：「國子監舊有印書錢物所，名爲近俗，乞改爲國子監書庫官。」詔置書庫監官，以京朝官充掌，印經史子集，以備朝廷宣索賜予之用，及出售而收其值以上於官，迄元豐三年省。天禧五年，管勾國子監劉崇超上言：當時國子監刊行之書六十六部，計有孝經、論語、爾雅、禮記、春秋、文選、初學記、六帖、韻對、爾雅釋文等。景祐二年，詔翰林學士張觀等刋定前漢書，下國子監頒行。南渡後，紹興十三年，復置書庫官一員，三十一年罷。隆興初，詔主簿兼書庫。乾道七年，復置一員。（註一九四）

宋人刻書，極爲謹愼，首重校勘。「端拱元年三月，司業孔維等，奉敕校勘孔穎達五經正義百八十卷，詔國子監鏤板行之。易則維等四人校勘，李說等六人詳勘，又再校。十月，板成以獻，書亦如之。二年十月以獻。春秋則維等三人校勘，王炳等三人詳校，邵世隆再校。淳化元年十月板成。詩則李覺等五人再校，畢道昇等五人詳勘，孔維等五人校勘，淳化三年壬辰四月以獻。禮記則胡迪等五人校勘，紀自成等七人再校，李至等詳定，淳化五年五月以獻。」（註一九五）凡書籍校勘，用兩人校對，一誦一聽看，謂之互讎。眞宗朝，校勘工作，頗爲積極。咸平中，命直史館陳堯佐等覆校史記，又命直秘閣刁衎（九四五—一〇一三）等覆校前後漢書。大中祥符八年十二月，詔樞密使王欽若都大提舉抄寫校勘三館秘閣書籍，翰林學士陳彭年副之。又令吏部銓選募職州縣官有文學者，試後爲校勘官。又令翰林學士於館閣京朝官中各舉服勤文學者爲覆校勘官。仁宗天聖二年，詔直史館張觀、集賢校理王質等校勘南北史隋書。景祐元年四月，命直史館宋祁等覆校南北史。三年十一月，命太子中允集賢校理嵇穎等重校地理書。康定元年閏六月，命翰林學士張觀等編校三館書，判館閣盛度等覆校。嘉祐二年，命崇文院檢討掌禹錫等校正醫書。四年八月，命編校書籍孟恂丁寶臣校宋、齊、梁、陳、後魏、北齊、後周七史。六年四月，以大理寺丞郭固編校秘閣所藏兵書。校勘工作，歷代注意，對圖籍之貢獻甚大。由於刻書用板，書庫所存，數量誠汗牛充棟。景德二年夏，眞宗幸國子監，閱庫書，問祭酒邢昺經板幾何？昺曰：「國初不及四千，今十餘萬，經傳正義皆具。臣少從師業儒時，經具有疏者百無一二，蓋力不能傳寫。今版本大備，士庶家皆有之，斯仍儒者逢辰之幸也。」（註一九六）靖康之難，金人攻下汴京，九經三傳義疏刻板，全部北運。至紹興二十一年，國子監復刻五經三史，其他闕者，亦次第雕板。嘉泰年間，續資治通鑑長編、東都事略、九朝通略、丁未錄、與夫語錄家傳，品目類多，鏤板盛行。當時「國家承平，四方無兵革之虞，多用文儒爲牧守，公私閒暇，擊鮮享醴，會僚屬，以校讎刻書爲美績。至於細民，亦皆轉相模鋟，以取衣食，而閩之建、蜀之益其最著者也。」

（註一九七）

北宋刻本，字體分肥瘦兩派：前者仿顏眞卿，後者仿歐陽詢，每由學者手自抄寫上板，然後槧刻，字體既美，校刻尤精。官本書籍，紙堅刻輭，筆畫如寫，故宋板中以監本最可貴。「藏書者貴宋刻，

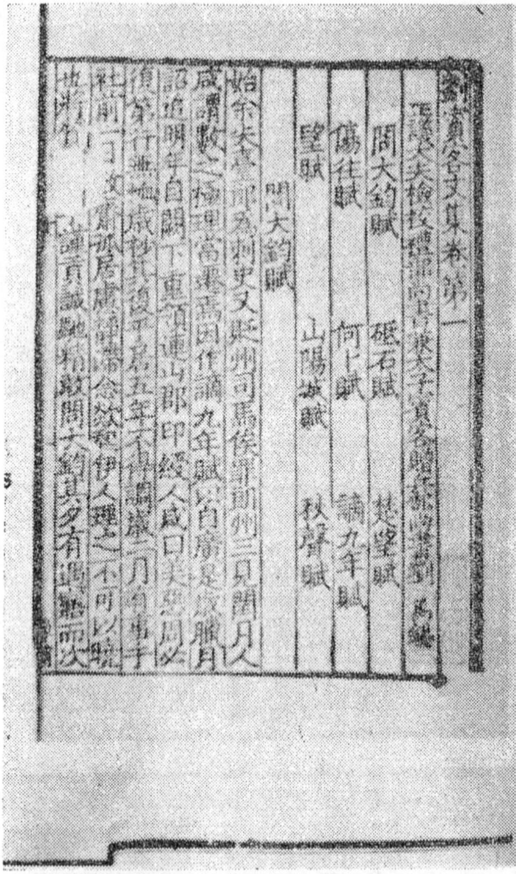
劉賓客文集卷第一

問大鈞賦　砥石賦　楚望賦

傷往賦　何卜賦　謫九年賦

望賦　山陽城賦　秋聲賦

問大鈞賦

始余失臺郎為刺史又貶州司馬俟罪朗州三見閏月人

咸謂數之極理當遷焉因作謫九年賦以自廣是歲臘月

圖十七　宋刻劉賓客文集（國立故宮博物院藏品）

大都書寫肥瘦有則，佳者絕有歐柳筆法，紙質勻潔，墨色清純爲可愛耳。」（註一九八）南宋時，浙吳刻本，字體仿歐陽詢。寶祐五年，刻通鑑紀事本末四十二卷，字畫清朗，有歐書遺風，此其例也。蜀閩刻本，則在顏柳之間，而蜀刻復帶瘦金體。校勘如此謹愼，雕板又極精雅，故書貴宋刻者，「以其雕刻不苟，校閱不訛，書寫肥

瘦有則，刷印清明」（註一九九）故也。屠隆謂：「宋書紙堅刻軟，字畫如寫，格用單邊，間多諱字，用墨稀薄，雖著水濕，燥無湮跡，開卷一種書香，自生異味。」（註二〇〇）而墨光煥發，紙質堅潤，每本用澄心堂紙數幅為副，頗為精緻。書本裝訂，沿用蝴蝶裝，（註二〇一）惟其書甚長大，不便翻閱，故另有巾箱本。（註二〇二）南宋時，又有包背裝，（註二〇三）似為線裝書之前身。刻板雖經校讐，然私刻者亦多訛舛。陸游謂：「近世士大夫所至喜刻書板，而略不校讐，錯本書散滿天下，更誤學者，不如不刻之愈也。」（註二〇四）北宋時，國子監所印兩漢書，文字尚有舛譌，南宋之刻本，自不能無誤矣。至於印板，募工匠雕刻，（註二〇五）除木刻外，當時尚有用輭木粗紙雕印者，書價廉平，書賈藉是以圖利。又有創用膠泥活字板者，（註二〇六）然未能普遍採用。

宋書分為官刻與私刻。官編書籍，有付國子監刻印者，亦有發下某處刻印者。故官刻又分為監本與公使庫本。監本為國子監刻，崇文院、秘書監、司天監等亦有刻。公使庫本為地方刻，如茶鹽司、轉運司、安撫司、提刑司、及府州軍縣等所刻，南荒之廣州，亦有鏤板。私刻分為家刻與坊刻。家刻常稱為家塾刻，如岳珂之相臺家塾、蜀廣郡贊氏進修堂、建溪三峯蔡夢弼、麻沙劉仲吉宅、建安魏仲舉家塾、黃善夫宗仁家塾、眉山程舍人宅、廖瑩中世綵堂等是也。坊刻最有名者，為臨安陳氏、尹氏，建安余氏等。家刻為服務性，坊刻為營業性，但坊刻亦有以家刻為名者。出版以汴京、杭州、福建、四川為中心。汴京以監本著。監本而外，有蜀本、杭本、建本。杭州本以臨安書棚本為最著，（註二〇七）福建本則以建安本為有名。（註二〇八）杭州以質勝，福建以量勝也。經籍刻板之外，史籍、子書、釋經，以及儒道兵農醫書說部等，皆有刻本。圖本亦有刻印。(註二〇九)校勘精確，以監本爲優，其次爲地方官刻及私家刻本，坊間板本較差。諸刻之中，惟蜀本杭本稱勝於北宋，而臨安書棚本則擅譽於南渡。葉夢得謂：「今天下印書，以杭州爲上，蜀本次之，福建最下。京師比歲印板，殆不減杭州，但紙不佳。蜀與福建多以柔木刻之，取其易成而速售，故不能工。福建本幾徧天下，正以其易成故也。」(註二一〇)私人刻書，原懸爲禁例。事關國體邊機，不得鏤印，而曆日、刑法、經典、時政、時文、國史、天文、兵法等，亦禁雕刻或出售，但只爲具文。至和二年，歐陽修奏云：「臣伏見朝廷累有指揮，禁止雕印文字，非不嚴切，而近日雕板尤多，蓋爲不曾條約書舖販賣之人。臣竊見京城近有雕印文集二十卷名爲宋文者，多是當今論議時政之言。」(註二一一)大抵在治平以前，猶禁擅鐫；欲刻印者，必須申請國子監。熙寧以後，略弛此禁。元祐復申明禁例，五年七月，禮部言書籍欲雕印者，納所屬申轉運使開封府牒國子監選定詳定，有益於學者方許鏤板，候印訖，以所印書一本，具詳定官姓名，申送秘書省。如詳定不當，取勘施行，諸戲褻之文，不得雕印，違者杖一百。凡不當雕印者，委州縣監司國子監覺察。從之。(註二一二)然法令日久玩生，故東坡之詩文，市儈成篇刻售，其眉山集更流傳於契丹。南渡後，略施限制，高宗令各州郡所有刻板書籍，用黃色紙加印一部，送秘書省查閱。紹興二十九年，詔州縣書坊非經國子監看詳文字，毋得擅行刊印。(註二一三)淳熙七年，仍申飭書坊擅刻書籍之禁。嘉泰二年二月，有商人私持中興小紀及九朝通略等書欲渡淮，盱眙軍以聞，遂命諸道郡邑書坊所鬻書，凡事干國體者，悉令毀棄。限制私刻書籍，雖法令弁髦，然爲朝廷始終維持之政策。

刻印書籍之價錢，景祐二年，王曾當國時，以編敕曆日每歲募人書寫，費錢三百千，乃用雕刻印行，只費三十千，刻印費只當書寫費十分之一也。王琪守蘇州，以公使庫錢鏤板印筆談（二十六卷）一萬本，每部定價一千錢，士人爭購之，富室或買十許部，既償省庫，羨餘以給公厨。淳祐元年，劉克莊在番禺時，始知眞西山文章正宗（二十四卷），刻印用費六十七萬錢。自有鏤印之書籍，學子購讀較便。蘇軾謂：「余猶及見老儒先生，自言其少時欲求史記漢書而不可得；幸而得之，皆手自書，日夜誦讀，惟恐不及。近歲市人，轉相摹刻，諸子百家之書，日傳萬紙。學者之於書，多且易致如此。」（註二二四）然因購書方便，朱熹認爲士子讀書，每流於苟簡：「今人所以讀書苟簡者，緣書皆有印本多了。……蓋古人無本，除非首尾熟背得方得。至於講論者，也是都背得然後從師受學。如東坡作李氏山房藏書記，那時書猶自難得。晁以道嘗欲得公穀傳，遍求無之，後得一本，方傳寫得。今人連寫也自厭煩了，所以讀書苟簡。」（註二二五）

第七節　學風與士氣

甲、學風之卑靡

北宋初葉，文風最盛之際，士子之學業，根柢膚淺，每騰笑於膠庠，仁宗時，「石守道介，康定中，主盟上庠，酷憤時文之弊，力振古道。時庠序號爲全盛之際，仁宗孟夏鑾輿，有玉津鐵麥之幸，道由上庠。守道前數日於首善堂出題曰：諸生請皇帝幸國學賦，糊名定優劣，中有一賦云：今國家始建十親之宅，新封八大之王，蓋是年造十王宮，封八大王元儼爲荆王之事也。守道晨興，鳴鼓集諸生誚之曰：此輩鼓篋游上庠，提筆場屋，稍或黜落，尙騰謗有司，悲哉！吾道之衰也。如是，此物宜遽去；不爾，則鼓其姓名，撻以懲其謬。時引退者數十人。」（註二一六）

三舍法施行後，因頒發王荆公之三經新義爲敎材，統一思想，士子研讀，專誦王氏章句，而不解義，甚至束書不觀，伊吾佔畢，變秀才爲學究。又因太學課程，不治春秋，影響史學之急遽荒落。葉夢得曰：「葉源，余同年生，自言熙寧初徐振甫榜，已赴省試，時前取上舍優等久矣。省中策問交趾事，茫然莫知本末。或告以見馬援傳，亟錄其語用之而不及詳，乃誤以援爲愿，遂被黜。」（註二一七）此雖並無禁人讀史，但治史風氣久弛，故學者於典故懵然。崇寧之三舍法，雖崇經術，原未嘗廢史，而學校爲之師長者，本自其間出，自知非所學，亦幸時好以倡其徒，故凡言史皆力詆之。尹天民爲南京敎授，至學之日，悉取史記而下至歐陽文忠集，焚於講堂前，物論譁然。以一太學上舍優等生，竟不知馬援爲何人，其謭陋可知。而尹天民敎授南京之日，竟焚史書文集，又何等荒唐。朱弁謂：「科舉自罷詩賦以後，士趨時好，專以三經義爲捷徑，非徒不觀史，而於所習經外，他經及諸子無復有讀之者，故於古今人物，及時世治亂興衰之迹，亦漫不省。元祐初，韓察院以論科舉改更事嘗言：臣於元豐初差對讀擧人試卷，其程文中，或有云：古有董仲舒，不知何代人，當時傳者莫不以爲笑。」（註二一八）自熙豐以迄崇寧，以不治春秋故，史學更不爲人睿顧矣。「崇寧三舍，一用王氏之學，及其弊也，文字語言，習尚浮虛，千人一律。嘗見人說：當時京師優人有致語云：伏維體天法道皇帝，趨時立本相公，惟其所以秀才，和同天人之際，而使之無間者，樂人也。於是觀者莫不絕倒，蓋數語皆當時之文弊也。」(註二一九)學子讀王氏之書，食其糟粕而吐其精華，故論學風之弊，宋史指由龔原始，(註二二〇)或直歸咎於王荊公之學，敗壞人才。此則元祐黨人誣謗之言，非其實也。雖然，當時太學施教之目的，在培養治術之人才，羣趨功利，而爲道學家所詬病久矣。呂東萊曰：「大抵教與政，自是兩事，後世錯認便把教做政看，若後世學校全不可法。」(註二二一)朱晦翁亦曰：「所謂太學者，但爲聲利之場，而掌其教事者，不過取其善爲科舉之文，而嘗得儁於場屋者耳。士之有志於義理者，既無所求於學，其奔趨輻湊而來者，不過爲解額之濫，舍選之私而已。師生相視，漠然如行路之人，間相與言，亦未嘗開之以德行道藝之實，而月書季考者，又祗以促其嗜利苟得冒昧無耻之心，殊非國家之所以立學教人之本意也。」(註二二二)夫奔競之風勝，忠信之俗微，苟爲科場之文，無復進修之志，陷溺人心，敗壞學風，此乃其要因也。

學風既壞，並影響於行爲，士子囂張激烈，亦習以成風。淳熙八年六月，臨安士人以不預補試，羣詣臺諫宅陳詞，臺諫畏其勢，以好語諭之。是夜，集吏部侍郎鄭丙之門，詬罵無禮，或疑京尹王宣子怒丙，激使然也。鄭遂徙家避之。孝宗怒，令宰執宣諭法裁，奏勘到作鬧士人府學生丁如植爲首，其次許斗權、羅彝、御批並編管鄰州，如植乃杖八十科斷。(註二二三)寧宗嘉定間，鄭昭先爲臺臣時，例當言事月(謂之月課)，奏請京都勿用青蓋，惟大臣用以引車。旨從之，成爲禁例。時太學諸生，以為既不許用青蓋，則用皂絹為短簷繖，如京都賣凉水擔上所用者，人已共嗤笑。邏者以為首犯禁例，縛持蓋僕人，併蓋赴京兆府，為京尹程覃杖擊之。「翌日，諸生羣起，伏光範，訴京兆。時相戒閽者勿受謁，諸生至詣闕訴覃，覃亦白堂及臺自辨，諸生攻之愈急。……時相以為前京兆尹趙師䍐既因櫝楚齋生罷去，亦諸生所訴也，既罷一京兆矣，其可再乎？且撻僕與撻生徒，孰重孰輕？諸生得無太恣橫，堅持其議，不以諸生章白上。諸生計既屈，遂治任盡出太學，賫綾卷於崇化堂，皆望闕遙拜而去。雲散霧裂，學為之空。觀者驚惻，以為百年所未嘗有。」(註二二四)朝廷初頗袒程，後以學生全體罷課，態度激昂，始免程職，風潮乃止。理宗時，京兆尹馬光祖，因提議規定學生詞訟，須經國子監蓋印保明，方許經有司，亦為學生攻擊而去位。上述數例，可見當時學生之恣橫，往往小題大做，雖朝官亦畏避之也。

乙、生之腐活化

學生遊學於京師，富有者取給於父兄，清寒者只仰贍於官廩，不足，有充權貴門客家庭教師者，如章惇嘗延一太學生在門下講易，(註二二五)是其一例。吳越之俗，有浮傖子，借名於儒，而橫用家貲如水，千金之室，至以讀書破產者有矣。(註二二六)官家待遇學生，頗為優厚。「兩學公厨，例於三八課試日設別饌，——春秋炊餅，夏冷淘，冬饅頭。而饅頭尤有名，士人得之，往往轉送親識。詢前輩云：元豐初，神廟留神學校，嘗恐飲食菲薄，未足以養士。一日，有旨詣學，取學生食以進。其日食饅頭，神廟嘗之曰：朕以此養士，可無愧矣。自是飲食稍豐潔，而饅頭遂知名。」（註二二七）鄧志宏謂：「崇寧以來，蔡京羣天下學者，納之黌舍，校其文藝，等爲三品，飲食之給，因而有差，旌別人才，止於付魚肉銖兩間，學者不以爲羞，且逐逐然貪之。」（註二二八）學生每好遊宴，辦集者至有專家，「秦檜少遊太學，博記工文，善幹鄙事。同舍號爲秦長脚，每出遊飲，必委之辦集。」（註二二九）

南宋以降，學風日媮，學子生活，日趨驕奢腐化之途。公有饔廩之外，私人所費，不啻倍蓰。生活飲食，便趨於講究。（註二三〇）公膳飲食，全無規矩。「及到石室，亦看士人會飯，則攘拏如猿猱者有之，吼罵齋僕庖人者有之，打損器皿者有之，言談喧笑，視飯僧爲有愧，匪獨士也。」（註二三一）縣學分肉錯一分，便毆打齋僕。「某嘗及見老成人說劉聘君云：縣學嘗得一番分肉，肉有內舍外舍多寡之差。偶齋僕下錯了一分，學生便以界方打齋僕，高聲大怒云：我是內舍生，如何卻只得外舍生肉？」（註二三二）爭肉之行爲如此，廉恥蕩然。此時教授以不講學爲高，學生以酒食徵逐爲樂。「紹熙甲寅（五年），太學諸生擬勸行樂表云：周公欺我，願焚酒誥於通衢；孔子空言，請束孝經於高閣。以勸爲諷，字字有來歷。」（註二三三）此雖遊戲筆墨，似可透視一時之風尚。學舍燕集必點妓，甚至爭風，兩學相鬥。「林喬，泉州人，頗有記問，初遊京庠。淳祐丙午（六年），宗學時芹齋與太學覗身齋爭妓魏華，喬挾府學諸僕爲助，遂成大鬨，押往信州聽讀。」（註二三四）學生人格如此墮落，故賈似道作相，曾對學生度其不可以力勝，遂以術籠絡，市恩收買。咸淳八年，詔加太學餐錢，寬科場恩例。從似道之請，以小利啗之也。（註二三五）「賈公欲優學舍以邀譽，乃以校尉告身錢帛等俾京庠，擬試時，黃文昌方自江閩入爲京尹，益增賞格，雖未綴，猶獲數百千。於是四方之士，紛紛就試。時襄郢已失，江淮告急，有無名子作詩揭之試所云：鼙鼓驚天動地來，九州赤子哭哀哀。廟堂不問平戎策，卻把金錢媚秀才。」（註二三六）諸生啖其利而畏其威，雖目擊似道之非，而噤不敢發一語。及賈氏要君去國，則上書讚美，極意挽留，今日日師相，明日曰元老，今日曰周公，明日曰魏公，無一人敢少指其非。羅大經論其事曰：「太學古語云：有髮頭陀寺，無官御史臺，言其淸苦而鯁亮也。嘉定間，余在太學，聞長上同舍言：乾淳間，齋舍質素，飮器止陶瓦，棟宇無設飾。近時諸齋，亭榭簾幙，競爲靡麗。每一會飮，黃白錯落，非頭陀寺比矣。國有大事，讜論間發，言侍從所不敢言，攻臺諫所不敢攻，由昔迄今，偉節相望。近世以來，非無直言，或陽爲矯激，或陰有附麗，亦未能純然如古之眞御史矣。余謂必甘淸苦如老頭陀，乃能攄鯁亮如眞御史。」（註二三七）由於政治昏晦，士氣頹靡，學生生活因而腐化，每被人收買，失節阿諛，甚至出賣學友之例甚多，學府遂變爲勢利角逐之場矣。

丙、學生問政

學生之批評人物，始於神宗朝：「世稱太學聚天下士，既知道理，又無持祿固寵之累，故其品藻人物，皆合公議。於是以太學爲無官御史臺。神宗謂舒亶曰：頗聞太學生好雌黃人物，雖執政官亦畏其口，何也？」（註二三八）故太學淸議，由來已久。政宣以後，外敵侵陵，國事日非，太學生爲交換家鄉消息，遂有茶會組織。（註二三九）學生既有淸議之習性，又有集會之組織，故當國家危難之際，對內對外皆有言，革時弊，罷宰相，諷君救駕，誅賊臣，禦外侮，挺身而出，風節凜然。溯自大觀以後，太學生多有批評時政者，何執中爲相，陳朝老詣闕上書，謂：「陛下知蔡京之姦，解其相印，天下之人鼓舞，有若更生。及相何執中，中外黯然失望。」並攻擊前任四相，謂韓忠彥庸懦，曾布婪贓，趙挺之愚蠢、蔡京跋扈。（註二四〇）李彪上書批評朝政，觸蔡京之黨怒，下獄。（註二四一）徽宗垂意花石，江南騷然，鄧肅上詩十首諷帝，蔡京欲置之法，幸帝不允。宣和七年十月，陳東上書乞誅蔡京、梁師成、李彥、朱勔、王黼、童貫六賊，朝野震動，後六賊臣皆被貶而死。自是至建炎元年八月，上書凡八次。靖康元年春，金兵直迫汴京，欽宗罷親征行營使李綱權，並解其職，宣撫使种師道亦罷，陳東張炳雷觀高登等上書乞留二人，論李邦彥張邦昌不可用。楊誨論割三鎮之非。沈長卿吳若論李邦彥。欽宗欲用張邦昌爲相，吳若又上書反對。（註二四二）同年十一月，金人再犯京都，陳東徐揆上書，力請堅壁清野。丁特並建議以在城之兵，盡屯城外，以待敵至，使無緣遽犯城垣，並獻守禦八策。汪若海等勸人納資犒軍；帝在軍前，董時升又勸人納金銀。（註二四三）「太學生余覺民上書敵酋，請退兵三十里。同學三百人上書金軍元帥，請減犒軍金銀，人皆稱太學多忠義之士。」（註二四四）二年正月十六日，徐揆上書金酋，酋命取揆赴軍中，覽書詰難，揆高論抗辯，被二酋敲殺。當徽欽二帝在虜時，統制官吳革，以太學生吳銖、朱夢說、徐仁等數十人爲參謀，欲營救二帝，事敗，革被殺，其徒百餘人，併戮河上，則吳銖等或同時死難也。迨金人立張邦昌爲帝，僭號楚，「衆意唯唯，有太學生難之，（范）瓊恐其沮衆，厲聲折之，遣歸學舍。」（註二四五）汴都記曰：「太學同人，元有六百人，圍閉以來，患脚氣者二百餘人，至今尚有殂者，半爲鬼録。去冬，詔許試七書義並策，以求謀略之士。太學中，守舊圖遠大者皆不肯試，惟輕狂躁進者，欣然就試，後皆補校尉，發遣張叔夜軍，聽候差使，比肩卒伍。及城破，死者甚衆。退師後，有存者往山東見康王，上書言事。」(註二四六)康王在南京，四月二十八日，「國子監禁酒董逌，率太學生赴南京，奉表勸進。」(註二四七)建炎元年八月，陳東上書，乞留李綱而罷黃潛善汪伯彥，及請帝親征，以還二聖，並去奸邪而用忠良，被誅殺。二年三月，高宗南遷，太學生隨行者三十六人，而太學生吳安國魏行可先後奉命使金，持節不可奪。方國家遭非常之變，困守危城，莘莘學子，愛國心切，痛陳時事，直言不諱，或獻禦敵之策，或救駕而犧牲，或投筆以從戎，或諫諍而遭戮。救國運動，前仆後繼，斧鉞當前，無畏無餒，忠義之氣，直可驚天地而泣鬼神，孰謂三舍之學，皆無足論也耶？

隆興二年，湯思退撤防求和，欲興大獄以鋤除異己。十一月，思退罷，參知政事周葵行相事，聞諸生有欲相率伏闕者，奏以黃榜禁之。黃榜出，物論譁然。於是太學生張觀、宋鼎、葛用中等七十二人，上書論湯思退、王之望、尹穡曰：「揚州退敵之後，敵人不敢南下。湯思退首唱和議，之望尹穡附之，極力擠排，遂致張浚罷去，邊備廢弛，墮敵計中，天下爲之寒心，而思退輩方以爲得計。今敵人長驅直至淮甸，皆思退等三人懷姦誤國。此三人之罪，皆可斬也。願陛下先正三賊之罪以正天下，仍竄其黨洪适(中書舍人)、晁公武(殿中侍御史)，而用陳康伯、胡銓爲腹心，召金安節、虞允文、王大寶、陳俊卿、王十朋、陳良翰、黃中、龔茂良、劉夙、張栻、查籥，協謀同心，以濟大計。」帝大怒，欲加重罪，晁公武及右正言龔茂良同入對，帝怒稍霽，之望亦爲之救解，乃止。(註二四八) 光宗懾於后，不朝重華宮，滿朝藉藉。紹熙四年十月，汪安仁等二百一十八人，上書請朝重華，皆不報。寧宗慶元元年二月，韓侂冑迫走趙汝愚，楊宏中、周端朝、張道、林仲麟、蔣傅、徐範等六人，上書挽留，詔斥爲罔亂，扇搖國是，各流五百里外編管，中書舍人鄧驛繳奏留之，不聽，由知臨安府錢象祖捕諸生，押送貶所。時全國號宏中等爲六君子。又何澹倡僞學之禁，太學生於齋生題名中，削何澹名。太學生敖陶孫爲詩弔趙汝愚，侂冑遂命其人併承何澹除名罪，掠治無完膚，卒送嶺南編管。「自開禧之初，迄更化之後，天下公論，不歸於上之人，多歸於兩學之士，凡政令施行之舛，除拜黜陟之偏，禁庭私謁之過，涉於國家盛衰之計，公論一鳴，兩學雷動，天子虛已以聽之，宰相俯首而信之，天下傾心而是之。由是四方萬里，或聞兩學建議，父告其子，兄告其弟，師告其徒，必得其說，互相歆豔。」(註二四九) 故當寧理兩宗之際，太學生之意見，極爲朝野重視，至比之御史臺。嘉定六年，金與蒙古交戰，元氣大傷，國勢日弱，眞德秀使金不通，主絕歲幣。喬行簡爲淮西漕，上書謂脣亡齒寒之轍可覆，宜姑與幣，使得拒韃。太學生黃自然、黃洪、周大同、家槓、徐士龍等，同伏麗正門，請斬行簡，以謝天下。(註二五〇) 十二年，金人南侵，唯幣是問，工部尚書胡榘，主與金議和。五月，太學生何處恬等二百七十三人，相率上書請誅之，不報。宗學生公記等十二人，武學生鄭用中等七十二人，又相繼伏闕極言其事，嗣得大臣之援，遂罷榘。凡涉和議之嫌者，必被太學生所攻擊。史嵩之爲相，太學生始終與其爲難。第一次，嵩之爲相，獨攬大權，淳祐四年，以丁憂起復，太學生黃愷伯、金九萬、孫翼鳳等一百四十四人，叩閽上書，謂嵩之在朝廷一日，則貽一日之禍；在朝廷一歲，則貽一歲之憂，萬口一辭，惟恐其去之不速也。又謂嵩之本無捍衛封疆之能，徒有刼制朝廷之術；本無足國裕民之能，徒有私自豐殖之計。又謂堂堂中國，豈無君子？獨信一小人而不悟，是陛下欲藝祖三百年之天下，壞於史氏之手而後已。不報。武學生翁日善等六十七人，京學生劉時舉、王元野、黃道等九十四人，宗學生與寰等三十四人，建昌軍學敎授盧鉞皆上書切諫，不報。太學、武學、宗學諸生，再伏闕上書，並榜於太學齋廊云：「丞相朝入，諸生夕出；丞相夕入，諸生朝出。」范鍾劉伯正惡京學生言事，謂皆遊士鼓倡之，諷京兆尹趙與懽逐遊士。諸生聞之，作捲堂文，辭先聖以出。京尹遂盡削遊士籍。(註二五一)但卒阻其復相。第二次，五年，徐元杰劉漢弼中毒暴卒，太學生蔡德潤等一百七十三人，伏闕上書，爲之鳴冤。六年，嵩之服除，有進用意，三學生上書攻之，乃命其致仕。十二年，三學諸生扣閽言臨安尹余晦，相率出學，帝令學官勸勉入齋。寶祐四年十一月，丁大全旣逐董槐，益專恣用事，太學生陳宜中、黃鏞、林則祖、曾唯、劉黼、陳宗六人，上書論丁大全之姦，士論翕然號爲六君子。(註二五二)大全怒甚。詔學官申嚴祖宗學法，諸生或怙惡不悛，自叛名敎，必正憲典，仍令三學立石，戒諸生勿得妄議國政。又以御史吳衍翁應弼言，太學武學生劉黼等八人拘管江西湖南州軍，宗學生與伯等七人，並削籍，拘管外宗司。(註二五三)賈似道當國，行公田制，景定五年，太學生吳綺、許求、陳夢斗、陳紹中等上書攻之，臨安府學生葉李蕭規等八十三人，亦應詔上書，並詆賈似道專權誤國害民。似道怒，知奏稿出於李，令京尹劉良貴捕寘於獄，黥配李於漳州，規於汀州。周密曰：「三學之橫，盛於淳祐景定之際，凡其所欲出者，雖宰相臺諫，亦直之使必去，權乃與人主抗衡。或少見施行，則必借秦爲喩，動以坑儒惡聲加之。時君時相，略不敢過而問焉。其所以招權受賂，豪奪庇姦，動搖國法，作爲無名之謗，扣閽上書，經臺投卷，人畏之如狼虎，若市井商賈，無不被害，而無所赴愬，非京尹不敢過問，雖一時權相如史嵩之，丁大全，亦未如之何也。」（註二五四）似道初雖以暴力壓制太學生之橫議，至咸淳間，自度難以力勝，改以權術駕馭，廣爲市恩，啗之以小利，使學生帖然就範。因之，似道玩弄讀書人，以維持其政權之策略，「假崇尙道學旌別高科之名，而專用一等委靡迂緩不才之徒，高者談理學，卑者矜時文，略不知兵財政刑爲何物，垢面弊衣，冬烘昏憒，以致糜爛漸盡而不可救藥。」（註二五五）

然則三學諸生豈盡受似道牢籠哉？是又不然。當蒙古兵圍攻襄陽時，三學士人上書，乞調諸路兵救之，不報。（註二五六）時學生紛紛上書，郭昌子畫六策以獻，又上十六策，以爲守備之要。文天祥起兵廬陵時，太學生王炎午曾進言，天祥嘉納之。德祐元年七月，臨安極危急，京學生劉九皋等伏闕上書，言陳宜中擅權黨賈似道趦潛，恐誤國將不止一似道也。初，宜中事多專決，不關白王爚，或謂京學生之論，實爚嗾之。書上，宜中徑去，皇太后下劉九皋於臨安獄。三學生亦上書請誅似道，乃貶之漳州，死於謫所。當元兵進至平江時，朝廷議遷都，宗學生上書諫止。二年，元兵入臨安，三宮赴北，董文炳唆都俘三學生一百人從行，貴齋僕足其數。時見幾者悉已他竄，太學生徐應鑣與子琦崧女元娘同投井死，州橋吳府子弟名棠孫者，甫入齋，乃爲齋僕所指，驅之北去。出關後，諸生趦趄不行，人捶以棍棒三下，登舟餒甚，得粥飯一桶，無匙箸，乃於河邊拾蚌蛤之殼，爭攫而食之。飢寒困甚，道亡者多，皆身膏草野。後授諸路府教授，僅餘十七八人耳。(註二五七)

葉適曰：「本朝其始議建學，久而不克就，至王安石乃卒就之。然未幾而大獄起矣。崇觀間，以俊秀聞於學者，旋爲大官。宣和靖康所用誤朝之人，大抵學校之名士也。及諸生伏闕，搥鼓以請起李綱，天下或以爲有忠義之氣，而朝廷以爲倡亂動衆者，無如太學之士。及秦檜爲相，務使諸生爲無廉恥以媚已，而以小利啗之，陰以拒塞言者。士人靡然成風，獻頌拜表，希望恩澤，一有不及，謗議喧然。故至於今日，太學尤弊，遂爲姑息之地。」(註二五八)夫宣和靖康所用誤朝之人，乃蔡京王黼豢養派系奴才之結果，然則南宋名臣如朱勝非、張浚、趙鼎、衛膚敏、陳康伯、李光、魏矼、潘良貴、蕭振、張嵲等，可謂歲寒松栢，氣節崢嶸，亦何莫非出自徽宗朝之太學哉？夫學生問政，其動機有激於公憤，有溺於私利。激於公憤者如救國，如討奸，理直氣壯，慷慨赴義，冒險犯難而不辭。溺於私利者，以浮言興謗，訾議恣横，但秦檜啗之以小利，賈似道市恩而收買之，便帖然就範矣。然而不滿現狀，鼓動風潮，宋代每起自學生，所謂三學之横，乃黌舍之病態而非其常也。雖然，青衿之士，其不問政者亦多冬烘，重義理而輕實學，此種峨冠大帶，袖手危坐之作風，至南宋而極焉。陳亮之言曰：「始悟今時之儒士，自以爲得正心誠意之學者，皆風痺不知痛癢之人也。舉一世安於君父之讐，而方低頭拱手以談性命，不知何者謂之性命乎」(註二五九)銷鑠頹惰，熟爛委靡，士氣消沉，民族性日以餒弱矣。袁桷曰：「自宋末年，尊朱熹之學，唇腐舌敝，止於四書之註。故凡刑獄簿書，金穀戶口，靡密出入，皆以爲俗吏，而爭鄙棄。清談危坐，卒至國亡，而莫可救。」（註二六〇）此誠深有所感之言者也。

【注　釋】

（註一）玉海，卷一一二，慶曆太學條。

（註二）同上書，卷一一二，元豐太學三舍法條。

（註三）所謂八行者，孝、悌、忠、和、睦、婣、任、恤是也。凡有八行實狀，鄉上之縣，縣延入學，審考無僞，上其名於州。州第其等，孝悌忠和爲上，睦婣爲中，任恤爲下。苟備八行，不俟中歲，即奏貢入太學，免試補爲上舍，司成以下審考不誣，申尚書省取旨釋褐，優命之官。不能全備者，爲州學上等上舍，餘有差。八刑則反八行，而麗於罪，各以其罪名之。縣上其名於州，州稽於學，毋得補弟子員。（宋史，卷一五七，志第一一〇，選舉三）。

（註四）夢粱錄，卷十五，太學。

（註五）宋會要輯稿，第五十四冊，崇儒一之一六—一九。

（註六）朱文公文集，卷六十九，學校貢舉私議。

（註七）水心先生文集，卷三，奏議，論學校。

（註八）宋史，卷一五七，志第一一〇，選舉三。

（註九）宋會要輯稿，第五十四冊，崇儒二之二七。

（註十）續資治通鑑，卷二十九，宋紀二十九。

（註十一）續資治通鑑長編，卷二〇二。

（註十二）宋會要輯稿，第五十四冊，崇儒一之一。

（註十三）同上書，崇儒一之十五。

（註十四）宋史，卷一六五，志第一一八，國子監。

（註十五）宋會要輯稿，第五十五冊，崇儒三之一〇—一一。

（註十六）宋史，卷一六四，志第一一七，職官四，秘書省。徽宗時，「徐處仁爲太常博士，時初置算學，議所祖，或以孔子嘗易知數。處仁言仲尼之道，無所不備，非專門比。黃帝迎日推策，數之始也，祖黃帝爲宜。」（宋史，卷三七一，列傳第一三〇，徐處仁傳）。洪邁曰：「大觀中，置算學如庠序之制。三年三月，詔以文宣王爲先師，兗、鄒、荊三國公配饗十哲從祀，而列自昔著名算數之人，繪像於兩廊，加賜五等之爵。於是中書舍人張邦昌定其名：風后、大撓、隸首、容成、箕子、商高、常儀、鬼臾區、巫咸九人封公。史蘇、卜徒父、卜偃、梓愼、卜楚邱、史趙、史墨、裨竈、榮方、甘德、甘申、鮮于妄人、耿壽昌、夏侯勝、京房、翼奉、李尋、張衡、周興、單颺、樊英、郭璞、何承天、宋景業、蕭吉、臨孝恭、張會元、王朴二十八人封伯。鄧平、劉洪、管輅、趙達、祖冲之、殷紹、信都芳、許遵、耿詢、劉焯、劉炫、傅仁均、王孝通、瞿曇羅、李淳風、王希明、李鼎祚、邊岡、郎顗、襄楷二十人封子。司馬季主、洛下閎、嚴君平、劉徽、姜岌、張邱建、夏侯陽、甄鸞、盧太翼九人封男。考其所條具，固有於傳記無聞者，而高下等差，殊爲乖謬。如司馬季主，嚴君平止於男爵，鮮于妄人、洛下閎同定太陽曆，而妄人封伯，下閎封男，尤可笑也。十一月，又改以黃帝爲先師云。」（容齋隨筆，三筆，卷十三，大觀算學）。

（註十七） 宋會要輯稿，第五十五冊，崇儒三之六—七。

（註十八） 司馬文正公傳家集，卷六十九，序賻禮，元豐六年。

（註十九） 宋會要輯稿，第五十五冊，崇儒三之二六—二七。

（註二十） 宋史，卷一五七，志第一一〇，選舉三。

（註二十一） 鄧椿，畫繼，卷一，聖藝，徽宗皇帝。

（註二十二） 同上書。

（註二十三） 夷堅志，乙集，卷五，畫學生。

（註二十四） 螢雪叢說，卷上，試畫工形容詩題。

（註二十五） 捫虱新話，卷一，畫工善體詩人之意。

（註二十六） 妮古錄，卷二。

（註二十七） 螢雪叢說，卷上，試畫工形容詩題。

（註二十八） 雲麓漫鈔，卷二。

（註二十九） 長物志，卷五，院畫。

（註三十） 同上書，粉本。

（註三十一） 宣和初，徽宗欲伐遼，遣畫學正陳堯臣偕畫學生二員胥爲使赴遼，盡以道中所歷形勢向背，同繪遼主天祚像以歸。（揮麈錄，後錄，卷四，陳堯臣進退終始事迹）。

（註三十二）畫繼，註十，雜說。

（註三十三）范仲淹曾奏請醫事曰：「臣觀周禮有醫師掌醫之政，令歲終考其醫事，以制其祿，是先王以醫事爲大，著於典冊。我祖宗朝置天下醫學博士，亦其意也，卽未曾敎授生徒。今京師生人百萬，醫者千數，率多道聽，不經師授。其誤傷人命者，日日有之。臣欲乞出自聖意，特降勑命，委宣徽院選能講說醫書三五人爲醫師，於武成王廟講說素問難經等文字。召京城習醫生徒聽學，並敎脉候，及修合藥餌。其鍼灸亦別立科敎授，經三年後，方可選試。高等者入翰林院充學生祗應，仍指揮今後不由師學，不得入翰林院。如在外面私習，得醫道精通，有近上朝臣三人奏舉者，亦送武成王廟比試，更委宣徽院覆試。取醫道精深，高等者方得入翰林院祗應。如內中及諸宮院使不經官學，百姓醫人有功効者，只與支賜如祗應。十年以上累有功効者，卽與助敎或殿侍三司軍大將安排，卽不得入翰林院。所有諸道州府已有醫學博士，亦令逐處習生徒，並各選官專管，仍指揮轉運使，提點刑獄，轉運判官所到，點檢其學醫生徒，候念得兩部醫書精熟，卽與免戶下諸般差配如祗應。州府累有功効者，卽保明聞奏，與助敎安排。所責天下醫道，各有原流，不致枉人性命，所濟甚廣，爲聖人美利之一也。」（范文正公集，奏議，卷下，奏乞在京幷諸道醫學敎授生徒）。

（註三十四）樂全集，卷二十五，乞比試醫人事。

（註三十五）宋史，卷十二，本紀第十二，仁宗四。

（註三十六）續資治通鑑長編紀事本末，卷八十一，政迹。

（註三十七）宋會要輯稿，第五十五冊，崇儒三之一一｜一三。

（註三十八）同上書，崇儒三之二〇。

（註三十九）續資治通鑑長編紀事本末，卷一三五，四學。

（註 四 十）吹劍錄，四錄。

（註四十一）宋史紀事本末，卷三十八，學校科舉之制。

（註四十二）宋會要輯稿，第五十五冊，崇儒三之三一。

（註四十三）夢粱錄，卷十五，學校。

（註四十四）建炎以來繫年要錄，卷一七二。

（註四十五）宋史，卷一五七，志第一一〇，選舉三。

（註四十六）景祐二年，賜鄆州學田五頃，許蔡州立學，又許蘇州立學，仍給田五頃。三年，許洪州、密州、潞州、常州、衡州、許州、潤州、眞州、越州、階州、眞定府、博州、郢州、絳州、合州、江州立學，賜洪州、密州、眞州、越州、階州、博州、郢州，各給田五頃。四年，賜蔡州學田十頃，宣州學田五頃，許華福二州立學。寶元元年，賜鄆州襄州田各五頃。二年，許泉州、建州立學，各給田五頃。

（註四十七）續資治通鑑長編，卷一四七。

（註四十八）文獻通考，卷三十一，選舉四。

（註四十九）金石萃編，卷一三四，宋十二，京兆府小學規。

（註 五 十）司馬文正公傳家集，卷四十，議貢舉狀，熙寧二年五月。

(註五十一) 理學家對此官立學校制度，亦持反對態度，朱熹謂：「自熙寧設置教官之後，學者不復得自擇師，是以學校之正名存實亡，而人才之出，不復如當日之盛。」(朱文公文集，卷三十八，答薛士龍)。

(註五十二) 續資治通鑑長編，卷二五二。

(註五十三) 京東路，兗、徐、曹、鄆、青、密州，應天府各一員。京西路，西京國子監、許、陳、襄、鄧州各一員。河北路，北京國子監、定、相、滄、衞、棣、瀛州，眞定府各一員。陝府西路，陝、華、耀、邠、秦、熙州，永興軍，鳳翔、河中府各一員。河東路，潞、晉、代州，太原府各一員。淮南路，揚州、亳州各一員。兩浙路，杭、越、蘇三州各一員。江南東路，饒州、江寧府各一員。江南西路，洪州、吉州各一員。荊湖南路，潭州一員。荊湖北路，江陵府一員。福建路，建州一員。成都府路，眉州、成都府各一員。梓州路，梓州、普州各一員。利州路，利州一員。夔州路，夔州一員。廣南東路，廣州一員。廣南西路，桂州一員。

(註五十四) 續資治通鑑，卷九十，宋紀九十。

(註五十五) 宋會要輯稿，第五十四冊，崇儒二之一六。

(註五十六) 續資治通鑑，卷九十一，宋紀九十一。

(註五十七) 宋會要輯稿，第五十四冊，崇儒二之二三。

(註五十八) 文獻通考，卷四十六，學校七。

(註五十九) 朱文公文集，卷七十七，漳州教授廳壁記。

(註 六 十) 宋史，卷一五七，志第一一〇，選舉三。

（註六十一）朱文公文集，卷九十九。

（註六十二）同上書，卷七十七，漳州教授廳壁記。

（註六十三）涑水記聞，卷十。

（註六十四）呂東萊集，卷十，州學規約。

（註六十五）興元府統五州，文同於熙寧六年奏：「臣自到本府，遂詣學舍點檢，見其處所褊狹，僻在城下，屋宇卑陋，殆不可入。其中生徒，小大裁數人而已。臣因詢問僚屬，並徧訪左右所以如此不振之由，皆言本府自唐末以來，並無諸科修學及第之人。從前每有科場，皆是外州軍進士，暫來就此假籍寄應，縱獲薦到省，皆下第無成，遂各歸還本貫，不復住此修習，所以其民便謂讀書無效，更不從學。近歲府縣雖稍士人應舉，終是素無師範，所肄之業，多不能上合新格。」（丹淵集，卷三十四，奏爲乞置興元府府學教授狀）。

（註六十六）武溪集，卷六，洪州新置州學記。

（註六十七）樂全集，卷三十三，湖州新建州學記。

（註六十八）武溪集，卷六，饒州新建州學記。

（註六十九）蘇東坡集，後集，卷十五，南安軍學記。

（註 七 十）盤洲文集，卷三十三，休寧縣校官碑。

（註七十一）梅溪王先生文集，後集，卷二十六，廣州重建學記。

（註七十二）章泉集，卷五，重修廣信郡學記。

（註七十三）紹興年間，湖北荊門軍因再興學校，郡縣奉承括到沒官田，便名學糧。初無耕夫，遂勒本保人戶分畝認米，謂之附種學糧。皆是與本戶田土不相連接，農人不便耕墾，例皆荒閑，不免依數塡納租課。（盤洲文集，卷四十九，荊門軍奏便民五事狀）。

（註七十四）文獻通考，卷四十二，學校三。

（註七十五）張右史文集，卷五十，冀州學記。

（註七十六）同上書，卷五十，萬壽縣學記。

（註七十七）建炎以來朝野雜記，甲集卷四，監本書籍。

（註七十八）宋史，卷十五，本紀第十五，神宗二。

（註七十九）宋會要輯稿，第五十四冊，崇儒二之十一。

（註　八　十）湯雲孫，東坡志林，卷二，異事上，道士張易簡。

（註八十一）唐李翰蒙求一書，駢羅經史，間取小說雜書，屬對工整。每句四字，兩句爲一對，每句著一人，每人著一事，如王戎簡要，裴楷清通。孔明臥龍，呂望非熊等是。然亦有一人而分作二句三句者。全書共五百九十八句，二千三百八十四字，爲訓蒙之敎本。宋劉班撰兩漢蒙求十一卷，仿李翰蒙求之體，取便鄉塾之誦習。徐伯益又著有訓女蒙求一卷，亦仿李翰體，類集婦女事蹟，爲四言韻語以括之。

（註八十二）「孩提之童才入學，使之徐就規矩，亦必有方，發於書學是也。故上大人，丘乙己，化三千，七十士。爾小生，八九子，佳作仁，可知禮也，殊有妙理。二十五字，上截是孔子之聖，下截是敎小兒學做孔子。」（陳郁，藏一話腴）。

（註八十三）陸放翁集，劍南詩稿，卷一，觀村童戲溪上。

（註八十四）同上書，卷二十五，秋日郊居。

（註八十五）徐騎省集，卷二十八，洪州華山胡氏書堂記。

（註八十六）朱文公文集，卷八十，玉山劉氏義學記。

（註八十七）朱子語類大全，卷一〇九，朱子六，論取士。

（註八十八）衡州石鼓書院記：「衡州石鼓山，據烝湘之會，江流環帶，最爲一郡佳處。故有書院，起唐元和間州人李寬之所爲。至國初時，嘗賜敕額，其後乃復稍徙而東，以爲州學，則書院之迹，於此遂廢而不復修矣。淳熙十二年，部使者東陽潘侯時德鄜始因舊址列屋數間，牓以故額，將以俟四方之士有志於學而不屑於課試之業者居之，未竟而去。今使者成都宋侯若水子淵，又因其故而益廣之，別建重屋，以奉先聖先師之像，且摹國子監及本道諸州印書若干種若干卷，而俾郡縣擇遣修士以充入之，蓋連帥林侯栗，諸使者蘇侯詡、管侯鑑、衡守薛侯伯宣，皆奉金齎割公田以佐其役，踰年而後落其成焉。以是宋侯以書來曰：願記其實以詔後人，且有以幸敎其學者，則所望也。予惟前代庠序之敎不修，士病無所於學，往往相與擇勝地，立精舍，以爲羣居講習之所，而爲政者，乃或就而襃表之，若此山、若嶽麓、若白鹿洞之類是也。逮至本朝，慶曆熙寧之盛，學校之官，遂徧天下，而昔日處士之廬無所用，則其舊迹之蕪廢，亦其勢然也。不有好古圖舊之賢，孰能謹而存之哉？抑今郡縣之學官，置博士弟子員，皆未嘗考其德行道藝之素，其所受授，又皆世俗之書，進取之業，使人見利而不見義，士之有志於爲己者，蓋羞言之。是以常欲別求燕閒清曠之地，以共講其所聞而不可得。此二公所以慨然發憤於斯役而不敢憚其煩，蓋非獨不忍其舊迹之蕪廢而已也。故特爲之記其本末，以告來者，使知二公之志所以然者，而毋以今日學校科擧之意亂焉。又以風曉在位，使知今日學校科擧之敎，其害將有不可勝言者，不可以是爲適然而莫之救也。若諸生之所以學而非若今人之所謂，則昔者吾友張子敬夫所以記夫嶽麓者，語之詳矣。顧於下學之功有所未究，是以誦其言者，不知所以從事之方而無以蹈其實，然今亦何以他求爲哉？亦曰養其全於未發之前，察其幾於將發之際，善則擴而充之，惡則克而去之，其如此而已矣，又何俟於予言哉？十四年丁未歲夏四月朔，新安朱熹記。」（朱文公文集，卷七十九）。

（註八十九）容齋隨筆，三筆，卷十五，州郡書院。
（註 九 十）朱文公文集，卷九十九，白鹿洞牒。
（註九十一）同上書，白鹿洞牒。
（註九十二）同上書，卷七十四，白鹿洞書院揭示。
（註九十三）象山先生全集，卷三十六，年譜。
（註九十四）五峯集，卷二，與秦會之書。
（註九十五）晝墁集，卷七，郴行錄。
（註九十六）朱子語類大全，卷一〇六，朱子三，外任，潭州。
（註九十七）朱文公文集，卷一百，潭州委敎授措置嶽麓書院牒。

（註九十八）宋史，卷四五〇，列傳第二〇九，尹穀傳。

（註九十九）玉壺野史，卷一。

（註一〇〇）文獻通考，卷四十六，學校七。徐度所記應天府書院之史略，與通考稍異，謂：「宋城富人曹誠，捐私錢建書院於城中，前廟後堂，旁列齋舍。既成，邀楚丘戚同文主之。同文生唐天祐中，以文學行義爲學者師，及是四方之士爭趨之。曹氏益復買田市書，以待來者。戚氏乃制爲學規，凡課試講肄，勸督懲賞，莫不有法。寧親歸沐，與親戚往還，莫不有時。而皆曲盡人情，故人尤樂從焉。由是書院日以浸盛，事聞京師，有詔賜名應天府書院。同文沒，門人私謚爲正素先生。」（卻掃篇，卷上）。

（註一〇一）後村先生大全集，卷九十三，泉山書院記。

（註一〇二）象山先生全集，卷三十六，年譜。

（註一〇三）陸佃傳：「崇政殿說書，進講周官，神宗稱善，始命前一夕進稿，」（宋史，卷三四三，列傳第一〇二）此稿即講義也。「古之講經者，執卷而口說，未嘗有講義也。元豐間，陸農師在經筵，始進講義，自時厥後，上而經筵，下而學校，皆爲支流曼衍之詞，說者徒以資口耳，聽者不復相問難，道愈散而習愈薄耳。」（困學紀聞，卷八，經說）。

（註一〇四）鶴山先生大全文集，卷四十一，書鶴山書院始末。

（註一〇五）眞文忠公文集，卷二十六，龍山書院記。

（註一〇六）後村先生大全集，卷一四三，孟少保神道碑。

（註一〇七）清容居士集，卷十八，白石書院記。

（註一〇八）愛日齋叢鈔，卷四。

（註一〇九）續文獻通考，卷五十，學校考四，郡國鄉黨之學。

（註一一〇）朱文公文集，卷九十九，白鹿洞牒。

（註一一一）白鹿洞書院講義：「某雖少服父兄師友之訓，不敢自棄，而頑鈍疏拙，學不加進，每懷愧惕，恐卒負其初心。方將求鍼砭鐫磨於四方師友，冀獲開發，以免罪戾。比來得從郡侯秘書，至白鹿書堂，羣賢畢集，瞻覩盛觀，竊自慶幸。秘書先生，教授先生，不察其愚令登講席，以吐所聞。顧性庸虛，何敢當此？辭避再三，不得所請。取論語中一章，陳平日所感，以應嘉命，亦幸有以教之。

子曰：君子喻於義，小人喻於利一章。此章以義利判君子小人，辭旨曉白，然讀之者，苟不切己觀省，亦恐未能有益也。某平日讀此，不無所感。竊謂學者於此，當辨其志。人之所喻，由其所習；所習由其所志，志乎義，則所習者，必在於義，所習在義，斯喻於義矣；志乎利，則所習者，必在於利，所習在利，斯喻於利矣。故學者之志，不可不辨也。科舉取士久矣，名儒鉅公，皆由此出。今爲士者，固不能免此。然場屋之得失，顧其技與有司好惡如何耳，非所以爲君子小人之辨也。而今世以此相尙，使汨沒於此，而不能自拔，則終日從事者，雖曰聖賢之書，而要其志之所鄉，則有與聖賢背而馳者矣。推而上之，則又惟官資崇卑，祿廩厚薄之計，豈能悉心力於國事民隱，以無負於任使之者哉？從事其間，更歷之多，講習之熟，安得不有所喻，顧恐不在於義耳。誠能深思，是身不可使之爲小人之歸，其於利欲之習，怛焉爲之痛心疾首，專志乎義，而日勉焉，博學審問謹思明辨而篤行之，由是而進於場屋，其文必皆道其平日之學，胸中之蘊，而不詭於聖人，由是而仕，必皆共其職，勤其事，心乎國，心乎民，而不爲身計，其得不謂之君子乎？秘書先生，起廢以新斯堂，其意篤矣。凡至斯堂者，必不殊志，願與諸君勉之，以毋負其志。

淳熙辛丑（八年）春二月，陸兄子靜，來自金谿，其徒朱克家、陸麟之、周清叟、熊鑑、路謙亨、胥訓實從。十一日丁亥，熹率寮友諸生，與俱至於白鹿書院，請得一言，以警學者。子靜旣不鄙而惠許之，至其所以發明敷暢，則又懇到明白，而皆有以切中學者隱微深痼之病，蓋聽者莫不悚然動心焉。熹猶懼其久而或忘之也，復請子靜筆之於簡而受藏之。（尋以講義刻於石）凡我同志，於此反身而深察之，則庶乎其可不迷於入德之方矣。新安朱熹識」。（象山先生全集，卷二十三）

（註一一二）宋史，卷四三二，列傳第一九一，胡瑗傳。

（註一一三）宋元學案，卷一，安定學案。

（註一一四）王銍，默記，卷下。

（註一一五）于湖居士文集，卷二十九，汪文舉墓誌銘。

（註一一六）止齋先生文集，卷四十七，章端叟墓誌銘。

（註一一七）象山先生全集，卷三十六，年譜。

（註一一八）程董二先生學則。宋元學案，卷六十九，滄洲諸儒學案。

（註一一九）崇寧元年，縣學生選考升諸州爲州學生，每三年貢入太學爲太學生，至則附辟雍試，別立號考取。分三等試，入上等補上舍生，入中等補下等上舍生，入下等補內舍生，餘居外舍。諸州算解額，各以三分之一充貢士，開封府量留五十五額解士人之不入學者，餘盡均給諸州，以爲貢額。又崇寧五年著令：凡縣學生隸學已及三月，不犯上二等罰，聽次年試補州學外舍，是爲歲升。（宋史，卷一五七，志第一一〇，選擧三）三歲不赴升試者，除其籍。自縣選考升諸州爲州學生，初補外舍。元符二年，州許上舍一人，內舍二人，歲貢入京師。

（註一二〇）宋會要輯稿，第五十四冊，崇儒一之三五。

（註一二一）宋文公文集，卷十三，學校貢擧私議。

（註一二二）宋會要輯稿，第五十四冊，崇儒一之四二。

（註一二三）同上書，崇儒一之四八—四九。

（註一二四）同上書，崇儒一之三十九。

（註一二五）宋史，卷一六五，志第一一八，國子監。陸游謂：「士人入辟雍，皆給券，一日不可緩，緩則謂之害學政，議罰不少貸。」（老學庵筆記，卷二）。

（註一二六）宋史、卷一六五，志第一一八，國子監。

（註一二七）湘山野錄，卷二。

（註一二八）童蒙訓，卷上。

（註一二九）李廌，師友談記。

（註一三〇）續資治通鑑長編，卷二八〇。

（註一三一）玉海，卷一一二，熙寧增廣太學條。

（註一三二）宋會要輯稿，第五十四冊，崇儒一之四〇。

（註一三三）癸辛雜識，後集，太學文變。
（註一三四）武溪集，余襄公奏議，卷下，乞罷天下學生員聽讀日限。
（註一三五）文獻通考，卷四十六。
（註一三六）宋史，卷一五七，志第一一〇，選舉三。
（註一三七）癸辛雜識，後集，成均舊規。
（註一三八）宋會要輯稿，第五十四冊，崇儒一之四〇。
（註一三九）同上書，崇儒一之四五。
（註一四〇）同上書，崇儒一之三八。
（註一四一）建炎以來朝野雜記，乙集，卷十五，太學生校定新制。
（註一四二）宋會要輯稿，第五十四冊，崇儒一之四〇。
（註一四三）癸辛雜識，後集，成均舊規。
（註一四四）同上書，成均舊規。
（註一四五）同上書，成均舊規。
（註一四六）宋史，卷一五七，志第一一〇，選舉三。
（註一四七）宋元學案，卷二十五，龜山學案。
（註一四八）水心先生文集，卷三，奏論學校。
（註一四九）元豐元年十二月，太學生虞蕃，建州人，上書訟太學講官不公，校試諸生升補有私，下御史臺核實。御史何正臣請置獄，上自朝廷侍從，下及州縣舉子，遠至閩吳，皆被追逮根株，辭所及，雖非蓄所嘗言者，皆得究治，證佐無慮百千人。踰年十月，獄始成。其所坐贓，大率師弟子贄見之禮，茶藥紙筆日用之物。管勾國子監沈季長坐受太學生竹簟陶器，削職停官。判監黃履失察，樞密直學士陳襄坐請求，皆降罰。直講王沇之削籍，太常丞余中貶秩，皆有賕也。

（註一五〇）宋史載有關於學法條目格式之著作：李定元豐新修國子監太學小學元新格十卷，令十三卷。陸佃國子監敕令格式十九卷。鄭居中政和新修學法一百三十卷。鄭居中學制書一百三十卷。崇寧學制（原注徽宗學校新法）一卷。國子太學辟雍並小學敕令格式申明一時指揮目錄記詳（原注卷亡）一百六十八卷。（宋史，卷二〇四，志第一五七，藝文三）。

（註一五一）歷代名臣言行錄，卷十七，宋，外集，程頤傳。

（註一五二）雲齋廣錄云：「餘杭進士洪浩，熙寧間遊太學，十年不歸。其父垂白，作詩寄語曰：太學何蕃且一歸，十年甘旨誤庭闈。休辭客路三千遠，須念人生七十稀。腰下雖無蘇子印，篋中幸有老萊衣。歸時定約春前後，免使高堂賦式微。」

（註一五三）西塘集耆舊續聞，卷十。

（註一五四）癸辛雜識，後集，成均學規。

（註一五五）呂東萊集，卷十。

（註一五六）宋會要輯稿，第五十四冊，崇儒一之十九—二六。

（註一五七）續資治通鑑長編，卷二七九。

（註一五八）宋史，卷一五七，志第一一〇，選擧三。

（註一五九）續資治通鑑長編，卷三〇三。

（註一六〇）宋會要輯稿，第五十四册，崇儒一之一九—二六。

（註一六一）日知錄，卷十四，嘉靖更定從祀。

（註一六二）續資治通鑑長編，卷十九，太平興國三年條。

（註一六三）太平治蹟統類，卷二，太祖聖政。

（註一六四）宋朝事實，卷九，官職。

（註一六五）續資治通鑑長編，卷二十五。

（註一六六）同上書，卷五十六。

（註一六七）同上書，卷五十九，景德二年四月條。愧郯錄，卷十四，九閣。

（註一六八）續資治通鑑長編，卷六十四。

（註一六九）同上書，卷六十五，景德四年三月條。

（註一七〇）楓窗小牘，卷下。

（註一七一）王明清，揮麈錄，前錄卷一，皇朝列聖搜訪書籍。

（註一七二）文獻通考，卷一七四，經籍一，宋史。卷二〇二，志第一五五，藝文一。

（註一七三）山堂肆考，角集，卷二十八，藏書。

（註一七四）鶴山先生大全文集，卷四十一，眉山孫氏書樓。

（註一七五）丹淵集，卷三十九，龍州助教郭君墓誌銘。

（註一九六）避暑錄話，卷下。

（註一七七）文獻通考，卷二〇七，經籍三十四。

（註一七八）卻掃編，卷下。

（註一七九）蘇東坡集，卷三十，答秦太虛書。

（註一八〇）新書淨本有悞書處，以雌黃塗之，蓋雌黃一漫則滅，仍久而不脫，古人謂之鉛黃。

（註一八一）浮溪集，卷十七，鮑吏部集序。

（註一八二）宋史翼，卷二十七，列傳第二十七，慕容彥逢傳。

（註一八三）揮麈錄，前錄，卷一，士大夫家藏書多失於讐校。

（註一八四）鶴山先生大全文集，卷四十一，眉山孫氏書樓。

（註一八五）浮溪集，卷二十，郭永傳。

（註一八六）葉夢得自謂余家舊藏書三萬餘卷，喪亂以來，所亡幾半。（避暑錄話，卷上）。胡應麟曰：「終宋世書目無十萬者，葉嘗自言備見諸家皆不過四萬，而甚猥雜，惟宋宣獻獨精，其雜者已不能盡致，則弁山之藏，亦僅可三四萬，餘皆重複或猥雜也。」（少室山房筆叢，卷四，經籍會通四）。弁山藏書十萬之說，原出自揮麈錄。

（註一八七）揮麈錄，後錄，卷七，葉少蘊書火於弁山李泰發藏書火於秦。

（註一八八）山堂肆考，卷三十三，致仕。

（註一八九）于湖居士文集，卷十四，萬卷堂記。

（註一九〇）宋史翼，卷二十一，列傳第二十一，方崧卿傳。

（註一九一）鶴山先生大全文集，卷四十九，洪氏天目山房記。

（註一九二）齊東野語，卷十二，書籍之厄。

（註一九三）宋史，卷二〇四，志第一五七，藝文三，目錄類。文獻通考，卷二〇七，經籍三十四。

（註一九四）宋史，卷一六五，志第一一八，職官五，國子監。

（註一九五）玉海，卷四十三，端拱校五經正義。

（註一九六）宋史，卷四三一，列傳第一九〇，邢昺傳。

（註一九七）清容居士集，卷二十二，袁氏舊書目序。

（註一九八）筠軒清閟錄，卷中，論宋刻書冊。

（註一九九）考槃餘事，卷一，書箋，論書。

（註二〇〇）同上書。

（註二〇一）蝴蝶裝者，每葉開展，不用線綴，而以每葉對疊，將其中縫黏合於書脊之上，串連成書。封面是用硬紙，展卷之時，形如蝴蝶。放在書架，可以直立。故北宋之書，放置時書口向下，書背向上，書根向外也。

（註二〇二）巾箱本，其小者板心高不過三寸許，寬二寸半，一頁刊三百二十四字，殆如今之袖珍本，而字畫清朗，不費目力，可見刻工之精。宋代刊印此小冊，甚爲流行。嘉定間，曾禁毀小板，但又盛行，蓋常爲士子挾書之需也。

（註二〇三）蝴蝶式書既不便於翻閱，南宋時，乃改爲包背裝。其法是將書頁正折，將有字之紙面露在外，而用紙捻或線將書頁綴穿之，然後加上封面，由書面包過書背而至書底，封面改用軟紙面，置藏書架，可以平放。

（註二〇四）陸放翁集，卷三十六，跋歷代陵名。

（註二〇五）紹興十六年，淮南轉運司刊太平聖惠方板，分其半於舒，州募匠數十輩，置局於學。（夷堅丙志，卷十三，舒州刻工）。

（註二〇六）夢溪筆談：「慶曆中，有布衣畢昇，又爲活板。其法用膠泥刻字，薄如錢唇。每字爲一印，火燒令堅，先設一鐵板，其上以松脂蠟和紙灰之類冒之。欲印則以一鐵範置鐵板上，乃密布字印，滿鐵範爲一板，持就火煬之。藥稍鎔，則以一平板按其面，則字平如砥。若止印三二本，未爲簡易；若印數十百千本，則極爲神速。常作二鐵板，一板印刷，一板已自布字，此印者纔畢，則二板已具，更互用之，瞬息可就。每一字皆有數印，如之也等字，每字有二十餘印，以備一板內有重複者；不用，則以紙貼之。每韻爲一貼，木格貯之。有奇字素無備者，旋刻之，以草火燒，瞬息可成。不以木爲之者，木理有疏密，沾水則高下不平，兼與藥相黏不可取。不若燔土，用訖再火令藥鎔，以手拂之，其印自落，殊不沾污。昇死，其印爲余羣從所得，至今寶藏。」（卷十八，技藝）。葉德輝謂：「此北宋膠泥活字印本，韋蘇州集字畫橫豎波磔皆有齒痕，蓋由膠泥鍛字，不如棃棗受刀之快利也」。（郋園讀書志，卷七，韋蘇州集，十卷）。則當時亦有用膠泥活字以印書者。

（註二〇七）南宋時，臨安陳氏經籍舖，陳氏即陳起，字宗之，一字彥才，一時名人多與之遊，如劉克莊、趙師秀、許非士、葉紹翁等，常相過從。陳氏刻書始於寧宗時，所刻至夥，尤以唐宋詩集爲多，上有木記，題「臨安府棚北大街陳宅書籍舖印行」；其另一木記，則題曰：「臨安府棚北大街睦親坊南陳宅刊本」，故謂之棚本。

（註二〇八）建安余氏，自唐已設書肆，至宋益盛。建安刊書可考者，有余志安勤有堂、余仁仲萬卷堂、劉日省三桂堂、江仲達羣玉堂、王氏世翰堂、鄭氏宗文堂、三峯書舍、廣勤堂、勤德堂、獨慎齋、劉叔剛宅、及建寧府黃三八郎書舖、陳八郎書舖、蔡琪純一經堂、武夷詹光祖月厓書堂。其中以余氏勤有堂業務爲最早亦最著，紙板俱佳。其餘書肆，皆聚於麻沙崇化二坊，其板本書籍銷流甚廣，惟校勘不精，故書板之惡劣者，每稱麻沙板。豐國監劉𥻘（一一〇〇——一一五九）念先世有墨莊，所藏散亡，乃請徐兢吳說，各以所善篆楷，爲作墨莊字，在建安買書五百策，朱熹爲之記。（鄂州小集，卷四，劉豐國行錄）。

（註二〇九）仁宗皇祐元年，命高克明畫三朝盛德之事，鏤板印行三朝訓鑒圖十卷，以賜大臣及宗室。嘉祐八年，刻顧愷之小列女傳八卷。崇寧二年，刻李誡營造法式並圖樣三十六卷。淳熙二年，刻字文周聶宋義之三禮圖二十卷。乾道元年，刻楊甲之六經圖六卷。嘉定三年，刻樓璹之耕織圖詩。耕織圖實爲最佳，計耕二十一事，織二十四事。郭璞爾雅音圖四卷，亦爲南宋刻印焉。

（註二一〇）石林燕語，卷八。

（註二一一）歐陽文忠公集，奏議集，卷十二，論雕印文字劄子。

（註二一二）續資治通鑑長編，卷四四五。
（註二一三）建炎以來繫年要錄，卷一八二，紹興二十九年閏六月條。
（註二一四）蘇東坡集，卷三十二，李氏山房藏書記。
（註二一五）朱子語類輯略，卷二，讀書法。
（註二一六）湘山野錄，卷二。
（註二一七）避暑錄話，卷下。
（註二一八）曲洧舊聞，卷三。
（註二一九）捫虱新話，卷三，三舍文弊。
（註二二〇）「紹聖初，（龔原）召拜國子司業，請以王安石所撰字說，洪範傳，及王雱論語孟子義，刊板傳學者，故一時學校舉子之文，靡然從之，其弊自原始」。（宋史，卷三五三，列傳第一一二，龔原傳）。
（註二二一）文獻通考，卷四十二，學校三，注。
（註二二二）朱文公文集，卷六十九，學校貢舉私議。
（註二二三）齊東野語，卷一，孝宗聖政。
（註二二四）四朝聞見錄，甲集，太學諸生置綾紙。
（註二二五）避暑錄話，卷上。
（註二二六）陶山集，卷十五，石子倩墓誌銘。

（註二二七）苕溪漁隱叢話，後集，卷二十八，東坡三，引上庠錄。

（註二二八）困學紀聞，卷十五，考史，沙縣重修縣學記。

（註二二九）鶴林玉露，天集，卷五。

（註二三〇）周密武林舊事，卷六，記武林食品，蒸作從食，有「大學饅頭」。岳珂玉楮集有詠饅頭詩云：「幾年太學飽諸儒，餘技猶傳筍蕨廚。公子彭生紅縷肉，將軍鐵杖白蓮膚。芳馨正可資椒實，粗澤何妨比瓠壺。老去齒牙辜大嚼，流涎聊合慰饞奴」。又周密齊東野語，卷十六，文莊公滑稽條，亦謂其外大父文莊章公（良能，寧宗時爲相），「入太學爲集正，嘗置酒，揭饌單於爐亭，品目多異。其間有大鵬卵者最奇，其大如瓜，片切飣飣大盤中，衆駭愕不知何物。好事者窮詰之，其法乃以鳧彈數十，黃白各聚一器，先以黃入羊胞蒸熟，次復入大猪胞，以白實之，再蒸而成。」）

（註二三一）學齋佔畢，卷二。

（註二三二）朱子語類大全，卷一〇九，朱子六，論取士。

（註二三三）鶴林玉露，天集，卷三。

（註二三四）癸辛雜識，別集上，林喬。

（註二三五）宋史，卷四七四，列傳第二三三，賈似道傳。

（註二三六）齊東野語，卷十七。

（註二三七）鶴林玉露，人集，卷二，無官御史。

（註二三八）苕溪漁隱叢話，後集，卷三十五，本朝雜記上，引上庠錄。

(註二三九)「太學生每路有茶會，輪日於講堂集會，無不畢至者，因以詢問鄉里消息。」(萍洲可談，卷一)

(註二四〇)皇朝編年備要，卷二十七。

(註二四一)獨醒雜志，卷三。

(註二四二)皇朝編年備要，卷三十。

(註二四三)三朝北盟會編，卷六十八。

(註二四四)同上書，卷八十一。

(註二四五)宋史，卷四七五，列傳第二三四，張邦昌傳。

(註二四六)三朝北盟會編，卷九十九。

(註二四七)同上書，卷九十五。

(註二四八)續資治通鑑，卷一三九。

(註二四九)齊東野語，卷十九，嘉定寶璽。

(註二五〇)四朝聞見錄，甲集，請斬喬相。

(註二五一)宋季三朝政要，卷二，淳祐四年條。

(註二五二)黃鏞知廬陵，文天祥起兵勤王，百端沮之。及元兵入，黃鏞曾唯相繼賣降，或言其前日所爲皆僞也。

(註二五三)續資治通鑑，卷一七五。

(註二五四)癸辛雜識，後集，三學之橫。

（註二五五）同上書，後集，賈相制外戚抑北司戢學校。
（註二五六）宋季三朝政要，卷四。
（註二五七）吳萊，三朝野史。
（註二五八）水心先生文集，卷三，奏議，論學校。
（註二五九）龍川文集，卷一，上孝宗皇帝第一書。
（註二六〇）淸容居士集，卷四十一，國學議。

第二章　貢舉考試制度

第一節　貢舉科目

舉一世所共榮者，曰科目，曰官職，曰世家，而後兩者亦與科目有關焉。宋代選舉，大別之可分為常選與特選兩類。常選者，由州縣定期一貢，賓興舉士，故謂之貢舉。貢舉科目，有進士，有諸科（九經、五經、開元禮、三禮、三史、三傳、學究、明經、明法等九科），有武舉。特選者，非常科也，有制舉，有童子舉，有道舉。玆分別詳述如次。

甲、進士科

貢舉之士，以進士得人為盛，唐代然，宋代尤無不然也。建隆元年，賜貢士楊礪等十九人及第出身，自是為貢舉之始。凡進士試詩、賦、雜文各一首，一日而兼試之，謂之三題。太平興國三年，進士試加論一首，自是以三題為準。八年，進士諸科始試律義十道，進士免帖經。明年，惟諸科試律，進士復帖經。進士始分三甲，然是年第三甲五十四人，而第二甲一百五十七人，反三倍於第三甲之數。端拱元年二年，則又不分甲。淳化三年，取士三百五十三人，第一甲三百零二人，第二甲五十一人，第一甲反六倍於第二甲之數，則累科分甲人數之多寡，實無定例。咸平景德以降，爲法較密。景德四年，始定五等三甲。其考第之制凡五等：學識優長詞理精絕爲第一；才思該通文理周率爲第二；文理俱通爲第三；文理中平爲第四；文理疏淺爲第五。上二等曰及第，三等曰出身，四等五等曰同出身。

宋初進士詞賦，押韻不拘平仄次序。太平興國三年九月，始詔進士律賦，平仄次第用韻，而考官所出官韻，必用四平四仄，詞賦自此整齊。（註一）而太宗御試進士，多擢文先就者爲高第，於是士皆習浮華，尚敏速。眞宗時，欲矯偏重詞賦之弊，大中祥符初，馮拯與王旦論選舉於帝前，拯請兼考策論，不以詩賦爲進退。仁宗天聖初，晏殊亦請試策，皆不果行。二年，以策擢高第者，自葉清臣始，（註二）蓋以詩賦取士，「詞多纖穠，士惟偷淺」，每爲學者所不滿。（註三）明道二年十月，仁宗諭羣臣曰：「近歲進士試詩賦，多浮華，宜令有司兼取策論。」自景祐以後，文格各出新意，相勝爲奇，此所謂太學新體。賦至八百字以上，而每句有十六十八字者。論有一千二百字以上，策有置所問而妄肆胸臆條陳他事者。用此變體而有擢高第者，故後進傳效，蔚爲風氣。（註四）寶元中，李淑侍經筵，仁宗詢以進士詩賦策論先後，淑參考唐制，主張改爲第一場策，第二場論，第三場賦及詩，第四場帖經墨義。（註五）以前考試，採逐場淘汰法，至是併試四場，通較工拙，毋以一場得失爲去留，詔稍施行焉。（註六）慶曆四年，臣僚上言改更進士所試詩賦策論之先後，詔下兩制詳議。歐陽修主張先策論以觀其大要，次詩賦以觀其全才，——以大要定其去留，以全才升其等級。策論二場，淘汰一半，而詩賦場再去一半。宋既重詩賦取士，固有頭場號爲精工，而策論一無可採者，場屋之陋如此，故永叔倡先試策論，稍爲淘汰，不特使之稍務實學，且使司衡鑑者，所考少則易精。況既工策論，則不患其不長於詩賦；縱詩賦不工，而所取亦不害爲博古通經之士矣。（註七）范仲淹上書奏列十事，其三請精貢舉，亦主張先策論後詩賦，可以循名而責實。宋祁等應詔合奏言：有司束以聲病，學者專於記誦，則不足盡人材。先策論，則文詞者留心於治亂；簡程式，則宏博者得以馳騁矣；問大義，則執經者不專於記誦矣。乃詔試於州者三場，先策，次論，次詩賦，通考爲去取，而罷帖經墨義，士通經術願對大義者試十道。時言初令不便者甚衆，以爲詩賦拘以聲病對偶，故工拙易見，而策論則蹈襲套括，汗漫難憑，祖宗以來，莫之有改，而得人嘗多。一年而范富韓罷政，是冬詔罷此制。五年，乃詔一依舊條。茲將各科三題之試目列表如下：

科舉年份	賦題	詩題	論題
開寶六年	未明求衣賦	懸爵待士詩	
八年	橋梁渡長江賦	龍舡習水戰詩	
太平興國二年	訓兵練將賦	主聖臣賢詩	
三年	不陣而成功賦	二儀合德詩	登講武臺觀習戰論

五　年	春雨如膏賦	明州進白鸚鵡詩	文武何先論
八　年	六合爲家賦	鸚囀上林詩	文武雙興論
雍熙二年	潁川貢白雉賦	烹小鮮詩	玄女授兵符論
端拱元年		暑月頒冰詩　冰壺詩	
二　年	賢人不尚賢賦	五色一何鮮詩	禹拜昌言論
淳化三年	巵言日出賦	射不主皮詩	儒行論
咸平三年	觀人文以化成天下賦	崇德報功詩	爲政寬猛先後論
五　年	有物混成賦	高明柔克詩	君子黃中通理論
景德二年	天道猶張弓賦	德輶如毛詩	以八則治都鄙論
大中祥符元年	清明象天賦	明證定保詩	盛德大業論
二　年（服勤詞學）	大德星賦	神無方詩	升降者禮之末節論
四　年（服勤詞學）	禮以承天道賦	神以知來詩	何以爲大道之序論
五　年	鑄鼎象物賦	天險不可升詩	以人占天論

七年（經明行修服勤詞學）	道無常名賦	冲氣爲和詩	天地何以猶橐籥論
八年	置天下如置器賦	君子以恐懼修省詩	順時愼微其用何先論
天禧三年	君子以厚德載物賦	君子居易以俟命詩	日宣三德論
四年（試特奏名）		澤及四海詩	禮樂何以合天地之化論
天聖五年	聖有謨訓賦	南風之薰詩	執政如金石論
八年	藏珠於淵賦	溥愛無私詩	儒者可與守成論
景祐元年	房心爲明堂賦	和氣致祥詩	積善成德論
五年	富民之要在節儉賦	鯤化爲鵬詩	廉吏民之表論
慶曆二年	應天以實不以文賦	吹律聽鳳鳴詩	順德者昌論
六年	戎祀國之大事賦	形鹽象武詩	兩漢循吏孰優論
皇祐元年	蓋軫象天地賦	日昃不暇食詩	天聽君人之言論
五年	圜丘象天賦	吹律聽軍聲詩	樂本人心論
嘉祐二年	民監賦	鸞刀詩	重巽命論

四年	堯舜性仁賦	求遺書於天下詩	易簡得天下之禮理論
六年	王者通天地人賦	天德淸明詩	水幾於道論
八年	寅畏以饗福賦	樂通神明詩	成敗之機在察言論

策問有以經義與時務爲問者，有全舉經義爲問者。此因試官之個性不同，故出題各異。歐陽修屬於前者，司馬光則屬於後者。茲摘錄策問題數首如下，以資比較。

（一）歐陽修　南省試進士策問三首（嘉祐二年）

「問：昔者禹治洪水，奠山川，而堯稱之，曰萬世之功也。蓋遭大水，莫如堯；致力以捍大患，莫如禹；別四海九州山川地形，盡水之性，知其利害而治之有法，莫如禹貢之爲書也。故後世之言治水者，必本於禹；求所以治之之法與其跡者，必於禹貢。然則學者所宜盡心也，國家天下廣矣，其爲水害者特一河耳，非有堯之大患也。自橫壠商胡再決，三十餘年，天下無一人能興水利者，豈其有人而弗求歟？求而弗至歟？抑不知水性而乘其導洩之方，由禹貢之學久廢而然歟？此當今之務，學者之所留意也。且堯之九州，孰高孰下？禹之治水，孰後孰先？考其治之之跡，導其大水所從來而順其歸，其小水，則或附而行，或止而有所畜，然後百川皆得其宜。夫致力於其大而小者從之，此豈非其法歟？然所導大水，其名有幾？夫欲治水而不知地形高下，所治後先，致力之多少及其名與數，則何以知水之利害？故願有所聞焉。夫禹所以通治水之法如此者，必又得其要。願悉陳之，無隱。

問：三王之法，損益不同，而制度文章，惟周爲大備。周禮之制，設六官以治萬民，而百事理，夫公卿之任重矣。若乃祭祀、天地、日月、宗廟、社稷、四郊、明堂之類，天子大臣所躬親者，一歲之間有幾？又有巡狩、朝會、師田、射耕、燕饗，凡大事之舉，一歲之間又有幾？而爲其民者，亦有畋獵、學校、射鄉、飲酒，凡大聚會，一歲之間有幾？又有州黨、族官、歲時、月朔、春秋、酺禜、詢事、讀法，一歲之間又有幾？其齋戒供給，期召奔走，廢日幾何？由是而言，疑其官不得安其府，民不得安其居，亦何暇修政事治生業乎？何其煩之若是也？然說者謂周因此以致太平，豈朝廷禮樂文物，萬民富庶豈弟，必如是之勤且詳，然後可以致之歟？後世苟簡，不能備舉，故其未能及於三代之盛歟？然爲治者果若是之勞乎？用之於今，果安焉而不倦乎？抑其設施有法，而第弗深考之歟？諸君子爲言之。

問：六十四卦，所謂易者，聖人之書也，今謂之繫辭旨，謂之大傳者，亦皆曰聖人之作也。其言曰：兩儀生四象，四象生八卦。又曰：河出圖，聖人則之。又曰：庖犧氏之王天下也，仰觀於天，俯察於地，觀鳥獸之文，近取身，遠取物，始作八卦。又曰：昔者聖人之作易也，幽贊於神明而生蓍，參天兩地而倚數，觀變於陰陽而立卦。一書而四說，則八卦者果何從而有乎？若曰河圖之說信然乎？則是天生神馬，負八卦出於水中，乃天地自然之文爾，何假庖犧始自作之也？如幽贊生蓍之說，又似八卦直因蓍數而生爾。至於兩儀四象相生而成，則又無待於三說而有卦也。故一說苟勝，則三說可以廢也，然孰從而爲是乎？卜筮，自堯舜三代以來用之，蓋古聖人之法也，不必窮其始於古遠茫昧之前。然繫辭，聖人之作也，必有深旨，幸決其疑。」（註八）

（二）**司馬光**　進士策問十五首

「問：昔季路、冉有、公西華、曾晳閒居縱言，各陳其志。趙文子觀於九原，以爲死者可作，想慕隨會之爲人。夫材性散殊，不可致之於一塗；愛尚不同，不可納之於一趣。吾子懷材抱器，待時而用，前言往行，心所常存，然則志於道者何術？慕於古者何人？當位得時，施於政而何尚？修身立行，選於德而何從？蓋聞言不及之而言謂之躁，言及之而不言謂之隱，今聽者雖非昔人之明，而亦未爲不知已，則其言也可無隱焉。

問：昔者堯遭洪水，咨於四岳，曰有能俾乂，四岳薦鯀。堯曰：吁咈哉！方命圮族。則知鯀之不可用亦明矣。四岳復薦曰：試可乃已。堯遂命之治水，九年功用不成，然後黜之而興禹焉。夫唐堯聖人之盛者，舉事興爲豈容過差，顧後之學者不能辨明耳，不然，使不善之人任事九年，蒸民汎濫，所廢者大，所害者廣，然後去之。仁聖用心，固不如此，愚智有涯，不能測遠，吾子其辨焉。

問：稽於經傳，帝王之際，玉帛諸侯，亡慮萬國。當是之時，聲教所被，東不踰海，西距流沙，南不盡荆蠻，北不及獯鬻。以五服之民，養萬國之君，公有羨積，私有餘儲，征伐朝貢，無歲而無，咸出其中，未嘗匱乏。今國家奄有萬方，囊括禹跡，加以兵革不試垂三十年。累聖恭儉，與民休息，宮室不崇，苑囿不廣，衣服不麗，飲食不精。然比歲以來，有事西虜，發輸滯積，以饋一隅。乃復財用竭而不繼，力役困而不給，吁嗟之聲，蕭然道路，何曩者用民之侈而有餘，今者用民之狹而不足乎？變而通之，必有其道，此最國家之急，而從政者之所欲聞也。吾子明於古之道，而察於今之故，何施何爲，而得國用，舒民力，足以及於古之世也？仁者之言，其利宜溥，幸毋讓焉。

問：夏書曰：賞延於世；小雅裳裳者華，刺幽王棄賢者之類，絕功臣之世，是古有世祿之道也。周書數紂之罪，則曰，官人以世。而言春秋者公羊氏，亦云譏世卿。詩書春秋，皆聖人所以儀範後世也，今其言乃違戾如是，豈聖人之道淵微奧遠，學者不足以至邪？願聞所以辨之而毋隱。

問：王者受天命，臨四海，上承天之府，下正人之統，故政治之本，莫先於曆數。曆數之紀，莫大於正朔。正朔者，曆數之大端，而萬事之維首也，是以聖人重之。三代之王，視斗招搖，建寅、建丑、建子以爲正月，仰應三光，俯順三統，總象三材，備在典策，其傳詳矣。正於唐虞以前，則歷世儒生，各爲異見。孔安國以爲建寅爲正，得天之數，自古皆用之。湯武放伐以有天下，革故鼎新，然後有改正朔，易人視聽之事。今據唐虞之前，無異正朔之文，則似孔說得之。然鄭康成依尚書緯以爲正朔三而改，自古皆相變若循環，然非至於夏商周而後變也。孔子曰：行夏之時。自古皆用建寅，何得謂之夏之時？似鄭義復爲優。夫正朔者，帝王之盛節，國家之大事，而古今異論，紛紛不決。願吾子辨其得失，明究其說，使後來學者知其適從。

問：夫佐天子，治四海，安萬民，使諸侯軌道，四夷賓服，百吏稱職，萬機辦治，地平天成，風雨和順者，宰相之任也，其功烈莫先焉。王者封二王後，所以存三統，重絕先聖之世也。而班固漢書，采漢興以來有金革之勤及蠻夷降王受爵邑者，爲功臣表。又采椒房母舅之家僥倖獲封者，爲外戚恩澤侯表。而自平津以降，由丞相得侯者，及西周之後皆不得附於功臣之列，而猥編於外戚恩澤之間，豈以燮理陰陽之重，而居貫甲執兵之後，先聖苗裔，王者賓客，而在武夫健將之左邪？抑史氏將有深旨，非淺識所知乎？將不思而已矣，願聞所以辨之。

問：祭典曰：法施於民則祀之，有功於民則祀之，故厲山氏之子曰柱，能殖百穀，祀以爲稷。共工氏之子曰勾龍，能平水土，祀以爲社。湯既勝夏，欲變先王之制，以明革命，於是乎以棄代，而後世無及勾龍者，故不易也。夫平水土者莫尚於禹，禹之功顧不及勾龍邪？湯不祀禹以爲社，而云後世無及勾龍者，其旨何哉？聖人規爲必不妄也。子大夫其懋明之。

問：世之爲詩者，皆稱魯僖公能遵伯禽之法，魯人尊之而爲之頌。自孔子刪詩，存而不去，非虛美也。今以春秋迹之，或違禮而動，或作事不時。至於修泮宮，伐淮夷，作新廟，皆無聞焉，殆若與頌不相應者，其故何哉？

問：孟子稱盡信書不如無書，吾於武成取二三策而已，爲其以至仁伐至不仁，而有血流漂杵也。後之學者皆祖其言，乃以書爲舛駁，非若他經之純美也。嗚呼！彼孟子者，果愈於聖人邪？

書者果是非相冒中有可信不可信者邪？學者病於隨風而呼，順流而攘，未有能排其門，上其堂，探其室，躋其奥，而徒披猖橫騖乎藩籬之外，彼又烏知甘酸之正味邪？乃欲信孟子而非書。孟子又曰：說詩者不以文害辭，不以辭害志。斯言也，豈獨可施於詩，而不可施於書邪？孟子之云書不可盡信者，果是歟？願與諸君訂之。

問：關雎麟趾之化，王者之風，故繫之周公。鵲巢騶虞之德，諸侯之風，先王之所以教，故繫之召公。說者以爲先王謂太王王季，今據二南之詩，大抵皆言文王之化，或美召伯，或美王姬，烏在其爲太王王季也？且如太王王季文王之詩，何爲不編之雅頌，而列於國風？又文王之道被於天下，何故其中雜有王者諸侯之風？復何爲繫之周公召公？皆蠢昧所不識也。二三君子奧博於學，願聞所以辨之，其說何也？

問：曲禮曰：禮不下庶人，刑不上大夫。按王制修六經以節民性，冠婚、喪祭、鄉相見，此庶人之禮也。舜典五服三就，大夫於朝，士於市，此大夫之刑也。夫禮刑，先王所以治羣臣萬民，不可斯須偏廢也。今曲禮乃云如是，必有異旨。其可見乎？

問：子曰：侍於君子有三愆，未及之而言謂之躁，言及之而不言謂之隱，未見顏色而言謂之瞽。夫聖人之道，正直無隱，豈伺人顏色而言邪？必有微旨，幸爲辨之。

問：春秋始隱之說，誰氏爲通？

問：春秋不書公即位，何以特書王正月？杜元凱以朝正於廟解之。朝正於廟，國家常禮，非特行於君之始年也。

問：春秋貴儀父者，爲其能自通於大國，繼好息民也。夫小事大者，盟不重於朝，今犂來名，而儀父字，其說何也？」（註九）

熙寧二年，王安石以爲古之取士，俱本於學，請興建學校以復古。其明經諸科，欲行廢罷，取原解明經人數以增進士額。詔兩制兩省待制以上御史三司三館議更貢舉法。韓維請罷詩賦，各習大經，問大義十道，以文解釋，不必全記注疏，通七以上爲合格。諸科以大義爲先，黜其不通者。直史館蘇軾上議，謂：「得人之道，在於知人；知人之法，在於責實。君相有知人之明，朝廷有責實之政，而非在學校貢舉。欲興學校，發民力，歛民財，徒爲紛紛，與慶曆之際何異？惟空名僅存。至於貢舉，或曰鄉舉德行而略文章，或曰專取策論而罷詩賦，或欲舉唐故事兼採譽望而罷封彌，或欲變經生朴學，不帖墨而考大義，此皆知其一未知其二者也。夫欲興德行，在於君人者修身以格物，審好惡以表俗。若欲設科立名以取之，是敎天下相率而爲僞者也。自文章言之，則策論爲有用，詩賦爲無益；自政事言之，則詩賦論策均爲無用矣。雖知其無用，然自祖宗以來莫之廢者，以爲設法取士，不過如此也。」軾爲詩賦辯護之言，殆強詞奪理，然趙抃亦贊之。安石曰：「若謂此科嘗多得人，自緣仕進別無他路，其間不容無賢，若謂科法已善則未也。今以少壯時正當講求天下正理，乃閉門學作詩賦，及其入官，世事皆所不習。此科法敗壞人才，致不如古。」（註一〇）既而中書門下亦主張除去聲病偶對之文，使學者得專意經術，以俟朝廷興建學校，然後講求三代所以敎育選擧之法，施於天下，則庶幾可以復古矣。於是卒如安石議，罷明經及諸科，進士罷詩賦帖經墨義，各占治詩書易周禮禮記一經，兼習論語孟子。每試四場，初本經，次兼經大義，凡十道（後改論語孟子義各三道），次論一首，次策三道，禮部試卽增二道。中書撰大義式頒行。試義者須通經有文采，乃爲中格，不但如明經墨義粗解章句而已。王安石之經義格式，乃八股文之所由昉也。（註一一）殿試則專試以策一道，限千字以上。取士分五等：第一第二等賜進士及第，第三等賜進士出身，第四等賜同進士出身，第五等賜同進士學究出身。取諸科解名十分之三，增加進士額。其京東西陝西河北河東五路之創試進士者，及府監他路之舍諸科而爲進士者，乃得用所增之額以試，皆別爲一號考取，以優其業也。三年，知貢舉呂公著在貢院中，密奏言天子臨軒策士，而用詩賦，非舉賢求治之意，乞斷自宸衷，以諮訪治道。至是神宗御集英殿，親試進士，罷三題，始以策爲問，非雜犯不復黜。帝謂執政曰：「對策亦何足以實盡人材，然愈於以詩賦取人爾。」（註一二）時有司猶循三題故事，給禮部韻，及題出，乃策問也。安石以經義論策取士，可謂一掃歷代之陋，施行凡十五年。然士專一經，白首莫究，其餘經史，付之度外，謂非己事，初意驅學究爲進士，不意驅進士爲學究矣。四年，王安石奏：孔子作春秋，實垂世立教之大典，當時游夏不能贊一詞。自經秦火，煨燼無存。請自今經筵毋以進講，學校無以設官，貢舉毋以取士。（註一三）元豐四年正月，中書禮房請令進士試本經論語孟子大義論策之外，加律義一道，省試二道。（註一四）此則於論策之外，又加試律義也。

元祐元年，言者請兼用詩賦，盡黜經義，太學生改業者十四五。（註一五）但以經義取士，朔洛黨士大夫多贊成之，其反對者乃安石之學耳。司馬光謂：「取士之道，當先德行，後文學。就文學言之，經學又當先於詞采，神宗專用經義論策取士，此乃復先王令典，百王不易之法，但王安石不當以一家私學，令天下師生講解。」（註一六）二年，尚書省言：「近歲承學之士，聞見淺陋，辭格卑弱，患在治經者專守一家，不識諸儒傳記之說，爲文者唯知解釋，不通聲律體要之學，深慮適用之文，從此遂息。」主張議而更之。侍御史劉摯奏請復詩賦與經義並行，謂：「國朝取士，試賦論策，更百餘年，號爲得人。熙寧初，以章句破碎大道，乃罷詩賦，而改試以經，可謂知本。然今之治經，大與古異，專誦熙寧所頒新經字說，佐以莊列釋氏之書。試者累輩百千，概用一律。其中雖有眞知聖人本指，該通先儒舊說，與時尚不合，一切捐棄。且詩賦經義均之，以言取人，賢否邪正，未可遽判。第從有司去取較之，詩賦有聲律法度，故工拙易見，所從命題者廣，故寡重複。經義命題，不出此書，既可夙具；稍更數試，題多重出。既格律不嚴，難以一見判其高下。或時竊他人之文，以爲己作。此於取棄難易之間，科第當否，由之以分。願復詩賦與經義兼行。其解經通用先儒傳注及自己之說，禁用字說釋典，以救文弊，亦使學者兼通他書，稍至博洽。」（註一七）四年，尚書省請復詩賦，與經義並行，分爲詩賦進士與經義進士兩種：㈠詩賦進士，於易詩書周禮禮記春秋左傳內，聽習一經。初場試本經義一道，論孟義各一道。第二場試賦及律詩各一首。第三場試論一首。第四場試子史時務策二道。㈡經義進士，須習兩經，不兼詩賦。以詩禮記周禮左氏春秋爲大經，書易公羊穀梁儀禮爲中經，願習二大經者聽，不得偏占兩中。初試本經義三道，論語義一道。次試本經義三道，孟子義一道。又次試論策，亦分四場。兩科通定高下，而取解額中分之，各占其半，州學亦以此平分解名。專經者以經義定取舍；兼詩賦者，以詩賦決去留，其名次高下，則於策論參之。當時尚詩賦者指經義為易習而難考，尊經義者指詩賦為雕刻無用。畢仲游曰：「經術者古學也，可以謀道而不可以為科舉之用；詩賦者今學也，可以為科舉之用而不足以謀道。」（註一八）然自復詩賦，士多嚮習。蘇軾謂詩賦經義各五分取人，是欲優待詩賦勉進詞學之人，故士人皆以不能詩賦為恥。比來專習經義者十無二三，「臣在都下，見太學生習詩賦者十人而七。臣本蜀人，聞蜀中進士習詩賦者十人而九；及出守東南，親歷十郡，多見江湖福建士人，皆爭作詩賦；專習經義，士以為恥。」（註一九）諸路奏以分額各取不均，其後遂通定去留，經義毋過總額三分之一。八年，中書省言：「士子多已改習詩賦，太學生員共二千一百餘人，而不兼詩賦者僅八十二人。御試請復用祖宗三題舊法。」詔來年御試，詩賦進士，復試三題；經義進士，且令試策。（註二〇）

紹聖元年，議者益多，禮部已定御試三題條例，至三月，詔仍試策。四月，章惇執政，欲復王安石法。五月，詔進士專習經義，罷習詩賦。除去字說之禁，復罷春秋科。凡試，優取二禮兩經，許佔全額之半，而以其半及他經。元符三年，復立春秋博士，崇寧元年又罷之。二年，詔毋以老子列子命題試士。五年，罷諸州發解，併省試，以三舍逐年取士。至宣和三年，詔罷全國三舍法，開封府及諸路並以科舉取士，惟太學仍存三舍，以甄序課試。六年，始復省試。然御試策問，舉子艱於應對。自崇寧大觀以後，立科造士之大指，尊經學（王安石之三經新義），專心先王之道；紀事之史，士所當學，非所以教；詩賦流於俗好，罷廢之。自紹聖起，專用經義凡三十五年，至靖康元年，又復詩賦取士之途矣。

建炎二年，禮部侍郎王唐公曾建言復以詩賦取士，乃詔兼用詩賦經義，第一場，試詩賦各一首，習經義者本經義三道，論孟義各一道；第二場，並論一道；第三場，並策三道。殿試策亦如之。自紹聖後，舉人不習詩賦，至是始復，遂除政和令命官私相傳習詩賦之禁。是秋，四方之士集行在，高宗親策於集英殿，第爲五等：賜進士及第、進士出身、同學究出身、同出身。紹興元年，侍御史曾統請廢經義而專用詩賦，未果。五年，初試進士於南省。八年，聞徽宗崩，因諒闇罷殿試，則省試第一人爲榜首，補兩使職官，帝特命爲左承事郎，自此率以爲常。十三年，國學初建，司業高閌言：士以經術爲本，考試宜以經義爲主，而加詩賦，請頭場試本經論孟義各一道，第二場試詩賦各一首，第三場試子史論一道，第四場試時務策一道，從之。進士兼試經義詩賦論策，因號四場。通常賦限三百六十字，論限三百字。太學課試及郡國科舉，盡以此爲法。（註二二）十五年，詔分經義詩賦爲兩科以取士，於是學者競習詩賦，經學寖微。二十七年詔，自今國學及科舉取士，並令兼習經義詩賦，如十三年之制，內第一場大小經義各一道，永爲定制。三十一年，言者以爲老成經術之士，強習辭章，不合音律，請復分科取士，仍詔經義合格人有餘，許以詩賦不足之數，通取不得過三分，自是年太學公補試行之。然舉人所習已分爲二，不可復合矣。朝廷以經義取士者歷五六十年，其間兼用詩賦者僅十餘年耳，然共場而試，則經拙而賦工；分科而試，則經少而賦多，流傳既久，後來所至，場屋率是賦居其三分之二。孝宗朝，進士試仍分經義與詩賦兩科。乾道淳熙間，儒生迭興辭章，雅正號乾淳體，蓋重詩賦而不信經義也。以後主司或沮抑辭賦，或專務斷章，然經義與詩賦分試取士，爲南宋已定之制焉。

乙、諸　科

諸科考試，旣不問經義，又無策試，只以記誦精粗爲中否，故每視爲非取士之急也。舊制，諸科一舉不第而止，乾德元年始許再試。景祐間，令禮部貢院舉人通三經以上，進士諸科過落外，許自陳嘗於某處講授某經，貢院別試經義十道，直取聖賢意義，解釋對答，或以詩書引證，不須全具注疏，以六通爲合格。寶元間，詔諸科終場問本經大義十道，九經五經科只問義而不責記誦。慶曆六年，應詔者四十人，合格者八人，進士諸科各四人。皇祐元年，應詔者八十二人，合格者七人，進士五人，諸科二人。五年閏七月，詔禮部貢院，自今諸科舉人，終場問大義十道，每道舉科首一兩句爲問，能以本經注疏對而加以文辭潤色發明之者爲上，或不指明義理而但引注疏備者次之，並爲通；若引注疏及六分者爲粗；其不識本義或連引他經而文意乖戾，章句斷絕者爲下。並以四通爲合格。九經止問大義，不須注疏全備。（註二三）

九經科，試帖書一百二十帖，對墨義六十條。五經科，試帖書八十帖，對墨義五十條，開寶六年，取四人，皆賜及第。又新修開寶通禮成，詔鄉貢開元禮，宜改爲鄉貢通禮本科，並以新書試問，取士七人，考試三十場，每場墨義十道。端拱二年，令自今只試墨義十五場，抽卷令面讀，能知義理，分辨其句識難字爲合格，不合者落。淳化三年，每十道義分經注六道，疏義四道，以六通爲合格；景德二年定，通禮每場問本經四道，義疏六道，六通爲合格；本經通二，義疏通三亦同。三史科，舊制，試三十場，每場墨義十道，共三百條。開寶六年，取士三人。端拱二年制，自今只試墨義十五場，抽卷令面讀，能知義理，分辨其句識難字者爲合格，不合者落。三禮科，試對墨義九十條，開寶六年，取士三十八人。三傳科，試對墨義一百一十條，開寶六年，取士二十六人。三禮三傳兩科，每十道義，分經注六道，疏義四道，以六通，及疏義通二經注通三爲合格。學究科，試毛詩對墨義五十條，論語十條，爾雅孝經共十條，周易尚書各二十五條，開寶六年，取士十八人。淳化三年，更定本經日試義十道，尚書周易各義五道，仍雜問疏義六道，經注四道，六通爲合格。以上各科，熙寧中廢罷。(註二三)

明經科亦不過帖書墨義，觀其記誦而已，故賤其科，而不通者，其罰特重。此科於嘉祐二年增設，凡明兩經或三經五經，各問大義十條，兩經通八、三經通六、五經通五爲合格，兼以論語孝經策時務三條，出身與進士等。六年司馬光奏言：國家置明經一科，少有應者，及諸科所試大義，有司不以定去留，蓋由始者立格太高，致舉人合格者少。臣欲乞今後明經所試墨義止問正文，不問注疏。其試大義，不以明經諸科，但能具注疏本意講解稍詳者爲通，雖不失本意，而講解疏略者爲粗，餘並爲不通。若能先具注疏本意，次引諸家雜說，更以己意裁定，援據該贍，義理高遠，雖文辭質直，皆爲優等，與折二通。若不能記注疏本意，但以已見穿鑿，不合正道，雖文辭辯給，亦降爲不通。其明經以六通，諸科以四通以上爲合格。若合格人少，即並取粗多者；合格人多，即減去通少者，委試官臨時相度，令合元額。又舊制：明經以周易尚書爲小經，今欲乞以周易尚書毛詩爲一科，三禮爲一科，春秋三傳爲一科，皆習孝經論語爲帖經。又說書一科，議者多以爲不當廢，欲乞與明經並置，但每次科場止取十人，奏名在諸科額內試中授官並與諸科同。若自以本科及第或出身者，更不得就試說書。如此，則求賢之路廣，請託之源絕，浮僞之風息，人之頌興矣。」（註二四）然而明經終不爲人重視，呂祖謙曰：「進士之科，往往皆爲將相，備極通顯。至明經之科，不過爲學究之類。當時之人爲之語曰：焚香取進士，嗔目待明經。設進士試時，便設香案，有拜跪之禮；到明經試時，則設棘監守，惟恐他傳義。」（註二五）明經之地位與所受之待遇，自不及進士遠矣。熙寧二年，罷明經科。元祐元年，做古詔舉經明行修科，主德行而略藝文，（註二六）間取禮部試黜之士，附置恩科，分路立額，共六十一人。州縣保任，上之監司；監司考察以聞，各用其州解額，無其人則缺之。試於禮部。然此科舉士，御史咎其無所甄別也。

明法科，開寶六年定對律令四十條，取五人，此爲明法取士之始。舊試六場，淳化三年，更定試七場，第一第二場試律，第三場試令，第四第五場試小經，第六場試令，第七場試律，仍於試律日雜問疏義六經註四道。（註二七）其後以學究兼習律令而廢明法。熙寧二年，罷明經諸科，乃用其法，立明法科，以待諸科之不能改試進士者，附銓試院，試以律令、刑統大義、斷案，而以三小經附，中格卽取。既得官，又得預刑法官試，中者推恩有加。六年，詔進士諸科並試明法注官。元祐四年，尙書省言：「近制明法擧人，試律令大義及斷案，謂之新科明法，中其選者，吏部卽注司法叙名，在進士及第人之上。古者治本禮義，而刑法僅以助之。舊制刑法最爲下科，然必責之兼經，則猶古者先德後刑之意也。今新科罷兼經，專試刑書，又所取比舊猥多，調擬之法，失其次序。欲加試論語孝經大義，仍裁半額注官。」詔近臣集議，遂罷試律義。（註二八）

建炎二年，以法官闕人，又復此科，許進士嘗得解貢人就試。紹興元年，復刑法科，降敕別差試官二員，專撰刑法問題，號爲假案。其考試合格分數，例以五十五通，作十分爲率，五分以上入第二等下（係二十七通七麤半），四分半以上入第三等上（係二十四通七麤半），四分以上入第三等中（係二十二通以上）。凡試入二等者，選人改京秩，蓋趙鼎爲相，以刑名之學，其廢日久，故白請優之，遂爲大理評丞之選。四年，制置司請每三年就類省試院，別差刑法官二員校試，從之。十一年，始就諸路秋試，每五人解一名，省試七人取一名，皆不兼經。十二年，御試御藥院，擬恩例爲二等，第一等本科及第，得黃子淳，第二等本科出身。十四年七月，言者以爲濫，請解省試各遞增二人，解試七人取一，省試九人取一，所試斷案刑名，通粗以十分爲率。斷案及五分，刑統義文理俱通者爲合格，雖全通而斷案不及分數者勿取，仍自後擧兼經。十五年，張鎡以明法及第，中選者亦經廷試。十六年二月，罷明法科，以其額歸進士，惟刑法科如舊。二十五年，四川類省始附試刑法。淳熙七年，秘書郎李巘言：「復明法科之初，而以三小經附，蓋欲使經生明法，法吏通經。今所試止於斷案律義，斷案稍通，律義雖不成文，亦得中選，故法官罕能知書，謂宜使習大法者兼習經義，參考優劣，以定去留。」乃詔自今第一第二第三場試斷案，每場各三道。第四場，試大經義一道，小經二道。第五場試刑統律義五道。八年，詔斷案三場，每場止試一道，每道刑名十件，與經義通取四十分以上爲合格。以經義定去留，律義定高下。嘉定二年，臣僚上言：「棘寺官屬，頗難其人，獄案來上，致多差舛，其原在於立法之不精，試法之不詳也。自昔設科，本以六場引試，內斷案五場，各以刑名八件，計四十通；律義一場，計十通，——斷案以試其法令，律義以試其文理。自後有欲便其所習，始增經義一場，而止試五場，律義又居其一，斷案止三場而已，殊失設科之初意。金科玉條，瑣密繁碎，自非終日研究，未易精熟，乃牽於程文，以移其功，考試主文，類多文士，輕視法家，惟以經義定去留，其弊一也。法科之設，正欲深明憲章，習熟法令，察舉明比附之精微，識比折出入之錯綜，酌情法於數字之內，決是非於片言之間。政和紹興案題，字不過五七百，多不滿千，比年不求題意之精密，專務繁冗以困人，敷衍支離，動輒二千字，自朝至於日中昃，僅能謄寫題目，豈暇深究法意，其弊二也。進士考官，凡有出身，皆可充選；刑法考官，不過在朝曾中法科丞評數人，由是請託之風盛，換易之弊興，其弊三也。臣以爲宜罷去經義，仍分六場，以五場斷案，一場律義爲定。所問法題，稍簡其字數，而求精於法。試官各供五六題，納監試或主文，臨時點定。如是，則讞議得人矣。」從之。六年，議者云：今止試刑統，是盡廢義理，而專以法律爲事，雜流進納之人皆得就，又可徑除職事官，非所以重科目，淸班綴也。遂命復試經義一場，以尚書論孟題各一篇，與刑統大義，通爲五場。所出經題，不必拘刑名倫類，以防預造，雜流入貲人，毋得收試。（註二九）八年，罷四川類試刑法科。

丙、武舉科

宋有武舉武選，咸平時，令兩制館閣詳定入官資序故事，而未嘗行。天聖七年，以西邊用兵，將帥乏人，復於制科中置武舉，先上藝業於有司，有司較之，再試秘閣，中格，然後天子親策之，此乃文臣以文章應武舉也。八年，仁宗親試武舉十二人，先閱其騎射而後試之。慶曆六年，策武舉得四十餘人，其後為大理寺丞。馮維師奏：武舉以策為去留，弓馬為高下。然所得人，不過授以三班官使之監臨，官甚卑。皇祐元年，邊事寖息，遂廢此科。五年，復試得五十一人，皆秘閣舊經試者。治平元年九月復置。

熙寧三年，試武舉二十五人。六年九月，初策武舉二十四人。先是武舉試義策於秘閣，武藝於殿前司。殿試則試騎射，又策於庭。策武藝俱優，為右班殿直；武藝次優為三班奉職，又次借職；末等，三班差役。初，樞密院修武舉法，不能答策者答兵書墨義。王安石曰：「武舉而試墨義，何異學究誦書不曉理者，無補於事。先王收勇力之士，皆屬於車右者，欲以備禦侮之用，則記誦何所施？」帝從之，至是，始策武舉之士。八年七月詔：武舉人先試孫吳六韜大義共十道，為兩場；次問時務邊防策一道，與鎖廳人同考試；馬軍司試弓馬，差官監試。元豐四年正月，中書禮房請令武舉止試孫吳大義及策，從之。武舉殿試策問，茲舉蘇轍所擬之題示例：

「問：王者之兵，不貴詐謀奇計，至於臨敵制勝，良將豈可少哉？朕以天下爲度，懷柔四夷，而西戎背誕，腰領未得，凡吾接之以恩信，懷之以禮義者，固有道矣。若夫示之以形，禁之以勢，使之退而不敢犯，犯而無所得者，其術何由？伐其謀，散其黨，使之退而不得安，安而不能久者，其道何以？夫隱兵於民，井田之舊法也，材官府兵，猶行於後世，而保甲之復，民以爲勞。以車即戰，丘甸之遺制也，武剛鹿角，猶見於近事，而車牛之役，世以爲非。古者兵有奇正，旋相爲用，如環之無端，其出入之法，今幾絕矣。敵有陰陽客主異宜，易之則敗，其先後之節，將何施焉？淮陰之伐趙，勝亦幸耳，使左車之說行，則計將安出？仲達之卻蜀，非其功也，使孔明而不死，則勝將孰在？子大夫講於兵家之利，而明於當世之務，審矣。其以所聞，著之於篇，朕將覽焉。」（註三〇）

武舉試題，多以軍事史爲取材。武舉之士，求其有學有術，知兵法，嫺韜略也。建中靖國元年十一月，學制局言：「諸路武士入貢，到闕類聚試上舍合格者，對本路元貢等應補上等者釋褐，中等者赴殿試，下等者補武學內舍，不合格者爲外舍。」政和元年八月，大司成張邦昌等言：準大觀重修武學令，諸貢士以年終集於武學，次年春試，應補上等者取旨釋褐，中等俟殿試契勘。（註三十一）馬擴馬識遠俱以武舉擢官，擴在紹興間且爲沿海制置副使。靖康元年，詔諸路有習武藝知兵書者，州長貳以禮遣詣闕，毋限數，將親策而用之。

建炎三年，詔應武舉得解免解人，各召保官，賫公據，先赴兵部引驗，於行在殿前司試弓馬訖，權就淮南轉運司別場附試七書義五道，兵機策二首。紹興五年，帝御集英殿，策武舉進士。翌日，閱試騎射。正奏五人。策入優等與保義承節郎，平等承信郎，其武藝不合格者與進義校尉。川陝宣撫司類省試，武藝合格人並補官。十二年，御試正奏名五人，特奏名二人。特奏名平等進義校尉。十五年，正奏名二人，特奏名三人。十八年，正奏名七人，特奏名一人。二十一年正奏名六人。二十四年，正奏名十六人，特奏名二人。二十七年，正奏名十五人，特奏名一人，武進士第一名趙應熊，武藝超倫，又省試第一，特與保義郎閤門祗候。二十九年，命武舉人自今依府監年數免解。三十年，武舉進士樊石遠等十九人，特奏名一人。隆興元年，御試武舉進士，得正奏名三十七人。殿中侍御史胡沂言：「夫設武舉，立武學，試之以弓馬，又試之以韜略之文，兵機之策，蓋將有所用也。除高等一二名，餘皆吏部授以權酤征商，所養非所用，所用非所養。願詔大臣詳議，中舉者，定品格，分差邊將下準備差遣，則人人思奮，應上之求矣。」(註三二) 從之。乾道二年三月九日，試武舉進士，其制策曰：

「有陣必有名，有名必有數。吳之常山，鄭之魚麗，太公之五行，李靖之六花，即其名可以知其義，即其數可以知其法，固有不待考而明者。至於掘機之陣，其制出於黃帝，因丘井之法而開九方，因方隅之位而分奇正，雖後世有天智神略，莫能出其閫閾。今考其問對之辭，所謂數起於五，何以不起於四？數終於八，何以不終於九？四爲正，不知何者爲正。四爲奇，不知何者爲奇。陣間容陣，隊間容隊，所容者何地？散而爲八，復而爲一，所別者何形？其後又有論風后八陣者，謂衡抗於外，軸布於內，風雲附其四維，所以備物。虎張翼以進，蛇向敵而蟠，飛龍翔鳥，上下其勢，所以致用，不知又何以分乎？子大夫講此熟矣，其詳於篇，朕將親覽焉。」（註三三）

是歲以登極推恩，武舉進士比文科正奏名例，前三名爲狀元、榜眼、探花，其餘賜進士及第出身，第一名升一秩，爲成忠郎，第二第三名依第一名恩例。中書舍人蔣芾，請以武舉登第者悉處之軍中。洪适以爲武舉人以文墨進，雜於卒伍非便。然帝卒以將佐處之。五年，吏部言：「武舉比試發解，省試三場，依條以策義定等第，具字號，會封彌，所以武藝並策義參考。今比試自依舊法，其解省兩場，請依文士例考定字號，先具奏聞，拆號放榜。」從之。是歲廷試，始依文科，給黃牒同正奏名三十三人。榜首賜武舉及第，餘並賜武舉出身。其年頒武舉之法，令四川帥臣、憲漕、知州、軍監及寄居侍從以上，各舉武士一員；興元府利閬金洋階成西和鳳州各三員，拔其尤者，送四川安撫司，解試類省，並如文科。孝宗垂意武科，淳熙二年，以授官與文士不類，詔自今第一人補秉義郎，堂除諸司計議官，序位在機宜之上。第二第三人保義郎，諸路帥司準備將領，代還，轉忠翊郎。第四第五人承節郎，諸路兵馬監押，代還，轉保義郎，皆倣進士甲科恩例。四年，又以文舉狀元代還例，除館職，亦召武舉榜首爲閤門舍人。五年，御試得正奏名四十四人。七年，初立武舉絕倫幷從軍法，以求將帥之才。凡願從軍者，殿試第一人與同正將，第二第三名同副將，五名以上，省試第一名，六名以下，並同準備將。從軍以後，立軍功及人才出衆者，特旨擢用，蓋從軍以七年爲限，久在軍中，諳練軍政，則他日可備委任也。中武舉後，如參加進士試，可登進士第，則轉換文資，如王卿月中乾道二年武舉，五年登進士第。但屢舉進士而不中者亦有之。十一年，以武舉林嶸陶天麟等不從軍，十四年，始命從軍，軍帥應待之以士禮，但軍中無所容，乃立自三衙同正員額以容之。此輩紙上談兵，無作戰經驗，遇出戰，多令守寨。厲仲方(一一五九—一二二二)中武舉及第第一，任侍衛步軍司計議官，武學諭，試後爲閤門舍人，後出知安豐軍，知和州，權廬州，授左領衛中郞將。時武臣可試換文資，後以林穎秀一言，指爲徒啓其僥倖名爵之心，乃紹罷鎖廳試。寧宗卽位復其制。慶元五年，倣兵部及四川法，於本道安撫司試武士，合格者赴行在解試，別立字號，分項考校，撥十名爲解額，五名首額。淳祐九年，以北兵屢至，命極邊次邊一體收試，仍量增解額五名，省額二名。是歲武舉正奏名王時發，已係從軍之人，充殿前司左軍統領，既登第，換授特命，就本職與帶同字，以示優厚勸獎。咸淳六年，命禮部貢院，於武舉進士，平等每百人內取放待補十人，紹倫每百人內取放待補十三人。(註三四)

丁、道　　科

補道職，原無考試。元豐三年，始差官考試，以道德經、靈寶度人經、南華眞經等命題，並試齋醮科儀祝讀。政和間，卽州縣學別置齋授道徒。八年，令全國學校諸生，於下項經添大小一經，各隨所欲分治，大經黃帝內經、道德經，小經莊子、列子。自今學道之士所習經，以黃帝內經、道德經，爲大經，莊子、列子爲小經外，兼通儒書，俾合爲一，大經周易，小經孟子。其在學中選人，增置士名，分入官品，元士（正五品）、高士（從五品）、大士（正六品）、上士（從六品）、方士（正七品）闕士（從七品）、居士（正八品）、逸士（從八品）、隱士（正九品）、志士（從九品）。（註三五）蔡攸上諸州選試道職法，其業分大經小經。提學司訪求精通道經者，不問已命未仕，皆審驗以聞。其業儒而能慕從道教者聽。每路於現任官內，選有學術者二人爲幹官，分詣諸州，檢察教習。重和元年，詔太學辟雍各置內經、道德經、莊子、列子博士二員，聖濟經兼講。初入學爲道徒，試中升貢，同稱貢士。到京，入辟雍，試中上舍，並依貢士法。三歲大比，許襴鞹就殿試，當別策降問。初入官，補志士道職，賜褐服。藝能高出其徒者得推恩，道徒術業精退，州守貳夅考課殿最罪法。陳州學生慕從道教，踰月而道徒換籍，殆與儒生相半。有內舍生宋瑀者，宋祁之孫，願改道學內舍生，獻神霄玉清萬壽宮雅一篇，特換志士，俟殿試。由是長倅以下受賞有差，其誘勸之重如此。宣和二年學罷。（註三六）道科考試，僅及四十年。

戊、制舉科

進士以待羣才，制科以待異才。西漢制科，以武帝時爲盛。宋朝制科，初因唐制，置有三科：一曰賢良方正直言極諫，二曰經學優深可爲師法，三曰詳閑吏理達於教化。凡內外職官，布衣草澤，皆得充舉，並諸州解送吏部，試論三道，共三千字以上，廷試策一道。設科之後，竟無應者。最早之制科，爲乾德二年四月，策賢良方正直言極諫科，取博州判官唯頴贊一人，拜秘書省著作郎，故應制科者自贊始。四年，賢良科則有姜涉、經學科則又有郝益出焉。太祖御紫雲樓策試，而陶穀、竇儀、王著、盧多遜、王祐、尹拙、姚恕、馮英，並命參校。涉等皆以疏略賜罷，猶賜酒食以遣之。自是罷不復舉，至咸平四年，始復在崇政殿舉行，所對策限以三千言。始以賢良科試查道、陳越、王曙，查道陳越入第四等，王曙入次等，而李邈魯驤不入等。以道爲左正言直史館，越將作監丞，曙著作佐郎。其後又試何亮、孫暨、孫僅、丁遜，皆入第四等及第四次等，考官爲宋白、梁周翰、師頏、李宗諤、趙安仁、薛映、楊億。景德二年，增至六科，自是應令者寖廣，然得中高等亦少。三年，以應制舉人所納文卷，付中書詳校，初翰林學士晁迥等考定，又命侍讀學士吳文仲呂祐之、龍圖閣待制戚綸陳彭年重考。帝猶慮遺才，復委輔臣裁擇。尋詔趙宗古、陳高、陳絳、令狐頌、陳漸、陳貫等就試中書，浚儀尉初房未就試先卒，詔特賜其家五萬錢。萊蕪監判官歐陽冕，盧陵人，求應賢良方正，而大言自薦，由是促召赴闕，令中書試五論三頌諸詩四十首，共限萬言。題既出，冕惶駭自陳，止應賢良，不應萬言，幸假貸，乃以所上表示之，冕不敢復言。至晡，但成五論一頌共三千字。既奏御，帝令問表中所陳條目，冕伏躁妄之罪，責授連州司戶參軍。(註三七)四年，中書門下考試陳絳夏竦，試論六首：一日定四時別九州聖功孰大？二日考定明堂制度，三日光武二十八將功業先後，四日九功九法爲國何先？五日舜無爲禹勤事功業孰優？六日曾參何以不列四科？此蓋試論之始，其論題，參考九經諸子百家十七史及其傳釋中爲目。大中祥符元年，言者以兩漢舉賢良，所以詢訪闕政，今國家受瑞登封，無闕政也，安取此，乃悉罷。天聖七年，詔制科考試辦法，較爲詳備，凡內外京朝官，不帶臺省館閣職事，不曾犯贓罪及私罪情理輕者，並許少卿監以上奏舉，（註三八）或自進狀，乞應制舉六科。仍先繳呈所撰策論十卷，每卷五道，詣閤門或附遞投進，委中書門下兩省看詳，如詞理優長，堪應制科者，具名聞奏，差官於學士院考試論六首，限三千字以上，中選而後召試，即御試策一道。又置高蹈丘園、沉淪草澤、茂才異等三科。凡草澤及貢舉人，非工商雜類者，並許本處轉運司、各州長吏奏舉；或於本貫投狀乞應，州縣體量實有行止別無玷犯者，即納所業策論十卷，每卷五道。看詳後，如詞理稍優，即上轉運司，審察其鄉里名譽，於部內選有文學之官再看詳，實有文行可稱者，即以文卷送禮部，委主判官看詳，擇文理優長者，具名聞奏。餘如賢良方正等六科。故應制科者不過三事：一、繳呈詞業；二、試六論；三、對制策。而進卷率皆宿著，廷策豈無素備，惟六論一場，謂之過閣，人以爲難。糊名謄錄如故事。（註三九）御試制策時，多在八月中，張幕次於殿廡，與武舉雜試。景祐元年，宋庠謂伏覩賢良方正蘇紳等就試之日，與武舉人雜坐廡下，洎摛辭寫卷，皆俯伏氈上，自晨至晡，訖無餘食，飢虛勞悴，形於歎嗟，雖僅能成文，可謂薄其禮矣。（註四〇）請設備酒食款待，武舉人則別試，從之。制舉科應考，人數不多，景祐四年，詔賢良方正之士，至者數十人，明年，有司試其藝，獨二人應科。皇祐五年八月，策試賢良方正能直言極諫，就秘閣試者凡十八人，有司獨取趙彥若，以其對策疏濶，考不中等，罷之。嘉祐二年六月，孫抃等言：以應制科者，聽待制以上奏舉，內草澤人亦許本路轉運使奏舉，其行不如所學，並坐舉者，從之，蓋是時應制科者，須從官二人奏舉之也。仁宗朝，策制科共有十次，取士十五人。天聖八年，何詠（賢良科）、富弼（茂才科）。景祐元年，蘇紳吳育張方平（才識兼茂科）。寶元元年，田況。慶曆二年，錢明逸。六年，錢彥遠。皇祐元年，吳奎。嘉祐二年，夏噩。四年，陳舜俞、錢藻。六年，蘇軾、蘇轍（賢良科）、王介。制科不試詩賦，自富弼始。天聖八年，又有應書判拔萃科凡八人，仁宗御崇政殿試之，考問題十通（註四一）中選者有余靖、尹洙、毛子仁、李惇裕等六人（兩人軼姓名）。時余靖除將作監丞，知海陽縣；尹洙，武勝軍掌書記，知河陽縣；毛子仁，鎭東軍推官，知宣城縣；李惇裕，大理寺丞，知華亭縣。其後制科須近臣論薦，毋得自舉。取士分五等：第一第二等皆虛，惟以第三等取人，然中選者亦皆第四等，獨吳育嘗入第三等，後未有繼者。至嘉祐中，蘇軾年二十六，轍年二十三，皆入第三等，已而轍以言切直，復降爲第四等。（註四二）范百祿亦入制科第三等。張方平中茂才科後，又於寶元元年，以秘書省校書郞，再對賢良方正策，則爲應制科兩次矣。熙寧七年，陳彥古六論不識題，以其空疏，悉罷之。元祐二年恢復，（註四三）紹聖元年又罷。

建炎間，詔復賢良方正科，然未有應詔者。紹興元年，置賢良方正能直言極諫科，每科場年，命中丞給舍諫議大夫學士待制，三人舉一人，不拘已仕未仕，亦不拘有無出身，先具詞業策論五十篇，繳送兩省，侍從參考之。分三等：文理優長爲上，次優爲中，常平爲下。次優以上，並召赴閣試，歲九月，命兩省學士官考試於秘閣，御史監之，試六論（每首五百字以上），於九經、十七史、七書、國語、荀、揚、管子、文中子正文內出題，差楷書祇應，四通以上爲合格，仍分五等，以試卷繳奏御前拆號，入四等以上者，召赴殿試。皇帝臨軒親策（策限三千字以上），宰相擬題，（註四四）差初覆考、詳定官。赴試人引見，賜坐殿廊，兩廂設垂簾幃幕，青褥紫案，差楷書祗應，內侍賜茶果。對策先引出處，然後言事。第三等爲上，恩數視廷試策第一人；第四等爲中，視廷試策第三人，皆賜制科出身；第五等爲下，視廷試策第四人，賜進士出身。不入等與簿尉差遣以上，並謂白身者，若有官人，則進官與陞擢。但過科場年，凡十一次，詔而迄無應舉。乾道元年，賢良方正直言極諫科，只有眉山布衣李垕應詔，是歲獨試，召試中書，六論命題：一、明主有必治之道；二、湯法三聖；三、人者天地之心；四、律歷更相沿；五、三家言經得失；六、揚雄張衡孰賢？六論合格，惟湯法三聖，不記所出，而能舉上下文數百字，（註四五）詳其六論凡五通。十一月，孝宗親策於集英殿，考入第四等。復御殿引見，賜制科出身，授節度推官。其策依正奏名第一甲例，謄寫爲冊，進御及德壽宮，並焚進諸陵。二年六月，詔制科權罷注疏出題，守臣監司亦許解送。淳熙十一年，詔罷注疏出題，於是郡國舉莊治、滕成，試六論皆四通，而考官顏師魯以其文理平凡，不應近制，又罷之。自是薦紳重於特舉，山林恥於自耀，褎然而起者鮮矣。故自李垕之後，制科無合格又三十餘年。（註四六）開禧元年，召試制科，永康青城人何致，以制科薦於朝，有旨召試，但阻於兩臺諫，罷歸。（註四七）

茲將歷朝制科內容，表列以示其梗概。

年代	制科目	薦考
宋初	賢良方正能直言極諫、經學優深可爲	凡內外職官前資現任，黃衣草澤人，

	師法、詳閑吏理達於教化三科。	並許諸州及本司解送於吏部，對御策試三千言，以文理俱優者中其選。
咸平四年	賢良方正能直言極諫。	詔文臣於內外京朝幕職，州縣官，及草澤中，各舉賢良方正一人，不得以現任轉運使及館閣職事人應詔。
景德二年	賢良方正能直言極諫、博通墳典達於教化、才識兼茂明於體用、武足安邊、洞明韜略運籌決勝、軍謀宏遠材任邊寄。	薦舉後，委中書門下先加程試六論，如器業可觀，具名聞奏，帝將臨軒親策。
天聖七年	(一)賢良方正能直言極諫、博通墳典達於教化、才識兼茂明於體用、詳明吏理可使從政、洞識韜略運籌帷幄、軍謀宏遠材任邊寄。 (二)書判拔萃。 (三)高蹈邱園、沉淪草澤、茂材異等。	第一類，以待京朝官之被舉及起應選者。 第二類，以待選人之應書者。 第三類，以待布衣之被舉者。 其法先上藝業於有司，有司較之，試秘閣中格，然後天子親策之。
紹興二年	賢良方正能直言極諫。	一遵舊制。

乾道元年	賢良方正能直言極諫。	令尚書兩省諫議大夫以上御史中丞學士待制，各舉一人，仍具詞業繳進。

秘閣先試六論者，欲探其博學；後策者又欲觀其才用。然以六論程試爲最難，以策問爲最重要，蓋事關治亂，體繫安危也。是以對策每多直言，「妄論利害，攙說得失，此正制科人習氣。」（註四八）皇祐間，蘇轍考入第三等，已而以其言太直，復降爲第四；熙寧間，孔文仲考中第三等，以忤王安石，特旨黜之，此其例也。宋人稱制科爲大科，地位雖無確定，但以不常設，似較進士爲重要。孫何孫暨既得狀元，復應制科。富弼初遊場屋，穆修謂之曰：「進士不足以盡子之才，當以大科名世。」（註四九）沈作喆（紹興五年進士）謂：「予中進士科後，從石林於卞山。予時欲求試博學宏詞，石林勉予曰：宏詞不足爲也，宜以思制科工夫。他日學成，便爲一世名儒，得失不足論也。」（註五〇）仁宗初讀蘇軾兄弟制策而喜曰：「朕今日爲子孫得兩宰相矣！」（註五一）唐代制舉之名，多至八十六，凡七十六科，由制科出身而至宰相者七十二人。宋代制舉之名，只得十一二，取士四十人，躋至宰相者，富弼一人而已，執政者有九人（如夏竦、吳育、張方平、范百祿等）。要之，制科出身，仍不及進士之顯赫。然制舉考試，其本身可議之點亦多，不能藉是以掄選眞才者，蓋理有固然。皇祐元年八月，上封者言：近來御前所試策題，其中多問典籍名數及細碎經義，乃是又重欲采其博學，竟不能觀其才用，豈朝廷求賢材之意耶？（註五二）元祐元年，樞密直學士王存上奏，謂：「臣竊見近世制科所

試論策題目，務出於僻隱難知，是以應此科者，競爲記誦名數之學，非所以稱方正之舉，先朝深知其弊，遂行廢罷。」（註五三）至南宋之世，仍難愜人意，楊萬里指其弊曰：「先命有司而試之以莫知所從出之題，既又親策於廷而雜之以奥僻怪奇之故事，不過於何晏、趙岐、孔安國、鄭康成之傳注，與夫孔穎達之疏義而已，此豈有關於聖賢之妙學，英雄豪傑濟世之策謀也哉？以訓詁之苛碎而求磊落之士；以蟲魚之散殊，而釣文武將相之才，不幾於施鰌鱓之筍以羅橫江之鯨；挂黃口之餌，以望鳳之來食也耶？其不至固也。能使古之聖賢如孟軻者復生，亦不能也。」（註五四）葉適亦論之曰：「常制舉之盛時，置學立師，以法相授，浮言虛論，披抉不窮，號爲制科習氣。故科舉既不足以得之，而制科又以失之。然則朝廷之求爲一事也，必先立爲一法，若今制科之法，是本無意於得才，而徒立法以困天下之泛然能記誦者耳，此固所謂豪傑特起者輕視而不屑就也。又有甚此者，蓋昔以三題試進士，而爲制舉者，以答策爲至難。彼其能之，則猶有以取之。自熙寧以策試進士，其說蔓延，而五尺之童子，無不習言利害，以應故事，則制舉之策，不足以爲能。故哲宗以爲今進士之策有過此者，而制科由此廢矣。」（註五五）

己、博學宏詞科

熙寧罷詩賦，元祐復之。至紹聖元年又罷，取士純用經術，於是學者不復習爲應用之文。三省上言：「今進士純用經術，如詔誥章表等文，皆朝廷官守日用不可闕者，若悉不習試之，何以兼收文學博異之士？」已而中書言：「唐有辭藻宏麗文章秀異之科，皆以衆之所難，勸率學者。」於是始立宏詞科，以繼賢良方正之科。二年正月，禮部立試格十條（章表、賦、頌、箴、銘、誡、諭、露布、檄書、序記），除詔誥制勑不試，又再立試格九條，曰章表、露布、檄書（以上用四六）、頌、箴、銘、誡、諭、序記（以上依古體，亦許用四六）。凡進士登科者，許詣禮部請試，如現守官則受代乃請，率以春試，上舍生附試，不自立院，差官鎖引，悉依進士試。考官取四題，分二日試，專用宋朝故事及時事爲題，每取不得過五人。中程者上之三省，三省覆試，分上中二等，推恩有差，辭藝超異者，恩命臨時取旨。崇寧五年，有登進士第，出榜後，再冠詞學兼茂科，入秘書省爲正字。大觀四年五月，徽宗以宏詞科不足以致文學之士，故改爲詞學兼茂科，每歲一試，除去檄書，增試制誥，仍以四題爲兩場，內二篇以歷代故事借擬爲題，餘以宋朝故事或時事，所取不得過三人。政和增爲五人。不中率許闕，宰執親屬不得應試。不試檄書，增制誥，以歷代史事借擬爲之，中格則授館職。宣和五年七月，職方員外郎陳磷奏：歲試不無幸中，乃有省闈附試之詔，卽罷試上舍，於科舉歲附貢士院試，由是三歲一試。（註五六）

紹興三年，工部侍郎李擢，乞取兩科裁訂，別立一科。七月，詔以博學宏詞爲名，遂增爲十二體，曰制、誥、詔書、表、露布、檄、箴、銘、記、贊、頌、序，雜出六題，分爲三場，每場體制，一古一今。三歲一試，如舊制。初惟有科第者始許試，至是不計出身，皆許應試。試人先投所業三卷（每題二篇）納禮部，朝廷降附學士院，考其能者召試。遇科場年，公卿大夫子弟之俊秀者皆得試，每次所取不得過五人。若人才有餘，臨時取旨。禮部貢院知舉官，分三等考校，具合格字號同眞卷繳納中書看詳，推恩則例比舊制，更加優異。以三等取人，上等轉一官，選人改京官，無出身者賜進士及第，並免召試，除館職；中等減三年磨勘與堂除，無出身者仍賜進士出身，並擇其尤者召試館職；下等減二年磨勘，與堂除一次，無出身者賜同進士出身，遇館職有闕，並許審察召試。（註五七）紹聖專取華藻，大觀俶尚淹該，爰暨紹興，程式始備，科目雖襲唐舊，而所試文則異也。自紹聖立宏詞科，迄於淳熙之季，所得不下七十人，其至宰執翰苑者僅三十人。（註五八）而自紹興五年至紹熙四年（紹熙元年闕不取，中選者原爲陳晦），五十八年之間，凡二十榜，每次取三兩人，或一人，共爲三十三人。其進至宰執翰苑者，紹興中得十七人，隆興至淳熙得十三人，紹熙一人，開禧至嘉定三人。中選即入館爲秘書省正字者，自洪遵始。（註五九）嘉熙三年，博學宏詞科除依舊三歲一試外，更降等立科，改爲詞學科，只試文辭，不重記問，以今題四篇，分兩場行之，引試須有出身人，就禮部投狀獻所業，如試教官例。每歲附銓闈引試，惟取合格，不必拘額，中選者與堂除，淳祐初罷。景定二年，又復此制。（註六〇）四年復止，其後唯存博學宏詞科。

宏詞科考文章，制舉科求直言，二舉不同。高宗創舉此名，三歲一試，與制科無常科者異，然亦必召試定等，而後授官，則亦可謂之制科也。（註六一）然中進士者，如再中宏詞，則出身較易。眞德秀，年十八，舉於鄉，再舉登進士乙科，授南劍州軍事判官。或勉令應博學宏詞科，慨然從之，開禧元年，遂中其選。二年，除太學正，此其例也。然考選徒重文詞，每爲學者所詬病。朱熹謂宏詞科習諂諛夸大之詞，競駢儷刻雕之巧，尤非所以爲教，當稍更其文字之體，使深厚簡嚴爲主。（註六二）葉適認爲宏詞，其法尤不切事實，使人才陷於不肖而不可救，謂：「自詞科之興，其最貴者四六之文。然其文最爲陋而無用，士大夫以對偶親切用事，精的相誇，至有以一聯之工，而遂擅終身之官爵者，比風熾而不可遏七八十年矣。前後居卿相顯人，祖父子孫相望於要地者率詞科之人也。其人未嘗知義也，其學未嘗知方也，其才未嘗中器也，操紙援筆，以爲比偶之詞。又未嘗取成於心，而本其源流於古人也，是何所取而以卿相顯人待之相承而不能革哉？」（註六三）

庚、孝廉科

開寶八年，詔諸州察民有孝悌力田，奇才異行，或有文武材幹，年二十以上至五十歲，可任使者，選擇具送闕下。如無人塞詔，亦以實聞。九年，詔翰林學士李昉等於禮部貢院，同閱諸道所解孝悌力田及有才武者凡七百四十人。試問所習之業皆無可採。而濮州以孝悌薦名者三百七十人，帝駭其多，召問於講武殿，率不如詔，猶稱素能習武。復試以騎射，則隕越顚沛失次。帝顧曰：「止可隸兵籍！」皆號告乞免，乃悉罷去。詔劾本部官司濫舉之罪。（註六四）此等孝廉，至不言所習之業，皆爲不能應鄉舉之輩耳，與唐貞觀孝廉至不能答曾參所說孝經，其淺陋胥同也。

辛、童子科

童子科者，天才兒童之考試也。太宗朝，洛陽郭忠恕，通九經，七歲舉童子科。雍熙間，得建州童子楊億，年十一，太宗親試一賦二詩，頃刻而就，授秘書正字。淳化二年，賜泰州童子譚孺卿出身。咸平間，得宋綬。景德二年，撫州進士晏殊，年十四；大名府進士姜蓋，年十二，並長吏以聞，以童子召試。殊試詩賦各一篇，蓋六章，賜殊進士出身，蓋同學究出身。後復召殊試詩賦論，嘉其敏贍，令秘閣讀書，尋擢授秘書省正字。大中祥符七年，眞宗幸亳，李淑獻文行在所，眞宗奇之，命賦詩，賜童子出身，試秘書省校書郎。又趙煥以童子召對，令從秘閣讀書，時年十二。蔡伯希年四歲（或五六歲），誦詩百餘篇，召爲秘書正字。仁宗卽位，以童子賜出身者凡十四人。寶元元年，以爲無補而罷之。皇祐元年，新淦何正臣、吉水毛君卿，俱以七歲應童子科，帝見二人年甚幼而穎悟過人，特愛之，留居禁中數日，後賜童子出身。神宗朝，熙寧八年，饒州張根，年十四，以童子獲選，入京師補太學生，羣數千人，試於有司，復中第二，自是以文居諸生右，元豐五年，擢進士第，年二十一。元豐七年，賜饒州童朱天錫五經出身，年九歲，賜錢五萬。又天錫從兄天申，年十二，試十經皆通，亦賜五經出身。（註六五）元豐以後，童子科賜出身者五人。元祐時，詔禮部自今請試童子誦書，毋收接。大觀復其科，賜補官者五人。計自仁宗卽位至大觀末，獲中童子科者僅二十一人。

建炎二年用舊制，高宗親試童子，召見朱虎臣，授官賜金帶以寵之。後至者或誦經史子集，或誦御製詩文，或誦兵書習步射，其命官免舉，皆臨期取旨，無常格也。紹興二年，汀州童子萬頃，年十歲，能誦經子書，帝召見於內殿，頃記誦如流，自言能詩，帝指金唾壺爲題，筆擱不下，帝猶嘉其敏，命為文林郎，仍賜名鐻。（註六六）三年六月，徽州童子林國佐，九歲，能誦書，詔免解賜帛，自是遂為故事。七年，賜處州孝童周智出身。二十八年，禮部言：自今諸州保明到童子乞試者，送國子監試驗，如合格，送中書，宰執挑試，又合格，取旨推恩。從之。淳熙八年，始詔分為三等：凡全誦六經孝經論孟及能文，如六經義三道，論孟義各一道，或賦及詩各一道為上等，與推恩。誦書外，能通一經為中等，免文解兩次。止能誦六經論孟為下等，免文解一次。覆試不合格與賜帛。嘉定十四年詔：自今歲取三人，期以季春集闕下，先試於國子監，而由中書覆試，為定制焉。理宗罷之，須卓絕能文者，始許諸郡薦舉。（註六七）

童子求試之人數，高宗朝有三十六人，授官者五人（萬頃、彭興宗、張揉、朱虎臣、劉轂），永免文解者一人（晏章），免文解者一人（林國佐），賜帛罷遣者九人（紹興三年四月）。兄弟童子求試者有三對（饒州江安國定國、戴松、戴滋、又有張巖叟巖卿，不知何許人）。惟朱虎臣者，浮梁人，能排陣步射，及誦七書，故補承信郎。劉轂以小校子，五歲善騎射，故補校尉。孝宗朝，童子求試者七十四人，而命官者七人。有呂嗣興者，衢州人也，四歲能誦詩切韻，辨四聲，畫八卦，乾道八年春召見，面俾吟詩，遂授右從政郎，賜錢三百緡，令伴皇孫榮國公讀誦。又有臨川王克勤，始以程文求試，尤為警敏，初命右從事郎，踵晏殊故事，令秘書省讀書，制祿視正字之半。其餘如廬陵李如圭、三山林公洽、何擢，並右迪功郎，三山何致遠將仕郎，廬陵郭洵直下州文學。光宗朝童子求試者十七人，無補官者，惟從事郎吳剛，年九歲，能誦六經論孟，以壽聖親姪孫，紹熙三年，特改承務郎，仍依初補法。理宗朝，景定三年，童子求試者十人，挑誦國子監，既中試中書，如初考，以王元吉爲首，該恩許兩試太常。(註六八) 度宗朝，咸淳三年，禮部侍郎李伯玉，言人才貴乎養，養不貴速成，請罷童子科，息奔競以保幼稚良心，詔從之。

自置童子科以來，未有女童應試。迨淳熙元年夏，女童林幼玉，求試中書後，省挑試所誦經書四十三件並通，詔特封孺人。(註六九) 又有女童吳志端，年八歲，嘉定五年四月，求應試，令中書覆試，但臣僚言：以女子應此科，縱使盡合程度，不知他日將安所用？況艷粧怪服，遍見朝士，所至聚觀，無不駭愕。倘或放行覆試，必須引至都堂，觀聽非便。乞收還指揮，庶幾崇禮化厚風俗，從之。(註七〇) 有此冬烘頭腦爲之作梗，故女童應試機會遂被褫奪也。

第二節　貢舉人數

宋初，貢舉之疏數，取士之多寡，惟帝所命。太祖時取士，仍沿唐舊制，每歲多不過二三十人。開寶二年，時全國未統一，安德裕作魁日，九人而已。太宗朝，進士之數突增，取士亦多。太平興國二年，諸道貢士五千二百餘人，太宗以郡縣闕官頗多，賜進士諸科五百人，比舊二十倍，(註七一) 遽令釋褐。八年，貢士至一萬零二百六十人。淳化三年，因前兩年詔權停貢舉，至是集闕下者突增至一萬七千三百人。(註七二) 眞宗時，咸平五年，一萬四千五百餘人。景德二年四年，皆一萬三千人。大中祥符元年，一萬二千人。天禧三年，四千三百人。嘉祐二年，六千五百人。元豐間，八千人。元祐三年，四千七百三十二人。宣和六年，又漲至一萬五千人。於是一代流風，無不趨於科舉。（註七三）南宋時，貢士仍不減數千之數，嘉定元年，則爲五千餘人，所得率爲江南之秀也。

取士之人數，太平興國二年，賜第者共五百餘人，爲十取一之數。咸平三年，進士及諸科共取一千八百餘人，校藝之詳，推恩之廣爲各朝最。五年，貢士集闕下者一萬四千五百餘，共取二百一十八人，約六十六取一之數。景德三年閏五月，眞宗問宰臣等天下貢舉人幾何？王旦曰：萬三千有餘人矣。眞宗曰：約常例奏名幾何？曰：大約十取其一而已。（註七四）天聖五年，賜進士諸科及第者一千零七十六人。七年，則爲八百二十二人，而六月試書判拔萃科及武舉人，七月策制舉人，未計在內。（註七五）　由天聖初以迄嘉祐末，貢舉十三次，共取進士四千五百七十人，諸科四千九百五十四人，特奏名四千九百八十七人。（註七六）慶曆間，禮部奏名以四百人爲限。治平四年，取進士三百零五人，明經諸科二百一十一人，共五百一十六人。元祐三年，取五百人，平均九人半取一人。重和元年，賜禮部奏名進士及第出身七百八十三人。宣和六年，賜及第八百零五人。據洪适統計，自建隆元年至紹興三十年，取士總數爲二萬三千六百人。（註七七）南宋時，省試舊以十四人取一名，隆興元年，建、劍、宣、鼎、洪五州進士三舉實到場者，皆以覃恩免解，有旨增省額百人，遂以十七人取一名，而四川類省試，則以十六人取一名，後不復改。

自施行三舍法，亦賜上舍生及第，但數量極少。崇寧三年，有鄭南等十六人。四年，俞栗等三十五人。大觀元年，李邦彥等二十九人。二年十三人。三年十九人。四年，劉知新等十五人。政和三年，陳公輔等十九人。四年張綱等十七人。六年，臧瑀等十一人。七年，景徹等十二人。宣和元年，王俊乂等五十四人。二年，祖秀實等六十六人。十六年間，上舍生登第者三百零六人。

茲將進士諸科考試及取士數，表列如下：

年份	月份	主考官	進士數	榜首	省元	諸科數	備考
建隆元年	二月	扈蒙	一九	楊礪			
二年	二月	竇儀	一一	張去華			正月，詔親試制舉三科。
三年	三月	王著	一五	馬適			
四年	二月	浚儀 薛居正	八	蘇德祥			
乾德二年	三月	陶穀	八	李景陽		一	（制科中選）
三年	二月	盧多遜	七	劉察			
四年	二月	王祐	六	李肅		九	（制科中選）
五年	二月	盧多遜	十	劉蒙叟			
六年	二月	王祐	一一	柴成務			

開寶二年	二月	趙逢	七	安德裕			
三年	三月	扈蒙	八	張拱			賜十五舉未及第舉人司馬浦等一百零六人本科出身，特奏名恩例自此始。
四年	二月	盧多遜	一〇	劉寅			
五年	閏二月	扈蒙	一一	安守亮			進士諸科共二十八人，召對講武殿，始放榜。
六年	三月	李昉	一一	宋準		一〇一	再試取十六人，落下一人。
八年	二月	王祐	三一	王嗣宗	王式	三四	以扈蒙、梁周翰、雷德驤並權同知貢舉，同知貢舉始此。自是以後，榜首稱狀元。
太平興國二年	正月	張洎 石熙載	一〇九	呂蒙正	呂蒙正	二〇七	命張洎、石熙載試進士，侯陶等試諸科，侯陟監之。殿試後，由李昉扈蒙定其優劣爲三等。
三年	九月	郭贄	七四	胡旦	胡旦	八二	
五年	閏三月	程羽	一一九	蘇易簡	蘇易簡	五三三	以甲乙分第

八年	二月	宋白	一七五	王世則	王禹偁	五一六	又取進士五十四人，諸科一百一十七人，同出身。
雍熙二年	正月	賈黃中	二五五	梁顥	陳元	六一八	唱名自此始。始分三甲。
端拱元年	閏五月	宋白	二八	程宿	程宿	一一〇	覆試得進士諸科七百人；又武成王廟重試得進士三十一人，諸科八十九人。
二年	三月	蘇易簡	一八六	陳堯叟	陳堯叟	四五〇	
淳化三年	二月	蘇易簡	三五三	孫何	孫何	七八四	
咸平元年	二月	楊礪	五〇	孫僅	孫僅	一五〇	眞宗諒闇，遂不廷試，而敕下禮部放榜。
二年	二月	溫仲舒	七〇	孫暨	孫暨	一八〇	
三年	三月	王旦	四〇九	陳堯咨	李庶幾	一、一二九	五月，帝親試河北青齊等州舉人五百八十二人，賜進士齊革等十三人，諸科三百四十五人及第同出身。翌年停貢舉，四月，只命宋白等充考官，御試制科，取七人。

五年	四月	陳恕	三八	王曾	王曾	一八一	
景德二年	四月	戚綸	二四七	李迪	劉滋	五七〇	五月，御試河北舉人，以用兵不及期也，得進士范昭等五十一人，賜及第，四十五人出身，諸科六百九十八人。特奏名進士諸科六百六十二人。三年，停貢舉，御試制科得貳人。四年亦停貢舉，御試制科得三人。
大中祥符元年	四月	晁迥	一〇九	姚煜	鄭向	七五〇	二年，權罷貢舉，六月，御試東封路服勸詞學經明行修貢舉人，得梁固等二十九人，諸科五十六人。四年，十一月，御試汾陰路服勸詞學經明行修貢舉人，得張師德等三十一人，諸科五十人。
五年	三月	晁迥	一二六	徐奭	徐奭	三七七	七年權罷貢舉，九月御試亳州南京路服勸詞學經明行修貢舉人，得張觀等二十一人，諸科二十一人。
八年	三月	趙安仁	二八一	蔡齊	高餗	三六三	特奏名七十八人。

天禧三年	三月	錢惟演	一四九	王　整	程　戡	一五四	
天聖二年	三月	劉　筠	二〇〇	宋　郊	吳　咸	二二七	諸科及第出身共四八五人。以對策擢高第，自葉清臣始。
五年	三月	劉　筠	三三七	王堯臣	吳　育	八九四	諸科及第出身共一、〇七六人。
八年	三月	晏　殊	二四九	王拱辰	歐陽修	五七三	另制科二人，拔萃二人，共八二二人。九年停貢舉，只拔萃科得四人。
景祐元年	三月	章得象	四〇二	張唐卿	黃　庠	四八一	制科三人，拔萃四人，特奏名八五七人。
寶元元年	三月	丁　度	三一〇	呂　溱	范　鎮	六一七	另制科二人，共七二四人。
慶曆二年	三月	聶冠卿	四三五	楊　寘	楊　寘		制科一人，共八三九人。
六年	三月	孫　抃	五三七	賈　黯	裴　煜	四一五	制科一人，共八五三人。
皇祐元年	三月	趙　槩	五四三	馮　京	馮　京	五五〇	制科一人，進士諸科及第出身共一、三〇九人。

五年	三月	王拱辰	五二〇	鄭獬	徐無黨	五二二	進士諸科及第出身共一、〇四二人。
嘉祐二年	三月	歐陽修	三八八	章衡	李實	三八九	制科一人，共八七七人。是歲始定爲兩年一貢舉。
四年	三月	胡宿	一六三	劉煇	劉摯	一七六	制科三人，特奏名進士諸科六十五人。
六年	三月	王珪	一九三	王俊民	江衍	一〇二	特奏名進士諸科四十三人。
八年	三月	范鎮	一九四	許將	孔武仲	一四七	特奏名進士諸科一百人。
治平二年	二月	馮京	二〇〇	彭汝礪	彭汝礪	一八	制科二人，共三六一人。是歲始改爲三年一貢舉。
四年	三月	司馬光	三〇五	許安世	許安世	二一一	共四六一人。
熙寧三年	三月	王珪	二九五	葉祖洽	陸佃	四七二	制科二人，共八二九人。
六年	四月	曾布	四〇〇	余中	邵剛	四〇	進士諸科及第出身共五九六人。
九年	三月	鄧綰	四二二	徐鐸	張嵫	一九四	共五九六人。

元豐二年	三月	許將	三四八	時彥	朱浚明		共六〇二人，特奏名諸科七七八人。
五年	三月	李清臣	四四五	黃裳	劉槩	三	共一、四二八人。
八年	五月	李定權	五七五	焦蹈	焦蹈		正月九日鎖院，二月十八日貢院火災，試卷三分，不收一分，令禮部別鎖試。四月詔再試進士及諸科武舉人，以太學爲貢院。三月神宗崩，是歲諒闇，哲宗不臨軒，賜禮部奏名進士焦蹈等及諸科及第出身同出身四百六十一人，特奏名八百四十七人，武舉進士三十九人。
元祐三年	三月	蘇軾	五二三	李常寧	章援		制科一人，共一、一二二人
六年	三月	范百祿	五一九	馬涓	鄒起		制科三人，共九五七人。
紹聖元年	三月	鄧溫伯	五一二	畢漸	劉範		制科三人，宏詞科八人，共九七五人。
四年	三月	林希	五六四	何昌言	汪革		宏詞科九人，共六〇九人。

元符三年	四月	徐鐸	五六一	李釜	李釜		是歲哲宗崩，諒闇不臨軒。
崇寧二年	三月	安惇	五三八	霍端友	李楷		共五百三十八人。
五年	三月	朱鍔	六七一	蔡薿	吳倜		是科爲始，罷諸州發解，倂省試，並從學校逐年貢士。
大觀三年	三月	薛昂	六八五	賈安宅			上舍魁李彌遜，宗室上舍四十二人。
政和二年	三月	蔡薿	七一三	莫儔	路允迪		上舍魁師驥。
五年	三月	王黼	六七〇	何㮚	傅崧卿		上舍魁傅崧卿，宗室上舍十七人。
重和元年	三月		七八三	王昂	何大圭		上舍魁何大圭。
宣和三年	三月	趙野	六三〇	何渙	宋齊愈		上舍魁宋齊愈。
六年	四月	宇文粹中	八〇五	沈誨	楊椿		是歲復省試。
建炎二年	九月		四五一	李易			四川陝西河北京東類省試進士八十七人。
紹興二年	四月		二五九	張九成			川陝類省試進士一二〇人。

五年	九月	孫近	二二〇	汪應辰	樊光遠		四川進士一三七人，特奏名進士二七二人。
八年	六月	朱震	二九三	黃公度	黃公度		是年不親策，引見正奏名，與四川類省奏名參定編排。
十二年	三月	程克俊	二五三	陳誠之	何溥		四川進士一四四人，特奏名二四八人。
十五年	三月	何若	三〇〇	劉章	林機		四川進士七三人，特奏名二四七人。
十八年	三月	邊知白	三三〇	王佐	徐履		四川進士二三人，特奏名四五七人。
二十一年	三月	陳誠之	四〇四	趙逵	鄭聞		四川進士一八人，特奏名五三一人。
二十四年	三月	魏師遜	三五六	張孝祥	秦塤		四川進士六三人，特奏名四三四人。
二十七年	三月	湯鵬舉	四二六	王十朋	張宋卿		先時四川類省道遠趁赴殿試不及者別奏名，是年無不到，特奏名三九二人。

三十年	三月	朱倬	四一二	梁克家	劉朔		四川進士一六人，特奏名五一三人。
隆興元年	四月	洪遵	五三八	木待問	木待問		是年不親策，同紹興八年。
乾道二年	三月	蔣芾	四九三	蕭國梁	何澹		本趙汝愚第一，以故例科舉先寒畯，有官人退居第二。
五年	三月	汪應辰	三九二	鄭僑	方恬		
八年	四月	王曮	三八九	黃定	蔡幼學		
淳熙二年	四月	王淮	四二六	詹騤	章頴		
五年	四月	范成大	四一七	姚頴	黃渙		
八年		王希呂	三七九	黃由	俞烈		
十一年	四月	王佐	三九四	衞涇	邵康		
十四年	四月	洪邁	四三五	王容	湯璹		
紹熙元年	四月	鄭僑	五三七	余復	錢易直		
四年	五月	趙汝愚	三九六	陳亮	徐邦憲		

慶元二年	五月	葉翥	四四九	鄒應龍	莫子純		
五年	五月	黃由	四一一	曾從龍	蘇大璋		四川進士四人。
嘉泰二年	五月	木待問	四九七	傅行簡	傅行簡		是年諒闇不臨軒。
開禧元年	五月	蕭逵	四三三	毛自知	林執善		
嘉定元年	五月	樓鑰	四六二	鄭自成	朱停		四川進士四人。
四年	五月	汪逵	四六五	趙建大	周端朝		
七年	五月	曾從龍	五〇四	袁甫	姚宏中		
十年	五月	黃疇	五二三	吳潛	陳塤		
十三年	六月	宣繒	四七五	劉渭	邱大發		
十六年	五月	程珌	五四九	蔣重珍	王冑		
寶慶二年	六月	鄒應龍	九九八	王會龍	王會龍		是年諒闇不臨軒。
紹定二年	五月	程珌	五七七	黃朴	陳松龍		
五年	八月	陳貴誼	四九三	徐元杰	葉大有		

端平二年	六月	眞德秀	四五四	吳叔告	楊茂子		
嘉熙二年	閏四月		四二三	周坦	繆烈		
淳祐元年	五月	杜範	三六七	徐儼夫	劉自		
四年	六月	金淵	四二四	留夢炎	徐霖		
七年	六月	吳潛	五二七	張淵微	馬廷鸞		
十年	三月	董槐	五一三	方夢魁	陳應雷		方夢魁賜名逢辰。
寶祐元年	五月			姚勉	丁應奎		
四年	五月		六〇一	文天祥	彭方迥		
開慶元年	五月		四四二	周應炎	李雷奮		
景定三年	五月	楊棟	六三七	方山京	李珏		
咸淳元年	七月			阮登炳	阮登炳		是年諒闇不臨軒。
四年	五月		六六四	陳文龍	胡躍龍		
七年	五月		五〇二	張鎮孫	劉夢薦		
十年	九月			王龍澤	李大同		是年諒闇不臨軒。

因南北民性不同，文野有別。自南北朝以降，南人重文辭，北人尚經義。齊魯河朔之士，往往守先儒訓詁，長於經義，質厚不善爲文辭。南人敏捷，擅於辭藻。故自進士科一併之後，榜出多是南人預選。太宗朝所得士，率江南之秀，北人預者極少。大中祥符元年，馮拯謂江浙人專業詩賦以取科第，望令於詩賦人內兼考策論，眞宗然之。寶元二年，知諫院富弼上奏曰：「臣竊思近來數榜以來，放及第者如河北河東陝西三路之人，所得絕少者何？蓋此處人物，稟性質魯，不能爲文辭，中程式，故皆老於科場，至死不能得一官，豈三路之人，獨不樂富貴哉？蓋求之而不得也。」（註七八）誠以進士舉業文賦，唯閩蜀江浙之人所長，若與西北之人一起糊名通考，故西北之人所進者少矣。欲公平取士，遂有立分數考校各路舉子之例，以北人拙於詞令，故優取之。其各路考校舉子之數，以嘉祐間取士爲例，可見其不均之情形。

貢士與及第數／各路	得解及免解進士數			及第數			取士比率		
	三年	五年	七年	三年	五年	七年	三年	五年	七年
國子監	一一八	一〇八	一一一	二二	二八	三〇	1/5	1/4	1/4
開封府	二七八	二六六	三〇七	四四	六九	六六	1/6	1/4	1/5
河北路	一五二		一五四	五		一	1/30		

京東路	一五七	一五〇		五	五		1/30	1/30	
河東路	四四	四一	四五		一	一		1/41	1/45
陝西路		一二三	一二四		一	二			1/62
荊湖北路		二四	二三			一			1/23
荊湖南路	六九	六九	六八	二	二	二	1/34	1/34	1/34
廣南東路	九七	八四	七七	三	二		1/32	1/42	
廣南西路	三八	六三	六三	一			1/38		
梓州路	六三			二			1/31		
利州路	三六		二八	一			1/36		
夔州路	二八	三二		一			1/28		

（註七九）

取士比率不均情形如此，治平元年，中書批下知封州柳材奏，欲乞今後南省考試進士，將開封國學鎖廳舉人試卷，衮同糊名。其諸道州府舉人試卷，各以逐路糊名，委封彌官於試卷上題在京逐路字，用印送考試官。其南省所放合格進士，乞於在京逐路以分數裁定之。下兩制詳定。知諫院司馬光認爲如以嘉祐間取士爲例，比較在京及諸路舉人，得失多少之數，大多不均，「蓋以朝廷每次科場所差試官，率皆兩制三館之人，其所好尚，即成風俗。在京舉人，追隨時好，易知體面，淵源漸染，文采自工，使僻處孤陋之人，與之爲敵，混同封彌，考較長短，勢不侔矣。……是以古之取士，以郡國戶口多少爲率，或以德行，或以材能，隨其所長，各有所取。近自族姻，遠及夷狄，無小無大，不可遺也。今或數路中，全無一人及第，則所遺多矣。國家用人之法，非進士及第者，不得美官；非善爲賦詩論策者，不得及第；非遊學京師者，不善爲賦詩論策。以此之故，使四方學士皆棄背鄉里，違去二親，考於京師，不復更歸。其間亦有身負過惡，或隱憂匿服，不敢於鄉里取解者，往往和買監牒，妄冒戶貫於京師取解。自間歲開科場以來，遠方舉人憚於往還，只於京師寄應者，比舊尤多。國家雖爲科禁，至於不用蔭贖，然冒犯之人，歲歲滋甚，所以然者，蓋由每次科場及第進士，大率是國子監開封府解送之人，則人之常情，誰肯出此而就彼哉？……今欲乞依柳材起請，今後南省考試云云，裁定取人，若朝廷尚以爲有所嫌疑，即乞令封彌官將國子監開封府及十八路臨時各以一字爲偏傍之號，假若國子監盡用乾字，開封府盡用坤字，京東路盡用離字，京西路盡用坎字爲偏傍。其餘路分並依此例。委知貢舉官於逐號之中，考校文理善惡，各隨其短長，每十人中取一人奏名，其不滿十人者，六人以上亦取一人；五人以下更不取人。其親戚舉人別試者，緣人數至少，更不分別立號，只依舊例袞同封彌分數取人。其合該奏名者，更不入南省奏名數內。」（註八〇）

然參知政事歐陽修，反對此議，謂：「言事之人，但見每次科場東南進士得多，而西北進士得少，故欲改法，使多取西北進士爾。殊不知天下至廣，四方風俗異宜，而人性各有利鈍。東南之俗好文，故進士多而經學少；西北之人尚質，故進士少而經學多。所以科場取士，東南多取進士，西北多取經學者，各因其材性所長，而各隨其多少取之。今以進士經學合而較之，則其數均，若必論進士，則多少不等。此臣所謂偏見之一端，其不可者一也。國家方以官濫之患，取士數必難增，若欲多取西北之人，則卻須多減東南之數。今東南州軍進士取解者，二三千人處，只解二三十人，是百人取一人，蓋已痛裁抑之矣。西北州軍取解，至多處不過百人，而所解至十餘人，是十人取一人，比之東南，十倍假借之矣。若至南省，又減東南而增西北，則是已裁抑者又裁抑之；已假借者又假借之，此其不可者二也。東南之士，於千人中解十人，其初選已精矣，故至南省，所試合格者多。西北之士，學業不及東南，當發解時，又十倍優假之，蓋其初選已濫矣，故至南省，所試不合格者多。今若一例以十人取一人，則東南之人合格而落者多矣；西北之人，不合格而得者多矣。至於他路，理不可齊，偶有一路合格人多，亦限以十一落之；偶有一路合格人少，亦須充足十一之數，使合落者得，合得者落，取捨顚倒，能否混淆，其不可者三也。且朝廷專以較藝取人，而使有藝者屈落，無藝者濫得，不問繆濫，只要諸路數停，此其不可者四也。且言事者本欲多取諸路土著之人，若此法一行，則寄應者爭趨而往，今開府寄應之弊，可驗矣。此所謂法出而姦生，其不可者五也。今廣南東西路進士，例各絕無舉業，諸州但據數解發，其人亦自知無藝，只來一就省試而歸，冀作攝官爾。朝廷以嶺外烟瘴，北人不便，須藉攝官，亦許其如此。今若一例與諸路十人取一人，此爲繆濫，又非西北之比，此其不可者六也。凡此六者，乃大概爾。若舊法一壞，新議必行，則弊濫隨生，何可勝數？故臣謂且遵舊制，但務擇人，推朝廷至公，待四方如一，惟能是選人自無言，此乃當今可行之法爾。若謂上習浮華，當先考行，就如新議，亦須只考程試，安能必取行實之人？議者又謂西北近虜，士要牢籠，此甚不然之論也。使不逞之人，不能為患則已；苟可為患，則何方無之？前世賊亂之臣，起於東南者甚衆，其大者如項羽蕭銑之徒是也。至如黃巢王仙芝之輩，又皆起中州者爾。不逞之人，豈專西北？矧貢舉所設，本待材賢，牢籠不逞，當別有術，不在科場也。惟事久不能無弊，有當留意者，然不須更改法制，止在振舉綱條爾。近年以來，舉人盛行懷挾，排門大譟，免冠突入，虧損士風，傷敗善類。此由舉人既多，而君子小人雜聚，所司力不能制，雖朝廷素有禁約，條制甚嚴，而上下因循，不復申舉。惟此一事，為科場大患，而言事獨不及之。願下有司，議革其弊，此當今科場之患也。」（註八二）

分路取人之說，司馬光與歐陽修，持論各異。光之意，主於均額，以息奔競之風。修之意，主於覈實，以免繆濫之弊。夫東南物產豐饒，民生樂裕，教育發達，文風日盛，此自然之理。朝廷既以文藝取人，則歐陽修之說，理由較為充份也。元豐八年，知徐州蘇軾上書，主張五路——京東、京西、河北、河東、陝西，別開仕進之門以取人，謂：「昔者以詩賦取士，今陛下以經術用人，名雖不同，然皆以文詞進耳。考其所得，多吳楚閩蜀之人。至於京東西河北河東陝西五路，蓋自古豪傑之場，其人沉鷙勇悍，可任以事。然欲使治聲律，讀經義，以與吳楚閩蜀之士，爭得失於毫釐之間，則彼有不仕而已，故其得人常少。夫惟忠孝禮義之士，雖不得志，不失為君子，若德不足而才有餘者，困於無門，則無所不至矣。故臣願陛下特爲五路之士，別闢仕進之門，使五路監司郡守，共選士人以補牙職，皆取人材心力有足過人而不能從事於科舉者。」（註八二）此爲拙於文詞之五路人士，立試吏之途以甄用之，亦爲補救之一法也。自哲宗時立齊魯河朔五路舉子之制，凡是北人皆別考，然後取人南北始均焉。

宋代科舉，以江南得人最多，而江南以四明爲盛，自端拱二年至乾道末，登進士科者幾二百人。（註八三）隆興以後，永嘉進士得人亦盛。蜀士於政和宣和間，常率居前列，眉州人才至多，慶元初，貢額爲五十二名。福建文風極盛，劉敞曰：「（自歐陽）詹死，於今三百年，而閩之舉進士爲特盛焉。自流寓他處，及占名數京師入太學爲胄子者，不數人，其舉以鄉里者，歲常不下六七百人，其衆居天下五分之一。閩之進士可謂多矣。」（註八四）蔡寬夫亦曰：「然唐自常袞以前，閩中未有讀書者；自袞教之，而歐陽詹之徒始出，而終唐世亦不甚盛。今閩中舉子，常數倍天下，而朝廷將相公卿，每居十四五。」（註八五）莆田之在閩中，猶四明之在兩浙也。然理宗寶紹間，一相擅國，所拔之士，非鄞則婺，其言曰閩人雖保，尤惡莆士。（註八六）兩廣文風，較閩浙爲後，士子赴春官者累數千人，而上第者不能以十數。紹熙四年，崔與之（廣東增城人）舉進士，廣之士由太學取科第者，自與之始。而狀元有張鎮孫（咸淳七年）、省元有張宋卿（紹興二十七年）、探花有李昴英（寶慶二年），昴英之子志道，亦登寶祐元年進士。南宋歸正人，科舉亦採放寬收容之策，乾道七年，虞允文請自紹興三十一年以來歸正人，依倣陝西河北赴南省試，別立號取人。從之。

第三節　考　試

賓興舉士，太平興國之初，每隔一年或二年，貢舉一次。其後四年一貢，視爲常法。嘉祐二年，王洙上書言：「四年一貢舉，四方士子客京師以待試者，恒六七千人。一有喧噪，其徒衆多，勢莫之禁。且中下之士，往往廢學數年。才華之士，不幸有故，一不應詔，沉淪十數年。或累舉滯留，遂至困窮，老且死者甚衆。以此毀行冒法干進者，不可勝數。宜間歲一貢舉，中分舊數而薦之。」下有司議，咸請易以間歲之法，則可免滯才之歎，薦舉數既減半，主司易以詳較，得士必精。乃詔隔歲貢舉，即兩年一貢，進士諸科，悉解舊額之半。(註八七)試行只九年，迨治平三年，以間歲貢舉之令更法以來，其弊寖長，「里選之牒仍故，而郡國之取減半；計偕之籍屢上，而道塗之勞良苦」，遂令禮部三歲一貢舉。全國解額，於未行間歲之法以前，四分取三爲率。明經諸科解額，不得超過進士之數。自後貢舉，以此制爲準。如今年大禮，明年科場，又明年省試殿試。建炎元年，當省試以圍城故，展用二年，至紹興十二年，始恢復三年之制。

貢舉以待士流，胥吏不得應試。太宗時，京吏有及第者追奪之。考試編制，分爲三級：一爲州郡取解，二爲省試，三爲殿試。前一種爲鄉試，後兩種爲京試。

(甲)**取解試**　拔解之路有三：曰國庠，曰鄉賦，曰漕牒。解試通常分爲國子監、兩京、及州縣三種單位，而兩京則爲開封府與河南府(以洛陽妙覺寺爲試場)。各州建有貢院，(註八八)或廢或置，或罷或復。如無貢院，假僧舍考試者十居八九，至崇寧而後有定所。取解前一歲，諸州軍及屬縣長吏，籍定合應舉人。以次年春，縣長吏由縣庠中察士有行義者保任之，上於州。州下之學，覈實引保，赴鄉飲，然後送州試。故解試者，乃各州自爲試也。舊制，以五月一日申請貢舉，景祐四年，詔禮部貢院自今三月一日申請。其科場限於八月五日鎖院考試，謂之秋試，亦謂之秋賦，一連三日。諸州考試官，令長吏精選僚屬有才學公正者充知貢舉，大抵判官試進士，錄事參軍試諸科，不通經義者則另選官考校，而判官臨之。根據貢舉法，試官考試進士，不滿三百人二員，五百人四員，每增五百人添一員，至七員止。試卷加蓋長官印，分發與試者。福建離汴京遠，提早定七月爲試期；川廣尤遠，則用六月。州小者，秋試多附他郡。懷衞濱等州以部內官屬少，則聚數州進士而聯合試之。大中祥符八年詔：自今諸州發解，如乏試官，宜令轉運司選鄰州官充任，不得移舉就他州併試。乾道六年，詔自今諸州試官，皆隔一郡選差；後又令歷三郡，合符始許入院，防私弊也。兩京及國子監，亦分別舉行取解試，但元豐元年，詔開封府國子監舉人，合併考試，通取解額。考試程式爲詩賦論三題，封彌謄錄，一如禮部試，但許有塗改添注字數之例。（註八九）如有避嫌疑者，另行考試，謂之別頭試，始於嘉祐四年。熙寧三年，詔諸州舉送發解考試，監試官凡屬親戚或門客者，毋得試於其州，類其名上之轉運司，使與鎖廳者同試，率七人特立一額以解送，不用其原籍之州解額。（註九〇）又有因戰時關係，秋試在特定之地點舉行。淳祐元年，淮南諸州郡歲有兵禍，士子不得以時赴鄉試，且漕司分派試官，路梗亦不能直達。三年，命淮東州郡附鎮江府秋試，淮西州郡附建康府秋試，蘄黃光三

州安慶府附江州秋試。三試所各增派試官二員，別項考校，照各州原額取放。（註九一）

貢士取解，各州皆有定額，以其人口多寡為差等。皇祐五年，開封府國子監試士，自今每一百人解十五人。熙寧二年，開封府就試進士三千二百七十餘人，合解三百十人為額。國子監一千六百餘人，合解百人為額，皆是十分之中未取其一。（註九二）各州縣取解，多無標準，有二十而取一，有三十而取一者。（註九三）南宋時，如臨安府、兩浙運司寓試士人約百人取一人，有官文武人及登仕郎皆十人取一人，國子牒試則五人取一人，太武宗學士人約四五人取一人。（註九四）淳熙間，趙汝愚帥福建，上疏謂本州今次科場所納家保狀，計一萬六千餘人，他州軍未有其比，而解額只六十二人，係二百七十人方解一人。（註九五）此更為特殊之情形。各州如無解送者，是謂曠官。州試合格，取通多業精者為上，餘次之。中解者，付捷音往報。諸路州郡供設鹿鳴宴。貢解之士，其名單限十月二十五日呈報於省。嘉祐四年，令寬期一月。解狀先開列原請解、及已落、現解之人數，第其甲乙，具所試經義，朱書其通否，監官試官署名於其下。進士文卷，諸科義卷帖由，並隨解狀繳送禮部。如有殘廢篤疾者，不得預解，應解而不解，或不應解而解者，監官試官為首罪，以停職處分，受賂則以枉法論。知州只同署解狀，不負實際責任，所解不當，可免其罪。解試雖有主文考校，然尚有鄉舉里選之意，故得自相推讓，如薛奎初舉進士，為州第一，讓其里人王嚴而居其次，是其一例。解狀奏名到達，得旨而後解送。州解進士，有訴黜落者。（註九六）開封府解額稍寬，舉人競奔湧湊，亦屢致詞訟。大中祥符七年，詔諸州解送進士，內黜落多處，宜令本州選官覆試，取藝業優長者送禮部，以二月一日為限，則黜落進士，又有覆試之舉也。其有曾應殿試而落第者，或有特殊情形之地區，如河朔燕雲等處，舉人可免取解手續，直接詣貢院應試者，謂之免解。(註九七)開寶二年，詔西川、山南、荊湖等道所薦舉人，並給來往公劵，令樞密院定例施行，其後罷止。(註九八)

舉人在本州例有戶籍。太平興國七年，詔諸州長吏解送舉人，取籍貫分明，爲鄉里所推重者，仍十人爲保，保內如有行止踰違者連坐，不得赴舉。已保任而有缺行者，則州縣坐其罪。景德二年，禮部貢院上言：請諸色舉人，各歸原籍取解，不得寄應及權買田產立戶於諸州取解。如家鄉遐遠，久住京師，許附試於國子監取解，仍須本鄉命官委保，判監引驗，乃得附學發解日奏名。又有無戶籍者，許召官保任，於本府戶籍人數外，另定分數薦送。有冒名就試於數州者，嚴禁之。隆興元年詔：應令人代名及爲人冒名赴省者，各計所受財依條處分外，並永不得赴舉。解送之士，限期於十一月二十五日到貢院，十人或五人同保，謂之合保。凡大逆之人，緦麻以上親，及諸不孝不悌，隱匿工商異類僧道歸俗之徒，不得應試。元豐七年，凡四方來試禮部之舉人，若有顯過，如造謠誹謗朝政等，許監官報告，依太學學規殿罰。咸淳七年，賈似道欲制東南士心，置士籍，開具鄉里、姓名、年甲、三代、妻室，令鄉鄰結勘，於科舉條例無碍，方許納卷。全國舉人到京，悉皆入對，謂之羣見。覲見之日，先設禁闈於著位之前，舉人皆拜於禁闈之外。然遠方之士，未識朝儀，全無秩序，有司患之。仁宗朝，只令解頭入見，尚不減數百人，前一兩行稍應拜起之節，自餘亦終不成列，綴而罷。(註九九)遂引起笑話，謂殿庭中班列不可整齊者，唯有三色，卽舉人、蕃人、駱駝而已。因此，以後全國所解進士，非中選禮部待對廷試親策之日，不得覿見矣。景德三年，令舉人於試卷頭親書家狀，以憑檢驗筆跡。如將來程式與公卷全異，及所試文字與家狀書體不同，並駁放之。如假用他人文字，辨認彰露，即依例扶出，永不得赴舉。家狀及試卷之首，署年份及舉數場第鄉貫，不得增損移易。熙寧初，且列明嘗受業於某州教授。以仲冬收納，月終而畢。將臨試期，知舉官先引問聯保與家狀，僉同而後定焉。（註一〇〇）開禧二年詔：凡發解舉人合格試卷姓名，類申禮部，候省試中牒發御史臺，同禮部長貳參對字畫，關御藥院內，待照應廷試字畫不同者，別榜駁放，蓋防冒名代試者至嚴也。

除正常鎖院取解試外，又有牒試與寓試，由轉運司主之，或統稱為漕試也。舊法：凡隨侍現任守倅等官而本貫二千里外者曰滿里子弟，試官內外有服親及婚姻家者曰避親，館於現任門下者曰門客，此三類士人許參加轉運司特別考試，謂之牒試。牒試者携牒為憑而就國子監補解試也，然常有冒牒之弊。乾道四年，裁定牒試法，文武臣添差官除親子孫外並罷，其行在職事官除監察御史以上，餘並不許牒試。紹定間，以諸路轉運司牒試，多營求偽冒之弊，遂罷之。嘉熙元年，以罷諸牒試，其不便於歸鄉就試者，並混同試於轉運司，各從所寓縣給據，徑赴司納卷，一如鄉舉之法，定其名曰寓試。以四十名為額就試，如滿五十人，則臨時取旨增放。（註一〇一）又紹興初，因戰時關係，士人轉徙東南，令於寓戶州軍附試，別號取放，亦寓試性質也。

（乙）省試　省試者，南省之試，即禮部貢院之試也。太平興國時，貢院在武成王廟。初時科場尚寬，禮闈與州縣無異。元豐間，秋試進士八千人，他院不能容，始命開寶寺分數場引試。開寶寺為試院自此始。(註一〇二)南宋時，禮部貢院，置大、中兩門，大門內置封彌謄錄所，及諸司官。中門內兩廊各千餘門廊屋，爲士子試處。廳之兩廂，列進士題名石刻，堂上列省試賜知貢舉御劄，及殿試賜詳定官御札，並聞喜宴賜進士詩石刻。(註一〇三)考試日期，多在正月末或二月。紹興十二年，正月省試，三月殿試，後皆準此。紹熙初，建議者云：「省闈試士，春令尚淺，天寒晷短，間遇風雪，則硯冰筆凍，書字不成，縱有鉅材，莫克展布，請展至二月朔，而殿試則四月上旬。」從之。(註一〇四)考試要鎖院，鎖院者，在保持機密，考官預先入院議題，故關鎖以守秘密也。鎖院限以一月，然後開局；如考試未訖，展期亦不過十日。嘉祐二年，歐陽修知舉於禮部，絕不通人者五十日。(註一〇五)元祐三年，黃庭堅爲貢院參詳官，有書帖一紙云：「正月乙丑，鎖太學試禮部進士四千七百三十二人。三月戊申具奏進士五百人，乃是在院四十四日，而平均九人半取一人。」(註一〇六)

宋因唐故事，貢院試進士，設香案於階前，主司與舉人對拜，所坐設位，供張甚監，有司具茶湯飲漿。至試經生學究，則悉徹帳幕氈席之類，亦無茶湯，蓋防藉氈席及供應人私傳所試經義。(註一〇七)此風至嘉祐時猶然。景德二年，禮部貢院言：舉人除書案外，不許將茶厨蠟燭等携入；除試詞賦所用切韻、玉篇外，不得懷挾書策，犯者扶出。(註一〇八)試場設有巡鋪官，以監察御史充之，其後易以宦官。又置巡鋪兵士，元祐年間，多至百人。舉人入院，嚴加巡察，如防盜賊，有挾書赴試者，並同保人殿一舉。大中祥符間，貢院監門官，以諸科舉人，挾書爲私，悉解衣檢閱，五年止之。六年，歲試諸科，以挾書扶出者十八人，計同保九十三人，而十二人當奏名，有司以聞。帝特令赴殿試，令自今挾書犯者，依條殿舉，惟同保可免。嘉祐二年，歐陽修奏乞自舉人入院後，嚴加巡察，惟「只得巡察懷挾及傳授文義外，不得非理侮慢舉人，庶存事體。」(註一〇九)元祐三年二月，巡鋪官捉到懷挾進士三人，依條扶出。(註一一〇)然有時凌忽舉人，亦致喧競。南宋時，惟國子監及南省屬行懷挾之禁，其他州郡及類省試，命令不行，違犯如故。

試士時，知貢舉等官下簾幕，出示題目，中有疑難處，聽士人就簾外上請，主文於簾中詳答之。(註一一一)考時繼晷，士子賜燭，但景德三年詔，不許繼燭。淳化三年，蘇易簡知貢舉，殿試用糊名考校，遂爲例。景德四年，令禮部糊名考校，封印卷首，點檢詳試，別命官皆始此。糊名初用於殿試，今復用之禮部也。大中祥符八年，貢舉糊名法，更嚴厲施行。夫糊名，唐制也，至宋或稱爲封彌。仁宗時，封彌雖號至公，然未絕其弊。「其後袁州人李夷賓上言，請另加謄錄，因著爲令，而後認識字畫之弊始絕。」(註一一二)封彌有所，謄錄置院，令封印官封試卷付之，集書吏錄本，以內侍二人監之。自用封彌之法，取士不復選擇文行，只較一日之藝，雖杜絕請託，然置甲等者，或非人望。進士考取，初亦如唐制，兼採時望，雖程其一日之文，亦參以平生之行，而鄉評士論，一皆達於朝廷。眞宗初，以李咨舉進士，聞其至孝，擢爲第三，此其一例。舊制：秋賦先納公卷一副，古律詩賦文論共五首，預薦者仍親赴貢院投納，俾知舉官先行考校，可以預見其學業趣向，而有助於選擇。慶曆元年八月，權知開封府賈昌朝言：「自唐以來，禮部采名譽，觀素業，故預投公卷。今有封彌謄錄，一切考諸試篇，則公卷爲可罷。」從之。(註一一三)范仲淹蘇頌議欲罷封彌謄錄之法，使有司先察其素行，以漸復兩漢選舉之舊，但已定之成法，殊難改變，卒行之數百年。南宋試士，坐位分廊占坐。如紹興十八年科場，二月十二日鎖院，十八日十九日二十日引試賦論策三場，二十二日二十三日二十四日引試經義論策三場，蓋詩賦與經義兩科，分別考試也。考試畢，至哺後，開門放士人出院，試卷入櫃而出。其士人在貢院中，自有巡廊軍卒，賫硯水、點心、泡飯、茶酒、菜肉之屬售賣。所納卷子，徑發下封彌所，封卷頭，每卷上打號頭，三場共一號，方發往謄錄所謄錄。卷子依字號書寫，對讀無差，方納入考試官各房考校。如卷子考中，發過別房覆考。如稱衆意，方呈主文，卻於謄錄所吊取眞卷點對，批取定奪。魁選伺候申省，奏號揭榜，候取旨差官下院，拆號放榜。中省魁者殿試陞甲恩例，前十名亦如之。舉人中省闈者，俟候都堂點請覆試，不過一論目而已。覆試畢，然後到殿也。（註一一四）

省試取士，比率無定。景德初，十取其一。三年詔：自令開封府國子監諸路州府，據秋賦投狀舉人解十之四，如藝業優長，或荒繆至甚者，則不拘多少。今歲秋賦，只解舊人，新人且令習業。川廣舊取解人，並許免解。大中祥符二年，詔特解十之五，庸振淹滯，以廣搜羅。通常選額，約取四分之一，如二千人就試，常額不過五百人。景祐初，令南省就試進士諸科十取其二，凡年五十，進士五舉，諸科六舉，嘗經殿試進士三舉，諸科五舉，及嘗預先朝御試，雖試文不合格，毋輒黜，皆以名聞。（註一一五）自建炎元年省試有額，以十四人取一人。隆興初，改爲十七人取一人。四川類省試則十六人取一人。宋因周制，乾德元年，定諸州貢舉條法，及殿舉（罰科）之式。凡進士文理紕繆殿五舉，諸科初場十否（不通謂之否）殿五舉，第二第三場十否，殿三舉。第一至第三場九否，並殿一舉。殿舉之數，朱書於試卷，送中書門下，(註一一六)坐原考官。考試選定之後，禮部造貢籍，內列諸道舉人、鄉貫、治經、三代、年甲、舉數等項，塡具悉備，並將以上十人試卷，修寫成冊，上之。省試落第，嘗有訴訟者，大中祥符元年，南省下第舉人周叔良等一百二十人，訟知舉官朋附權要，抑塞孤寒，列上勢家子弟四十餘人文字淺近，非合奏名。帝曰：「貢舉謗議，前代不免，朕今召所謂勢家子弟者，別坐就試。」既而叔良等所陳皆妄，命配隸許州。天禧三年三月，進士陳損黃異等率衆伐登聞鼓，訴錢惟演等考校不公，命龍圖閣直學士陳堯咨、左諫議大夫朱巽、起居舍人呂夷簡於尚書省召損異等，令具析所陳事及閱視試卷以聞。堯咨等言：惟演等貢院所送進士內五人文理稍次，從易別頭所送進士內三人文理荒繆，自餘合格。而損異所訟有虛妄，故損異等五人並決杖配隸諸州，其連狀人並殿一舉。翰林學士錢惟演，樞密直學士王曙，工部侍郎楊億，知制誥李諮，直史館陳從易，並降一官。(註一一七)

其有特殊情形，由各地分別考試而無須參加省試者。建炎元年十二月，因金兵南犯，科舉已愆三歲之期，時駐蹕揚州，念士人不能至行在，「幸國有從權之法，使士無失職之嗟」，乃詔諸路轉運司類省試，以待親策，卽令諸路提刑選官，卽轉運司所在州軍引試，所謂分試外臺，每路選官六員，臨期實封，移牒漕臣一員監試，不得干預考校，仍用省額，統計率十四人而取一人。(註一一八)河東路附京西轉運司，國子監開封府人，就試於留守司，御史一人董之。國子監人，願就本路試者聽之。諸路逢難之州軍，若淪陷於敵，士人流寓他州軍者，於所在州附試，每二十人解一人。嘉熙元年，京西淪陷諸州軍，士多徙寓江陵鄂州，命京湖制置司於江陵別立貢院，取德安府、荆門軍、歸、峽、復州及隨、郢、均、房等京西七郡士人，另派官聯合考試，用十二郡原額混取以優待之。(註一一九)

（丙）**殿試**　殿試者，本覆試也。自唐以來，或以禮部所取未當，命中書門下詳覆，此特例也。凡舉子皆謂之進士，其中殿試者謂之及第出身。宋初，歲取進士，不過十數人，知貢舉奏合格人姓名而已。乾德五年，盧多遜知貢舉，太祖復詔薛居正於中書覆試。開寶五年，禮部試到進士安守亮等十一人，及諸科十七人，太祖召對講武殿（後爲崇政殿），始下制放榜，新制也。六年，李昉知貢舉，取宋準等十一名，下第人徐士廉打鼓論榜。進士武濟川材質最陋，對問失次，黜去之，乃昉鄉人也，太祖頗不悅。會有訴用情取舍者，太祖乃令籍終場下第人及準以下十一名，御講武殿，各賜紙札，另試詩賦，命殿中侍御史李瑩爲考官，此爲御殿覆試之始。八年，親試合格舉人王式等於講武殿，內出試題，得進士三十六人，以先納卷而無雜犯者爲魁，遂以王嗣宗爲首，王式者禮部所定合格第一人，則居其四，蓋自是年御試始別爲升降，並有省試殿試之分，省元狀元之別也。太宗之初，天下已定，有意於修文，太平興國二年，太宗顧謂侍臣曰：「朕欲博求俊彥於科場中，非敢望拔十得五，止得一二，亦可爲致治之具矣。」於是禮部上所試合格人姓名，太宗御講武殿覆試，內出詩賦題，命李昉扈蒙定其優劣，爲三等，得呂蒙正以下一百零九人。越二日，覆試諸科，得三百餘人，並賜及第。帝每次閱試舉人，累日方畢。雍熙四年，宰相請如唐故事，以春官之職歸有司，太宗從之。端拱元年，命宋白知貢舉，榜出而謗議蜂起，或擊登聞鼓，求別試，於是召集下第人再行覆試。省試後乃有殿試，遂為定例。然是年以後，如陳堯叟、孫何、王曾，皆禮部所取第一人，而御試復以冠多士，可見當時殿試不過審覆其繆濫者黜之，而原在前列者，固未嘗別第其升降也。自咸平以來，人主有三年之喪，則罷殿試，而以省元為榜首。仁宗御試，嘗僕僕巡幸。(註一二〇)孝宗方銳志治功，慨然慕唐太宗之為人，乾道八年臨軒，以太宗事策進士。通例以崇政殿試舉人，景福殿考覆。自熙寧後，以各殿增置內帑庫屋，難以就置幕次，遂移於集英殿（即大明殿，明道中改名）。

殿試期多在三月舉行，惟春放榜。太平興國三年九月，太宗御講武殿，試禮部貢舉，以將親征北漢，秋試乃非常例也。景德二年五月，真宗御試河北舉人，則又為夏試也。南宋紹興年間，亦照常於三月舉行，惟紹熙元年，改為四月。四年，復改為五月，自是以後，皆定五六月為殿試期，以待路遠之蜀士也。御試差官，分為初考、覆考、編排（定高下）、詳定四處，御試先期三日，進士具都榜引試，借御史臺驅使官一人監門。都堂簾外置案，設銀香爐，唱名發給印試紙，鎖院內宿凡半月。舊制，既鎖院，給左藏錢十萬供費用。端拱元年，詔改支尚書祠部，仍倍其數，罷御廚儀鸞供帳。景德四年，定親試進士條例，凡策士，即殿兩廡張帟列几席，標姓名其上，先一日，表其次序，揭示闕外。翌旦拜闕下，乃入就席。(註一二一)舉人試詩賦題，猶循唐制，得進問題意，謂之上請。淳化三年，太宗試進士，出卮言日出賦題，除路振（中第三）知所出外，孫何等皆不能知，相率扣殿檻乞帝指示，帝為陳大義。自後所試進士詩賦題，皆明示出處。(註一二二)景德二年，御試天道猶張弓賦，舉子多懵然不知題目出處。大中祥符元年，試禮部進士，內出清明象天賦等題，仍錄題解摹印以示之。景祐元年，稍厭其煩瀆，始詔御藥院具進士試題經史所出，印刷給之，遂罷上請之制。(註一二三)南宋殿試，前三日宣押知制誥詳定考試等官，赴學士院鎖院，命御策題，然後宣押赴殿。舉子詣集英殿起居，就殿廡賜坐。引試依圖分廡坐定，各賜印刊策題。其舉子止許帶文房及卷子，餘皆不許挾帶文集。舉子入東華門，各行搜檢身內，有無綉體私文，方許放入。午則賜食與舉子，其硯水之類，皆殿直祗直供辦。午後納卷而出。廷試舉子，殿深易黑，至日暮許賜燭。淳熙十一年，進士廷試，不許見燭。凡賜燭，正奏名降一甲，特奏名降一等。試藝於省闈及國子監兩浙轉運司者，亦皆禁燭。舊制：考校御試舉人卷子，不過五六日，催促了畢，即便放榜。仁宗御試，許限半月考校，蓋欲詳加掄竅，務在精當。大中祥符四年十一月御試進士，進士納試卷，由內臣收之。先付編排官，去其卷首鄉貫狀，另以字號第之。付封彌官謄寫校勘，用御藥院印，付初考官先定等第，復封彌送覆考官，再定等第。乃付詳定官閱其同異，如同則己；不同者則詳其程文，當從初考或覆考為定，不能別立等第；如復不同，即以相符近者為定。付編排官，始取鄉貫狀字號合之，即第其姓名差次，並試卷以聞，遂臨軒放榜焉。(註一二四)此制至嘉祐中廢。詳定官不受初覆考等第限制，別自立。紹興五年，知制誥孫近奏：若遵舊制，則高下升黜，盡出詳定官，初覆考為虛設，請自今初覆考皆未當，始許奏稟，別置等第。諫議大夫趙霈請用崇寧令，凡隔二等累及五人者，許行奏稟。從之。(註一二五)御試考定等第，淳化三年，定其優劣為五等，第一至第二等賜及第，第三第四賜出身，第五賜同出身，五等之分自此始。天聖五年始曰甲。嘉祐六年，御試考定五等：第一等，謂學識優長，辭理精絕，出衆特異，無與比倫。第二等，謂才學該通，文理周密，於羣萃中堪爲高等。第三等，謂藝業可采，文理俱通，須得及第者。第四等，謂藝業稍次，文理精通；於此等中仍分優劣，優卽爲等四等上。第五等，謂文理疏落，退落無疑。(註一二六)南宋殿試，亦第爲五甲，而高下皆授之官。紹興十八年，一甲十人，二甲十九人，三甲三十七人，四甲一百二十二人，五甲一百四十二人。舊制，殿試皆有黜落，臨時取旨，或三人取一，或二人取一，或三人取二，故有累經省試取中而擯棄於殿試者，則省試皆虛也，來科仍復解試，中格然後得上省試。自張元以積忿投元昊，爲中國患，於是羣臣建議，歸咎於殿試。又遠方寒士，殿試下第，貧不能歸，多至失所，有赴河而死者，仁宗聞之惻然。嘉祐二年，詔進士參與殿試者，皆不黜落，賜禮部奏名進士諸科及第出身者八百七十七人。親試舉人，免黜落始此。(註一二七)故自後凡預禮部正奏名而經御試者，皆爲有出身之人矣。熙豐年間，亦嘗有兩經御試推恩之令，蓋爲嘉祐二年御試不中者設也，直至紹興之初，復有此令。除正奏名外，又有特奏名。特奏名者恩榜也，本錄潦倒於場屋，以一命之服，而收天下士心耳，亦時得遺才，然特奏名每冗濫，舊二人而取一，淳熙六年，改爲三人取一。

殿試後，進士既放，而下第者又有再試之例。開寶六年，已放進士宋準等十一人，下第人徐士廉打鼓論榜。太祖乃令籍終場下第人姓名，得三百六十人，皆召見，擇其一百九十五人，並準以下，御講武殿，另試詩賦，除黜落武濟川一人外，餘十人則高下一依原次，而續取二十六人，附名於此十人之後。復取五經四人，開元禮七人，三禮三十八人，三傳二十六人，三史三人，學究十八人，明法五人，皆賜及第。知貢舉李昉等尋皆坐責。雍熙二年，已放進士二百七十九人，或云下第中甚有可取者，乃令復試，又得洪湛等七十六人，而以湛文采遒麗，特升正榜第三。端拱元年，禮部所放程宿等二十八人，進士葉齊打鼓論榜，遂再試，復取三十一人，而諸科因此得官者至七百人。然太平興國末，孟州進士張雨光，以試不合格，縱酒大罵於街衢中，言涉指斥，帝怒斬之，同保九人，永不得赴舉。(註一二八)此則落第進士以怨言而召禍也。

非貢舉年份，皇帝亦可舉行特別試者，如大中祥符三年，眞宗親試東封路服勤詞學經明行修舉人，賜進士梁固以下三十一人。四年，親試祀汾陰路服勤詞學經明行修舉人，賜進士張師德以下三十一人。此乃封禪特恩之所試也。四川僻在西陲，每另行考試，謂之類試，——類試者，諸道聯合考試也，始於建炎元年，而三年罷之。紹興元年，以進士道梗，復詔諸道類試，命諸道提刑司選吏，即轉運司試之。時四川宣撫使張浚，治秦州，始以便宜令川陝舉人，就秦州爲類省試。二年，四川類試正奏名第一人，謂之類元，依殿試第五人恩例。張九成以類試廷策俱第一，則應類試後，仍有赴殿試也。旋以類試所收不當，五年，始試進士於南省，一如舊制，惟四川即試宣撫司，十月，詔川陝類試合格第一，依殿試第三人例推恩，其餘並同賜進士出身；特奏名進士，命宣撫司選官試時務策。(註一二九)自七年後，類試移制置司。九年，詔陝西久陷僞境，與四川類試必不能中程式，其令禮部措置，別號取放，川陝劃分類試額自此始。十二年，詔川陝類試正奏名來行在趕赴殿試，不及，賜同進士出身。十七年，何耕(道夫)對蜀人才策，爲秦檜所怒，乃改類試第一人，並賜進士出身，自是無不赴御試者。惟帝不親策，則類試第一人恩數如舊，第二第三人皆附第一甲，九名以上附第二甲。高宗念其中有俊秀能取高第者，不宜例置下列。二十七年，遂先期諭都省，寬展試期以待。試取唱第，王十朋爲首，第二人閻安中，第三人梁介，安中梁介，皆蜀士也。二十九年，孫道夫侍經筵，極論四川類試請託之弊，請盡令赴禮部。帝主遣御史監之，遂詔監司守倅賓客力可行者赴省，其餘不在遣中。是歲三月詔，四川類省試用九月十五日鎖院，朝廷於帥臣監司內選差考試官監試官各一員，於鎖院二十日前，用金字牌遣降指揮。(註一三〇)寶慶二年，四川鎖院期改爲二月二十一日。類試之監考官凡十員，唯大院別院監試主文各一員從朝命，其餘由制司選派。唐鄧二州，嘗陷於金，端平元年金滅，收復其地，命仍舊類試於襄陽，但別號考校，以優待新附之士，(註一三一)則襄陽亦有類試也。

舉人與試官有親嫌者，移試別頭，謂之別頭場，始於眞宗時監察御史張士遜爲巡鋪官，有親戚在進士，引去以避嫌也。(註一三二)景德三年，翰林學士晁迥等議，文武升朝官，通親許附國學，則可以避嫌。惟臨軒親試，謂之天子門生，雖父兄爲考官亦不避。其後在朝官，有親屬赴廷對者，免差考校。然執政子弟，多以嫌不令舉進士。(註一三三)有特召試於秘閣而引嫌自罷者，(註一三四)有過省而不敢就殿試者，(註一三五)即有親戚中選，亦以嫌降其列次，(註一三六)表示世家不與孤寒競進，而示至公。寶元元年，從賈昌朝之請，立諸路別頭試。紹興二十六年，朝廷申嚴試闈之禁，宰執子弟，莫敢應試，蓋大臣子弟，可從恩蔭入官，亦不必斤斤較計於科名之得失也。至於宗室，另有考試。熙寧十年，立宗子試法，始命宗室應舉(元豐八年進士小錄，宗室仍未有試進士者)。凡祖宗袒免親，已命者附鎖廳試；非袒免以外例許應舉。國子監禮部皆別試考取，十人取五。試者雖多，解額毋過五十人。廷試策問，與進士同而別考。累舉不中年及四十者以聞，而錄用之。(註一三七)其後宗室與進士亦混同考取，燕懿五世孫子崧，登崇寧五年進士；政和八年，嘉王楷考在第一，不欲令魁多士，升次名之王昻為首，此其例也。大觀間，內臣有赴殿試及第者，始於梁師成。現任官吏，亦可應進士舉，謂之鎖廳試。宋初，凡現任官應進士舉，雖中選止令遷官而不賜科第，不合格者停現職。太平興國中，張觀樂史鎖廳試合格，不得進士第，止以為幕職官。至淳化三年，應舉合格者，始各賜進士及第，自是為例。文彥博薦王欽臣試學士院，賜進士及第。景祐四年，鎖廳試最盛，開封府投牒至數百人。有官而試者不得為第一人，自皇祐元年沈文通始。

舉人中選後，有試法律始得出任官者。熙寧六年，詔進士諸科及選人任子，並令試斷案律令大義或時議，始出官。其後又詔進士第一人以下並試。初詔自三人以下始令試法，中書習學練亨甫言：「高科任簽判及職官，預一州之事，其於習法，豈所宜緩？前此試刑法者皆指為俗吏，今朝廷推恩既厚，而應者尚少，若高科不試，則人不以為榮矣。」乃詔悉試。(註一三八)南宋時，又有試射藝，以為注官之根據。淳熙二年御試，孝宗嘗謂輔臣欲令文士能射御，武臣知詩書，命討論殿最來上。至是唱第後之二日，帝御殿，引按文士詹騤以下一百三十九人射藝，新制也。翌日，又引文士第五甲及特奏名一百五十二人。其日，進士具襴笏入殿，起居易戎服，各給箭六，弓不限斗力，射者莫不振厲自獻，多命中焉。凡三箭中帖為上等，正奏第一人，轉一官與通判，餘循一資。二箭中帖為中等，減二年磨勘。一箭中帖及一箭上垛爲下等，一任回不依次注官。上四甲能全中者取旨，第五甲射入上等注黃甲（正奏名五甲也，吏部謂之黃闕榜），餘升名次而已。特奏名第五等人射藝合格與文學。凡不中者並賜帛。（註一三九）除御試射藝外，並詔州縣學立射圃，提倡射風。試法律與射藝兩者，乃貢舉考試後續貂之事，未克長期施行。

第四節　放　榜

進士殿試中格，考官定號名，上十名御藥院，先以文卷奏請皇帝親擢高下，諸科惟籍名而已。至詔興二年，始詔罷先進卷子。放榜名次常有爭執，最後由皇帝裁決。熙寧三年三月放榜，韓秉國呂惠卿初考，取名次，宋次道劉攽覆考，皆反之。（註一四〇）蓋葉祖洽對策，言祖宗多因循苟簡之政，陛下即位，革而新之，故吳充陳襄奏從初考，李大臨蘇軾編排上官均第一，葉祖洽第二，陸佃第三。神宗命宰相陳升之面讀均祖洽策，擢祖洽第一，又問偲卷（陸佃卷號）所在，擢第三。（註一四一）紹興二年，親策進士張九成等，時凌景夏爲第二，呂頤浩言：「景夏詞實勝九成等，請更寘第一。」高宗曰：「士人初進，便須別其忠佞，九成上自朕躬，下至百執事，言之無所畏避。」乃擢寘首選。九成以類試及親策俱第一，特進一官。太后亦有裁決科第者，天聖二年，宋郊與弟祁，俱以詞賦得名，時奏祁第一，太后不欲弟先兄，乃擢郊第一，祁第十。取士既定，制下，而中書省同貢院關黃覆奏之。俟正敕下，關報南曹都省御史臺，然後貢院寫春關（籍而入省謂之春開）散給，登科之人，例納朱膠綾紙之値，赴吏部南曹試判三道，謂之關試。(註一四二)通常御史拆卷封，奏名，奉敕而後放榜。

宋沿唐制，制下進士前一夕，主文以黃花牋書其姓名，花押其下，使人持以報之，謂之牓帖，亦曰金花帖子。制下之翌日，貢院以黃紙放榜，亦如唐舊，以淡墨在榜首書「禮部貢院」四字，餘皆用濃墨，書登第人姓名。省試第一名曰省元，殿試第一名曰狀元——狀元者及第未除官之稱也。世稱第二名爲榜眼，第三名爲探花郎。然朱嚴第三人及第，王禹偁贈詩曰：「榜眼科名釋褐初」，則又以第三名稱榜眼也。當時狀元並不特別見重，開寶八年，王嗣宗爲狀元，止授秦州司理參軍，後以公事忤知州路冲，冲怒，械繫之於獄。然則狀元授官既卑，且不爲長官所禮，未至如後世之榮且顯也。景德以後，多別取狀元，然省元則皆置之龜列。仁宗時，省元亦例在前列，蓋當時殿試雖曰別命試官糊名考校，然賜第之時，往往亦參採譽望，乃定掄魁。蔣齊者，大中祥符八年狀元也，歐陽修作齊行狀，言凡貢士當賜第者，考定，必召其高第數人並見，又參擇其材質可者，然後賜第一。及齊召見，衣冠偉然，進對有法，天子以爲無能出其右者，乃擢爲第一。(註一四三)齊旣舉進士第一，眞宗顧謂宰相寇準曰：「得人矣！」特詔金吾給騶從，使傳呼道上，因以爲例。自是以後，中狀元者，令金吾司給七人導從，聽引兩節，自端門騎至期集所，以增其寵焉。(註一四四)

放榜後，卽唱名，正奏與特恩，分兩日在文德殿(南宋在集英殿)舉行。自雍熙二年梁顥榜始，唱名時，編排官以試卷列御座之西，對號以次拆封，轉送中書侍郎，卽以宰相對展進呈，以姓名呼之，軍頭司立殿陛下，以次傳唱。(註一四五)首進呈三魁試卷，皇帝親覩三魁排定姓名資次，然後宣喚。其三魁聽快行宣喚數次，方敢應名而出。扣問三代鄉貫年甲同，隨請入狀元侍班處，更換所賜綠襴靴簡，第一名狀元及第，第二名榜眼，第三名探花。三魁宣唱後，按次傳唱五甲，第一甲賜進士及第，第二甲同進士及第，第三甲四甲，賜進士出身，第五甲，同進士出身。(註一四六)故事，貢院奏名第一人，如殿試唱過三名而不及者，則必搶前抗聲自陳以祈恩，雖考校在下列，必得升等。以吳育歐陽修之耿介，猶不免從衆，而獲升第一甲。獨范鎮避不肯言，左右並立者屢趣之，皆不應。至第七十九人始唱及之，徐出拜命而退。衆皆服其安恬，自此遂爲故事。(註一四七)天禧三年，殿前放狀元王整以下及第。是時衢睦二州各有一王言，待唱初喚王言賜進士及第，乃衢人。久之，又喚一王言，帝問其鄉貫，知前賜第者合是睦人，而衢州者只合得進士出身。及再喚二人審問，衢人奏懇念臣已謝聖恩，遂只賜睦州者同出身而已。明日，忽有旨賜睦州王言進士及第。自後殿前唱名，必傳呼某人某州，以防差錯。(註一四八)紹興五年十月，賜禮部進士汪洋以下三百二十人及第出身，唱名始遵舊典，令館職侍立殿上。十八年四月十七日，皇帝御集英殿，唱名賜狀元王佐以下及第出身同出身三百三十人。武舉進士，亦同時分甲唱名，前三名，照文科爲狀元榜眼探花。唱名進士皆賜袍笏。(註一四九)又賜狀元等三人酒食五盞，餘人各賜泡飯。前三名各進謝恩詩一首。(註一五〇)慶元二年，不臨軒策試，依故例，由禮部牒編排到黃甲姓名，閤門取旨引見，分作兩日，止令上三甲入殿立班，餘門見。引見訖，出殿，候有司給散勑牒，並袍笏畢，逐甲赴殿門外謝訖退。其後，殿試後亦有引見者，自是嘉泰開禧嘉定，皆以引見爲常例矣。

唱名後，進士於闕門外上馬，皆重戴綠袍，絲鞭駿馬，快行各持敕黃於前，黃旛雜沓，多至數十百面，各書詩一句於上，呵殿如雲，直赴期集所，又名狀元局，南宋置於貢院，於此聚同年，待賓客。根據紹興十八年同年小錄所載，期集所之組織，狀元差委同年進士充當職事官，有糾彈三人，牋表五人，主管題名小錄九人，掌儀二人，典客二人，掌計、掌器、掌膳、掌酒果各一人，監門二人，各司其事。舊制，進士諸科以甲次高下，率錢期集，貧者或稱貸。其後官給錢物供帳皂隸等，各官亦有饋送，助局錢酒鞍馬儀仗。熙寧六年，敕賜及第進士期集錢三千貫，諸科七百貫。九年，又詔期集錢如不敷，仰貢院公用錢相貼支用，以後多少莫定。紹興十八年，賜錢一千七百貫。遲三日，朝謝。又數日，拜黃甲。黃甲者，由省中降下，唱名畢，以此升甲之人，附於卷末，用黃麻紙書之，故曰黃甲，卽考選及第，授官令也。是日，貢院設香案於庭下，狀元引五甲內士人，拜香案，禮部亦遣官來贊導，置黃甲於案中，而望闕引拜。(註一五〇)拜已，擇榜中年長者一人，狀元拜之，復擇最少者一人拜狀元，所以侈寵靈，重好會，明少長也。(註一五一)又數日，赴國子監謁謝先聖先師，用釋奠禮。立題名石刻於貢院。刋題名小錄，列敘進士姓名鄉貫三代之類書之，(註一五二)乃進士同年錄也。至於類試進士，亦有期集之例。

賜進士宴，名曰聞喜宴。舊制，自期集後，進士醵錢爲聞喜之飲，謂之酺，皆團司(狀元置司處)主之，以名園佛廟爲宴會之地點。其後皇帝賜宴錢。(註一五三)太平興國二年正月，太宗宴新進士呂蒙正等於開寶寺，賜御製詩二首，寫以金花箋。(註一五四)八年四月二日，賜新及第進士宴於瓊林苑，進士皆簪花，自是遂爲定制。凡賜宴，侍從以上及知舉官館職皆預焉。政和所定聞喜宴新儀式：進士由班首率領至庭中，望闕位立。中使宣佈賜宴，賜敕書，班首授敕書。進士以齒坐，酒五行，樂五作，飲訖食畢，樂止。押宴官以下俱興，就次賜花以戴。(註一五五)復詣庭中，望闕位立，謝花再拜，復升就坐，酒行樂作。酒四行訖，退。次日，預宴官及釋褐進士入謝，如常儀。後因金兵南犯，兵荒馬亂，遂廢此禮。紹興五年復之，在貢院舉行，高宗御書中庸一篇，以賜狀元汪洋。淳熙五年聞喜宴，孝宗御書族獒篇，以賜狀元姚潁。慶元五年五月，賜及第進士聞喜宴於貢院，寧宗賜七言四韻詩，秘書監楊王休以下繼和以進，自後每舉並如之。(註一五六)南宋時，帥司差撥人員，安撫司關借銀器等物，差撥妓樂，就豐豫樓開鹿鳴宴，同年人俱赴，團拜於樓下。(註一五七)由放榜至聞喜宴，應酬歷一月，然後狀元率榜下士，詣闕門謝恩（舊制，進謝恩銀一百兩，熙寧六年罷之），謂之門謝。並以書謝宰相、參政、樞密、侍郎、中書舍人等，皆用四六文體裁。初任命，注授畢，各歸鄉里。至下一科放進士榜時，則前一科狀元，召入爲秘書省正字，名曰對花召。

第五節　登科習俗

北宋時，京師試於禮部者，皆禱於二相廟。二相者子游、子夏也。二相公廟在城西內城腳下，舉人往謁祈夢，率以錢置左右童子手中，云最有神靈。(註一五八)南宋時，行都試於禮部者，皆禱於皮場廟，皮場即皮剝所也。(註一五九)科場條例，皆眞宗時所定，自後每試進士，已放及第，自十人以上御試卷子，並錄本於眞宗影殿前焚燒，制舉登科者亦然。(註一六〇)期集時，嘗擇榜中最年少者爲探花郎。太平興國三年胡旦榜，馮拯爲探花。是科登第者七十四人，太宗以詩賜之曰：「二三千客裏成事，七十四人中少年。」呂蒙正爲狀元，太宗始賜以詩，以示優寵之意，至是復賜馮拯。然賜狀元詩常有之，賜探花詩惟拯一人而已。擇探花郎之故事，熙寧中罷之。(註一六一)唐代進士，雁塔題名。宋朝進士，期集題名，皆刻石於相國興國兩寺，並以詩題壁。

進士及第者年齡，並無限制。狀元及第，王拱辰、汪洋年僅十八歲，沈遘二十歲，莫儔二十二歲，梁顥、張孝祥、王佐，二十三歲，楊礪、蘇易簡、木待問，二十四歲，王曾、王堯臣、張唐卿、賈黯、彭汝礪、衞涇，二十五歲。(註一六二)寇準十九歲中進士，韓琦二十歲中進士第二名。此皆年少英俊，早登科名。布衣應舉，少壯者欲藉此爲求婚地，必減低年齡。公卿任子，欲早列仕籍，又率增歲數。於是士大夫敘官閥，有所謂實年官年兩說也。(註一六三)同科及第者謂之同年，重友誼，輩爲酬唱。(註一六四)自唐以來，進士皆爲知舉門生，故座主門生之禮特盛。主司因得窃市私恩，流弊頗多。太祖欲得士甚迫，因下第舉人，撾鼓言屈，引進士而試之殿廷，建隆三年九月，詔及第舉人，不得拜知舉官爲恩門師門，及自稱門生。終宋之世，守此以爲法。故例，知舉官將赴貢院，臺閣近臣得薦所知進士之負藝者，號曰公薦。帝慮其因緣挾私，乾德元年詔並禁之。

當貢士賓興赴省試也，知州設宴賦詩餞行，相與屬和，摹刻而傳。熙寧五年，錢塘之士貢於禮部者九人，十月乙酉，宴於中和堂，知州並撰詩送行。乾道四年，泉州貢士赴省試者三十八名，知州王十朋以詩送之曰：「國朝人物盛溫陵，秋賦呦呦鹿食苹。人倍平原門下士，文聯韓愈榜中名。丹墀何止三千字，雲翼行看九萬程。勸駕龍鍾老太守，籃輿準擬出郊迎。」(註一六五)貢士登第，心花怒放。范仲淹年二十七，大中祥符八年中甲科第九十七名進士，登第後有詩云：「長白一寒儒，名登三紀餘。百花春滿路，三月雨隨車。鼓吹迎前導，煙霞指舊廬。鄉人莫相羨，教子讀詩書。」(註一六六)特奏名乃老於科場之士，由推恩而霑朝廷一命之榮者。崇寧初，徐遹特奏名狀元，詩曰：「白髮青衫晚得官，瓊林頓覺酒腸寬。平康夜過無人問，留得宮花醒後看。」(註一六七)衣錦還鄉，太守亦有歡宴。蘇禹珪之子德祥，建隆四年進士第一人，登第初還鄉里，太守置宴作樂以慶之。(註一六八)乾道四年，泉州進士登第者十六名，已而新第先歸者五人，宴於黃堂，故事也。酒半，啜茶於忠獻堂，王十朋持杯以勸，即席贈詩曰：「四海英才入網羅，清源龍虎姓名多。經魁蘭省得人傑，策射楓庭收甲科。奎宿呈祥前未見，緯星還舍首相過。一杯忠獻堂中酒，名節相期要不磨。」(註一六九)陳堯叟王曾初中第，即登朝領太史之職，賜以朱紱。爾後狀元登第者，不十餘年，皆望柄用，人亦以是爲當得之也。每殿廷臚傳第一，則公卿以下，無不聳觀，雖至尊亦注視焉。唱名後狀元自崇政殿出東華門，傳呼甚寵，觀者擁塞通衢，庶士傾羨，歡動都邑。尹洙嘗曰：「狀元及第，雖使將士數十萬，恢復幽薊，逐出強寇，凱歌勞旋，獻捷太廟，其榮無以加焉。」(註一七〇)可謂形容盡致。本州則立狀元坊，額牌所居之側，以爲榮耀。狀元之聲價如此，登第後以年少才華，有直向求婚者。故貴人家選婿於科場年，謂之榜下捉婿。紹興二十四年，張孝祥榜唱第後，曹泳揖孝祥於殿廷以求婚，孝祥不答，泳憾之。(註一七一）然進士落第，因一時刺激而自殺者亦有焉。（註一七二）一榜既放，榮辱之心，固各人不同也。

第六節　考試官

考試官之編制，有主考官，卽知貢擧；副主考官，卽同知貢擧；參詳官，亦曰詳定官，閱卷後加批語覆定科第之名次；編排官，用考試官所定等第，受成事而甲乙之。又有點檢試卷官等，謂之內簾官。封彌、謄錄、巡鋪、對讀、監門等，謂之外簾官。貢院考試，士人卷子，先經點檢試卷官批鑿分數，取高下，然後參詳官審訂其當否，知貢擧則從而決其去留。主考官由禮部長貳充者曰知貢擧，餘官雖在禮部長貳之上，皆稱權知貢擧。然知貢擧者多爲進士出身，否則爲人所輕視。王君貺張安道同知貢擧，因爭卷子，君貺自謂擧進士第一，罵安道曰：公雜出身，曉不得，蓋張氏以賢良進也。故主考官多由兩制三館人物而有詞林聲譽者選充之，其官階計有翰林學士、翰林學士知制誥、翰林學士承旨、文明殿學士、資政殿學士、樞密直學士、中書舍人、給事中、六部尚書、侍郎、御史中丞、右諫議大夫，其中以翰林學士爲最多，禮吏兵部尚書次之，侍郎又次之。舊制：省試用六曹尚書、翰林學士知貢擧，侍郎給事中同知貢擧，卿監郎官爲參詳官，館職、學官爲點檢官，御史監視。（註一七三）開寶八年，王祐知貢擧，知制誥扈蒙、左補闕梁周翰、秘書丞雷德驤並權同知貢擧。權同知貢擧始此。（註一七四）元祐六年，增置知擧官爲四員，罷差參詳官，而置點檢官二十人，分屬四知擧官，使協力通考。諸州點檢官專校雜犯，亦預考試。南宋時，省試差知貢擧一人，同知貢擧二人（內差臺諫官一人），參詳官六人（內差監察御史一人），俾會聚考校，微寓彈壓糾察之意，點檢試卷官二十二人。參別試所考試官一人，點檢試卷官四人，自後率如此例。紹興十八年，知貢舉一人，同知貢舉二人，參詳官八人，點檢試卷官二十人。御試：初考官三人，覆考官三人，詳定官三人，編排官二人，初考點檢試卷官一人，覆考點檢試卷官一人，初覆考同共考校六人。韓侂胄用事，將箝制士人，遂於三知舉外，另差同知一人，以諫官爲之，專董試事，不復干預考校，參詳官亦不差監察御史。紹定元年復舊制，三知貢舉內差一臺諫，十參詳內差一御史。（註一七五）知貢舉任命時，並附有皇帝訓詞。嘉定元年，樓鑰奉詔知貢舉，率同知貢舉、參詳、點檢試卷官以下三十三人，班列於庭，望闕重拜，退而啓緘。御札有云：「去取之間，趨嚮所繫，使精加考閱，擇文體醇正議論精確者。」又云：「或因問猷言，實有可用，雖涉訐直，勿以爲諱。」（註一七六）四川類省試官，自敕差監試主文之外，制置司差考試官四人，以有出身知州充，點檢試卷官十人，以京官選人有士望者充。別試所則但差小試官二人而已。（註一七七）

主考官於未引試前一月，入闈鎖院。咸平二年正月，命溫仲舒等知貢舉，當日入院，貢院封印卷首自此始。春試進士，皆在南省中東廂，刑部有樓甚宏壯，旁視宣德，直抵州橋。鎖院每以正月五日；至元夕，例未引試，考官往往竊登樓，以望御路燈火之盛。（註一七八）閒來無事，每吟詠遣興。嘉祐二年，歐陽修主貢舉，范鎮、王珪、梅公儀、韓絳同事，而梅堯臣爲參詳官。未引試前，酬唱詩極多。修有「無譁戰士銜枚勇，下筆春蠶食葉聲」，最爲警策。堯臣有「萬蟻戰酣春晝永，五星明處夜堂深」，亦爲諸人所稱。及放榜，平時有聲如劉暉輩，皆不預選，士論頗洶洶。未幾詩傳，遂翕然以爲主司惟酬唱，不暇詳考。且言以五星自比，而待我曹爲蠶蟻，因造爲醜語。自是禮闈不復作詩，終元豐末幾三十年，元祐初，雖稍稍爲之，要不如前日之盛矣。

考官主要職責，在出試題，閱試卷。舉子命運，與其息息相關。由是考官之好尚，成爲風氣。遊學京師之考生，預猜誰爲主考官，揣摩其性格，摹仿其詩文，熟知其平日議論趣向，則試文易於投其所好。遠方學子，臨時詣京，茫然無所知，則往往見黜。於是各方考生，擠向京師，不惜假冒籍貫，僞造姓名，以取解額，遂成奔競之風。爲防舉子揣摩故，仁宗朝，掌禹錫數考試開封國學進士，命題皆奇奧，士子憚之，目爲難題掌公。主考出題有三：一曰詩題，二曰賦題，三曰論題。而論題有經題策題兩者。經題有所謂斷章與關題，破碎經義，穿鑿附會，以爲問目(註一七九)策題每以時事爲題，取宋朝故事，藏匿本末，發爲策問，以宋朝正史與實錄、會要等書，禁民私藏，惟公卿子弟，或因父兄得以窃窺，有力之家，冒禁傳寫，而寒遠之士，無由盡知。因此，嘉泰元年令，如以時事爲題，必須明白指問。(註一八〇)省試策問及程文，印題發給。(註一八一)賦題必具其出處。(註一八二)出題最忌重複，大中祥符五年二月，令禮部貢院錄諸州發解試題進內，帝將親試進士，慮其重複故也，自是爲例。(註一八三)然慶曆間，舉子舉經史疑義可以出策論題目者凡數千條，謂之經史質疑；至於時務，亦鈔撮其要，(註一八四)以爲考試之捷徑。故紹聖元年，詔禮部取凡內外試題，悉集以爲籍，遇試時頒付考官，以防複出。出策題，有關邊防，涉於國家機密者避之。至泛論時政，亦易引起誤會。蘇軾曾出有關時政之策題，被認爲訕上或譏諷時政，受言官攻擊。紹聖元年，廷試進士初考，中書侍郎李清臣擬進士策問，（註一八五）絀元祐之政，而有紹述之意。舉子悟其旨，於是紹述之論大興。考官第主元祐者居上，楊畏覆考，則專主熙寧，主元祐者悉下之，而拔畢漸爲第一。至於賦題，亦有規切時事者，英宗時，張洞試開封進士，賦題曰：「孝慈則忠」。時方議濮安懿王稱皇事，英宗曰：「張洞意諷朕。」宰相韓琦進曰：「言之者無罪，聞之者足戒。」帝意始解。（註一八六）南宋之世，綱紀日偸，政風不揚，主司出題，流弊有三：一曰迎合，二曰苟簡，三曰不明。秦檜當國，科場亦尚諛佞，試題問中興歌頌。紹興十九年，禮部侍郎周葵言：「近年主司迎合大臣之意，多取經傳之言可爲諛佞者以爲問目。學者因之，專務苟合時好。如論伊尹周公，則競爲歸美宰相之言；春秋譏貶失禮，則指爲褒稱之事。悖戾聖人之意，大率類此。至於前古治亂興亡之變，以時忌絕口不道。」此以迎合議論，爲科舉取士之標準，腐濫甚矣。孝宗時，權臣子孫門客，省闈殿試，類皆竊巍科，而有司以國家名器，爲媚權臣之具。開禧元年，檢詳毛憲爲考官，其子自知，以迎合用兵冠多士。韓侂胄既敗，乃用言者奏，奪憲次對，而降自知爲第五甲末。此屬於迎合者也。理宗朝，姦弊愈滋，有司命題苟簡，或執偏見臆說，互相背馳；或發策用事訛舛，故士子眩惑，莫知適從。才者或反見遺，所取之士既不精，數年之後復俾之主文，是非顚倒愈甚，時謂之繆種流傳。復容情任意，不學之流，往往中第。又有命題不明，「務出暗僻難曉底題目，以乘衆人之所不知，卻如何教他不杜撰，不胡說得？」（註一八七）由是考生心術，爲之破壞。紹定二年，臣僚言考官之弊，詞賦命題不明，致士子上請煩亂；經義不分房別考，致士子多悖經旨。遂飭考官明出詞賦題意，各房分經考校，(註一八八)以爲補救之法也。

至於政治學術思想之不同，亦影響於科舉，考試命題，憑之以取士，愛惡取捨，亦失至公。熙寧八年，頒王安石三經新義於學官，又爲字說，學者傳習，有司純用以取士。當王安石執政時，取消考春秋，使研讀春秋之考生，大受影響。及元祐更化，忽恢復考春秋，考生準備不及，大多困惑。元祐二年，王安石字說被禁，及章惇蔡京相繼執政，則又恢復，且禁止元祐學術，而以三經新義爲場屋取士之準繩。此以政治立場而影響考試也。南宋以降，二程道學，始盛於東南，士子科舉之文，稍宗頤說。先是，諫官陳公輔上疏乞禁道學，而胡寅辨其非。至紹興末年，正字葉謙亨上言：「向者朝論，專尚程頤之學，士有立說稍異者，皆不在選。前日大臣則陰右王安石，稍涉頤學，一切擯棄。程王之學，時有所長，皆有所短，取其合於孔孟者，皆可以爲學也。」高宗曰：「趙鼎主程頤，秦檜主王安石，誠有偏曲。」詔有司自今毋拘一家之說，務求至當之論。道學之禁，至是稍解。慶元二年，韓侂胄指道學爲僞學，劉德秀在省闈奏疏，至云僞學之魁，以匹夫竊人主之柄，鼓動天下，故文風未能丕變。請將語錄之類，並行除毀。是時道學家每以語錄取士，考生摹仿語錄體，記誦道學家著作文集者，大多能中選，故執政臺諫，對其掊擊甚烈。葉翥上言：「士狃於僞學，專習語錄詭誕之說，中庸大學之書，以文其非。有葉適進卷，陳傅良待遇集，士人傳誦其文，每用輒效。請內自太學，外自州軍學，各以月試合格前三名程文，上御史臺考察；太學以月，諸路以季。其有舊習不改，則坐學官提學司之罪。」是舉，語涉道學者，皆不預選。其後弛道學之禁，嘉定元年，蔡幼學知貢舉，復取義理之文，則又以道學取士矣。(註一八九)至於時文之好尚，「江西之文，曰歐陽王曾，自慶曆以來爲正宗，舉天下師之無異辭。宋金分裂，羣然師眉山公，氣盛意新，於科舉爲尤宜。」(註一九〇)紹興十七年，雖禁程文全用本朝人文集或歌頌，然淳熙中，舉子尚蘇氏文，多宏放。紹熙間，舉子尚程氏者曰洛陽，然多不閱經史子集之文，而專意於時文，擯棄典實，趨向虛浮，乃至板印之，以爲程式也。

試官閱卷，極爲忙苦。歐陽修上言：「貢舉舊法，若二千人就試，常額不過選五百人（每年到省就試及取人之數，大約不過此），是以詩賦策論六千卷（每人三卷）中選五百人，而日限又迫，使考試之官，殆廢寢食，疲心竭慮，因勞致昏，故雖有公心而所選多濫。」(註一九一)然考生命運，每遇閱卷人之好惡而決定。閱卷人如好詩賦，對第一場詩賦滿意，就決定錄取，而其他兩場試卷，不甚措意。若對第一場詩賦不滿意，即予淘汰。紹定年間，科場流弊滋熾，閱卷更爲苟且。四川類試，時場屋士子日盛，卷軸如山，有司不能徧覩，迫於期限，去取不能皆當，蓋士人既以本名納卷，或別爲名，或易以字，一人而納二三卷，不禁挾書，又許見燭。閩浙諸郡，又隔日引試，中有一日之暇，甚至次日午方出。於是經義可作二三道，詩賦可成五六篇。舉人文章不精，考官困於披閱，幸皆中選，乃以兄弟承之，或轉售同族，姦詐百端，眞僞莫辨。乃命諸郡關防，於投卷之初，責鄉鄰覈實，嚴治虛僞之罪，縱容之罰，其弊稍息。(註一九二)

主考取士，每以其個人品格之嚴簡而難易。杜衍與李紘，皆以清節自高，尤難於取士。至和嘉祐間，場屋舉子，爲文尚險怪奇澀，讀或不成句，號太學體。歐陽修力欲革其弊，嘉祐二年，既知貢舉，凡文涉雕刻者皆黜之。時梅堯臣與其事，得蘇軾刑賞忠厚論以示修，修驚喜，欲擢冠多士，猶疑曾鞏所爲，鞏、修門下士也，但置第二。復以春秋對義，居第一，殿試中乙科。軾以書謝諸公，修見之，以書語堯臣曰：「老夫當避此人放出一頭地！」（註一九三）試榜既出，時所推譽者，皆不在選。澆薄之士，候修晨朝，羣衆詆斥之，街司邏卒不能止。至爲文祭修，投其家，卒不能求其主名置於法，然自是文體亦少變。六年，蘇軾蘇轍應制科，八月前，轍忽生病，執政韓琦奏請展期以俟，改在九月間考，卒延期二十日。（註一九四）李清臣爲晉州和川令，時朝廷方崇制舉，轉運使何郯行縣，取其文稿讀，卽以材識兼茂明於體用科薦之。歐陽修見其文，大奇之，曰：「蘇軾之流也！」以治平二年試秘閣，試文至中書，未發也，修迎語曰：「主司不置李清臣第一，則繆矣！」開視果第一。（註一九五）北宋之世，大臣每以純厚之公心，愛護有爲之青年，取士然，出身後尤無不然也。咸平五年，陳恕知貢舉，恕自以洪人避嫌，凡江南貢士，悉被黜退，以王曾爲首，曾、青州益都人。恕謂吾得曾，名世才也，不愧於知人矣。曾登第後爲濟州通判，滿歲，當召試館職。寇準初入相，猶未識之，以問楊億曰：「王君何如人？」億曰：「與之亦無素，但見其兩賦，志業實宏遠，」因爲準誦之。準大驚曰：「有此人乎？」卽召之，特試於中書。（註一九六）大中祥符八年，新喻蕭貫當得狀元，知樞密院寇準進言：南方下國人，不宜冠多士，遂以蔡齊居第一。準惡南人輕巧，旣出，顧謂同列曰：「又與中原奪得一狀元！」（註一九七）韓琦宋祁，同召試中選。時王德用帶平章事，例當謝，自謙空疏。德用曰：「亦曾見程文，誠空疏，少年更宜學問。」二人大不堪。祁至曰：「吾屬見一老衙官，是納誨也。」

後二人俱大名，德用已卒，琦謂祁曰：「王公雖武人，尚有前輩激勵成就後學之意。」（註一九八）范仲淹見富弼而奇之曰：「王佐才也！」以其文示王曾晏殊，殊妻以女。（註一九九）治平二年，馮京主文柄，以公生明為賦題，張舜民因重疊用明字韻。試罷，自分黜矣。及榜出，乃居第四，蓋京以其論策甚佳，因自為改去，擢置優等。其成人之美，有如此者。（註二〇〇）英宗欲沿唐故事，召軾入翰林知制誥。宰相韓琦曰：「軾之才，遠大器也，他日自當為天下用，要在朝廷培養之，則人人無復異辭矣。今驟用之，天下之士，未必以為然，適足以累之也。」軾聞之曰：「公可謂愛人以德。」（註二〇一）許幾謁韓琦於魏，琦勉其入太學，擢第，有吏幹，善理財，累官至河北都轉運使，知太原府。（註二〇二）歐陽修得崔公度所作感山賦，以示韓琦，琦上之英宗，即付史館，授和州防禦推官，為國子直講。王安石當國，獻熙寧稽古一法百利論，安石解衣握手，延與語，召對延和殿，進光祿丞，知陽武縣，後為御史，又為崇文校書。大臣有此愛才之心，亦可窺北宋試官取士之精神也。及蔡京專國，以學校科舉箝制多士，考官又從而羽翼之，士子程文，一言一字，稍涉疑忌，必暗黜之，（註二〇三）並累及學官，則又等而下之也。姦臣禍國，以私意蹂躪科舉，無獨有偶。紹興二十一年，趙逵對策，論君臣父子之情甚切，獨當帝意，擢第一。秦檜不悅，即罷知舉王曮，授逵左承事郎，簽書劍南東川。（註二〇四）然而有學養之考官，其愛才之心，無論南北宋一也。乾道八年，春試南宮，呂祖謙為考官，讀陸九淵之易卷，擊節歎賞；又讀天地之性人為貴論，愈加贊美；至策，文意俱高。祖謙遽以內難出院，乃囑知貢舉尤袤曰：「此卷超絕有學問者，必是江西陸九淵之文，此人斷不可失也。」又併囑考官趙汝愚。二人亦嘉其文，遂中選。(註二〇五)寶祐四年，文天祥榜，覆考點檢試卷官王應麟，奏其卷，稱古誼若龜鑑，忠肝如鐵石，敢爲國家得人慶也。凡此並非預有款承市恩，而皆爲考官一本至公，爲國掄才故也。

廷試前十名，御藥院先以文卷奏御定高下，故進士榜首，每由皇帝親擢，(註二〇六)或愛其敏才，或重其器識。而榜首之狀元，經再三始斟定。如慶曆二年御試，楊寘之賦，原考定第四名。唱名，再三考定，第一人卷子進御，賦中有孺子其朋之言，仁宗不懌曰：「此語忌，不可魁天下。」即王安石卷。第二卷子即王珪，以故事，有官人不爲狀元。令取第三人，即殿中丞韓絳。遂取第四人卷子進呈，仁宗欣然曰：「若楊寘可矣！」復以第四人爲第一人。(註二〇七)進士之取舍，宰相大臣，常預其事。景德二年，南省試進士當仁不讓於師論，時李迪邊讓皆有名場屋，及榜出，二人不與。試官取其文觀之，李以落韻，邊以師爲衆，與注疏異，特奏令御試。宰相王旦以爲落韻者不審爾，其過可略，若舍注疏而立說，不可許，遂取李黜邊。(註二〇八)熙寧四年，太子左贊善大夫吳安度，試舍人院已入等，有司以安度所試綠竹詩背王鍔古說，而直以爲竹，遂黜不取。富弼言史記敘載淇園之竹，正衞產也，安度語有據。遂賜進士出身。

試官考試不公，例有處罰。刑統職制律：「諸貢舉非其人，及應貢舉而不貢舉者一人徒一年，二人加一等，罪止徒三年。若考校課試而不以實，及選官乖於舉狀，以故不稱職者減一等。」(註二〇九)但試官處罰，或責降，或贖金。咸平元年，密州發解官坐薦送非人，當入金，特詔停任，因詔告諭諸路，以警官吏。景德二年，樞密直學士劉師道之弟幾道，舉進士，禮部奏名，將廷試。近制悉糊名校等，知制誥陳堯咨爲考官，教幾道於卷中密爲識別。幾道既擢第，或告其事，詔落籍，永不得預舉。師道坐責授忠武行軍司，堯咨責授單州團練副使。(註二一〇)大中祥符五年九月，貢院考試官國子監說書王世昌勒停，知貢舉官晁迥、劉綜、李維、孫奭并贖銅三十斤，時濮州毛詩學究王元慶試義中有一通一粗，世昌誤考爲十不，迥等不之察，爲元慶所訟故也。(註二一一)熙寧九年三月，詔殿試進士初考官陳繹、孫洙、王存、練亨甫、范鏜、陸佃，各罰銅二十斤，覆考官楊繪、宋敏求、錢藻、陳睦、沈季良、王震，各罰銅十斤，並坐考校第一甲進士不當也。(註二一二)解試發解舉人不當，發解官亦受處分。天禧二年九月，勅差判度支計院任布、直史館徐奭、直集賢院麻溫其，並充開封府發解官。十月，差直集賢院楊侃、丁度，並國子監發解官。十一月，解一百零四人，解元郭稹。落解舉人有訟不平者。十六日，宣翰林學士錢惟演、盛度，樞密直學士王曙，龍圖閣待制李虛己、李行簡等五侍從，覆考開封舉人。及奏名，郭稹依舊，其餘覆落並卻考上人數甚多。十二月，發解官並降差遣，任布鄧州、徐奭洪州、楊侃江州、丁度齊州，並監稅。(註二一三)凡鎖廳應舉人，所在長吏，先考試藝業，合格者始聽取解，如至禮部不及格，當停現任，其前後考試官舉送長官，皆重寘罪，至天聖時始除其法。

第七節 賜出身

宋代仕版，必有出身，方能得官；如無出身，必賜進士，然後注官，如曹利用先賜出身而後除僕射，是其例也。唐朝有敕賜及第，以表特恩。至宋，御試中第者，皆稱賜及第。其後文學之臣，有不由科第者，或應詔上書，召對稱旨，或獻文別試，言時政，言邊事，或以特殊情形，亦敕賜進士及第。（註二二四）又有不經科第而由皇帝特恩，賜其身份者，稱賜出身。其中最多者，爲久歷科場不第，憐其年老，特奏名以恩例賜出身。有應舉不第，試吏部銓第一，賜進士出身。其後有至高官或武職，亦賜同進士出身。有賜上舍出身，然後當秘書省校書郎或兵部尙書，情形不一而足。

所謂特奏名者，恩例是也，雖可入等，但非正取，士人得之者，亦愀然不得意。開寶三年三月壬寅朔，詔禮部閱貢士十五舉以上曾經終場者，具名以聞。庚戌詔曰：「貢士司馬浦等一百六人，困頓風塵，潦倒場屋，學固不講，業亦不專，非有特恩，終成遐棄，宜各賜本科出身。」此特奏所由起也。自是士之潦倒不第者，皆覬覦一官，老死不止。（註二二五）太平興國二年，詔禮部閱貢籍，得十舉以上至十五舉進士及諸科一百八十餘人，並賜出身。九經七人不中格，亦憐其老，特賜同三傳出身。（註二二六）取士之濫，以眞宗朝爲最，咸平三年，遂至九百餘人。年老者或得賜同進士出身。耄鈍之士，數詘於試，後多得入仕版。士人恃此，因循不學，狃於寬恩，苟簡成風，欲積舉以應令。景德二年三月丁巳，因賜李迪等進士第，賜特奏名五舉以上本科六十四人，三傳十八人，同學究二十二人，三禮四十四人，年老授將作監主簿三十一人。此特奏之名所由立也。大中祥符八年二月，命進士六舉諸科九舉特奏名，並赴殿試，蓋以人多而裁抑之也。（註二二七）景祐元年正月詔曰：「鄉學之士益蓄，而取人路狹，使孤寒棲遲或老而不得進，朕甚憫之！其令南省就試進士諸科，十取其二，凡年五十，進士五舉，諸科六舉；嘗經殿試，進士三舉，諸科五舉；及嘗預先朝御試，雖試文不合格，毋輒黜，皆以名聞。」(註二一八)自此率以爲常，特奏名漸多。此等高年衰耄之士，多是才質庸劣，雖賜以虛名，實無作用。「元豐間，特奏名陛試，有老生年七十許歲，於試卷內書云：臣老矣，不能爲文也，伏願陛下萬歲萬萬歲。既聞，上嘉其誠，特給初品官，食祿終其身。」(註二一九)元祐三年二月，知貢舉蘇軾等云：「臣等伏見恩榜得官之人，布在州縣，例皆垂老，別無進望，惟務黷貨，以爲歸計。貪冒不職，十人而九。朝廷所放恩榜幾千人矣，何曾見一人能自奮勵，有聞於時？而殘民敗官者不可勝數，以此知其無益有損，不言可知。」(註二二〇)遂詔定特奏名，考取進士入四等以上，諸科入三等以上通在試者計之，毋得取過全額之半，是後著爲令。建炎三年，詔過省進士赴御試不及者，令漕臣據原舉送狀申省，給敕賜同進士出身；其計舉者，賜下州文學，並釋褐焉。紹興二十一年，御試得正奏名四百人，特奏名五百三十一人。乾道元年，詔四川特奏名，第一等第一名賜同學究出身，第二名至本等末，補將仕郎，第二至第四等賜下州文學，第五等諸州助教。(註二二一)

其有特殊原因，於科舉尺度外拔士而賜出身者有之。開寶八年，江南進士林松雷說試不中格，以其間道來歸，並賜三傳出身。(註二二二)熙寧五年，祝康李舉之試經書律令大義，而有司考之入優，遂以令賜明經出身。其後梁子野黃葆光賜出身，遂同進士。七年，王韶破木征，使其子淳詣闕獻捷，帝喜甚，遂以進士賜之。八年，章惇薦大理寺丞歐陽發有史學，又得賜。九年，中丞鄧綰薦遂州布衣馮正符，受賜。已而綰敗，正符亦坐附會追奪。元符元年，承務郎李景夏召對；三年，上舍生何太正應詔言事，皆特賜。江緯，元符中爲太學生，徽宗登極，應詔上書，召對稱旨，賜進士及第。崇寧二年，又賜右司郎官林攄、蘇州進士兪燾等，明年，蔡京子攸亦與焉。四年，宋喬年察訪熙河稱旨；大觀四年，開封少尹張叔夜皆以職事賜。政和中，小學生曹芬、駱庭芝以能文賜。趙遹擒蠻卜漏，編次用兵首末，授其子永裔來奏，亦得賜。自此達官貴胄，既多得賜，又上書獻頌，得之者多至百數，不勝紀矣。宣和六年間，科舉最濫，上書獻頌，直令赴試者殆百人，有儲宏等隸大閹梁師成爲使臣或小史，皆賜之第。靖康新政，懲姦臣蔽塞，凡行義有聞，議論忠讜者悉加賜，以示好惡，張炳、雷觀、陳東、尹焞、鄧肅，得賜相望。王蘋少事楊時，高宗夙聞其名，又以諸郎官力薦，駕幸吳門，起召賜對，以布衣賜進士出身。王倫以出使金國故，紹興九年，賜同進士出身。林光世由布衣上易鏡而得官，於景定時，上嘉言二十篇，詔賜同進士出身。凡此故事，不勝枚舉也。

第八節　舞弊與懲處

士子蓄志應試，每謂家貧，奉命於大人，勉爲科舉之文，故其通常心理，科舉云者，是取功名，顯富貴，虛榮吸引，競爭至烈。「法禁益煩，姦僞滋熾，唯科場最然。」（註二三）紹興二十六年正月，殿中侍御史湯鵬舉論科舉奏云：「今科舉之法，名存實亡，或先期以出題目，或臨時以取封號，或假名以入試場，或多金以結代筆，故孤寒遠方士子，不得預高甲，而富貴之家子弟，常竊巍科。又況時相預差試官，以通私計，前榜省闈殿試，秦檜門客孫兒親舊，得占甲科，而知舉考試官，皆登貴顯，天下士子，歸怨國家。」(註二二四)禮闈之所禁者代筆，挾書、傳義、繼燭。考試之舞弊，茲可得而言者：

甲、公卷制 唐代公卷，考生將平日詩文，送與能文有學問之公卿，揄揚品第，故考取舉人，兼採時望。宋初，士子晉謁公卿，公卷與刺俱入，蓋使主人先閱其文而後見之，其後率俟相見之時，以書啓面投。此投摯文字，與唐代公卷相類，頗爲流行。省闈引試前，舉子亦繳納公卷，由考官考校，分爲等第。然此等公卷，竟有假借他人文字，或用舊卷裝飾，重行書寫，或被傭書人易換文本。開寶間，柳開應舉時，以文章投主司於簾前，凡千軸，載以獨輪車，引試日衣襴自擁車以入，欲以此駭衆取名。時張景能文有名，唯袖一書簾前獻之，主司大稱賞，擢景優等。(註二二五)晁補之，十九歲，獻文於杭州教官呂穆仲曰：「竊聞執事以經術文章取上科，以開敏明辯入幕府，而有職乎庠序，見師於學者。故補之願伏於門下而受教焉。繼之以所爲歌詩雜文一篇，投獻於左右。凡此非求果有用於今也，要以爲不自棄而已，不識閣下以爲何如？」(註二二六)補之由是知名，舉進士。大觀二年，宣德郎何浩言：「諸州士人，亦意有出身官必差充考試而取其空言也，往往編集平昔所業經義論策之類，猥以投摯文字爲名，交相請託於有出身官之門，以僥倖一得。且今合格之文，有司之公取也，尚不許印賣，使天下之士各深造而自得之，豈可容私自編集，以爲請託之資乎？」(註二二七)因請下令諸路州縣應有出身之人，將來合差充考試官者，不得收接現任或他州縣士投摯所業經義策論文字，以防請託之弊，

也。宋初，又有所謂公薦者，知舉官將赴貢院，臺閣近臣得薦所知之負藝者，號曰公薦。太祖以其因緣挾私，禁之。(註二二八)

乙、懷挾　考生直接舞弊，首在懷挾。懷挾者先備工具，混入試場，以爲剿抄。士人纂類經史，綴緝時務，謂之策括，待問條目，搜抉略盡，臨時剽竊、竄易首尾，以眩有司，有司莫能辯也。(註二二九)又有編纂賦論全篇，刋爲小本，以便場屋。爲防懷挾，貢院有監大門中門官，差有風力者嚴爲防閑，搜索禁限，方准入場。入試日，一切不許傳遞。禁限雖嚴，而有雇人懷挾文字者。「竊聞近年舉人，公然懷挾文字，皆是小紙細書，抄節甚備，筆工獲錢二三十千。亦有十數人共斂錢二百千，雇請一人，虛作舉人名目，依例下家狀，入科場，只令懷挾文字。入至試院，其程試，則他人代作。事不敗，則賴其懷挾，共相傳授；事敗，則不過扶出一人。既本非應舉之人，雖敗，別無刑責，而坐獲厚利。」(註二三〇)政和二年正月，臣僚言：「輿論以謂士人溺於元祐挾書之習者，尙多有之。蠅頭細字，綴成小冊，引試既畢，遺編蠹簡，幾至堆積。兼鬻書者以三經新義並莊老子說等作小冊刋印，可置掌握，人競求買，以備場屋檢閱之用。雖其法甚嚴，而前此有司往往愛惜士風，未之舉行，遂致荒唐繆悠之人，公然抵冒，無復忌憚。」(註二三一)當時有於時文中採摭陳言，區別事類，編輯成集，便於剽竊，謂之決科機要，舉子記誦，以欺有司。四年六月，權發遣提舉利州路學事黃潛善奏請禁毀。朝廷屢令各州縣，沒收書坊之夾袋冊，燒毀書板，嚴禁發售。其後猖獗更甚，乃又令書坊先送原稿到禮部，審查合格，方許出板，然徒爲具文。紹興二十六年，執政奏銓試院獲到懷挾者三人，自來士人許帶韻略，自緣此雜以他書。乃詔今後韻略及刑統律文等，並從官給。又詔近年士風浸薄，冒戶挾書，代筆傳義，無所不為，負國家選舉之意。自今委監司覺察，重寘於法，務在必行。(註二三二)岳珂謂：「凡編類條目，撮載綱要之書，稍可以便檢閱者，今充棟汗牛矣。建陽書肆，方日輯月刊，時異而歲不同，以冀速售，而四方轉致傳習，率攜以入棘闈，務以眩有司，謂之懷挾，視為故常。」(註二三三)此等用為懷挾之夾袋冊，供應源源不絕，蓋有不勝其禁者矣。

丙、代筆　代筆者請人代考之謂也。代筆之弊，州學季試，縣學補試已有之。其舞弊方法，有頂名應試者，有進場以後，互換座位者，有自己考完再代別人撰寫者。有一人代二三名者，亦有二三人共為一名者。貢院為防正卷闕失，常有備卷，頂替者每預買備卷，冒名出試，撰就後，再交正身謄錄。亦有先買得題目，由槍手代撰，再設法傳進考場。蘇易簡典貢舉，蜀人何光逢代人充試以取貲，易簡於稠人中屏出之。早在太宗朝，已發現有代筆之事。至北宋末年，綱紀多壞，「挾書代筆之禁，奉行失於不嚴，州學季試已不能杜絕其弊，而縣學補試歲升，假手尤甚，轉透題目出外，終日塊坐，撫弄筆硯，以待文字之來。其間翻錄，至句語字畫錯謬。雖差官監門，例不敢搜索，稍加誰何，則必紛爭詬詈，公肆抵突。傳出送入，傍若無人。一隸名學籍，便以保庇門戶。有繫空名行食身未嘗一蹈學圃者，有假故逾限已經除籍再託人補試者。」(註二三四)至南宋時，代筆舞弊，流行未戢。紹興十八年二月五日，禮部言：「省試係是遴選實才，訪聞就試舉人，內有勢力之家，多輸賄賂，計囑應試人換卷代筆起草，並書眞卷，或冒名就試，或假手程文，自外傳入，就納卷處謄寫，宜嚴行禁止。」

(註二三五)二十一年二月二日，殿中侍御史湯允恭言：「前次省闈就試之士，或有憑藉多資，密相賄結，傳義代筆，預爲宴會期，凡六七人共撰一名程文，立爲高價至數千緡。」(註二三六)舞弊如此猖獗，故乾道元年規定：「令人代名及爲人冒名赴省試者，各計所受財，依條坐罪外，並直決配千里外。州軍同保知情人，永不得應舉。如士人告獲，與免一次文解，諸色人賞錢三百千，仍令尚書省榜諭。」(註二三七)處分雖重，然「禁之愈急，則代之者獲賂謝愈多，其不幸而敗者，百無一二，正使得之，元未嘗致法。」(註二三八)淳熙八年，禮部郎官范仲藝言：「近日科舉之弊，如假借戶貫，遷就服紀，增減年甲，詭冒姓名，懷挾文書，計囑題目，喧競場屋，詆訶主司，拆換家狀，改易試卷，如此等弊，不可勝紀，而代筆一事，其弊尤甚。」(註二三九)此更慨乎言之。易於造成代筆之弊者，由於繼燭。繼燭者，是晚上點燭繼續書寫，至翌晨交卷。淳熙十一年，曾明令禁止，(註二四〇)但其後又恢復，故其流弊，正如開禧三年國子監所言：「彼眞才實學，窮日之力，已爲有餘。既繼以燭，難免代筆。況盡一晝夜，繼以次日乎？於是人率備三五卷，或父代其子，兄挾其弟，而大半以貨取。故有名預能書而口尚乳臭；行偕計吏而習則市廛。」(註二四一)所謂貨取，卽收人錢而代人考試之謂也。寶慶二年，出官錢，立賞格，許告捉懷挾、傳題、傳稿、全身代名入試之人，可見防緝亦未易也。端平二年正月詔曰：「國家進士之科，得人爲盛，比年場屋循習寬縱，易卷假手傳義之弊，色色有之。深恐眞才實能，無以自見，可令監試官嚴行覺察，犯者依貢舉條例，取中人就尚書省覆試，以副親策之選。」(註二四二)然此種法令，不過具文而已。

丁、買通考官　舉子每有出高價以買通考官、監考官、及試場吏員者。考生原不許向有資格堪充考官者投摯文字，但考生不只投摯文字，且以送摯禮爲名，公然饋賄。又有密知考官姓名，候於路上，潛行賄賂。預買題目。有考官教其親信，以試題四處求售者。北宋時，買通考官得第，以王欽若案爲最著。「河陰民常德方訟臨津縣尉任懿賂欽若得中第，事下御史臺劾治。初，欽若咸平中嘗知貢舉，懿舉諸科，寓僧仁雅舍。仁雅識僧惠秦者，與欽若厚。懿與惠秦約，以銀三百五十兩賂欽若，書其數於紙，令惠秦持入。會欽若已入院，屬欽若客納所書於欽若妻李氏。惠秦減所書銀百兩，欲自取之。李氏令奴祁睿書懿名於臂，並以所約銀告欽若。懿再入試第五場，睿復持湯飲至貢院。欽若密令奴索取銀，懿未即與而登科去。仁雅馳書河陰，始歸之。德方得其書以告御史中丞趙昌言；昌言以聞。既捕祁睿等，亦謂逮欽若屬吏。祁睿本亳小吏，雖從欽若久，而名猶隸亳州。欽若乃言睿未有祁睿，惠秦亦不及門。帝方顧欽若厚，命邢昺閻承翰等於太常寺別鞫之。懿更云妻兄張駕識知舉官洪湛，嘗俱造湛門，始但以銀屬二僧，不知達主司爲誰。昺等遂誣湛受懿銀。湛適使陝西還，而獄已具。時駕且死，睿又悉遁去。欽若因得固執，祁睿休役後始傭於家，它奴使多新募，不識惠秦，故皆無證驗。湛坐削籍流儋州，而欽若遂免。方湛代王旦入知貢舉，懿已試第三場，及官收湛贓，家無有也。乃以湛假梁顥白金器輸官，湛遂死貶所。人知其寃，而欽若恃勢，人莫敢言者。」(註二四三)

南宋時，考官之有徇私者，如隆興元年，馬知退監試四川潼川府，與其同鄉串同作弊。銅山縣主簿樂純考試潼川府，爲其同僚之子徇私。高昱監門，傳送假筆程文，再以所轉程文，交互販賣。事發，衆論沸騰，有關人員全被免職。淳熙間，永嘉英俊如陳傅良、陳蕃叟、蔡幼學、陳益之六七輩，赴太學補試，芮華爲祭酒，呂祖謙爲學官。祖謙告芮華曰：「永嘉新俊，不可不收拾。」傅良訪祖謙，祖謙語以一春秋題，且言破意。就試，果出此題。傅良徑用此破意，且以語蕃叟；蕃叟，其從弟也，遂皆中榜。（註二四四）此雖非爲錢，然亦不免徇私也。紹定元年，有言擧人程文雷同，或一字不差，其弊有二：一則考官受賄，或授暗記，或與全篇，一家分傳謄寫；二則老儒賣文場屋，一人傳十，十人傳百，考官不暇參稽。於是命禮部戒飭前巾號三日，監試會聚考官，將合取卷參驗互考，稍涉雷同，卽與黜落。或仍前弊，以致覺察，則考官監試，一例黜退。（註二四五）李鳴復上奏，其貼黃謂：「但見數十年來，大庭策士，貴要之子，權勢之家，多竊據前列，如毛自知之乳臭，劉渭之多貲，至今議者，猶竊非之。歲在己丑（紹定二年），臣始至京，蜀士有該特奏恩者，先一日，知問目，後遂試，中甲科，莫曉其故。近見學士院宣鎖，乃在於引試數日之前，機事不密，或者其在此乎？」（註二四六）可見考官買通之舞弊，始終未已也。

然考官每在權勢之下，被迫串同作弊者常有之。當秦檜專國，又欲其子孫冠科擧，紹興十二年，諭考試官以其子熺爲狀元，不克。二十四年，又令考試官以其孫塤爲狀元，亦不得。陳阜卿爲兩浙轉運司考試官，時秦檜之孫塤來就試，直欲首選，阜卿擢陸游第一，檜大怒，至罷主司。明年禮部試，檜奏魏師遜爲知貢擧，湯思退鄭仲熊同知貢擧，沈虛中、董德元、張士襄等任參詳官。師遜等議以檜孫秦塤（年十八）爲榜首，董德元從謄錄所取號而得之，喜曰：「吾曹可以富貴矣！」遂定爲第一。

榜未揭，沈虛中遣吏踰牆白塤父秦熺。及廷試，檜奏以張士襄爲初考官，鄭仲熊覆考官，湯思退編排官，魏師遜詳定官。虛中又密奏乞許有官人爲第一。師遜等定塤爲首，張孝祥次之，曹冠第三。高宗讀塤策，覺其所用皆檜熺語，遂改以孝祥第一，冠第二，塤第三。時檜親黨周夤唱名第四，仲熊兄子時中第五。秦棣之子焞，楊存中子倓等在甲乙科。仲熊兄之孫縝，趙密之子雖，秦梓之子焴，德元之子克正，曹泳兄子緯，檜姻黨沈興傑等皆中第，功名悉以親黨居之，全國爲之切齒！(註二四七)姦臣禍國，掄才之科舉，亦因營私而不惜蹂踐之也。

戊、買通封彌　貢院設有封彌所，闈場有封彌人員。富貴子弟，每買通封彌所人員，在未試以前，先將空白卷交與封彌謄錄吏收藏，入試另請備卷，備卷由代筆寫，封彌人員將空白卷蓋印後，交與謄錄所人員，由謄錄吏將備卷文字謄上白卷，然後毀棄備卷，此所謂換謄卷子之法也。又有拆換卷頭者，淳熙五年二月，知貢舉范成大等奏：「比年試院，多有計囑拆換卷子之弊，如甲知乙之程文優長，即拆離乙文，換綴甲家狀之後。其卷首雖有禮部壓縫墨印，緣其印狹長，往往可以裁去重粘。」(註二四八)爲防舞弊，乃在卷首背縫添造長條朱印，印文是「淳熙五年省試卷頭背縫印」，斜印卷首，印角橫亘家狀程文兩紙。拆換卷頭，則易發覺。開禧元年正月十五日，禮兵部言：「每舉多被勢力用錢計囑封彌所通同作弊，或拆卷頭，或謄卷子，或第一場卷子已納，次日別作破題冒頭，密付封彌所人改抹，其弊不一，實由別試所差封彌人皆是市井游手充役，不懼條法，恣行作弊。」(註二四九)嘉定十三年四月，刑部員外郎徐瑄等又奏：「卷縫長條背印之設，正防此弊(拆換卷頭)，而條印不印卷身，多印家狀，亦有不及縫者，亦有全不印至封彌處者。又有封彌後寫奉試及作文處，全無正面縫印者，公然掇換。」(註二五〇)卷子一到蓋印人之手，又可作弊。結果，只有再派監印官監印，以防蓋印人舞弊。寶慶二年，左諫議大夫朱端常奏防戢之策：「士人暮夜納卷，易於散失，宜令封彌官躬親封鐍卷匱，士人親書幕曆投匱中，俟舉人盡出院，然後啓封，分類抄上，卽付謄錄所。明旦，申逐場名數於御史臺，檢核其撰號法，上一字許同，下二字各異，以杜訛易之弊。謄錄人選擇書手充，不許代名具姓名字樣，申院覆寫檢實。傳義置窠之人，委臨安府嚴捕。其考官容情任意者，許臺諫風聞彈奏，重寘典憲。」(註二五一)從之。嘉熙二年，又以類試卷封彌作弊不一，命前期於兩浙轉運司臨安府選現役吏胥共三十人，差近上一名部轄入院，十名專管詩賦，餘分管諸經，各隨所管號，於引試之夕，分尋試卷，各置簿封彌，不許混亂。別差一吏，將號置曆，發過謄錄所，書寫其簿曆，封彌官收掌，不經吏手，不許謄錄人干預，以革其弊。(註二五二)

閱卷官所閱旣爲謄錄之試卷，故謄錄極爲重要。然宋代謄錄，每爲人詬病。開禧三年，國子監博士所奏考場黑暗，其關於謄錄者云：「謄錄善否，最關考校。嘗聞有司委官校字，不過書云某縣謄錄人姓名數字，其能否未甚別也。一時急於集事，未免苟容，以紙封臂，往往文具，掌謄錄者率宣差局務，忽然被命，莫得而稽，及課工程，善書或規避，不善者多強勉。始焉靳靳成字，夜以繼日，鹵莽滅裂，十脫四五，顚倒句讀，反覆塗竄有不可曉者。胥有利焉，則擇善者而授之書。其或文字本工，傳抄多失，對讀之官，目力不逮，而考校督迫，工而失者有之，不工而得者亦有之。」(註二五三)按照科舉條例，試卷有犯諱或不合程式者，謄錄人員可以免謄。謄錄人員爲圖減少工作，竟在正卷上增減字畫，製造違式，然後不予謄錄，甚至有將試卷藏匿或遺棄者。因此有許多試卷，不乏優長作品，枉遭淘汰。其後朝廷規定，任何試卷，必須謄錄，是否淘汰、由閱卷官決定，此弊始革。

科場作弊，除上述五端外，大抵以僞冒最爲普遍，南宋之末，更爲流行。尤其漕試，士子每改鄉里以就他人之貫，改三族以就他人之親，甚者改其父祖，改其姓氏。故士子應試，除給帖以外，特給曆以防之。曆者猶考試記錄之手冊也。寶祐二年，監察御史陳大方言：「士風日薄，文場多弊，乞將發解士人初請舉者，從所司給帖赴省，別給一曆，如命官印紙之法，批書發解之年，及本名年貫保官姓名，執赴禮部。又批赴省之年，長貳印署。赴監試者同。如將來免解免省到殿，批書亦如之。如無曆，則不收試。……士子得曆，可爲據證；有司因曆，可加稽驗。日前僞冒之人，可不卻而自遁。」從之。然以冒名充貢之弊，一時難消，遂又加強聯保與監試二途，以爲補救。(註二五四)咸淳六年，御史陳伯大請置士籍，開具鄉貫、姓名、年甲，三代，所習經賦，娶妻姓氏，令士人書之，鄉鄰着押保結，於科舉條例並無違碍者，方許納卷。又嚴後省覆試法，比較中省舉人原卷，字跡互異者黜之。九年，伯大又奏，言科場弊倖百出，有發解還省而筆跡不同者，有冒已死人解帖免舉者，請今後應舉及免舉人，各於所屬州縣給曆一道，親書曆首，將來赴舉過省，參對筆跡異同，以防僞濫。(註二五五)議者謂士而有籍，與禁何異？又謂以科舉苦士子，而不知當時僞冒之弊滋熾，非嚴密禁防，掄才又何得謂之公耶？

科舉考試名落者，多聚爲游士。叫囂諠鬧，不成事體。慶曆間，知制誥胡宿論貢舉所陳第三事，謂「臣竊見向來開封府國子監兩處應舉者，常至數千人，其間雖有奇才異士，然亦類多託籍冒名，浮薄不逞者，雜於其中，或紛擾禮闈，動致喧爭，或輕議國體，妄生謗讟，是非雜揉，玷我士風。朝廷近年亦患其然，故嘗詔立賞格，許人告訐，徒使狡詐之人，夤緣爲姦，興構獄訟，殊虧事體，適長澆風，以至於引試之際，則士人洶湧讙噪，不可止禦。至有毆擊吏卒，肝腦塗地者。況天府國庠，乃朝家觀禮示化之地，而萃集浮薄不逞之徒，爲弊至此，甚可怪也！」（註二五六）北宋承平之世，士風尚如此，南宋情形更甚。淳祐十一年，鄭清之當國，朝議以游士多無檢束，羣居率以私喜怒軒輊人，甚者以植黨撓官府之政，叩閽攬黜陟之權，或受賂醜詆朝紳，或設局騙脅民庶，風俗寖壞，遂行下各州自試於學，仍照舊比分數以待類申，將以七月引試爲始。會教官林經德對士子上請語微失，於是大鬨肆罵。時趙京尹與衆官調停，一時但欲求靜，遂許以三百名一半取土著，一半取游士，於是乃息。越數日，宰執奏事，帝面諭曰：「近行諸州各試之法，正欲散游學之士，不知臨安府憑何指揮復放外方之人？」趙尹聞之，恐甚，卽移牒俾游士限日出境，乃爲檄文相率而去，謂：「厄哉吾道，告爾同盟。毋見義以不爲，宜行己而有耻。苟爲溫飽，可勝周粟之羞；相與提携，莫蹈秦坑之禍。斯言既出，明日遂行。」復爲文告先聖曰：「斯文將喪，嗚呼天乎！吏議逐客，嗚呼天乎！乘桴浮海，嗚呼天乎！遯世無悶，嗚呼天乎！敢告。」於是京尹待罪，兩教官各降一資，而陳顯伯鄭雄飛方以公道自任，且欲收譽士林，乃相繼上疏，欲復其舊。時賈似道居淮閫，至以游士欲渡淮以脅上必從，而理宗以周粟秦坑等語，怒未解，深不然。至開慶元年，丞相吳潛，欲收士心，復舊法，會去不果。戴慶炣以參樞輪筆，竟作指揮，許京庠有籍無分人引試一次，於是漸復雲集矣。(註二五七)此次游士風潮，乃科舉流弊所發生之餘波，士氣跅弛，寡廉鮮恥之結果也。

第九節　貢舉評論

宋代貢舉制度，士大夫爭論甚多，省試殿試之優劣，慶曆二年，知制誥富弼曾論之曰：「夫省試有三長，殿試有三短。主文衡者四五人，皆一時詞學之臣，而又選館閣才臣數人，以助考校，有監守巡察糊名謄錄，上下相警，不容毫釐之私，一長也。引試凡三日，詩賦可以見詞藝，論策可以見才識，四方之士，得以盡其所蘊，二長也。貢院凡兩月餘，研究差次，可以窮功悉力，三長也。殿試考官，濫取而不擇，一短也。一日試詩賦論三篇，不能盡人才，二短也。考校不過十日，不暇研究差次，三短也。若日禮部放榜，則權歸有司；臨軒唱第，則恩出主上。則是忘取士之本，而務收恩之末也。」(註二五八)遂詔罷殿試，而議者多言其輕上恩，隳故事，旋復殿試如舊。

議考試之內容，大率有三：一爲主詩賦者，務華藻以窮經爲迂濶；二爲主經義者，尙義理以綴文爲輕浮；三爲主德行者，以經術文辭皆爲徒託空言。爭論最久者，莫過於詩賦問題，所謂「有司束以聲病，學者專於記誦，則不足以盡人材。」(註二五九)慶曆元年，富弼上奏曰：「國朝沿隋唐之制，以進士取人，祇採辭華，不求行實，雖間設制舉，然大率亦以章句爲務，是以擇之彌謹，而失之愈疏。」

（註二六〇）歐陽修亦疏言：「今貢舉之失者，患在有司取人，先詩賦而後策論，故學者不根經術，不本道理，但能誦詩賦，節抄六帖初學記之類者，便可剽盜偶儷，以應試格，而童年新學全不曉事之人，往往幸而中選，此舉子之弊也。今爲考官者，非不欲精較能否，務得賢材，而常恨不能如意，太半容於繆濫者，患在詩賦策論通同雜考，人數既衆，而文卷又多，使考者心識勞而愈昏，是非紛而益惑，故於取捨往往失之者，此有司之弊也。」乃提出更改辦法：第一，重策論；第二，隨場去留，使學者不能濫選，考者不至疲勞。蓋先試策論，逐步淘汰，至留而試詩賦者不過千人，於千人而選五百，則少而易考，不至勞昏，考而精當，則盡善矣。（註二六一）歐陽修又認爲以辭賦取士，以墨義取諸科士，皆捨大方而趨小道，雖濟濟盈庭，求有才有識者十無一二。故其取士之科，卽依賈昌朝等之議，先策論而後詩賦，諸科墨義之外，更通經旨，使人不專辭藻，必明道理，則天下講學必興，浮薄知勸，最爲重要也。熙寧四年，詔有司削去詩賦而易以經義，自是取士，詩賦與經義並行，詩賦之地位，不及以前之重矣。蘇軾曾反對策論取士，至是又反對經義，謂：「今進士日夜治經傳子史，貫穿馳騖，可謂博矣。至於臨政，曷嘗用其一二？顧視舊學，已爲虛器，而欲使此等分別注疏，粗識大義，而望其才能增長，亦已疏矣。」（註二六二）道學家亦認爲科舉所取文字，多是輕浮，不明白著實，詩賦既視爲無用，經義亦等於醉人說話。朱熹謂：「今人爲經義者，全不顧經文，務自立說，心粗膽大，敢爲新奇詭異之論。方試官命此題，已欲其立奇說矣，又出題目，定不肯依經文，成片斷都是斷章牽合，是甚麼義理？三十年前，人猶不敢如此，只因一番省試，出上天之載，無聲無臭，儀型文王三句，後遂成例。當時人甚駭之，今遂以爲常矣。遂使後生輩違背經旨，爭爲新奇，迎合主司之意，長浮競薄，終將若何？可慮可慮！」(註二六三)因此提議欲罷詩賦，又以經義不足盡學，乃併子史時務以擴充其內容，而分諸經子史時務之年。(註二六四)然宋之科舉，注重程文，故士人自幼至長，非程文不習，凡以求合於有司而已。及至末年，文體大壞，治經者不以背經旨爲非，而以立說奇險爲工；作賦者不以破碎纖靡爲異，而以綴緝新巧爲得，有司以是取，士由是應，程文之變，至此盡矣。

取士重德行者，兼採譽望，是倣唐故事，但其法難行。蘇軾謂：「教天下相率而爲僞者也。」(註二六五)范鎮謂古之士雖云取之於鄉，其實皆出於學；今之士既不能盡由於學，欲盡知其行，豈可得也？(註二六六)至司馬光復倡保舉之法曰：「臣竊以取士之道，當以德行爲先，其次經術，其次政事，其次藝能。近世以來，專尚文辭。夫文辭者，迺藝能之一端耳，未足以盡天下之士也。國家雖設賢良方正等科，其實皆取文辭而已。近以袷享赦節文，應天下士人有素敦節行兼通學術，久爲鄉里所推者，委轉運使提點刑獄同加搜訪，每路各三兩人，仍與本處長吏連署結罪，保舉聞奏。所舉之人，朝廷命本州敦遣，至則館於太學，待遇甚厚。考試之際，不糊名謄錄。既而署等補官，皆過所望，此誠合先王取士之道。臣謂國家將除積久之弊，立太平之基，天下士大夫皆靡然嚮風矣。行之未幾，忽聞朝廷一切罷之，無不悵然失望。……臣欲乞應天下知州府軍監任內，聽舉孝廉一人（孝者士之尊行，廉者吏之首務），大藩聽舉二人，轉運使提點刑獄任內聽舉三人，並須到任及一年以上,方得奏舉。夫鄉舉里選，雖爲古法，今之爲吏者，不得久於其任。士之素行或不能盡知，若本部無人可舉，即聽別部之人素所知者，以充其數。其在京兩制以上，聽歲舉一人，其舉狀逐時送下貢院，置籍收掌，每遇科場詔下，即委貢院選擇其日以前舉主，最多者取三十人申奏，降指揮下本貫敦遣赴闕。若舉主數同者，即以發狀先後爲次（謂若俱有三人舉主，則取第三狀日月在前者），仍於進士奏名額內減三十人，候到闕日，或陛下臨軒親試，或委中書門下試經義策一道，時務策一道，但以義理優良爲上，不取文辭華美。若所對經義，乖戾聖意；及時務全不通曉，方行黜落。其及第授官並與進士第一甲同，在明經之上。」（註二六七）此擬以保舉之形式，而採經義時務考試所定之制也。光並說明所以行保舉之理由，謂：「國家從來以賦詩論策取人，不問德行，故士之求仕進者，日夜孜孜，專以習賦詩論策爲事，唯恐不能勝人，父教其子，兄勉其弟，不是過也。今若更以德行取人，則士之力於德行，亦猶是也，誠風化清濁之原，歷代訛謬而不寤，必待聖朝然後正之者也。夫經行修之於心，藏之於身，雖家人有所不知，況於鄉黨，況於州縣，況於朝廷，將何從知之？故必待明哲公正之臣，知而舉之，然後四海之士，皆可得而官使也。」故熙寧二年，光復提其保舉之法，令升朝官以上歲舉一人，提點刑獄以上差遣者歲舉二人，諫議大夫或待制以上歲舉三人，舉狀明言：「臣今保舉某州某科某人有學術節行，乞賜召試。」但保舉責任，嚴爲規定。其舉狀逐時送下禮部貢院，置簿記錄，若應舉人而不舉者，歲終委貢院勘會姓名聞奏，乞嚴加朝典，每遇三年一開貢舉，委貢院截自詔下之日勘會，選擇舉主最多者，從上取之（舉主數同，則以舉狀到省月日先後爲次），倍於每次科場南省奏名人數，具姓名聞奏，乞下本貫，發遣赴闕。其本貫更不考試，即具申狀解送赴貢院，仍出公憑給付，逐人令赴貢院照會，限十一月內取齊。十二月內引見，正月內委貢院考試（其試官或朝廷臨時添差）。進士試經義策三道，更不試賦詩及論。明經及九經等諸科，試本經及論語孝經大義，共四十道。明經加試時務策三道，其帖經墨義一切皆不試。對策及大義，但取義理優長，不取文辭華巧。唯所對經史乖僻，時務疏濶者，卽行黜落。其奏名人數，並依科場舊制（若合格者少，不滿舊數亦聽）。至御試時，進士明經，各試時務策一道，九經等諸科，試本經大義十道。所有名字高下，並只以舉主多者爲上。舉主數同，則以舉狀到省月日先後爲次。其舉人所納家狀，及授官後吏部所給告身，並須開坐元初舉主人數姓名。若犯罪則坐舉主。如此，則羣臣不敢挾私妄舉，士人皆崇尙經術，重惜操履，風俗丕變矣。」（註二六八）此議雖未爲朝廷採納，但不失爲貢舉之一種改革方案。

夫科舉本身弱點甚多，不足以掄才，富弼謂其但取空文，不求實才實行。（註二六九）知揚州劉敞上奏，主張重視學校可矯其失，謂今使州郡有學，學皆有師，師皆有課試之法，居常則勉其學而矯其失，當貢士則訂其行而程其言，一郡之士，性之若否，習之邪正，能之多少，皆可預見而早定之也。於是上其名與言偕，則選舉精矣。（註二七〇）夏竦批評考試選士之缺點，謂：「若萬方上計，扃鍵貢闈，衣冠鱗萃，而萬數卷軸，山積而億計，良楛相雜，精粗交半。銓品之官，不踰五員；考試之限，不越三旬，雖周孔無以施其鑒，荀孟無以展其材。況主司不一，好尙差殊，學古者注意於策論，修辭者宅心於詩賦。簡略者鄙其閎衍，綺麗者輕其質直。鑒裁既紛，品題乃惑。緇素無常色，金土無定價，燕雀遇便風則高翔千仞；蛟龍無尺水則困於泥塗。故工拙之狀，多乖外望，致躁競之士，騰口謗議。」由是提出改革制度之辦法，「自今本道舉人，各於都會取解，專委輸運之使，愼擇秋賦之官，選采良士，上名禮部。朝廷於是選官十員，立限一季。先則品題所業，次乃詳考呈試。不得以場籍年齒御試遠人，妄分條目，濫居等級。但詩賦策論俱善爲上等，詩賦優而策論劣，策論優而詩賦劣者爲中等。自餘不逮，皆從駮放，擇材而升，不限其數。奏名之日，則榜列程試，合格者自省門而右，丹筆題注，明下臧否，標其警策之詞，識其疣贅之語。凡於卷末，統論得失；合送合落，各令知悉。如有不當，並聽言上。是則主司無啓倖之門，薄徒有知過之心。」（註二七一）劉攽指陳，「今時選舉之患，不在創法之未善，而在有司之弗良；不患試言之非要，而患聽者之不察。」（註二七二）對於封彌謄錄，蘇頌認爲關防太密，置疑於士大夫，而未必盡至公之道，但校文詞，無由知其行實。「爲今之便，則莫若去封彌謄錄之法，使有司得專參詳考察，一則主司知朝廷委任不疑，益務盡心；二則負實學者得以自明，程文小疵，不虞見棄；三則淺陋之人，固無僥倖之望。至公之道，無大於此。」（註二七三）然科舉流弊，積重難返，空言改革，無補實際。李新（元祐五年進士）謂：「今日取士大抵與唐相低昂，而法度櫛比，往往過之。然郡國變詐，未能盡去。且一經之弊，甚於聲律，而命題植意，可以網羅。每聞卭之士走蜀，蜀之士走眉，成都、緜、漢、彭、嘉、陵、簡之士，又不知其他走也。多購厚蓄，更相貿易，以中有司之求，而迂學陋生，枕藉圖史，大挾以入。有司任好惡，不以全場定去留，見皮相馬，用指測律，未能考實，其失愈多。中間賂遺賄行，幽談聚笑，神鬼淒惻，汙吏不顧，崇滿谿壑。外樹牙纛，中啓關鍵，棘圍重重，無補嚴密，同列者豈能究之哉？」（註二七四）孝宗嘗諭丞相趙雄曰：「朝廷用人以才，安論科舉？科第不過入仕之一途耳。」越日御製科舉論，略謂近世取士，莫若科場，及至用人，豈當拘此？詩賦經義，學者皆能爲之，又何足分輕重乎？夫科場試士，於文格高下，但以分數取之，不過幸與不幸耳。至於廷試，未嘗有黜落者，盡以官貲命之，才與不才者混矣。貢舉掄才，安得謂之至公哉？(註二七五)

道學家對於科舉，素不滿意，評論亦明切。朱熹認爲「士人先要分別科舉與讀書兩件，孰輕孰重？若讀書上有七分志，科舉上有三分猶自可；若科舉七分，讀書三分，將來必被他勝卻。況此志全是科舉，所以到老全使不著，蓋不關爲已也。」(註二七六)聖人敎人，只是爲已，舉業雖無害於學，但把心不定，以得失奪其志，所以有害。晦翁更進論其弊曰：「今日學校科舉不成法，上之人分明以盜賊遇士，士亦分明以盜賊自處，動不動便鼓譟作鬧，以相迫脅，非盜賊而何？這個治之無他，只是嚴挾書傳義之禁，不許繼燭，少間，自沙汰了一半，不是秀才底人，他亦自不敢來，雖無沙汰之名，而有其實。」(註二七七)陸九淵主張科舉應重視篤厚之人，謂：「三年一次科舉，萬一中者篤厚之人多，浮薄之人少，則風俗自此而厚。不然，只得一半篤厚之人，風俗猶有庶幾。不幸篤厚之人無幾，或全是浮薄之人，則後生從而視傚，風俗日以敗壞。」(註二七八)時政風日壞，學風日偷，葉適認爲「用科舉之常法，不足以得天下之才，其偶然得之者幸也。自明道景祐以來，能言之士有是論矣。雖然，原其本以至於末，亦未見有偶然得之者，要以爲壞天下之才，而使之至於舉無所用，此科舉之弊法也。」(註二七九)其論科舉之弊有四：一爲今併與藝而失之，「蓋昔之所謂俊義者，其程試之文，往往稱於世俗，而其人亦或有立於世。今之所以取者，非所以取之，其在高選輒爲天下之所鄙笑，而鄉曲之賤人，父兄之庸子弟，俯首誦習，謂之黃冊子者，家以此教，國以此選，命服之所貴者乃人之所輕。……然則上之求士而用之，公卿大臣由此塗者，豈有始於爲人之所輕，而終也乃足爲國家之所重者乎？」二爲化天下之人爲士盡以入官，使天下有羨於爲士而無羨於入官，「蓋羨於爲士則知義，知義則不待爵而賞，不待祿而富，窮人情之所歆慕者而不足以動其自守之勇。今也舉天下之人，總角而學之，力足以勉強，於三日課試之文，則囂囂乎青紫之望盈其前，父兄以此督責，朋友以此勸勵，然則盡有此心，而廉隅之所砥礪，義命之所服安者果何在乎？朝廷得斯人者而用之，將何所賴以興起天下之人才哉？」三爲解額一定，「百人解一，承平之世，酌中之法也，其時閩浙之士，少有應書，而爲解之額狹矣。今江淮之間，或至以僅能識字成文者充數，而閩浙之士，其茂異穎發者，乃困於額少而不以與選，奔走四方，或求門客，或冒親戚，或趨羅納。……則解額之狹於彼者何不通之使與寬者均乎？」四爲一預鄉貢以官錫之，「古之取士也，取之四五而後定其終身，而本朝之法不然，其鄉貢也一取之而已，一取而不復棄其人，三十年之後，憐其無成，而亦命之官。」葉適以爲此「四患不除，而朝廷於人才之本源，戕賊斲喪，不復長育，則宜其不足於用也。」(註二八〇)夫科舉者重科名，輕實用，舉全國俊彥之士，囿於科目之內，困於資格之中，然學不務根柢，徒重文辭，習之既久，揣摩迎合，賊害心術，頹墮士氣。雖知其弊，而因循莫變。學者欲澄源正本，屢倡改革貢舉之議。凡茲引述，可領略當代名儒條具意見之概要也。

【注 釋】

（註一）宋朝燕翼詒謀錄，卷五。

（註二）天聖二年，賜舉人宋郊葉淸臣鄭戩以下及諸科凡四百八十餘人及第出身有差。先是，上封事者言經學未究經旨，乞於本科問策一道，對者紕繆。帝以執經肄業不善爲文，特命取其所長，用廣仕路，並不黜落。宋朝以策擢高第者，自淸臣始。（文獻通考，卷三十一，選舉四）。

（註三）天聖五年，范仲淹上執政書：「今士材之間，患不稽古，委先王之典，宗叔世之文。詞多纖穢，士惟偷淺；言不及道，心無存誠。暨于入官，鮮於教化。有出類者，豈易得哉？」（范文正公集，卷八）。

（註四）樂全集，卷二十，貢院請誡勵天下舉人文章。

（註五）呂祖謙謂進士有帖經之制，他文士都不屑去記這傳義，於是有贖帖，才是進士科試帖經，不知是或作一篇文或作一賦，便可贖帖經。及至熙寧間，荊公罷詞賦，帖經墨義併歸進士一科。（文獻通考，卷三十二，選舉五）。

墨義一道，馬端臨謂：「愚嘗見東陽麗澤呂氏家塾有刊本呂許公夷簡應本州鄉舉試卷，因知墨義之式蓋十餘條。有云：作者七人矣，請以七人之名對，則對云七人某某也，謹對。有云：見有禮於其君者，如孝子之養父母也，請以下文對。則對云：下文曰：見無禮於其君者，如鷹鸇之逐鳥雀也，謹對。有云：請以註疏對者。則對云：註疏曰云云，謹對。有不能記憶者，則只云對未審，蓋既禁其挾書，則思索不獲者，不容臆說故也。其上則具考官批鑿，如所對善則批一通字；所對誤及未審者，則批一不字。大概如兒童挑誦之狀，故自唐以來，賤其科。所以不通者，殿舉之罰特重，而一舉不第者，不可再應，蓋以其區區記問猶不能通悉，則無所取材故也。」（文獻通考，卷三十，選舉三）。

（註六）宋史，卷一五五，志第一〇八，選舉一。

（註七）歐陽文忠公集，奏議集卷八，論更改貢舉事件劄子，慶曆四年。

（註八）同上書，居士集，卷四十八，策問十二首。

（註九）司馬文正公傳家集，卷七十五。

（註十）文獻通考，卷三十一，選舉四。

（註十一）熙寧初，王安石召還翰苑，初侍經筵之日，講禮記曾參易簀一節曰：「聖人以義制禮，其詳見於牀第之間；君子以仁行禮，其勤至於垂死之際。」（老學庵筆記，卷九）。此四句宛如兩小比。自是說經答義，日競於巧，破題多用四句，相爲儷偶，此八股文所濫觴也。夫八股者，乃駢文之支流餘裔，始於宋而盛於明。明史云：「其文略仿宋時經義，然代古人語氣爲之，體用排偶，謂之八股，通謂之制義。」（卷七十，志第四十六，選舉二）荊公創立經義，原與論體相仿，不過以經言命題，令天下之文體出於正，且爲法較嚴耳。然當時對仗不必整，證喩不必廢，侵下文不必忌，是初期經義亦甚明白切實。至元人經義，有破題、接題、小講諸名目，遂爲八股之椎輪矣。王克耘造八比一法，名書義矜式。延及明清，八股之文，衍而爲有破題、承題、起講、提比、虛比、中比、後比、大結諸體，束縛愈甚，眞義愈失矣。

（註十二）宋史，卷一五五，志第一〇八，選舉一。

（註十三）宋史紀事本末，卷三十八，學校科擧之制。

(註十四)續資治通鑑長編，卷三七〇。
(註十五)同上書，卷三八四。
(註十六)宋史，卷一五五，志第一〇八，選舉一。朱熹亦謂熙寧罷詩賦而議者不以爲是者，非罷詩賦之不善，乃專主王氏經義之不善也。(朱文公文集，卷六十九，學校貢舉私議)。
(註十七)文獻通考，卷三十一，選舉四。
(註十八)西臺集，卷一，理會科場奏狀。
(註十九)蘇東坡集，奏議集卷六，乞詩賦經義各以分數取人將來只許詩賦兼經狀。
(註二十)宋史，卷一五五，志第一〇八，選舉一。
(註二十一)宋史，卷一五六，志第一〇九，選舉二。
(註二十二)續資治通鑑長編，卷一七五。
(註二十三)文獻通考，卷三十，選舉三。
(註二十四)司馬文正公傳家集，卷二十，論選舉狀，嘉祐六年八月二十一日。
(註二十五)文獻通考，卷三十二，選舉五，舉士。
(註二十六)元祐元年四月，司馬光請立經明行修科，歲委朝文臣各舉所知，以勉勵天下，使敦士行，以示不專取文學之意。若所舉人違犯名教，必坐舉主毋赦，則自不敢妄舉。而士之居鄉居家者，立身行己，惟懼玷缺，所謂不言之敎，不肅而成，不待學官日訓月察，立賞告訐，而士行自美矣。於是詔自今凡遇科舉，令升朝官各舉經明行修之士一人，俟登第日與升甲，罷謁禁之制。(宋史，卷一五五，志第一〇八，選舉一）。

（註二十七）宋史，卷一五五，志第一〇八，選舉一。

（註二十八）同上書。

（註二十九）文獻通考，卷三十二，選舉五。

（註 三 十）欒城集，卷二十，殿試武舉策問一首。

（註三十一）宋會要輯稿，第五十五冊，崇儒三之三一。

（註三十二）宋史，卷三八八，列傳第一四七，胡沂傳。

（註三十三）宋會要輯稿，第一百一十冊，選舉八之一二。

（註三十四）宋史，卷一五七，志第一一〇，選舉三。文獻通考，卷三十四，選舉七。

（註三十五）能改齋漫錄，卷十三，詔學生添大小經及增置士名分入官品。

（註三十六）宋史，卷一五七，志第一一〇，選舉三。

（註三十七）續資治通鑑長編，卷六十三。

（註三十八）嘉祐五年，歐陽修舉蘇軾應制科狀：「臣伏見新授河南府福昌縣主簿蘇軾，學問通博，資識明敏，文采爛然，論議蠭出。其行業修飭，名聲甚遠。臣今保舉，堪應材識兼茂明於體用科，欲望聖慈召付有司，試其所對。如有繆舉，臣甘伏朝典。謹具狀奏聞，伏候勑旨。」（歐陽文忠公集，奏議集，卷十六）。

（註三十九）徐度，卻掃編，卷下。

（註四十）歷代名臣奏議，卷一六五，選舉。

（註四十一）問題十通：「一問：戊不學孫吳，丁詰之，曰：顧方略如何爾。二問：丙為令長無治聲，丁言其非百里才，壬曰：君子不器，豈以小大為異哉？三問：私有甲弩，乃首云止稍一張，重輕不同，若為科處。四問：丁出見癸縲繫於路，解左驂贖之，歸不謝而入，癸請絕。五問：甲與乙隔水將戰，有司請逮其未半濟而擊之，甲曰不可，及陣，甲大敗，或讓之，甲不服。六問：應受復除而不給，不應受而給者，及其小徭役者，各當何罪？七問：乙用牛釁鐘牽過堂下，甲見其觳觫，以羊易之，或謂之曰：見牛不見羊。八問：官物有印封，不請所由官司，而主典擅開者，合當何罪？九問：庚請復鄉飲酒之禮，辛曰古禮不相沿襲，庚曰：澄源則流清。十問：死罪囚，家無周親，上請，敕許充侍，若逢恩赦，合免死否？」皆以民事試之也。（獨醒雜志，卷一）

（註四十二）當時以試卷既上，而執政以轍所試進呈，欲黜之。仁宗曰：「其言切直，不可棄也」，乃降一等收之，即蘇轍也。司馬光為此奏論曰：「右臣近蒙差赴崇政殿，後覆考應制舉人試卷，內國轍兩號所對策，辭理俱高，絕出倫輩。然轍所對命秩之差，虛實之相養者一兩事，與所出差舛。臣遂與范鎮同議以國為第三等，轍為第四等。詳定官已定從覆考。竊知初考官以為不當，朝廷更為之差官重定，復從初考，以轍為不入等。臣竊以國家置此六科，本欲取材識高遠之士，固不以文辭華靡記誦雜博為賢。轍所試文辭，臣不敢復言，但見其指陳朝廷得失，無所顧慮，於四人之中，最為切直。今若以此，不蒙甄收，則臣恐天下之人，皆以為朝廷虛設直言極諫之科，而轍以直言被黜，從此四方以言為諱，其於聖王寬明之德，虧損不細。臣區區所憂，正在於此。」（司馬文正公傳家集，卷二，論制科等第狀）。

（註四十三）元祐二年夏四月丁未，呂公著請復制科。詔曰：「祖宗設六科之選，策三道之要，以網羅天下賢俊。先皇帝興學校，崇經術，以作新人材，變天下之俗，故科目之設，有所未遑。今天下之士，多通於經術，而知所學矣，宜復制策之科，以徠拔俗之才，裨於治道，蓋乃帝王之道，損益趨時，不必盡同，同歸於治而已。今復置賢良方正能直言極諫科，自今年爲始。」

（註四十四）紹聖元年，命翰林學士林希撰題。乾道七年，命宰相葉衡撰題。（愧郯錄，卷十一，制舉科目）。

（註四十五）困學紀聞，卷十四，考史。

（註四十六）建炎以來朝野雜記，甲集，卷十三，制科至淳熙再試制科本末。

（註四十七）同上書，乙集，卷十五，開禧召試制科。

（註四十八）蘇東坡集，卷二十九，答李端叔書。

（註四十九）邵氏聞見錄，前錄，卷八。

（註　五　十）寓簡，卷八。

（註五十一）宋史，卷三三八，列傳第九十七，蘇軾傳，論贊。

（註五十二）續資治通鑑長編，卷一六七。

（註五十三）歷代名臣奏議，卷一六七，選舉。

（註五十四）誠齋集，卷八十七，人才上。

（註五十五）水心先生文集，卷三，奏議制科。

（註五十六）宋史，一五六，志第一〇九，選舉三。

（註五十七）建炎以來朝野雜記，甲集，卷十三，博學宏詞科。

（註五十八）鶴山先生大全文集，卷五十一，三洪制稿序。「自紹聖乙亥（二年）至紹熙癸丑（四年），以宏詞中選者七十二人，其後至宰執者十一人：孫傅、滕康、盧益、張守、范同、秦檜、周麟之、洪适、洪遵、湯思退、周必大。入翰苑者二十一人：吳幵、盧益、孫覿、張守、滕康、胡交修、范同、劉才邵、王曮、湯思退、周麟之、洪适、洪遵、洪邁、莫濟、周必大、趙彥中、李巘、陳峴、陳宗召。」（建炎以來朝野雜記，甲集，卷九，詞科宰執數）。

（註五十九）容齋隨筆，三筆，卷十。日知錄，卷十六，博學宏詞。

（註 六 十）宋史，卷一五六，志第一〇九，選舉二。

（註六十一）日知錄，卷十六，博學宏詞。

（註六十二）朱文公文集，卷六十九，學校貢舉私議。

（註六十三）水心先生文集，卷三，奏議，宏詞。

（註六十四）宋史，卷一五六，志第一〇九，選舉二。

（註六十五）楓窗小牘，卷上。

（註六十六）建炎以來繫年要錄，卷五十七，紹興二年八月條。

（註六十七）宋史，卷一五六，志第一〇九，選舉二。

（註六十八）文山先生全集，卷九，壬戌童子科小錄序。

（註六十九）文獻通考，卷三十五，選舉八。

（註七十）宋會要輯稿，第一一二冊，選舉十二之三七。

（註七十一）宋朝燕翼詒謀錄，卷一。

（註七十二）元豐類稿，卷四十九，本朝政要策，貢舉。

（註七十三）日知錄，卷十七，中式額數。

（註七十四）宋會要輯稿，第一〇八冊，選舉三之八。

（註七十五）宋史，卷九，本紀第九，仁宗一。

（註七十六）玉海，卷一一六，宋朝登科記。

（註七十七）同上書。

（註七十八）歷代名臣奏議，卷一六四，選舉。

（註七十九）司馬文正公傳家集，卷三十二，貢院乞逐路取人狀，治平元年。

（註八十）同上書。

（註八十一）歐陽文忠公集，奏議集，卷十七，論逐路取人劄子，治平元年。

（註八十二）文獻通考，卷三十五，選舉八。

（註八十三）攻媿集，卷一〇七，通判姚君墓誌銘。

（註八十四）公是集，卷三十四，張氏雜義序。

（註八十五）苕溪漁隱叢話，前集，卷四十六，東坡九，引蔡寬夫詩話。

（註八十六）後村先生大全集，卷一四一，丁給事神道碑。

（註八十七）文獻通考，卷三十一，選舉四。

（註八十八）例如眉州貢院之建築，東向爲堂皇一，爲中門三，外門三。南向爲便坐一，主司之直廬十。南北向爲試士之廡七列，東向五列，凡五百楹，庖湢府史封彌謄錄之舍，下逮什器，靡微不具。又外爲周墉，賦丈四百五十。（鶴山先生大全文集，卷四十八，眉州輣貢院記）。

（註八十九）十駕齋養新錄，卷十。

（註　九　十）文獻通考，卷三十一，選舉四。

（註九十一）宋史，卷一五六，志第一〇九，選舉二。

（註九十二）歷代名臣奏議，卷一六六，選舉，知諫院陳襄奏疏。

（註九十三）例如江陵府，靖康元年十人取一，紹興七年，五十二人取三，十七年一百六十六人取十一。峽州，靖康元年八人取一，紹興七年二十人取三，十四年七十三人取五。歸州，靖康元年七人取一，紹興四年二十人取三，十年二十九人取四。復州，靖康元年十二人取一，紹興十年五人取一，二十六年三十人人取三。荆門軍，靖康元年四十四人取一，紹興七年七人（江陵府附試）取一，二十六年四十六人取一。（盤洲文集，卷五十一，復解額申省狀）。

（註九十四）夢粱錄，卷四，解闈。

（註九十五）歷代名臣奏議，卷一六九，選舉。

（註九十六）天禧三年，京西轉運使胡則，言滑州進士楊世質等，訴本州黜落。即取原試卷，付許州通判崔立看詳。立以爲世質等所試，不至紕繆，乃牒滑州依例解發。詔轉運司具析，不先奏裁，直令解發緣由以聞，其試卷仰本州繳進，世質等仍未得解發。及取到試卷，詔貢院定奪。乃言詞理低次，不合充薦，復黜之，而劾胡則崔立之罪。蓋是時貢舉條例猶未堅定，故有被黜而來訴其枉者。（容齋隨筆，三筆，卷二，進士訴黜落）。

（註九十七）咸平元年詔天下貢舉，應三舉者，今歲並免取解。四年詔淄青齊州及河北經蕃寇蹂踐處，貢舉許免取解。（此泛免之始）。熙寧初，詔進士諸科，經仁宗朝殿試，或進士明經三舉殿試，五舉省試下；諸科五舉殿試七舉省試下，並免解。時知諫院陳襄奏：「臣竊見外州軍不係免解舉人，近日甚有經中書待漏院，及攔截宰相投狀，陳乞免解，未蒙指揮施行。其間多是遠方孤貧羸老之人，徒步入京，羈旅困窮，深可憐憫。訪聞有經三四十年已前，曾與鄉薦，潦倒場屋。……欲望陛下憫其衰暮之年，無所成立，因茲首榜，特與推恩，應進士三十年，諸科四十年已前，曾與鄉貢，不以舉數場第，見在京師者，許依府監免解人例，與南省收試。」（歷代名臣奏議，卷一六六，選舉）。三年詔：景祐五年以前，禮部試下進士一舉，諸科二舉，年六十五；若遞加一舉，則不限年，州縣以名聞，特與推恩。府監舉人，以京朝官二人保識，進士七舉，諸科八舉，年四十，禮部嘗奏名者，並特赴殿試，惟河北、河東、陝西三路，各減一舉以優之。（文獻通考，卷三十一，選舉四）。南宋時，舊例進士試禮部下歷十八年得免舉，又四試禮部下，始得奏名推恩。秦檜以科第私其子，士論譁然，爲減三年以悅衆。

（註九十八）宋朝燕翼詒謀錄，卷一。

（註九十九）文獻通考，卷三十，選舉二。夢溪筆談，卷九，人事一。

（註一〇〇）宋史，卷一五五，志第一〇八，選舉一。

（註一〇一）同上書，卷一五六，志第一〇九，選舉二。

（註一〇二）文昌雜錄，卷四。

（註一〇三）夢粱錄，卷十五，貢院。

（註一〇四）文獻通考，卷三十二，選舉五。

（註一〇五）歐陽文忠公集，居士集，卷四十三，禮部唱和詩序。

（註一〇六）容齋隨筆，四筆，卷八，省試取人額。

（註一〇七）夢溪筆談，卷一，故事一。

（註一〇八）宋朝燕翼詒謀錄，卷二。

（註一〇九）歐陽文忠公集，奏議集，卷十四，條約舉人懷挾文字劄子，嘉祐二年正月。

（註一一〇）蘇東坡集，奏議集，卷四，乞裁減巡鋪兵士重賞。

（註一一一）夢粱錄，卷二，諸州府得解士人赴省闈。

（註一一二）能改齋漫錄，卷一，糊名考校。

（註一一三）續資治通鑑，卷四十三，宋紀四十三，慶曆元年八月條。

（註一一四）夢粱錄，卷二，諸州府得解士人赴省闈。

（註一一五）宋史，卷一五五，志第一〇八，選舉一。又建炎四年，詔下第進士，年四十以上，六舉曾經御試；

八舉曾經省試；五十以上，四舉曾經御試，五舉曾經省試者；河北河東陝西舉人，特各減一舉；元符以前到省兩舉者不限年，一舉年五十五以上者，諸道轉運司開封府悉以名聞，許直赴廷試。（宋史，卷一五六，志第一〇九，選舉二。）

（註一一六）宋史，卷一五五，志第一〇八，選舉一。

（註一一七）續資治通鑑長編，卷九十三。

（註一一八）建炎以來繫年要錄，卷十一。

（註一一九）宋史，卷一五六，志第一〇九，選舉二。

（註一二〇）嘉祐六年二月二十七日御試。仁宗御崇政殿，試進士明經諸科舉人。王者通天地人賦，天德淸明詩，水幾於道論，出老子道德經。二十八日，仁宗卯刻幸考校所，編排經生。二十九日，初考經學官三人，覆考經學官三人，詳定官二人，彌封官二人，出義官三人。三月一日，幸考校所。二日，幸覆考所。六日，幸詳定所。點檢官二人，進士初考官四人，進士覆考官四人，點檢官二人，詳定官三人，對讀官六人。七日，幸詳定所。八日，幸編排所，呈進士卷子二道。九日，奏取旨。（趙抃，御試備官日記。）

（註一二一）宋史，卷一五五，志第一〇八，選舉一。

（註一二二）能改齋漫錄，卷一，試詩賦題示出處。

（註一二三）容齋隨筆，卷三，進士試題。

（註一二四）續資治通鑑長編，卷九十三，天禧三年考試條例。宋史，卷一五五，志第一〇八，選舉一。

（註一二五）宋史，卷一五六，志第一〇九，選舉二。

（註一二六）趙抃，御試備官日記。

（註一二七）日知錄，卷十七，御試黜落。

（註一二八）容齋隨筆，卷十三，宋下第再試。

（註一二九）宋史，卷二十八，本紀第二十八，高宗五。

（註一三〇）建炎以來繫年要錄，卷一八二。

（註一三一）宋史，卷一五六，志第一〇九，選舉二。

（註一三二）宋朝燕翼詒謀錄，卷五。

（註一三三）石林燕語謂：「國初貢舉法未備，公卿子弟，多艱於進取，蓋恐其請託也。范杲，魯公之兄子，見知陶穀、竇儀，皆待以甲科。會有言世祿之家，不當與寒畯爭科名者，遂不敢就試。李內翰宗諤已過省，以文正爲因，唱名，辭疾不敢入，亦被黜。文正罷相，方再登科。」（卷五）

（註一三四）開寶元年，權知貢舉王祐，擢進士合格者十八人，陶穀子邴，名在第六。翌日，穀入謝。太祖謂侍臣曰：「聞穀不能訓子，邴安得登第？」乃命中書覆試，邴復登第。因下詔自今舉人凡關食祿之家，禮部具聞覆試。至太宗以後，科額日廣，登用亦驟，而上下斤斤猶守此格。有人主示公而不敢者，雍熙二年，宰相李昉之子宗諤，參政呂蒙正之弟亨，鹽鐵使王明之子扶，度支使許仲宣之子待問，舉進士試，皆入等。太宗曰：「此並世家，與孤寒競進，縱以藝升，人亦謂朕有私。」遂罷之。有人臣守法而自罷者，唐義問用舉者召試秘閣，父介引嫌罷之。有子弟恬退而不就者，韓維嘗以進士薦禮部，父億任執政，不就廷試。仁宗患搢紳奔競，諭近臣曰：「恬靜守道者旌擢，則躁求者自當知愧。」於是宰相文彥博等言：「維好古嗜學，安於靜退，乞加甄錄。」召試學士院，辭不就，除國子監主簿。（日知錄，卷十七，大臣子弟。）

（註一三五）王氏揮麈錄曰：「韓忠獻億，景祐中參仁宗政事，天下稱為長者。四子仲文綜，子華絳，持國維，玉汝縝，俱禮部奏名。忠獻啓上曰：臣子叨陛下科第，雖非有司觀望，然臣既備位政府，豈當受而有之，天下將以為由臣故致此。臣雖不足道，使聖明之政，人或以議之，非臣所安也。臣教子既以有成，又何以昭示四方以為榮觀哉？乞盡免殿試唱第，幸甚。誠懇再三，上嘉歎而允所請。忠獻既薨，仲文子華玉汝相繼再中科甲，獨持國曰：吾前已奏名矣，當遵家君之言，何必布之遠方耶？不復更就有司之求。故文潞公薦持國疏云：曾預南中高薦，從不出仕宦。其後仲文知制誥，子華玉汝皆登宰席，持國賜出身，至門下侍郎，為本朝之甲族云。」（後錄，卷五，韓忠獻四子奏名禮部）。寶祐四年文天祥榜，王應麟為覆考點檢試卷官，其弟應鳳，中一甲第九名進士。此可見宋末親屬無迴避之例矣。

（註一三六）慶曆六年，劉敞廷試本為第一，其舅王堯臣為編排試卷官，既拆號，見其姓名，遂自陳請降下名。仁宗初以高下在初覆考官，編排官無與，但以號次第之耳。堯臣猶力辭不已，遂升賈黯為魁，以敞為第三。（避暑錄話，卷下）。

（註一三七）文獻通考，卷三十一，選舉四。

（註一三八）同上書。

（註一三九）宋史，卷一五六，志第一〇九，選舉二。

（註一四〇）司馬光謂阿時者皆在高等，訐直者皆在下等。

（註一四一）文獻通考，卷三十一，選舉四。祖洽既由神宗親自擢取第一，但元祐黨人，仍挾恨攻擊不已。元祐二年十月十一日，尚書省劄子節文臣僚上言：近聞兵部郎中葉祖洽改禮部郎中，給事中趙君錫封駁以爲不當，兼論祖洽廷對對策，有訕及宗廟之語。蘇軾聯同蘇轍劉攽狀奏：謂定奪祖洽學術淺暗，議論乖謬，不得謂譏訕宗廟云云。此可見元祐黨人政治成見太深，無容人之量也。

（註一四二）宋史，卷一五五，志第一〇八，選舉一。

（註一四三）歐陽文忠公集，居士集，卷三十八，戶部侍郎贈兵部尚書蔡公齊行狀。

（註一四四）宋史，卷一五五，志第一〇八，選舉一。

（註一四五）石林燕語，卷八。

（註一四六）夢粱錄，卷三，士人赴殿試唱名。

（註一四七）司馬文正公傳家集，卷七十二，范景仁傳。

（註一四八）泊宅編，卷上。

（註一四九）進士衣白衣（襴衫），從鄉舉於有司，及其參選，方釋褐；釋褐，言解賤者之服而服藍袍也。又進士出則以席帽隨身，及第後則否，故稱離席帽。太平興國二年，取進士諸科及賜出身五百餘人，皆釋褐，賜綠袍鞾笏，後遂爲例。咸平三年四月，賜進士陳堯咨等袍笏。（宋史，卷六，本紀第六，眞宗一）。大中祥符元年姚曄榜，賜宴後詔賜新進士並諸科人綠袍靴笏，自後以唱第日賜之，惟賜袍笏，不復賜靴。(宋朝燕翼詒謀錄，卷一)。其後狀元賜茜袍，茜袍者深紅色之袍也，謂之狀元紅。南宋時，文進士多賜綠襴袍，白簡黃襯衫；武擧人賜紫羅袍，鍍金帶牙笏。(武林舊事，卷二，唱名)。

(註一五〇) 山堂肆考，卷三十六，登第。魏了翁已未唱第後謝恩詩：「聖皇擧問富春秋，當宁宵衣渴狀猷。鵠立銀袍天北闕，龍飛金榜殿西頭。彤池繆對三千字，黃甲俄輸一二籌。初學粗知存大體，紛更要洗洛陽羞。」(鶴山先生大全文集，卷八) 文天祥集英殿賜進士及第恭謝詩：「於皇天子自乘龍，三十三年此道中。悠遠直參天地化，昇平奚羨帝王功。但堅聖志常持久，須使生民見泰通。第一臚傳新渥重，報恩唯有厲精忠。」(文山先生全集，卷一)。

(註一五一) 文獻通考，卷三十二，選擧五。

(註一五二) 咸平元年孫僅榜之同年小錄，以素綾爲軸，貼以金花，先列主司(同知貢)四人銜：翰林學士給事中楊(礪)、兵部郎中知制誥李(若拙)、右司諫直史館梁(顥)、秘書丞直史館朱(臺符)押字。次書四人甲子，年若干，某月某日生，祖諱某，父諱某，私忌某日。然後書狀元孫僅。別用高三寸綾濶二寸，書盛京二字。四主司花書於下，黏於卷首。自狀元以下按次書進士姓名籍貫。此封書有五十人，不知何年而廢也。(容齋隨筆，卷十三，金花帖子)。

紹興十八年同年小錄：第一甲第一人，王佐，字宣子，小名千里，小字驥兒，年二十，九月初一生。外氏葉，具慶下第五十八，兄弟五人，一擧，娶高氏。曾祖仁，故，不仕。祖忠，故，不仕。父俊彥，現任左迪功郎，鎭江府教授。本貫紹興府山陰縣禹會鄉廣陵里，父爲戶。第五甲第九十一人朱熹，字元晦，小名沈郎，小字季延，年十九，九月十五日生。外氏祝，偏侍下第五，一，兄弟無人，一舉，娶劉氏。曾祖絢，故，不仕。祖森，故，賜承事郎。父松，故，任左承議郎。本貫建州建陽縣羣玉鄉三桂里。父爲戶。（菽園雜記，卷十四，朱熹同年小錄）。此錄首載前一年御筆手詔，次載策問，及執事官姓名，又次載進士榜名。後又有附錄，狀元王佐等三人對策之語，亦載其略。

又寶祐四年登科錄一卷，文天祥榜進士題名也，首列御試策題一道，及詳定編排等官姓名，後列進士題名。

（註一五三）開寶六年三月，覆試進士於講武殿，賜宋準等宴錢二十萬，自茲遂爲常例。八年三月，賜進士王嗣宗等宴錢二十萬。（宋史，卷三，本紀第三，太祖二）。

（註一五四）淳化三年，得進士孫何以下三百餘人，諸科八百餘人，就宴賜御製詩三首，箴一首。又詔刻禮記儒行篇賜近臣及京朝官受任於外者，併以賜何等。初內殿策士，例賜御詩以寵之，至陳堯叟，始易以箴，至是詩箴並賜。政和二年，親試擧人，始罷賜詩，改賜箴。

（註一五五）司馬光於寶元元年中進士甲科，聞喜宴獨不戴花，同列語之曰：「君賜不可違」，乃簪一花。

（註一五六）宋史，卷一一四，志第六十七，禮十七，賜進士宴。

（註一五七）夢粱錄，卷三，士人赴殿試唱名。

（註一五八）夷堅志，乙志，卷十九，二相公廟。

（註一五九）宋朝燕翼詒謀錄，卷四。

（註一六〇）歐陽文忠公集，歸田錄，卷二。

（註一六一）苕溪漁隱叢話，後集卷十九，本期，引蔡寬夫詩話。

（註一六二）建炎以來朝野雜記，甲集，卷九，狀元年三十以下數。

（註一六三）容齋隨筆，四筆，卷三，實年官年。

（註一六四）紹熙元年，提刑建陽袁說友，提舉常平建陽張體仁，招集同年之在吳者於姑蘇之臺。說友首賦唐律一首，而體仁代韻和之。同作者皆爲同年之人，十三名，石刻在府學儀門。（十駕齋養新錄，卷二十，同年醻唱詩）。

（註一六五）梅溪王先生文集，後集卷十七，送赴省諸先輩。

（註一六六）范文正公集，年譜。

（註一六七）苕溪漁隱叢話，前集，卷五十四，宋朝雜記上，引侯鯖錄。

（註一六八）澠水燕談錄，卷六，貢擧。

（註一六九）梅溪王先生文集，後集，卷十八。

（註一七〇）容齋隨筆，卷九，高科得人。

（註一七一）于湖居士文集，附錄，張安國傳。

（註一七二）咸平五年，開封府有進士詣貢院觀榜，其妻留舍。或報其父母自遠至某所者，妻急僦驢往省，路逢醉人毆擊，徑詣府訟。僦驢者懼證左滯留，潛遁去。府以醉人亦有指爪痕，俱杖而遣之。歸舍號哭。其夫尋自外落第歸亦泣。兩不相知，妻徐告以被杖，復詣有司訴寃，不聽。夫妻俱赴水死。既而上聞其事，大怒，由知府以下悉遭譴罰。（續資治通鑑長編，卷五十二，五月條）。

（註一七三）宋史，卷一五六，志第一〇九，選舉二。

（註一七四）太平治蹟，卷二十八，祖宗科舉取人，太祖。

（註一七五）宋史，卷一五六，志第一〇九，選舉二。

（註一七六）攻媿集，卷六十九，恭題知貢舉所賜御札。

（註一七七）建炎以來朝野雜記，甲集，卷十三。

（註一七八）苕溪漁隱叢話，前集，卷二十九，六一居士上，引蔡寬夫詩話。

（註一七九）經義命題之際，或於上下磔裂，號爲斷章；他處牽合，號爲關題。斷章固無意義，而關題之顯然渾成者多已經用，往往搜索新奇，或意不相屬，文不相類，漸成乖僻，士子雖欲據經爲文，勢有不可，是有司馳之穿鑿。（宋會要輯稿，第一百九冊，選舉五之二五。）嘉定十五年，秘書郎何澹言：「有司出題，強裂句讀，專務斷章，離絕意旨，破碎經文。望令革去舊習，使士子考注疏而辨異同，明綱領而識體要。」從之。（宋史，卷一五六，志第一〇九，選舉二。）

（註一八〇）文獻通考，卷三十二，選舉五。

（註一八一）孝宗時，春闈省試，知貢舉三人，策問時事。史浩疑其斥己，遂令黨人林安宅追捕雕匠，勒令毀板。三知舉嘗面奏其事，有旨令刊行。（梅溪王先生文集、奏議卷三，論史浩劄子）。

（註一八二）禮部貢舉條例載：出題必具出處。所列如周以宗強賦，則註曰以周以同姓強固王室爲韻，依次用限三百六十字以上成。又大書其後曰出史記敘管蔡世家，曰周公主盟，太任十子，周以宗強，嘉仲改過云云。

（註一八三）續資治通鑑，卷三十，宋紀三十。

（註一八四）同上書，卷五十，宋紀五十，慶曆八年四月丙子詔。

（註一八五）李清臣發策曰：「今復詞賦之選，而士不知勸；罷常平之官，而農不加富。可差可募之說雜而役法病；或東或北之論異而河患滋。賜土以柔遠也，而羌夷之患未弭；弛利以便民也，而商賈之路不通。夫可則因，否則革，惟當之爲貴，聖人亦何有必焉。」（宋史，卷三二八，列傳第八十七，李清臣傳）。

（註一八六）日知錄，卷十六，題切時事。

（註一八七）朱子語類輯略，卷五，論治道。

（註一八八）宋史，卷一五六，志第一〇九，選舉二。

（註一八九）同上書。

（註一九〇）清容居士集，卷二十二，曹伯明文集序。

（註一九一）歐陽文忠公集，奏議集卷八，論更改貢舉事件劄子，慶曆四年。

（註一九二）宋史，卷一五六，志第一〇九，選舉二。

（註一九三）欒城集，後集，卷二十二，亡兄子瞻端明墓誌銘。又復齋漫錄云：東坡初登第，以書謝梅聖俞，聖俞以示歐陽修。修答聖俞書云：「不意後生能達斯理也，吾老矣，當放此子出一頭地。」（苕溪漁隱叢話，後集，卷三十，東坡五。）

（註一九四）師友談記。宋朝引試，率在八月中，韓魏公當國日，二蘇將就試，黃門忽臥病。魏公輒奏上曰：

今歲召制科之士，惟蘇軾蘇轍最有聲望，今聞蘇轍偶病，如此人不得就試，甚非衆望，欲展限以俟。上許之。黃門病中，魏公數使人問訊。即聞全安，方引試，比常例展二十日。自後試科並在九月云。（賢奕編，卷二，官政。）

（註一九五）雞肋集，卷六十二，資政殿大學士李公行狀。

（註一九六）石林燕語，卷七。

（註一九七）續資治通鑑，卷三十二，宋紀三十二。

（註一九八）宋朝事實，卷十四，科目。

（註一九九）宋史，卷三一三，列傳第七十二，富弼傳。

（註二〇〇）揮麈錄，後錄卷六，馮京作主文取張芸叟置優等。

（註二〇一）宋史，卷三三八，列傳第九十七，蘇軾傳。

（註二〇二）宋史，卷三五三，列傳第一一二，許幾傳。

（註二〇三）容齋隨筆，三筆，卷十四，政和文忌。

（註二〇四）宋史，卷三八一，列傳第一四〇，趙逵傳。

（註二〇五）象山先生全集，卷三十六，年譜。

（註二〇六）太宗取士，先進卷子，時李庶幾文思敏速，孫何尤苦思遲，或言庶幾輕薄，由是何爲第一。眞宗雖以文辭取士，必視其器識。每御崇政殿賜進士及第，必召其高第三四人，並列於庭，更察其形神磊落者，始賜第一人及第。（歐陽文忠公集，歸田錄，卷一）。林文節連爲開封府南廟第一，嘉祐二年，廷試皆屬以魁選，仁宗亦遣近璫伺其程文畢，先進呈，時試民監賦，破題云：天監不遠，民心可知。比至帝前，一近侍旁觀，忽吐舌，蓋惡其語忌也。仁宗由是不樂，亟付考官依格考校。考官意不欲置之上等，入第三甲，而得章衡卷子，破題云：運啓先聖，天臨兆民。帝幸詳定幕次，即以進呈。帝曰：此祖宗之事，朕何足以當之，遂擢爲第一。（石林燕語，卷四）。神宗見黃裳所爲文，愛之。元豐五年，禮部奏進士有裳名，及進讀試策，在前列者皆不稱旨。命求裳名，至末甲始見，乃擢爲第一，考官以高下失實贖金。（文獻通考，卷三十一，選舉四）。紹興五年，御試進士，奏名汪應辰第一，初考官以有官人黃中第一，高宗訪諸沈應求，應求以沈遘與馮京故事對，乃更擢應辰爲魁。（宋史，卷一五六，志第一〇九，選舉二。）二十四年，廷試策問師學淵源，秦熺之子塤與曹冠，皆力攻程氏專門之學，張孝祥獨不攻。考官魏師遜已定塤冠多士，孝祥次之，曹冠又次之。高宗讀塤策，皆檜熺語，於是擢孝祥第一，而塤第三。御筆批云：「議論確正，詞翰爽美，宜以爲第一。」（于湖居士文集，附錄張安國傳）。乾道十四年，御試得進士王容以下，天姿英明，大廷策士，多自陞黜，不盡由有司。是舉王容蓋自第三親擢爲榜首。（文獻通考，卷三十二，選舉五）。

（註二〇七）默記，卷下。

（註二〇八）文獻通考，卷三十二，選舉五。

（註二〇九）宋刑統，卷九，職制律，署置官過限條。

（註二一〇）日知錄，日知錄之餘，卷三，倖第並坐其兄。

（註二一一）續資治通鑑長編，卷七十六。

（註二一二）同上書，卷二三七。

（註二一三）容齋隨筆，四筆，卷十，責降考試官。

（註二一四）太平興國六年，趙昌國求應百篇舉（謂一日作詩百篇，不設此科，求應者即試之），太宗出雜題二十字曰：「松風雪月天，花竹鶴雲煙。詩酒春池雨，山僧道柳泉」，令各賦五篇，每篇八句。逮日旰，僅成數十首，率無可觀。帝以此科久廢，特賜及第，以勸來者。仍詔有司今後應百篇舉，約以此題爲式。又景德二年，知鄭州王矩，上書自薦求進士第，眞宗以矩自燕薊歸化，居官清白，而自強學業，特賜及第，驛召赴聞喜宴。帝以去歲河朔用兵，民甚驚擾，其乘城捍寇，多出士人，故廣示甄採也。

（註二一五）宋朝燕翼詒謀錄，卷一，進士特奏。

（註二一六）宋史，卷一五五，志第一〇八，選舉一。

（註二一七）宋朝燕翼詒謀錄，卷一，進士特奏。

（註二一八）宋史，卷一五五，志第一〇八，選舉一。

（註二一九）萍洲可談，卷一。

（註二二〇）續資治通鑑長編，卷四〇八。

（註二二一）宋史，卷一五六，志第一〇九，選舉二。

（註二二二）宋史，卷一五五，志第一〇八，選舉　。

(註二二三) 容齋隨筆，四筆，卷十三，科舉之弊不可革。

(註二二四) 建炎以來繫年要錄，卷一七一。

(註二二五) 夢溪筆談，卷九，人事　。

(註二二六) 雞肋集，卷五十二，上杭州教官呂穆仲書。

(註二二七) 宋會要輯稿，第一百八冊，選舉四之六。

(註二二八) 宋史，卷一五五，志第一〇八，選舉一。

(註二二九) 蘇東坡集，奏議集，卷一，議學校貢舉狀。

(註二三〇) 歐陽文忠公集，奏議集，卷十四，條約舉人懷挾文字劄子，嘉祐二年。

(註二三一) 宋會要輯稿，第一百八冊，選舉三之五六。

(註二三二) 建炎以來繫年要錄，卷一七二。

(註二三三) 愧郯錄，卷九，場屋編類之書。

(註二三四) 跨鼇集，卷十三，乞禁州縣學濫進之弊劄子。

(註二三五) 宋會要輯稿，第一百八冊，選舉四之二八。

(註二三六) 同上書，選舉四之三〇。

(註二三七) 同上書，選舉四之三八。

(註二三八) 容齋隨筆，四筆，卷十三，科舉之弊不可革。

(註二三九) 宋會要輯稿，第一百八冊，選舉五之五。

（註二四〇）淳熙十一年三月二十三日，御試進士，天黑時，仍有二三人未繳卷。孝宗下令賜燭，最後一人，直寫至一更四點方繳卷，因而引起言官指責，認爲違貢舉之法，請予以適當處分。乃禁止見燭，以防代筆，其繳卷最後者降黜之。

（註二四一）宋會要輯稿，第一百九冊，選舉五之三三。

（註二四二）續資治通鑑，卷一六八，宋紀一六八。

（註二四三）宋史，卷二八三，列傳第四十二，王欽若傳。

（註二四四）林下偶談，卷四，東萊以譽望取士。

（註二四五）宋史，卷一五六，志第一〇九，選舉二。

（註二四六）歷代名臣奏議，卷一七〇，選舉。

（註二四七）建炎以來繫年要錄，卷一六六，紹興二十四年三月條。

（註二四八）宋會要輯稿，第一百八冊，選舉五之四。

（註二四九）同上書，第一百九冊，選舉五之二九。

（註二五〇）同上書，第一百九冊，選舉六之三七。

（註二五一）宋史，卷一五六，志第一〇九，選舉二。

（註二五二）續文獻通考，卷三十四，選舉考一。

（註二五三）宋會要輯稿，第一百九冊，選舉五之三四。

（註二五四）宋史，卷一五六，志第一〇九，選舉二。

(註二五五) 宋季三朝政要，卷四。

(註二五六) 歷代名臣奏議，卷一六五，選舉。

(註二五七) 齊東野語，卷六，杭學游士聚散。

(註二五八) 文獻通考，卷三十一，選舉四。

(註二五九) 歐陽文忠公集，奏議集，卷八，詳定貢舉條狀。

(註二六〇) 歷代名臣奏議，卷一六四，選舉。

(註二六一) 歐陽文忠公集，奏議集，卷八，論更改貢舉事件劄子。

(註二六二) 蘇東坡集，奏議集，卷一，議學校貢舉狀。

(註二六三) 朱子語類輯略，卷五，論治道。

(註二六四) 淳熙十一年，朱熹嘗撰私議曰：「古者大學之教，以格物致知爲先，而其考校之法，又以九年知類，通達強立不返爲大成。今樂經亡而禮經闕，二戴之禮，已非正經，而又廢其一焉。經之爲教，已不能備，而治經者類皆舍其所難而就其所易，僅窺其一而不及其餘。若諸子之學，同出於聖人。諸史則該古今興亡治亂得失之變，皆不可闕者，而學者豈能一旦盡通？若合所當讀之書而分之以年，使之各以三年而共通其三四之一。凡易書詩爲一科，而子年午年試之。周禮儀禮及二戴記爲一科，而卯年試之。春秋及三傳爲一科，而酉年試之。試義各二道。諸經皆兼大學論語中庸孟子義一道。論則分諸子爲四科，而分年以試焉。諸史則左傳國語史記兩漢爲一科，三國晉書南北史爲一科，新舊唐書五代史爲一科。時務則律歷地理爲一科。以次分年爲經子之法，試策各二道。文使治經者必守家法，答義者必通貫經文，條舉衆說，而斷以己意。有司命題，必依章句。如是，則士無不通之經，無不通之史，而皆可用於世矣。」（朱文公文集，卷十三，學校貢舉私議）。熹議雖未上聞，而全國誦之。

（註二六五）蘇東坡集，奏議集，卷一，議學校貢舉狀。

（註二六六）歷代名臣奏議，卷一六五，選舉。

（註二六七）司馬文正公傳家集，卷二十，論舉選狀，嘉祐六年八月二十日。

（註二六八）同上書，卷四十，議貢舉狀，熙寧二年五月。

（註二六九）歷代名臣奏議，卷一六四，選舉。

（註二七〇）同上書，卷一六五，選舉。

（註二七一）文莊集，卷十五，議貢舉奏。

（註二七二）彭城集，卷二十四，貢舉議。

（註二七三）歷代名臣奏議，卷一六六，選舉，蘇頌議貢舉法。

（註二七四）跨鼇集，卷二十二，言科舉書。

（註二七五）癸辛雜識，前集，科舉論。

（註二七六）朱子語類輯略，卷三，力行。

（註二七七）同上書，卷五，論治道。

（註二七八）象山先生全集，卷三十五，語錄下。

（註二七九）、水心先生文集，卷三，奏議，制科。

（註二八〇）同上書，卷三，奏議，科舉。

第三章　官吏銓選制

第一節　入仕途徑

入仕之途，有貢舉出身、辟舉、恩蔭、流外入官、納粟補官等。貢舉出身者，有制策、有進士、有明經、有諸科，爲入仕之正途。辟舉者，始於唐代諸侯自辟幕府之士，唯重才能，不問所從來，而朝廷常收其俊偉，以補王官之闕，每號稱得人。宋時雖有辟法，然白衣不可辟，有出身而未歷仕者不可辟。其可辟者，復拘以資格，限以舉主。開寶雍熙之間，迭詔諸路州縣長吏，不得擅舉人。熙寧間，內外小職任，長吏舊得奏舉者悉罷。已而復許辟置，然亦罕矣。元豐中，各地方之中央官職，許自辟胥吏，不從吏部注擬。其後辟舉，嚴寬亦無一定。建炎初，兵革方殷，詔河北招撫使，河東經制使，及安撫使等，皆得辟置將佐官屬。行在五軍，幷御營司將領各辟大小使臣，入幕者不可勝數。其他諸路胥吏，亦許辟舉。（註一）恩蔭者，皇帝推恩，任子以門蔭授官之謂也。乾德元年，詔減每歲奏補千牛（武資）、齋郎（文資）之額，而臺省六品，諸司五品，登朝歷兩任者，方得請蔭補。又詔齋郎每歲以十五人爲額，取年貌合格，誦書精熟者充，覆試不如所奏，三司坐之。大中祥符二年詔：應以門蔭授京官，年二十五以上，求差使者，當令於國學聽習經書，以二年爲限，仍須通過審官院與判監官考試，呈報候授。蔭補初赴選，皆試律詩，已仕而無勞績舉薦及無免試恩者，法當再試書判三道，而蔭補者免試注官，多不習事。慶曆中，大減恩蔭制入仕之路，罷聖節奏恩蔭例，學士以下遇郊恩許奏大功以上親，再遇郊許奏小功以下親，蔭長子孫皆不限年歲，諸子孫須年過十五歲，若弟姪須年過二十歲，必五服親乃得蔭。已嘗蔭而物故者，如無子孫祿仕，聽再蔭，自是任子之恩殺矣。舊制：資蔭出身人初授差遣者，並令審官院流內銓試省格詩或賦或論一首，或五經墨義十道，各從其便。然賦論墨義，徒有其名，無人願試，通常皆乞試詩。（註二）熙寧四年，定銓試之式，不復限年歲，每年以二月八月考試，試斷案二道，或律令大義五道，或議三首。法官會同銓曹官撰式考試，第爲三等，呈報中書。上等免試注官；優等升資，如判超格，無出身者賜之出身，自是不復試判，仍除去免選恩格。若歷任有舉者五人，自與免試注官。任子年及二十，聽赴銓試。其試不中或不能試，選人滿三歲，許注官，惟不得入縣令司理司法。任子年及三十，方許參注。若年及二十，授官已及三年，出官亦不用試。既定銓試，自是全國官吏，皆爭誦律令。除大夫官外，宮掖外戚，遇聖節郊禮皆奏親蔭，爲數甚濫。宣和元年，文武官雖遇郊當蔭，文入官不及十五年，武入官不及二十年，皆未許蔭補。然恩蔭之制，有一人而任子至十餘者，有致仕遺表恩澤者，故其額不得不濫也。（註三）

唐代並用流外（不入於九品者）入官，宋初，開寶五年詔：流外選人，經十考入令錄者引對，方得注擬。驅使散從官技術人，資考雖多，亦不注擬，而技術人雖任京朝官審刑院，亦不在磨勘（勘驗成績）之例。咸平元年，詔吏部銓，凡注諸縣令佐，勿得全用流外。流外補選之例：五省、御史臺、九寺、三監、金吾司、四方館職掌，每歲遣近臣與判銓曹，就尙書省同試律三道，中者補正名，理勞考。三館秘閣楷書，皆本司試書札，中書覆試補授。後以就試人多懷挾傳授，乃有鎖院巡搜糊名之法。凡試百司吏人，問律及疏，如所對合格，復口誦之，以防懷挾傳授之弊。然其自敍勞績，臣僚爲之陳請者，特免口誦，謂之優試。得優試者率中選。後因言者，遂復減吏部考試百司吏人數，歲以二十人爲額，毋得僥倖求優試。（註四）宋初，納粟止贖刑而已。至熙寧元年，行入粟補官法，出將作監主簿助教。紹興二十年，募民往兩淮開墾田地，歲收穀七百石者，補進義副尉；至四千石者，補進武校尉。孝宗以後，亦常有進納補官，然止限於義校尉、武校尉之職。並有文職，如承信郎、承節郎、迪切郎等。（註五）

第二節　舉官法

呂陶奏言：「朝廷差除之法，大別有三：自兩府而下至侍從官，悉稟聖旨，然後除授，此中書不敢專也。自卿監而下，及已經進擢，或寄祿至中散大夫者，皆由堂除，此吏部不敢預也。自朝議大夫而下，受常調差遣者，皆歸吏部，此中書不可侵也。法度之設，至詳至密，所以防大臣之專恣，革小人之僥倖也」。（註六）然官無大小，經薦舉而後授以職，故蘇洵曰：「今朝廷糊名以取人，保任以得官。」（註七）宋行舉官法，「揚其才識而任其能否，上自侍從臺諫館學，下暨錢穀兵武之職，時亦以薦舉命之。」（註八）

薦舉制度，依其需要，隨事立目。舉主資格，薦舉科目，員額與任用，亦依詔令隨時隨事而規定。詔令舉主，文官由宰相、參知政事、門下中書、尚書丞、給事中、中書舍人、御史中丞、監察御史、知雜御史、三司判官、卿監郎官、翰林學士、翰林侍講、史館、樞密直學士、直龍圖閣、諸路經略安撫使、監司郡守、提點刑獄、乃至進士及第者。省部諸郎官，亦間許二人共薦一人。武臣如三衙諸軍統帥、殿前指揮使、兩省都知等，皆有薦舉之資格。節度使、留後、觀察使，每名舉二人。防禦團練使、刺史，亦許舉一人。舉官之範圍，包括升朝官、常參官、京官、御史諫官、館閣、學官、轉運使、知州、通判、知縣、獄官、文學、幕職、令錄，以至武臣之將帥、知邊事等。薦舉之格式，有任有考。任者計其歷任官次也。考者參以考績，有六年之拘，計其資歷之殿最也。故舉狀與年勞，參酌並用。任考之數，隨事隨勢而定，而因職闕之多寡，員額亦受限制，最多不過五人。既被薦舉，授官之前，必經考試，中選以後，或授所薦之職，或進資改秩，京朝官則用以升任，蓋改秩遷資，以視舉任之有無，以定應否也。故宋代士大夫出身後，皆憑薦舉而擢升。歐陽修未顯時，杜衍推薦特厚，此其例也。然薦舉者必需負責，所舉非人，則受連坐。

建隆三年，詔常參官幷翰林學士，內有嘗佐藩郡及歷州縣官者，各保舉堪充幕職令錄一人，不必以親爲避，但條析具實以聞。當於除授制書辨其舉主，他日有所犯不如舉狀，連坐之。此爲明令薦舉之始。乾德二年，詔舉才堪通判者。監司郡守薦部吏，初無定員，有其人則薦之，故人皆謹重，不肯輕舉改官。諸州多春季選人，試判三道，考爲三等：二道全通，一道稍次而文翰俱優者爲上；一道全通，二道稍次，而文翰稍堪者為中；三道全次而文翰紕繆為下。判上者，職事官加一階，州縣官超一資；判中者依資；判下者入同類，惟黃衣人降一資。然亦有試詩賦獲選，而不試書判者。（註九）太平興國元年，詔增為四等，以三道全次文翰無取者為中下，依舊格判下之制，以三道全不通而文翰紕繆者為下，殿一選。所選官吏，並送中書門下，考其履歷。六年，令諸路轉運使下所屬州府令長吏，擇現任判司簿尉之清廉明幹者，具以名聞。當驛召引對，授以知縣之任。雍熙二年，令翰林學士兩省御史臺尚書省官，各於京官幕職州縣中，舉可升朝者一人。端拱三年，令宰相以下至御史中丞，各舉朝官一人為轉運使。四年，令內外官所保舉人有變節踰濫者，舉主自首，原其罪（免連坐）。犯贓用連坐，改他任犯贓，原舉主始不連坐。所舉之人，須析其爵里及歷任，明言治行，堪可任使者。大中祥符二年詔：各路州縣轉運使等地方官，通常年終舉官（即十二月差出者，亦須舉官，方得入辭），明言在任勞績，視為常例，以次年二月二十五日以前到京。如無人可舉，及顯有踰濫者，亦須指述，不得顧避。如有違限，委都進奏院具名以聞，當依不申考帳例科罪。在京掌事京朝官使臣，仍令中書置籍，先列被舉人名銜，次列歷任功過，及舉主姓名，薦舉度數。一本留中書，一本常以五月一日進內。明年，籍內仍計向來功過及薦舉度數。使臣即樞密院置籍。兩省、尚書省、御史臺官，凡出使回，並須採訪所至及經歷鄰近郡官治跡之善惡以聞。轉運使副，提點刑獄，知州通判到任，各將前任部內官治跡能否具報，如鄰近及經由州縣所訪聞羣官善惡，亦須同奏，先於閤門投進後，方得入見。建興元年四月，試判用流內銓奏，每道刑名全者為通，七分以下為粗，不滿三分為不。又考詞理書札之次，書於卷首：優、稍優、次、低次、紕繆凡五等。二通一粗而詞理書札俱優爲上；一通二粗，或二通一不而詞理書札並稍優爲中；三粗或二粗一不，二不一粗而詞理書札俱次、或低次、紕繆爲下；詞理無所取而刑名通書札優亦中下。其超資加階循資殿年如舊制。判中下二不一粗詞理書札低次紕繆者，注久闕官。(註一〇)

天聖元年，詔近臣舉諫官御史各一人。六年，詔審刑院舉常參官在京刑法司者爲詳議官；大理寺詳斷、刑部詳覆法直官，皆舉幕職曉法令者爲之。自請試律者須五考，有舉者乃聽試律三道，疏二道，又斷中小獄案二道，通者爲中格。時舉官擢人，不常其制，國子監闕講官，嘗詔諸路轉運使，舉經義通明者，或欲不次用人。又常詔各舉文武官。又詔磨勘遷京官者，增四考爲六考，增舉者四人爲五人，犯私罪又加一考。舉者雖多，無本道使者，亦爲不應格。宋亦以身言書判選人，其後議者以身言書判爲無益，乃罷。治平以前，薦舉遷資之制，吏部選兩任親民官，有舉主升通判；通判兩任滿，有舉主升知州軍，謂之常調。知州軍有績効，或有舉薦，而名實相副者，特擢升轉運使副判官，或提點刑獄府推判官，謂之出常調。轉運使有路分輕重遠近之差，河北陝西河東三路爲重路，歲滿多任三司使副，或發運使。發運任滿，亦充三司副使。成都路次於三重路，京東西淮南又其次，江東西荆湖兩浙又次之，二廣福建梓利夔路，則爲遠小。上述三等路分，轉運使任滿，或就移近上次等路分，或歸任省府判官，漸次擢充三路重任。提點刑獄，則不拘路分輕重除授。(註一一)

舊制，銓注有格，概括以法，法可以制平，而不可以擇材，故令內外官得薦舉。其後被舉者多，除吏愈難。神宗卽位，乃革去奏舉，而槪以定格，於是內外舉官法皆罷，但令吏部審官院參議選格。元祐初，左司諫王巖叟言：自罷辟舉而用選格，可以見功名而不可以見人才。遂復內外舉官法。司馬光奏設十科舉士：一曰行義純固可爲師表科（有官無官，人皆可舉）。二曰節操方正可備獻納科（舉有官人）。三曰智勇過人可備將帥科（舉文武有官人，此科亦許鈐轄以上武官舉）。四曰公正聰明可備監司科（舉知州以上資序）。五曰經術精通可備講讀科（有官無官，人皆可舉）。六曰學問該博可備顧問科（同經術舉人）。七曰文章典麗可備著述科（同經術舉人）。八曰善聽獄訟盡心得實科（舉有官人）。九曰善治財賦公私俱便科（舉有官人）。十曰練習法令能斷請讞科（舉有官人）。應職事官自尚書至給事中、中書舍人、諫議大夫、寄祿官自開府儀同三司至大中大夫，職自觀文殿大學士至待制，每歲須於十科內各隨所知，某人堪充某科者，共舉三人，仍具狀保任。中書置籍記之，異時有事須材，執政卽案籍視其所嘗被舉科格，隨事試之；有勞，又著之於籍。內外官闕，取嘗試有效者隨科授職。所賜告命，仍具所舉官姓名，其人任官無狀，坐以繆舉之罪。詔從之。此法舉官，以科類分，較爲有系統而簡捷可行，但施行僅八年，至紹聖元年罷。元祐雖恢復舉官法，但以地方官之濫薦，流弊最多。殿中侍御史呂陶奏言：「今日任官之弊，其輕且濫者，惟郡守爲甚也。封疆千里，生聚萬衆，休戚所繫，而不問能否，一以資格用之，爲半刺兩任，有薦者二人，則得之矣。」(註一二)重和二年，定十六路提點刑獄歲舉京官縣令額：京東西河東路京官七人，職官三人，縣令四人。成都府梓州江南東西路京官五人，職官三人，縣令四人。建利州荊湖南北廣南東西路京官四人，職官三人，縣令二人。夔州路京官三人，職官縣令各二人。宣和六年，詔察訪官舉京官職官縣令者，河東兩浙十二人，餘路十人，陞陟不限數。

建炎元年，追復舊制，於科舉之外，有文武傑特者，試而官之。紹興二十六年，置六科以舉士：一曰文章典雅，可備制誥。二曰節操公正，可備臺諫。三曰法理該通，可備刑讞。四曰節用愛民，可備理財。五曰剛方豈弟，勞績著聞，可備監司郡守。六曰知機識變，知勇絕倫，可備將帥。命侍從歲舉之，如司馬光十科舉士法。(註一三)二十九年五月，重訂舉按官吏，其舉薦者四條，曰仁惠、公直、明敏、廉謹。按察四條，曰苛酷、狡佞、昏懦、貪縱。凡應薦舉者，州舉之部使者，部使者舉之朝廷，皆籍記姓名，隨材任使。(註一四)淳熙間，爲吏三年，選人滿歲，無舉主，則再試吏部。通常罷官三月，不赴部選集者有罰。然薦舉之制，降至末流，日趨淊濫，雖禁限與格法轉多，而弊竇滋生。嘉泰初，何自然奏：「自慶元三年至六年，在外被薦者，無慮千餘人，其間或乏廉聲，而舉充廉吏；或素昧平生，而舉充所知；或不能文，而舉可備著述。至於廟堂，亦無以處之。願詔中外臣僚，自今有人則薦，無人則闕，倘所薦非人，當擇其尤者覺察以聞。」(註一五)從之，然亦未嘗有覺察者。

由薦舉而遷資者，謂之改官，過常由三人奏舉，引對便殿，然後五人保任，始得改官。如改官知大縣，奏上，天子臨前，侍郎讀臚句傳而命之，謂之再及第，由是脫吏部而登朝廷矣。蓋中銓者吏部擬官，出階者中書除官也。自天聖以前，諸路薦吏，未嘗限員，而在京臺閣及常參官，皆得薦人，舉員雖寬，條約亦簡，而改官不過數十人。慶曆以後，薦舉之制雖加密，改官之數日益增，然選人磨勘應格者猶不越旬日即得引對，未有待次者也。皇祐中，始有待次者六七十人。治平二年，積至二百五十餘人，滯留漸多。元豐著令，乃以五日引一甲，每甲引四人，蓋專以班次積滯爲慮。元祐改爲十日引一甲，每甲引三人，而吏部選人改官，歲以百人爲額。紹興沿制，未之有改。隆興之初，始以八十員爲額。乾道三年，東南改官人以百員爲額，而四川以二十人爲額，後改爲總額一百二十員。由是改官人無復有待次者。七年十月，僅有溢額者三十餘人，至明春引見，更不限年額。淳熙再定八十員爲額，員額之狹自此始，而改官應格，復流於積滯矣。(註一六)

第三節　銓選與考課

銓選者，特限於六品以下之官也。太宗時，銓選始置磨勘差遣院，(註一七)淳化三年，改爲審官院，歸吏部。文武京朝官，審官院主之。武臣內殿崇班至諸司使，樞密院主之。供奉以下，三班主之。眞宗時，京朝官四年乃得遷。天聖中，方有三年之制，而在外任者不得遷，須至京引對，乃得改秩。明道中，始許外任滿歲亦遷。熙寧三年後，典選之職，自分爲四：㈠文選二：有審官東院（前爲考課院，熙寧間改爲審官院）、流內銓（淳化四年，以幕職州縣考課院歸流內銓，命翰林學士蘇易簡領其事，自後命近臣主之）。㈡武選二：有審官西院、三班院（供奉官等初悉隸宣徽院，淳化三年，詔置三班院而改隸焉，以考殿最，多命近臣主之）。元豐定制，而後銓注之法悉歸選部，以審官東院爲尙書左選，審官西院爲尙書右選，流內銓爲侍郎左選，三班院爲侍郎右選，掌文武官選授、勳封、考課之政令，於是吏部有四選之法。文臣寄祿官自朝議大夫，職事官自大理正以下，非中書省敕授者歸尚書左選。武官升朝官自皇城使，職事官自金吾階衛仗司以下，非樞密院宣授者，歸尚書右選。自初仕至州縣幕職官歸侍郎左選，自借差監當至供奉官軍使，歸侍郎右選。（註一八）凡初入官，選人階官為七等（大致三年一等）：一曰三京府判官、留守判官、節度觀察判官（政和間改為承直郎，下同），二曰節度掌書記、觀察支使、防禦團練判官（儒林郎），三曰軍事判官、京府留守節度觀察推官（文林郎），四曰防禦團練軍事推官、軍監判官（從事郎），五曰縣令、錄事、參軍（從政郎），六曰試銜縣令，知錄事（修職郎），七曰三京軍巡判官、司理、戶曹、司戶、法曹、司法、參軍、主簿、縣尉（迪功郎）。七階選人，須三任六考，用奏薦及功賞，乃得升改。凡改官，留守兩府兩使判官、進士授太常丞，餘人太子中允。支使、掌書記、防禦團練判官、進士授太子中允，餘人著作佐郎。兩使推官、軍事判官、令錄事、參軍、進士授著作佐郎，餘人大理寺丞。初等職官、知縣、知錄事、參軍、防禦團練軍事推官、軍器監判官、進士授大理寺丞，餘人衛尉寺丞。惟判司主簿縣尉七考進士，授大理寺丞，餘人衛尉寺丞。自節度觀察判官至簿尉考不及格者遞降等。凡非登科及特旨者，年二十五方注官。初定四時參選之制，凡本屬發選解，並以四孟月十五日前到達省。政和間，專用通事（從政）、登仕（修職）、將仕（迪功）三階奏補未出官人，承直至修職須六考，迪功七考，有官保任而職司居其一，乃得磨勘。

銓試，鎖廳考試於尚書省，太祖之初，選人試判考為三等，太平興國元年，增為四等。景祐元年，盛度等上所定學士舍人院召試人等第，以文理俱高爲第一，文理俱通爲第二，文通理粗或文粗理通爲第三，分上下，文理俱粗爲第四，分上下，紕繆爲第五，凡七等。熙寧四年，定銓試之制，凡守選者歲以二月八月試斷案二或律令大義五，或議三道，後增試經義，法官同銓曹撰式考試，第爲三等，上等免選注官，優者升資，如判超格，無出身者賜之出身。科第在第五甲者（同進士出身），法當守選，必俟銓試中格，方許調官。但蜀士同出身之在東南者，可免銓試注擬。紹興二年，復文武銓試，以經義、詩賦、時議、斷案、律義爲五場，願試一場者聽。孝宗時，令吏部嚴選試之法，自是初官不得以恩例免試。（註一九）然銓試亦有舞弊，或他人代書，或假手者用薄紙書所爲文，揉成團名曰紙毬，公然貨賣。（註二〇）淳熙中，袁說友詳說響舞弊情形，上言：「試闈浸寬，乃始有以賄賂預結同試之能文者，約以酬勞之直，定以綴榜之數。復囑巡索之吏，使之場中寬其伺察，然後能者以代不能，小則口傳，大則授草，甚則易卷，此固已可嫉矣。今大不然，則又甚於此者，自數年來，專以厚賂內外囑託，異鄉無圖之士，則預謀兜攬，如罔市利。諸郡報榜之徒，則與之尋囑，有同置局。內則試題甫出、密傳於外，急如星馳；外則同謀士人，得題共作，尋復傳入。出入之路，或由金口門，或自牆穴入，或由水筒進，或雜於食物之內，或隱於瓶盎之下，姦計萬狀，未易殫舉。」（註二一）

官吏考課，太祖置審官院掌之，始復序進之制。其後立法，京朝官文臣五年，武臣七年，當遷其秩。如曾犯贓罪者，則文臣七年，武臣十年。然年數員額，各朝代不同。凡考第資歷，無過犯或有勞績者遞遷，謂之循資。端拱四年，磨勘京朝官之司曰審官院，幕職官縣官曰考課院。審官院考較京朝官功過，以定任使之升降。凡常調選人，流內銓主之。奏舉及歷任有私累官，考課院主之。查考課之任，唐代原屬之吏部，以考功郎專主之。宋初特重其事，不但委之司存，且特命清望之官，如翰林學士知制誥等同任其事，比唐制爲重矣。景德元年，令諸路轉運使，辨察所部官吏之能否，分爲三等：公勤廉幹惠及民者爲上，幹事而無廉譽，清白而無治聲者爲次，畏懦貪猥者爲下，皆以監司所第等級爲據，歸考課院。四年初，令現任京朝官及三年，方得磨勘遷官。後又令京朝官在外任滿三年，當考課者，附驛上狀。嘉祐六年，詔州縣長吏有清白不擾而實惠及民者，令本路監司保薦再任，政迹優異，當加獎擢。考績之制，舊無審定殿最格法。神宗即位，罷審官院與考課院，凡職皆有課，凡課皆責實，監司所上，守臣謂不占等者展年降資，而治狀優異者，增秩賜金帛，以璽書獎勵之。若監司以上，則命御史中丞侍御史考校。又詔立考課縣令之制，以斷獄平允，賦入不擾，均役止盜，勸課農桑，賑恤饑窮，導修水利，戶籍增衍，整治簿書爲最；而參用德義、清謹、公平、勤恪爲善。參考縣令治行，分定上中下三等，至其能否，尤殊絕者，別立優劣二等，歲上其狀，以詔賞罰。其入優劣者，賞罰尤峻。（註二二）然考課之制，每徒具虛文，弊疵百出。張方平謂：「選曹所以弊羣吏之治者，其功過之迹，始於州郡書之。而州郡所書，限於條式，徒鋪列其案文，猥及毛細之事，逮於筥釜盆盎老婦之用悉籍之，有同乎劑藥，能否之用，良惡之迹，昧昧不可得而知也。及滿歲未調，銓衡驗覈，第能駁其文字小訛，日月微舛，勘詰細故，邀賄行賂，吹毛掩瑜，去小州，入大州，解遠縣，得近縣，敍遷次補，如魚貫雁行，去此取彼，若探囊發篋，以故惡吏無所畏避，民政多至紕錯」。（註二三）此則一法立，一弊生也。南渡後，紹興二年，詔命吏部申明守令四善四最考課之法，飭監司守臣遵守。往昔州縣官以三年爲一任，權以兩年爲一任。川廣遠郡，或付於老病無能之人。江湖淮浙州郡，朝廷所重，不輕畀付。命官之輕彼重此，猥雜無狀，欲得其善最亦難矣。

第四節　館閣取士

宋以史館，昭文館，集賢院爲三館，掌理三館之職者，謂之館職，皆寓崇文院；以他官兼者，謂之貼職。館閣之職，號爲育才之要府。兩府闕人，則必取於兩制（翰林學士謂之內制，中書舍人知制誥謂之外制）；兩制闕人，則取於館閣。然則館閣者，蓋詞臣所自出，輔相養才之地也。范祖禹曰：「臣竊惟祖宗置三館秘閣，以待天下賢材，公卿侍從，皆由此出，不專爲聚書設校理校勘之職，亦非專爲校書也。」(註二四)然館閣之選，皆全國英俊，必試而後命，但亦有不試者，特殊之禮也。一經此職，地望清切，遂爲名流，太宗所謂神仙之職也。館閣之職，其高者曰集賢殿修撰，史館修撰，直龍圖閣、直昭文館、史館、集賢院、秘閣。次曰集賢秘閣校理。官卑者曰館閣校勘、史館檢討，均謂之館職。記注官闕，必於此取之。在館率論資考次遷，未有越次進用者。非經修注，不克直除知制誥。官至員外郎則任之，中外皆稱爲學士。及元豐官制行，大抵與職事官等。政和以後，其名益輕。宋室南渡，更失其故步矣。(註二五)

館閣取人有三路：一由進士高科，二由大臣薦舉而試，三由歲月酬勞。進士第三人以上及第者，並制科及第者，不問等第，出知外任一任，俾其知民事，卽召試館職，卽試詩賦各一（治平四年，試論一首，策一道）而入。進士第四第五人，經兩任亦得試。自科場改爲間歲後，第一人及第者，須兩任回方得試。自第二人至第五人更永不試。制科入第三者，亦須兩任回方得試，其餘等第，並永不試，則進士高科之入館閣者亦不易矣。兩府臣僚初拜命，各舉三兩人，上簿候館職有闕時，則於簿內點名召試。如員數無闕，則不點試。後患館職之濫，遂行釐革。被薦舉者，對舉主以師禮事之。如范仲淹以晏殊薦入館，終身以門生事之，後雖名位亞相，亦不敢少變。然因有薦舉，故奔競成風，干謁盈門。其餘歷任繁難久次，或寄任重處者，特令帶職，謂之貼職。館職自校勘以上，非特除者皆先試，唯檢討不試，初置檢討官，只作州遣未比館職故也。治平三年新制，館閣共置編校八員，選新進資淺之人，令久任而專一，校讀書籍。先作編校二年，升爲校勘。爲校勘四年，升爲校理，領職錢，始爲正館職。爲校理又一年，方罷編校，別任差遣。編校八員之內，仍每七年方遇一員之闕而補一人，以此爲取士之新格。（註二六）是年，命宰執舉館職各五人。熙寧元年，罷試詩賦，以其非所以經國治民，而更以策論。（註二七）元豐官制行，廢崇文院爲秘書監，建秘閣於其中，自監至正字，列爲職事官。罷直閣直院之名，而書庫仍在，獨以直秘閣爲貼職之首，皆不試而除，蓋時以爲恩數而已。紹興元年，初復館職試，凡預召者，學士院試時務策一道，（註二八）天子親覽焉。然是時校書多不試，而正字或試或否也。（註二九）

館職典圖籍，翰林掌制誥，班秩不同，職事亦異。自翰林學士至天章閣待制，號爲侍從之官，皆取文學極選，所以承宴間，備顧問，以論思獻納爲職。故立儲副，正宮闈，議濮園，爭新法，辨河防，論邊事，莫非侍從之臣，延辯而衆決。南渡以後，此風未泯也。紹興虜使之來，張燾、晏復、魏矼、張九成、曾開、李彌遜、梁汝嘉、樓炤、蘇符、蕭振，皆以侍從爭之。(註三〇)雖非言責，亦未嘗不因事獻言也。苟非清德美行，藹然衆譽，高文博學，獨出一時，則不得與選，是以選用至艱，員數至少。翰林學士院，由承旨學士主持。學士初入院，賜馬、鞍轡，又賜金帶（但不佩魚）及錦襖子，其班次在丞郎之上。宋之翰林，視唐尤加清重，初沿唐制爲六員，至和初爲七員，南渡後爲二三員。密旨多夜降出，草麻，五更三點進草，御批方付待詔寫。翰林學士知制誥，內制也；但稱知制誥，外制也。其云翰林學士中書舍人者，以舍人爲寄祿官，仍內制也；其但云中書舍人者外制也。翰林學士雖華選，而初無品秩，常假他官以寄祿，故學士初入，或畿縣尉，或拾遺補闕，或諸曹郎中員外郎，久之，遷中書舍人，給事中，亦有至侍郎以上者，皆食其祿而不任其職。中書舍人秩五品，爲兩省清望官，故學士敘遷，必歷此階。由學士至待制，初爲六七十員，仁宗朝以後，稍愼拜除，猶及四十餘員。夫自宋初以來，所用兩府大臣多矣，其間名臣賢相出於館閣者十常八九。其掌詞翰也多用少年。知制誥，蘇易簡二十六歲，王曾二十七歲，盧多遜、楊億、晏殊、宋綬、王拱辰皆二十八歲，夏竦三十歲。翰林學士，蘇易簡二十八歲，晏殊、王拱辰皆三十歲，楊億、錢若水皆三十三歲，宋綬三十五歲，王曾李淑皆三十六歲，盧多遜王珪皆三十八歲。因此宰輔樞密之登庸，每爲四十歲之間。是以能文章，有學問，懷才謹行，或精於一藝，或長於一事者，莫不畜之館閣而獎養之。初若不精，然所採既廣，故所得亦多。其傑然而出者，皆為賢輔相矣。其餘不至輔相而為一時之名臣者，亦不可勝數也。

第五節　出身授官

太祖之世，每歲進士不過三十人，經學五十人，重以諸侯不得奏辟，士大夫罕有資蔭，故有終身不獲一第，沒齒不得一官者。太宗臨御之後，不求備於取人。太平興國二年，思振淹滯，賜進士諸科出身者五百餘人。(註三二)進士一百零九人，甲科及第呂蒙正以下四人，授將作監丞（九品京官），其餘進士及九經授大理評事，通判諸州，又其餘皆優等注擬，凡一百三十人。薛居正等評之為取人太多，用人太驟。三年，進士七十四人，胡旦以下四人授將作監丞，餘並為評事，充通判及監當。五年，一百二十一人，蘇易簡以下二十三人，皆授將作監丞通判。八年，二百三十九人，自第一甲王世則以下十八人，授評事知縣，餘授判司簿尉。未幾，世則等移通判簿尉，改知令簿。明年，並遷守評事。雍熙二年，二百五十八人，自梁顥以下二十一人，纔得節察推官。端拱元年，二十八人，自程宿以下，但權知諸縣簿尉。二年，一百八十六人，陳堯叟曾會至得光祿丞直史館，而第三人姚揆但得防禦推官。淳化三年，三百五十三人，孫何以下，二人授將作監丞，二人授評事，第五人以下，皆吏部注擬。咸平元年，孫僅但得防禦推官。二年，孫暨以下，但免選注官。蓋此兩榜，眞宗在諒闇，禮部所放，故殺其禮。洎至三年，陳堯咨登第，然後六人授將作監丞，四十二人評事；第二甲一百三十四人，授節度推官軍事判官；第三甲八十人，授防團軍事推官。(註三二)嘉祐四年，制科入第三等，與進士第一，除大理評事、簽書兩使幕職官，代還升通判，再任滿試館職（前此前三名皆爲通判）；制科入第四等，與進士第二第三，除兩使幕職官，代還改次等京官；其餘以次減降。王安石爲政，又殺其法，恩數遂削。凡此出身即授官，稱爲恩數，而歷科出身授官之崇卑，實無定例也。

紹興二年，高宗親試舉人於行都，賜進士李易以下四百五十餘人，第一人授左宣教郎，第二第三人授左宣義郎，餘推恩有差。特奏名第一人附第二甲入五等者，亦予調官川陝河北京東，正奏名不赴者一百零三人，即家賜第，皆受特恩也。三十二年，趙雄冠類試，明年隆興元年賜第視第三名恩例，初任文林郎，潼川府節度推官，任滿改宣教郎，免召試除秘書省正字，自是以爲例。又隆興元年，御試第一人，授承事郎簽書諸州節度判官；第二第三人，文林郎兩使職官；第四第五人，從事郎初等職官；第六人至第四甲，並迪功郎諸州司戶簿尉；第五甲守選。乾道二年御試，始推登極恩，第一名授宣義郎，第二名與第一名恩例，第三名承事郎。(註三三)

宋代務空文而忘實事，其用人之弊有二：一、唐代進士，必須經吏部試及第，方得釋褐；宋代進士釋褐，不試吏部，即可得官。二、獻文得旨，召試除官。(註三四)故宋代進士出身，較唐代爲易也。宋代進士授官，即除外補。唐代明經進士，初除不過縣尉；宋代進士，初除入望州判司，次畿簿尉。(註三五)開寶八年，王嗣宗爲狀元，止授秦州司理參軍。太平興國以後，始授將作監丞、大理評事、通判諸州，當時以爲異數。(註三六)然職甚微，多爲綠衣新尉，雖寬於取而用甚嚴，出身易而入官難也。

進士外補，出爲小吏，任滿還，召試學士院或試舍人院，而命以官。但寇準王曾特試於政事堂，授秘書省著作郎。故士人入仕者，其終身進退之決定，在乎召見改官之日。知縣滿任後，往往自動申請召試，可見其重視。南宋時，登科初第之人，授以學官或親民之官，職卑階微，蓋俾其學術之進修及從政之練習也。紹興二十四年，張孝祥授承事郎特差簽書鎮東軍節度判官，其勅誥云：「勅賜進士及第張孝祥。朕勅天之命，夙夜祗懼。茲親策多士於庭，爾以正對，發明師友淵源之義，深契朕心。擢冠羣英，僉言惟允；授爾京秩，贊畫輔藩，此我朝待掄魁彝典也。往欽初命，益務培養，器業將於此乎覿。可補承事郎特差簽書鎮東軍節度判官廳公事。奉勅如右，牒到奉行。紹興二十四年十一月十日。」（註三七）二十七年，王十朋差紹興府僉判，其自詠亦云：「親擢深蒙聖主恩，宜知民事訓詞溫。仰惟睿意思邦本，要使書生識治原。不憚勤勞馳禹會，敢忘精白奉堯言。它時上問蒼生事，願竭孤忠慷慨論。」（註三八）洪适且釋其例曰：「臣伏覩現行條制，初改官人，惟有出身，許授學官，其餘必須注授知縣，親民差遣。蓋慮仕進之人，不歷州縣，它時除用，不能通曉民事。此萬世不易之良法也。」（註三九）

至於公族，往往亦由科舉顯用，各能以術業自見。高宗有詔，公族止許任從官，不許爲執政。但紹熙慶元初，因汝愚彥逾有定策功，是以權宜行之。宰執子弟，例不堂除，止就銓注，罷政不以爲罪，然後推恩。自蔡京以後亂其法，堂除者爲宰相之大權，不歸銓部。其後宰相子，止授九品京官，遂爲定制。凡任子若同進士出身之人，要參加銓試。其任子之在蜀者，舊法令益梓兩路漕司，輪年分春秋銓試。乾道二年，委制置司主之，後又降勅差監試考試官。故事，春秋再試，十人而取七。乾道二年後，止春試，二人而取一。(註四〇)

馬永卿言：「本朝取士之路多矣，得人之盛，無如進士，蓋有一榜得宰相數人者，古無有也。太平興國五年，蘇易簡下李沆、何敏中、寇準、王旦。咸平五年，王曾下王隨、章得象。淳化三年，孫何下丁謂、王欽若、張士遜。慶曆三年，楊寘下王珪、韓絳、王安石、呂公著、韓縝、蘇頌。元豐八年，焦蹈下白時中、鄭居中、劉正夫。其餘名臣不可勝數，此進士得人之明效大驗。」(註四一)自太平興國以來，以科舉羅天下士，士之策名前列者，或不十年而至公輔，呂蒙正張齊賢之徒是也。及嘉祐以前，亦指日在清顯。自太平興國二年至天聖八年二十三榜，由呂蒙正而下大用者二十七人，而三人並登兩府，惟天聖五年一榜而已，王堯臣第一，宰相韓琦第二，參知政事趙槩第三也。自景祐元年以後至治平三年，三十餘年十二榜，五人以上未有一人登兩府。(註四二)咸平五年，陳恕知貢舉，選士最精，所解七十二人，而及第者三十八人，得宰相三人，王曾、王隨、章得象，參知政事韓億，侍讀學士李仲容，御史中丞王臻，知制誥陳知微。(註四三)天聖二年初榜，宋郊、葉清臣、鄭戩、高若訥、曾公亮五人連名，二宰相，二執政，一三司使。五年第二榜，王堯臣、韓琦、趙槩連名。八年第三榜，王拱辰、劉沆、孫抃連名。慶曆二年楊寘榜，寘不幸早逝，王珪、韓絳、王安石連名，第一甲連出三宰相。嘉祐四年劉煇榜，煇不顯，胡宗愈、安燾、劉摯、章惇連名，其盛如此。治平以後，第一人作侍從，蓋可數矣。(註四四)蘇軾謂：「觀進士登科錄，自天聖初，迄於嘉祐之末，凡四千五百一十有七人，其貴且賢以名聞於世者，蓋不可勝數。數其上之三人，凡三十有九，而不至於公卿者，五人而已，可謂盛矣。」(註四五)又進士自鄉舉至廷試皆第一者纔三人，王曾宋庠為名宰相，馮京為名執政，風節相映，亦不愧其科名也。

第六節　官　俸

宋初，士大夫俸入甚微薄，尉月給錢三貫五百七十而已，縣令不滿十貫，而三分之二又復折支茶鹽酒等，所入無幾。所幸物價甚廉，粗給家計，未至凍餒，然艱窘甚矣。景德三年詔：「赤畿知縣，已令擇人，俸給宜優。自今兩赤縣月支現錢二十五貫，米麥共七斛。畿縣七千戶以上，朝官二十貫六斛，京官二十貫五斛；五千戶以上，朝官二十貫五斛，京官十八貫四斛；三千戶以上，朝官十八貫，京官十五貫，米麥四斛；三千戶以下，京官十二貫，米麥三斛。」(註四六)其他小官，俸給甚微。蘇洵年七十，試校書郎，謂以家貧無貲，得六七千錢，誠不足以贍養。(註四七)皇祐間，黃庭堅之父亞夫，所撰伐檀集自序云：「歷佐一府三州幕，皆為從事，月廩於官，粟麥常兩斛，錢常七千。」(註四八)其後初任縣尉者，俸給至五貫九百五十，但生活仍艱苦。至熙寧中，始略增俸祿，縣令錄事等官，兩石者增至三石，三石者增至四石。

京朝官俸祿：宰相、樞密使月支俸錢三百貫，春冬服各綾二十匹，絹三十匹，綿百兩。參知政事、樞密副使、三司使，月支二百貫，綾十匹，絹三十匹，綿五十兩，使相之屬，俸給至優，節度四百貫，節度觀察留後三百貫，觀察二百貫。三師、三公、觀文、資政、翰林學士一百二十貫，東宮三少、御史大夫、尚書六十貫，門下、中書侍郎、尚書左右丞、御史中丞五十貫，給事中、中書舍人、國子祭酒四十五貫，諫議大夫四十貫。綾絹亦隨品分給。武臣俸給較低，六軍統軍一百貫，諸衛上將軍六十貫，殿前指揮使三十貫，馬步軍指揮使十五貫。凡俸錢，並支一分現錢，二分折支（景德四年，詔月俸折支，京師每貫給實錢六百，在外四百，願給他物者聽）。其祿粟，宰相、參知政事、樞密使、節度、觀察、留後月支一百石（凡一石給六斗，米麥各半），但使相二百石，三公、三少、節度使一百五十石，三司使七十石。其下以是為差。京師吏人素無常祿，唯以受賄為生，往往有致富者。熙寧三年，始制吏祿而設重法，以絕請託之弊。是歲京師諸司歲支吏祿錢三千八百三十四貫二百五十四文，歲歲增廣，至八年，三十七萬一千五百三十三貫一百七十八文，自後增減無常，皆不過此數。（註四九）元豐新官制，職事官有職錢，以寄祿官高下分行守試三等支給（如六曹尚書行六十貫，守五十五貫，試五十貫）。大率官以嘉祐祿令為準，而在京官司供給之數，皆併為職錢，如大夫為郎官，既請大夫俸，又給郎官職錢，視嘉祐為優矣。（註五〇）至崇寧間，蔡京當國，復增給食料等錢，朝官每有兼俸，視元豐祿制更倍增矣。料錢可以預借，元祐中，孫覺奏云：「臣備員吏部，每見一闕，出爭者至一二十人，雖烟瘴地亦不辭。嘗訪其故，以授遠闕，例得先借料錢，遠者三月，得四十餘千故也。」文武官年七十以上求退者許致仕，但士大夫有既死而方乞致仕者。真宗時，始詔致仕官特給一半俸，以示優賢養老之意，仍非得旨者不與，遵唐制也。其後為定制，致仕者更例給其半矣。

執政每員月支廚錢三十五貫，樞密院歲賜添廚錢一千七百貫。自元祐三年後，冗費漸廣，而廚吏數增，物價有漲至一倍以上者，用度寖多，遂探請支給。元符元年九月，詔不得探請，仍令量入爲出。此外，又有元隨傔人衣糧（在京任宰相樞密使，在外任使相至刺史，皆有隨身，餘止傔人）。宰相樞密使各七十人，參知政事至尙書左右丞各五十人，節度使百人，留後及觀察使五十人，其下以是爲差。衣糧之外，又有傔人餐錢（宰相樞密使及正刺史以上，傔人皆有衣糧，餘止給餐錢），朝官自二十貫至五貫，凡七等；京官自十五貫至三貫，凡八等。諸司使副等官凡九等。其餘又有茶酒廚料之給，薪蒿炭鹽諸物之給，飼馬芻粟之給，米麵羊口之給。配給之外，又有職田之制，南京大藩府四十頃，次藩鎭三十五頃，防團以下，各按品級爲差。選人使臣無職田者，別有茶湯錢。建炎南渡，以兵興，宰執請俸錢祿米，權支三分之一。開禧用兵，朝臣亦請損半支給，皆一時權宜，後仍復舊制。故宋朝制祿，可謂厚矣。然給賜過優，究於國計易耗，恩逮於百官者，惟恐其不足；財取於萬民者，不留其有餘，故宋代財政，常感窘絀而無法解決也。（註五一）

制祿之外，又時有恩賞。李沆病，賜銀五千兩。王旦、馮拯、王欽若之卒，亦皆賜銀五千兩。此以宰執大臣也。雷有終平蜀有功，特給廉鎭公用錢二千貫；既歿，宿負千萬，官爲償之。此以功臣也。戴興爲定國軍節度使，賜銀萬兩，歲加給千萬。王漢忠出知襄州，常俸外，增歲給錢二百萬。此以藩鎭大臣也。若李符爲三司使，賜銀三千兩。李沆、宋湜、王化基初入爲右補闕，即各賜錢三百萬。湜知制誥，又賜銀五百兩，錢五十萬。楊徽之遷侍御史，賜錢三十萬。魏廷式爲轉運使，賜銀五十萬。宋搏為國子博士，賜錢三十萬。班僅庶僚，非有殊績，亦被橫賜。甚至魏龔因溫州進瑞木作賦以獻，遂賜銀二千兩，毋亦太濫矣。仁宗崩，遺賜大臣各值百萬。南渡後，因幅員狹而賦稅少，恩賞之頒亦稍減。如吳玠卒，賜錢三十萬；蜀將郭浩楊政各賜田五十頃；魏勝戰死，賜銀千兩，絹千匹，宅一區，田百頃；吳璘卒，賜銀千兩，皆其例也。(註五二)

發給有類於辦公費者，京朝官曰職錢；官於外者曰公用錢；在州縣供應者曰公使錢。職錢由官司供給。公用錢，自節度使兼使相以下二萬貫至七千貫，凡四等。節度觀察留後，五千貫至二千貫，凡四等。京師宮觀、崇文院、御史臺、大理寺、刑部、舍人院、太常寺、秘閣、三班院、審刑院等，皆有月給，每給三十貫，用罄續給，不限年月。其餘文武常參官、內職知州者，歲給五貫至百貫，凡十三等。各州亦稱公使錢，為士大夫出入及使命往還，有行役之勞，故令郡國饋以酒食，或加宴勞，蓋養賢之禮也。仁宗時，朝旨下陝西省罷同、解、乾、耀等九州軍公使錢共一千八百貫，略可推知其數。又文武羣臣奉使於外，藩郡入朝，皆往來備饔餼。京府按事畿內，幕職州縣出境，比較錢穀，覆按刑獄，並給券以作路費。其赴任川陝者給驛券。赴福建、廣南者，所過給倉券。入本路給驛券，皆至任則止。(註五三)

【注釋】

(註一) 文獻通考，卷三十九，選舉十二。

(註二) 司馬文正公傳家集，卷三十七，乞令選人試經義上殿劄子，治平二年。

（註三）文獻通考，卷三十四，選舉七。葉適曰：「自員郎致仕，即得蔭補。自大中大夫待制以上，蔭補得京官。故一人入仕，世官無窮。員郎爲常調之官，亦得任其子弟，故其義不當而恩不稱也。京官者，朝廷之所貴重，使天下士大夫更六七考用舉主五六人而後得之。今蔭補得京官，所謂重於彼而不惜於此，輕重彼此不相應也」。（水心先生文集，卷三，奏議，任子）。

（註四）宋史，卷一五九，志第一一二，選舉五，銓法下，流外補。文獻通考，卷三十五，選舉八。

（註五）文獻通考，卷三十五，選舉八。

（註六）歷代名臣奏議，卷一六八，選舉。

（註七）嘉祐集，卷十二，上韓丞相書。

（註八）宋史，卷一六〇，志第一一三，選舉六，保任。

（註九）開寶中，太子賓客邊光範掌選，太廟齋郎李宗訥赴吏部銓，光範見其年少，意未能屬辭，語之曰：「苟授筆成六韻，雖不試書判，可入等矣。」宗訥曰：「非唯學詩，亦嘗留心詞賦。」即試詩賦二首，數刻而就，甚嘉賞之。翌日，擬授秘書省正字。（容齋隨筆，四筆，卷十三，科舉之弊不可革。）

（註十）續資治通鑑長編，卷九十八。

（註十一）容齋隨筆，四筆，卷二，文潞公奏除改官判。

（註十二）歷代名臣奏議，卷一六八，選舉。

（註十三）建炎以來繫年要錄，卷一七二，四月條。

（註十四）續資治通鑑，卷一三二。

（註十五）建炎以來朝野雜記，甲集，卷六，何自然論薦舉。

（註十六）鶴山先生大全文集，卷二十三，論四川改官人積滯劄子。

（註十七）太平興國六年，詔應京朝官除兩省御史臺，自少卿監以下，奉使從政於外受代而歸者，並令中書舍人郭贄，膳部郎中兼御史知雜事滕中正、戶部郎中雷德驤同考校勞績，品量材器，與中書所下闕員類能擬定，引對而授之，謂之差遣院。（續資治通鑑長編，卷二十二，九月條。）

（註十八）文獻通考，卷五十二，職官六。

（註十九）宋史，卷一五八，志第一一一，選舉四。

（註二十）宋朝燕翼詒謀錄，卷一。

（註二十一）歷代名臣奏議，卷一六九，選舉。

（註二十二）文獻通考，卷三十九，選舉十二。

（註二十三）欒全集，卷九，芻蕘論，考功之法。

（註二十四）續資治通鑑長編，卷四六五，元祐六年閏八月條。

（註二十五）容齋隨筆，卷十六，館職名存。

（註二十六）歐陽文忠公集，奏議集，卷十八，又論館閣取士劄子，治平三年。

（註二十七）李清臣以歐陽修薦爲館閣，神宗試之，內出孟子爲政本農桑論，並學士院所策。

（註二十八）汪藻擬試館職策題一首，可窺其例：「問：王者之有天下，一曰創業，二曰守文，三曰中興，而議者以守文爲易，創業次之，中興爲難。周之宣王，漢之光武，晉之元帝，唐之肅代，皆中興之君也。其一時所用豪傑，國家恃以爲廢興存亡者，蓋粲然於今有不可揜者矣。宣王所用者仲山甫，光武所任者鄧禹，元帝所任者王導，而肅代無聞焉。然卒復舊物，與周漢並隆，而元帝立國之基，顧反不及之者何也？或謂唐所以中興者，李光弼郭子儀之功，然是二臣者，皆武夫提兵，未嘗得預廟謨之勝者也，亦可與仲山甫鄧禹王導比耶？光武之諸將，未必皆爲李郭下者，而後世以再造漢室，禹爲武勳，觀禹暮年威望不少損矣，而耿賈吳祭之徒，卒不敢與之齒者，豈有說乎？主上系隆大統，求賢如不及，將屈羣策復中原，凡在朝廷者於康濟之畫，所當講求而獻。敢問四代之君，任人之方，與其將相救時之術，孰得孰失？孰可以爲法於今？孰於當時有遺恨而可爲後世鑒者？願悉著於篇，毋隱」。（浮溪集，卷十七）。

（註二十九）宋史，卷一五六，志第一〇九，選舉二。

（註三十）鶴山先生大全文集，卷十八，應詔封事。

（註三十一）石林燕語謂是年進士特取一百零九人，自是連放五榜，共取八百零一人。（卷五）

（註三十二）容齋隨筆，續筆，卷十三，科舉恩數。

（註三十三）宋史，卷一五六，志第一〇九，選舉二。

（註三十四）日知錄，卷十七，出身授官。仁宗朝，祥符人張洞，以布衣求上方略，因得召試舍人院，擢試將作監主簿。尋舉進士中第，調漣水軍判官。（雞肋集，卷六十二，張洞傳）。

（註三十五）宋史，卷一五八，志第一一一，選舉四。

（註三十六）文獻通考，卷三十，選舉三。

（註三十七）于湖居士文集，附錄，初補承事郎授鎭東簽判誥。

（註三十八）梅溪王先生文集，後集卷二，民事堂。

（註三十九）盤州文集，卷四十七，繳李迥差遣劄子。

（註四　十）建炎以來朝野雜記，甲集卷十三，初出官人銓試。

（註四十一）嬾眞子，卷三，進士得人之盛。

（註四十二）歐陽文忠公集，歸田錄，卷一。

（註四十三）同上書，卷二。

（註四十四）容齋隨筆，卷九，高科得人。石林燕語亦謂：「本朝以科擧取士，得人爲最盛。宰相同在第一甲者，王文正牓王文忠，宋莒公牓曾魯公，王伯庸牓韓魏公、文潞公，劉煇牓劉莘老、章子厚，葉祖洽牓蔡魯公、趙正夫。惟楊寘榜王禹玉、韓子華、王荆公三人，皆又連名，前世未有也。」（卷三）

（註四十五）蘇東坡集，卷二十四，送章子平詩叙。

（註四十六）宋朝燕翼詒謀錄，卷二。

（註四十七）嘉祐集，卷十二，上韓丞相書。

（註四十八）容齋隨筆，四筆，卷七，小官受俸。

（註四十九）皇朝類苑，卷二十七，吏祿。

（註五　十）宋史，卷一七一，志第一二四，職官十一，奉祿制上。

（註五十一）廿二史劄記，卷二十五，宋制祿之厚。
（註五十二）同上書，同卷，宋恩賞之厚。
（註五十三）宋史，卷一七二，志第一二五，職官十二，給券。

第四章　教育家及其教育理論

兩宋教育名家，風起雲湧，比唐代爲盛。良以北宋自慶曆而後，士氣昂揚，經學復興，文風勃發。其間雖有朋黨紛爭，政治影響於學術，或明或晦，變幻不常，但經黨爭磨折之餘，士人之有學養、有志氣、有主張者，實繁有徒。此落彼起，如波浪相推，文苑連袂，師儒輩出。而在同一時期，主領哲學思想之道學，已萌芽於濂溪，茁壯於河洛，結聚生徒，專以講學修養爲事，因而產生教育家特多，教育理論亦刻意講求。且此種教育理論，乃由儒學中別開生面緊隨道學之發展，而構成一種新思潮——空談心性之教育。亘浸細湍，殊途同歸。南宋山林講學，壁壘相對，各守師承，事例最顯。有此兩大主流，開啓宋代教育之聲華，而茹苦清高之教育家，其所以盛於唐代者亦在此也。

宋代教育家，析言之，除講求實際生活之胡瑗及注重教育政策之王安石外，其餘殆皆爲道學家。此派人物，爲學在致知窮理，修養則居敬力行，教導有方，讀書有法，而存誠去欲，學爲聖人。理論雖略嫌空泛，但對教育思想，亦能尋繹其系統而創立其規模者也。

第一節　胡　瑗

胡瑗，字翼之，泰州如皐人。父訥，爲寧海節度推官，隨任生於泰州寧海鄉。七歲，善屬文，十三歲，通五經，即以聖賢自期許。鄰父見而異之，謂其父曰：「此子乃偉器，非常兒也。」家貧無以自給，北往泰山（在今泰山南麓棲眞觀），與孫復石介同學，攻苦食淡，終夜不寢。肄業凡十年不歸，得家書，見上有平安二字，即投之澗中，不復展，恐擾心也，其勤奮求學精神類此。平生未應科舉，學成後，由范仲淹推薦，白衣出身，在外歷充推官、教授，在內任光祿寺丞、國子監直講、大理寺丞、天章閣侍講，仍專管勾太學。旣而疾作，以太常博士致仕。東歸之日，諸生與朝士祖餞東門外，時以爲榮。及卒（年六十七），集賢校理錢公輔，率太學諸生百餘人，即佛舍爲位哭，又自陳師喪，給假二日。所著有易書、中庸議、景祐樂議。以其世居安定，故學者稱爲安定先生。

教育生活　安定先生一生精神，完全寄托於教育事業。其最大之成就，而爲北宋教育之先驅，蓋在其對教育有專業精神，創實際之教法，培養優良之學風，洵爲名副其實之教育家也。其教育生活，可分爲三個時期：㈠學成南歸，時年四十餘，以經術教授吳中，范仲淹知蘇州，愛而敬之，薦爲蘇州州學教授，諸子從學焉。㈡滕宗諒知湖州，又薦其爲湖州教授。在蘇湖二州，教授凡二十餘年，學生從遊者嘗數百人，此爲其從事教學生活最長之時期，亦爲其教育事業成功——所謂湖州教法知名於全國之時期。㈢皇祐中，因興作樂事，驛召與阮逸同太常官議於秘閣，授光祿寺丞、國子監直講，至嘉祐初，仍專管勾太學，以迄於致仕。當掌教太學時，四方學子負笈歸之，至庠序不能容，旁拓軍居以增廣收容之。是時禮部所得士，安定弟子，十常居四五，眞風靡一時。其及門高弟，有程頤、范純祐、范純仁、徐積、滕元發、顧臨、錢藻、孫覺、錢公輔等。熙寧二年，神宗問胡瑗與王安石孰優，其湖學時高弟劉彝對曰：「國家累朝取士，不以體用爲本，而尙聲律浮華之詞，是以風俗偸薄。臣師當寶元明道之間，尤病其失，遂以明體達用之學授諸生。夙夜勤瘁，二十餘年，專切學校，始於蘇湖，終於太學，出其門者，無慮數千百人。故今學者明夫聖人體用，以爲政敎之本，皆臣師之功，非安石比也。」此語不啻爲安定先生畢生敎育事業之定評。出其門者，除在朝知名之士外，「其在外明體達用之學，敎於四方之民者，殆數十輩。其餘政事文學，粗出於人者，不可勝數。」（註一）此可見其敎學造就之大也。

敎育要旨　安定先生是一位敎育實行家，注重實踐，不徒託空言，故關於敎育理論，遺留者少。其敎育宗旨，在明體達用四字。道德仁義禮樂歷世不變者其體也；舉而措之天下，能潤澤斯民，歸於皇極者其用也。至於詩書史傳子集，乃垂法後世之文。故學者必須體認聖人之道，即講明道德仁義之體，身體力行，而達之實用，方爲有用之學也。朱熹謂：「論安定，規模雖少疏，然卻廣大着實，」（註二）其此之謂歟？

敎學法　安定先生畢生敎育事業中，其最特色者爲敎學法。此敎學法包括訓練與授業。訓練方面，採取嚴格訓練主義，徐積初見，頭容少偏，先生厲聲曰：「頭容直！」薛季宣嘗謂：「翼之先生所以敎人，得於古之灑掃應對進退。」此每以基本生活習慣及人生日用事情，注意敎導諸生，與敎育即生活之旨相近。平生以昌明儒學爲已任，遇事以身表率，起居飲食絲毫不苟，雖盛暑必公服坐朝堂，嚴師弟子之禮。然此種訓練，非機械雕琢，而是人格感化，「先生在學時，每公私試罷，掌儀率諸生會於首善堂，合雅樂歌詩，至夜乃散。諸齋亦自歌詩奏樂，琴瑟之聲徹於外。」平日視諸生如子弟，諸生亦敬之如父兄，師生間精神統照，流露極濃厚之感情。故程頤嘗語人曰：「凡從安定先生學者，其醇厚和易之氣，一望可知。」諸生容止往往相類，人遇之雖不識，皆知其爲瑗弟子，蓋受其人格感化之效也。授業方面，採取分科制，分科目爲經義，治事兩齋。凡學生之心性疏通，有器局可任大事者，卽入經義齋，使講明六經。其入治事齋者，又分許多科目，如治民科、講武科、堰水科、算曆科等。凡入治事齋之學生，至少學習兩科，卽以一科爲主，一科爲輔。經義齋是培養治術人才；治事齋是訓練技術人才，如治民以安其生，講武以禦寇，堰水以利田，算曆以明數是也。學生應入何齋何科，一半由先生指定，一半由學生自擇。其他教學科條，纖悉具備。此種教學法，具有科學精神，而分科教授，培養實學，在當時實爲創舉，爲後代實學派所師法。此法一行，馳名遐邇，故慶曆興學時，乃取其法，頒佈於太學，作爲法令。及其掌管太學，亦按照學生個性或才能分組教習。首先甄別人物，好尚經術者，好談兵戰者，好文藝者，好尚節義者，使之分組講習。而先生亦隨時召集討論，使各述所學，先生勾以大義；或自己提出問題，使各人解答，先生從旁評判得失；或由先生將當時政事提出，使諸生折衷。（註三）此種教法，最能啓發心智，故人人興趣濃厚，皆樂於聽從，教學遂大著成效焉。

安定學侶　與安定先生同學而學術齊名者有孫復石介。孫氏字明復，晉州平陽人，進士不第，退居泰山，學春秋，並聚徒講學，故弟子稱爲泰山先生。全祖望曰：「宋世學術之盛，安定泰山爲之先河。程朱二先生皆以爲然。安定沉潛，泰山高明；安定篤實，泰山剛健，各得其性稟之所近，要其力肩斯道之傳則一也。」（註四）孫氏由范仲淹、富弼及趙槩等言，曾兩度爲國子監直講，顧難受政途風波，卒辭歸，度其終身講學之生活。在泰山之南，築學舍講堂，藏書滿屋，取名泰山書院，聚徒著書，種竹樹桑，維持其淸淡生活。其教育目的，在講明周孔之道以爲世用，故以治經爲教，嘗曰：「文者道之用也，道者教之本也。」（註五）當時石介蜚聲山左，自介而下，躬執弟子之禮，師事之，尊其學統，上宗周孔，下擬韓孟也。介，字守道，奉符人，第進士，歷鄆州南京推官，篤學有志向，樂善疾惡，喜聲名，遇事奮然敢爲。以論赦書，罷爲鎭南掌書記，代父丙遠官爲嘉州軍事判官，後丁父母艱，躬耕徂徠山下，以易教授其徒，嚴氣正性，魯人稱爲徂徠先生。入爲國子監直講，學子從之者甚衆，太學由此益盛。杜衍韓琦薦爲太子中允，直集賢院。後以政潮險惡，不自安，求出通判濮州，未赴卒。黃東發曰：「宋興八十年，安定胡先生，泰山孫先生，徂徠石先生，始以師道明正學，繼而濂洛興矣。故本朝理學雖至伊洛而精，實自三先生而始。」（註六）宋初講學名儒，南爲安定，北爲泰山，皆倡明聖學，嚴立師道，聚徒講授，自成學統，譽之爲宋代教育家之先驅，誰曰不宜？

第二節　周敦頤（一〇一七—一〇七三）

周敦頤，字茂叔，道州營道縣人。父輔成，爲賀州桂嶺縣令。少孤，養於舅氏龍圖閣大學士鄭向家。康定元年，向奏授洪州分寧縣主簿，明於決獄。慶曆四年，部使者薦爲南安軍司理參軍。皇祐二年，移郴州桂陽令，治績尤著。至和元年，用薦者言，改大理寺丞，知南昌縣，歷合州判官事，通判虔州，受知於部使者趙抃，移判永州，又權知邵州。熙寧元年，權廣東轉運判官，提點本路刑獄，以洗寃澤物為已任。旋以疾乞知南康軍，因家廬山蓮花峯下，前有溪，築書堂其上，取營道故居濂溪名之，故學者稱為濂溪先生。(註七)周子品格高超，涵養和煦，而學問精深，高明純正。黃庭堅曰：「先生胸懷灑落，如光風霽月。……短於取名，而銳於求志；薄於徼福，而厚於得民。菲於奉身，而燕及煢嫠；陋於希世，而尚友千古。」(註八)一行作吏，前後殆經二十年，對於教育事業，雖未有長期之從事，惟宦跡所至，必提倡學校，講論經術，是官吏而兼教育家。故作官於廣東時，師儒風範，遺留不衰。平生著作有太極圖說二百五十言，通書四十篇。通書是發明太極圖說之原理，教育思想亦蘊於其中，乃其傳道之書也。及門弟子比安定先生為少，但程顥昆季，少從其受業。開宋代教育之先河者雖推安定泰山二人，而啓宋代道學之宗傳者，要以周子為首功。周子謂養心莫善於寡欲。(註九)恒喜與方外交遊，故襟懷飄灑，雅有高趣。平生愛蓮花，愛山水，愛自然現象，所謂「風月無邊，庭草交翠，」略帶仙風道氣，此為遊心於自然之教育家。程顥謂：「自見周茂叔後，吟風弄月以歸，有吾與點也之意，」(註一〇)亦可見周子教人之風度。

教育目的　周子認為宇宙本體原無善惡，是一純粹至善之物，其形之於概念，則稱為誠。人類之性命，是從此純粹至善之本體所產生，平時寂然不動，但生氣充滿，一遇感觸，自能通曉。當感受外界刺激後，動作將生未生之際，心理所起一種狀態——動機，名之曰幾，所謂「動而未形有無之間者幾也。」（註一一）後天之性所有善惡，皆由此將動未動之動機生出。動機所以能生出善惡，是由感受外界各種刺激時，動而不得其當之結果。動而得其當曰道；動而不得其當，於是有「剛柔善惡」之性表現。凡剛善，柔善及惡，皆爲不正之性。唯有中和之性，方能中節，而爲天下之達道，然後可以進於誠。但欲求達到中和之性，在於動機發生時，不要亂動，而要愼動。（註一二）欲求愼動，莫如主靜，從靜中養心以去欲，然後可以得其中正。去欲之極致在於無欲，心中一到無欲之境界，當其靜時是虛，虛則自明；當其動時是直，直則自公。（註一三）公以溥則不私，明以通則無疑。（註一四）於是性情所至，全是天理，而近於純粹至善。純粹至善，卽恢復原來本性，卽誠卽聖，人格於是完成。

周子抱負「志伊尹之所志，學顏子之所學。」伊尹志在行聖人之道，顏子志在明聖人之道，能明能行，「過則聖，及則賢，不及則亦不失於令名。」（註一五）故教育目的，卽在敎人學爲聖人。欲學爲聖人，一方面要明聖人之道，一方面要行聖人之道。聖之本體是誠，聖人之道，卽是仁義中正。（註一六）故立人之本，要以誠爲始；爲人之道，要行乎仁義中正也。

教育方法　教育之目的，旣在學爲聖人，但品性不齊，智愚有別，何以能使心中純一而至於誠？周子指出其方法：第一，在思考。誠之動處是思，思之覺處是幾。在動機發生之先，必動於思考，使感而知幾，知幾故通微，通微故無不通。「洪範曰：思曰睿，睿作聖。無思本也，思通用也。幾動於彼，誠動於此。無思而無不通爲聖人。不思則不能通微；不睿則不能無不通。是則無不通生於通微，通微生於思。故思者聖功之本，而吉凶之幾也。」（註一七）第二，在實踐。實踐者行也，而行之要義，則在務實。「實勝，善也。名勝，耻也。故君子進德修業，孳孳不息，務實勝也。德業有未著，則恐恐然畏人之知，遠耻也。小人則僞而已，故君子日休，小人日憂。」(註一八)第三，在求師。剛柔善惡之性，唯有師能達其中。「故先覺覺後覺，暗者求於明，而師道立矣。師道立，則善人多；善人多則朝廷正而天下治矣。」(註一九)周子且認爲如欲身有道義，非求師教不可，故曰：「人生而蒙，長無師友則愚，是道義由師友有之，而得貴且尊。」(註二〇)

第三節　王安石

王安石，字介甫，撫州臨川人。父益，都官員外郎。安石少好讀書，一過目，終身不忘。其屬文，動筆如飛，初若不經意，旣成，見者皆服其精妙，友生曾鞏携以示歐陽修，修爲之延譽。擢進士第，簽書淮南判官。秩滿，不試館職而調知鄞縣，有政聲，通判舒州。宰相文彥博，薦其恬退，乞不次進用，以激奔競之風。後由歐陽修薦爲諫官，辭不就；修又言於朝，用爲羣牧判官。請知常州，移提點江東刑獄。入爲度支判官，時爲嘉祐三年。俄直集賢院，知制誥，名震京師。以論舍人院無得申請除改文字事，語侵執政，與之忤，以母憂去，終英宗世召不起。神宗卽位，藉韓維之揄揚，知其賢，命知江寧府，數月，召爲翰林學士兼侍講。熙寧元年四月，造朝入對勸帝當法堯舜。二年拜參知政事，命與知樞密院事陳升之同領主持三司條例司。三年，拜同中書門下平章事。但其實施新政，爲舊黨反對，朝議紛然。七年罷相，出知江寧府。八年，復拜相，政局未寧，復以呂惠卿故，九年屢謝病求去，罷相，出判江寧府。明年封舒國公。元豐二年封荆國公。元祐元年卒。安石好治學，肯研究，不好華腴，自奉至儉，而性情固執，意志堅強，但富有魄力，又善於辯說，自信所見，執意不回。其學問經義與文章，皆超絕一世。中年以後，曾講學授徒，然非其素志。其所抱負，欲以政治力量改革社會，即其平日對於敎育之宗旨與理論，亦欲藉政治力量去推行。新法之理想，雖因舊黨反對太烈，左右環攻太多，未獲有實際之成功；及神宗崩殂，一切計劃被當朝之舊黨完全推翻，然其敎育主張與政策，關係於當時敎育甚大。

敎育主張　荆公之政治思想，全出於儒家，道必尊先王，言必稱孔孟。其敎育主張，實爲政治主張之骨幹。早在未執政前上仁宗皇帝言事書時，已和盤托出。其言曰：

「人之才未嘗不自人主陶冶而成之者也。所謂陶冶而成之者何也？亦敎之、養之、取之、任之之道而已。所謂敎之之道者何也？古者天子諸侯自國至於鄉黨皆有學，溥置敎導之官而嚴其選，朝廷禮樂刑政之事皆在於學。士所觀而習者，皆先王之法言德行治天下之意，其才可以爲天下國家之用。苟不可以爲天下國家之用，則不敎也；苟可以爲天下國家之用者則無不在學，此敎之之道也。所謂養之之道者何也？饒之以財，約之以禮，裁之以法也。……所謂取之之道者何也？先王之取人也，必於鄉黨，必於庠序，使衆人推其所謂賢能，書之以告於上而察之，誠賢能也，然後隨其德之大小，才之高下而官使之。……所謂任之之道者何也？人之才德，高下厚薄不同，其所任有宜有不宜，先王知其如此，故知農者以爲后稷，知工者以爲共工。其德厚而才高者以爲之長，德薄而才下者以爲之佐屬。又以久於其職，則上狃習而知其事，下服馴而安其教，賢者則其功可以至於成，不肖者則其罪可以至於著，故久其任而待之以考績之法。」(註二二)

教育之目的，在陶冶通經致用之人才，即治術人才。陶冶之方法，由國家教、養、取、任四項。如國家教、養、取、任有道，則人才用之不窮，否則必感缺乏。如人才缺乏，欲變法以合先王之意，其勢必不能。此四項法則，以教爲根本，廣開學校，愼選師資，教以禮樂刑政有用之實學。其次繼續由國學栽培，謂之養士，淬礪政治之智識，涵養領袖之器度。學成之後，察而試之以事，選其俊秀而登之，又隨其才德高下而任用之。此乃國家整套教育計劃，前後一貫。當今國家所以感人才缺乏，非眞無人才，實由於現在教育太壞，不僅不能陶冶出有用之人才，且足以毀壞天下之人才。故曰：「今士所宜學者，天下國家之用也。今悉使置之不教，而教之以課試之文章，使其耗精疲勞，窮日之力以從事於此。及其任之以官也，則又悉使置之，而責之以天下國家之事。夫古之人以朝夕專其業於天下國家之事，而猶才有能有不能。今乃移其精神，奪其日力，以朝夕從事於無補之學。及其任之以事，然後卒然責以天下國家之用，宜其才之足以有爲者少矣。」(註二三)

荊公雖視教育與政治爲一體，心術與政術爲不可分，但教育之實施，應自自然然浹於民心，並非以吏爲師，強制執行，故其所主張之教育，是注重陶冶，使民感化。「善教者藏其用，民化上而不知所以教之之源；不善教者反此，民知所以教之之源，而不誠化上之意。善教者之爲教也，致吾義忠，而天下之君臣義且忠矣；致吾孝慈，而天下之父子孝且慈矣；致吾恩於兄弟，而天下之兄弟相爲恩矣；致吾禮於夫婦，而天下之夫婦相爲禮矣。天下之君君、臣臣、父父、子子、兄兄、弟弟、夫夫、婦婦，皆吾教也。民則曰：我何賴哉？此所謂化上而不知所以教之之源也。不善教者之爲教也，不此之務，而暴爲之制，煩爲之防，劬劬於法令詰戒之間。」(註二三)蓋強民一失其制，脫然逝矣，故法令詰戒，不足以爲教也。

教育之最高目的，在養成大人。大人卽聖人，能精其理者，則聖人也。「孟子曰：充實而有光輝之謂大，大而化之之謂聖，聖而不可知之之謂神。夫此三者皆聖人之名，而所以稱之之不同者，所指異也。由其道而言謂之神，由其德而言謂之聖，由其事業而言謂之大人。」(註二四)神之道存乎虛無寂寞不可見之間 故人之道雖神，而不得以神自名，名乎其德而已。但只有德業始見神，而德又必於業見。神非聖則不顯，聖非大則不形。人之道在乎德業，故專重聖，而聖人又專重盛德大業，惟其有盛德大業，始爲眞道德，眞神聖，故君子應重德業爲主。

教育政策　荊公痛心於當時教育之弊病，影響國家太大，故上仁宗皇帝書，發表對教育改革之意見，惟不能見用。及神宗卽位，感於國家非變法不足以圖強，而認識荊公槃槃大材，及授以改革之全權。荊公本夙昔抱負，制訂兩項教育政策：一爲學制之變更，一爲思想之統一。關於學制方面，於學校則創爲太學三舍法，於科擧則取消明經諸科，專重進士一科；而進士科又廢除詩賦只考經義。「先除去聲病對偶之文，使學者得以專意經義，以俟朝廷興建學校，然後講求三代所以教育選擧之法，施於天下，庶幾可復古矣。」(註二五)並又增置明法科，注重法律之人才。科擧方面空疏之弊，欲由是而廓清。思想方面，欲齊一道德，由統一學術始。故以自著之三經新義，頒行於全國，學校以此爲教材，科舉以此爲考試之標準。王學之影響士子，直至北宋末爲止。

情性論　荊公論性，於孟、荀、揚、韓四家之中，獨取揚雄之說，認爲近似，其餘三家，皆在反對之列。荊公以爲性情乃一物之兩面：未發自存於中而言謂之性，已發於外而見諸行謂之情，譬如喜怒哀樂愛惡欲七種動象，即性之七種性質，當其未表現於外時，即性之本體；一旦表現於外，就謂之情。故曰：「性者情之本，情者性之用。」(註二六)情是由性所生者，亦爲人生而有之。性是一個渾體，無所謂善惡；接於物而動，喜則喜，怒則怒，哀則哀，樂則樂，極其自然者，謂之情。但表現而當於理謂之善；表現而不當於理則謂之惡。此可見善與惡乃由情而成，與性無關。故曰：「情生乎性，有情然後善惡形焉，而性不可以善惡言也。」(註二七)性既不可以善惡言，與揚雄善惡混論相近似。揚雄所謂「習於善則善，習於惡則惡，」完全是習，不是性。人之善惡是指習而言，指情而言，於性之本體全不相干。性既是渾然一體，人人殆相同，至感發於外時，因環境差異，自然有發生不同之傾向。不同之傾向習之既久，遂成習慣，此爲「性相近也，習相遠也」之要旨。故「上智與下愚不移，」亦是指後天之習慣而言，而非指先天之本質。「然則孔子所謂中人以上可以語上，中人以下不可以語上，惟上智與下愚不移，何說也？曰：習於善而已矣，所謂上智者；習於惡而已矣，所謂下愚者；一習於善，一習於惡，所謂中人者。上智也，下愚也，中人也，其卒也命之而已矣。」(註二八)要言之，荊公謂性無善惡，善惡之名起於情而得。情發時合於善，且成習慣，則性也善；情發時流於惡，且成習慣，則性也惡。此提出中庸上未發已發一問題，遂爲此後宋明道學家六百年討論爭辯之一焦點。夫善惡之名雖得於情，而所以合於善或流於惡者，又原由性之不定，故人貴能養。君子能養性之善則情亦善矣；小人養性之惡，故情亦惡矣。(註二九)

第四節　張　載（一〇二〇—一〇七七）

張載，字子厚，世居大梁，父遊宦卒於官，諸孤皆幼，不克歸，遂以僑寓鳳翔郿縣之橫渠鎮。少孤苦自立，無所不學。喜談兵，當康定用兵時，年十八，慨然以功名自許，欲結客取洮西地，上書謁范仲淹。仲淹一見，知其遠器，欲成就之，乃責之曰：「儒者自有名教可樂，何事於兵？」因勸讀中庸。載讀其書，雖愛之，猶以爲未足也。於是又訪諸釋老之書，累年究極其說，知無所得，反而求之六經。嘉祐初，至京師，見二程，——二程其表姪也，共語道學之要，渙然自信曰：「吾道自足，何事旁求？」乃盡棄異學，淳如也。嘗坐虎皮講易，聽者甚衆，至是謂從者曰：「今見二程，深明易道，吾不及也，可往師之。」卽日輟講，其虛懷態度有如此。二年，登進士第，仕爲雲巖令，敎化縣民，以敦本善俗爲先，使人知養老事長之義，因問民疾苦，及告所以訓戒子弟之意。熙寧初，遷著作佐郎簽書渭州軍事判官。二年，除崇文院校書。後以弟御史戩爭新法，爲王安石所怒，遂託疾歸橫渠，築室南山下，敝衣疏食，專精治學，終日危坐一室，左右簡編，俯而讀，仰而思，有得則識之。或中夜起坐，取燭以書。其志道精思，未始須臾息也。平生精力，大半消磨於私人敎授與著作，而敎導後輩，及門弟子極多。學者有問，多告以知禮成性，變化氣質之道，學必如聖人而後已，莫不動心有進。力倡古禮，爲士人宗師，於是關中風俗一變，世稱爲橫渠先生。十年春，召還，同知太常禮院，以爭郊禮故，復謁告西歸，中途疾作，行次臨潼而逝。橫渠氣質剛毅，德盛貌嚴，學問多從苦思力索而成，與明道之從容涵泳者有別。著有東銘西銘各一篇，正蒙十七篇，橫渠理窟六篇，及易說三卷，語錄、文集各一卷。其中以西銘言仁，最爲純粹；正蒙論器道，親切而嚴密。宋史稱橫渠以易爲宗，以中庸爲體，以孔孟爲法。(註三〇)嘗曰：「爲天地立心，爲生民立命，爲往聖繼絕學，爲萬世開太平。」(註三一)讀之亦不覺使人斂容而敬其學也。

教育論　橫渠以宇宙爲太虛，太虛卽氣，氣散則無形，氣聚則有象。太虛凝聚而成萬物，人亦爲萬物之一。宇宙變化有一定法則，謂之理，從變化中生出種種形象，所謂理一而分殊。因此性亦有兩種：一爲天地之性，一爲氣質之性，而後者乃前者之所生也。天地之性卽理，亦卽天道，氣質之性，則理與氣雜而言之。理無形，不可見者也，故爲原理，爲形式。氣有形，可察者也，故爲實質，爲內容。天道至誠，故天地之性爲至善。氣質之性，卽附於氣質之中，氣質是由虛氣聚合而成之種種形象。當其形成之初，有通蔽，有開塞，亦有清濁，乃生出人與萬物之區別。因此氣質之性萬有不齊，不僅人與萬物不同，人與人之間亦異，於是有賢愚、剛柔、善惡、緩急之別。夫性既有兩種，惟聖人至誠纔與天地合其德，常人多爲氣質所偏，只有氣質之性。如欲除去氣質之性而存天地之性，此則「學以變化氣質」一語，乃其教育之目的，而極有功於聖門，有補於後學者也。要言之，教育之效能，在於變化受教者之氣質，故曰：「爲學大益，在自求變化氣質。」(註三二)又曰：「氣質惡者，學卽能移。」(註三三)此之謂也。

夫變化氣質者，是將氣質之性轉移爲天地之性，所謂「形而後有氣質之性，善反之，則天地之性存焉。故氣質之性，君子有弗性者焉。」(註三四)氣質有善有惡，善之中又有純全或未純全者，教育作用是加以學問淬礪之功，進德修業，可使惡變化爲善，未純全變化爲純全，始能返於純粹天理之境。故氣質變化之道，首須言有敎，動有法，息有養，瞬有存，循循下學工夫，乃其所從入。淺言之，「但拂去舊日所爲，使動作皆中禮，則氣質自然全好。」(註三五)何以謂之中禮？蓋一切萬物之生成，有一定之秩序，此卽理也，亦卽禮也。推其義，禮非出於人而實出於天，出於天者是決不可變，在天爲天序天秩，在人爲尊卑長幼，守之卽所以守禮。爲學須窮理，不言理而言禮，以理虛而禮實也。此從綱紀倫物上着脚，故由禮入，從容實踐，使心和而體正，以持性反本，最爲重要。是以未成性之時，須以禮守之。「某所以使學者先學禮者，祇爲學禮，則便除去了世俗一副當習熟纏繞，譬之延蔓之物，解纏繞卽上去，苟能除去一副當世習，便自然脫灑也。又學禮則可以守得定。」(註三六)由禮以守得定，有良好修養，莊敬日強；有適當環境，耳目心思不爲外物所誘；又得良師益友，朝夕磋磨，皆爲聖賢之嘉言懿行，用此集義積善之教育工夫，將氣質之性設法除去，而回復本來天地之性，謂之成性也。

德性之知　橫渠之學，主修身立德，而於智識之事，不甚倡言。誠明所知，乃天地良知，非見聞小智。(註三七)學者識得仁體後，若讀書講明義理，不過培壅作用，故重良知，非重多聞也。聖人卽天地之性，周知萬物，其教育理想，在於學爲聖人。嘗對學生言：「學必如聖人而後已，以爲知人而不知天，求爲賢人而不求爲聖人，此秦漢以來學者之大弊也。」(註三八)學爲聖人之知，卽爲睿智而非知識，前者爲德性之知，後者爲見聞之知。「見聞之知，乃物交而知，非德性所知。德性所知，不萌於見聞。」(註三九)見聞之善者，祇能謂之學，而不能謂之道，蓋道者謂求全求誠之睿智也，學者不過耳聞目見記問之智識耳。德性之知，要窮理盡性，發展最高冥想所得之知，而非假感覺與推論所得之知也。此種周萬物之知，在求全，在求誠，卽與天地之性相冥合爲一之精神境界。橫渠先生認爲心與性有區別，心爲吾人精神界全體之總名，故曰心是神明之舍，爲一身之主宰；性則自心之本性言之，卽能感受諸外物對象之一些能力；情則自心之發動言之，如發於知識思慮等功能作用，故曰：「心統性情者也。」(註四〇)心之作用又分爲兩種：凡耳目口鼻感官所能感覺者，只限於有形之物質，不能察及無形之道理，謂之狹小方面作用。吾人所要求者乃心之廣大方面作用。橫渠先生曰：「文要密察，心要洪放；」又曰：「須放心寬快公平以求之，乃可見道；」又曰：「心大則百物皆通，心小則百物皆病。」(註四一)要心有廣大作用，則不可以耳目見聞累其心，而須盡其心，大其心。「大其心，則能體天下之物。物有未體，則心爲有外。世人之心，止於見聞之狹。聖人盡性，不以見聞梏其心，其視天下無一物非我。」(註四二)大其心，不僅不可囿於見聞，並須放大眼光，合人我爲一體，則心胸纔能廓然而滲透一切，所謂「虛心然後能盡心。」虛心之狀態，如赤子之心，無成見，無習心，無物質之障礙，靈通而空虛，無處不感，無物不體，所感所體之知，謂之德性之知，超乎見聞之上，超乎表象以外，誠如是，則耳目適足爲啓發道德之要，而於大道無所不感，自然悟徹萬物。此種本領，惟聖人有之，吾人所以學聖人者，即在乎是焉。

教學法 橫渠先生教人之法，首以立志爲本，「有志於學，都更不論氣之美惡，只看志如何。匹夫不可奪志也，惟患學者不能堅勇。」（註四三）故學者不在天資之智愚，最重要者是立志。不僅要立志，宜立大志，「志大則才大事業大；」（註四四）最忌志小，「志小則易足，易足則無由進。」（註四五）立志以後，須要養氣，培養自然天地之氣，盡性以求變化氣質。教授方面，宜注意學生之心理，「教人者必知至學之難易，知人之美惡，」（註四六）前者教授時宜決定教材之進度，由易而難；後者應明瞭受教者之個性，因材施教，「知至學之難易，知德也；知其美惡，知人也。知其人，即知德，故能教人使入德，仲尼所以問同而答異，以此。」（註四七）

學習之方法：第一，要有追求之興趣，即向慕之心；第二，要清心，心淸則感覺銳敏，「心淸時常少，亂時常多。其淸時，即視明聽聰，四體不待羈束而自然恭謹。其亂時反是。」（註四八）第三，宜漸進，由淺入深，如教兒童學習灑掃應對進退等智識，不宜猝語以大道，即或年齡稍長，如理解力尚未發達，程度淺薄，亦應從淺近平易處入手，方能循次漸進。故注重幼年訓練，所謂：「蒙以養正，使蒙者不失其正，教人者之功也。」（註四九）第四，要有疑難，一切智識皆從疑難中產生，愈求進步，疑難愈多；疑難愈多，進步愈大。「在可疑而不疑者不曾學，學則須疑。譬之行道者，將之南山，須問道路之出自，若安在，則何嘗有疑？」（註五〇）「不知疑者，只是不便實作；既實作則須有疑，有不行處是疑也。」（註五一）所以「觀書者，釋已之疑，明已之未達，每見每知所益，則學進矣。於不疑處有疑，方是進矣。」（註五二）第五，學習要自開道路，自鑿孔穴，親身探入，發現其中之美富，方爲自己之學問，否則專觀古籍或探聽朋友之言，不過穿窬之盜，雖多取之而不知所藏也。第六，學習要有恒心，不宜止息。人生無止息，求學亦無止息。「學者有息時，亦與死無異，是心死也。身雖生，身亦物也。天下之物多矣，學者本以道爲生，道息則死矣，終是僞物，當以木偶爲譬以自戒。」（註五三）

至於讀書方法，橫渠先生主張讀書要多，多則融會貫通，由博而約，少則難以考校義理。其次，讀書要成誦，凡有益於身心之書，須熟誦能記憶，於離開書本時，方能潛心玩索，以解釋自己之疑難，開通自己之心思。又其次，讀書時須以靜爲主，靜則能涵泳；涵泳則能了悟，讀書蓋以達到了悟爲主也。論兒童教育，亦據變化氣質之說，橫渠先生認爲習與學，兩義不同，習者稟氣質之偏向而所成之習慣也。學者以勝其氣質之謂。「習者自胎胞中以至於嬰孩時，皆是習也。及其長而有所立，自所學者，方謂之學。」（註五四）然學之含義，仍包括習在內，由胎胞保母之教，以至長而自動倣效及強而受教者，皆是學也。「故善養子者，當其嬰孩，鞠之使得所養，令其和氣。及至長而性美，教之示以好惡有常。」（註五五）此則引之中道，使不失其正。故兒童訓練，養其蒙以正，聖功也。

第五節　程　顥

程顥，字伯淳，河南洛陽人。資稟過人，充養有道，自十五六歲，與弟頤，嘗師於周敦頤，並曾兩度從遊。嘉祐二年，二十五歲，舉進士，調鄠縣主簿，改上元縣主簿。移晉城縣令。其俗樸陋，民不知學，先生視民如子，民以事至縣者，必告以孝弟忠信，入所以事其父兄，出所以事其長上。鄉必有校，暇時親至召父老與之語。兒童所讀書，親爲正句讀。教者不善，則爲易置。擇子弟之秀者，置學舍糧具，聚而教之。鄉民組社會，爲立科條，旌別善惡，使有勸有耻。在縣三年，學者風靡日盛。熙寧二年，用呂公著薦，爲太子中允權監察御史裏行。神宗器重之，數召見。後與王安石意見不合，出提點京西刑獄，顥固辭，改簽書鎭寧軍判官，遷太常丞。元豐元年，知扶溝縣。二年，除判武學。李定劾其對新法首爲異論，罷復舊任。已而坐獄逸囚，責監汝州酒稅。自四十歲後歸洛，與弟頤從容親庭，日以讀書勸學爲事。四方之士從其講學者日夕盈門，虛往實歸，人得所欲，講學凡十餘年。哲宗立，召爲宗正丞，未行而卒，年五十四。(註五六)其卒也，文彥博題其墓曰明道先生。

謝良佐初造程子，程子以客肅之。辭曰：「爲求師而來，願執弟子禮。」程子館之門側，上漏旁穿，天大風雪，宵無燭，晝無炭，市飯不得溫，程子弗問。謝處安焉，踰月，豁然有省，然後程子與之語。(註五七)此是對初來受業之學生，首先激發其心思，磨礪其意志，孺子可教，然後教之也。邢恕曰：「初見先生於磁州，其氣貌清明夷粹，其接人和以有容，其斷義剛而不犯，其思索妙造精義。其言近，而測之益遠，恕蓋始恍然自失，而知天下有成德君子所謂完人者，若先生是已。」范祖禹亦曰：「先生爲人，清明端潔，內直外方，其學本於誠意正心，以聖賢之道，可以必至，勇於力行，不爲空文。」先生行己內主於敬，而行之以恕，其接人渾是一團和氣，門人交友，從之數十年，未嘗見其忿怒之容。游酢自明道處來見楊時，曰：「某在春風和氣中坐三月而歸。」（註五八）此可見明道先生修養之深，洵爲一氣質和粹篤志實行之教育家也。

教育思想　明道先生以「生之謂性」一語解釋性，謂：「性卽氣，氣卽性，生之謂也。」（註五九）氣卽萬物稟受於天之氣質，氣質旣稟受於天，與生俱來，在稟賦言，謂之氣質；在表現於活動言，謂之本性。氣質與本性，同爲一體，皆由天所生。但此與「天命之謂性」之涵義不同。「天命之謂性」則謂性之理，性之理無不善，曰天者自然之理也。又性卽天道，天道者自然之道也。「在天爲命，在義爲理，在人爲性，主於身爲心，其實一也。」（註六〇）故天命、義理、人性、身心是一脈相承，連串貫通。此對性之解釋，乃根據中庸「天命之謂性，率性之謂道」兩語而來，謂：「天降是於下，萬物流行，各正性命者，是所謂性也。循其性而不失，是所謂道也。」（註六一）人之性本善，然或有氣質之偏，或感物而成習，遂分爲惡，而失其原來之性質，猶之水源本清，而中流挾泥沙者則濁也。其補救之方，在乎「修道之謂教。」教育作用，在滌除後天之習性，而恢復固有之本性。恢復以後，依然回復其原來之本體，猶之水旣可濁，加以澄治之功，及其淸也，仍可恢復原初之淸水，所謂「自天命以至於教，我無加損焉。」（註六二）恢復固有之本性，首在修養性情，謂之定性。但把捉其內外動靜，工夫最難，常人大率自私而用智，刻意以求。故下焉者內德不修，追求物欲；上焉者自別物我，強分內外，則性亦無從定也。把捉不定，謂之不仁。把捉定，一切皆屬於己，成一主客不分之自我，故萬物皆備於我，反身而誠，卽可體驗其眞實之境。明道先生主張養性，使內外兩忘，喜怒不繫於心，心中則澄然無事。無事則定，定則明，明則不受物累。(註六三)知止則自定，因而主靜，觀天地生物氣象，爲其養性之主要工夫。靜之最高境界，心常活潑，周流無窮，做到「渾然與物同體」，廓然而大公，亦卽爲仁之境界矣。

基於上述要旨，明道先生認爲性旣有惡習，藉教育以澄滌之。澄滌在變化氣質，「學至氣質變，方是有功。」(註六四)朱熹曰：「程子論性所以有功於名教者，以其發明氣質之性也。」(註六五)定性最難，每放肆於外，爲外物所誘，藉教育以求其放心，「聖賢千言萬語，只是欲人將已放之心，約之使反復入身來。」(註六六)前者將惡習澄清，後者將已失之心收斂，還回其原來本體，復歸其本來地位。能如是，則可以學爲聖人。教育之目的，便由此道教人學爲聖人。然欲學爲聖人，學者當學顏子，入聖人爲近，有用處也。(註六七)明道先生平日教授生徒，大率按其程度，分爲兩等。程度淺者，首宜知學，仍重學文之功，對於經書，須多讀熟習。程度高者，則應知道，以進德爲主，不在於記誦文字，而在於修養，義理以養其心，敬以直其內，習之旣久，自然有所得也。夫經所以載道，學經在知道。明道先生反對空泛笨拙之書本教育，其教人進德之道，應注重：㈠大其心，「須是大其心使開闊，譬如爲九層之臺，須大做脚始得。」(註六八)㈡體貼，「切脉最可體仁」。(註六九)「吾學雖有所授受，天理二字卻是自家體貼出來。」(註七〇)㈢涵養，「涵養著落處，養心便到淸明高遠。」(註七一)「學者須敬守此心，不可急迫，當栽培深厚，涵泳於其間，然後可以自得。」(註七二)㈣玩索，「讀書要玩味。」

(註七三)「靜後見萬物皆有春意。」(註七四)「默而識之，乃所謂學也。」(註七五)(五)近取，「若要誠實，只在京師便是到長安，更不可別求長安。」(註七六)「學者不必遠求，近取諸身，只明人理敬而已矣，便是約處。」(註七七)「自灑掃應對上便可到聖人之事。」(註七八)此下學上達工夫，「凡人纔學，便須知著力處；既學，便須知得力處。」(註七九)「譬如爲書，若未得者，須心手相須；而學苟得矣，下筆便能書，不必積學。」(註八〇)此上達得力處，乃其高級學習，進德修業之原則。至於窮理，「致知在格物，格至也，」(註八一)格釋爲至，則知與物合一，卽內外合一矣。然窮理不是盡窮天下萬物之理，亦非只窮一理便得，而是要累積多後自然見去。(註八二)故宋史謂明道先生「教人自致知至於知止，誠意至於平天下，灑掃應對至於窮理盡性，循循有序」，(註八三)正謂此也。

第六節　程頤

程頤，字正叔，顥之弟也。慶曆六七年，年十四五，兄弟同受學於周濂溪。皇祐二年，年十八，上書闕下，勸仁宗以王道爲心，生靈爲念，黜世俗之論，期非常之功，自比諸葛，抱負不凡。得遷入太學，胡瑗以顏子所好何學論爲題，試諸生，頤以學以至聖人之道立論，瑗得之大驚，延見，授以學職。同學呂希哲以師禮事之焉。旣而四方之士，從遊者日益衆。二十六歲，舉進士，嘉祐四年，廷試報罷，遂不復試。治平熙寧間，大臣屢薦，皆不起。元祐初，司馬光呂公著共疏上其行義，詔以爲西京國子監教授，力辭。尋召赴闕，以布衣擢崇政殿說書，以邇英閣迫隘暑熱，乞就崇政延和殿講讀，給事中顧臨以殿上講讀爲不可，遂修展邇英閣。頤在經筵，坐以講道，容貌莊嚴，於帝前不少假借。時文彥博以太師平章重事，侍立，終日不懈。士人歸其門者甚盛，而頤亦以天下自任，正道輔帝，議論褒貶，無所顧避。由是同朝之士有以文章名世者，疾之如讎。時蘇軾在翰林有重名，一時文士歸之。文士不樂拘檢，迂頤所爲，兩家門下，迭起標榜，初則不悅於軾，遂分黨爲洛蜀。會帝以瘡疹，不御經筵，頤曰：「二聖臨朝，上不御殿，太皇太后不當獨坐，且人主有疾，大臣不知可乎？」宰相始奏請問疾，由是大臣亦多不悅。諫議大夫孔文仲因奏頤爲五鬼之魁，當放還田里。當職纔歲餘，遂出管勾西京國子監，屢乞致仕。元祐七年，判西京國子監，再辭。監察御史董敦逸以爲怨望，去官。紹聖四年，黨論削籍，竄涪州，凡三年。徽宗即位，移峽州，復其官。崇寧二年，范致虛言程頤以邪說詖行惑亂衆聽，而尹焞張繹爲之羽翼。事下河南府體究，盡逐學徒，復隸黨籍，追毀出身以來文字，其所著書被檢查。頤於是遷居龍門之南，四方學者，猶相從不捨。頤止之曰：「尊所聞行所知可矣，不必及吾門也。」五年，復宣議郎致仕。大觀二年卒於家，年七十五，世稱爲伊川先生。

伊川爲學，本於至誠，其見於言動事爲之間，疏通簡易，不爲矯異，衣雖布素，冠襟必整；食雖簡儉，蔬飯必潔。致養其父，細事必親。其接學者以嚴毅，嘗瞑目靜坐，游酢楊時立侍不敢去，久之，乃顧曰：「日暮矣，姑就舍。」二子者退，則門外雪深尺餘矣。明道嘗謂異日能使人尊嚴師道者吾弟也，然明道與伊川性質有別，「明道德性寬大，規模廣濶；伊川氣質剛方，文理密察，其道雖同，而造德各異。」（註八四）明道之學問，是直觀、渾廓、與涵泳；伊川之學問是理智、分析、與實踐。明道直是渾然天成，伊川直是精細平實。故明道對學生以和藹，如坐春風；伊川對學生以嚴肅，如見大賓。二程兄弟，發揚道學，大程早卒，小程接踵用力，發揮而補充之，遂成洛學。而伊川進以分析之頭腦，實踐之精神，與門徒講學三四十年，確立宋學宏規，誠不愧爲純粹之教育家也。(註八五)

教育要旨　伊川先生論道，採理氣二元論，理是形而上者，氣是形而下者也。故其言性，宗孟子之說，劃分性與才，並定明顯之界說：「性卽是理，理則自堯舜至於塗人，一也。才稟於氣，氣有清濁，稟其清者爲賢、稟其濁者爲愚。」(註八六)又曰：「性出於天，才出於氣。氣清則才清，氣濁則才濁。譬猶木焉，曲直者性也；可以爲棟樑，可以爲榱桷者才也。才則有善與不善，性則無不善。」(註八七)性旣稟受於天，天卽是理，理者純粹至善，故性無不善，所有人類之性因而相同。稟受於氣者謂之才，氣有清濁，才有賢愚；氣有善與不善，所以才亦有善與不善，個人之才，因而各有差異。伊川先生謂：「性卽理也，所謂理性是也。」(註八八)又曰：「窮理、盡性、至命，只是一事。」(註八九)分析言之：「在天爲命，在人爲性，論其所主爲心，其實只是一個道。」(註九〇)「稱性之善謂之道，道與性一也。以性之善如此，故謂之性善。性之本謂之命，性之自然者謂之天，自性之有形者謂之心，自性之有動者謂之情，凡此數者皆一也。」(註九一)此將天、命、性、心、情歸納爲一道字。要之，「自理言之謂之天，自稟受言之謂之性，自存諸人言之謂之心。」(註九二)凡最原始最自然之物謂之天，由此物而賦與吾人者謂之命，自吾人稟受者謂之性，旣稟受而存於人體爲精神之主宰者謂之心，無論天命性心，不過因事以制名，統言之謂之理，由此可行謂之道，道是總名。至於才稟於氣云者，氣猶言元氣，不與外氣相雜，乃從先天所稟而言；才猶言才質，卽從後天稟有之者而言。才稟於氣，謂後天稟有之才質乃從所稟於先天之元氣而來。實際上，才與氣只是一物，合言之謂之才氣。由於先天氣稟各殊，才氣遂有高下不同。孔子所謂相近之性，乃指性質之性，而非天命之性；所謂「上智與下愚不移，」卽指才而言。才之智愚，是氣稟關係，卽先天間係。智愚雖出於先天，但下愚並非絕對不可轉移；其所以謂之不移者，惟其自暴自棄而不肯學，則不移也。(註九三)欲求愚者轉移爲智，首重變化氣質，「學至氣質變，方是有功。」(註九四)如努力不懈，學識豐富，氣質一變，則智慧自生，所謂「積學既久，能變化得氣質，則愚必明，柔必強。」(註九五)明白義理者，作事綽裕，量度自然寬大。氣質既變化，又可養成另一種類型，「今觀儒臣自有一般氣象，武臣自有一般氣象，貴戚自有一般氣象，不成生來便如此，只是習也。」(註九六)此爲其教育可能性之理論基礎。

伊川先生認爲今之學者，有文章之學，訓詁之學，儒者之學，欲趨道，舍儒者之學不可。(註九七)蓋能文者謂之文士，談經者謂之講師，惟知道者乃儒學也。故教育目的，在於識得道理；識得道理，卽所以求爲聖人，所謂「言學便以道爲志，言人便以聖爲志。」(註九八)盡得人道者爲聖人，君子之學，必至於聖人而後已。然欲求爲聖人之道，須熟玩味聖人之氣象，從心性上用功，故曰：「凡學之道，正其心，養其性而已。中正而誠則聖矣。君子之學，必先明諸心，知所養，然後力行以求至，所謂自明而誠也。故學者必盡其心；盡其心則知其性；知其性，反而誠之，聖人也。」(註九九)求聖人之道，中人以上，其著力處須要正以養性，或盡心以知性。中人以下，則要變化氣質，用力於才，所謂

「大賢以下卽論才，大賢以上卽不論才，」（註一〇〇）意指此也。教育工夫，並非靠書本上追求，亦不須說空話，好高騖遠，而是從躬行實踐，體會以得之。

修養工夫　「涵養須用敬」，修養工夫卽用一個敬字。「所謂敬者，主一之謂敬。所謂一者，無適之謂一。」（註一〇一）「主一者謂之敬，一者謂之誠，主則有意在。」（註一〇二）持心之術，敬以直內，直內乃主一之義，卽心志專一不二之謂。心志專一，既不能或東或西，亦不能忽彼忽此。只是中，只是內。中則不偏，內則無外。此時呈一種安定不亂，純一不雜之象。修養至極，則心如止水，天理明白，動容周旋，均能中節。然敬與靜不同，「敬則自虛靜，不可把虛靜喚作敬；」（註一〇三）「既有知覺，卻是動也，怎生言靜？自古儒者，皆言靜見天地心，唯某言動而見天地之心。」（註一〇四）蓋靜是消極，敬是積極，方其無事而存主不懈者固敬也，及其應物而酬酢不亂者亦敬也，故此敬字，實包涵動靜在內。敬是有諸中，要用意，用意乃有所主，卽心有所主。故居敬必有止，要止於事，知止自能專一，「大凡人心不可二用，用於一事，則他事便不能入者，事爲之主也。事爲之主，尙無思慮紛擾之患，若主於敬，又焉有此患乎？」（註一〇五）至於不敢欺，不敢慢，尙不愧於屋漏，亦皆屬於敬之事。然此不過爲居敬之態度，究未盡居敬之實功。敬只是涵養，必有事焉，謂必有所事，方是敬也。居敬之實功，須當集義。居敬者是集義所生，如集大成，若累土爲山也。「只知用敬，不知集義，卻是都無事也。」（註一〇六）如爲君止於仁，人臣止於敬，人子止於孝，止於孝雖是居敬，倘不集義，則不知所以爲孝之道——爲孝之道，便是集義。故「涵養須用敬」一語，是居敬兼以集義工夫，而趨於積極之修養。誠以能敬則內有主宰，嚴肅整齊，思慮專一，注意集中，心地淸明，而不受外物所紛擾與蒙蔽，而閑邪則誠自存。故曰：入道莫如敬。爲學以持敬爲先，此用力之本領處也。

致知方法　濂溪之學主靜，明道易之以敬，敬則能主靜，伊川則以敬字未盡，益之以窮理之說，窮理則爲致知也。「進學在致知」，即求學之道，全在致知，一切學問，須從致知而得，致知者，盡知也。伊川對於知，亦與橫渠論知相同，分爲兩種：一爲良知，即德性之智；一爲「智識」，即聞見之知。「聞見之知，非德性之知，物交物，則知之非內也，今之所謂博物多能者是也。德性之知，不假聞見。」（註一〇七）聞見之知，屬於外表，由感官與外物接觸而始發生，接觸越多，則智識越廣，所謂聞見博而知益明也。德性之知，屬於內心，天賦天資，才之美者也，不須感官與外物接觸，只要心地淸明，則無事不照，無理不明。德性之知，屬於固有之知，先天之良能，是一種可知之能力，要致之，方能得之。聞見之知屬於後天之經驗，是一種已知之內容。致知之義，即發展此可知之良能，不致知，則學不能進；致知以明理，乃爲學之首要。何以致知？「致知在格物」，則格物乃致知之工夫。何謂格物？「格猶窮也，物猶理也，猶曰窮其理而已也；」（註一〇八）「格至也，言窮至物理也，」（註一〇九）要言之，格物是窮理，即窮天下萬事萬物之理，窮然後致之，不窮則不能致也。窮理之方法：一爲窮外物之理，如火之熱，如水之寒，「一草一木皆有理，須是察。」（註一一〇）二爲窮人事之理，「或讀書，講明義理；或論古今人物，別其是非；或應接事物，而盡其當然，皆窮理也。」（註一一一）伊川先生以爲天下事物皆有一貫之道，即所以然之法則，今日格一件，明日又格一件，積習旣多，然後脫然自有貫通處。（註一一二）「窮理如一事上窮不得，且別窮一事，或先其易者，或先其難者，各隨人深淺，如千蹊萬徑，皆可適國，但得一道入得，便可，所以能窮者，只爲萬物皆是一理。」（註一一三）故格物要立誠意去格，其遲速卻在人之明暗，明者格物速，暗者格物遲也。（註一一四）然格物要觀物理以察已，卽物我一理，明彼以曉此，謂之窮性之理，故窮理非徒限於窮在物理之上，而在貫通於吾心，貫通在性理上。（註一一五）格物若止在一物上明之，亦未濟事，須集衆理，然後脫然自有悟處。（註一一六）故格物亦須積累涵養焉。（註一一七）

夫爲學之道，必本於思，致思如掘井，思則得之，不思則不得也；不深思，更不能進於道。（註一一八）聞見之上，更有一番重要工夫，卽是思。思亦卽是格物，「隨事觀理，而天下之理得矣。」（註一一九）致知工夫旣在於思，思一日則愈明一日，久之而後有覺悟，有覺悟始是學，所謂學貴於自得是也。統言之，窮理之法，自一身以觀天地，卽自察之本身及日常生活之中，設身體貼，細心玩索，由多聞多見中發現一共同點，由疑難深思中得到一解決法，近取諸身，遠取諸物，從灑掃應對，至精義入神，通貫只一理。（註一二〇）致知之極，要實見得，方爲實理。實見得者，得之於心，是謂有得。「欲知得與不得，於心氣上驗之，思慮有得，中心悅豫，沛然有裕者實得也。思慮有得，心氣勞耗者，實未得也，強揣度耳。」（註一二一）揣度在聞見上，悅豫則在德性上，知之眞得與不眞得，便由此而分。眞得者，人思如泉湧，汲之愈新，而所知者方爲深知，方爲眞知。爲學能深知眞知，乃致知之最高境界也。

伊川先生認爲君子以識爲本，行次之，故最重於知。知在先，行在後。人必先知而後行，「知至是致知，博學、明辨、審問、愼思皆致知，知至之事，篤行便是終之。」(註一二二)知而後行，則行可持久，「不致知，怎生得行？勉強行者，安能持久？除非燭理明，自然樂循理。」(註一二三)知而必能行，「知至則當知之，知終則當遂終之，須以知爲本。知之深，則行之必至，無有知之而不能行者，知而不能行，祇是知得淺。」(註一二四)如不知，徒云力行，不過倒本爲末，「人謂要力行，亦只是淺近語，人旣能知見，豈有不能行？」(註一二五)以知行而論，知較行爲尤難，「須是知得了，方能樂得，故人力行，先須要知，非特行難，知亦難也。」(註一二六)知之必好之，好之必求之，求之必得之，此學是終身事，故爲學之道，「大凡學問，聞之，知之，皆不爲得。得者須默識心通。學者欲有所得，須是篤，誠意燭理。上知則頴悟自別；其次，須以義理涵養而得之。」(註一二七)爲學要果敢向前，「今之爲學者，如登山麓，方其迤邐，莫不濶步，及到峻處便止，終是要剛決果敢以進。」(註一二八)故君子之學，必日新，日新者，日進也；不日新者必日退。惟聖人之道無所進退，以其所造者極也。(註一二九)

第七節　朱熹

朱熹，字元晦，徽州婺源人，學者稱晦庵先生。父松，字喬年，歷官司勳吏部郎，以不肯附和議，忤秦檜去國。嘗爲閩延平尤溪縣尉，建炎四年罷官，生熹於城外隔溪鄭氏草堂，故後世嘗稱之爲閩人。熹天資穎悟，其父與籍溪胡憲（一〇八六—一一六三）、白水劉勉之（一〇九一—一一四九）、屏山劉子翬（一一〇一—一一四七）友善。年十四，松疾革，命熹父事此三人，且稟學焉。勉之教熹如子姪，且以長女妻之。年十八，登紹興十八年進士第，授泉州同安主簿，選邑秀民充弟子員，日與講學，將縣學規復爲志道、據德、依仁、遊藝四齋，前兩齋置長諭，由原日新棄征長諭改充；後兩齋各置齋長或齋諭，由學生權充。（註一三〇）訓練用感化涵養主義，教授採講問法，講學內容即聖賢修己治人之道，督課用策問。及歸自同安，復往受學於延平李侗，侗亦父友也，從遊十年，晉謁凡四次。熹言自從李先生，方能將禪擱起，爲學始就平實。淳熙五年，知南康軍，任職四年，除就軍學與生徒講學外，並重修白鹿洞書院，爲專門講肄之所，詳定規制，教條可與蘇湖學規媲美。自爲山長，常延請知名學者到院演講辯論，以一新生徒耳目。嗣提舉江西浙東常平茶鹽。紹熙元年知漳州，訓迪諸生，一如南康軍。四年，知潭州，所至興學校，明教化，四方學者畢至。五年，任煥章閣待制侍講，單日早晚進講，以大學一篇爲教材，引經據典，對帝反覆論列，但經筵僅四十日。其應召每以帝王之學對，倡正心誠意之學，對朝政得失，常直言無隱，是以遭僞學之攻，蒙逆黨之禍，屢受抑黜。晚居新安之考亭，作滄洲精舍，自號滄洲病叟，教導後學。慶元六年，疾且革，手書屬其子及門人，拳拳以勉學及修正遺書爲言，正坐整衣冠就枕而逝，年七十一。

門人黃榦述其平居生活曰：「其色莊，其言厲，其行舒而恭，其坐端而直。其閒居也，未明而起，深衣幅巾方履，拜於家廟以及先聖，退坐書室，几案必正，書籍器用必整。其飲食也，羹食行列有定位，七箸舉處有定所。倦而休也，瞑目端坐。休而起也，整步徐行，中夜而寢，既寢而寤，則擁衾而坐，或至達旦。」至於「先生教人，以大學、語、孟、中庸為入道之序，而後及諸經。……其於讀書也，又必使之辨其音釋，正其章句，玩其辭，求其義，研精覃思，以究其所難知；平心易氣，以聽其所習得。然為己務實，辨別義利，毋自欺謹其獨之戒，未嘗不三致意焉，蓋亦欲學者窮理反身而持之以敬也。從遊之士，迭誦所習，以質其疑，意有未諭，則委曲告之，而未嘗倦。問有未切，則反覆戒之，而未嘗隱。務學篤則喜見於言，進道難則憂形於色。講論經典，商略古今，率至夜半，雖疾病支離，至諸生問辨，則脫然沉痾之去體。一日不講學，則惕然常以為憂。」(註一三一)

門人陳文蔚亦曰：「先生氣質剛毅，進退勇決，涵泳充養，純熟深固。文蔚嘗竊窺之，雖夙興夜寐，終日應接，條理益精明，未嘗有厭棄事物之意，雖曰稟賦之異，實亦繇學力之充也。以成就後進為己任，登門之士甚衆，稍有意趣，百端誘掖，惟恐不至，各隨所長，以成德達材，庶幾善類浸多，斯道有託。嘗以江西憲趨朝，道經上饒，文蔚侍行，止宿驛舍。有士人懷書贄，抵暮求見，已而自悟非進謁之時，逡巡退去。先生適自外至，望見其人，即車中呼與謁者，令與上謁。其人遂得投書，洎其辭去，室中已燭矣。先生即廡下明處閱其書，其急於後進之意如此。」(註一三二)晦翁除作官五任九考歷十四年外，其餘全為私人講學時期，凡四十年。而其出仕，作官作師，故其公私講學之時間，殆五十年，是以及門弟子遍天下，不可謂非一偉大教育家也。

心性說　朱子論心性，先說心，後說性。其對心之解釋，比以前各家之論為詳，一方面採伊川「

在人爲性，主於身爲心」之說，另一方面，又宗橫渠「心統性情」之說，以心爲人生之主，包括性情在內。人之所以位天地之中，而爲萬物之靈者，心而已矣。其他各種作用，全由心所發生，由心所指使。「心是管攝主宰者」，故心是一身之主宰。知覺運動，莫非心之所爲，具衆理，應萬事，管攝一切精神活動。換言之，一切精神活動，皆由心所發生。心有兩種：一爲有形之實體，即生理上之心臟，是形而下者；一爲無形之虛體，如操存舍亡之心，即心理學上之意識，是形而上者。通常所說之心性，即指形而上之心，故不認有所謂心體，而注意工夫與把握。此心又分爲兩類：發於理（本然之性）者爲道心；發於氣（氣質之性）者爲人心。譬如「饑欲食渴欲飲者，人心也；得飲食之正者，道心也。」道心發現在人心上，有道理之人心，便是道心。人心即是人欲，道心即是天理。故曰：「人心維危，人欲之萌也；道心維微，天理之奧也。」（註一三三）是以同一心，人欲一動，天理隱藏，成爲人心。天理回復，人欲消滅，則爲道心。天理與人欲既不兩立，道心與人心，亦非兩物，故形而上之心，只有一個。

朱子宗程伊川之說，認爲性是心之體，而理則是性之全，故性者心之理，「性即理也，在心喚做性，在事喚做理。」（註一三四）理即天理，天地自然之理賦與人者謂之性。性是太極渾然之體，無形象可攝，無方所可摩，——不可以名字言，只是在心中一種意思情狀，但其中含具萬理，別爲仁義禮智四大綱目，（註一三五）而以一個仁字包攝一切。「仁之爲道，乃天地生物之心。」（註一三六）「做到私欲淨，天理流行，便是仁。」（註一三七）「仁者心之德，愛之理也。」（註一三八）朱子又宗理氣二元論，以理無聚散，氣則有聚散，亦如伊川分性爲兩種：一爲天地之性，一爲氣質之性。天地之性，專指純理而言；氣質之性，兼理氣二者而言。前者渾然至善；後者有善有不善。蓋天地之性就是天理，天理大公無私，故此性亦渾然至善。氣質由陰陽二氣所成，墮於氣質中之性，稟氣有清濁，故性有善惡。「有天地之性，有氣質之性。天地之性，則太極本然之妙，萬殊之一本也。氣質之性，則二氣交運而生，一本而萬殊也。」（註一三九）人與禽獸之性所以不同，人與人之性亦所以各異者，皆指氣質之性而言也。（註一四〇）「性只是一般，天之所命，何嘗有異，正緣氣質不同，便有不相似處，故孔子謂之相近。」（註一四一）蓋性如水，流於清渠則清，流於汚渠則濁。人得氣之淸者正，其理全，所以性善，禽獸得氣之汚者偏，其理昧，所以性惡。卽同一人類，稟氣亦有昏濁不淸者，其得理自闕而不全，故與禽獸相差不遠。性雖有兩種，其實只是一種，蓋性只是理，本不可以名字言，一說性時便兼氣質在內，所謂天地之性是說性之理；所謂氣質之性，是說性之質，而理附於內。「性非氣質則無所寄，氣非天性則無所成，」所以實只一物。又人性之惡，一方面雖由於先天稟氣之不良，一方面亦由後天之物誘，故曰：「人性無不善，只緣自放其心，遂流於惡。」（註一四二）

性猶太極，爲自然之理，稟受於天，而爲人之所得以生者也。心爲人之精神，本體虛靈，稟受於氣。心是知覺，性是理。所覺者心之理，能覺者氣之靈也，（註一四三）本來貫通。有性無心，則虛渺而無依著，有心無性，則痲木而不仁。心性相合，方有生意，方有活動。雖然相合，還是二物，此二物必求相合而始發生作用，所謂一而二，二而一也。性之實體——仁義禮智，雖爲至善之物，如不根於心，則無以生出惻隱、羞惡、辭讓、是非等善德。心雖是一件生長之物，若無仁義禮智含容其中，必不能大顯作用，卽有作用，亦必暴戾恣睢如禽獸然。朱子認爲心是一身精神之主宰，湛然虛明，是萬理所會之地。心所具之理而未發者旣爲性，其已發而表現於活動者謂之情，如何去活動之力量謂之才，由情所發出之活動謂之欲，由心發出一種動作而有向一定目標之決心者謂之志，心之所發有欲達到此目標之意向者謂之意。（註一四四）統言之，性乃心之體，其他各種作用——情才欲志意，皆爲心之用。知性可以盡心，由此自成一個系統，而爲其教育理論之根據。

教育目的　教育目的在造成一個完人。完人之意，卽在能「明萬事而奉天職。」所謂萬事，卽社會上一切人事，大則倫常之關係，小則視聽言動日常生活之動作。所謂天職，凡上面所舉一切事情，皆爲份內所應爲者也。如萬事明，天職奉，則可以成爲完人。聖人不勉而中，不思而得，生來就是完人；常人欲做到完人，必須勉而後中，思而後得，此則教育之所由起。做到完人卽可以至於聖人，教育之目的就達到。此卽荀子所謂：「古之學者始乎爲士，終乎爲聖人」之意。（註一四五）聖人旣爲完人，無所不通，無所不能。「聖賢稟性與常人一同，旣與常人一同，又安得不以聖人爲已任？」（註一四六）然聖人渾身是天理，至於常人，常在天理與人欲交戰情形之中，如不加以克治，人欲戰勝，則流於禽獸。所以旣爲人，必須受教育。

教育之功用，卽在存天理以去人欲。所謂：「聖人千言萬語，只是教人存天理，滅人欲」；（註一四七）「學者須是革盡人欲，復盡天理，方始是學。」（註一四八）如能革盡人欲，使此心依然與天理渾然一體，而可成爲道心矣。人有道心，則神志清明，透澈如鏡，無所不通，物來順適，無所不到，無往不宜。推此心於惻隱、羞惡、辭讓、是非，無一而非仁義禮智。以此來格物，無物不可格；以此來讀書，無書不可讀，由是而修身，而處事接物，自然合於規矩，中於法度，卽可以成爲君子。故曰：「聖人教人，如一條大路，平平正正，自此直去，可以到聖賢地位，只是要人做得徹。做得徹時，也不大驚小怪，只是私意剝落淨盡，純是天理融明爾。」(註一四九)

教學方法　教育程序，本於周制，可分爲小學與大學兩級。「小學是學其事，如學事親事長之類；大學是窮其理，卽委曲詳究所以事親事長之理。」(註一五〇)小學教以當然，從近處去做，如灑掃應對之節，禮樂射御書數之文，及孝弟忠信之事，教兒童如何去做是也。大學教以所以然，於動作後且進而求得了解，如致知格物正心修已治人之道，教生徒何以要如此做是也。以小學爲基礎，大學爲大成，皆先後一貫，非截然爲二。

朱子認爲小學極重要，只眼前事教，學些規矩，養成善端，譬如造屋，基礎要造到好。「如今爲學甚難，緣小學無人習得。如今卻是從頭起，古今於小學小事中，便得存個大學大事底道理。在大學只是推將開濶去，向來小時做底道理存其中，正似一個坯素相似。」(註一五一)小學教材，「先讀大學以定其規模，次讀論語以立其根本，次讀孟子以觀其發越，次讀中庸以求古人之微妙。」「若理會得此四書，何書不可讀？何理不可究？何事不可處？」(註一五二)以四書爲立學教人之寶典，以其有光明正大，簡易明白之氣象。修完此四書，再進而讀羣經，由淺及深，由簡到繁。又除四書外，並收集聖賢之嘉言懿行，編成近思錄及小學集解各一部，以為初學所必讀。女子亦當有教，自孝經之外，如論語、曹大家女戒、溫公家範，亦可取其易曉者教之。(註一五三)大學教材，「其教人則欲其於六經諸書，無所不讀；古今事變，無所不講；天文地理、禮樂刑政、鬼神變化，無所不通。」(註一五四)教人要有序，先傳以小者近者，而後教以大者遠者。教學方法：第一，當注重正蒙，從細處做起，「大學之法，以豫為先，人之幼也，知思未有所主，便當以格言至論，日陳於前，雖未曉知，且當薰聒，使盈耳充腹，久自安習，若固有之。」(註一五五)第二，要識個入頭處，事事須著理會，抱著做去自得興趣，「教人未見意趣，必不樂學，欲且教之歌舞，移易性情，似當有助。」(註一五六)第三，先入以禮，「子厚以禮教學者最善，使學者先有所據守。」(註一五七)第四，平均發展，「歌詠以養其性情，聲音以養其耳目，舞蹈以養其血脈。」(註一五八)第五，因材施教，在適合學者心理，「教人至難，必盡人之材，乃不誤人，觀可及處，然後告之。聖人之明，直若庖丁之解牛，皆知其隙，刃投餘地，無全牛矣。」(註一五九)

朱子又認為大抵為學只是博文約禮兩端而已，(註一六〇)博文是教學之事，約禮是訓育工夫。訓育方面，主張採嚴格陶冶之規範主義。朱子之訓學齋規，為對兒童實施訓練之一具體計劃，內中共分五章：第一、關於衣服冠履之規則；第二、關於語言步趨之規則；第三、關於灑掃涓潔之規則；第四、關於讀書寫文字之規則；第五、關於其他雜細事宜。凡衣服飲食，几案器具，以及對上對下，一舉一動，莫不詳細標明，嚴格規定。此為兒童之生活規矩，亦名曰童蒙須知。(註一六一)此似過於機械瑣碎，未盡適應兒童身心之發展，但有此縝密計劃，亦足見其對兒童教育之注意。大學教育，可以白鹿洞書院教規五條爲例，除第二條關於學習外，其餘皆屬訓育方面，指導其修身、處事、接物之要。然朱子所定學規，雖如此嚴格，其方法，則採用積極性教導，感化之而引致自發活動，不重消極防範及教條之束縛。「教導後進，須是嚴毅，然亦須有以興起開發之，方得。只恁嚴，徒拘束之，亦不濟事。」（註一六二）論治氣質之偏，不可以偏救偏，「只是看教大道理分明，偏處自見得，有病痛處也自會轉移。」（註一六三）所有訓練，大多指行爲方面而言，即訓練學生以良好行爲，除去其惡劣行爲，除去其惡劣行爲，在革盡人欲，是消極性；培養良好行爲，在復盡天性，方是積極性。如徒在於人欲革除，而不從事於天理之恢復，終歸無用。故曰：「但只於這個道理發現處當下認取，簇合零星，漸成片段，到得自家好底意思，日長月益，則天理自然純固，向之所謂私欲者，自然消磨退散，久之不復萌動矣。若專務克治私欲，而不能充長善端，則吾心與所謂私欲者日相鬥敵，縱一時按伏得下，又當復作矣。」（註一六四）其在同安縣學諭諸職事，亦同此主張：「嘗謂學校之政，不患法制之不立，而患理義之不足以悅其心。夫義理不足以悅其心，而區區於法制之末以防之，是猶決湍之水注之千仞之壑，而徐翳蕭葦以捍其衝流也，亦必不勝矣。」（註一六五）故學校規矩，雖不可無，亦不可專恃，須多得朋友，在其間表率勸導，使之有嚮慕之意，則教者不勞，而學者有益矣。（註一六六）

學習方法　求知在乎學習，學與習之義不同，「學是未知而求知底工夫，習是未能而求能底工夫。」（註一六七）學習之原則，仍本大學「格物致知」四個字，所謂：「大學是聖門最初用功處，格物又是大學最初用功處。」（註一六八）故下學之序，始於格物以致其知。「致盡也，格至也，凡有一物，必有一理，窮而至之，所謂格物也。然而格亦非一端，如或讀書講明道義，或論古今人物而別其是非，或應接事物而處其當否，皆窮理也，但能今日格一件，明日又格一件，積習既多，然後脫然有貫通處。」（註一六九）格物是工夫，做深一步謂之窮理，窮得十分盡，方是格物。「窮理者，欲知事物之所以然與其所當然者而已。」（註一七〇）朱子闡論至詳：「所謂致知在格物者，言欲致吾之知，在卽物而窮其理也。蓋人心之靈，莫不有知，而天下之物，莫不有理，惟於理有未窮，故其知有不盡也。是以大學始教，必使學者卽凡天下之物，莫不因其已知之理而益窮之，以求至乎其極。至於用力之久，而一旦豁然貫通焉，則衆物之表裏精粗無不到，而吾心之全體大用無不明矣。此謂格物，此謂知之至也。」（註一七一）伊川言窮理，只渾說一個工夫，而朱子則分析爲多方面，且偏重在人生界，不離乎日用事物之間，「格物工夫，朱子多就心性情說者，蓋爲察之於身，尤爲親切，吾身萬物之理皆備，自一身推之，萬物之理莫不皆然，非謂只察之於身，而不復推之於物也。」（註一七二）在人心集義上，推擴到宇宙界，窮盡天地間一切萬物之理，故曰：「推尋究竟底道理。」（註一七三）窮理以虛心靜慮爲本，（註一七四）蓋「須養得心地本原虛靜明澈，方能察見幾微，剖析煩亂，而無所差。」（註一七五）又不可頻進，欲速而急，必隨事精察，優遊潛玩，窮之以漸，一事一事上窮盡，理會得多，自當脫然有悟處。故窮理之義，是直接理會，不斷思量，思量到有悟處方可。「若理會一件未得，直須反覆推究研窮，行也思量，坐也思量。早上思量不得，晚間又把出思量；晚間思量不得，明日又思量。如此，豈有不得底道理？」（註一七六）故學問之源頭，本心以窮理，而順理以應物，如身使臂，如臂使指，乃聖門教人之一條平正大道也。

爲學之道，可分爲兩途：一爲由下而上，一爲由上而下，「自下面做上者，便是就事上旋尋個道理，湊合將去，得到上面極處，亦只一理。自上面做下者，先見得個大體，卻自此而觀事物，見其莫不有個當然之理，此所自大本而推之達道也。」（註一七七）以現代術語釋之，前者有似於歸納法，後者則似演繹法。然朱子認爲若會做工夫者，須從大本上理會將去，卽重視演繹法也。窮理之道，一在事物上窮理，一在書本上窮理。事物上窮理，是直接體認；書本上窮理，讀書是假聖人之經驗。要言之，讀書以觀聖賢之意，因聖賢之意，以觀自然之理。（註一七八）「學問就自家身上切要處理會方是，那讀書底已是第二義。自家身上道理都具，不曾外面添得來。然聖人教人，須要讀這書時，蓋爲自家雖有這道理，須是經歷過方得。聖人說底，是他曾經歷過來。」（註一七九）故格物窮理爲首要，而讀書只爲學者第二事。事物上窮理，可稱爲研究法；書本上窮理，可稱爲讀書法也。

朱子講論讀書法甚多，約言之，「讀書之法，循序而漸進，熟讀而精思。循序而漸進者，則意定理明而無疏易凌躐之患矣。熟讀而精思者，熟讀使言皆若出於吾之口，繼以精思，使其意皆若出於吾之心，然後可以有得爾。至於文義有疑，衆說紛錯，則亦虛心靜慮，勿遽取捨於其間，先使一說自爲一說，而隨其意之所之，以驗其通塞。復以衆說互相詰難，而求其理之所安，以考其是非。大抵徐行卻立，處靜觀動，如攻堅木，先其易者而後其節目。如解亂繩，其所不通，則姑置而徐理之，此讀書之法也。」（註一八〇）進修之具體方法，仍重視中庸所言博學、審問、愼思、明辨、篤行五個步驟，特別懸之白鹿洞書院，以爲治學之準繩。讀書先立程限，務要窮究，先尋得一個路徑，然後可以進步，可以觀書，尤「要須耐煩，努力翻了巢穴，譬如煎藥，初煎時須猛著火，待滾了卻退著，以慢火養之，讀書亦須如此。」（註一八一）又「如鍊丹，初時烈火鍛煞，然後漸漸慢火養。……讀書初勤敏，著力子細窮究，後來卻須緩緩溫尋，反復玩味，道理自出。」（註一八二）讀書貴專而不貴博，蓋惟專爲能知其意而得其用，徒博則反苦於雜亂淺略而無所得也。（註一八三）故「讀書切忌貪多，唯少則易以精熟，而學問之得力處，正在於此。」（註一八四）如欲徹底向基本上用功，寧詳毋略，寧下毋高，寧拙毋巧，寧近毋遠，不可躐等，不可草率，下學之功，循次漸進。「少看熟讀，反覆體驗，不必想像計獲，」（註一八五）此爲應謹守之三大要點。精熟之法，須常䟦頭過，口頭運，心頭轉。「凡看書要看了又看，逐段逐句逐字理會，仍參諸解傳，說教通透，使道理與自家心相肯方得。」（註一八六）「讀一遍了，又思量一遍，思量一遍，又讀一遍，讀誦者所以助其思量，常教此心在上面流轉。」（註一八七）反覆看來看去，十分爛熟，仔細體驗，不求速效，一段熟後，再看第二段，須用行思坐想，或將已曉得者，再三思省。讀書不貴多，只貴熟，工夫由熟中出，熟讀沉思，反覆涵泳，著意玩味，方見得義理從文字中迸出，（註一八八）尤其從縫隙處，方尋得道理透徹，脉絡自開。（註一八九）故讀書須讀到不忍捨處，方是見得眞味。（註一九〇）讀到切要處，先以某色筆抹出，再以某色筆抹出，用圈點之前，此乃用筆抹之法也。讀古人之書，將心貼在書本上，「須且虛心靜慮，依傍文義，推尋句脉，看定此句指意，是說何事，略用今人言語襯帖，替換一兩字，說得古人意思出來，先教自家心裏分明歷落，如與古人對面說話，彼此對答，無一言一字不相肯可，此外都無閑雜說話，方是得個入處。」（註一九一）虛心切已，莫先立已意，所謂：「虛着心，大着肚，高着眼，方有少分相應。」（註一九二）讀書「旣先得外面一個皮殼了，又須識得他裏面骨髓，」（註一九三）欲識得內部骨髓，宜力求深度，又須涵泳浹洽，仔細看玩，反覆尋繹，銖積寸累，故口中讀，則心中閑，而義理自出，胸中方有所得。然看人文字，不可隨聲遷就，見得是處方可信，須沉潛玩繹，方有見處。講書無疑者，須教有疑；有疑者，卻要無疑，誠如是，方有長進；有疑不可強斷，姑置之可也。又讀書先宜「收拾此心，令專靜純一，日用動靜間，都無馳走散亂，方始看得文字精審，如此方是有本領。」（註一九四）心旣收拾，方能記得書。然讀書無非存心養性，不可躭着文字。故讀書不可只專就紙上求理義，須反求就自己身上推究，著實操存，要自己日用躬行處著力，密切體認自已身心上理會，所謂窮理反身，而持之以敬，若墮在語言，心實無所得。朱子門人與私淑之徒，會萃朱子平日之訓，而節取其要，定爲讀書法六條，卽「循序漸進，熟讀精思，虛心涵泳，切已體察，著緊用力，居敬持志」二十四個字，（註一九五）此綜述其讀書之法也。

至於研究法，朱子所言，頗暗合近代思想方法，約言之，有如下數端：第一、先立志，「問爲學工夫以何爲先？曰：亦不過如前所說，在人自立志，旣知這道理，辨得堅固心，一味向前，何患不進，只患立志不堅。」（註一九六）「立志不定，如何讀書？」（註一九七）「立志要如飢渴之於飲食，才有悠悠，便是志不立。」（註一九八）「學者立志，須教勇猛，自當有進。志不足以有爲，此學者之大病。」（註一九九）夫志不立，心爲氣所動，志氣既立，思慮凝靜，順義理做去，則學問可以次第著力。第二、要收拾放心，將心放在腔子裏，心存，一身方有主宰。自己既收拾此心，注意向前，則精神集中，然後可以着手去窮理，不用自己心，何能向物上求一般道理？「學者爲學，專問眞知與力行，且要收拾此心，令有箇頓放處，若收斂都在義理上安頓，無許多胡思亂想，則久久自於物欲上輕，於義理上重。」（註二〇〇）但收斂放心，必要做工夫，「收放心，且收斂得箇根基，方可以做工夫。若但收放心，不做工夫，則如近日江西所說，則是守箇死物事。」（註二〇一）第三、要放濶心胸使天下事物無一不在我所窮究範圍之中，平去看通透後，自能應變。「須如僧家行脚，接四方之賢士，察四方之事情，覽山川之形勢，觀古今興亡治亂得失之迹，這道理方見得周徧。」（註二〇二）「自古無不曉事情底聖賢，亦無不通變底聖賢，亦無關門獨坐底聖賢。」（註二〇三）故下學只是放濶去做，研究時要作一遠大計劃，兼收並蓄，不可囿於一方，所謂「萃百工然後觀化工之神，聚衆材然後知作室之用。」（註二〇四）第四、要脚踏實地，從一件一件逐漸理會，不可貪多，今日理會一件，明日又理會一件，融釋得多，日久自然融會貫通。（註二〇五）第六、大頭腦處要分明，找得一類事物之要點，用切實工夫努力一番，識得道理源頭，便是地盤，得着一個要領，一個規模，再來仔細修改。「若是尋究得這箇道理，自然頭頭有個着落，貫通浹洽，各有條理。」（註二〇六）「既先有個立脚處，又能由此推考證驗，則其胸中萬理洞然，通透活絡，而其立處自不費力，而愈堅牢開闢矣。」（註二〇七）夫大本不立，小規不正，故「爲學，須先立得箇大腔當了，卻旋去裏面修治壁落，教綿密。今人多是未曾知箇大規模，先去修治得一間半房，所以不濟事。」(註二〇八)第六、爲學要有懷疑，「始讀未知有疑，次則漸漸有疑，中則節節是疑，過了這一番後，疑漸漸解，以至融會貫通，都無所疑，方始是學」；「已覺悟了，別無所疑，便是信。」(註二〇九)第七、更要多方證驗，看能否通達可靠。「這道理，須是見得是如此了，驗之於物若如此，驗之吾身又如此，以至見天下道理皆端的如此了，方得如某所見。」(註二一〇)研究學問所持最重要之態度尚有三點：(一)爲學須要放開胸次，令其平易廣濶，方可徐徐旋看道理，浸灌培養，(註二一一)又從大處著力，「譬如煉丹，須是將百十斤炭火煅一餉，方好用微微火，養教成就。」(註二一二)(二)讀書須如酷吏用法，要深刻，要縝密，不留絲毫人情，銖較寸度，千盤百詰，攻之使其體無完膚方罷休。「爲學須是裂破藩籬痛底做去，所謂一杖一條痕，一摑一掌血，使之歷歷落落，分明開去，莫要含糊。」(註二一三)(三)學問須要大進一番，方是有益。(註二一四)每學一件事情，須用一番苦工，下全副精神拼命作去，「爲學極要求把篙處着力，到工夫要斷絕處又更增工夫，着力不放令倒，方是向進處。」(註二一五)學者悠悠是大病，「散漫不恁地勇猛，恐度了日子，須著火急痛切意思，嚴了期限，趲了工夫，辦幾個月日氣力去攻破一過，便就裏面旋旋涵養，如攻寨，須出萬死一生之計，攻破了關限始得。」(註二一六)故爲學不進，只是不勇，越遇到困難，越要努力；越感覺無味，越要致思，至於羣疑並興，寢食俱廢，乃能驟進。如兩軍對陣，擂起戰鼓，莫問前頭如何，只猛衝過去，大殺一番，方是善勝，爲學之要，亦是如此。此番苦工用過，猛進一番，將一個大處攻破，以後自然迎刃而解。要言之，「小作課程，大施工力，」(註二一七)常常思量，勿先責效。寬着心，以見其規模之大，又要緊着心，以察其文理之細密。此卽開闢中又著細密，寬緩中又著謹嚴。(註二一八)人雖聰明，要做遲鈍工夫始得，寬着期限，緊着課程，爲學愈細密，愈廣大；愈謹確，愈高明，要剛毅果決做去，悠悠不濟事。做到純熟，貫通是無所不通，一喚便在目前，卽爲治學之法也。

修養工夫　朱子解釋修養工夫，與伊川相同。修養之目標爲仁。仁是包含諸德，心常敬，則常仁，「故語心之德，雖其總攝貫通，無所不備，然一言以蔽之，則曰仁而已矣。……仁之爲道，乃天地生物之心，卽物而在，情之未發，而此體已具；情之既發，而其用不窮。誠能體而存之，則衆善之源，百行之本，莫不在是。」(註二一九)然須持敬，方以致求仁之功，故修養之道，以敬爲主也。敬字工夫，乃聖門第一義，存養之要法，徹頭徹尾，盡量發揮與運用，不可須臾間斷。敬則萬理具在，爲萬善根本，涵養省察，格物致知，種種工夫，皆從此出，方有依據。(註二二〇)然敬是一抽象名詞，極難名其狀，只胸中常有此意。曰主一，曰心有主宰，守此而不易，以像其體。曰直內，曰要回頭看，以明其位。曰竦然如有所畏，心常惺惺，以像其意。敬既不易以名狀，而把捉最爲重要，謂之持敬。收斂身心，整齊純一，讀書心在書，做事心在事，執持不放縱便是敬。持敬之法，姿態方面，整齊莊敬，嚴威儼恪，動容貌，整思慮，正衣冠，尊瞻視，而加功焉，則身心肅然，表裏如一矣。(註二二一)行爲方面，若覺言語多，便須簡默；意志疏濶，則加細密；輕浮淺易，便須深沉重厚。持敬當以靜爲主，然靜並非教人閉門靜坐，萬慮休置之謂，而爲收斂此心，莫令走作閑思慮，則此心湛然無事，自然專一，靜時能存其心，動時順理而應，與坐禪之斷絕思慮不同。(註二三二)故敬者，乃心地純一而不雜，精神凝聚而不散，神氣淸明而不昧，隨事專一謹畏而不放逸之一種狀態。能保持此種狀態，即爲主敬工夫。然敬有死敬，有活敬，若只守着主一之敬，遇事不濟之以義，辨其是非則不活。(註二三三)學者能持敬，此心此理，「隨處提撕，隨處收拾，隨時體究，隨時討論，但使一日之間，整頓得三五次，理會得三五事，則日積月累，自然純熟，自然光明矣。」(註二三四)

主敬作用，既爲收放心，即收拾自己之精銳，但如何始能做到此步工夫？一是「當下認取」，二是「隨時喚醒」。所謂「當下認取」者，人一遇到良心發現時，即善端萌芽，須於此時當下認取，緊緊握住，如此涵養下去，得到自己良好意思，日長月益，則天理自然純固，向之所謂私欲者，自然消磨退散，久之不復萌動，此謂之持養。所謂「隨時喚醒」者，以爲本心之所以放，因受不良環境所習染，平日逐物循欲，弄得精神昏昧，不知有此心，如人困睡不知有此身然；雖不知有此心，但此心未嘗不在，只要剪截浮泛思慮，略一提醒，則心便在此，即可轉爲淸明，所以「學者工夫，只在喚醒上，」此謂之體察。持養與體察並進，方成修養之全功。有事時如此，無事時亦當如此，凡行坐讀書以至應接事物，無不如此。小大不懈，動靜咸養，良心未有不發現，天理未有不純固者也。主敬存養，必有事焉，有事必做工夫。故朱子之修養工夫——求放心工夫，並非消極防欲，而是積極長善；不是向寂寞空虛處用功，而要從人生日用上着手，尤其從近處做起，成己方能成物。故「虛心順理」，學者當守此四字。(註二三五)此脚踏實地之主敬修養，與禪家之明心見性者有別。朱子之主敬工夫，雖本於程伊川，而所言求放心之道，則較伊川尤爲詳密焉。

夫居敬持志，即所以存心。要存得此心，然後爲學。譬如燒火相似，先吹發火，然後加薪，則火明矣。若先加薪而後吹火，則火滅矣。故凡事應從心上理會起。（註二二六）「所謂存心者，或讀書以求義理，或分別是非以求至當之歸，只那所求之心，便是已存之心，遇無事則靜坐，有書則讀書，以致接物處事，常教此心光瞻瞻地，便是存心。」（註二二七）存得此心，方能窮理，讀書致精，亦在於此心。「心之爲物，至虛至靈，神妙不測，常爲一身之主，以提萬事之綱，而不可有頃刻之不存者也。一不自覺，而馳騖飛揚，以徇物欲於軀殼之外，則一身無主，萬事無綱，雖其俯仰盼顧之間，蓋已不自覺其身之所在，而況能反覆聖言參考事物以求義理至當之歸乎？……誠能嚴恭寅畏，常存此心，使其終日儼然，不爲物欲之所侵亂，則以之讀書，以之觀理，將無所往而不通；以之應事，以之接物，將無所處而不當矣。」（註二二八）存心亦所以養心，心要養得虛明專靜，爲窮理之本。故先涵養然後窮得理。「涵養工夫，如一粒菜子，中間含許多生意，亦須是培壅澆灌方得成不成，說道有那種子在此，只待他自然生根生苗去，若只見道理如此，便要受用去，則一日止如一日，一年止如一年，不會長進，正如菜子無糞去培壅，無水去澆灌也。須是更將語孟中庸大學道理來涵養。」（註二二九）先做涵養工夫，生敬主一，然後可以窮理，蓋涵養與窮理，二者不可廢一，如車兩輪，如鳥兩翼。（註二三〇）「涵養中自有窮理工夫，窮其所養之理；窮理中自有涵養工夫，養其所窮之理，兩項都不相離。」（註二三一）故主敬窮理雖二端，其實一本。能窮理則居敬工夫日益進，能居敬則窮理工夫日益密，此又互相發明也。

朱子謂：「大抵學問只有兩途，致知與力行而已。」(註二三二)儒者論事，須要眞實，「知要知箇是處，知箇徹底，見得徹，見得是，則心方有所主。」(註二三三)未知者非敬無以知，已知者非敬無以守。聖賢說知，便說行，(註二三四)講行便包含知字。不明道理而行，謂之硬行。「爲學之實，固在踐履，苟徒知而不行，誠與不學無異。然欲行而未明於理，則所踐履者，又未知其果何事也。」(註二三五)知與行同樣重要，故致知力行，用功不可偏，「學之之博，未若知之之要；知之之要，未若行之之實；」(註二三六)「知行常相須，如目無足不行，足無目不見。論先後，知爲先；論輕重，行爲重。」(註二三七)此知行之關係，亦由涵養與窮理而生，原屬一貫者也。

第八節 張栻

張栻，字敬夫，一字樂齋，號南軒，廣漢人，遷於衡陽，丞相浚子也。生有異質，穎悟夙成，浚愛之，自幼學所教，莫非仁義忠孝之實。長師五峯胡宏；宏一見，知其大器，即以孔門論仁親切之旨教之。栻退而思，若有得也，以書質焉，宏稱之曰：「聖門有人，吾道幸矣！」栻益自奮厲，以聖賢自期，作希顏錄一篇（失佚），早夜觀省，以自警策。紹興間，浚出督，辟宣撫司都督府書寫機宜文字，除直秘閣。孝宗新即位，慨然以奮伐仇虜，克復神州爲己任。浚起謫籍，受重寄，開府治戎，參佐皆一時之選。栻年將三十，以少年周旋其間，內贊密謀，外參庶務，其所綜畫，幕府諸人，皆自以爲不及也。已而浚沒，時金兵入淮甸，中外大震，廟堂猶主和議，栻營葬甫畢，即拜疏力主誓不言和，專務自強，疏入不報。長沙郴桂帥守劉珙薦於朝，除知撫州，改知嚴州。時宰相虞允文以恢復自任，意栻素論當與己合，數遣人致殷勤，栻不答，入奏以明大義正人心爲本。明年，召爲吏部侍郎兼侍講，經筵開，以詩入侍。以奏言侃直，復論爲講官，冀時得晤語也。召對至六七，好直言極諫，所言大抵皆修身務學，畏天恤民，抑僥倖，屏讒諛。然宮庭講學，不及一年，與宰相意見不合，出知袁州。淳熙改元，退而家居數年，正爲其專心講學之時期。孝宗復念之，詔除舊職，知靜江府，經略安撫廣南西路，興革利病，境內清正，諸蠻感悅，方外柔服。治聞，詔特進秩，直寶文閣，尋除秘閣修撰，荊湖北路轉運副使，改知江陵府，安撫本路。湖北多盜，一日去貪吏十四人，首劾大吏之縱賊者，捕斬姦民之舍賊者，羣盜皆遁去。獎勵義勇，修理戎政，一路肅清，居民始安。後以不得其職，病請求去，詔以右文殿修撰提舉武夷山冲佑觀，未及拜命，淳熙七年卒於江陵，時年四十八。孝宗聞之，深爲嗟悼，四方賢士大夫咸惜之。朱熹聞耗，哀痛異常，曰：「南軒云亡，吾道益孤！」（註三八）

栻爲人坦蕩明白，表裏洞然，詣理既精，信道又篤，樂於聞道，而勇於徙義，無毫髮滯吝意。少年受學於胡五峯，中年又與朱晦庵呂伯恭諸人交遊，學問之砥礪益切，故成就較其師爲純粹，蓋稟質優異，爲人明快，頗類程明道型。朱晦庵嘗言己之學乃銖積寸累而成，如敬夫則於大本卓然先有見者也。故「敬夫高明，他將謂人都似他，纔一說時，便更不問人曉會與否，且要說盡他箇，故他門人敏底，祇學得他說話，若資質不逮，依舊無著摸。某則性鈍，讀書極是辛苦，故尋常與人言，多不敢爲高遠之論，蓋爲是身曾親經歷過，故不敢以是責人爾。」(註二三九)所至郡，必葺其學，於靜江文特盛，暇日召諸生與之講學不倦，民以事至庭中者，必隨事開曉，且爲條教，擇耆艾爲鄉老，授之夏楚，使以條教訓其子弟，大抵以正禮俗明倫紀爲先。劉珙曾修潭州嶽麓書院，養士數十人，延其掌教，故其門人，以湘湖籍爲多。湖南學風，當時最盛，然大端發露，無從容不迫氣象，(註二四〇)自南軒出與朱子講論於其間，去短集長，方歸於平正。栻大抵以其天才類型教人，學者領會不深，故湘學亦終不傳也。(註二四一)

教育要旨　南軒先生平日教人，只是言下學，言漸進，言格物致知。教育要旨，注重致知力行，故曰：「考聖人之教人，固不越乎致知力行之大端，患在人不知所用力耳，莫非致知也。日用之間，事之所遇，物之所觸，思之所起，以至於讀書考古，苟知所用力，則莫非吾格物之妙也。其爲力行也，豈但見於孝悌忠信之所發，行於事而後爲行乎？自息養瞬存，以至於三千三百之間，皆合內外之實也。行之力則知愈進，知之深則行愈達，區區誠有見乎此也。」(註二四二)「知有精粗，行有淺深，然知常在先，固有知之而不能行者矣，未有不知而能行者也。」(註二四三)致知以達其行，力行以精其知，以知行並進，爲教育之全功，天理可得而明，氣質可得而化也。故其論小學以灑掃應對爲始，論大學以格物致知爲要，既非空虛，又不操切，是切於人倫日用循序漸進，而合於儒家之教範。

教育之要旨既如此，其着手處只從下學用功。能充份下學，自能上達，所謂「聖人教人以下學之事，下學工夫寖密，則所爲上達者愈深——非下學之外，又別有上達之功也。致知力行，皆是下學，此其意味深遠而無窮，非驚怪恍惚者比也。」（註二四四）下學爲實理，讀書做事爲人，皆須向此用力。欲致力於下學工夫：第一，要從近處做起，逐步前進，自可達於遠大，所謂「學之用極天地，而其端不遠乎視聽食息之間。識其端，則大體可求；明其體，則妙用可充。」（註二四五）第二，要向密處用力，凡事須以分析之頭腦，沉潛縝密，優遊涵泳，使表裏透徹，無一毫含混，方爲深造有得，否則只求速效，或專講皮毛，無大用處。所謂「力貴於壯，而工夫貴於密；若工夫不密，雖勝於暫，而終不能持於久而銷其端。」（註二四六）第三，自博而趨約，若只顧博取而不守之以約，終是頭緒紛繁，難得一貫之道，所謂「旁觀博取之時，須常存趨約之意，庶不至溺心。」（註二四七）但其全部工夫，則在循序漸進，由近以及遠，由粗以及精，始終條理，一毫潦草不得，以漸而至，學之方也。「今學者未循其序，遽欲識大本，則是先起求獲之心，只是想象模量，終非其實，要須居敬窮理工夫，日積月累，則意味自覺無窮，於大本當漸瑩然。大抵聖人教人，具有先後始終，學者存任重道遠之意，切戒欲速也。」（註二四八）故脚踏實地，循序漸進，爲其治學之規矩焉。

朱晦庵謂：「公之教人，必使之先有以察乎義利之間，而後明理居敬，以造其極。其剖析精明，傾倒切至，必竭兩端而後已。」（註二四九）此卽言南軒先生平日教人，必先令其頭腦清明，能辨別義利，所謂學莫先於義利之辨，然後告以窮理居敬之功，以求深造。呂東萊謂：「張荊州教人以聖賢語言見之行事，因行事復求之聖賢語言。」（註二五〇）此卽謂其教學生，要本着知識以施於行爲，再由行為以證實知識，此又是致知力行工夫，亦是知行互進之工夫。「是以古人之教，有小學，有大學，自灑掃應對而上，使之循循而進，而所謂格物致知者，可以由是而施焉。」(註二五一)格物窮理，乃上達之功，亦正學者下工夫處。格至也，格物者至極其理也。「理有會有通，會而為一，通則有萬，釐分縷析，各有攸當，而後所謂一貫者，非溟涬臆度矣，此學所以貴乎窮理。」(註二五二)

修養工夫　修養之目的，在去人欲而復天理，即克己復禮之意。要達到此目的，須先對於理欲二字認識清楚，即辨明義利之別。要認清理欲，固須玩索，涵泳栽培，必使心在焉。但如何使心常在，則有賴於居敬工夫。敬者心之道，故南軒先生之修養論，師承伊川道統，以居敬為主，不過增加「持養省察」四字。以主一釋敬，所謂主一，即「心在焉」，操則存，舍則亡之意。凡作一事，將全心全力放在此事上，不稍渙散，不稍間斷，一而不二，純而不雜，方謂之敬。故曰：「主一之謂敬，敬是敬此者也。」(註二五三)南軒先生嘗謂：「一二年來，頗專於敬字上勉力，愈覺周子主靜之意為有味，」(註二五四)但不教人默坐澄心，只是主一。心宰事物，居敬只是精神專注之一種態度，「須思此事時，只思此事；做此事時，只做此事。」(註二五五)所謂事者，不外視聽食息，生活既不能一刻間斷視聽食息，即無時不有居敬工夫。且更要無事時涵養此種態度，至有事時心纔專一。心專一便是敬，並非以敬治心，敬是養者也。專一工夫積累多，自然體察有力，而非靠語言上苦思。由此言之，居敬是修養工夫，持養省察，又是居敬工夫也。

持養卽存養，收拾已放之心，保持而涵養之，使無散失，且得到敬之自然及理之純全。省察當先於涵養，是時時反省體驗，看存養工夫到何種程度，有何錯誤，是輔助持養而爲最得力吃緊者也。故其致朱晦庵書曰：「大要持養，是本省察，所以成其持養之功者也。」(註二五六)持養省察之功，固當並進，然以持養爲本。平日能講求居敬工夫，無事時如此涵養，有事時切切省察，兩者並進，使此心常在而不亡，得到天理純全，則其所流露者自然順乎天理，合乎人情，不致爲私欲所蔽惑矣。且能居敬，則心有主宰，自無思慮紛擾之患；能居敬，則氣度適中，收斂而不失於拘迫，從容而不失於悠緩。況居敬有力，則其所窮者益精；窮理寖明，則其所居者益有地，二者又互相發明也。(註二五七)

第九節　呂祖謙（一一三七—一一八一）

呂祖謙，字伯恭，其先爲河東人，後從壽春。六世祖公著，自壽春徙開封；曾祖東萊郡侯好問，始居婺州（今浙江金華縣），遂爲浙江人。祖謙之學，本之家庭，從祖本中，少從游酢、楊時、尹焞遊，世稱大東萊先生。諸呂從來富貴，有中原文獻之傳。祖謙既長，又從林之奇（本中門人）、汪應辰（張九成門人，九成又受學於楊時，而應辰亦嘗從呂本中胡安國遊）、胡憲（安國門人）遊，故學有淵源。以蔭補將仕郎，二十七歲登隆興元年進士第，又中博學宏詞科。丁內艱，居明招山，四方之士爭趨之。乾道五年，除太學博士，兼管嚴州教授。此時嚴州守張栻，長祖謙五歲，學問已有成就，祖謙得其指點不少。六年，孝宗復召爲博士，兼國史院編修官，實錄院檢討官。輪對，勉孝宗留意聖學，且言恢復大事也，規模當定，方略當審。七年，改任左教郎，召試館職。八年，充禮部試官。父憂免喪，主管台州崇道觀。越三年，除秘書郎，國史院編修官，實錄院檢討官，重修徽宗實錄，書成，進秩，面對言曰：「願陛下虛心以求天下之士，執要以總萬事之機，勿以圖任或誤，而謂人多可疑；勿以聰明獨高，而謂智足徧察。勿詳於小而忘遠大之計；勿忽於近而忘壅蔽之萌。」遷著作郎，以末疾請祠歸，奉旨編成皇朝文鑑一百五十卷。詔除直秘閣，尋亦管武夷冲佑觀。明年，除著作郎，不就，添差浙東帥議，亦不就。主管明道宮，臥病三年，於淳熙八年卒，年五十四。朱晦庵在其墓碑上親題曰：「宋東萊先生呂伯恭之墓」，後世遂稱爲東萊先生。

東萊先生爲人，德宇寬洪，識量閎廓，恬淡寡欲，大智若愚。呂氏家法，因久享盛名，重斂芒守拙，安心讀書，養成寬大和順之風。朱晦庵謂：「呂家之學，大率在於儒禪之間，習典故，」（註二五八）故其學問，所長在史學，不在道學，宋史列其入儒林，晦翁目之爲博雅。服官二十年，以充職史事較久，其餘多爲敎育生活。晚雖臥疾，其任重道遠之意不衰。講學會友之地爲在金華城東之麗澤書院，設帳於此者前後八九年，其中以乾道二年及八年兩次丁艱時所講授時間最長，門下生徒，幾番謝遣，幾番又復集。其講授之學旨、方法、及生徒之訓育，亦具見於此。與晦庵、南軒極友善，朱陸文字之爭，東萊平心靜氣，通融回互，後旁調停，欲漸化其偏。但此種態度，晦庵詆之爲無奮發意思，南軒誠之恐頹墮少精神。惜其早逝，晦庵遂日與人苦爭，而緩衝無人。故其卒也，晦庵祭之曰：「往歲已奪吾敬夫，今者伯恭胡爲又至於不淑耶？道學將誰使之振，君德將誰使之復，後生將誰使之誨、斯民將誰使之福耶？經說將誰使之繼、事記將誰使之續耶？若我之愚則病將孰爲之箴、而過將孰爲之督耶？然則伯恭之亡，曷爲而不使我失聲而驚呼號天而慟哭耶？」（註二五九）東萊守其家風，平生不立崖異，不露鋒芒，勇於論理，愼於自處，常以講學爲事，以昌明正學轉移風俗爲己任。對於獎掖後生，不讓於時賢，故及門弟子遍天下，是一態度誠懇氣象溫和之教育家也。（註二六〇）

教育要旨　東萊先生對於教育之宗旨，從個人方面言，當在變化氣質，恢復本來之善性；從社會方面言，在昌明正學，轉移風俗。前者以孝悌忠信，明理躬行爲教育之中心。後者所謂正學，孔孟之學也，昌明正學，卽昌明儒家之學術也。彼嘗對晦庵言：「邪說詖行，辭而闢之，誠今日任此道者之責。竊嘗謂異端之不息，由正學之不明，此盛彼衰，互相消長，莫若盡力於此。此道光明盛大，則彼之消鑠無日矣。」（註二六一）風俗可以轉移，見諸其對生徒之言：「竊嘗思時事所以艱難，風俗所以磽薄，推其病源，皆由講學不明之故。若使講學者多，其達也自上而下，爲勢固易；雖不幸皆窮，然善類既多，氣燄必大，亦可薰蒸上騰，而有轉移之理矣。」（註二六二）夫欲昌明正學，轉移風俗，自然有賴於講學；講學既盛，培養人才必多。由是善人衆，講學益興，造成一種風氣，正學昌明，異端消匿，風俗自然淳厚，而時事之艱難亦可救矣。

東萊先生論爲學，「切要工夫莫如就實，深體力行，乃知此兩字，甚難而有味也。」（註二六三）故爲學範圍，非只限於講論之際，「聞街談巷語，句句皆有可聽；見輿臺皂隸，人人皆有可取；」（註二六四）「坐談常覺從容，臨事常覺迫切，乃知學問無窮，當益思所未至。」（註二六五）社會生活之全部經驗，可列爲教育之內容。教育要切於實際，「以此見古人之爲學，十分之中，九分是動容周旋灑掃應對，一分在誦說。今之學者全在誦說，入耳出口，了無涵蓄工夫，所謂道聽塗說，德之棄也。」（註二六六）教育卽日常生活，學生從日常生活——飲食、衣服、居處、言語四事做起，教者以此相教，學者以此體察，再進而研究高深學理，亦不離此四者，所謂「中庸大學，只是此道，」（註二六七）蓋「人須當做一個人，則爲學是合做底事。」（註二六八）如拋開日常生活不講，而專在故紙堆中用工夫，誦說雖多，全無用處；誦說愈多，則與實際生活相距愈遠，結果徒造就書獃而已。又平日未嘗在實地體驗，而徒在書本熟讀精究，卽出而服官行事，當然捍格不入。故曰：「前旣教（國子）以三德三行，以立其根本；根本旣立，固是綱舉而目張，然又須教以國政，使之通達治體。古之公卿，皆自幼時便教養之，以爲異日之用。今日之子弟，卽他日之公卿，故國政之有中者則教之以爲法，不幸而國政之或失，則教之以爲戒。又教之以如何整救，如何措劃，使之洞曉國家之本末源委，然後用之他日，皆良公卿也。」（註二六九）夫欲培養某一種人才，就應施以某一種教育，更要與當時實際情形相合，方有用處。至於訓練之類型，在淳厚篤實，正髣髴其爲人，故曰：「後世人所見不明，或反以輕捷便利爲可喜，淳厚篤實爲遲鈍，不知此是君子小人分處。一切所見所爲，淳厚者雖常居後，輕捷者雖常居先，然一乃進而爲君子之路，一乃小人之門。而淳厚之資或反自恨不如輕捷者，而與之角，則非徒不能及之，祗自害耳。」（註二七〇）教育只有兩條路：從淳厚之路可進而爲君子，貪輕捷之路，便是小人。淳厚篤實就是仁者，唯仁者纔是生，不仁者便是死。所以一切人間趣味，萬物生意，宇宙流行，莫不由淳厚之人而發生，而表現，而存在。故初學唯以樸實篤信爲主，學生訓練，「要須帥之以正，開之以漸，先淳厚篤實，而後辨慧敏銳，則歲晏刈穫，必有倍收。」（註二七一）欲養成淳厚篤實，必須從克己上做工夫，應事接物，步步皆當體驗，精察公私之辨，深思欠闕之處，如處憂患，退一步思量，斂藏收養，無愧於心，整頓就實。此忠厚之敎，於讀史頗有關係，多識前言往行，反覆涵泳，氣味自厚。「大抵忠厚醇篤之風衰，緣前言往行斷絕。令之學者，所以磽薄，緣先生長者之說不聞。今之學者，若能以此意反覆思之，則古人之氣味，庶乎其猶可續也。」（註二七二）然而爲學，必須立志，「今世學者，病不在弱，只是小，」（註二七三）其病小，由於志不立；志不立，則器量狹小，固難得入道之門，而一經患難，愈見消沮，故敎育學生，應敎其以立志爲先。倘能立志，至於大道，以聖人自期，（註二七四）培養出來者自然是大器。

學習與敎授　學習之原則，登高自卑，仍重下學工夫。「欲窮理而不循理，欲精義而不徙義，欲資深而不習察，吾未知其可也。」（註二七五）然爲學當以收斂操存公平體察爲主，愼思明辨，工失精切，不可徒恃資質，泛漫悠悠。故「靜多於動，踐履多於發明，涵養多於講說，讀經多於讀史，工夫如此，然後可久可大。」（註二七六）「爲學須是以聖人爲準的，步步踏實地，所以謂學不躐等。」（註二七七）學習之法，應注意者有如下數端：第一、求學要切實際，在日常生活上用力，不可令虛聲多，實事少。「且如人二三十年讀聖人書，及一旦遇事，便與閭巷人無異，或有一聽老成人之語，便能終身服膺，豈老成人之言過於六經哉？只緣讀書不作有用看故也。」（註二七八）學者宜注意點檢日用工夫，躬行實踐，而不必偏重於推求言語工夫。第二、求學須泛觀廣接，卽虛懷接納，集思廣益之意，「近日思得吾儕所以不進者，只緣多喜與同臭味者處，殊欠泛觀廣接，故於物情事理，多所未察，而根本滲漏處，往往鹵莽不見，須要力去此病方可。」(註二七九) 第三、爲學須有懷疑精神，讀書無疑，徇於偏見，安於小成，是不曾理會，用功不實，是以先有成心，則難求進步。「故成心存，則自處以不疑；成心亡，然後知所疑矣。小疑必小進，大疑必大進，蓋疑者不安於故，而進於新者也。」(註二八〇) 第四、求學貴創造，要獨立研究，自闢門徑，「今之爲學，自初至長，多隨所習熟者爲之，皆不出窠臼外，惟出窠臼外，然後有功。」(註二八一) 第五、爲學須凝聚停蓄，專心致志，一鼓作氣，不可有間斷。間斷便非學，所謂再而衰，(註二八二) 誠以散漫歇滅，學者同病也。第六、「爲學工夫，涵泳漸漬，玩養之久，釋然心解，平帖的確，乃爲有得。」(註二八三) 涵泳者仔細讀書之異名，思索不至於苦，玩養不至於慢，涵泳之功也。第七、爲學當驗轉變，以考事切。「近思爲學，必須於平日氣稟資質上驗之，如滯固者疏通，顧慮者坦蕩，智巧者易直，苟未如此轉變，是未得力耳。」(註二八四) 學能變化氣質，始可言進益也。

敎授方法，根據學生之氣質，隨其強弱緩急而施敎。學者當視變化氣質而用力，「大凡人之爲學，最當於矯揉氣質上做工夫，如懦者當強，急者當緩，視其偏而用力焉。」(註二八五) 敎者亦須依學生之個性程度及心理而分別授業，「學者氣質各有利鈍，工夫各有淺深，要是不可限以一律，正須隨根性，識時節，箴之中其病，發之當其可，乃善固有，恐其無所向望而先示以蹊徑者，亦有以待其憤悱而後啓之者，全在斟酌也。」(註二八六) 講說固不厭詳，但有時不可過詳；講說過詳，反易養成怠惰之病，所謂「講論形容之語，故欲指得分明，卻恐緣指出分明，學者便有容易領略之病，而少涵泳玩索之工，其原殆不可不謹也。」（註二八七）此則欲使學生自動研究之一法。讀書不可雜，尤不可失於穿鑿，得其益便止。教材注重五經及禮樂，而歷史多識前言往行——察言以求其心，考迹以觀其用，亦屬重要。看經書須識其大綱，觀史先自書始，然後次及左傳、通鑑。讀史之法，「當如身在其中，見事之利害，時之禍患，必掩卷自思，使我遇此等事，當作如何處之。如此觀史，學問方可以進，知識亦可以高，方爲有益。」（註二八八）「看史須看一半便掩卷，料其後成敗如何，其大要有六：擇善、警戒、閫範、治體、議論、處事。」（註二八九）此蓋重經驗效用而治史也。

修養工夫　東萊先生重實學，論修養雖不及程朱之精詳，但操存省察工夫，亦無二致。爲學以立志爲先，持敬爲本。「敬之一字，乃學者入道之門。敬也者，純一不雜之謂也，事在此而心在彼，安能體得敬乎？」「只是一個敬字，隨大小都用得。」（註二九〇）初學須從整齊收斂上做工夫。心是活動，流而不息，主宰者謂之心，工夫須從心上做。「善學者之於心，治其亂，收其放，明其蔽，安其危，守之必嚴，執之必定，少怠而縱之，則存者亡矣。」（註二九一）心主於居敬，當注意持養與察識兩端：「持養之久，則氣漸和，氣和則溫裕婉順，望之者意消忿解，而無招拂取怒之患矣。體察之久，則理漸明，理明則諷導詳款，聽之者心諭慮移，則無起爭見隙之患矣。更須參觀物理，深察人情，體之以身，揆之以時，則無偏弊之失也。」（註二九二）持養之功，常常提起，自有精神。持養察識之功，要當並進，更當於事事物物，試驗學力，若有窒礙齟齬處，卽深求病源所在而鋤去之。（註二九三）持養察識做到透徹，胸次常安平和豫，眼前放寬，則事至，應之自皆中節。知行問題，「知猶識路，行猶進步，」此語解釋最明白。「致知力行非兩事，力行亦可以致知，」(註二九四)則與晦庵意旨相近焉。

第十節　陸九淵

陸九淵，字子靜，自號存齋，撫州金谿人。父賀，以學行爲里人所宗，生子六人，曰九思（子強），九敘（子儀），九皐（子昭），九韶（子美，講學梭山，號梭山居士），九齡（子壽，學者稱復齋先生），九淵其季者也。九韶寬和凝重，九齡深沉周謹，九淵則光明俊偉，號江西三陸。三子之學，九韶啓之，九齡昌之，九淵成之。昆季六人，除九思封從政郎，九敘經營生產外，其餘四人，皆爲敎育家，而九淵且爲當時思想最明徹之道學家也。

九淵生而天賦甚高，出語驚人。三四歲時，問其父天地何所窮際，父奇之。八歲，聞人誦伊川語，自覺若傷我者。嘗曰：「伊川之言，奚爲與孔子孟子之言不類？」初讀論語，即疑有子之言支離。十三歲讀古書，至宇宙二字，釋作四方上下曰宇，往古來今曰宙，忽大省悟而下一斷語曰：「宇宙內事，乃已分內事；已分內事，乃宇宙內事。」又嘗曰：「東海有聖人出焉，此心同也，此理同也。西海有聖人出焉，此心同也，此理同也。南海北海有聖人出焉，此心同也，此理同也。千百世之上有聖人出焉，此心同也，此理同也。千百世之下有聖人出焉，此心同也，此理同也。」學無師承，閉門苦修，又因處大家庭生活，在人情物理上做過一番工夫，眞切磨鍊與了解，遂養成一種獨特之精神。乾道八年，三十四歲登進士第。時已負盛名，始至行都，士爭從其遊，言論感發，聞而興起者甚衆，且能知其心術之微，言中其情，或至汗下。有懷於中而不能自曉者，爲之條析其故，悉如其心；亦有相去千里，素無雅故，聞其概而盡得其爲人。嘗語學者曰：「念慮之不正者，頃刻而知之，即可以正；念慮之正者，頃刻而失之，即爲不正。有可以形迹觀者，有不可以形迹觀者，必以形迹觀人，則不足以知人；必以形迹繩人，則不足以教人。」此其以心學顯，破學者窟宅矣。淳熙元年，授隆興靖安縣主簿。二年，與呂祖謙朱熹有鵝湖之會。丁母憂，服闋，六年，調崇安。九年，以侍從薦，除國子正，遷敕令所删定官。輪對，除將作監丞，爲給事中王信疏駁，詔主管台州崇道觀。既還鄉，學者輻輳，時鄉曲長老，亦俯首聽誨，每詣城邑，環坐率二三百人，至不能容，徙寺觀，縣官爲設講席於學宮，聽者溢塞塗巷，從遊之盛，未見有此。紹熙二年，除知荆門軍，以其平日所學，施之於政，百廢俱興，致力於正人心，吏民感化，郡大治，丞相周必大遂有「荆門之政，於以驗躬行之效」之譽。荆門素無城壁，且爲四戰之地，遂議築之，自是民無邊憂。並修建郡學貢院，朔望及暇日，親詣學講授諸生。郡於上元設醮，爲民祈福，九淵乃會吏民講洪範斂福錫民一章以代之，發明人心之善，所以自求多福者。其作官作師，致力於羣衆教育，孜孜不懈焉。三年十二月，以血疾卒於官，年五十四。(註二九五)

九淵於淳熙十三年，四十八歲還鄉，翌年，其門人彭世昌，因遊貴溪應天山，愛其陵高谷邃，林茂泉清，因約諸友建精舍（講堂）、方丈（寢舍），以迎九淵講學。學生相與結廬於精舍之旁，儼然粗具規模之學校也。十五年，易應天山之名爲象山，以其形如象也。講學時間，定於上午，精舍鳴鼓爲號，九淵由方丈乘山轎而至，會揖，升講座，容色粹然，精神烱然。諸生少者亦不下數十百，齋肅無譁。音吐淸響，首誨以收斂精神，涵養德性，虛心聽講，諸生皆俛首拱聽，感激奮厲，無不悅服。諸生時登方丈請訓，和氣可掬，隨其人有所開導，或敎以涵養，或曉以讀書之方，未嘗及閒語。九淵平居或觀書，或撫琴，天氣晴朗則徐步觀瀑，至則高誦經訓，歌楚辭及古詩文，雍容自適，愉焉情趣。每年自二月登山，至九月杪下山歸家，其中或因應酬事故，往來無定。四方學士，來山訪問者逾數千人。九淵從政時間極短，餘皆爲私人講學，尤其設帳於象山五年（自淳熙十四年至紹熙二年），爲其講學時間最長而最具有成績之時期，原欲久居於此，不意有荆門之命。囑傅子雲居山講學，以承其業。其學正大純粹，其敎明白簡易，風靡遠近，影響較朱子爲大。旣卒，運柩歸里，弟子門生奔哭會葬者將達千人。慶元二年，立祠於象山方丈之址，門人每歲於正月九日，登山致祭，世稱爲象山先生。（註二九六）

敎育要旨　陸子對於心性說明，與朱子不同，兩家皆根據孟子所謂：「盡其心者知其性也」一言，而解釋互異。朱子着重後一截，宗伊川性卽理之說，以性爲本。陸子着重前一截，則主張心卽理，以心爲本，「蓋心一心也，理一理也，至當歸一，精義無二，此心此理，實不容有二。故夫子曰：吾道一以貫之。孟子曰：夫道一而已矣。又曰：道二，仁與不仁而已矣。如是則爲仁，反是則爲不仁。仁卽此心也，此理也。」（註二九七）心者無他，卽是理，理無二樣，故心只有一個，縮小可緊藏於身內，放之則充塞乎天地，無時間空間之限制，宇宙與人類一體，有宇宙即有此理，有人類即有此心。「萬物森然於方寸之間，滿心而發，充塞宇宙，無非此理。」(註二九八) 心是主宰，以心解釋宇宙，應天地萬物之變；以心指導人類行爲，用爲道德物理人生日用一切之原則。古往今來，同具此心，即同具此理，蓋心乃天下之同心，理乃天下之公理。聖人與常人，亦同具此心，即同具此理，惟聖人此心常存而能盡，常人則否耳。如能求其放心，收拾精神作內心之主宰，操存而涵養之，惟精惟一，則人皆可以爲聖賢。陸子主張心即理一貫之道，對於情性心才等名詞，皆認爲枝葉，言偶不同，故不多討論。若單純論性，嘗曰：「在天者爲性，在人者爲心，」(註二九九) 仍主張孟子性善說：「人性本善，其不善者遷於物也。知物之爲善，而能自反，則知善者乃吾性之固有；循吾固有而進德，則沛然無他適矣。」(註三〇〇) 此心之良，人所固有，受物欲所蔽則爲惡，誠能自反，物欲蠲除，本性復明，表裏如一，日夕保護灌漑，使之暢茂條達。此爲學者所應做之工夫，亦爲教育入手所必循之門徑。

教育宗旨，在教人盡人道，學做人：「人生天地間，爲人自當盡人道。學者所以爲學，學爲人而已，非有爲也。」(註三〇一) 「須思量天地之所以與我者是甚底？爲復是要做人否？理會得這個明白，然後方可謂之學問。」(註三〇二) 人置身於天地之間，即不識一字，亦應堂堂正正做人，若不好好做人，豈不辜負此生？「上是天，下是地，人居其間，須是做得人方不枉。」(註三〇三) 但如欲做堂堂正正之人，須要本心不失。仁義者，人之本心也，本心不失，收得精神在內，明白宇宙間之理，辨別義利公私，則天性純全，仁義禮智四端，莫不渾然存在，當惻隱即惻隱，當羞惡即羞惡，當是非即是非，當辭讓卽辭讓。涵養到此，渾身是天理，舉止言語，自然與天理相吻合。人心與宇宙合一，人心卽天理之縮影，置之宇宙，卽爲一個小天地。此卽吾人所要學做之人，亦爲教育所要造就之人。

教育既以學做人爲依歸，欲造就此種類型之人，爲學步驟：第一、在辨志。所謂辨志，卽辨義利之志。若欲辨義利，則要立志以正己。立志正己是做個大人。欲做個大人，要有所立，卓然不爲流俗所轉移；要能思考，不爲舊說所囿，決破羅網，而可表現自我，自由創造。誠如是，方能軒昂奮發，掀天揭地，而做一個獨立自在之大人，享受大世界，「仰首攀南斗，翻身依北辰。舉頭天外望，無我這般人。」（註三〇四）此卽陸子之所謂大人氣象。教育應栽培此種人才，方爲有價値之教育。學者能如此修養，方爲有長進之學者。現時學者所以陷於小蹊小徑，皆由於志不立，而作小兒態。夫志不立，一則隨俗轉移，一則義利不辨，不能自爲主張，汩沒於聲色利欲，良心善性，皆被蒙蔽，有此毛病，如何能做人？又如何能做大人？故教育應隨時考察其病源而施以診治，針砭其隱病，使其良心發現，徐徐培養，以引入做人之地步。第二、在求本心。陸子對於格物致知之解釋，亦以心爲主，非由外鑠，而皆發明於內心。人之本心，原是團聚而清明，因被物欲所蒙蔽陷溺，由是昏惑而四散於外。苟能辨別義利之分，而又志乎義，此心不復爲物欲所蒙蔽陷溺，必日見清明，逐漸收斂於內。本心既得，卽得天地正理，所謂「窮理是窮這個理，盡性是盡這個性，至命是至這個命，」（註三〇五）一以貫之，卽指此義。夫宇宙間自有實理，如不自蔽，則理在眼前，所貴乎學者爲能明此理，故「爲學無他謬巧，但要理明義精，動皆聽於義理，不任己私耳。此理誠明，踐履不替，則氣質不美者，無不變化。」（註三〇六）爲人能辨志，能求本心，立定宗旨，保養存心，是個人造就之基本工夫。

此種教育，其內容要注重實際，講求踐履。道外無事，事外無道，道理只是眼前道理。故實行實事，爲教人之本。陸子認爲學問也者，只是人情物理，如能將精神收斂在內，對人情物理切身體察，已是學之不盡，應用無窮，何必奔逐於外，專騰口說？「學者不自着實理會，只管看人口頭言語，所以不能進。」（註三〇七）故曰：「千虛不博一實，吾平生學問無他，只是一實。」（註三〇八）一實則千虛皆碎。「古人皆是明實理，做實事。」（註三〇九）其學問入手處，「不過切己自反，改過遷善。」（註三一〇）其所踐履，「在人情物理上做些工夫。」（註三一一）故教育本質，不尚虛見，不好高務遠，不隨人脚跟，不學人言語，一守易簡之道，由近及遠，悉秉自然，無所勉強，從事實上考察，實事求是，涵養血脉，明辨義理，「我無事時只似一個無知無能底人，及事至方出來，又卻似個無所不知無所不能之人。」（註三一二）如徒求誦說，攻字義，此種呆板空疏而無生氣之教育，最爲無用。所謂：「學問當有日新之功，死卻便不是。」（註三一三）存心卽是明理，由明理而實行實事，卽爲教育之本。「根本苟立，保養不替，自然日新；」（註三一四）「學苟知本，則六經皆我註脚。」（註三一五）要言之，教育之中心思想，收拾精神，自作主宰，則萬物皆備於我矣。

教學法　朱子教人之法，先博後約，以道問學爲主，似歸納法。陸子則由約而博，以尊德性爲主，似演繹法。爲學之序，東萊主變化氣質，乃可言學；朱子則謂爲學乃能變化氣質。陸子以發明本心而後博覽爲教，故主先變化氣質，然後讀書，使其本常重，不爲末所累，卽孟子所謂：「先立乎其大者」之意。先發明本心，以爲主宰，學問乃得其綱，所謂：「大綱提掇來，細細理會去，如魚龍遊於江湖之中，沛然無礙。」（註三一六）如本心不明，「田地不淨潔，亦讀書不得，若讀書則是假寇兵資盜糧。」（註三一七）陸子施教，最能引起學生之興趣，其能興奮之者，不僅講授有條理，「說話一句，即討着落，」尤在於能鞭辟近裏，從血脈上喚醒人，窮究磨煉，一朝自省。陸子認爲有一段血氣，便有一段精神，其教人也，首先把握學生之精神，鼓舞其血脈，「風以動之，教以化之，風是血脈，教是條目。」（註三一八）陸子亦自言：「吾與人言，多就血脈上感動他，故人之聽之者易。」（註三一九）其講授有如此技術，發生魔力，吸引學生歸心求教之多，遂如雲騰雨集矣。

以象山精舍講學爲例，聽講者諸生之姓名年甲，每日登記於小牌上，按年齡爲次序先後，依此入座，秩序整然，齋肅無譁。每於講授之前，預作準備，必使學生收歛精神，涵養德性，虛心聽講。有此一段準備，把心收冋，注意集中，聽講方易於領會。講經先說明大義，爲啓發學者之本心，亦間舉經語以證實所說之義理。態度嚴肅，音吐又清響，聽者莫不感動興奮，心悅而誠服。教學雖爲演講式，但亦有質疑致辯，隨問隨答，言不達意者，代爲之說；片言可取者，則予以獎進，運用自如，不拘一定之格式。（註三二〇）至於訓導，以身作則，以誠感人，不立教規，但常就本心上理會，使其自立自重，此又與當時一般教育家之作風不同也。

讀書法　讀書之法，朱子教人吃緊用功，窮理力行，沉潛處近於小程。陸子不贊同用心太緊，而主張平易用功，明心見理，高明處近於大程。陸子謂：「讀書不必窮索，平易讀之，識其可識者，久將自明。」(註三二一)其所謂平易者，非苟簡輕易之謂，實包涵兩義：第一，是平淡。平淡是深奧之反面，由平淡玩味，而冰釋理順。「古人視道，只如家常茶飯。」(註三二二)「聖人教人，只是就人日用處開端。」(註三二三)聖賢千言萬語，莫非日用生活之事，卽孟子所謂：「夫道若大路然。」故「讀書之法，須是平平淡淡去看，子細玩味，不可草草，所謂優而柔之，厭而飫之，自然有渙然冰釋，怡然順理底道理。」(註三二四)第二，是簡易。簡易是繁難之反面，惟其樸實，所以簡易，聖人贊易亦如此，易大傳所謂：「乾以易知，坤以簡能，」推之一切經籍，皆爲極簡易之道理。若不從簡易上用功，而自尋繁難，愈求愈晦，非讀書之善法。讀書之原則，既取平易二字，故讀書之步驟，則須先易而後難。「學者讀書，先於易曉處沉涵熟復，切己致思，則他難曉者渙然冰釋矣。若先看難曉處，終不能達。」(註三二五)「見理未明，寧是放過去，不要起爐作竈。」(註三二六)此則先從容易入手，遇到艱深難曉處，切戒慌忙，而沉思痛省一時間，權且放下，再讀其他容易處，復加一番鞭策工夫，涵泳玩索，用力既久，思得明時，自然融會貫通矣。

陸子教人雖以求本心講踐履爲主，然書本誦讀，未嘗不重視，未嘗不教人讀書，而非束書不觀，遊談無根，徒以靜坐涵養爲功也。陸子謂：「後生精讀古文書，」(註三二七)「後生看經書，須着看注疏及先儒解釋，」(註三二八)「學問貴細密，自修貴勇猛，」(註三二九)然則書本工夫，亦極講求。黃東發日鈔曰：「象山之學，雖謂此心自靈，此理自明，不必他求，空爲言議，然亦未嘗不讀書，未嘗不講授，未嘗不援經析理。凡其所業，未嘗不與諸儒同，」(註三三〇)可證也。讀書要尋出頭緒，有頭緒方有主；又要有疑，有疑則有進。尤要者是看出意旨所在，「讀書固不可不曉文義，然只以曉文義爲是，只是兒童之學，須看意旨所在。」(註三三一)例如讀史，須看其所以成敗是非之理，優遊涵泳，久自得力，若如此，讀得三五卷，勝看三萬卷矣。(註三三二)然讀書不可苟且，窮理要窮到盡，所謂：「善學者，如關津不可胡亂放人過。」(註三三三)陸子以志道據德依仁爲道成而上，藝則道成而下，「主於道，則欲消而藝亦可進；主於藝，則欲熾而道亡，藝亦不進。」(註三三四)然棋所以長人之精神，琴所以養人之德性，餘閒遊藝，大有助於涵養，即有益於讀書，故藝即是道，道又即是藝也。(註三三五)

【注　釋】

(註一)　宋元學案，卷一，安定學案。
(註二)　朱子語類輯略，卷八，論本朝人物。
(註三)　李廌，師友談記。
(註四)　宋元學案，卷首，宋元儒學案序錄。
(註五)　同上書，卷一，安定學案，與張洞書。
(註六)　同上書，卷一，安定學案。
(註七)　宋史，卷四二七，列傳第一八六，周敦頤傳。
(註八)　豫章黃先生文集，卷一，濂溪詩序。
(註九)　周濂溪集，卷八，養心亭說。
(註十)　伊洛淵源錄，卷一，濂溪先生。

(註十一) 周濂溪集，卷五，通書，經第四。
(註十二) 同上書，通書，愼動第五。
(註十三) 同上書，通書，聖學第二十。
(註十四) 同上書，卷六，通書，公明第二十一。
(註十五) 同上書，卷五，通書，志學第十。
(註十六) 同上書，通書，道第六。
(註十七) 同上書，通書，思第九。
(註十八) 同上書，通書，務實第十四。
(註十九) 同上書，通書，師第七。
(註二十) 同上書，卷六，通書，師友下第二十五。
(註二十一) 臨川先生文集，卷三十九，上仁宗皇帝言事書。
(註二十二) 同上書。
(註二十三) 臨川先生文集，卷六十九，原教。
(註二十四) 同上書，卷六十六，大人論。
(註二十五) 同上書，卷四十二，乞改科條制劄子。
(註二十六) 同上書，卷六十七，性情。
(註二十七) 同上書，卷六十八，原性。

(註二十八)同上書，卷六十八，性說。

(註二十九)同上書，卷六十七，性情。

(註三十)宋史，卷四二七，列傳第一八六，張載傳。

(註三十一)張子全書，卷十四，近思錄拾遺。

(註三十二)同上書，卷六，理窟篇，義理。

(註三十三)同上最，卷五，理窟篇，氣質。

(註三十四)同上書，卷二，正蒙，誠明篇第六。

(註三十五)同上書，卷五，理窟篇，氣質。

(註三十六)近思錄集註，卷二，爲學。

(註三十七)張子全書，卷二，正蒙，誠明篇第六。

(註三十八)宋史，卷四二七，列傳第一八六，張載傳。

(註三十九)張子全書，卷二，正蒙，大心篇第七。

(註四十)同上書，卷十四，性理拾遺。

(註四十一)近思錄集註，卷二，爲學。

(註四十二)張子全書，卷二，正蒙，大心篇第七。

(註四十三)同上書，卷十二，語錄抄。

(註四十四)同上書，卷二，正蒙，至當篇第九。

（註四十五）同上書，卷七，理窟篇，學大原下。
（註四十六）同上書，卷二，正蒙，中正篇第八。
（註四十七）同上書，同篇。
（註四十八）同上書，卷七，理窟篇，學大原下。
（註四十九）同上書，卷二，正蒙，中正篇第八。
（註五十）同上書，卷七，理窟篇，義理。
（註五十一）近思錄集註，卷二，爲學。
（註五十二）張子全書，卷六，理窟篇，義理。
（註五十三）同上書，卷五，理窟篇，氣質。
（註五十四）同上書，卷十二，語錄抄。
（註五十五）同上書，卷七，理窟篇，學大原下。
（註五十六）宋史，卷四二七，列傳第一八六，程顥傳。
（註五十七）宋元學案，卷二十四，上蔡學案。
（註五十八）伊洛淵源錄，卷二，明道先生。
（註五十九）河南程氏遺書，第一，二先生語一。
（註六十）宋元學案，卷十三，明道學案，語錄。
（註六十一）河南程氏遺書，第二上，二先生語二上。

(註六十二) 同上書，第一，二先生語一。
(註六十三) 宋元學案，卷十三，明道學案，定性書。
(註六十四) 同上書，明道學案，語錄。
(註六十五) 朱子語類輯略，卷一，人物之性氣質之性。
(註六十六) 河南程氏遺書，第一，二先生語一。
(註六十七) 同上書，第二上，二先生語二上。
(註六十八) 近思錄集註，卷二，爲學。
(註六十九) 河南程氏遺書，第三，二先生語三。
(註七十) 宋元學案，卷十三，明道學案，語錄。
(註七十一) 河南程氏遺書，第六，二先生語六。
(註七十二) 同上書，第二上，二先生語二上。
(註七十三) 同上書，第十四，明道先生語四。
(註七十四) 同上書，第六，二先生語六。
(註七十五) 同上書，第九，二先生語九。
(註七十六) 同上書，第二上，二先生語二上。
(註七十七) 同上書。
(註七十八) 宋元學案，卷十三，明道學案，語錄。

(註七十九) 河南程氏遺書，第十二，明道先生語二。
(註八十) 同上書，第二上，二先生語二上。
(註八十一) 同上書。
(註八十二) 同上書。
(註八十三) 宋史，卷四二七，列傳第一八六，程顥傳。
(註八十四) 朱文公文集，卷三十五，答劉子澄。
(註八十五) 宋史，卷四二七，列傳第一八六，程顥傳。朱文公文集，卷九十八，伊川先生年譜。
(註八十六) 河南程氏遺書，第十八，伊川先生語四。
(註八十七) 同上書，第十九，伊川先生語五。
(註八十八) 同上書，第二十二上，伊川先生語八上。
(註八十九) 同上書，第十八，伊川先生語四。
(註九十) 同上書，第十八，伊川先生語四。
(註九十一) 同上書，第二十五，伊川先生語十一。
(註九十二) 同上書，第二十二上，伊川先生語八上。
(註九十三) 同上書，第十九，伊川先生語五。
(註九十四) 同上書，第十八，伊川先生語四。
(註九十五) 同上書。

（註九十六）同上書。

（註九十七）同上書。

（註九十八）同上書。

（註九十九）宋元學案，卷十六，伊川學案下，顏子所好何學論。

（註一〇〇）河南程氏遺書，第十八，伊川先生語四。

（註一〇一）同上書，第十五，伊川先生語一。

（註一〇二）同上書，第二十四，伊川先生語十。

（註一〇三）同上書，第十五，伊川先生語一。

（註一〇四）同上書，第十八，伊川先生語四。

（註一〇五）同上書，第十五，伊川先生語一。

（註一〇六）同上書，第十八，伊川先生語四。

（註一〇七）同上書，第二十五，伊川先生語十一。

（註一〇八）同上書。

（註一〇九）同上書，第十八，伊川先生語四。

（註一一〇）同上書。

（註一一一）同上書。

（註一一二）同上書。

（註一一三）同上書，第十五，伊川先生語一。
（註一一四）同上書，第二十二上，伊川先生語八上。
（註一一五）同上書，第三，二先生語三。
（註一一六）同上書，第十五，伊川先生語一。
（註一一七）同上書。
（註一一八）同上書，第二十五，伊川先生語十一。
（註一一九）同上書。
（註一二〇）同上書，第十五，伊川先生語一。
（註一二一）同上書，第二上，二先生語二上。
（註一二二）同上書，第十五，伊川先生語一。
（註一二三）同上書，第十八，伊川先生語四。
（註一二四）同上書，第十五，伊川先生語一。
（註一二五）同上書，第十七，伊川先生語三。
（註一二六）同上書，第十八，伊川先生語四。
（註一二七）同上書，第十七，伊川先生語三。
（註一二八）近思錄集註，卷二，爲學。
（註一二九）同上書。

（註一三〇）朱文公文集，卷七十四，更同安縣學四齋名。

（註一三一）宋元學案，卷四十九，晦翁學案下。

（註一三二）陳克齋集，卷三，朱先生叙述。

（註一三三）朱文公文集，卷六十七，觀心說。

（註一三四）朱子語類輯略，卷一，性情心意等名義。

（註一三五）朱文公文集，卷五十八，答陳器之，又卷六十一，答林德久。

（註一三六）朱文公文集，卷六十七，仁說。

（註一三七）朱子語類輯略，卷一，性情心意等名義。

（註一三八）朱文公文集，卷六十，答曾擇之。

（註一三九）性理大全，卷三十，性理二，氣質之性。

（註一四〇）朱文公文集，卷七十三，溫公疑孟上。朱子語類輯略，卷一，人物之性氣質之性。

（註一四一）朱子語類大全，卷四，性理一，人物之性氣質之性。

（註一四二）朱子語類輯略，卷二，持守。

（註一四三）同上書，卷一，性情心意等名義。

（註一四四）朱子解釋心性情才欲志意等定義，謂：「性者心之理，情者心之動，才便是那情之會怎地者」；「心譬如水也，性，水之理也，性所以立乎水之靜，情所以行乎水之動，欲則水之流而至於濫也，才者水之氣所以能流者，然其流有急有緩，則是才之不同」；「心者一身之主宰，意者心之所發，情者心之所動，志者心之所之」；「情是性之發，情是發出怎地，意是主張要怎地，如愛那物是情，所以去愛那物是意。」（朱子語類輯略，卷一，性情心意等名義）。

（註一四五）朱文公文集，卷七十四，策問。

（註一四六）朱子語類大全，卷八，學二，總論爲學之方。

（註一四七）宋元學案，卷四十八，晦翁學案上，語要。

（註一四八）同上書。

（註一四九）同上書。

（註一五〇）朱子語類大全，卷七，學一，小學。

（註一五一）朱子語類輯略，卷二，總論爲學之方。

（註一五二）朱子語類大全，卷十四，大學一，綱領。

（註一五三）同上書，卷七，學一，小學。

（註一五四）陳克齋集，卷三，朱先生敘述。

（註一五五）近思錄集註，卷十一，敎學之道。

（註一五六）同上書。

（註一五七）同上書。

（註一五八）同上書。

（註一五九）同上書。

（註一六〇）朱文公文集，卷四十八，答呂子約。
（註一六一）訓學齋規。
（註一六二）朱子語類輯略，卷三，力行。
（註一六三）同上書，卷二，總論爲學之方。
（註一六四）同上書，卷六，訓門人。
（註一六五）朱文公文集，卷七十四。
（註一六六）同上書，卷六十二，答常鄭卿。
（註一六七）同上書，卷四十二，答石子重。
（註一六八）宋元學案，卷四十八，晦翁學案，語要。
（註一六九）朱文公文集，卷十五，經筵講義。
（註一七〇）同上書，卷六十四，答或人。
（註一七一）大學，右傳之五章，格物補傳。
（註一七二）陳克齋集，卷一，答傅子澄。
（註一七三）朱子語類輯略，卷二，論知行。
（註一七四）同上書。
（註一七五）朱文公文集，別集卷三，彭子壽。
（註一七六）朱子語類輯略，卷六，訓門人。

(註一七七) 同上書，卷五，訓門人。

(註一七八) 同上書，卷二，讀書法。

(註一七九) 朱子語類大全，卷十，學四，讀書法上。

(註一八〇) 朱文公文集，卷七十四，讀書之要。

(註一八一) 朱子語類大全，卷一一五，訓門人三。

(註一八二) 朱子語類輯略，卷五，訓門人。

(註一八三) 朱文公文集，卷六十，答朱朋孫。

(註一八四) 同上書，卷六十二，答張元德。

(註一八五) 朱子語類大全，卷十，學四，讀書法上。

(註一八六) 同上書。

(註一八七) 同上書。

(註一八八) 朱子語類輯略，卷二，讀書法。

(註一八九) 朱子語類大全，卷十，學四，讀書法上。

(註一九〇) 朱子語類輯略，卷五，自論為學工夫。

(註一九一) 朱文公文集，卷六十二，答張元德。

(註一九二) 同上書，卷四十八，答呂子約。

(註一九三) 朱子語類輯略，卷五，訓門人。

（註一九四）同上書，卷二，讀書法。

（註一九五）元儒程端禮以居敬持志放在六條之首句（宋元學案，卷八十七，靜清學案，程氏讀書分年日程）。集慶路江東書院講義，則將居敬持志放在末句（同上書）。

（註一九六）性理大全，卷四十四，學二，總論爲學之方。

（註一九七）朱子語類輯略，卷二，讀書法。

（註一九八）朱子語類大全，卷八，學二，總論爲學之方。

（註一九九）同上書。

（註二〇〇）朱子語類輯略，卷二，持守。

（註二〇一）同上書，卷五，自論爲學工夫。

（註二〇二）同上書，卷六，訓門人。

（註二〇三）同上書。

（註二〇四）同上書。

（註二〇五）朱子語類輯略，卷五，自論爲學工夫。

（註二〇六）同上書，卷二，總論爲學之方。

（註二〇七）朱文公文集，卷四十六，答黃直卿。

（註二〇八）朱子語類輯略，卷二，總論爲學之方。

（註二〇九）宋元學案，卷四十八，晦翁學案，語要。

（註二一〇）朱子語類輯略，卷五，自論爲學工夫。

（註二一一）朱文公文集，卷四十六，答黃仁卿。

（註二一二）朱子語類輯略，卷二，總論爲學之方。

（註二一三）朱子語類大全，卷一一五，訓門人三。

（註二一四）朱子語類輯略，卷二，總論爲學之方。

（註二一五）同上書。

（註二一六）朱子語類大全，卷一二一，訓門人九。

（註二一七）朱子語類輯略，卷二，讀書法。

（註二一八）同上書，卷二，總論爲學之方。

（註二一九）朱文公文集，卷六十六，仁說。

（註二二〇）同上書，卷五十，答潘恭叔。

（註二二一）同上書，卷四十五，答楊子直。

（註二二二）朱子語類大全，卷十二，學六，持守。

（註二二三）朱子語類輯略，卷二，持守。

（註二二四）朱文公文集，卷六十，答周南仲。

（註二二五）朱子語類輯略，卷二，總論爲學之方。

（註二二六）同上書。

（註二二七）朱子語類大全，卷一一五，訓門人三。

（註二二八）朱文公文集，卷十四，行宮便殿奏劄二。

（註二二九）性理大全，卷四十五，學三，總論爲學之方。

（註二三〇）朱子語類輯略，卷二，總論爲學之方。

（註二三一）同上書，卷二，論知行。

（註二三二）朱文公文集，卷四十八，答呂子約。

（註二三三）朱子語類輯略，卷二，論知行。

（註二三四）同上書。

（註二三五）朱文公文集，卷五十九，答曹元可。

（註二三六）朱子語類輯略，卷三，力行。

（註二三七）同上書，卷二，論知行。

（註二三八）朱文公文集，續集卷一，答黃直卿。

（註二三九）朱子語類輯略，卷四，張南軒。

（註二四〇）朱子批評曰：「湖南一派，譬如燈火要明，只管挑，不添油，便明得也不好，所以氣局小，長汲汲然張筋弩脉」。（朱子語類輯略，卷四，程子門人）。

（註二四一）參考宋史，卷四二九，列傳第一八八，張栻傳。朱文公文集，卷八十九，右文殿修撰張公神道碑。宋元學案，卷五十，南軒學案。

(註二四二) 張南軒先生文集，卷二，答陸子壽書。
(註二四三) 同上書，卷一，寄周子充尚書。
(註二四四) 同上書，卷二，答周允升書。
(註二四五) 宋元學案，卷五十，南軒學案，南軒文集補，與劉共甫書。
(註二四六) 張南軒先生文集，卷二，答喬得瞻書。
(註二四七) 同上書，卷一，答胡季履。
(註二四八) 同上書，卷二，答劉宰。
(註二四九) 朱文公文集，卷八十九，右文殿修撰張公神道碑。
(註二五〇) 宋元學案，卷五十，南軒學案，附錄麗澤講義。
(註二五一) 同上書，卷五十，南軒學案，南軒答問。
(註二五二) 張南軒先生文集，卷二，答彭子壽。
(註二五三) 同上書，卷二，致曾致虛。
(註二五四) 同上書，卷一，寄呂伯恭。
(註二五五) 宋元學案，卷五十，南軒學案，南軒答問。
(註二五六) 張南軒先生文集，卷二，與吳晦叔書。
(註二五七) 同上書，卷二，答陳平甫。
(註二五八) 朱子語類大全，卷一三二，本朝六，中興至今人物下。

（註二五九）朱文公文集，卷八十七，祭呂伯恭著作文。

（註二六〇）宋史，卷四三四，列傳第一九三，呂祖謙傳。宋元學案，卷五十一，東萊學案。

（註二六一）呂東萊文集，卷三，與朱侍講。

（註二六二）同上書，卷五，與學者及諸弟。

（註二六三）同上書，卷四，與喬德瞻。

（註二六四）同上書，卷十七，麗澤講義，孟子說。

（註二六五）宋元學案，卷五十一，東萊學案，與戴在伯。

（註二六六）呂東萊文集，卷十六，麗澤講義，禮記說。

（註二六七）同上書，卷二十，雜說。

（註二六八）同上書。

（註二六九）同上書，卷十六，麗澤講義，周禮說。

（註二七〇）宋元學案，卷五十一，東萊學案，麗澤講義補，論語說。

（註二七一）呂東萊文集，卷五，與陳同甫書。

（註二七二）同上書，卷十六，麗澤講義，禮記說。

（註二七三）同上書，卷十四，麗澤講義，易說，大壯。

（註二七四）同上書，卷二十，雜說。

（註二七五）同上書。

（註二七六）宋元學案，卷五十一，東萊學案，麗澤講義補，與葉正則。
（註二七七）呂東萊文集，卷二十，雜說。
（註二七八）同上書。
（註二七九）同上書，卷四，與劉子澄書。
（註二八〇）同上書，卷二十，雜說。
（註二八一）同上書，卷十二，麗澤講義，易說，隨。
（註二八二）同上書，卷二十，雜說。
（註二八三）同上書，卷四，答潘叔昌。
（註二八四）同上書，卷五，與陳君舉。
（註二八五）同上書，卷三，與朱侍講。
（註二八六）同上書。
（註二八七）同上書。
（註二八八）同上書，卷十九，史說。
（註二八九）同上書，卷二十，雜說。
（註二九〇）同上書。
（註二九一）同上書。
（註二九二）同上書，卷五，與學者及諸弟。

（註二九三）同上書，卷二十，雜說。
（註二九四）同上書。
（註二九五）宋史，卷四三四，列傳第一九三，陸九淵傳。宋元學案，卷五十八，象山學案。
（註二九六）象山先生全集，卷三十六，年譜。
（註二九七）同上書，卷一，與曾宅之。
（註二九八）同上書，卷三十四，語錄上。
（註二九九）同上書，卷三十五，語錄下。
（註三〇〇）同上書，卷三十四，語錄上。
（註三〇一）同上書，卷三十五，語錄下。
（註三〇二）同上書。
（註三〇三）同上書。
（註三〇四）同上書。
（註三〇五）同上書，卷三十四，語錄上。
（註三〇六）同上書，卷十四，與包敏道。
（註三〇七）同上書，卷三十五，語錄下。
（註三〇八）同上書，卷三十四，語錄上。
（註三〇九）同上書。

（註三一〇）同上書。
（註三一一）同上書。
（註三一二）同上書，卷三十五，語錄下。
（註三一三）同上書。
（註三一四）同上書，卷五，與高應朝。
（註三一五）同上書，卷三十四，語錄上。
（註三一六）同上書，卷三十五，語錄下。
（註三一七）同上書。
（註三一八）同上書。
（註三一九）同上書，卷三十四，語錄上。
（註三二〇）同上書，卷三十六，年譜。
（註三二一）同上書，卷三十五，語錄下。
（註三二二）同上書，卷三十四，語錄上。
（註三二三）同上書，卷三十五，語錄下。
（註三二四）同上書。
（註三二五）同上書，卷三十四，語錄上。
（註三二六）同上書，卷三十五，語錄下。

(註三二七) 同上書。
(註三二八) 同上書。
(註三二九) 同上書，卷三十四，語錄上。
(註三三〇) 宋元學案，卷五十八，象山學案。
(註三三一) 象山先生全集，卷三十五，語錄下。
(註三三二) 同上書。
(註三三三) 同上書。
(註三三四) 同上書。
(註三三五) 同上書。

第五章 學 藝(一)

宋代學藝，胚胎於唐，如經學、文學、史學、地理、法律、書法、圖畫、音樂、醫學、曆算，皆宗唐人師承，踵武前規，然其青出於藍，別出心裁者，以經學圖畫爲最著。宋人重經學，且倡道學，論治學之淵源，經學與道學無殊，但其推思之範圍，致力之方向，與表現之方式，後者則從理性上揣摩鑽研，自創思想新體系，舍其器而求諸道，以異乎漢儒；棄其華而務其實，以異乎魏晉隋唐之儒，卓然在學藝上另佔一地位。至於技藝，亦多創作，爲前代所不及。夫唐人外武而內文，氣概豪邁，學藝似粗枝大葉，自闢蹊徑，而宋人則重文輕武，潛心內蘊，氣質細弱，學藝雖如繁花絢爛，但流於纖巧，每尚虛文，此其大別也。宋代國勢雖弱，惟以重文故，唐代學藝，經其紹述而發揚。是以從宋代學藝本身言，亦產生其獨有之聲華，影響元明清之學術文化，自有其不可磨滅之價值在焉。

第一節 經 學

甲、典籍板本

宋初儒者，皆遵古訓，所藏典籍，注意刻印。端拱元年，始以孔穎達五經正義一百八十卷，詔國子監鏤板行之，命司業孔維、李覺等校定。淳化初，太宗又以經書板本有田敏（周祭酒）輒刪去者數字，命維、覺詳定。咸平元年，學究劉可名言諸經板本多舛誤，眞宗命崔頤正詳校；可名奏詩書正義差誤事，孫奭等改正九十四字。二年，命祭酒邢昺領其事，舒雅、孔維、李慕淸、王渙、劉士元與焉，五經正義始畢。（註一）李至又嘗上言：「五經書疏已板行，惟二傳、二禮、孝經、論語、爾雅七經疏未備，望重加讐校，以備刊刻。」（註二）從之。三年，邢昺復受詔與杜鎬、舒雅、孫奭、李慕淸、崔偓佺等校正周禮、儀禮、公羊、穀梁傳正義，又重定孝經、論語、爾雅正義。四年表上，命摹印頒行，於是九經疏義悉備。（註三）景德二年，眞宗幸國子監閱庫書，問邢昺經板之數，昺曰：「國初不及四千，今十餘萬，經傳正義皆具。臣少從師業儒，時經具有疏者，百無一二，蓋力不能傳寫。今板本大備，士庶家皆有之。」（註四）自有鏤板，經籍之傳佈益廣。且各經皆詳加校定而後頒行，舛誤自較傳抄爲少。宋槧之見重於後世，蓋在於此。故自宋代起，有官書印行，其有助於治經，厥功不鮮矣。

乙、經學注疏

宋人經學注疏，殆邁唐人之舊。唐人之經學著書，凡二萬八千四百六十九卷，視漢以來在四類之數者逾其半矣。（註五）宋之九經注疏，既鏤板於國學，著爲功令矣。即重定論語、孝經、爾雅三疏，亦確守唐人正義之法。三疏皆定於邢昺，其論語以魏何晏集解爲主，並因皇侃所採諸儒之說，刊定而成；孝經以唐玄宗御注爲主，爲之疏者有元行冲，邢疏取行冲本約而修之；爾雅以晉郭璞注爲主，昺與杜鎬等共相討論，別為疏釋。此皆為南學之餘波。別有孟子疏，以趙岐注為主。是則宋初治經，尚文辭，謹守章句注疏之學，音義異同，必準諸陸氏釋文，有記誦而無心得，仍不出唐人正義之範圍也。

洎慶曆之間，諸儒發生懷疑精神，各出新意解經，不襲漢晉以來訓詁之舊迹，及溺於讖緯巫怪之陳說，考其異同，正其訛謬，析之以理，作自由探究，故經學至宋而大明。歐陽修欲刪諸經之疏，（註六）而孫復病注說之亂六經，上范仲淹書，且欲廣召天下鴻儒碩考，取其卓識絕見出王韓左穀公杜何毛范鄭孔氏之右者，重為注解，俾六經廓然瑩然，如揭日月於上，而學者庶乎得其門而入也。（註七）此則並諸經之傳注，亦欲廢棄之。雖孫論徒高，歐議不行，然自是風氣一變，學者解經，競出新意，而鄙視注疏矣。此泒濫觴於唐代趙匡、啖助、陸淳等，故宋祁撰唐書儒林傳，於啖助贊深致貶斥，以防是時蔑古之漸。司馬光曰：「近歲公卿大夫，好為高奇之說，喜誦老莊之言，流及科場，亦相習尚。新進後生，未知臧否，口傳耳剽，翕然成風。讀易未識卦爻，已謂十翼非孔子之言；讀禮未知篇數，已謂周官為戰國之書；讀詩未盡周南召南，已謂毛鄭為章句之學；讀春秋未知十二公，已謂三傳可束之高閣。循守注疏者謂之腐儒，穿鑿臆說者謂之精義。」（註八）當時風氣所趣，由此可以概見。此輩以意說經，全憑主觀，誣衊先儒，而輕薄之徒，聞風效尤，競為詭異之說，「如孫奕說詩黽勉，以黽為蛙；說論說老彭，以彭為旁（示兒篇）。羅璧謂公羊穀梁皆姜姓（識遺），直可入笑林矣。」（註八）陸游亦云：「唐及國初，學者不敢議孔安國鄭康成，況聖人乎？自慶曆後，諸儒發明經旨，非前人所及，然排繫辭（謂歐陽修），毀周禮（謂歐陽修、程顥、蘇軾、蘇轍），疑孟子（謂李覯、司馬光、又有晁說之），譏書之胤征、顧命（謂蘇軾），黜詩之序（謂晁說之，又有鄭樵），不難於議經，況傳注乎？」（註一〇）蓋議傳注者，唐季已肇其端，尚非始於宋人；至於倡言議經，宋儒實開其風氣。放翁雖非經生，顧對此亦不能無微詞也。

丙、道學解經

宋之道學，本於道家之說與周易相傳，而混於儒學。而治易者分為象數與義理兩派，陳摶邵雍屬於前者，（註一一）周敦頤、程顥、程頤、張載則屬於後者。（註一二）及朱熹出，私淑二程、得其正傳，但所作周易本義十二卷，易學啓蒙三卷，首列河洛九圖，末著揲法，意欲合義理象數為一。誠以宋之道學，肇於陳摶，而劉牧為異說，邵雍為別宗，至周敦頤始漸醇，而與儒學為近，張載羽翼之，二程擴充之，至朱熹而始大，然要不外象數與義理兩派。兩派之於經學，初不外乎周易一經，徒以圖書之傳，傳自道士，遂有道學之目，孰知讖緯即圖書之濫觴也。既而援道入儒，則又傳孔孟之道統者為道學。宋之大儒，以大學篇為古大學教人之法，中庸篇為解釋性命之書，程朱既以倡明道學自任，因復表彰大學中庸二篇，與論語孟子並行，以為此乃道統之所在。二程於學庸論孟皆有說，出其門者，如謝良佐有論語解十卷，游酢有論語解十卷、中庸解五卷、孟子新解十四卷，楊時有中庸解一卷、論語解十卷、及孟子義，尹焞有論語解十卷、孟子解十四卷。繼而石憝有中庸輯略二卷。大抵發揮師說，以義理爲依歸。朱子平生精神志願，悉在四書，遂作大學章句一卷、中庸章句一卷、論語集註十卷、孟子集註七卷，合稱爲四書；又有四書或問三十九卷，論孟精義三十四卷，益萃羣言而折衷之。且於大學分別經傳，於中庸定著章節，遂使二篇離禮記而獨自成學。朱子沒，朝廷以其四書訓說立於學官，於四書亦爲一經。自有四書，然後道學之門戶正；自四書立於學官，道學之壁壘乃益堅也。宗朱子之學者，黃榦續撰論語注義通釋十卷，眞德秀有四書集編二十六卷、大學衍義四十二卷，趙順孫有四書纂疏二十六卷，何基有大學發揮十四卷、中庸發揮八卷，金履祥有大學疏義一卷、論語集註考證十卷、孟子集註考證七卷，蔡模有孟子集疏十四卷，蔡節有論語集說十卷，皆採朱子之說，發明其義，使四書之要旨愈顯焉。

夫道學之傳，以周、程、張、朱五子爲正宗，大都以周易、學、庸、論、孟爲體用。然如程頤、張載、朱熹則皆兼治諸經。程頤除撰易傳四卷外，別有春秋傳一卷。劉絢羅從彥傳之，絢作春秋解十二卷，明正簡切，多出於頤書；從彥於頤傳中，掇其精要，作春秋指歸以授李綱。張載遺作雖止橫渠易說三卷，而門人所集，尚有詩說、禮記說、及春秋說。朱熹於經學撰著更多，如易除本義十二卷外，又有易學啓蒙（蔡元定創稿）、古易音訓二卷、蓍卦考誤；詩有集傳二十卷、小序辨說一卷；禮有儀禮經傳通解六十六卷。其於易，主復古本；於詩，初雜採毛、鄭說，後受鄭樵影響，棄序不用；於禮，以儀禮十七篇爲經，校正章句，而取大小戴記及諸經史書所載有及於禮者，附於本經之下，具列注疏諸儒之說，補其闕遺而析其疑晦，雖書未脫稿而卒，黃榦續成之，但其混合三禮以談經，更甚於鄭玄。尚書春秋，雖無訓釋，然嘗疑孔安國書是假，書序是魏晉間人作，謂書凡易讀者皆古文，伏生所傳皆難讀。又嘗謂春秋爲難知，對其義例，不能自信於心，持以矜愼，故未敢措一詞。朱子之學，博綜旁通，不欲以道學自限，其平居敎人治經，宜先看注疏，且對同時之人，如胡瑗、歐陽修、晁說之、程迥、蔡元定之於易，王安石、蘇軾、林之奇、史浩、張栻、呂祖謙之於書，吳棫、歐陽修、呂祖謙之於詩，方愨、馬晞孟、呂大臨、吳仁傑之於禮記，張淳之於儀禮，陳傅良之於周禮，孫復、蘇轍、呂本中、胡安國、程迥之於春秋，亦莫不擇善而從，絕無門戶之見，故從其遊者，固涵泳義理，探究名物訓詁，而五經傳授，亦皆有專門。舉其著者，若蔡淵撰周易經傳訓解二卷，易象意言一卷，多本師傳；蔡沈撰尚書集傳六卷，乃朱屬其所作；輔廣述平日聞於朱子之說，撰詩童子問十卷；黃榦撰續儀禮經傳通解二十九卷；張洽仿朱子語孟之意撰春秋集注十二卷，皆能申述師說，以成一家，卓然有以樹立於後。世謂朱子集宋學之大成，猶漢學之有鄭康成，非過譽也。邵雍於學雖淵博，然其志不在傳道，更不在傳經，易數號最精，而得其傳者少。陳瓘有了翁易說一卷，聞得於康節，但學亦不顯。南渡以後，言易者不主程氏之理，即主邵氏之數。邵傳既少，故象數一派，亦因之而微。張浚有紫巖易傳十卷，朱震有漢上易傳十五卷，程大昌有易原八卷，雖亦言象數，又皆主於劉牧，然頗爲諸儒所議。程子易傳，惟闡義理，郭忠孝郭雍父子傳之，雍有郭氏家傳易說十一卷，剖析義理，與程傳相似。鄭汝諧東谷易翼傳二卷，乃羽翼程傳，然亦有時異同。項安世有周易玩辭十六卷，本伊川之學，惟兼象數而求之，蓋欲將義理象數混而爲一也。朱熹之易學，大抵本諸邵子啓蒙，兼取其象數，並以補程傳義理之偏。董楷周易傳義十四卷，合程傳朱本義爲一書，意亦在理數之兼通也。夫象數僅可以說易，其偶有以解尚書之洪範與禮記之月令者，皆牽強之談，實無足觀。義理爲各經所同具，以義理說經，其所施者廣，故程朱義理一派，在宋學中始終佔優勝之地位者以此焉。

丁、王學解經

王安石主張學者讀經，先致我之知，嘗答曾子固書曰：「世不見全經久矣，徒讀經則不足以知經。讀經之法，先出入諸子百家之書，無所不讀，農夫女工，無所不問，然後致我之知，致我之知而後讀經，有所去取，故異學不能亂，然後知經之大體而無疑。」(註一三)方秉政，其立於學官，頒之全國而用以取士者，則王氏之新經義也。王氏新經義，捨棄向來相傳之訓詁，力破傳統，而用已意解釋，刺激學術界極大。自王氏之學興，學者偃然以學術自高。安石嘗作字說二十四卷，云是一道德，同風俗，出入百家，語簡而意深，自以爲平生精力，盡於此書。及其解經，多援字說爲訓詁，雖富新意，頗傷穿鑿。神宗以爲今談經者，言人人殊，何以一道德？熙寧中，遂詔經義置局，以安石爲提舉，其子雱爲修撰，所撰新經周禮義十八卷，新經尚書義十三卷，新經詩義二十卷，皆本安石說。八年，頒之國子監，「三經義行，視漢儒之學若土梗。」(註一四)安石既逝，國子司業黃隱，欲毀新經，呂陶請止之，謂先儒之傳注，既未全是，王氏之解經，亦未必全非也。安石嘗以春秋三傳，異同無所考正，於六經尤爲難知，不列於學官，故不以試士。詩書禮三經所以造士，學者求經，當自近者始；

三者備，春秋其通矣。又廢罷儀禮，不立學官，而獨存禮記一科。詩書兩經，蓋多出雱及諸門弟子手，惟新經周禮義，安石親爲之筆削。(註一五)良以周禮理財居半之說，乃新政圖富強之術所依據，故特別重視。是以陸佃之進講，神宗每稱善焉。然道學家反臨川者，詆爲用周禮之禍，攻訐不遺餘力。三經而外，安石所撰者，尚有易解十四卷，論語解十卷，孟子解四十二卷。易解一書，安石自謂少作未善，不專以取士。(註一六)自紹聖後，復有龔原、耿南仲注易，三書偕行於場屋，而龔原亦爲王氏之學者也。(註一七)論語解一書，安石撰，並其子雱口義，其徒陳用之作解，紹聖後，亦行於場屋。(註一八)孟子解，雱與其門人許允成皆有注釋，崇寧大觀間，場屋舉子宗之。是王學獨行於世者六十年，三舍士人，篤守甚固，科舉之士，精熟之方合程度。安石著作宏富，惜後人惑於道學家之黨見，不加愛惜，在宋時，多已散佚。柯昌頤輯其遺書目錄，計得十六種，實仍未備也。

除王氏父子著述外，援王學以解經者，則有其婿蔡卞尚書解及毛詩名物解二十卷，門人陸佃爾雅新義二十卷，埤雅二十卷，及禮記解四十卷。安石客陳祥道禮書一百五十卷，貫通經傳，論辨精博，其中多掊擊鄭學，元祐黨家，蘇門賓客，亦推重其書。(註一九)他如王昭禹周禮詳解四十卷，闡發經義，有足以補正注疏所未及。林之奇周禮講義四十九卷，之奇學出呂本中，本元祐一派，而此書則用荆公之說。王與之周禮訂義八十卷，陳友仁周禮集說十卷，亦多據其說。方慤又以王氏父子禮記獨無解義，政和三年，因取其所撰三經義及字說，申而明之，著禮記解義二十卷。馬晞孟禮記解七十卷，亦宗王氏。是則王學在當時不惟行於場屋，抑其流傳亦頗廣矣。乃至道學中人，如程子既取其易解，

（註二〇）朱子則取其尚書義，可見王學本身價值當非全無是處。（註二一）劉摯爲攻新法最烈者，尚曰：「元祐以來，摯在言路及主政府，論安石政事有所更者固不一，而未嘗詆其學，雖有穿鑿而闇先儒之說亦多，天下公議不可誣也。但晚年過在溺於釋老字說爾，蓋學者隨流泛濫至於今日之弊，而言者多毀安石，豈安石之學本然哉？可盡廢邪？」（註二二）蘇軾亦云荆公之學，未嘗不善，只是不合要人同己。然而攻新法者，厭讀其書，（註二三）或務與相反，（註二四）且主併新經義而廢之。韓維則認爲當與先儒之說幷行，論者服其平。道學家攻王學最烈者，楊時王居正其著者也。（註二五）南渡後，王學遂罕爲人道，是以諸經義解並佚，獨周禮新義，從永樂大典中錄出，猶存其梗概耳。陸佃王昭禹之書，亦尚有存者，欲觀王學，於此而可稍領其略也。

戊、各家解經

宋人治經，其有不守陳義，自闢新徑，獨立注解，非一家一派所得而囿者，分述如次。

（一）**易經**　胡瑗易解十二卷，爲門人倪天隱所述，亦稱口義，程子易傳采之，不重注疏，爲講義體裁，乃義理說易之宗。宋貫之補注周易，懲諸儒之失而擿去異端，志在通王弼之說。司馬光易說六卷，深闢虛無玄渺之說，於古今事物之情狀，無不貫徹疏通，推闡備至。熙寧間，房審權擿取專明人事者百家，上起鄭玄，下迄王安石，編爲一集，仍以孔穎達正義冠之，其有異同疑似，則各加評議，附之篇末，名曰周易義海一百卷。乾道中，李衡因其義意重複，文辭冗瑣，刪削釐正，爲周易義海撮要十二卷。蘇軾易傳九卷，續其父洵之緒，推闡理勢，多切人事，此書實蘇氏父子兄弟合力爲之。朱子作雜學辨，雖以是書爲首，然又嘗謂其於物理上亦有看得着處。張根吳園易解九卷，書中次第，悉用王弼本，銓義理而不及象數，不襲河洛之談，注文簡略，亦無支蔓之弊。李光讀易詳說十卷，楊萬里誠齋易傳二十卷，李杞周易詳解十六卷，三家皆博採史籍，以相證明。都絜易變體義十二卷，則專明變體。沈該易小傳六卷，以正體發明爻象之旨，以變體擬議變動之意，以求合於觀象玩辭，觀變玩占之義，其占則全用春秋左傳所載筮例。程大昌易原八卷，首論五十有五之數，參以圖書大衍，爲易之原，而卦變揲法，皆有圖論，往往排斥先儒，務申己說，雖不脫南宋之風氣，然其參互折衷，皆能根據大傳，於易義亦有所闡明。項安世周易玩辭十六卷，自序謂易之道四，其實爲象與辭二者而已，變則象之進退也，占則辭之吉凶也，不識其象，何以知其變？不通其辭，何以決其占？安世之所學，蓋程伊川之書也。伊川易傳，惟闡義理；安世則兼象數而求之，補程傳所不及。趙善譽易說四卷，論議明白正大，朱子謂其能擴先儒所未明。馮椅厚齋易學五十二卷，亦多取之。厚齋易學，薈萃羣言，亦頗博洽。鄭剛中周易窺餘十五卷，兼明象義，不主一家。趙彥肅復齋易說六卷，卽象數以求義理，以六畫爲主，研搜爻義，朱子謂其爲說太精，取義太密，或傷簡易之趣。易祓周易總義二十卷，兼通理數，折衷衆論。李心傳丙子學易編一卷，採王弼、張子、程子、與朱子四家之傳，而並以周子邵子及其父舜臣易本傳之說證之，亦間附以己意。魏了翁周易要義十卷，主於以象數求義理，折衷於漢學宋學之間，其所錄雖主於注疏釋文，而採掇謹嚴，別裁亦見精當。了翁門人稅與權易學啓蒙二卷，闡邵子之說，以後天易補朱子易學啓蒙之未備。

（二）尚書　蘇軾東坡書傳十三卷，廢棄古注，究心經世之學，明於事勢，長於議論，於治亂興亡，披抉明暢。晁公武謂其書駁異王氏新經義爲多，朱子稱爲諸家書解之最佳者。林之奇尚書全解四十卷，頗多異說，然辨析異同，貫穿史事，覃思積悟，卓然成家。其弟子呂祖謙書說三十五卷，即續是書而作者，蓋之奇受學於呂居仁，而祖謙又受學於之奇也。鄭伯熊敷文書說一卷，雖爲科舉而作，然大端純正，尚不汩於俗學，於經世立教之義，頗多闡說。史浩尚書講義二十卷，以注疏爲主，參考諸儒，而以己意融貫之，其後朱子命蔡沈訂正書傳，實從浩說，則朱子對於此書固有所取也。夏僎尚書詳解二十六卷，集孔安國、孔穎達、蘇軾、陳鵬飛、林之奇、程頤、張九成、王雱諸儒之說，尤其取材於之奇者，十之六七，反覆條暢，深究詳繹，不失爲說書之善本。其餘如羅惟一尚書集說，黃度尚書說七卷，胡士行尚書詳解十三卷，雖略存古訓，但薈萃諸說，雜糅漢宋，全依己意爲取舍焉。

（三）詩經　歐陽修撰毛詩本義十六卷，於毛鄭兩家，已善者因之不改，悖理者然後易之，其所訓釋，力反東漢以來治詩之舊習，往往得詩人之本志。蘇轍詩集傳二十卷，於毛氏之學，不激不隨，務持其平。王質詩總聞二十卷，研精覃思，於音訓章句字物等分十聞，其說多出新意，不循舊傳，刪除小序，毅然自用，別成一家。呂祖謙家塾讀詩記三十二卷，博採毛鄭諸家，存其名氏，尤其採王安石之說甚多，先列訓詁，後陳文義，剪截貫穿，如出一手，有所發明，則別出之，詩學詳正，故宋人極重之。戴溪續呂氏家塾讀詩記三卷，以呂氏家塾讀詩記取毛傳爲宗，折衷衆說，於名物訓詁，最爲詳悉，而篇內微旨，詞外寄託，或有未貫，乃作此書以補之，蓋自述己意，非盡墨守祖謙之說也。嚴粲詩緝三十六卷，以呂氏家塾讀詩記爲主，而雜採諸說以發明之，舊說有未安者，斷以己意，對於音訓名物，考證尤爲精核，與呂氏書並稱說詩善本。林岊毛詩講義十二卷，大都簡括箋疏，依文訓釋，取裁毛鄭，而析衷其異同，雖範圍不出古人，然融會貫通，要無枝言曲說之病，蓋亦獨闡古義，以詔後生之作也。段昌武毛詩集解二十五卷，其書首爲學詩總說，分作詩之理，寓詩之樂，讀詩之法三則。次爲論詩總說，分詩之世，詩之次，詩之序，詩之體，詩之派五則。餘皆依章疏解，大致仿呂氏家塾讀詩記，而詞義較爲顯淺。王應麟（一二二三—一二九六）詩考一卷，考訂爾雅，則以徵實著名。

（四）禮經　葉時禮經會元四卷，括周禮以立論，大旨醇正，多能闡發體國經野之深意。鄭伯謙太平經國之書十一卷，發揮周禮之義，以周官制度，類聚貫通，設爲問答，推明建官之旨，多參證後代史事，以明古法之善。易祓周官總義三十卷，其書研究經文，斷以己意，與先儒頗有異同，對於經義，頗有考據，而於職方氏之地理山川，尤爲詳悉。陳傅良周禮說一卷，以後準前，由宋至漢溯而通之。儀禮疏自咸平校勘之後，更無別本。熙寧中，廢罷儀禮，學者鮮習是經，至乾道間有張淳，淳熙間有李如圭。淳撰儀禮識誤三卷，多從經典釋文之說，考訂注疏，號爲精密，有功於儀禮，誠非淺少。如圭撰儀禮集釋三十卷，全錄鄭玄注而旁徵博引，以爲之釋，多發賈公彥疏所未備。又爲綱目以別章句之旨。魏了翁儀禮要義五十卷，對鄭注賈疏而刪刈之，分臚綱目，條理秩然，使品節度數之辨，展卷即知，不復以辭義轇轕為病，其梳爬剔抉，於學者最為有功。又有禮記要義三十三卷；訂定精密，對孔疏繁富文義，刪汰過半，頗為精允，可為研經之津逮。然宋儒治禮記，實始於衛湜，撰禮記集說一百六十卷（寶慶三年），頗稱賅博，去取亦精審，可稱為禮學之淵海。

（五）春秋　宋人治春秋，較治他經為多，大率可分為棄傳注者與從傳注者兩派。不取傳注者，原受唐代啖助趙匡陸淳之影響，以棄傳談經為旨。其後分為三派：孫復尊王發微以下，棄傳而不駁傳者也；劉敞春秋權衡以下，駁三傳之義例者也；葉夢得春秋讞以下，駁三傳之典故者也。孫復著春秋尊王發微十二卷，大約本於陸淳而增新意，是尊天王以明諸侯及大夫之功罪，謂春秋有貶無褒，大抵深文巧詆，以苛刻為主，「不惑傳注，不為曲說以亂經，其言簡易明，於諸侯大夫功罪，以考時之盛衰，而推見王道之治亂，得於經之本義為多。」（註二六）趙鵬飛春秋筌十六卷，主於據經說經，不泥三傳，謂學者當以無傳明春秋，不可以有傳求春秋，亦孫復之流亞。復好持苛論，鵬飛則頗欲原情，立論較為平允。劉敞說春秋，頗出新意，著春秋權衡十七卷，春秋傳十五卷，春秋意林二卷。始為權衡，駁左氏傳及杜預集解，平三家之得失，謂春秋傳者三家，褒貶相戾，其善惡相反，誠準之以權，則童子不欺，平之以衡，則市人不惑，然後集衆說斷以己意而為之傳；傳所不盡者，見之意林。敞改經而不廢傳，亦不盡從傳，據義考例，以折衷之。又有春秋傳說例一卷，則比事以發論，乃其傳文褒貶之大旨也。葉夢得春秋傳二十卷，以孫復主廢傳以從經，蘇轍主從左氏而廢公穀，皆有所蔽，遂參考三傳以求經，不得於事，則考於義；不得於義，則考於事，更相發明，頗為精核，於諸家義疏，多所排斥，尤詆孫復尊王發微。春秋讞二十卷，抉摘三傳是非，主於信經不信傳，猶沿啖助孫復之餘波，於公穀尤多駁詰。春秋考十六卷，大旨申明所以攻三傳者，實本周之法度制作以爲斷。自序稱：「自其讞推之，知吾所正爲不妄，而後可以觀吾之考；自其考推之，知吾所擇爲不誣，而後可以觀吾傳。」此三書蓋有一貫性焉。

從傳注者，大多考三傳以求經，並取諸儒之說，斷以己意，申明經旨。然亦有排斥三傳或雜糅三傳者，全非漢儒之專門家法也。王晳春秋皇綱論五卷，發明仲尼筆削之旨，而考辨三傳及啖助趙匡之得失。其孔子修春秋篇曰：「若專爲誅亂臣賊子使知懼，則尊賢旌善之旨闕矣，」足破孫復等有貶無褒之說。孫覺春秋經解十三卷，大旨以抑霸尊王爲主，以穀梁爲本，其說是非褒貶，則雜取左氏公羊及歷代諸儒啖趙陸氏之說，長者從之，其所未聞者，則以其師胡瑗之說解之。蘇轍所謂平生事業之春秋集解十二卷，其說以左氏爲主；左氏之說不可通，乃取公穀啖趙諸家以足之，蓋以一時談經者，不復信史或失事實故也。崔子方春秋經解十二卷，春秋本例二十卷，春秋例要一卷，其經解推本經義，辯三傳之是非，大略皆從左氏，而亦間有從公穀；本例主張分華夷君臣尊卑，正名分以救世，然專以日月爲例，有穿鑿破碎之病。高閌有春秋集注四十卷，以程頤春秋傳爲本，其說則雜采唐宋諸家，鎔以己意，不復標舉其姓名，至所載經文，多從左氏，而亦間有從公穀者。程子謂後世以史觀春秋，謂褒善貶惡而已，至於經世之大法則不知也。閌推明其意，謂仲尼假周以立王法，而託始於隱公，春秋固非一王之法，乃萬世通行之法，將春秋之判斷，而應用於今世也。陳傅良春秋後傳十二卷，以公穀之說參之左氏，以其所不書，實其所書；以其所書，推見其所不書，得學春秋之要。呂祖謙邃於史學，知空談不可以說經，故研傳文，窮始末以核得失，而不倡廢傳之高論，有春秋左氏傳說二十卷，春秋左氏傳續說十二卷，左氏博議二十五卷。博義隨事立義，以評其得失，如考吏斷獄，視天下無非罪人，偏於理論。傳說於左氏一書，多所發明，持論與博義略同，而推闡更爲詳盡。傳續說主於隨文解義。議論稍不如前說之淵大，然於傳文所載，闡發無遺。李明復春秋集義五十三卷，廣收諸儒之說，即講他經而有合於春秋者亦收之。洪咨夔春秋說三十卷，議論明暢，而考據事勢，推勘情僞，尤多發前人所未發。呂大圭嘗撰春秋集傳（今佚），又撰春秋或問二十卷，即申明集傳之意也。大旨於三傳之中，多主左穀而深排公羊。附春秋五論，亦明白正大。然兩書與經意頗有出入，大概長於議論，而短於考實。魏了翁春秋左傳要義三十一卷，節錄注疏之文，每條之前，各爲標題，而繫以先後次第，與諸經要義體例並同，凡疏中日月名氏之曲說煩重瑣屑者，多刊除不錄，而名物度數之間，則削繁舉要，本末燦然。

宋儒治春秋，直從經之本身探研，有借春秋以寓意者，有謂春秋本無例者，又有注重其分類者。感激時事，借春秋以寓意，著攘夷尊周之義者，莫重於復仇，公羊傳所謂：「九世猶可以復仇乎？雖百世可也。」（莊四）南渡以後，借春秋以倡復仇思想，首推胡安國。安國撰春秋傳三十卷，事按左氏，義取公穀之精者，采孟子、莊周、董仲舒、王通、邵雍、程顥、程頤、張載之說以潤色之。自序謂春秋魯史爾，仲尼就加筆削，乃史外傳心之要典也。大綱本孟子，而微旨多以程頤之說爲據。立論多牽合時事，動乖經義，然著攘夷尊周之大義，力主復仇，入告高宗，出傳天下，以正人心而不忘靖康之恥。自序又謂：「尊君父，討亂賊，闢邪說，正人心，用夏變夷，大法略具，庶幾聖王經世之志，小有補云。」此所謂宋之春秋，非魯之春秋也。其子胡寧，有春秋通旨以羽翼之。陳傅良春秋後傳，對於王霸、尊卑、華夷消長之際，及亂臣賊子之所由來，亦發明獨至。李琪春秋王霸列國世紀編三卷，隱示抑金尊宋之意，借春秋以寓時事，略與胡傳同。洪興祖（一〇九〇—一一五五）治春秋，別樹一幟，不信有例，發先儒所未發。著春秋本旨，謂春秋本無例，學者因行事之跡以為例。又言屬辭比事，春秋教也，學者獨求於義，則其失迂而鑿；獨求於例，則其失拘而淺，蓋創論也。黃仲炎春秋通說十三卷，大旨直書事跡，立義明白正大，深得聖人之意，亦不主褒貶之說。以分類而編著者，張根有吳園春秋指南十卷，嘗謂學春秋而不編年，無以學為也。吾嘗以諸國縱橫列而類見之，聖人之意了然矣。又為解例，亦用旁通法。沈棐春秋比事二十卷，其書前以諸國類次，後以朝聘、征伐、會盟事跡相近者，各比例而為之說，持論頗為平允，本名春秋總論，陳亮為更此名。程公說春秋分紀九十卷，以傳文類聚區分，使本末源流，犁然具見。而條理明暢，敘述典贍，所采諸儒之說，與其所附序論，亦皆醇正，誠讀春秋者之總匯也。

（六）**論孟**　宋儒治論語，首推邢昺所撰正義，即為今十三經注疏本之論語疏。邢疏根據梁皇侃論語義疏，剪其枝蔓，傳以義理，為漢學宋學轉變期之作品。林之奇論語孟講義，張栻癸巳論語解十卷，各有述作。鄭汝諧論語意原二卷，自謂二程諸公有功於論語則可，謂論語之義備見於諸公之書則不可。其學雖出於伊洛，但所說頗與朱子集註異。蔡節論語集說十卷，大旨率從集註，銓釋簡明，詞約理賅。孟子一書，自漢書藝文志以下皆入子部，本不與經同科。訓釋孟子，在漢爲趙岐，在宋爲孫奭。大中祥符七年，奭上新印孟子音義二卷。嘉祐六年，刻石備九經，已尊崇孟子，並論語孝經爲三小經。然宋之尊崇孟子，實始於王安石。元祐諸人，務與作難，故司馬光晁說之對孟子或疑或詆者，非攻孟子，蓋借此以攻安石也。自二程表章孟子，遂與孝經、論語、爾雅並參與九經之列，亦以之試士。道學家視孟子爲儒家要典之一，不過以程子爲辭，以其謂尊孟子，毋寧是尊程子也。蘇轍孟子解一卷，內容駮雜，瑕瑜互見。張九成孟子傳二十九卷，注重治法，發明於義利經權之辨，主於闡揚宏旨，不主於箋詁文句，曲折縱橫，全如論體。余允文尊孟辨六卷，辨司馬光、李覯、鄭厚叔之疑孟，而以原孟總括大意，反覆申明尊孟之意。張栻癸巳孟子說七卷，於王霸之辨，義利之分，言之最明，辭多感憤，每爲南渡而發，然皆推闡經義之所有。

除上述五經及論孟之外，劉敞有七經小傳三卷，包括尚書、毛詩、周禮、儀禮、禮記、公羊傳、與論語，乃雜論經義之語，始異諸儒之說。王應麟曰：「自漢儒至於慶曆，談經者守故訓而不鑿，七經小傳出而稍尚新奇矣。」(註二七)陳振孫亦謂：「前世經學，大抵祖述注疏，其以己意言經，著書行世，自敞倡之。」(註二八)晁公武且謂王荊公修經義，蓋本於敞云。(註二九)凡茲所舉，各家治經，或折衷古訓，或獨抒別裁，或以議論相高，或以綜比矜富，或陳往以諷今，或明體而達用，既異漢唐之詁訓，復殊道學之義理，斯又極宋學之變而不相統攝者也。其間易與春秋，作者尤繁，蓋治易者主演繹，本隱以至顯，治春秋者重歸納，推現以至微，一明天理，一明人事。惟人所說，不必徵實，故自王弼廢象數，而談易者日增；自啖助廢三傳，而談春秋者日盛，空言易騁，亦不獨宋儒爲然矣。況自南渡而後，國勢一蹶不振，士大夫憤夷禍之日亟，痛恢復之難期，情殷中興，念切雪恥，無以寄志，退而著書，則垂戒莫顯於易象，復讎莫大於春秋，(註三〇)羣治二經，殆亦有其深意者焉。

至於尊德性而道問學一派，主之者爲陸九淵，認爲學苟知道，六經皆我注脚，故其爲學，以求心爲主。學者便其簡易，羣然趨之，而於制度文物，一切鄙爲末事。陸氏對經學原無所撰述，但其門人楊簡、袁燮，皆本師說以解經。簡有楊氏易傳二十卷，尙書五誥解四卷，慈湖詩傳二十卷，及春秋解。燮有絜齋家塾書鈔十二卷，絜齋毛詩經筵講義四卷，並多推本於心學，而楊氏解易，大開易學入禪之途。另有王宗傳撰童溪易傳三十卷，力斥象數之弊，惟憑心悟，宗旨亦與慈湖同。(註三一)陳經撰尙書詳解五十卷，自序謂以古人之心求古人之書，吾心與是書相契而無間，然後知典謨訓誥誓命，皆吾胸中之所有，亦吾日用之所能行。此又近於陸子六經注我之說，是王陳二家雖非出自陸門，亦傳金谿之學派者也。錢時之學，出於楊簡，其融堂書解二十卷，不專主一家之學，不傍前人而自抒心得。向來疑書序者，以書本不待序而明，而此書序獨推闡入微，信非夫子不能作。融堂四書管見十三卷，不用程朱之本，而以篤實爲宗，故其銓發義理，類多平正簡樸。袁甫蒙齋中庸講義四卷，備列經文，逐節訓解，委曲推闡，反覆申明。此又爲金谿學派之解論孟焉。

朱熹嘗言世之解經者有三：一曰儒者之經，二曰文人之經，三曰禪者之經。(註三二)儒者之經，蓋以況道學；文人之經，朱子舉蘇軾陳鵬飛(註三三)輩爲例，則上述諸家無派可歸者，實多屬之。禪者之經，朱子舉張九成輩爲例。(註三四)九成學本伊川，書不盡傳。陳振孫謂：「無詬諸經解，大抵援引詳博，文義瀾翻，似乎少簡嚴，而務欲開後學之見聞，使不墮於淺狹，」(註三五)似又非盡禪學者，然則禪者之經，其將屬之金谿一派歟？若其廣甄羣言，意在存古，類於陸德明李鼎祚之爲者，又有房審權周易義海一百卷，(註三六)所採上起鄭玄，下迄王安石，凡百家。黃倫尚書精義五十卷，其所徵引，自漢迄宋，亦極賅博，然薈萃諸說，依經臚義，不加論斷，間有同異，亦兩存之，而宋人所採尤多。王與之周禮訂義八十卷，所採舊說，凡五十二家（唐以前僅杜子春、鄭興、鄭衆、崔靈恩、賈公彥等六家，其餘四十六家則皆宋人）。衛湜禮記集說，自鄭注孔義陸釋而下，所取共一百四十四家，採摭衆說成書。呂本中春秋集解三十卷，自三傳而下，所集陸氏、兩孫氏、兩劉氏、蘇氏、程氏、許氏胡氏凡九家，採擇頗精，但無自己議論。高元之春秋義宗一百五十卷，所採前後凡三百餘家，(註三七)其間褒錄當代諸儒之說，尤爲特多，後之考宋學者，固可於數書而觀其匯也。魏了翁九經要義，取諸經注疏之文，據事別類而錄之，每條之前，各爲標題，系以先後次序，此其意亦在存古，然前主於博，此主於約，體制蓋逈殊焉。又如陳祥道之禮書，貫通經傳，縷析條分，前說後圖，考訂詳悉，則後世考通禮者之所自出也。王應麟之三家詩考、周易鄭康成注，又爲後世輯佚書者之所取法也。賈昌朝之羣經音辯七卷，(註三八)條理脉絡，同異粲然，俾學者易於尋省。熙寧後，宋儒競以己意說經，音戾於古者多，此書之存，自具有其價值也。宋之經學，雖極駁雜，然亦盡品彙之盛矣。

己、疑經與改經

漢儒說經以師傳，師所不言，則一字不敢更。宋儒說經以理斷，理有可據，則六經亦可改。然守師傳者，其弊不過失之拘；憑理斷者，其弊或至於橫決而不可制。（註三九）故宋儒治經，不惟喜新好奇，尚有二事，頗足以啓後人之議者，一曰疑經，一曰改經，蓋其論證，以自己之頭腦，根據道理，判斷是非曲直，自謂探聖賢之心於千載之上，就經傳採取懷疑態度。由於疑傳疑經，進而改經，打破唐代統一之傾向，而釀成分化之新現象。

疑經者，如歐陽修以洪範周易，無河圖洛書之事，以爲妖妄；又言繫辭文言說卦而下，皆非聖人之作。（註四〇）趙汝楳周易輯聞六卷，疑說卦序卦雜卦皆爲漢儒竄入，又以繫辭多稱子曰，疑爲門人所記，非夫子之書。（註四一）葉適辨十翼非孔子所作，（註四二）趙汝談南塘易說三卷亦然。此疑易者也。吳棫始以古文尚書梓材一篇之後半爲可疑，朱子疑之益甚，謂凡書易讀者皆古文，豈有數百年壁中之物不訛損一字者？伏生所傳皆難讀，如何伏生偏記其所難而易者全不能記？又謂孔安國書傳是魏晉間人作，托安國爲名耳，孔傳並序，皆不類西京文字，似與孔叢子同出一手。（註四三）又謂書序恐是經師所作，雖無證可考，但決非夫子之言耳。（註四四）至趙汝談南塘書說，併古文而疑之，於伏生所傳諸篇，亦多所掊擊詆排。此疑書者也。詩序，先儒相承謂子夏作，毛萇、衛宏又從而潤益之。歐陽修謂詩序非子夏作，又謂各詩所繫類例不一，未可盡從，以生民玄鳥之詩爲怪說。（註四五）蘇轍詩集傳謂詩之小序，反復繁重，類非一人之詞，疑爲毛公之學，衞宏之所集錄，只取小序首句，删其以下。(註四六)鄭樵詩傳辨妄六卷，專攻毛鄭，直斥詩序爲村野妄人之作。楊簡慈湖詩傳亦據後漢書之說，以小序爲出自衞宏，不足深信。然王安石程頤以小序非聖人不能作，說詩者遂分攻序宗序兩家。自是呂祖謙仍宗序。朱熹初全宗小序，後改從鄭樵之說而攻序，謂非衞宏一手作，多是兩三手所合成，愈說而愈疏。王質詩總聞亦去序言詩。程大昌詩論一卷，不惟辨大小序，又論古有二南而無國風。是書所論，包括豳詩非七月等十七篇，大旨謂國風之名，出於漢儒之附會，務出己意以求勝。(註四七)葉適謂詩三百，皆史官先所採定，疑不待孔子而後删，十取一也。(註四八)此疑詩者也。歐陽修疑周官六官之屬五萬餘人，不耕而賦，何以給之？劉道原、蘇轍、胡宏皆疑周官。張載認爲周禮必是末世增入者，如盟詛之類，必非周公之意。包宏齋之六官疑辨，以周禮爲國師公之書。趙汝談則視爲傳會女主之書。劉敞謂今之禮，非醕經也，其間多六國秦漢之制，離文斷句，統一不明。(註四九)敞又疑禮記若夫坐如尸一節有脫簡，人喜則斯陶九句有遺文，禮不王不禘及庶子王亦如之有倒句。(註五〇)此疑禮者也。楊簡讀論語有毋意之說，以爲夫子本欲毋意，而大學乃欲誠意，深疑大學出於子思之所爲，非夫子之本旨。(註五一)李覯（常語）、司馬光（疑孟）、晁說之（受學於司馬光，作詆孟）、鄭厚叔（藝圃折衷），並孟子而疑焉。

改經者，如馮椅厚齋易學，改象曰象曰爲贊曰，以繫辭之卦卽爲象，繫爻之辭卽爲象，王弼本象曰象曰乃孔子釋象象，又改繫辭傳上下爲說卦傳上中(此本於吳仁傑，以隋書經籍志有說卦三篇)。李過西谿易說十二卷，於乾卦彖辭下便掇入彖傳，象傳內便掇入文言，釋彖處繼以大象，又分爻辭，附於小象，又附入文言。趙汝楳周易輯聞，以大象移於卦畫之後，彖辭之前，以文言散附乾坤彖傳，及小象後，又去彖曰象曰文言曰等字，使經傳混淆茫然莫辨，此改易者也。(註五二)龔鼎臣改定洪範。(註五三)劉敞改定武成，又謂尙書愿而恭，當作愿而荼；此厥不聽，當作此厥不德。(註五四)王栢（一一九七—一二七四）書疑九卷，則併全經而移易補綴之，動以脫簡爲辭，臆爲移補。併舜典於堯典，刪除姚方興所撰二十八字，合益稷於臯陶謨。以大禹謨臯陶謨爲夏書；以論語咨爾舜二十二字，補舜讓於德弗嗣之下；以孟子勞之來之二十二字，補敬敷五敎在寬之下。至於堯典、臯陶謨、說命、武成、洪範、多士、多方、立政八篇，則純以意爲易置，一概託之於脫簡，有割一兩節者，有割一兩句者。(註五五)栢之門人金履祥（一二三二—一三〇三），撰尙書表注二卷，以康誥之叙，冠於梓材篇首，而於篇首王曰封三字，謂王字當作周公，封字因上篇酒誥而衍。(註五六)此改書者也。劉敞謂毛詩烝也無戎，當作烝也無戍。陳鵬飛詩解，去商魯二頌，以爲商頌當闕而魯頌可廢。王栢依朱說作詩疑二卷，攻駁毛鄭，並及本經，以爲詩三百五篇，豈盡夫子之舊，漢初諸儒，各出所記足之。以行露首章爲亂入，以小弁無逝我梁四句爲漢儒妄補，以下泉末章爲錯簡，謂與上三章不類。又刪召南（野有死麕）、邶風（靜女）、鄘風（桑中）、衛風（氓、有狐）、王風（大車、丘中有麻）、鄭風（將仲子、遵大路、有女同車、山有扶蘇、籜兮、狡童、褰裳、東門之墠、丰、風雨、子衿、野有蔓草、溱洧）、秦風（晨風）、齊風（東方之日）、唐風（綢繆、葛生）、陳風（東門之池、東門之枌、東門之楊、防有鵲巢、月出、株林、澤陂）之詩，共三十二篇。又謂小雅中凡雜以怨誹之語者，可謂不雅，宜歸之王風。又謂桑中當曰采唐，權輿當　夏屋，大東當曰小東，則併篇名亦欲易之，皆託詞爲漢儒所竄入。（註五七）此改詩者也。劉敞謂周禮誅以馭其過，過當作禍；士田賈田，士當作工；九簭五曰巫易，當作巫陽。又謂禮記諸侯以貍首爲節，貍首當作鵲巢。此皆改易經字以就己說。（註五八）俞廷椿周禮復古編一卷，謂五官所屬皆六十，不得有羨，其羨者皆取以補冬官。（註五九）又謂天官世婦與春官世婦，夏官環人與秋官環人，爲一官複出，當省併之。（註六〇）二程則更定禮記大學論，朱子又分爲經傳。此改禮者也。劉敞春秋傳，其經文雜用三傳，不主一家，每以經傳連書，不復區畫，又好減損三傳字句，往往失眞。（註六一）此改春秋者也。而程子於論語，（註六二）朱子於孝經，（註六三）馮休於孟子，亦有所刪改焉。夫經有殘脫，當付闕疑，宋儒喜奮私意，好逞臆說，輕肆剪伐，割裂補綴，雖自詡創獲，實不免有誣古之誚也。

庚、小學

小學一門，有訓詁、音韻、字形之別。訓詁之學，雖爲宋人所不樂聞，而音韻專書，則有陳彭年、邱雍之重修廣韻五卷，邱雍之韻略五卷，丁度之集韻十卷，禮部韻略五卷，毛晃之之紹熙禮部韻略五卷，劉淵之禮部韻略五卷，皆爲有名之帙，而其書尤以廣韻爲繁，集韻諸書，實依據之。字形之作，則有郭忠恕之汗簡三卷，佩觿三卷，薛尙功之歷代鐘鼎彝器欵識法帖二十卷，具有後賢考證之資也。至於邢昺之爾雅疏十卷，吳棫之毛詩補音十卷，司馬光之切韻指掌圖三卷，又開後來漢學之途徑者也。

第二節 道學

十七史志儒學，只有儒林，爲傳經而設。宋史分說經之儒與講學之儒，講學之儒即道家，猶魏書另之釋老一門相類似。故至宋始有道學之名。道學者，宋學之主體也。夫學而何以有道之名？「其意曰：舉天下之學，皆不足以致吾道，獨我能致之故云爾。」(註六四)道學即理學，注重性理研究與身心修養之學也，蓋「道即理也，以人所共由而言則謂之道，以其名有條理而言則謂之理，」(註六五)故道字宏大，理字精密，道學既曰理學，道學家亦曰理學家也。繼漢人訓詁，唐人詞章之後，宋人則融會釋道，以解孔孟之理，是以合儒釋道爲一體，(註六六)別創道學，震爍一時。自道統之說起，謂二程心傳，直接鄒魯，孔門傳授，唯此心法，與禪學以心傳心之法相對抗。(註六七)從此心性事功，分爲二道；儒林道學，判若兩途。鄭樵曰：「秦人焚書而書存，諸儒窮經而經絕，」(註六八)蓋書亡而道因存，漢儒穿鑿而雜，則聖人之意泯矣。道學家重道而非重書，認道學爲眞學問，自以爲得孔孟之眞傳，而鄙屑漢唐之學，對於辭章科舉，更不啻糟粕視之。夫哲學家純爲愛知，道學家則兼知行，而深信由內心觀察省悟，即可了解宇宙與人生。本體一詞，原脫胎於佛氏，宋儒以性道爲本體，用理智去思考，基於人心道心之說，以爲心之所有，唯此智覺，理則在天地萬物，窮天地萬物之理，以合我心之智覺，而後謂之道。以此主觀思想，空論理性，每有清談之譏，(註六九)然爲自宋以後中國哲學之主流，支配中國之政治、社會、教育、文藝等歷六七百年之久，而影響中國文化思想者至深且大也。

夫道學之名，古無有也。嘉祐治平以前，濂洛之說未盛，儒者沿唐代餘風，每歸心於釋教。迨宋中葉，「周敦頤出於舂陵，乃得聖賢不傳之學，作太極圖說，通書，推明陰陽五行之理命於天而性之人者，瞭若指掌。張載作西銘，又極言理一分殊之旨，然後道之大原出於天者，灼然而無疑焉。仁宗明道初年，程顥及弟頤寔生，及長，受業周氏，已乃擴大其所聞，表章大學中庸二篇，與語孟並行。於是上自帝王傳心之奧，下至初學入德之門，融會貫通，無復餘蘊。迄宋南渡，新安朱熹，得程氏正傳，其學加親切焉。大抵以格物致知爲先，明善誠身爲要，凡詩書六藝之文，與夫孔孟之遺言，顚錯於秦火，支離於漢儒，幽沉於魏晉六朝者，至是皆煥然而大明，秩然而各得其所。此宋儒之學，所以度越諸子而上接孟氏者歟？其於世代之汚隆，氣化之榮悴，有所關係也甚大。」(註七〇)故宋世道學之傳，自周敦頤始。然其先導，則爲胡瑗、孫復、石介，是以全謝山撰宋元學案，以安定、泰山、徂徠三先生居首。敦頤授之二程，而其學始盛。周程張邵五子，並時而生，又皆知交相好。張載邵雍與程顥兄弟，實相師友，雖立言各成一家，至澤於仁義道德，不求同而自不能異。程氏之門人，則謝良佐、游酢、楊時、尹焞最著。時傳之羅從彥，從彥傳之李侗。李熹受學於侗；熹出，程氏所傳之學，始發明而愈顯。其與熹同時而志同道合者爲張栻呂祖謙。講事功者有陳傅良薛季宣，尊德性者爲陸九淵，議論則與朱熹不合。茲探其道脈淵源，考其師友學旨，分述如次。

甲、濂溪之學

周敦頤居濂溪，後人稱其學爲濂溪之學，因其地而名之也。周子之學，其妙具於太極圖。太極圖者授於陳摶，應用道家鍊丹導引圖，乃方士修鍊之術也，稍變而轉易之，以明天地之起源，究萬物之終始，兼取易之義而廣之，始闡發心性義理之精微。其說曰：「無極而太極，太極動而生陽，動極而靜；靜而生陰，靜極復動。一動一靜，互爲其根。分陰分陽，兩儀立焉。陽變陰合，而生水火木金土，五氣順布，四時行焉。五行一陰陽也，陰陽一太極也，太極本無極也。五行之生也，各一其性，無極之具，二五之精，妙合而凝。乾道成男，坤道成女，二氣交感，化生萬物；萬物生生，而變化無窮焉。惟人也得其秀而最靈，形旣生矣，神發知矣，五性感動，而善惡分萬事出矣。聖人定之以中正仁義而主靜，立人極焉。故聖人與天地合其德，日月合其明，四時合其序，鬼神合其吉凶，君子修之吉，小人悖之凶。故曰立天之道曰陰與陽，立地之道曰柔與剛，立人之道曰仁與義。又曰原始反終，故知死生之說，大哉易也，斯其至矣。」（註七一）此爲一篇思想大綱，出於道家，而原於易教，說明宇宙及萬物所以發生之理。宇宙本無極，由自然變動而生陰陽，由陰陽交感而生萬物，人類乃萬物中之最秀靈者。故從宇宙講到人類，再爲人類定中正仁義爲道德行爲之最高表率。無欲則靜，以靜立人極。天之道爲太極，人之道則爲人極，以人極爲人類應循之標準。

太極圖說，推本天道以言人事，則其宇宙觀也，又著通書，專言人事，乃人生觀也。人生觀由宇宙觀而立，然太極圖說得通書而始明。通書本號易通，與太極圖說並出，相爲表裏，將中庸道理融會於太極之蘊義，親切簡要，而二程兄弟語及性命之際，未嘗不因其說焉。黃震述其要旨曰：「周子通書誠上章，主天而言，故曰誠者，聖人之本，言天之誠，即人之所得以爲聖者也。誠下章，主人而言，故曰聖誠而已矣，言人之聖，即所得於天之誠也。誠幾得章，言誠之得於天者皆自然，而幾有善惡，要當察其幾之動，以全其誠，爲我之德也。聖章，言由誠而達於幾爲聖人，其妙用尤在於感而遂通之神，蓋誠者不動，幾者動之初，神以感而遂通，則幾之動也純於善，此其爲聖也。誠一而已，人之不能皆聖者，係於幾之動，故愼動次之。動而得正爲道，故道次之。得正爲道，不淪於性質之偏者能之，而王者之師也，故師次之。人必有耻則可敎，而以聞過爲幸，故幸次之。聞於人，必思於已，故思次之。師以問之矣，思以思之矣，在力行而已，故志學次之。凡此十章，上窮性命之源，必以體天爲學問之本，所以修己之功，既廣大而詳密矣，推以治人，則順化爲上，與天同功也。治爲次，純心用賢也。禮樂又其次，治定而後禮樂可興也。繼此爲務實章，愛敬章，又所以斟酌人品，而休休然與之爲善，蓋聖賢繼天立極之道備矣。餘章皆反覆此意，以丁戒人心，使自知道德性命之貴，而無陷辭章利祿之習，開示聖蘊，終以主靜，庶幾復其不善之動，以歸於誠，而人皆可聖賢焉。」（註七二）此書以誠說明宇宙與聖人之本體，誠者天之道也，誠之者人之道也，即以誠爲自然界之理，亦爲聖人之德。以幾表示心之動機。周子解釋易之「寂然不動，感而遂通」二句，聖人心中喜怒哀樂未發之狀態，是寂然不動之本體，慶於此機而動之微妙狀態，是爲感而遂通之應用，從易繫辭傳而成宇宙論及考出修養之方法。其修養工夫在愼動，在無欲，使此心靜虛而明，動直而公，自能洞察事理，應付事變。本此體天修己之標準，繼之以治事治人之實踐，而完成其思想之系統。故其言約而道大，文質而義精，言淡而味長，（註七三）探究易經與中庸，得孔孟之本源，而開宋代道學之先河者也。

乙、伊洛之學

程顥與其弟頤，居河南洛陽，皆受業於周敦頤，世稱其學爲洛學或伊洛之學，顥治學之方法，與講宇宙論之周邵張三子不同，良以人類對於宇宙了解實在有限，若再由宇宙論轉到人生論——即由無生命界轉入生命界，實覺牽強而不親切。故其宇宙論，雖從易生生之理得來，但從未用過太極二字。故儒者只合言人事，故專講人生修養，欲以從實際經驗而領悟之簡捷方法，建立人生論之思想系統。故其學問，全由實際生活中躬自體驗出來，提出天理二字爲宗。天理者，非指宇宙之理，乃代表人生眞理之最高意識，而爲直接討論人生問題所依據之標準。此法較諸遠溯宇宙變化之迹象而悟到人生問題者，所見自然更爲親切，更爲眞實。故曰：「學只要鞭辟近裏著己而已，」（註七四）即此意也。若從人生問題再深究一步，則爲心之問題。此心是自己之心，是自己傳述聖人，體貼天理，主宰萬物之心。是以爲學「非傳聖人之道，傳聖人之心也；非傳聖人之心，傳己之心也。己之心，無異聖人之心，廣大無垠，萬善皆備，欲傳聖人之道，擴充此心焉耳。」（註七五）因此教人如何去修養自己之心，使在實際之日常生活中來體貼出天理，乃其學問眞諦之所在，人既有此心，重在把捉，故主靜，使心有所止。心如把捉定，應付一切事情物理，就能得其當；得其當處卽天理，應付到得當處之心則爲仁。反之，「大凡把捉不定，皆是不仁。」(註七六)

大抵二程之前，學者全不知有仁字。(註七七)自明道起，其學以仁爲中心。修養之法在識仁，故「學者須先識仁，仁者渾然與物同體，義禮智信皆仁也。」(註七八)所謂渾然與物同體，注重整體觀念，一天人，合內外，卽世界之大，萬物之衆，只是一個理，而皆同在一個理上，以天地萬物與我爲一體。此理卽仁體，爲清虛之象，無可名狀，先要慢慢涵養本心，淸明高遠，周流不息，自能體認出來。然欲把捉此心，要持之以存養。存養工夫在敬，敬是敬守此心，「學者須敬守此心，不可急迫，當栽培深厚，涵泳於其間，然後可以自得。但急迫求之，只是私己，終不足以達道。」(註七九)「識得此理，以誠敬存之而已，不須防檢，不須窮索。」(註八〇)朱熹謂：「程先生所以有功於後學者，最是敬之一字有力，」(註八一)蓋見其綱領之重也。夫欲對仁體之存養，一則以義理栽培，如求經義，皆是栽培之意；二則理有相對，物有善惡，必先去人欲，祛私蔽，習心爲本心轉，心地澄明，則天理不失。故其識仁工夫，理則極高明，行之只是中庸，要從自己實際生活中去認取，去體貼，故曰：「學者不必遠求，近取諸身，只明人理，敬而已矣，便是約處。」(註八二)由是言之，心不繫於物，亦不繫於軀體器官通常之感覺，而要涵蘊理性之意識，「廓然而大公，物來而順應，」以之應付萬事萬變，皆恰當合理，此理卽天理也。明道之學，繼孔孟不傳之統，開百世未明之惑，謂孟子沒而聖學不傳，以興起斯文爲己任，闢異端而入道。天理在此，「更有甚事？」求仁之外，無餘義矣。

顥五十四歲卒，其弟頤，則享高齡至七十五歲，故大程之學，得小程發明而補充之，微頤爲之繼，洛學或中衰矣。顥之教人，側重如何修養自己之心，頤既闡其義，且增加實際之治學方法，教人如何獲得智識。周濂溪教人以靜，顥以靜字稍偏，乃專主於定，並想出求定之方，涵養須用敬；定是目的，主敬是達此目的。頤又以敬字未盡，益之以窮理之說，而曰：「涵養須用敬，進學則在致知，」(註八三)首句是顥教人之旨，次句乃頤所補充。既用敬矣，而何以要致知？頤釋之曰：「若只守一個敬，不知集義，卻是都無事也。且如欲爲孝，不成只守一個孝字，須是知所以爲孝之道也。」(註八四)有孝之心便是敬，知爲孝之道，如溫凊定省，則爲集義，亦卽是致知。故頤之學旨，注重集義與致知工夫。敬以直內，氣之養由集義所生，而能知方能行，可證其義也。

致知者，盡知也，是從躬行實踐下求知。欲求知，只在思，——思則得之，不思則不得也。所謂思，卽是格物。格，至也，言窮至物理也。物不必謂事物，自一身之中至萬物之理，皆物也。「隨事觀理，而天下之理得矣。君子之學，將以反躬而已矣；反躬在致知，致知在格物。」(註八五)然格物並非放心因物而遷，捨德性而專講物理，要觀物理以察己，而自明我德性所固有之理，所謂「物我一理，纔明彼，卽曉此，合內外之道也。」(註八六)故格物窮理者，窮理盡性，卽觀物之領悟物我共通之理，如鳶飛魚躍，活潑率性，而悟其有生理有生機。凡此格物，蓋以自我爲主，教人就本身上做工夫，明物之理，可以悟證自己德性固有之理，而非爲客，離去自我而外窮物理——外窮物理者是身外事，若迷而不悟，則愈引愈遠也。

是故窮理者便盡性知命，是欲窮性之理。性理亦卽天理也。顥所謂天理者，是用敬以體貼出來；頤所謂性理者，則由格物而得，脉絡相同，本無二致。惟顥全用主觀，求理於心，以領悟天理，頤則更引伸到客觀以推證性理，所謂「敬以直內，義以方外，合內外之道也。」（註八七）此性之理，卽義理，有生命有生氣之理，乃人生日用之理，而非宇宙四方上下之理。用格物以窮理，在積習工夫，須集衆理，然後脫然有貫通處。但此貫通，乃豁然貫通於吾之心，貫通於性理上。故窮理須以吾心作主，「一人之心，卽天地之心；一物之理，卽萬物之理，」（註八八）慢慢體會，體會卽是體貼，由體會而得，則爲眞得。「思慮有得，中心悅豫，沛然有裕者，實得也。」（註八九）顥講敬須和樂，頤講知要悅豫，蓋皆從心上發出，自己體會天理，是自得也。然窮性理，乃以人爲對象，論性要論氣，性者如湛然平靜之水，氣者猶湍激與波濤，「自性之有動者謂之情，」（註九〇）故有性便有情，喜怒哀樂，乃感於外而發於中，猶水之有波濤，卽人之情也。欲求性之平靜，重在存養，卽敎人於喜怒哀樂未發時，從冲漠無朕上涵養。涵養久，則喜怒哀樂發而皆中節，發而無不和；若致中和，則是達天理矣。存養工夫，則在莊敬，「君子莊敬日強，安肆日偸；常人之情，纔放肆則日就曠蕩；纔檢束，則日就規矩，」（註九一）要亦卽顥所言涵養須用敬之意也。然顥之用敬，在存養此心，體貼出天理，可以主宰萬物，而頤於「涵養須用敬」之上，再添入未發之中一節，卽存養此心，引申提前一截，較顥尤爲精密，而爲後儒之所宗。二程說敬，不曰虛靜淵默，而必謹之於衣冠容貌之間，卽敎人從根本上做起，可謂言近而指遠矣。

頤推性與情，卽體與用之關係以論仁，謂仁是性，愛是情，卽仁是體，愛是用。道性也，仁是性，「故仁卽道，百善之首。」(註九二)道通天人，同物我，故仁之道，普遍無外，所謂公也。要言之，仁者天下之公，善之本也。心是所主處，仁是就事言，心譬如穀種，生之性便是仁也。(註九三)顥與頤大旨雖同，而其所以接人者異，顥宏大，質性高明；頤親切，踐履密察。故顥和易，人皆親近；頤嚴毅，人不敢近。二程之學，「以大學、論語、中庸、孟子爲標指而達於六經，使人讀書窮理，以誠其意正其心修其身而自家而國，以及於天下。其道坦而明，其說簡而通，其行端而實，是蓋將有以振百代之沉迷，而納之聖賢之域。」(註九四)故此一代師儒，奉之爲宋學之正統也。

二程爲私家朋友間講學，其學由弟子所闡述，所傳播。謝良佐（一〇五〇—一一四四）、楊時（一〇五三—一一三五）、游酢（一〇五三—一一二三）、尹焞（一〇七一—一一四二），號爲程門四弟子。良佐字顯道，上蔡人，學者稱上蔡先生。其爲學綱領，「以生意論仁，以實理論誠，以常惺論敬，以求是論窮理。其命理皆精當，而直指窮理居敬爲入德之門，」(註九五)皆其所獨得以發明師說者也。上蔡思想，是從明道簡易學風而得，以心爲中心，謂：「心者何也？仁是已。仁者何也？活者爲仁，死者爲不仁。」「心有所覺謂之仁，仁則心與事爲一。」(註九六)嘗謂仁者天之理，天理者自然之理，而與人欲相對。格物窮理，須認得天理始得。學者須窮理，窮理則能知人之所爲，知天之所爲，與天爲一，無往而非理也；無往而非理，是窮理之極境也。道，須是下學而上達始得，故凡事不必務高遠，且從小處看。(註九七)「聖人之道，無顯微，無內外，由灑掃應對進退而上達天道，本末一以貫之。」（註九八）至於修養工夫，則在去矜。朱熹言其雜禪，黃震謂其以禪證儒，然程門高弟中，首推上蔡爲洛學之魁者也。楊時，字中立，將樂人，學者稱龜山先生。熙寧九年舉進士，得官不赴，以師禮見顥於潁昌，顥極喜之。謝氣剛，楊氣柔。顥喜時，頤喜良佐，蓋其氣象相似也。及時歸，顥送之，出門，謂坐客曰：「吾道南矣！」顥卒，時又見頤於洛陽，年已四十，而事頤愈恭，聞理一分殊之說，始豁然無疑，由是浸淫經書，推廣師說。時爲人氣象和平，議論純正，說經旨極切，論人物極嚴。對時事奏言，饒有主張，在程門中，詆王安石最力，且目之爲邪說，其弟子亦然。晚年溺於佛氏，以佛義釋孟子性善說及堯舜之道。又應蔡京召爲秘書郎，高年入朝，無所表現，爲後人所深譏。其學旨亦主敬，學始於致知，終於知至而止。至道之歸，要以身體之，心驗之，雍容自得，燕閒靜一之中，默而識之，此所謂反身而誠，則舉天下之物在我矣。然爲學用力深，然後有疑，必知所疑，乃能進德焉。宋室南渡，東南學者，推時爲程氏正宗，其門人亦最盛，有王蘋、呂本中、關治、陳淵、羅從彥、張九成、蕭顗等。胡寅、胡宏、劉勉之，亦稟其學焉。紹興初，崇尚元祐學術，而朱熹、張栻之學，得程氏之正，其源委脉絡，皆出於時也。游酢，字定夫，建陽人，學者稱廌山先生。初從二程學，後又從諸禪遊，呂本中嘗以書問之，答曰：「佛書所說，世儒亦未深考，往年嘗見伊川云：吾之所攻者迹，然迹安所從出哉？要之，此事須親至此地，方能辨其同異，不然，難以口舌爭也。」（註九九）朱熹曰：「游楊謝三君子，初皆學禪，後來餘習猶在，故學之者多流於禪。游先生大是禪學。」（註一〇〇）游氏背師，實爲程門之罪人，其遺書獨不傳，弟子亦不振，粹言一二，未易窺其學也。尹焞，字彥明，洛陽人，學者稱和靖先生。二十歲，方登伊川之門，在程門四弟子中，天資最魯者，但向一敬字做工夫，用志亦最專，故主一之功多，而窮理之功少，質直弘毅，實體力行，於洛學最爲晚出，而守其師說亦最醇也。靖康元年，以种師道薦，召至京師，賜號和靖處士，放還。明年，金人陷洛，金家被害，焞死復甦，門人舁置山谷中而免。劉豫聘之，不從，自商州奔蜀。後被薦入朝，累官至權禮部侍郎兼侍講。以反對和議，遂去官。紹興十二年卒於會稽。疾革，門人稱遺表，焞曰：「某一部孟子解，便是遺表。」頤教人專以敬以直內爲本，焞獨能力行之，嘗謂：「學貴力行，不貴空言，脫使窮其根源，謹其辭說，苟不踐行，等爲虛語。」（註一〇一）又曰：「伊川先生教人，只是專令用敬以直內，若用此理，則百事不敢輕爲，不敢妄作，不愧屋漏矣。習之既久，自然有所得也。往年伊川先生自涪陵歸，焞日日見之。一日讀易，至敬以直內處，因問不習無不利時，則更無覩，當更無計較也耶？伊川先生深以爲然，且曰：不易見得如此，且更涵養，不可輕說。」（註一〇二）程門之傳，惟焞最得其正，其餘率染禪論。程氏其他門人，如劉絢（質夫）、李籲（端伯）、張繹（思叔）、蘇昞（季明）等，多以早卒，故源流未廣。然洛學傳布甚遠，其入秦也以呂大忠、大鈞、大臨。其入楚也，以謝良佐司教荊南。其入蜀也，以謝湜、馬涓。其入浙也，以永嘉周行己、劉安節、劉安上、許景衡，鮑若雨。其入吳也，以王蘋。（註一〇三）胡安國則由上蔡而私淑伊川，南渡昌明洛學之功，幾侔於龜山焉。

洛學之再傳，最著者有羅從彥（一〇七二—一一三五）。從彥字仲素，南劍人。聞楊時得程氏學，慨然慕之，政和二年，時爲蕭山令，從彥徒步往學，時熟察之，乃喜曰：「惟從彥可與言道，」於是日益以親。從彥初見時，三日，卽驚曰：「不至是，幾虛過一生矣。」嘗與時講易，云伊川說甚善，卽往洛見伊川，歸而從時者久之。建炎四年，授博羅主簿，官滿，入羅浮山靜坐，紹興五年卒，學者稱豫章先生。龜山之學，篤實自當推張九成（橫浦），通才當推喩樗（湍石），多識前言往行當推呂本中（紫微），知禮當推高閌（息齋）。特九成本中不能自拔於佛氏，爲朱熹所非。而從彥嚴毅淸苦，在楊門爲獨得其傳。從彥謂學道以思爲主，敎學者於靜坐中看喜怒哀樂未發時作何氣象，不惟於進學有方，亦是養心之要。此在其思慮未萌，虛靈不昧，自有以見其氣象，而從冥心至靜，以見此端倪，宗明道之旨，爲學者人手指示頭路也。（註一〇四）又嘗與人論士行曰：「周孔之心，使人明道；學者果能明道，則周孔之心，深自得之。三代人才，得周孔之心，而明道者多，故視死生去就，如寒暑晝夜之移，而忠義行之者易。至漢唐以經術古文相尙，而失周孔之心，明道者寡，故視死生去就如萬鈞九鼎之重，而忠義行之者難。」（註一〇五）朱熹謂龜山倡道東南，士之遊其門者甚衆，然潛思力行，任重詣極，如從彥者一人而已。從彥之學，傳其弟子李侗（一〇九三—一一六三），則所謂能遂之而光其師也。侗，字愿中，劍浦人，學者稱延平先生。初受學於羅從彥，從彥令於靜坐中以驗夫喜怒哀樂未發前氣如何，而求所謂中者。久之，於天下之理，該攝洞貫，以次融釋，而各有條序，從彥亟稱焉。旣而退居山中，謝絕世故，凡四十年，簞瓢屢空，怡然有以自適也。其道學之旨，只是要得學者靜中有個主宰存養處。敎人之道，大抵令於靜中體認大本未發時氣象分明，卽處事應物，自然中節。此乃龜山門下相傳之指訣。爲學之初，且當常存此心，勿爲他事所勝。凡遇一事，即當且就此事反覆推尋，以究其理。待此一事融釋脫落，然後循序少進，而別窮一事。如此既久，積累之多，胸中自有灑然處，故其不要人強行，須有見得處方行，所謂灑然處。是以學問第一義，不在多言，但默坐澄心，體認天理而已。嘗語學者曰：「講學切在深潛縝密，然後氣味深長，蹊徑不差。若概以理一而不察乎其分之殊，此學者所以流於疑以亂眞之說而不自知也。」其開端示人，大要類此。延平本人，不著書，不撰文，頹然若一田夫野老，但講研涵養，居處有常，齊整瀟灑，終日危坐，而神彩精明，略無隤墮之氣。其接後學，答問不倦。嘗謂學者之病，在於未有灑然冰解凍釋處。至於論治道，必以明天理，正人心，崇節義，厲廉耻爲先，本末具備，可舉而行，非獨空言而已。(註一〇六)

周程諸子外，著名道學家，尚有邵雍(一〇一一—一〇七七)，其學雖重象數，本自道家而來，但繼濂溪後講宇宙問題，別爲一家。東都事略原列其與陳摶种放等爲隱逸，宋史以程子重其人，朱子采其說，始入之道學，與周張二程稱北宋五子，但道學家不認之爲正宗。以其居洛陽，茲特將其學說附於洛學之後。

邵雍，字堯夫，范陽人，年十三，遊河南，葬其親伊水上，遂爲河南人。居洛四十年，安貧樂道，曠達和怡，自云未嘗皺眉。富弼司馬光呂公著諸賢，退居洛中，雅敬雍，恒相從遊。熙寧十年卒，諡康節，學者稱康節先生。雍少篤學，居蘇門山百源之上，堅苦刻厲，冬不爐，夏不扇，臥不就枕席者數年。事攝共城令北海李之才，受河圖洛書先天象數之學，故雍獨以圖書象數之學顯。顧雍之教，雖受於之才，而微妙變通，實本自得。其全部思想系統，見於所著皇極經世，有觀物內篇外篇，觀天地之理，測度人世，故名觀物，內篇是自撰，外篇爲門弟子所記述。又著有漁樵對問，論天地自相依附，形有涯而氣無涯，亦極有條理焉。

雍之先天易學，認爲宇宙之最高形態，混成一體，謂之太極。太極生兩儀，兩儀生四象，四象又分爲八卦。（註一〇七）以動靜兩儀，爲一切變化之本；又取說卦三才之義，以天道爲陰陽，地道爲柔剛，序列爲陽陰剛柔之四象，本此四象基數，經緯以自然界人事界之實際事物。太陽、少陽、太陰、少陰成象於天，而爲日月星辰；太剛、少剛、太柔、少柔成形於地，而爲水火土石。八者具備，然後天地之體備。天地之體備，而後變化生成萬物也。宇宙之變化，即指天地之所盡而言，「物之大者，無若天地，然而亦有所盡也。天之大，陰陽盡之矣；地之大，剛柔盡之矣。」（註一〇八）盡者達於極之謂，達於極而發生變化也。天是氣，地是質，氣分陰陽，質分柔剛。氣質是天地之體，陰陽柔剛是天地之性。然動者性，靜者體也。天地之消息，宇宙之變化，以體用爲本性，以動靜爲樞紐，如不動無以見其性，如非靜無以見其體，例如宇宙循環旋轉者由於動，而旋轉有律，有重心者，則又由於靜也。天代表動，地代表靜；陰陽代表動，柔剛代表靜。動靜陰陽剛柔相交配，始孕育變化。「天生於動者也，地生於靜者也。一動一靜交，而天地之道盡之矣。動之始，則陽生焉；動之極，則陰生焉。一陰一陽交，而天之用盡之矣。靜之始，則柔生焉；靜之極，則剛生焉，一剛一柔交，而地之用盡之矣。」（註一〇九）天以氣爲主，體爲次；地以體爲主，氣爲次。天主用，地主體。所謂氣，所謂用，是指動而言，亦指性而言。其能動者主於氣，「氣則養性，性則乘氣，故氣存則性存，性動則氣動也。」(註一一〇)但主於氣者爲神，神無方而不可以名狀，無所在無所不在焉。性與體相互爲用，而陰陽亦相生相成，「性非體不成，體非性不生。陽以陰爲體，陰以陽爲性。在天則陽動而陰靜，在地則陽靜而陰動。性得體而靜，體隨性而動，是以陽舒而陰疾也。陽不能獨立，必得陰而後立，故陽以陰爲基。陰不能自見，必待陽而後見，故陰以陽爲倡。」(註一一一)由陰陽兩端解釋宇宙變化動靜虛實升降長消及循環相生之理。天地相生之理，由於交配，一動一靜交，而天地之道盡之矣。一陰一陽交，而天之用盡之矣。一剛一柔交，而地之用盡之矣。日月星辰水火木石交，而天地之體盡之矣。由是變爲寒暑晝夜雨風露雷交，而天地之化盡之矣。再由是變爲性情形體走飛草木交，而動植之感應盡之矣。作育萬物，芸芸衆生，由此而興焉。

由宇宙論推及於人事之變，亦以四象基數推衍之公式，配合經緯萬變。其銜接點謂人之所以靈於萬物者，以其耳目口鼻等器官，能收萬物之聲色氣味。「聲色氣味者，萬物之體也。耳目口鼻者，萬人之用也。體無定用，惟變是用；用無定體，惟化是體。體用交，而人物之道於是乎備矣。」(註一一二)以物與人言，則人主用，物主體；以人與聖人言，則聖人主用，百姓主體。天地之間，有物有人，一人可以當億兆之物，而聖人又可當億兆之人。「人也者，物之至者也。聖也者，人之至者也。人之至者，謂其能以一心觀萬心，一身觀萬身，一世觀萬世者焉。其能以心代天意，口代天言，手代天工，身代天身者焉。其能上識天時，下盡地理，中盡物情，通照人事者焉。其能以彌綸天地，出入造化，進退古今，表裏人物者焉。」(註一一三)故由天地、萬物、人類，以至於聖人，物理天性，一貫相通。理性既相通，有一條大道可行。「是知道爲天地之本，天地爲萬物之本。以天地觀萬物，則萬物爲物；以道觀天地，則天地亦爲萬物。道之道盡於天矣，天之道盡於地矣，天地之道盡於物矣，天地萬物之道盡於人矣。人能知天地萬物之道，所以盡於人者，然後盡民也。天之能盡物，則謂之昊天。人之能盡民，則謂之聖人。」(註一一四)天地、萬物、人類，全憑此條大道而行，「天由道而生，地由道而成，人物由道而行，天地人物則異也，其於由道則一也。夫道也者，道也，道無形，行之則見於事矣，如道路之道坦然，使千萬億年行之人知其歸者也。」(註一一五)由是言之，整個宇宙，包括人生，天地之所以生育，萬物之所以生長，人類之所以生存者，其變化全賴一個理——自然之理，其運行則同走一條大道——自然之道，寬大坦平，全無障碍者也。

然而以天地之廣大，仍要有一個中心，是人君子貴乎中，爲道要執中。人備天地萬物，居天地之中，爲天地之中心。心居人之中，以身爲體，心爲用，即以心爲中心。此心亦爲宇宙大道之縮影，故曰：「心爲太極」，萬化萬事所由生也。人必內重，內重則外輕，故「君子之學，以潤身爲本，其治人應物，皆餘事也。」(註一一六)潤身卽養心，心有養則完固而虛明。物理不能強通，強通則失理而入於術。循天理而動，自然能應萬變。「若得天理眞樂，何書不可講？何堅不可破？何理不可精？」(註一一七)是以學要至於樂，尤要際乎天人，否則不足謂之學也。

雍之學問，以宇宙爲胸襟，以天理爲依歸，極廣博，極潤大。臨卒，「伊川問：從此永訣，更有見告乎？先生舉兩手示之。伊川曰：何謂也？曰：面則路徑須令寬，路窄則自無著身處，況能使人行也？」(註二一八)此大抵對程頤講學採用格物窮理之法太狹，故臨終以此告之。而其氣象，與程顥相近，顥稱之爲內聖外王之學。然雍邃於象數，嘗謂天之象數可得而推，其神用不可得而測也。程頤謂康節如空中樓閣，蓋義高而旨隱，未嘗盡同於程子，故門人得其眞傳者寡矣。

丙、關中之學

講宇宙論，周邵兩子之外，又有張載。載居關中，說性理，見於正蒙一書。濂溪言太極，橫渠言太虛，太虛就是氣。天地之蒼茫浩渺，只一氣之循環而已，故太虛仍爲實在者。氣分陰陽，陰陽之氣會合冲和，有一種活動性，謂之太和。「太和所謂道，中涵浮沉升降動靜相感之性，是生絪緼，相蕩勝負屈伸之始，其來也幾微易簡，其究也廣大堅固。」(註二一九)此指太和以名道，蓋天地之氣爲體，天地之理爲性，理無形而難窺，氣散殊而可象，氣如野馬絪緼，無所羈絡，往來不息，盛大流行，充塞宇宙，謂之太和。太和爲道之本體。太和之氣是無形而不可感知，故又稱爲太虛，卽虛空無際，蓋指太空之全體。故從天地之體言曰太虛，天地之道言曰太和。氣之凝聚時就是物，故萬物爲太虛所變化之客形，但萬物分散，則仍復歸於太虛。「太虛不能無氣，氣不能不聚而爲萬物，萬物不能不散而爲太虛。」(註二二〇)橫渠特別指明其太虛之理曰：「太虛無形，氣之本體，其聚其散，變化之客形爾。至靜無感，性之淵源。有識有知，物交之客感爾。客感客形，與無感無形，惟盡性者一之。」

(註一二一)此太虛之氣，既或聚或散，則其所形見而被感知者，原爲此種氣或聚或散所表現之狀態——有形有見，是客觀之現象；有識有知，是客觀之感覺也。散入無形，本非有滅；聚爲有象，本非有增，其循環隱顯，不過循自然之理而變化耳。氣雖有聚散，而體則永遠存在，即爲「實有」，所謂「聚亦吾體，散亦吾體。」坱然太虛，充塞乎氣，氣之聚散，可由隱顯之理來解釋，「方其聚也，安得不謂之客；方其散也，安得遽謂之無。故聖人仰觀俯察，但云知幽明之故，不云知有無之故。」(註一二二)眞「虛無」爲不存在，如涉於有無問題，則入於老氏之說矣。太虛譬猶水，氣猶冰，「氣之聚散於太虛，猶冰凝釋於水，」(註一二三)氣之聚散，猶冰之凝釋，而太虛與水，則永遠存在，個體有生死，總體無所謂生死。生亦無所得，死亦無所喪，生死者氣之聚散之名。個體之生死，乃總體一部份之聚散而已，聚非有，散非無，故性不隨生死爲有無，所謂「凝釋雖異，爲物一也。」(註一二四)太虛之本性爲虛明，所謂至靜無感者，並非其所有感皆寂滅之謂，而爲永遠在感，客觀上不可見不能感者，亦非至靜無感也。此太虛與無感是主，是總體，而氣之有形與有感者是客，是個體，但主客並非對立，而同爲一體。「一故神，兩故化，」一是一個總體，一個道理，兩是陰陽消長進退。陰陽爲相對待之二氣，「兩不立，則一不可見；一不可見，則兩之用息。兩體者虛實也，動靜也，聚散也，淸濁也，其究一而已。」(註一二五)由陰陽二氣之變化，「浮而上者陽之淸，降而下者陰之濁，其感遇聚散，爲風雨，爲霜雪，萬品之流形，山川之融結，糟粕煨燼，無非敎也。」(註一二六)

由天道以及於人事，主天人合一之說，天地萬物，本係一體，鬼神與人，亦爲一體，故知性知天，則陰陽鬼神皆吾分內耳，所謂「性與天道合一存乎誠，」（註一二七）人生哲學之基本原理即出於此。以天道性心四字爲樞紐，此四字本是一理，但所由之名各異。「由太虛有天之名，由氣化有道之名，合虛與氣有性之名，合性與知覺有心之名。」（註一二八）宇宙循自然之方式而運行，宇宙之最高形態，無以名之，名之曰太虛，太虛者天也，實爲天道性心之總體，故宇宙觀爲一元，與萬物互相貫通。而太虛所以運行者則曰氣化，氣化則成生物，「游氣紛擾，合而成質者，生人物之萬殊，」（註一二九）游氣乃陰陽二氣之緒餘，循環不已，賦與萬物，生生不窮，一物各得一個生命，便有一個形質，皆此氣合而成之也。是以四時行，百物生，天道也。此種道，似有一般力量名之曰神以推進之，其推進之力，即爲性，故曰：「天能爲性。」（註一三〇）在此推進運行中，見形被感，有識有知，感之者稱爲知覺，即是心。故有形象始有知覺，有知覺始感心之活動。再從人生論引伸性心之義，以明爲人之本。天賦爲命，人受爲性，受者受於天，故亦爲天所性。知性知天，能盡人物之性，則能盡其道。橫渠分別性爲天地之性與氣質之性兩種。天地性無不善，但人自有生，便墮在形氣中，於是或剛或柔，或緩或急，或才或不才，謂之氣質之性，與天地之性不同。此氣質之性，以習性言，稟形氣之偏，非天地之性也，如能變化氣質，「善反之，則天地之性存焉，」（註一三一）所謂盡性是也。人要盡其性，尤要盡其心，——盡其心者則知性知天，即大其心也。「大其心，則能體天下之物。」（註一三二）如物有未體，則心爲有外；有外之心，不足以合天心也。天心之所知，不萌於見聞。「由象識心，徇象喪心。知象者心，存象之心，亦象而已，謂之心可乎？」（註一三三）故盡其心者，必思心所從來，不徇於物，不以見聞累其心，而配合耳目之聰明，啓之以爲窮理盡性，而化除私意，以天體身，則能體物不疑；以道體我，則能大於道也。

橫渠著有東銘西銘，而西銘乃人生論之具體實踐化，最爲一時儒者所深服，程門且專以之開示學者。其言曰：「乾稱父而坤母，予茲藐焉，乃混然中處。故天地之塞，吾其體；天地之帥，吾其性。民吾同胞，物吾與也。大君者，吾父母宗子。其大臣，宗子之家相也。尊高年，所以長其長。慈孤弱，所以幼其幼。聖其合德，賢其秀也。凡天下疲癃殘疾，惸獨鰥寡，皆吾兄弟顚連而無告者也。于時保之，子之翼也。樂且不憂，純乎孝者也。」（註一三四）人類既由宇宙生，則人爲天地之子，故人事天地，當如子之事父母。且人從父母生，人知父母之爲父母，亦當知天地之爲大父母。以孝順父母之心來孝順天地，以對待家庭之心來對待全人類。此爲家庭中孝子之心境與行爲之擴大也。事事物物，皆具天理，皆是仁做得出來。合內外，平物我，此見道之大端，通體是推明理一分殊之旨。「惟識夫理一，乃見其分之殊；明其分殊，則所謂理之一者，斯周流而無蔽矣。」（註一三五）楊時謂：「西銘只是發明一個事天底道理，所謂事天者，循天理而已。」又曰：「只是要學者求仁而已。」（註一三六）合天地萬物爲一體，而歸結於仁，故此篇乃求仁之學也。

橫渠爲關中士人之宗師，其學規模濶大，制行堅卓，門人有龍圖直學呂大忠、教授呂大鈞、正字呂大臨、學士范育、直龍圖閣游師雄、忠憲种師道等，而私淑者，則又有詹事晁說之也。

圖十八 朱熹像（國立故宮博物院藏品）

丁、閩中之學

伊洛之學，東南之士，傳自楊時與游酢。乾道淳熙間，儒學日盛，朱熹在閩，張栻在楚，呂祖謙講學於浙，此三大儒，天下共尊仰之。洛學自楊時一傳爲羅從彥，再傳爲李侗，三傳爲朱熹。學至熹，致廣大，盡精微，綜羅百代，而爲南宋道學之宗師。熹居閩中，故其學派曰閩學。熹生平於書無所不讀，於義理無所不究極，在宋學上建立一新道統，將周敦頤、張載與二程並尊，且確認周子乃二程所師承，特爲太極圖說、通書、西銘作解義。其本人編撰近思錄，亦專采此四家之說，後人連熹並稱爲濂、洛、關、閩，奉爲宋學之正統，如是遂將程氏洛學之規模擴大。周張宇宙論之形而上學部門，與二程之心性修養工夫，既會合融和，再加上其自己所開示之讀書法，三流交滙，宋學遂臻於完整。熹嘗謂：「聖賢道統之傳，散在方册；聖賢之旨不明，而道統之傳始晦。」於是竭其精力以研究經訓，廣爲著述。又定論語、大學、中庸、孟子爲四書，特爲作集註與章句，自孟子以下，直接到周張二程。此一傳統，亦爲爲後世所遵循者也。

晦翁根據周子太極圖，又增入二程理氣之說，即以太極理氣爲中心概念，而構成自己之宇宙論。晦翁認爲太極只是天地萬物之理，即基本原理或法則，換言之，極是道理之極至，總天地萬物之理，便是太極。在天地言，則天地中有太極；在萬物言，則萬物中各有太極。人人有一太極，物物有一太極，未有天地之先，畢竟先有此理，先天地人物而存在。太極包涵動靜之理，靜即太極之體，動即太極之用，太極之有動靜，是天命之流行也。晦翁承伊川理氣二元論，有理便有氣流行。宇宙只是一氣所充塞運行而形成，故天地間無非氣，陰陽只是一氣，氣之運行，萬物化生。但氣之充塞運行中自有理。從宇宙之本體言，理是形而上者，氣是形而下者，理生氣，故理先於氣。但從宇宙之現象言，氣則能醞釀凝聚生物，此氣凝聚處，則理便在其中，故理與氣二而一，是無先後之分也。晦翁宗程明道「天地之常，以其心普萬物而無心」一語，認爲天地以生物爲心；又據伊川「天地無心而成化」一語，無心者乃四時行百物生，天地何所容心之謂。故有心是生物之始，無心是生物之成。天地生物之心卽爲仁，若春陽之溫，其體本靜，而其用則流行不窮。天地以此心普及萬物，人得之遂爲人之心，物得之遂爲物之心。人之心，體天理而愛人利物謂之仁。物之心，爲生理生意之動力。以心爲本體，「天則就其自然者言之，命則就其流行而賦於物者言之，性則就其全體而萬物所得以爲生者言之，理則就其事事物物各有其則者言之，到得合而言之，則天卽理也，命卽性也，性卽理也。」（註一三七）心者有主宰之意，所謂主宰者，卽是理也。心合如此則爲性，性便有一個動向，故曰：「性者心之理」；「生之理爲性」。性爲太極之全體，故天地有性，人有性，萬物亦有性也。講理氣，爲宇宙論之範圍；講心性，則轉入人生問題矣。

晦翁之講心性，其綱領樞要，則在中庸未發一語，先後與南軒論之甚詳，亦可代表其思想系統之輪廓。其言曰：「人之一身，知覺運用，莫非心之所爲，則心者固所以主身，而無動靜語默之間者也。然方其靜也，事物未至，思慮未萌，而一性渾然，道義全具，其所謂中，是乃心之所以爲體，而寂然不動者也。及其動也，事物交至，思慮萌焉，則七情迭用，各有攸主。其所謂和，是乃心之所以爲用，感而遂通者也。然情之靜也，而不能不動。情之動也，而必有節焉。是則心之所以寂然感通，周流貫徹，而體用未始相離者也。然人有是心，而或不仁，則無以著此心之妙；人雖欲仁，而或不敬，則無以致求仁之功，蓋心主乎一身，而無動靜語默之間，是以君子之於敬，亦無動靜語默而不用其力焉。未發之前，是敬也，固已主乎存養之實。已發之際，是敬也，又常行於省察之間。方其存也，思慮未萌，而知覺不昧，是則靜中之動，復之所以見天地之心也。及其發也，事物紛糾，而品節不差，是則動中之靜，艮之所以不獲其身，不見其人也。有以主乎靜中之動，是以寂而未嘗不感；有以察乎動中之靜，是以感而未嘗不寂，寂而常感，感而常寂，此心之所以周流貫徹，而無一息之不仁也。然則君子之所以致中和而天地位萬物育者，在此而已。蓋主於身而無動靜語默之間者，心也。仁則心之道，而敬則心之貞也。此徹上徹下之道，聖賢之本統，明乎此，則性情之德，中和之妙，可一言而盡矣。」（註一三八）性者心之理，情者性之動，而統攝性情者心也。虛靈是心之本體，本體無不善，故心與理一。既發是情，亦即是氣，氣有清濁，故有善有不善，語其才，則有下愚之不移。故心是人身之主宰，動靜皆主宰之。夫心一也，以中爲體，以和爲用，以存養爲致中，省察爲致和，存養省察，則中和兼致。要常自省察警覺，靜中涵養，則此心自光明廣大，明白四達，有個眞心發現，從此便可窮理。晦翁之爲學，大抵窮理以致其知，反躬以踐其實，而以居敬爲主，故存養省察，乃爲學之要也。

晦翁平生好爭辯，與陸九韶門辯無極，陳亮爭論王覇，又欲與陳傅良爭論詩說，皆爲衛道而發也。其門人甚多，閩中有潘柄（謙之）、楊復（志仁）、林學蒙（正卿）、林夔孫（子武）、李閎祖（子約）、李方子（公晦）；江西有甘節（吉父）、黃義勇（去私）、張洽；江東有李燔、胡泳（伯量）、蔡念成（元思）；浙中有葉味道、潘時舉（子善）、黃士毅（子洪），皆號高弟。其最著者，首推黃榦。榦，字直卿，閩縣人，曾往見江西劉清之，清之奇之，曰：「子乃遠器，時學非所以處子也，」因命受業於晦翁，刻苦自勵，嘗詣呂東萊以所聞於晦翁者相質正。及張南軒亡，晦翁與榦書曰：「吾道益孤矣，所望於賢者不輕。」後遂以女妻榦。晦翁編禮書，獨以喪祭二篇屬榦。及病革，手書與榦訣曰：「吾道之託在此，吾無憾矣！」榦曾知安慶府，尋任制置李珏幕職，奔走諸關，倜儻有謀。後召赴行在，在位者忌而擠之，遂歸里，弟子日盛，編禮著書，日不敢給，夜與之講論經理，亹亹不倦。俄命知潮州，辭不行，差主管亳州明道宮，踰月乞致仕。卒後有經解文集行於世。榦撰有聖賢道統傳授總叙說，謂有太極而陰陽分，有陰陽而五行具，太極二五妙合而人物生，賦於人者秀而靈。聖人者又得其秀之秀而最靈者焉，於是繼天立極，而得道統之傳，故能參天地，贊化育，而統理人倫，使人各遂其生，各全其性者，其所以發明道統以示天下後世者，皆可考也。道統之傳，由堯、舜、禹、湯、文、武、周公、孔子、顏、曾、子思、孟子，一脉相傳，至宋則爲周子、二程，而傳於先師朱熹。熹之學，見之四書，而其要則尤以大學爲入道之序，蓋持敬也。誠意正心修身，而見於齊家治國平天下，外有以極其規模之大，而內有以盡其節目之詳，此乃得其統於二程，聖賢相傳，垂世立教，學者之所當遵承而固守也。撮其要旨，居敬以立其本，窮理以致其知，克己以滅其私，存誠以致其實。以是四者而存諸心，則千聖萬賢，所以傳道而教人者，不越乎此矣。(註一三九)榦強毅自立，精審不苟，篤守師承，使人不敢窺門戶。當寶慶紹定間，朱子門人不敢以師之所傳爲別錄，以榦在也。榦沒，夸多務廣，語錄語類爭出，而朱陸二家之矛盾始大行，可見榦之地位，在朱門中具有極大之影響力。後人論道統，推其爲朱張呂三先生後第一人，蓋爲有體有用之儒者也。經術行義亞黃榦者有李燔，並稱曰黃李。燔，字敬子，建昌人，紹熙元年第進士，授岳州教授，未上任，往建陽從晦翁學。晦翁告以曾子弘毅之語，且曰：「致遠固以毅，而任重貴乎弘也。」燔退以弘名其齋而自儆焉。既至岳州，教士以古文六藝。後改襄陽府教授，復往見晦翁，晦翁嘉之，凡諸生未達，先令訪燔，俟有所發，乃從晦翁折衷，諸生畏服。晦翁沒，九江守薦爲白鹿書院堂長，學者雲集，講學之盛，他郡無比。入仕凡四十二年，而歷官不過七考，居家講學，學者宗之。張洽，字元德，清江人，少穎異，從晦翁學。自六經傳注而下，皆究其指歸，至於諸子百家山經地志老子浮屠之說，無所不讀。嘗取管子所謂思之思之，又重思之；思之不通，鬼神將通之之語，以爲窮理之要。晦翁嘉其志，謂黃榦曰：所望以永斯道之傳，如二三君者，不數人也。嘉定元年中第，授松滋縣尉，改袁州司理參軍，尋知永新縣，判池州，皆有政聲。袁甫提點江東刑獄，以白鹿書院廢弛，招洽爲長，至則選好學之士，日與講說，而汰其不率教者。凡養士之田，乾沒於豪右者復之，學興即謝病去。帝將以說書待洽，固辭，遂除直秘閣主管建康崇禧觀，迄致仕以沒。洽自少用力於敬，故以主一名齋。平居不異常人，至義所當爲，則勇不可奪。所交皆名士，如呂祖儉、黃榦、趙崇憲、蔡淵、吳必大、輔廣、李道傳、李燔、葉味道、李閎祖、李方子、柴中行、眞德秀、魏了翁等，皆敬慕之。又有陳淳，字安卿，龍溪人，號北溪，少習舉子業，林宗臣見而奇之，且曰：此非聖賢事業也。因授以近思錄，淳退而讀之，遂盡棄其業焉。及晦翁來守其鄉，淳因請受教。晦翁曰：「凡閱義理，必窮其原。」淳聞而爲學益力，日求其所未至。晦翁數語人，以南來吾道得陳淳。後十年，淳復往見晦翁，陳其所得。晦翁已寢疾，語之曰：「如今所學，已見本原，所闕者下學之功爾。」自是所聞皆要切語。晦翁卒，淳追思師訓，痛自裁抑，無書不讀，無物不格，日積月累，義理貫通，洞見條緒。故其言太極曰：「太極只是理，理本圓，故太極之體渾淪。以理言，則自末而本，自本而末，一聚一散，而太極無所不極其至，自萬古之前，與萬古之後，無端無始，此渾淪太極之全體也。自其沖漠無朕，而天地萬物，皆由是出；及天地萬物既由是出，又復沖漠無朕，此渾淪無極之妙用也。聖人一心，渾淪太極之全體，而酬酢萬變，無非太極流行之妙用。今學問工夫，須從萬事萬物中貫通湊成一渾淪大本，又於渾淪大本中，散爲萬事萬物，使無稍窒碍，然後實體得渾淪至極者在我，而大用不差矣。」其言仁曰：「仁只是天理生生之全體，無表裏動靜隱顯精粗之間，惟此心純是天理之公，而絕無一毫人欲之私，乃可以當其名。若一處有病痛，一事有欠闕，一念有間斷，則私意行而生理息，卽頑痺不仁矣。」其語學者曰：「道理初無玄妙，只在日用人事間，但循序用功，便自有見，所謂下學上達者，須下學工夫到，乃可從事上達，然不可以此而安於小成也。夫盈天地間，千條萬緒，是多少人事；聚人大成之地，千節萬目，是多少工夫。惟當開拓心胸，大作基址，須萬理明徹於胸中，將此心放在天地間一例看，然後可以語孔孟之樂。須明三代法度，通之於當今而無不宜，然後爲全儒，而可以語王佐事業。須運用酬酢，如探諸囊中而不匱，然後爲資之深，取之左右逢其原，而眞爲已物矣。」至於聖門用　節目，「其大要不過曰致知力行而已。致者，推之而至其極之謂。致其知者，所以明萬理於心而使之無疑也。力者，勉焉而不敢怠之謂。力其行者，所以復萬善於己而使之無不備也。……故知之明則行愈速，而行之力則所知又精矣。其所以爲致知力行之地者，必以敬爲主。敬者，主一無適之謂，聖賢所以貫動靜徹終始之功也。能靜則中有涵養，而太本清明，由是而致知，則心與理相涵，而無頑冥之患矣。由是而力行，則身與事相安，而不復有扞格之病矣。」（註一四〇）淳居鄉不沽名徇俗，恬然退守，若無聞焉。然名播天下，郡守以下皆禮重之。淳嘆陸張王學問無源，全用禪家宗旨，認形氣之虛靈知覺爲天理之妙，不由窮理格物而欲徑造上達之境，反託聖門以自標榜，遂發明道學之體統，師友之淵源，用功之節目，讀書之次序，爲四章以示學者。朱門弟子中，以淳最爲篤實，亦爲闢陸氏之最力者。沒年六十五，門人錄其語號筠谷瀨口金山所聞。李方子，字公晦，昭武人。少博學能文，爲人端謹純篤，初見晦翁，謂曰：「觀公爲人，自是寡過，但寬大中要規矩，和緩中要果決，」遂以果名齋。嘉定七年，廷對擢第三，調泉州觀察推官，後除國子錄。丞相史彌遠以其爲眞德秀黨，使臺臣劾罷之。旣歸，學者畢集，危坐竟日，未始傾側，對賓客一語不妄發。嘗語人曰：吾於問學，雖不能周盡，然幸於大本有見處，此常覺泰然，不爲物欲所潰耳。」黃灝，字商伯，南康都昌人。幼敏悟彊記，擢進士第，教授隆興府，知德化縣，以興學校崇教化爲本。光宗卽位，遷太常寺簿，出知常州，提舉本路常平。以秀州荐殣盈野，奏乞併倚閣，秋苗不俟報行之，言者罪其專，移居筠州。已而歸里，幅巾深衣，騎驢匡山間，若素隱者。起知信州，改廣西轉運判官，告老卒。灝性行端飭，以孝友稱，晦翁守南康，灝執弟子禮，質疑問難。晦翁之沒，黨禁方厲，灝往赴徘徊，不忍去者久之。（註一四一）

朱門弟子外，又有實弟子而名爲友者曰蔡元定。元定字季通，建陽人，生而頴悟，父發，博覽羣書，以程氏語錄、邵氏皇極經世、張氏正蒙授元定曰：「此孔孟正脉也。」元定涵泳其義，旣長，辨析益精，聞朱晦翁名，往師之。晦翁叩其學，大驚曰：「此吾老友也！不當在弟子列。」四方來學者，必俾先從元定質正焉。元定於書無所不讀，於事無所不究，義理洞見大原，圖書禮樂制度，無不精妙，著洪範解、大衍詳說、律呂新書行於世。慶元初年，韓侂胄黨禁僞學，以朱熹之徒故，其竄道州也，郡縣逮捕甚急，元定色不爲動，與季子沈，徒步就道。晦翁與從遊者百餘人，餞別蕭寺中，坐客興歎，有泣下者。晦翁微視元定，不異平時，因喟然曰：「友朋相愛之情，季通不挫之志，可謂兩得之矣。」衆謂宜緩行，元定曰：「獲罪於天，天可逆乎？杖屨同其子沈行三千里，脚爲流血，無幾微見於言面。至春陵，遠近學者日衆，州士莫不趨席下，以聽講說。愛元定者，謂宜謝生徒，元定曰：「彼以學來，何忍拒之？若有禍患，亦非閉門塞竇所能避也。」貽書訓諸子曰：「獨行不愧影，獨寢不愧衾，勿以吾得罪故，遂懈其志。」在道州貶所踰年卒。元定從晦翁遊最久，精識博聞，領袖朱門，同輩皆不能及。尤長於天文、地理、樂律、曆數、兵陣之說，然其律呂象數之學，蓋得之其家傳。元定處家，以孝弟忠信儀刑子孫；而其教人也，以性與天道爲先，自本而支，自源而流，聞者莫不興起。（註一四二）子淵（伯靜），長於易；沆（復之），邃於春秋，亦傳其家學。沈（仲默）精於洪範、皇極，則又自爲一家也。

戊、象山之學

自程顥論仁以後，謝良佐謂格物窮理，須體認天理始得；又謂聖門學者以克己爲本，此卽紹其學而毗於尊德性焉。王蘋（信伯）謂己之心無異聖人之心；林季仲（竹軒）謂學到根源物物無；張九成（子韶）謂經乃人心中理；林光朝（艾軒）謂道之本體本於太虛，程門諸子，尊德性一派，綿延不絕。至陸九淵始集其大成。黃震謂九淵之學，遙出於上蔡，而全祖望則以爲兼出於王蘋。然九淵以天分高，先立其大者，訴諸直覺概念，而非在觀摩支離之功也。平日立論，多本孟子爲說，自謂其學讀孟子而後得之。（註一四三）故王陽明謂其上接孟氏之心傳，但朱子目之爲禪，曰：「因看金谿與胡季隨書中說顏子克己處，曰看此兩行議論，其宗旨是禪尤分曉，此乃捉著眞贓正賊。」（註一四四）周密亦謂九淵嘗參禪，故其學流於異端。（註一四五）九淵之學，實遠紹濂溪以來一派心學而光大之，與朱學異，而立於敵對之地位者也。

九淵心學之旨，謂心要立，自立自重，其權在我。心不可閑，而要著事，方有精神。用心宜優裕寬平，不可太緊；惟精惟一，乃涵養之功，所謂大綱提掇來，細細理會去，是其妙用也。又謂心卽理，心一心也，理一理也，至當歸一，精義無二，此心此理，實不容有二，故無所謂人心，亦無所謂道心也。涵養此心卽存誠而非持敬，存誠卽孟子之所謂存心，持敬乃後人杜撰。（註一四六）苟此心之存，則此理自明，惻隱、羞惡、辭讓、是非之心，自然辨之。有一段血氣，便有一段精神。人之精神，須收拾作主宰，收得精神在內，當惻隱卽惻隱，當羞惡卽羞惡，憑本心而行，誰得而欺瞞之哉？此理既充塞宇宙，所以道外無事，事外無道，故宇宙間自有實理，所貴乎學者，爲能明此理耳。所謂格物，乃格去物欲，還復虛明本體。致知在先，力行在後；致知在乎智，力行惟其誠。致知者求此心之靈，此理之明而已。知則必行，知行相與，不可偏廢。知行一致，則可以爲聖之事，可以從心所欲不踰矩矣。(註一四七)

朱熹與陸九淵兩派對立，其不同者，在入門下手處。朱子以道問學爲主，謂格物窮理，乃吾人入聖之階梯。陸子則以尊德性爲宗，故其用工不以循序爲階梯，而以悟入爲究竟，此傳心之學，所謂本體明，方爲有源之水也。治學方法，朱子體認精切，著實踐履，務在細密處講求，從造詣上做工夫。而陸子天資高，學得其大，主靜悟，欲從頭做起，方不爲小者所奪。朱子對此曾評切言之：「大抵子思以來敎人之法，惟以尊德性、道問學兩事爲用力之要。今子靜所說，專是尊德性事，而熹平日所論，卻是問學上多了。所以爲彼學者，多持守可觀，而看義理全不子細，而別說一種杜撰道理遮蓋，不肯放下。而熹自覺雖於義理上不敢亂說，卻於緊要爲己爲人上多不得力。今當反身用力，去短集長，庶幾不墮一邊耳。」(註一四八)又謂：「如陸氏之學，則在近年一種浮淺頗僻議論中固自卓然非其儔匹；其徒傳習，亦有能修其身，能治其家，以施之政事之間者。但其宗旨，本自禪學中來，不可揜諱。」(註一四九)由此兩翰以觀，朱子亦未嘗不取陸子之所長，而陸氏之學亦有爲人所不及也。陸子本人固不認爲禪，且辨儒與釋大異，謂儒爲大中，釋爲大偏。儒者講是非得失，故有敎有學，爲義爲公；釋者生死事大；爲利爲私。惟義惟公，故經世；惟利惟私，故出世。(註一五〇)又批評朱子之治學，謂：「朱元晦泰山喬嶽，可惜學不見道，枉費精神，遂自擔閣奈何？」(註一五一)然宗朱者詆陸爲狂禪；宗陸者以朱爲俗學。兩家之學，各成門戶，幾如冰炭矣。朱陸之公開論辨，最著者爲鵝湖之會，其次爲無極之辯。

(甲) 鵝湖之會　朱陸學旨既不同，初則熹與九淵書牘往還，互相辯論。九淵年少氣盛，詞多憤厲，於是呂祖謙提議，請九淵及其兄九齡，與朱熹會晤於信州之鵝湖寺，討論學旨之異同，而欲求有所折衷。淳熙二年四月，乃舉行有名之鵝湖之會。與會者除主辯人熹與九淵外，尚有陸九齡、劉淸之、趙景昭及江浙諸友皆在焉。初則討論九卦之序，九淵解釋履謙復三卦先後之義，而評論復卦之要，蓋本心既復，謹始克終，卓然不動，然後於道有得。至於論及教人，熹之意，欲令人泛觀博覽，而後歸之約。陸氏之意，欲先發明人之本心，而後使之博覽，所謂尊德性而道問學；學苟知道，則六經皆我注脚。朱以陸之教人爲太簡，陸以朱之教人爲支離，(註一五二)意見皆不合。九淵更欲與熹辯，以爲堯舜之前，何書可讀？九齡止之。趙劉諸子，拱聽而已。論難歷旬日，未獲致結論，遂罷。(註一五三) 此次講論，時朱熹四十六歲，陸九齡四十二歲，呂祖謙三十九歲，陸九淵則只三十七歲，意氣甚盛。九淵爲祖謙所取士，然祖謙視九淵當前輩，不敢參與論辯，只述當日講會，謂：「元晦英邁剛明；而工夫就實入細，殊未易量。子靜亦堅實有力，但欠開闊。」此乃其總評也。

(乙) 無極之辯　道家由無生有，故太極之先，自必有無極，周濂溪太極圖說，亦主無極而太極。九淵之兄九韶，嘗有書與朱熹論太極圖說非正，曲加扶掖，終爲病根，意謂不當於太極上更加無極二字。熹認爲周子所謂無極而太極，非謂太極之上，別有無極也，但言太極，非有物耳。乃答云：

「不言無極，則太極同於一物，而不足以爲萬化之根；不言太極，則無極淪於空寂，而不能爲萬化之根。」又曰：「無極卽是無形，太極卽是有理。」(註一五四)九韶不以爲然，詆濂溪不已。九淵乃復與熹書，爲申其辨，略謂易之大傳曰：形而上者謂之道；又曰：一陰一陽之謂道。一陰一陽，已是形而上學者，況太極乎？極者中也，言無極則是猶言無中也，豈宜以無極字加於太極之上？無極二字，出於老子，聖人之書目無有也。(註一五五)熹答曰：「大傳旣曰形而上者謂之道矣，而又曰一陰一陽之謂道，此豈眞以陰陽爲形而上者哉？正所以見一陰一陽雖屬形氣，然其所以一陰一陽者，是乃道體之所爲也。故語道體之至極，則謂太極。語太極之流行，則謂之道，雖有二名，初無兩體。周子所以謂之無極，正以其無方所，無形狀，以爲在無物之前，而未嘗不立於有物之後；以爲在陰陽之外，而未嘗不行乎陰陽之中；以爲通貫全體，無乎不在，則又初無聲臭影響之可言也。今乃深詆無極之不然，則是直以太極爲有形狀有方所矣；直以陰陽爲形而上者，則又昧於道器之分矣。又於形而上，復有兄太極乎之語，則是又以道上別有一物爲太極矣。……老子復歸於無極，無極乃無窮之義，如莊生入無窮之門，以遊無極之野云爾，非若周子所言之意也。」(註一五六)九淵終不以熹言爲是，再書辨之，詞加憤厲。熹答以爲凡辯論亦須平心靜氣，子細消詳，反覆商量，務求實是，乃有歸著。如不能然，而但於匆遽急迫之中，肆支蔓躁率之詞，以逞其忿懟不平之氣，則豈有君子長者之意乎？最後謂如曰不然，則我日斯邁而月斯征，各尊所聞，各行所知亦可矣，無復可望於必同也。(註一五七)

當九淵倡道象山五年間，弟子屬籍者逾數千人，聲勢足與朱派相擷抗。然學派流傳，偏在浙東，高弟如楊簡（敬仲）、袁燮（和叔）、舒璘（元質）、與九齡之弟子沈煥（叔晦），號爲明州四先生。文天祥曰：「廣平（舒璘）之學，春風和平。定川（沈煥）之學，秋霜肅凝。瞻彼慈湖（楊簡），雲間月澄。瞻彼絜齋（袁燮）玉澤冰瑩。」（註一五八）此四先生猶程門之稱游、楊、尹、謝也，師友聚於甬上，昌明陸學，一時稱盛。此外，槐堂諸儒，如傅夢泉（子淵）、鄧約禮（文範）、傅子雲（季魯）、黃叔豐（元吉）等江西一派，其造就雖不及浙東，然而猶守師說，象山之規範尚在也。嘉定以後，因朝廷陽尊而陰抑，理學稍衰，繼朱子之學派，尚大有人在，而象山之學，則漸趨冷淡。元明以降，愈加式微矣。

己、浙東之學

浙東之學，可分爲永嘉、金華兩支，而同屬一家。永嘉一支，起源較早 繼承程學之正宗。前則有浮沚先生之周行己（恭叔）及横塘先生之許景衡（少伊），親炙於伊川，得其學而歸。後則有鄭伯熊（景望），私淑浮沚與横渠，恂恂謹厚，悃愊無華，旨本於仁義，言關於教化。其弟伯英（景元），俊健果決，慷慨論事，才大氣剛，又別一格。乾淳之間，永嘉學者，無不以伯熊昆季爲渠率，陳傅良、葉適、陳亮，亦從伯熊而問業焉。

永嘉之學，周行已開其源，而薛季宣（一〇三四－一一七三）導其流，創爲別派也。季宣，字士龍，永嘉人，父徽言，爲胡安國高弟，以議國本，爭和議，有名於時。季宣年十七，辟爲荆南書寫機宜文字，獲事袁漑（道潔）。漑，少學程頤，而又師隱者薛翁，自六經百氏下至博奕小數方術兵書，無所不通。季宣得其所傳，加以考訂千載，於禮樂田賦兵制地形水利，無不淹通而可施之實用也。召爲大理寺主簿，除大理正，出知湖州，改常州，未上任卒，年四十。著有伊洛遺禮、通鑑約說、漢兵制、九州圖志、武昌土俗編，校讐陰符、山海經、風后握奇經等書。季宣晚復與朱熹、呂祖謙等相往來，多所商榷。然朱子喜談心性而季宣則兼重事功。嘗曰：「道無形，舍器將安適哉？且道非器可名，然不遠物，則常存乎形器之內。昧者離器於道，以爲非道，遺之，非但不能知器，亦不知道矣。」（註一五九）道學家只重形而上之道，不重形而下之器，季宣以爲道存乎形器之內，言道不能離器，此爲其治學重經制之本。季宣以經制言學，教人就事上理會，步步著實，言之必使可行，足以開物成務。故呂東萊謂：「士龍坦平堅決，所學確實有用。」其學主禮樂兵農，以求見之事功，而補救當時空談心性者之偏。洛閩重內，浙學則轉而向外，學術上儼然豎立兩大壁壘。朱熹謂永嘉之學，理會制度，偏考究其小者。自是考亭之徒，不喜其說，目之爲功利之學。傳其學者，有薛叔似（象先）、徐元德（居厚）、王枏（木叔），或受家學，或爲門人。（註一六〇）然得陳傅良（一一四一——一二〇七）光大其業，葉適（一一五〇——一二二三）又潤色以文章，而永嘉之學始顯。故傅良與適可稱爲永嘉之巨擘焉。

傅良字君舉，溫州瑞安人，少有重名，年近三十，設帳於城南茶院，其徒數百人，文名大震，有待遇集板行，人爭誦之。初從鄭伯熊講義理之學，後從薛季宣遊凡七八年，在弟子中最稱純恪，觀其所得，似較其師更平實。入太學，張栻呂祖謙相得如兄弟。「公之從鄭薛也，以克己兢畏爲主，敬德集義，於張公盡心焉。至古人經制，三代治法，又與薛公反復論之。而呂公爲言本期文獻相承，所以垂世立國者，然後學之，內外本末備矣。公猶不已，年經月緯，晝驗夜索，詢世舊，繙吏牘，蒐斷簡，採異聞，一事一物，必稽於極而後止。千載之上，珠貫而絲組之，若目見而身折旋其間，呂公以爲其長不獨在文字也。」（註一六一）寧宗時，官至中書舍人兼侍講，兼直學士院。嘉泰三年，授寶謨閣待制，卒於家，年六十七，學者稱止齋先生。傅良之學，以義理爲本，以文章制度爲用，本周禮以考王道之經制，緣詩書以求文武之行事，遂確立永嘉之學。其論聖學，以孔孟爲歸，論王道以周禮爲備。終以通知成敗，實究治體，諳練掌故爲長，不專於坐談心性，既不涉植黨之私，亦不涉爭名之見，在宋儒中可稱篤實。朱熹謂：「江西之學是禪，浙學卻是功利。禪學，後來學者摸索一上，自會轉去。若功利，則學者習之，便可見效，此意甚可憂。」（註一六二）此可見其學亦具有影響力也。其學友黃度（文叔）、高弟蔡幼學（行之）、曹叔遠（器遠）、林淵叔（懿仲）、朱黼（文昭）、徐筠（孟堅）等，皆傳揚其學，門徒益盛，故永嘉成煥然學問之區也。（註一六三）葉適，字正則，亦永嘉人，受學於鄭伯熊，官至知建康府，兼沿江制置使。嘉定十六年卒，年七十四，學者稱水心先生。適天資高放，志意慷慨，雅以經濟自負，較傅良爲晚出，其學始同而終異，永嘉功利之說，至適始漸洗刷，而與朱陸二派相鼎足。適雖得統於程氏，然對程朱之學，常有異論。程氏言格物者窮理也，適則以致知爲始；程氏誨學者必以敬爲始，適謂學必始於復禮，復禮而後能敬。適批評程氏視聽言動箴，謂其辭緩，其理散，學雜而病不切，雖欲以此自警，且教學者，然已未必可克，禮未必可復，仁未必可致，非孔顏之所以講學也。(註一六四)朱熹所定孔曾思孟四子書，視作孔子後之一脉相傳，自孟子後一躍而直落周張二程。此一新道統，適謂必有謬誤，而將其推翻。適之意，以爲聖人之言，必務平實，故簡而切，確而易行，非罔民以自神者也。凡幽深玄遠者，皆非聖人之言。周張二程，其哲理皆出於易，故適對於易，力加排斥，謂惟象象繫辭是孔子作，所謂上下繫文言序卦而亦附之孔氏者妄也。十翼不足信，使儒與釋老相雜者，皆十翼爲之。世之好言十翼者，皆援儒以入釋老者也。對於太極先天後天之說，亦加以駁詰，謂孔子象辭，無所謂太極、太始、太素等茫昧荒遠之說，實惟老莊有之。(註一六五)又謂河圖洛書之說，已爲怪誕，況於先後天乎？此特劉歆之言耳，學者尊奉之，以僞緣僞，是烏能致其極也？(註一六六)適以經制言學，如但明義理而不習於經制，則有體而無用，不得謂道之一貫。故所謂一貫者，乃道與學上下相通，內外相應，內之明其義理，外之達於經制，不欲徒託空言，而不見之行事，蓋重實行而不諱言功利也。「周官言道則兼藝，貴自國子弟，賤及民庶，皆教之。其言儒以道得民，至德以爲道本，最爲要切，而未嘗言其所以爲道者，雖書自堯舜時，亦已言道，及孔子言道尤著明，然終不的言明道是何物。」(註一六七)此所謂道，實實在在是指事功。後人之說既異，而又益以佛老之學，愈乖離矣。故對當時道學家變而從禪，而又以其道貶之，殊不取焉。

與永嘉之學同調者有唐仲友，字與政，金華人，學者稱說齋先生。性孤僻，獨行其教，不與永嘉諸子相往還，亦不與同鄉之呂祖謙、陳亮輩有聯絡。然與祖謙亮皆籍婺州，祖謙以性命兼綜文獻，亮以事功，仲友以經制，又並爲婺學。仲友既以經術史學負重名，朱熹爲浙東提刑，時仲友知台州。熹劾之，落職。仲友素伉直，既受摧挫，益肆力於經制之學，上自象緯方輿、禮樂刑政、軍賦職官，以至一切掌故，本之經史，參之傳記，旁通午貫，極繭絲牛毛之細，以求見先古制作之意，推之後世，可見之施行。自與朱子交惡，爲世所訾，其後浙東諸儒，絕口不及，著作亦多不盡傳。就其所傳者窺之，當在艮齋止齋之下，較之水心則稍淳。(註一六八)撰有帝王經世圖譜，頗採摭經傳故記爲說，言君臣士民治教兵財，皆經世之論，雖微失之雜駁，而條理次序，可爲治平龜鑑。論性尊孟子，主性善，「聖人之傳道必以心，其端則始於至誠力學，後世求其說而不可得，流入釋老，以爲道者當超詣頓解，徑進於聖人之域，相與用心不可測度之地，而學問修爲之功，幾於盡廢，捕風捉影，卒無分毫之得，曰：吾之學，心學也，內以欺己，外以欺人。」(註一六九)此言似闢當日爲心性義理之學者，其欲人殫心於經世致用之道可知矣。說齋講學於東陽，從其遊者甚衆，傅寅其最著者也。寅，字同叔，義烏人，學者稱杏溪先生。從說齋受業，於天文地理、封建井田、學校郊廟、律曆軍制之類，靡不窮究根穴，訂其譌謬，資取既博，參驗亦精，每事各爲一圖，號曰羣書百考。呂祖儉曾延之麗澤書院，爲諸生講圖說，對其師之與呂朱之乖刺，能和齊斟酌。其教人，必先以小學，使其日用之間，與義理相發明，而知道之與器，未嘗相離也。晚益貧，太守孟猷捐俸，爲買田築室於東陽之泉村。黨禍既作，遂杜門不出焉。

夫浙學諸家，大致於經術外，精研史學，推論古今成敗，禮樂治亂之原，以諳悉掌故、經濟、事功爲務。其中金華一支之呂祖謙，規模宏濶，又能探性命之本，兼陳傅良、陳亮之所長，故人推爲浙東學派之首。東萊先生之學，在乾淳間，與朱晦翁、張南軒、及陸象山齊名，時稱之爲乾淳四先生。學以關洛爲宗，旁稽載籍，心平氣和，不立崖異，其調和斟酌，謹愼斂藏，在宋學中別具一格，大抵是其門第家風使然。東萊兼長史學，就事論事，計較利害，順達人情，對現實帶有妥協性，不比其他道學家一番淩厲無前之銳氣。嘗謂爭校是非，不如斂藏收養；又謂收斂凝聚，乃是大節目。（註一七〇）此種態度，並非渾厚，只是一般囘互，無奮發意思，故門徒氣宇奄奄，四分五裂，各自爲說。朱晦翁評之曰：「浙中士君子有一般議論又費力，只是云不要矯激，遂至於凡事囘互，揀一般偎風躲箭處立地，卻笑人慷慨奮發，以爲必陷矯激之禍，此風更不可長。」（註一七一）張南軒亦誡其恐頹墮少精神。以是之故，浙中之學，是別趨蹊徑，另立旗幟，與正統之朱學相對壘。其治經史，研精覃思，而有根柢。朱子嘗病其太雜，又病其不能守約。然以其學重博雜，衡華佩實，故衆徒甚衆，往來極盛。呂祖儉將其學傳至四明，而爲浙東史學之開山。東萊不貴爭辯，無語錄之習，陳亮極推崇之，謂：「伯恭規模宏濶，非復往時之比，敬夫、元晦，已願在下風矣！」（註一七二）

東萊論道，認爲吾胸中自有聖人境界，氣象要大，胸次常令安平和豫，則事至應之，自皆中節，而病於小。人之爲學，最當克己復禮，於矯揉氣質上做工夫，貴涵養實踐，以漸不以驟，大概以收斂操存公平體察爲主。先忠厚醇篤，而後辯慧敏銳，此乃君子小人之分處。忠厚醇篤之風，又本於前言往行。其所講畫，將以開物成務，明理躬行爲本。東萊嘗與晦翁書曰：「（學者）須令專心致志，絕利一源，凝聚停蓄，方始收拾得上。」（註一七三）又與南軒書曰：「從前病痛，良以嗜欲粗薄，故卻欠克治經歷之功；思慮稍少，故卻欠操存澄定之力。積蓄未厚，而發用太遽；涵泳不足，而談說有餘。」（註一七四）其自克治如此。黃震謂：「晦翁與先生同心者，先生辯詰之不少恕；象山與晦翁異論者，先生容下之不少忤，蓋調劑其間，大有功於斯道也。」全祖望亦謂：「乾淳以後，學派分而爲三：朱學也，呂學也，陸學也，三家同時，皆不甚合。朱學以格物致知，陸學以明心，呂學則兼取其長而復以中原文獻之統潤色之，而平心易氣，不欲逞口舌以與諸公角，大約在陶鑄同類，以漸化其偏。」（註一七五）然則東萊之學亦爲折衷諸派者也。

除永嘉金華兩支之外，史家每將浙學中之陳亮併入永嘉學派或金華學派。亮與止齋、水心鼎足其間，構成浙學之中心；又亮與東萊互相討論，同尊史記，臭味契合，兩派宗旨頗相近。然亮爲事功之學，風靡兩浙，呂氏門人，亦有同其說者，後傳至江西，朱子謂可畏，以其才高氣銳，終難折之也。亮，字同甫，婺州永康人，學者稱爲龍川先生，以崛興於永康，又稱永康學派。同甫無所承接，然其爲學，自孟子後惟推王通，俱以讀書經濟爲事。以義利雙行，王霸並用之論，反對朱熹將儒學傳統遠從戰國直接到宋代，自處曰義曰王，而擯斥漢唐諸儒於道統之外，指其爲利爲霸也。朱熹嘗謂天理人欲兩端，不必求之於古今王霸之迹，但反之於吾心義利邪正之間，察之愈密，則其見之愈明；持之愈嚴，則其發之愈勇。亮則持以「謂三代以道治天下，漢唐以智力把持天下，其說固不能使人心服。而近世諸儒，遂謂三代專以天理行，漢唐專以人欲行，其間有與天理暗合者，是以亦能持久。信斯言也，千五百年之間，天地亦是架漏過時，而人心亦是牽補度日，萬物何以阜蕃？而道何以常存乎？故亮以爲漢唐之君，本領非不洪大開廓，故能以其國與天地並立，而人物賴以生息。惟其時有轉移。故其間不無滲漏。」道學家皆以人欲渾爲一談，以斷漢唐，甚爲寃枉。「諸儒自處者曰義曰王，漢唐做得成者曰利曰霸，一頭自如此說，一頭自如彼做，說得雖甚好，做得亦不惡，如此欲是義利雙行，王霸並用。如亮之說，卻是直上直下，只有一個頭顱做得成耳。」(註一七六)朱熹謂堯、舜、禹、湯、文、武以來轉相授受之心法，不明於天下，故漢唐之君，雖或不能無暗合之時，而其全體卻只在利欲上，此其所以堯舜三代自堯舜三代，漢祖唐宗自漢祖唐宗，終不能合而爲一也。但亮極反對暗合之說，謂此道在天地間，如明星皎月，天理人欲，豈是同出而異用，只是情之流乃爲人欲耳。人欲如何主持世界？亮以爲性命之微，子貢不得而聞，後生小子，與之談不置，殆多乎哉，遂嗤黜談性命者之矛盾空疏，「始悟今世之儒士，自以爲得正心誠意之學者，皆風痺不知痛癢之人也。舉一世安於君父之讐，而方低頭拱手，以談性命，不知何者謂之性命乎？」(註一七七)葉適曰：「同甫既修皇帝王霸之學，上下二千餘年，考其合散，發其秘藏，見聖賢之精微，常流行於事物。儒者失其指，故不足以開物成務。其說皆今人所未講，朱公元晦，意有不與而不能奪也。」(註一七八)亮之意，禹無功何以成六府，乾無利何以具四德，如之何可廢也？於是推尋聖賢經理世故之大略，明白簡大，坦然易行。詆之者謂其爲學粗莽，近於功利，其本人亦不諱言功利。夫朱陸異見，不過爲道學內部性理次序之衝突，而浙學則從史學上反對朱熹之新道統，離事功以言道德，考亭亦終無以折永康之論也。永康之學，贊翼之者有喻偘。偘字伯經，義烏人，慶元己未進士，獨出爲諸生倡同甫之說，扶持而左右之。巳而同甫再下獄，偘與同志極力營救，遂脫其難焉。（註一七九）

道學家以空談心性，篤守師承，其末流往往變爲固陋，自難饜學者之心，思想上不能不發生變化。此不獨永嘉學派之別趣經制之學，即朱門道統之弟子，端平以後，在閩中與江右者，支離舛戾與固陋，無不有之，如陳淳饒魯諸子，流入訓詁派。咸淳而後，獨在浙東者頗有振作，蓋受浙東史學之影響，由墨守訓詁傳注者，一變而透進史學之範圍，爲明體達用之儒。故金華之學，呂東萊開之，繼之者則爲何、王、金、許四先生也。浙中朱學，一支是金履祥，另一支是黃震，皆浙產也。金履祥，字吉父，蘭溪人，學者稱仁山先生。淳祐間，先事同郡王栢，同登北山先生何基（一一八八—一二六八）之門。栢主省察克治，基主涵養充拓，而基之學師黃榦，立志以定其本，居敬以持其志，力行以致其知，躬行以踐其實。履祥從基遊，講貫益密，造詣益邃，其學旨雖宗濂洛，而更深入史學，於天文、地形、禮樂、田乘、兵謀、陰陽、律曆之書，靡不畢究。曾獨進奇策，請以舟師由海道擣虛，直趨燕薊，以解襄陽之圍，但時不能用。宋亡，屏舍金華山中，著書以歿。後人謂何基之清介純實似尹焞，王栢高明剛正似謝良佐，而履祥則兼得之二者。著有通鑑前編、大學章句疏義，論語孟子集註考證諸書，而論孟考證發朱子所未發，不墨守師承，於朱說多所牴牾。朱子生平不喜浙學，更不喜浙學之治史。詎身後由浙學傳其學髓，誠非所料及。此謂之金華學派。（註一八〇）黃震，字東發，慈溪人，學者稱於越先生。度宗時，爲史館檢閱，進言當時大弊，曰民窮、曰兵弱、曰財匱、曰士大夫無恥，幾獲罪。粲官至通判、郡守、提點刑獄、御史、提舉常平等職。宋亡，隱居窮餓於寶幢而卒，阿人私謚曰文潔先生。震曾師事余端臣及王埜（文貫），端臣學於詹元善（體仁），埜是輔廣再傳門徒。輔廣初從呂東萊，後問學於朱晦庵，學統之流衍，在蜀有魏了翁，在閩有熊禾，在浙則再傳而有震。震之學，則以獨得於遺籍者爲多，默識而冥搜，有日鈔百卷，乃躬行自得之言，折衷諸儒，於晦翁亦不苟同，體大思精，以自求其心之所安而止。履祥一派，由其門人許謙傳至明初宋濂輩，譽采發越，餘瀾未歇。而震則獨與其子弟唱歎海隅，傳之者少，遂稍闇淡耳。（註一八一）

庚、湖湘之學

晦翁之講友，有張栻、呂祖謙等，乾道間，學行齊名，閩中、湖湘、與浙東，殆鼎足而三，皆儒士之所宗也。

南軒先生張栻，爲五峯先生胡宏之門人。宏乃胡安國之季子，優遊衡山二十餘年，著書講道，闡發心之要道，開湖湘之學統。南渡後，洛學傳統有兩大派：一傳自楊時，其後有朱熹；一傳自胡安國胡宏父子，宏傳於張栻，稱湖湘之學。朱熹之學似伊川，而張栻則似明道，蓋其天資明敏，持養省察之功深，故見識卓然。五峯之門，固得南軒而增光輝，然南軒之造就，比五峯更純粹也。黃宗羲謂朱熹生平相與切磋而得力者，東萊、象山、南軒數人而已。東萊則言其雜，象山則言其禪，獨於南軒最欽敬。（註一八二）且述行狀曰：「蓋其常有言曰：學莫先於義利之辨，而義也，本心之所當爲而不能自己，非有所爲而爲之者也。一有所爲而後爲之，則皆人欲之私而非天理之所存矣。嗚呼！至哉言也。亦可謂廣前聖人之所未發，而同於性善養氣之功也歟？」（註一八三）

晦翁受學於李侗，主默坐澄心，偏於涵養。南軒則宗程頤之主一，與人書謂：「來書所謂思慮紛擾之患，此最是合理會處，其要莫若主一。遺書論此處甚多，須反覆玩味，據目下底意思用功，譬如汲井，漸汲漸清。如所謂未應事此事先在，既應之後此事尙存，正緣主一工夫未到之故。須思此事時只思此事，做此事時只做此事，莫教別底交互出來，久久自別。看時似乎淺近，做時極難，某前作主一箴，亦有此意。」（註一八四）主一就是敬，敬則既非拘迫，亦非悠緩，但當常存乎此心。敬是敬此者也，而必有事焉，須當集義；居敬集義工夫並進，相須而相成也。然而敬，並非但能存心之謂，而宗程子必以動容貌整思慮爲先，主動靜之同源，內外之本一。格物之道，亦惟在敬，蓋居敬有力，則其所窮者益精也。晦翁偏重涵養，略於省察。南軒認爲持養是本，省察所以成其持養之功，故察識當先於涵養。晦翁受其影響，亦認心無未發，只應在已發時求未發。其法又悟先察識後涵養之非，而專篤守伊川「涵養須用敬，進學則在致知」兩語，爲其治學之準繩矣。

呂東萊只務近功而失之於雜，陸象山徒慕高遠而失之於空，皆爲南軒所反對，以其「議論往往墮於一偏，孟浪者卽要功生事，委廢者一切放倒，爲害則均。」（註一八五）尤其最反對江西一派，「舍實理而騖虛說，忽下學而驟言上達，掃去形而下者，而自以爲在形器之表。此病恐不細，正所謂欲闢佛氏，而不知正墮在其中者也。」（註一八六）南軒爲人明快，從遊之士甚衆，以胡大時（兼師象山）、吳獵為主；蜀中亦有宇文紹節、陳槩等，但無人得其傳。故人稱乾淳以後，學派分而為三，朱學呂學陸學，而不及南軒也。

辛、道學崇黜

宋代黨禍，不獨限於政治，即以諸儒講學，引類分朋，各立門戶，辯是非，爭異同，從而諷時政以放言，假權勢以報復，其遺患已見於元祐之籍矣。「迨南渡後，和議已成，外憂暫弭，君臣上下，熙熙然燕雀處堂。諸儒不鑒前車，又尋覆轍，求名既急，持論彌高，聲氣交通，賢姦混糅。浮薄詭激之徒，相率攀援，釀成門戶。遂使小人乘其瑕隙，又興黨獄以中之，蘭艾同焚，國勢訓至於不振。春秋責備賢者，不能以敗亡之罪，獨諉諸韓侂胄也。」（註一八七）夫南宋道學既立門戶，有門戶則有分，有分則有爭。而講學諸儒，師承伊洛之學，標榜元祐之政，立道統以衡世，持異議以譏時，故南宋朋黨餘燼，更混入道學以揚其燄也。

自崇寧以降，禁錮元祐學術，高宗渡江，始召楊時寘從班，召胡安國居給舍，范冲朱震俱在講席，道學寖盛。紹興元年，詔贈程頤直龍圖閣，褒其潛心大業，高明自得之學。左司諫陳公輔，論事剴切，頗號忠鯁。時方召尹焞以布衣入講，公輔不悅尹焞楊時，遂痛詆程學。六年，公輔言今世取程頤之說，謂之伊川之學，士大夫師伊川之文，行伊川之行，恐士習從此大壞，乞禁止。從之。詔士大夫之學，一以孔孟為師，庶幾言行相稱，可濟時用。靖康初，罷程學之禁，至是僅十年而復黜。七年，張浚薦胡安國，帝召之。安國聞公輔請禁程氏學，上疏謂今使學者師孔孟而禁從程學，是入室而不由戶也。疏入，公輔與中丞周秘，侍循史石公揆交章論安國學術頗僻，安國遂辭召命。十四年，右正言何若又請禁程學，阿秦檜意也。檜本從游酢爲程氏學，胡安國亦薦檜才可用。及柄國姦政，以士學宗程氏者皆黜和議，檜心懷慚，乃操戈申禁。此始發於一念之私，而後遂成不返之勢。二十六年，檜死，程學被禁十二年，至是始解。

孝宗銳意治功，頗尙文，對於程學，初持放任態度。至淳熙五年，始受抑制。侍御史謝廓然乞戒有司毋以程頤王安石之說取士。秘書郞趙彥中復疏言：科擧之文，今祖性理之說，以遊言浮詞相尙，別爲洛學，士風日弊，人才日偸，望詔執事明聖朝之好惡，以變士風。從之。初，淳熙間，朱熹爲浙東提刑，劾知台州唐仲友。仲友與宰相王淮同里，且爲姻家，由此怨熹。諷吏部尙書鄭丙上疏言：近世士大夫所謂道學者，欺世盜名，不宜信用。帝惑其說。淮又以太府陳賈爲監察循史，十年，賈因面對，首論近世士大夫有所謂道學者，大率假名以濟僞，乞明詔中外，痛革此習，考察其人，擯斥勿用，蓋指熹也。帝從之。由是道學之名，貽禍於世。十五年，王淮罷　右丞相周必大薦熹爲江西提刑，徵入奏事。及入對，除兵部侍郞，熹以足疾乞祠。兵部侍郞林栗論熹本無學術，徒竊張載程頤之緒餘，謂之道學，妄自推尊，乃亂人之首，望將熹停罷。帝謂栗言過當，仍命熹依舊江西提刑。太常博士葉適上疏，駁斥林栗，以道學一語，無實最甚，謂：「自昔小人殘害忠良，率有指名，或以爲好名，或以爲立異，或以爲植黨。近創爲道學之目，鄭丙倡之，陳賈和之，居要津者，密相付授，見士大夫有稍慕潔修粗能操守者，輒以道學之名歸之。…往日王淮表裏臺諫，陰廢正人，蓋用此術。」（註一八八）疏入，不報。然斯時所謂道學，以帝左右之，尚未顯禁學也。

雖然，道學者流，自淳熙以後，其勢甚盛，自成一階級，氣燄凜乎威脅執政。「凡治財賦者則目爲聚斂，開閫捍邊者則目爲粗才，讀書作文者則目爲玩物喪志，留心吏事者則目爲俗吏，蓋其所讀者止四書、近思錄、通書、太極圖、西銘及語錄之類，自詭其學能正心齊家至於治國平天下。故爲之說曰：爲天地立心，爲生民立命，爲前聖繼絕學，爲萬世開太平。爲州爲縣爲監司，必須建立書院或道統諸賢之祠，或刊注四書衍緝近思等文，則可釣聲名美官。下而士子時文，必須引用以爲文，則可擢巍科，爲名士，否則立身如溫公，文章氣節如東坡，皆非本色也。於是天下之士競趨之，稍有不及，其黨必擠之爲小人，雖時君亦不得爲辨之，其氣燄可畏如此。」（註一八九）因是當時引起反感，指其結黨假名以欺世。寧宗立，韓侂胄用事，道學遂遭大厄。侂胄憾熹排己，而劉德秀道學之議興；復以爲道學之名不足錮人也，而何澹僞學之議起。於是胡紘、姚愈、汪義端、張伯垓、葉翥、張滏、沈繼祖、邵褒然、余嚞、丁逢、王沇、施康年等，摟袂求進，肆志排擊，而僞學逆黨姓名著籍矣。此輩逢迎侂胄，提出口號，謂吾尊孔孟耳，何程朱爲？競鼓異說，皆以熹爲射的。寧宗在嘉王府時，翊善黃裳及直講彭龜年每譽朱熹，及卽位，宰相趙汝愚薦熹，遂自潭州召爲煥章閣待制兼侍講。熹嘗奏疏，極言陛下卽位未能旬月，而進退宰臣移易臺諫，皆出陛下之獨斷，中外咸謂左右或竊其柄，臣恐主威下移，求治反亂矣。時韓侂胄方用事，熹意蓋指侂胄也，侂胄由此大恨，遂出內批，罷熹經筵，除宮觀。或言以道學目之，則有何罪？當名曰僞學。由是有僞學之目，道學之士皆不自安。至是左正言劉德秀上言，乞以孝宗爲法，考核眞僞，以辨邪正。詔下其章，於是博士孫元卿、袁燮、國子正陳武皆罷。司業汪逵入劄子辯之，亦被斥。御史中丞何澹上流，謂聽言而觀行，因名而察實，錄其眞而去其僞，僞學之論起。既而吏部郎官糜師旦復請考核眞僞，被遷左司員外郎；張貴模指論太極圖，亦受賞擢。慶元二年正月，劉德秀論留正引僞學之徒，以危社稷。二月，以葉翥知貢舉，翥與德秀奏言：乞將語錄之類，盡行除毀，故是科取士，稍涉性理者，悉皆黜落。八月，申嚴道學之禁。太常少卿胡紘上言：「比年以來，僞學猖獗，圖爲不軌，動搖上皇，詆誣聖經，幾至大亂。」遂詔僞學之黨，宰執權臣進擬。大理司直邵褒然言三十年來，僞學顯行，場屋之權，盡歸其黨，乞詔大臣審察其所學。詔僞學之黨，勿除在內差遣。已而言者又論僞學之禍，乞鑑元祐調停之說，杜其根源，遂有詔監司帥守薦舉改官，並於奏牘前，聲說非僞學之人，會鄉試漕司前期取家狀，必令書以「不是僞學」字。十二月，削秘閣修撰朱熹官，熹亦六奏，力辭職名，詔仍充秘閣修撰。監察御史胡紘、沈繼祖，先後皆銳然以擊熹自任，詔熹落職，罷祠，竄其徒蔡元定於道州。已而余嘉上書，乞斬熹以絕僞學，謝深甫擲其書於地，獲免。三年十一月，知綿州王沇上疏，乞置僞學之籍，仍自今曾受僞學舉薦關陞及刑法廉吏自代之人，並令省部籍記姓名，與閑慢差遣，從之。於是僞學逆黨得罪著籍者，宰執則有趙汝愚、留正、周必大、王藺等四人。待制以上，則有朱熹、徐誼、彭龜年、陳傅良、薛叔似、章穎、鄭湜、樓鑰、林大中、黃由、黃黼、何異、孫逢吉等十三人。餘官則有劉光祖、呂祖儉、葉適、楊芳、項安世、李壆、沈有開、曾三聘、游仲鴻、吳獵、李祥、楊簡、趙汝讜、趙汝談、陳峴、范仲黼、汪逵、孫元卿、袁燮、陳武、田澹、黃度、詹體仁、蔡幼學、黃灝、周南、呂柔勝、王厚之、孟浩、趙鞏、白炎震等三十一人。武臣則有皇甫斌、危仲壬、張致遠等三人。士人則有楊宏中、周端朝、張道、林仲麟、蔣傅、徐範、蔡元定、呂祖泰等八人，共五十九人。四年五月，諫議大夫姚愈復上言，願降明詔，播告天下，使中外曉然知邪正之實，庶姦僞之徒，不至假借疑似，以盜名欺世。此以防妄指僞學之濫也，帝從之，爲下詔戒飭。五年，因胡紘、劉德秀去位，侂胄亦厭前事，京鏜、何澹令言者以融會黨偏咸歸皇極之說投之，侂胄用其言，黨禁漸弛。六年三月，朱熹卒，門徒聚於信上，欲送師葬，以受右正言施康年之奏而被制止。然道學之罹凶厄，凡經八年，終以張孝伯一言而解。嘉泰二年二月，孝伯謂韓侂胄曰：「不弛黨禁，恐後不免報復之禍，」侂胄然之，故有弛僞學黨禁之令。開禧兵禍，侂胄以生釁伏誅，寧宗追悔前事，贈趙汝愚太師，追封沂國公，謚忠定；追復朱熹官階，謚曰文，以論孟集注列於學官。嘉定四年，著作郎李道傳奏言：「往者權臣顧以此學爲禁，十數年間，士氣日衰，士論日卑，士風日壞，識者憂之。今其禁雖除，而獨未嘗明示天下以除之之說，臣竊謂當世先務，莫要於此。」九年，潼川路提點刑獄魏了翁奏請賜謚周敦頤，詔下太常定議。十三年，追謚周敦頤曰元，程顥曰純，程頤曰正，從了翁之請也。

理宗之世，道學復崇。寶慶三年正月，詔朱熹集註大學、論語、中庸，發揮聖學蘊奧，有補治道，特贈朱熹太師，追封信國公，熹之贈封自此始。紹定二年九月，改封朱熹徽國公。淳祐元年正月，詔曰：「朕惟孔子之道，自孟軻後不得其傳。至我朝周敦頤、張載、程顥、程頤，眞見實踐，深探聖域，千載絕學，始有指歸。中興以來，又得朱熹，精思明辨，折衷融會，使大學、論、孟、中庸之旨，本末洞徹。孔子之道，益以大明於世。朕每觀五臣論著，啓沃良多。今視學有日，其令學官列諸從祀，以副朕崇奬儒先之意。」詔書措辭，完全是道學家口吻，推崇之意，無以復加矣。然被貶黜之歷抑甫去，而門戶之故態復萌。尋又黜王安石，而封周敦頤爲汝南伯、張載郿伯、程顥河南伯、程頤伊陽伯。帝復親書朱熹白鹿洞學規以賜焉。（註一九〇）而世不滿於道學家者，仍詆之爲議論憒憒，頭腦冬烘，「賈師憲獨持相柄，惟恐有奪其權者，則專用此等之士，列之要路，爲名尊崇道學，其實幸其憒憒之不才，不致掣其肘，以是馴致萬事不理，喪身亡國。嗚呼！孰謂道學之禍，不甚於典午之清談乎？」（註一九一）明末黃宗羲，亦主是說，道學家終難免於譏議，斯學術思想之又一變也。

第三節　文　學

甲、散　文

子貢曰：「夫子之文章，可得而聞也；夫子之言性與天道，不可得而聞也。」自是學者觀念，文與道裂而爲二。從內容言，文雖可以載道，但從形式言，道學與文學，判若兩途也。兩宋文學，擅長散文與詞。誠以太祖開基，尙文爲治，且用策論開登科之門，古文辭因而漸盛。朱彝尊曰：「文章之壞，至唐始反其正，至宋而始醇。宋人之文，亦猶唐人之詩，學者舍是不能得師也。」(註一九二)是以茅鹿門所選唐宋八大家古文，唐代只採韓柳，而宋則有六大家，對宋代散文，可謂推重矣。然宋初接唐末五代之末流，文章專以聲病對偶爲工，直至天聖中，仍風靡一時。穆修(九七九—一〇三二)痛詆當時之文風曰：「今世士子，習尙淺近，非章句聲偶之辭，不置耳目，浮軌濫轍，相迹而奔，靡有異途焉。其間獨敢以古文語者，則與語怪者同也。衆又排詬之，罪毀之，不目以爲迂，則指以爲惑，謂之背時遠名，濶於富貴。先進則莫有譽之者，同儕則莫有附之者，其人苟無自知之明，守之不以固，持之不以堅，則莫不懼而疑，悔而思忽焉。」(註一九三)然則古文復興運動之初，不爲時所好，其倡導之難，蓋可知矣。范仲淹論其演變之迹曰：「近則唐正元元和之間，韓退之主盟於文，而古道最盛。懿僖以降，寖及五代，其體薄弱。皇朝柳仲塗起而麾之，髦俊率從焉。仲塗門人，能師經探道有文於天下者多矣。洎楊大年以應用之才，獨步當世，學者刻辭鏤意，有希髣髴，未暇及古也。其間甚者專事藻飾，破碎大雅，反謂古道不適於用，廢而弗學者久之。洛陽尹師魯，少有高識，不逐時輩，從穆伯長遊，力爲古文。而師魯深於春秋，故其文謹嚴，辭約而理精，章奏疏議，大見風采，士林方聳慕焉。遽得歐陽永叔從而大振之，由是天下之文一變，而皆深有功於道歟？」(註一九四)故宋代爲古文者，始自柳開(九四六—九九九)與穆修，(註一九五)而尹洙與歐陽修和之，古文辭遂復興焉。

柳開，大名人，開寶六年進士，少遇天水老儒趙生，授以韓文數十篇，好之，遂知爲文之趣。自是屬辭必法韓愈，初名肩愈，後曰肖愈，改字紹元，意欲續韓柳之緒也。(註一九六)既又改名開，字仲塗，自謂能開聖道之塗焉。又謂年十七讀韓文，則其專志於古文，爲時甚早。唐以前無古文之名，北宋科舉業盛，名曰時文，而文不應科舉者，乃自目爲古文。「古文者，非在詞澁言苦，使人難讀誦之，在於古其理，高其意，隨言長短，應變作制，同古人之行事，是謂古文也」。(註一九七)然開爲文，其體艱澀，蓋宋初爲古文者，拔起於流俗之中，揣摩古人，欲盡變時文之形貌，故不免有艱澁之病。河東先生集，由其弟子張景所輯。其門徒有高景、高弁，再傳爲石延年、劉潛，但對於古文復興運動，未有影響。其後穆修獨以古文稱。修、字伯長，鄆州人，大中祥符間賜進士，授泰州司理參軍，宋人稱之爲穆參軍，從其初官也。負才遭忌，貶池州，徙潁蔡二州文學參軍以卒。尹洙，字師魯，河南人，天聖進士，官至起居舍人。其爲文古峭勁潔，簡而有法，一挽五代浮靡之習，尤卓然可以自傳，有河南先生集傳於世。歐陽修謂穆學古文，在師魯前。(註一九八)朱熹則謂師魯學古文於穆氏。柳開以後，尹洙以前，能古文者，又有王禹偁(九五四—一〇〇一)、孫何、及丁謂。禹偁，字允之，鉅野人，太平興國八年進士，歷右拾遺，累遷翰林學士，以直道自任，累見貶斥。眞宗卽位，召還知制誥，又坐修太祖實錄直書其事，出知黃州，徙蘄州而卒。爲文簡淡古雅，全變五季雕繪之習，然亦不爲柳開之奇僻，其奏疏尤極剴切。孫何、字漢公，蔡州人，淳化三年進士，景德初，知制誥。自幼「篤學嗜古，爲文必本經義。」(註一九九)丁謂、字謂之，蘇州人，淳化進士，累遷知制誥，天禧時爲相。仁宗立，貶崖州，後召還，卒於光州。謂亦能爲古文，嘗與孫何袖文同謁禹偁，禹偁驚重之，贈以詩曰：「三百年來文不振，直從韓柳到孫丁」，名遂大振。(註二〇〇)

宋代詩文，皆至慶曆之際而大變，主持一時之風會者，實爲歐陽修。修字永叔，自號醉翁，又號六一居士，廬陵人，天聖中進士甲科。累官知制誥，以朋黨出知滁州，後召還，爲翰林學士。嘉祐時，拜參政。熙寧初，以太子少師致仕，卒謚文忠。永叔早年工偶儷之文，故試國學與南省，皆名列第一。既擢甲科，官河南，始得師魯，乃出韓愈之文學之，可見其受尹洙之影響。然爲永叔古文之先導者，除穆尹外，尚有蘇舜元（一〇〇六—一〇五四）、舜欽昆季，亦從穆修遊也。舜元、字才翁，梓州銅山人，官至三司度支判官。舜欽、字子美，景祐進士，累遷集賢校理，以奏邸之獄，流寓蘇州，作滄浪亭，自號滄浪翁，後爲湖州長史卒，其文雄健負奇氣。永叔謂：「子美之齒少於予，而予學古文，反在其後。天聖之間，予舉進士於有司，見時學者，務以言語聲偶擿裂，號爲時文以相誇尙。而子美獨與其兄才翁及穆參軍伯長作爲古歌詩雜文。時人頗共非笑之，而子美不顧也。其後天子患時文之弊，下詔書，諷勉學者以近古，由是其風漸息，而學者稍趨於古焉。獨子美爲於舉世不爲之時，其始終自守，不牽世俗趨舍，可謂特立之士也。」（註二〇一）故學者論宋初古文，往往以子美與穆修並稱焉。然當楊劉崑體偶儷風靡之時，韓愈之文，人尙未知讀也。永叔謂：「予少家漢東，州南有大姓李氏者，其子堯輔，頗好學。予多游其家，見其敝篋貯故書，在壁間發而視之，得唐昌黎先生文集六卷，脫落顚倒無次序，因乞以歸，讀之。是時天下未有道韓文者，予亦方舉進士，以禮部詩賦爲事。後官於洛陽，而尹師魯之徒皆在，遂相與作爲古文，因出所藏昌黎集而補綴之。其後天下學者，亦漸趨於古，韓文遂行於世。」（註二〇二）永叔獨能拋棄時俗故步，與尹洙以古文倡率學者。洙材下，人莫知之，至永叔文一出，士皆向慕，爲之惟恐不及，一時文風大變，實由永叔發之。永叔之文，敷腴溫潤，「紆徐委備，往復百折，而條達疏暢，無所間斷。氣盡語極，急言竭論，而容與閑易，無艱難勞苦之態。」(註二〇三)議論與考證之文，皆委婉曲折，意無不達，而尤長於言情，所謂陰柔之美，其中亦有以雄奇爲尚者，但仍不失其紆徐委備之態。永叔既得韓文，刻意爲之，並多擬韓之作，如「祭吳長史文，似祭薛中丞文；書梅聖俞詩稿，似送孟東野序；弔石曼卿文，似祭田橫墓文，蓋其步驟馳騁，亦無不似，非但倣其句讀而已。」(註二〇四)故昌黎之文，得永叔而後發明也。(註二〇五)宋庠與弟祁，同登天聖進士第。庠、字公序，本名郊，字伯庠，安州安陸人，徙開封之雍邱。以其姓符國號，名應郊天，仁宗命改焉。皇祐元年拜相；嘉祐中，復爲樞密使，封英國公，以司空致仕，卒謚元憲。祁、字子京，累遷知制誥，除翰林學士承旨，謚景文。庠以館閣文字名，而祁通小學，能爲古文，所修唐書，文字較舊書爲高雅，然亦流爲澀體，頗爲論者所譏。又有余靖者，初以詞章鼓行名場，其後穆修歐陽修起，文復古，故其文亦變體，棄華取質，與歐陽修蔡襄諸人齊名。孫復與石介，頗具道學意味，但對於古文運動，亦盡相當力量。石介認爲文統即道統，而根據原道一文，以道統歸於韓愈，蘇洵亦主其說。(註二〇六)永叔主天下文章之盟者三十年，當時言文章者，至永叔然後以爲極而不可加，謂之文師，(註二〇七)故蘇洵三父子與曾鞏，皆認爲永叔可以上配韓愈而繼承文統者也。(註二〇八)

繼歐陽修而起能爲古文者，自當推曾王及三蘇，皆經永叔獎飾之下而成名。元吳澄以唐之韓柳，宋之歐陽氏、二蘇氏、曾氏王氏五家，合唐宋之文，可稱者惟七人。明茅坤則以歐、曾、蘇、王之文，與韓柳並稱爲八大家。宋代六家中，歐曾二家，性質尤相近。曾鞏、字子固，建昌南豐人，嘉祐二年進士，歷典諸州，拜中書舍人，卒諡文定。晁公武謂：「歐公門下士，多爲世顯人，議者獨以子固爲得其傳，猶學浮屠者所謂嫡嗣」云。（註二〇九）淸代桐城派之文，實以法此二家爲最多。姚姬傳復魯絜非書曰：「宋朝歐陽、曾公之文，其才皆偏於柔之美者也。歐公能取異己者之長而時濟之，曾公能避所短而不犯。」（註二一〇）然歐曾之文，仍各有其特色，永叔文章，妙在於丰神；子固「爲文章，上下馳騁，愈出而愈工，本原六經，斟酌於司馬遷韓愈，一時工作文詞者，鮮能過也。」（註二一一）故其文峻潔，議論醇正，多引經語，雄渾瓌偉，頗近劉向，文質以厚重稱焉。王安石稱其文辭，以譬水之江河，星之斗牛。子固與安石書云：「是道也過千載以來至於吾徒，其智始能及之，欲相與守之，然今天下同志者，不過三數人爾。」（註二一二）可見曾王之相許，亦隱然以文統自任也。

王安石之文格，在北宋諸家中爲最高。歐陽修見其文，愛歎誦寫，曾贈與詩曰：「翰林風月三千首，吏部文章二百年。老去自憐心尚在，後來誰與子爭先，」（註二一三）推許可謂備致。然荆公爲文，與永叔異。永叔之文，皆經再三刪改而成（如醉翁亭記、瀧岡阡表等文），荆公則運筆如飛，初若不經意，既成，則見者皆服其精妙，蓋其天分實有不可及者在也。荆公之文，議論正大，識解高超，筆力雄峻，具此三者，故力勁拗折，所謂氣盛則言之短長與聲之高下皆宜也。及罷相歸半山，筆力尤極高古。上仁宗皇帝書，實爲宋代第一大文章。荆公究屬大政治家，道氣既不如歐曾，亦不同於三蘇之好爲空論，故其論文，不脫經術與政治意味，主張以適用爲主，「所謂文者，禮敎治政云爾」，「所謂文者，務爲有補於世而已。」（註二一四）其說理文字，如原性、性情論等，皆謹嚴周匝，細讀之，宛如生鐵鑄成，一字不可移易。周禮義序、度支副使廳壁題名記、國家百年無事劄子，不啻政見之露布，蘊蓄宏富，皆藏山之文，讀之只覺其精湛，而不覺其艱深，此則雖韓公不能，他家更無論矣。魏了翁評荆公之文，「鍛鍊精粹，誠文人之巨擘，以元祐諸賢，與公異論者，至其爲文，則未嘗不許之。」（註二一五）梁任公謂唐宋八家中，彼七家者皆文人之文，而荆公則學人之文也。「其理之博大而精闢，其氣之淵懿而樸茂，實臨川之特色，而遂非七子者之所能望也。」（註二一六）至於叙事之作，亦因物賦形，曲盡其妙焉。

三蘇者，蘇洵（一〇〇九－一〇六六）及其子軾、轍也。洵、字明允，號老泉，眉州眉山人，至和中，以歐陽修薦，除秘書省校書郎。軾、字子瞻，一字和仲，嘉祐二年中進士第。神宗朝，謫黃州，築室東坡，自號東坡居士。後卒於常州，謚文忠。轍字子由，一子同叔，與軾同舉進士，老於許州，自號潁濱遺老，謚文定。三蘇文章，長於議論，聲名甚高。父子文章雖大致相同，而各有特色。筆力堅勁，自以老泉爲最。然老泉好縱橫家言，爲文博辯宏偉，恒以權譎自喜，議論多有不中理者，故其言實不可用。晚年文字，多用歐陽修宛轉之態。朱彝尊謂：「蘇明允雜出乎縱橫之說，故其言在諸家爲最下。」（註二一七）東坡則見解較老泉爲高，然亦不脫縱橫之習，故朱熹謂其「詞多理寡。」（註二一八）老泉皆私知穿鑿之談，而東坡頗能見事理之眞，尤妙在能以明顯之筆達之，罕譬而喻，深入淺出，嬉笑怒罵，皆成文章。黃庭堅謂：「東坡文章妙天下，其短處在好罵。」（註二一九）軾亦自言：

圖十九　蘇軾像（國立故宮博物院藏品）

「平生以言語文字見知於世，亦以此取疾於人，得失相補。」(註二二〇)平居胸中闊放，呑若雲夢，故下筆如河漢，濤瀾奔放。其體渾涵光芒，雄視百代。少年文字，氣勢極盛；晚年則心手相忘，獨立千載。嘗言：「吾文如萬斛泉源，不擇地而施，及其與山石曲折，則隨物賦形，有不可知者。」又言：「作文如行雲流水，初無定質，但常行於所當行，止於所不可不止。」(註二二一)可謂能自道其晚年之勝境矣。東坡文章，爲學者所宗，認爲可繼歐陽修以後文統之任。「東坡嘗言文章之任，亦在名世之士，相與主盟，則其道不墜。方今太平之盛，文士輩出，要使一時之文，有所宗主，昔歐陽文忠常以是任付與某，故不敢不勉。異時文章盟主，責在諸君(軾之門人)，亦如文忠之付授也。」(註二二二)文統自負，東坡且明言焉。南宋時，其文爲士子所取法，所謂人傳元祐之學，家有眉山之書。四五十年間，東坡集已兩翻刻本，可見其流布之盛。洪邁極推重之。陸游謂：「建炎以來，尚蘇氏文章，學者翕然從之，而蜀士尤盛。亦有語曰：蘇文熟，吃羊肉；蘇文生，吃菜羹。」(註二三三)但朱熹指其學壞人心術，學校尤宜禁絕，蓋道學家傳統反蘇之所爲耳。潁濱之文，氣象不如其父之雄奇，才思亦不及乃兄之橫溢，然議論在三家中最爲平正，文亦較有夷猶淡蕩之致，則亦非父兄所能也。自謂：「子瞻之文奇，余文但穩耳。」(註二三四)然此在三家中云爾，較之他家，則仍有駿發蹈厲之勢，故又非歐曾之倫。東坡謂：「子由文如其爲人，故汪洋淡泊，有一唱三歎之聲，而其秀傑之氣終不可沒，」(註二三五)亦可謂知子由者也。

與歐、曾、王、蘇相先後者，有范仲淹，字希文，蘇州吳縣人，大中祥符間進士，拜樞密副使，進參知政事，謚文正。仲淹之作，氣體雖不甚高(如岳陽樓記)，亦較有儒者氣象，蓋其「人品事業，卓絕一時，本不借文章以傳，而貫通經術，明達政體，凡所論著，一一皆有本之言，固非虛飾詞藻者所能，亦非高談心性者所及。」(註二三六)司馬光，字君實，陝州夏縣人，學者稱涑水先生，寶元初進士，神宗時官御史中丞，哲宗初爲相，謚文正。光爲文氣體醇雅而不甚健，但對於論文觀點，亦與王安石相近。劉敞，字原父，臨江新喻人，慶曆進士，知制誥，拜翰林侍讀學士，改集賢院學士，判南京御史臺，學者稱公是先生。其弟攽(一〇二二—一〇八八)，字貢父，慶曆進士，仕州縣二十年，始爲國子監直講，哲宗時爲秘書少監，拜中書舍人，學者稱公非先生。二劉昆季，皆能爲古文，敞學問淵博，文贍敏古雅，將死，戒其子弟愼藏之，後百年世好定，當有知我者，可見其極自負。王安石謂敞晚年文字，非東坡所及。荊公之友，有福州三王者：曰回（一〇二四—一〇六五），字深父，學行純固，議論精明；曰向，字子直，爲文長於敘事；曰同，字容季，亦善敘事，與歐、曾、劉原父遊，皆早世。深父之文，當與曾蘇相上下，南豐序其集，並極稱之。

蘇氏之門，善爲古文者，有黃庭堅，字魯直，洪州分寧人。第進士，除右諫議大夫，遊灊皖山谷寺石牛洞，樂其勝，自號山谷老人。以謫授涪州別駕，自號涪翁。秦觀（一〇四九—一一〇〇），字少遊，一字太虛，高郵人，豪雋慷慨，溢於文詞。舉進士不中，強志盛氣，好大而見奇，讀兵家書與己意合，見蘇軾於徐州，爲賦黃樓，軾以爲有屈宋才，又介紹其詩於王安石，安石亦謂清新似鮑謝，勉以應舉爲養親，始登第。以蘇軾薦，除秘書省正字。紹聖初，坐黨籍，出判杭州，後徙雷州。徽宗放還，至藤州而卒。張耒（一〇五二—一一一二），字文潛，楚州淮陰人，蘇轍愛之，因得從軾遊。第進士，歷官至直龍圖閣，知潤州，坐蜀黨，徙宣州。徽宗時至太常少卿，復坐黨籍落職，後得自便，居陳州。自二蘇及黃庭堅晁補之輩相繼歿，耒獨存，士人多向其就學，故詩文傳於世者尤多。晁補之（一〇五三—一一一〇），字无咎，濟州鉅野人，元豐進士。十七歲，從父官杭州，裒錢塘山川風物之麗，著七述以謁州通判蘇軾，軾先欲有所賦，讀之嘆曰：「吾可以擱筆矣！」又稱其文博辯雋偉，絕人遠甚，必顯於世，由是知名。文章溫潤典縟，其凌麗奇卓，出於天成。元祐除校書郎；紹聖初，落職監信州酒稅。大觀四年，起知泗州卒。此四人者，以其同入館，稱爲四學士，皆從兩蘇遊也。陳師道（一〇五三—一一〇一），字履常，又字無巳，號后山居士，彭城人。年十六，以文謁曾南豐，一見奇之，許其必以文著，留受業。元祐初，蘇軾、傅堯俞、孫覺及梁燾合薦於朝，召爲教授，除太學博士。紹聖中，以追非科舉而罷。建中靖國初，入秘書省爲正字，侍南郊，病寒卒。李廌，字方叔，華州人，少能奮立，以學問稱鄉里，謁蘇軾於黃州，贄文求知。軾謂筆墨瀾翻有飛沙走石之勢，拊其背曰：「子之才萬人敵也，抗之以高節，莫之能禦矣。」益閉門讀書，又數年，再見軾。軾閱其所著，歎曰：「張耒、秦觀之流也」陳李二人與四學士，合稱之爲六君子。四學士之中，庭堅長於詩，自謂：「醉心於詩與楚辭，似若有得，然終在古人後。至於論議文字，今日乃當付之少游及晁、張、無己。」(註二二七)又謂：「老夫紹聖以前，不知作文章，斧斤取舊所作，讀之皆可笑。紹聖以後，始知作文章，但以老病惰懶，不能下筆也。」(註二二八)觀工偶儷而補之、耒善古文。司馬光致耒書，謂：「柳子厚之文，今於足下復見之。」(註二二九)世並稱爲晁張。蘇亦稱其文汪洋冲淡，有一唱三嘆之聲。其論文詩：「文以意爲車，意以文爲馬。理強意乃勝，氣盛文如駕。理維當即止，妄說即虛假。氣如決江河，勢盛乃傾瀉。」(註二三〇)誨人作文以理爲主，「理勝者，文不期工而工；理絀者，巧爲粉澤，而隙間百出。」(註二三一)故學文之端，急於明理，如作文而不務理，求文之工，世未嘗有也。(註二三二)師道在當時不以文名，而其文「簡嚴密栗，實不在李翺、孫樵下。」(註二三三)廌文才氣橫溢，大略與蘇軾相近。鮑慎由，字欽止，處州龍泉人，風度凝遠，談笑風生。少從王荊公學，又嘗親炙蘇軾，故其文汪洋閎肆，粹然一本於經，而筆力豪放，自見於馳騁之間，深入墨客騷人之域，於二者可謂兼之。自黃庭堅張耒沒，慎由之詩文，獨行於世。(註二三四)與蘇門諸子往還甚密者有李格非，字文叔，

濟南人，用功經學，登進士第，以文章受知於蘇軾，其「文高雅條暢，有義味，在晁秦上，詩稍不逮。」(註二三五)

道學家只重道而非重文，鄙賤詞章，視同俳優，故崇理性而卑文藝，所謂洛學興而文字壞也。胡宏曰：「王安石支離不得其全，歐陽修淺於經者不得其精，蘇軾縱橫不得其雅，而道則傳之程氏兄弟明道與伊川先生者也。」(註二三六)道學家雖論道而非論文，然非文無以載道，況力倡道學而注重經術，亦益增古文之盛。孫復非求工於文者，然「復之文，根柢經術，謹嚴峭潔，卓然儒者之言，與歐、蘇、曾、王，千變萬化，務極文章之能事者，又別爲一格。」(註二三七)石介倔強勁質，有唐人風，極推柳開之功，復作怪說，以排楊億，(註二三八)於古文之興，尤有關係。周敦頤之通書、張載之正蒙、東銘、西銘、程頤之四箴，皆爲學者所稱。然惟西銘，情文兼至，不愧作者。通書、正蒙雖謹嚴，但拘而不暢，樸而不華，只視爲載道之作。至於劉牧，亦能爲古文。道學家之文，要不可謂甚工，然其與古文之關係，亦互爲表裏。

南渡以後，世變日亟，文氣不及東都。文學功力最深者，唯得朱熹。朱子雖以道學名，而於學無所不窺，特其論文，以見道明理爲主，不欲徒以文辭見長，「惟其文之是取而不復議其理之是非，則是道自道，文自文也。道外有物，固不足以爲道，且文而無理，又安足以爲文乎？」(註二三九)其文學南豐，微嫌氣弱而不舉，然其說理之文，至爲精實；敘事論事之作，亦極明晳。朱彝尊謂：「南宋之文，惟朱元晦以窮理盡性之學出之，故其文在諸家中最醇。」(註二四〇)呂祖謙亦能文，又長於史學，故其文多熟權利害，而有豪邁駿發之氣，其體不如朱子高，然世所習誦之左氏博議，乃摹擬應試文字之作，其他作亦不俗陋至是也。永嘉之陳傅良，文極峭勁，葉適則藻思英發，才氣奔逸，「篇篇法言，句句莊語，」（註二四一）要皆用世之文也。永康之陳亮，慷慨喜言兵，論議風生，下筆數千言立就，以酌古論、陳子課稿、上孝宗皇帝四書爲最著。與朱子辯王覇義利，兩不相下，嘗曰：「研窮義理之精微，辨析古今之同異；原心於秒忽，校理於分寸。以積累爲工，以涵養爲正。風雨雲雷，交發而並至；龍蛇虎豹，變現而出沒。推倒一世之智勇，開拓萬古之心胸，」（註二四二）自謂差有一日之長，意蓋指朱熹、呂祖謙等云。其文才辯縱橫，馳騁驚人，俊豪魁特有不可一世之槪，然或失之於粗，且不免矜誇之習，實不逮止齋與水心也。南宋爲散文既盛之世，承學之士，多能爲之。又以國步艱難，頗多慷慨激昂之論，胡銓胡安國等，亦其著焉者也。

宋儒批選文章，前有呂祖謙，次有樓昉，又其次爲謝枋得也。祖謙有皇朝文鑑一百五十卷，編類凡六十一門，所選皆北宋詩文，文章以歐陽修、王安石、曾鞏、及三蘇爲多。此書是奉命校正江鈿聖宋文海一書，於是盡取秘府及士大夫所藏諸家文集，旁採傳記他書編輯而成。選編要旨，「苟其義無所考，雖甚文不錄；或於事有所該，雖稍質不廢。鉅家鴻筆，以浮淺受黜；稀名短句，以幽遠見收。合而論之，大抵欲約一代治體，歸之於道，而不以區區虛文爲主。」（註二四三）然此書當時頗鑠於衆口，謂其有通經而不能文者也。祖謙又編有古文關鍵二卷，取韓愈、柳宗元、歐陽修、曾鞏、蘇洵、蘇軾、張耒之文，凡六十餘篇，各標舉其命意布局之處，並加注釋，示初學者以門徑，故曰關鍵。卷首冠以總論看文作文之法，王安石、蘇轍之文雖未採入，但亦在論列之中。樓昉，號迂齋，鄞縣人，曾受業於呂祖謙，編有崇古文訣三十五卷，所選古文凡二百餘篇，大略如呂氏關鍵，而所錄自秦漢以下至於宋朝，篇目增多，發明尤精，學者便之。謝枋得有文章軌範七卷，所錄漢、晉、唐、宋之文，凡六十九篇，而韓愈之文居三十一，柳宗元歐陽修之文各五，蘇洵之文四，蘇軾之文十二，其餘諸葛亮、陶潛、杜牧、范仲淹、王安石、李覯、李格非、辛棄疾，人各一篇而已。前二卷題曰放膽文，後五卷題曰小心文。各有批註圈點，但有圈點而無批註者，亦有圈點併無之者。凡所標舉，動中窾會，似為當時舉業而編也。要之，古文關鍵、崇古文訣、及此書，為世所傳誦，學文者之準繩。眞德秀有文章正宗二十卷，分辭令、議論、敘事、詩歌四類，錄左傳、國語以下，至於唐末之作，持論甚嚴。大意主於論理而不論文，蓋以道學家論文，固矯枉過直，其說終難行，故不為人所尚。續集二十卷，皆北宋之文，闕辭令、詩歌二門，僅有議論、敘事而已。

乙、駢文

自唐以還，四六始盛，以聲律諧和，取便於宣讀。宋朝之文，循五代之舊，亦多駢麗之辭，范仲淹所謂：「不追三代之高，而尚六朝之細」也。(註二四四)且宋以此取士，名為博學宏詞，而內外兩制用之，四六之藝，誠曰大矣。下至往來牋記啓狀，皆有定式，故宋初士大夫，例能四六。宋時說理論事之作，多用散文，而詔誥牋表等，則用駢文。駢散分途，肇於唐而成於宋。宋初為駢文者，無不格守唐人之矩矱，雅穆者師燕許，繁縟者法樊南，藻麗者則宗義山也。自歐蘇之改革派出，以古文之氣格，運駢文之辭句，務以氣行，別出機杼，而唐宋四六，始各殊其精神面貌，蓋唐代之駢文，可謂駢文中之駢文，而宋代之駢文，可謂駢文中之散文矣。（註二四五）誠以四六之作，凡有新意，必鐫警聯，宋人貪用成白，全引古語，而不顧其冗長，一聯或至數十言，反累正氣，卻是宋人一病。自大觀後，爭以援經句爲工；南渡後，多引當代事爲比，粗可牽合，則必用之，斯又格調之變也。

宋初以駢文名者，首推徐鉉（九一六—九九一）。鉉、字鼎臣，揚州廣陵人，仕南唐，試知制誥。五代文人降宋者，以鉉爲最有名。太平興國初，直學士。從太宗征太原，軍中書詔塡委，援筆無滯，辭理精當，文章雅容大雅，冠絕一世。此外有扈蒙（九一五—九八六），字日用，幽州安次人，晉天福中舉進士，仕周爲右拾遺，直史館，知制誥。入宋復知制誥，充史館修撰，與李昉等同編文苑英華。張昭、字潛夫，范縣人，歷事唐、晉、漢、周四朝，入宋，爲禮部尚書，封鄭國公。李昉、字明遠，深州饒陽人，仕漢周兩朝，歸宋，三入翰林。太宗朝，拜平章事，文苑英華、太平御覽、太平廣記，皆其所修。爲文慕白居易，尤淺近易曉。竇儼、字望之，漁陽人，晉天福進士，周翰林學士，入宋，爲禮部侍郎。陶穀，字秀實，邠州新平人，仕晉、漢、周三朝，在周爲翰林學士，仕宋歷爲禮刑戶三部尚書。宋白（九三六—一〇一二）、字太素，大名人，建隆二年擢進士甲科，學問宏博，屬文敏贍，累遷至翰林學士，或典詔命，或司文衡，或與纂編，皆五代之遺也。當時駢文，皆揣摩唐人之作，謂之因襲派。

稍後以詞章名，而能影響一時之風氣者，當推楊億。億、字大年，建州浦城人。淳化中賜進士第，天禧四年爲翰林學士。億自幼不離翰墨，文格雄健，才思敏捷，博覽彊記，尤長典章制度，刀筆豪贍，體亦多變，曾替宋四六作奠基之工作，而不脫唐末五代之氣。又喜用古語，以切對爲工。當時文士，咸賴其題品，喜誨誘後進，因以成名者甚衆。劉筠，字子儀，大名人，第進士，三入翰林，三典貢院，自景德以來，居文翰之選。其文辭善對偶，與楊億齊名，士子宗之，遂成風氣。晚唐溫、李派駢文，大有死灰復燃之勢。

天禧天聖之間，文尚華侈，楊劉外以駢文名者，又有夏竦、宋庠、宋祁、王禹偁、胡宿、王珪、張方平等。竦、字子喬，德安人，仁宗朝官至樞密使，封英國公。文思精敏，善於叙事，詞藻典雅精切，風骨高秀，有燕許之遺風。「先公言本朝自楊劉四六彌盛，然尚有五代衰陋氣。至英公表章，始盡洗去四六之弊。深厚廣大，無古無今，皆可施用者，英公一人而已，所謂四六集大成者。至王岐公元厚之四六皆出於英公。王荊公雖高妙，亦出英公，但化之以義理而已。」(註二四六)二宋兄弟，始以雄才奧學，一變山川草木、人情物態，歸於禮樂刑政，典章文物，發爲朝廷氣象，規模閎達而深遠。庠、館閣之作，沉博艷麗，而明練故實，文藻雖不逮祁，孤風雅操，過祁遠矣。祁尤能文，善議論，詩文博麗典雅，追唐人之格律，無所謂奇險難句者，然清約莊重，則不及庠也。王禹偁駢文亦宏麗敏贍，爲後進宗師。胡宿、字武平，常州晉陵人，天聖二年進士第，仕至樞副。於四六尤工，所爲朝廷大制作，典重贍麗，上法六朝。王珪、字禹玉，成都華陽人，徙舒。慶曆二年舉進士甲科，神宗時爲相。其文章瓌麗穩密，自成一家，掌制誥幾二十年，朝廷大典策皆出其手，氣象閎達，詞筆典贍，足繼二宋後塵，故王珪、謝伋、陸游、楊萬里等，無不稱之。張方平、字安道，南京人，舉茂才異等，爲校書郎。慶曆初，知制誥，進翰林學士，奮詔封冊，皆出其手。神宗時，嘗進詔草，帝親批之曰：「卿文章典雅，煥然有三代風。又善以豐爲約，意約而辭寡，雖之訓誥，殆無加也。」(註二四七)其見重如此。要之，此時之駢文，亦未脫唐人格式也。

至歐陽修出，乃以流轉之筆，運雅淡之辭。(註二四八)又以古文中之氣勢行之，獨闢蹊徑，風靡一時，故四六之散文化，以永叔爲開山祖。南豐、荊公、子瞻兄弟，相與和之。翠代言之文，古質無華，間出駢麗之語，贍裕雅重，裁對高渾，運辭典藻，自成一家，其除授之制，頗有仿漢文爲之，而異於當時體制者，蓋一時風氣所趨，高明之士，遂不樂爲流俗所限也。季弟肇，制誥諸作，亦溫潤典雅。荊公之四六文，妙用經史語，極爲自然，謂之典雅，自此後進多效之，此又宋四六文之一變也。東坡之四六，工麗絕倫，筆力矯變，爲人所不及。歐陽永叔曰：「往時作四六者，多用古人語及廣引故事，以衒博學，而不思述事不暢。近時文章變體，如蘇氏父子以四六述叙，委曲精盡，不減古人。自學者變格爲文，迨今三十年，始得斯人。」(註二四九)蘇氏以古文爲駢文，境界亦爲之一變。英宗時，司馬光除翰林學士，以不能爲四六辭，強之乃受。神宗命知制誥，辭如故，神宗許以用散文。夫光學殖淹博，文辭典雅，豈不能爲四六哉？特不樂爲之，欲矯當世之失耳。蘇頌以博學洽聞名重當代，一時高文大冊，悉出其手。自熙寧以來，國家大號令，朝廷大議論，莫不於其文見之。李淸臣知制誥，神宗謂：「詞臣難得，孫洙沒後，止此一人。」其制誥所作，爲史官代言之體，叙事之法，高文典冊，瓌雄雅奧，曄然一代之傳也。歐蘇而後，駢文漸趨雅淡，惟秦觀設色最爲綺麗，兩宋之世，詩文有齊梁色采者，淮海一家而已。

南北宋之間，以文采擅名者有王安中。安中，字履道，中山陽曲人，第進士。政和間，爭言瑞應，羣臣輒箋表賀，徽宗覽其作，稱爲奇才。他日，出制誥三題，使具草，立就，帝卽草後批「可中書舍人。」宣和元年，拜尚書右丞；靖康初，貶單州。高宗立，內徙道州，尋放自便，未幾卒。爲文豐潤敏拔，尤工於四六之製，最長於制誥，典雅凝重，絕不類其爲人。綦崇禮（一〇八三－一一四二）、字叔厚、高密人，徙濰之北海，乃以北海爲號。妙齡秀發，聰穎絕人。十歲，能作邑人墓銘。登重和元年上舍第，尋拜中書舍人，以寶文閣直學士知紹興府，退居台州卒。獨覃心辭章，洞曉音律，有北海集，其諸體中惟制誥表啓最多，與汪藻追述古作，謹四六之體，氣格渾然天成。崇禮篤意經術，博覽彊記，以直道自任，才高而氣剛，酒酣耳熱，長歌慷慨，議論風生，亦一時之英也。汪藻、字彥章，饒州德興人，崇寧二年進士，歷江西提舉。徽宗製君臣慶會閣詩，藻所和，羣臣莫及，傳稱於時。高宗時，歷擢中書、給事、侍郎兼侍講，直學士院，一時詔令，多出其手，拜翰林學士。爲文閎麗精深，工儷語，所爲制詞，人多傳誦，集駢體之大成，允爲南渡詞臣冠冕。建炎德音、隆祐太后手書諸篇，皆明白洞達，曲當情事，讀之感動，蓋中興之一助也。而詔命所被，悽憤激發，最爲世所稱道。孫覿（一〇八一－一一六九）、字仲益，蘭陵人，大觀三年進士，官終龍圖閣待制。四六清新，用事切當，其辭采則汪藻、綦崇禮以外，罕與抗行。後出最有名者爲三洪，皓之子也。長子适、字景伯，與次子遵（一一二〇—一一七四），同中紹興十二年博學宏詞科。後三年，三子邁，亦登是科。兄弟以詞科起家，儷偶特爲工雅，筆力浩大，不窘於記問，不縛於體式，由是三洪名滿天下。遵、字景嚴，爲翰林承旨，高宗禪位之詔、登極之赦、尊號、改元等文，皆出其手，動合體制，全國傳誦。邁、字景盧，學最博，以詩名，四六亦精妙。又有周必大，字子充，廬陵人，紹興二十年進士，又中博學宏詞科。召試館職，高宗讀其策曰：「掌制手也。」孝宗時，在翰苑幾六年，制命溫雅，周盡事情，最爲可法。樓鑰（一一三七—一二一三）、字大防，自號攻媿主人，明州鄞縣人。隆興元年，試南宮，以犯諱當黜，知貢舉洪遵，奏收置末甲首。後擢中書舍人，進參知政事。嘉定初起爲內相，爲一代文宗。論精敏絕人，詞頭下立進草，院吏驚詫。詔令辭氣雄渾，筆力雅健，三朝大典，多出其手。四六小篇，精妙絕倫。楊萬里（一一二四—一二〇六）、字廷秀，號誠齋，吉水人，紹興二十四年進士。孝宗時爲國子監博士，升寶文閣待制。工駢文，屬對妙若天成，四六小篇極精妙，南宋諸家所不及。趙汝談，字履常，太宗八世孫，淳熙十二年進士，官至刑部尚書。當時頗以詩名，歷掌制誥，亦以文章典雅見稱，有南塘四六一卷。眞德秀、字景元，浦城人，慶元五年進士，繼中博學宏詞科，紹定時爲參知政事。南宋駢體，德秀爲一大家，爾雅深厚，華而有骨，質而彌工，不染詞科之習，自誠齋而下皆不及也。文天祥、字宋瑞，一字履善，號文山，吉水人，舉進士第一，中詞科。平生大節炳然，不必以詞章重，而詞章典贍淸麗可傳。謝枋得、字君直，號疊山，弋陽人，寶祐進士。

宋亡，元人強之赴北，絕食死，其四六亦極工也。

然南宋四六境界，以競求新巧故，而寖失古意，實亦小有變遷。李劉、字公甫，號梅亭，崇仁人，嘉定進士，仕至寶章閣待制；方岳（一一九九—一二六二）、字巨山，號秋崖，新安祁門人，紹定進士，累遷至吏部侍郎，後知南康軍，皆爲四六專家。劉所作，其弟子羅逢吉編輯之，名之曰四六標準，凡四十卷，分七十一目，一千零七十六首，可謂宏富矣，學者多宗之。四庫提要云：「自六代以來，箋啓卽多駢偶，然其時文體皆然，非以是別爲一格也。至宋而歲時通候，仕宦遷除，吉凶慶弔，無一事不用啓，無一人不用啓，其啓必以四六，遂於四六之內，別有專門。南渡之始，古法猶存。孫覿汪藻諸人，名篇不乏。迨劉晚出，惟以流麗穩帖爲宗，雕琢過甚，無復前人之典重，沿波不返，遂變爲類書之外篇，公牘之副本，而冗濫極矣。然劉之所作，頗爲隸事親切，措詞明暢，在彼法之中，猶爲寸有所長。故舊本流傳，至今猶在，錄而存之，見文章之中，有此一體爲別派；別派之中，有此一人爲名家，亦足見風會之升降也。」（註二五〇）岳之作曰秋崖集，「名言儁句，絡繹奔赴，以駢體爲尤工，可與劉克莊爲伯仲。」（註二五一）劉克莊（一一八七—一二六九）、字潛夫，號後村，莆田人，學於眞西山，淳祐特賜同進士出身，以蔭入仕，除秘書少監，兼中書舍人，參劾宰相史嵩之，有直聲，然媚附於賈似道，人格詩品，遂並頹唐。惟時出清新，好用本朝故事，文體雅潔，較詩爲勝，有後村集六十卷，晚年更巍然爲當時詩文四六一大宗匠。至於專論四六之書，王銍有四六話二卷，所論多宋人表啓之文，大抵舉其工巧之聯，而氣格法律皆置不道。謝伋有四六談麈一卷，其論四六，多以命意遣詞分工拙，所見在王銍四六話之上，其論長句全句，尤切中南宋之弊也。

丙、詩

唐宋詩各有特色，能自成一派，而自元以降，非學唐，則學宋，卒未有能別成一派，與唐宋鼎足而立也。唐宋詩相較，自以唐詩爲勝，故人多尊唐而抑宋，「未論工拙，直是氣象不同。」（註二五二）宋人於詩之體製，雖未能出於唐人之外，而其意境字面，則與唐人截然不同。唐詩意在言外，而宋詩意盡句中。唐詩多寓情於景，宋詩則舍景言情。宋詩非不佳，若與唐詩並觀，則覺其傖父氣矣。惟能卓然自立於唐詩之外，而不爲之附庸者也。吳之振曰：「宋人之詩，變化於唐，而出其所得，皮毛落盡，精神獨存。」（註二五三）故詩之爲學，唐人具之，宋人繼之；卽唐人創之，宋人成之也。宋初詩壇，承襲五代之纖佻薄弱，非常荒凉，自慶曆以後，始登新境界。宋詩比盛唐之高視濶步，氣度雄偉者，似覺其低首沉吟，體物細微，但較之中晚唐，則有振起之功也。

宋代詩人至多，御定四朝詩（康熙四十八年御定）錄八百八十二家，宋詩紀事搜羅至三千八百一十二家，宋詩紀事補遺又補錄三千餘家（一部份與宋詩紀事所錄重複），故詩人數量，比全唐詩著錄二千餘詩人者爲多。宋詩流派，滄浪詩話以人而論風格，分爲七派，卽東坡、山谷、后山、王荆公、邵康節、陳簡齋、楊誠齋。（註二五四）四庫提要亦分爲七派：「王禹偁初學白居易，如古文之有柳、穆，明而未融。楊億等倡西崑體，流布一時。歐陽修、梅堯臣始變舊俗。蘇軾黃庭堅益出新意，宋詩於時爲極盛。南渡以後，擊壤集一派，參錯並行，遷流至於四靈、江湖二派，遂弊極而不復焉。」（註二五五）此即分爲白體、西崑、歐梅、蘇黃、擊壤、四靈、江湖等派，似較爲簡要。

宋初之詩，仍沿中晚唐餘韻者，九僧及西崑是也。九僧者，曰劍南希晝、金華保暹、南越文兆、天台行肇、沃州簡長、青城惟鳳、江東宇昭、峨眉懷古、淮南惠崇。其詩流傳不久，故歐陽修六一詩話，只記惠崇百韻詩，而忘其餘八僧之名。然亦以惠崇爲絕出，此百韻詩警麗而可誦，可謂西崑之先導者。明毛晉得宋本刻之，九僧詩始獲流傳。其詩重鍊句而不鍊意，愛近體而輕古體，詩境詩材皆狹。方回謂九僧詩皆學賈島周賀，清苦而工密，但清紀昀則謂源出中唐，乃十子之餘響也。（註二五六）

咸平以降，宇內昇平，景象繁庶，公卿大臣，皆一時文章豪傑之士，優遊燕息，往往喜與詩人談笑述作。「祥符中，民風豫而泰，操筆之士，率以藻麗爲勝。」（註二五七）搢紳間擅爲詩者有晏殊、錢惟演、楊億、劉筠等。晏殊文章贍麗，應用不窮，尤工詩，閑雅有情思。惟演字希聖，吳越王俶次子，眞宗時，知制誥，爲翰林學士，仁宗時，拜樞密使。文辭清麗，與楊億、劉筠齊名。楊億、劉筠作詩務故實，而語言輕淺，一時慕之，號西崑體，猶唐初之齊梁，以縟麗文采，雍和雅音，點綴眞宗之承平盛世也。西崑體以西崑酬唱集得名，集爲楊億所編。此等詩，由楊劉及錢惟演所首倡，而由李宗諤（昉子，字昌武，第進士，繼昉居三館，掌兩制，風流儒雅）、陳越（九七三—一〇一二，字損之，開封尉氏人，眞宗時，爲著作佐郎，直史館，遷左正言）、李維（字仲方，肥鄉人，第進士，直集賢院，陳州觀察使）、劉隲（工部員外郎，直集賢院）、刁衎（九四五—一〇一三，字元賓，上蔡人，南唐秘書郎集賢校理，歸宋，官至兵部郎中）、任隨、張詠（字復之，號乖崖，鄄城人，太平興國進士，爲樞密直學士，嘗兩知益州）、錢惟濟（俶六子，字嚴夫，仁宗時，爲武昌軍節度觀察留後）、丁謂、舒雅（字子正，旌德人，南唐進士，歸宋，爲秘閣校理，出知舒州，好優遊山水，吟詩自樂）、晁迥（字明遠，澶州清豐人，太平興國進士，仁宗時爲禮部尙書）、崔遵度（九五四－一〇二〇，字堅白，江陵人，從徙淄州，太平天國八年進士，官至吏部郎中）、薛映（字景陽，家於蜀，進士及第，仁宗時，集賢院學士判院事）、劉秉等十四人（原十八，闕一人，故只得十七人）相唱和，皆爲近體詩，學溫飛卿、李義山之風格，音節鏗鏘，辭采密麗，取材博贍，鍊句精緻，對偶在求嚴整，用事多求豐贍。然太重形式，未免失去性靈，而爲世所詬病。酬唱詩凡五七言律詩共輯成二百四十八首（原二百五十首，後散佚二首），分兩卷，名曰西崑酬唱集，取玉山、策府之名而作此書目，可見其着眼之高與自信之篤矣。歐陽永叔曰：「自西崑集出，時人爭效之，時體一變，而先生老輩，患其多用故事，至於語僻難曉。殊不知自是學者之弊，如子儀新蟬云：風來玉宇鳥先囀，露下金莖鶴未知，雖用故事，何害爲佳句？又如峭帆橫渡官橋柳，叠鼓驚飛海岸鷗，其不用故事，又豈不佳乎？」（註二五八）楊億雖主西崑，然亦自有神致也。

此外，徐鉉才思敏捷，詩學元白，率意而成，流易有餘，而深警不足。寇準（字仲平，下邽人，太平興國三年進士，三入相，封萊國公）、林逋（字君復，錢塘人，隱於西湖之孤山，賜諡和靖先生）、魏野（字仲先，陝縣人，居陝之東郊，號草堂居士，眞宗召之，不起）、潘閬（大名人，自號逍遙子，太宗時召對，賜進士第，後坐事亡命，眞宗捕得之，赦其罪，以爲滁州參軍），規矩晚唐格調，寸步不敢走作，皆出西崑之外者。其中寇準詩，「念思悽惋，綽有晚唐之致，然音韻特高，終非凡艷所可比。」（註二五九）若春日登樓懷歸詩：「野水無人渡，孤舟盡日橫」之句，深入唐人風格。（註二六〇）林逋詩格最爲清俊，蓋順物玩情爲之，平淡邃美，而趣向博遠，故辭主靜正，而不露刺諷，詠之令人忘百事。歐陽永叔最愛其詠小園小梅二首，其香影一聯，爲古今絕唱，詩家多推尊之。王禹偁詩學少陵，想矯正西崑體之弊，創設白體，大抵語迫切而意雍容，大類樂天，故其示子詩云：「本與樂天爲後進，敢期子美是前身。」吳之振稱其「獨開有宋風氣，於是歐陽文忠得以承流接響。」（註二六一）永叔之詩，雖較禹偁爲雄深，然禹偁固其濫觴矣。

仁宗朝以後，宋詩隨文學之革新運動，能卓然自立而變以大雅者，始於梅堯臣蘇舜欽。堯臣（一〇〇二－一〇六〇）、字聖俞，人稱宛陵先生，宣城人，賜進士出身。嘉祐初，爲國子監直學士，遷都官員外郎。爲人高潔，家世頗能詩，自少即以能詩名，與歐陽修是詩友，世比之韓孟。錢惟演留守西京，特嗟賞之，爲忘年交，引與酬唱，一府盡傾。聖俞之詩，初學韋蘇州，後從永叔遊，轉而學韓，「其初喜爲清麗，閒肆平淡，久則涵演深遠，間亦琢刻，以出怪巧，然氣完力餘，益老以勁。」（註二六二）其詩工於平淡，自成一家，「至於五言律詩特精，其句法步驟，眞有大歷諸公之風。」（註二六三）歐陽修謂：「世之人徒知其詩而已，然時無賢愚，語詩者必求之聖俞。聖俞亦自以其不得志者，樂於詩而發之，故其生平所作，於詩尤多，」（註二六四）而其詩流傳亦廣，初由謝景初輯成，後歐陽修根據遺稿再增之，成宛陵集六十卷。聖俞所倡之詩體，永叔繼之，「佐修以變詩體者，則堯臣也，」(註二六五)可知聖俞乃永叔之先導，且助其變革詩體。其論詩也，謂：「意新語工，得前人所未道者斯爲善也，必能狀難寫之景，如在目前；含不盡之意，見於言外，然後爲至矣。」(註二六六)其言在於矯正時弊，一反雅正之音焉。蘇舜欽之詩豪邁，正如皇祐以後詩風，奔放縱橫而好健句，歐陽修謂：「子美筆力豪雋，以超邁雄絕爲奇；聖俞覃思精微，以深遠閒淡爲意，各極其長，雖善論者不能優劣也。」(註二六七)世以蘇梅並稱，其實正相反也。(註二六八)子美滄浪集，其歌行多雄放，近體則平夷妥貼。以工力言，則聖俞之蘊釀深厚，似非子美所及。夫宋初之詩，仍帶有五代蕪野之風氣，蘇梅善出新意，力矯宿弊，除去浮靡，使宋詩之氣運一轉，保存古淡之道，恰如唐初之陳子昂、張九齡，故其作品，能百世不朽。

歐陽修亦學昌黎，參以李杜，「始矯崑體，專以氣格爲主。」(註二六九)而其平易疏暢，敷愉雄渾，骨力雖峻，而絕無艱深滯澀之病，溫麗深穩，蘊有深情，自是學者所宗。永叔之詩既專主氣格，一洗西崑體穠纖綺冶之習，實乃轉而法盛唐。法盛唐而能遺貌取神，自拓一境界，尚冲夷淡遠之致，而不爲唐人所囿。故永叔作詩，蓋欲自出胸臆，不肯蹈襲前人，一換舊來面目，對於宋詩之革新，別開一生面。近體篇幅短，尚未能發揮才力。但七古雋絕，如春日西湖寄答謝法曹歌、晉祠、日本刀歌、送徐生之澠池等，甚爲著名。廬山高、明妃曲，自認爲得意之作。石延年負奇才，自少以詩酒豪放自得，氣象方嚴遒勁，詩格亦奇峭，爲反西崑體之健將。天聖寶元間，以詩歌豪於一時，以平陽代意一篇，最爲得意。

王安石之詩，介乎歐蘇之間，追宗韓杜之古聲。歐陽修謂：「得介甫新詩數十篇皆奇絕。」（註二七〇）張芸叟謂：「王介甫之詩，如空中之音，相中之色，人皆聞見，難可著摸。」（註二七一）黃山谷亦謂：「暮年小詩，雅麗精絕，脫去流俗，不可以常理待之也。」（註二七二）荆公得力於唐絕，最精於絕句——絕句以自然爲美，其詠史絕句，極有筆力。律詩中有金陵懷古等佳作，而七古桃源行，尤稱出色。七律多學少陵晚年之作，後此山谷更邊此道而極其妙，遂爲江西之宗。其詩雖清新，但有一種瘦硬雄直之氣，以險絕爲功。荆公少年，以意氣自許，故詩語惟其所向，不復更爲涵蓄。「荆公晚年，詩律尤精嚴，造語用字，間不容髮，然意與言會，言隨意遣，渾然天成，殆不見有牽率排比處。」（註二七三）其精嚴深刻，皆步驟老杜所得，惟以學杜故，喜稱義山詩，以爲由此而得其藩籬也。（註二七四）集句之體，亦以荆公爲盛，信口而出，天衣無縫，尤足見其記誦之博也。

北宋之世，擅詩名者，無如蘇軾，軾之詩，始出已意以爲之，唐人之風變矣。荆公之格高，而東坡之才大，殆可謂之雙絕，然爲後人所宗法，則東坡尤勝於荆公也。梁任公謂：「以荆公比東坡，則東坡之千門萬戶，天骨開張，誠非荆公所及。而荆公遒峭謹嚴，予學者以模範之跡，又似比東坡有一日之長。」（註二七五）歐陽修所革新之詩文，由東坡大成之。趙甌北曰：「以文爲詩，自昌黎始，至東坡益大放厥詞，別開生面，」（註二七六）此語最能道出蘇詩之特色。論詩才是李杜以後第一人，李詩如高雲遊空，杜詩如喬嶽矗天，蘇詩則如流水行地。三大詩宗之眞本領，即在於此。東坡之詩，始學劉禹錫，元豐末還朝，出入李杜，儁絕雅健，骨力風韻並勝。沈德潛謂：「蘇子瞻胸有洪爐，金銀鉛錫皆歸鎔鑄，其筆之超曠，等於天馬脫羈，飛僊遊戲，窮極變幻，而適如意中所欲出，韓文公後，又開闢一境界也。」（註二七七）亦有譏諷其詩者，如張舜民、楊時、嚴羽、元遺山等，然無損於東坡也。其詩才殆天授，其境遇亦多變化，故七情全出於吟嘯，江山風月，仙佛魔鬼，皆出現於詩中。其詩之妙處，是心地空明，自然流露，才思橫溢，觸處生春，有人巧極而近天工之概。然其詩或放而不收，且用事太多，不免失之豐縟。自南遷以後詩，全類子美夔州以後之作，所謂老而嚴者也。子由謂東坡謫居儋耳，「猶獨喜為詩，精深華妙，不見老人衰憊之氣。」（註二七八）山谷亦云：「東坡嶺外文字，今日方暇徧讀，使人耳目聰明，如淸風自外來。」（註二七九）東坡一生以才得名，亦以才得禍，嘗自言性不愼語言，多與物忤，故「坡自晚年，更涉世患，痛自摩治，盡去圭角，方更純熟。」（註二八〇）所作擅長譬喻與諧謔嘲笑，無論長短句，各體皆精巧，尤以長句波瀾浩渺，變化莫測，比較言之，短於五言而長於七言也。

蘇門諸子最著名者，為黃庭堅、秦觀、張耒、晁補之。黃、秦、晁，東坡之客也，張為潁濱之客也，元祐間，東坡方為翰林，極力援引，一時文物甚盛。秦觀詩最婉麗，不脫淸華之色，荆公評其「淸新婉麗，鮑、謝似之。」（註二八一）張耒謂：「其言淸麗刻深，三反九復，一章乃成，大抵悲愁悽婉，鬱塞無聊者之言也。」（註二八二）敖陶孫亦謂其詩「如時女步春，終傷婉弱。」（註二八三）及至晚年，一洗其浮華，以追琢而渟泓見稱，且長於韻致。呂居仁曰：「少游過嶺後詩，嚴重高古，自成一家，與舊作不同。」(註二八四)張耒作詩，體製敷腴，音節疏亮，淵源得老杜句法，晚務平淡。史稱其詩效白居易，樂府效張籍，然近體工警不及白，而醞藉閒遠，別有神韻。故東坡謂秦得吾工，張得吾易也。著有宛丘詩集。晁補之，才氣壯逸，遠出文潛、少游之上，其詩學杜，風骨高騫，古體勝於今體，七古尤優，「無咎樂府，於今第一，」(註二八五)遺有雞肋集。時蘇門並稱秦、晁，晁以氣勝，秦以韻勝，要其體格在伯仲間，而晁為雄大矣。(註二八六)

自慶曆以後，至黃庭堅、陳師道而宋詩又一變。黃、陳雖號江西派，而其風骨迫近老杜，宋詩蓋至此極矣。黃庭堅遊於蘇門，視如朋友，蘇軾嘗見其詩文，以為超軼絕塵，獨立萬物之表，世久無此作，由是聲名始振。其詩與歐、蘇旗鼓相當，元祐間，與東坡並稱蘇黃，或曰坡谷。歐陽修介韓愈而學杜，王安石通李商隱而學杜，雖本學杜，而非直接。及至庭堅，方一心一意，自闢庭戶，直探本原，對於詩之內容，刻意以杜為歸。故「子美之詩，得山谷而後發明。」(註二八七)而商隱注意形式，尤其在詞句方面，潛心揣摩，此乃學杜者分為兩大派也。庭堅薈萃百家句律之長，究極歷代體製之變，自成一家。七律甚佳，五律晚年乃工，古體不拘聲律，清新奇峭。魏了翁曰：「公年三十，有四上蘇長公詩，其志已犖犖不凡，然猶是少作也。迨元祐初，與衆賢彙進，博文蓄德，大非前比。元祐中末，涉歷憂患，極於紹聖、元符以後，流落黔戎，浮湛於荊、鄂、永、宜之間，則閱理益多，落華就實，直造簡遠。前輩所謂黔州以後，句法尤高。」(註二八八)馬端臨亦曰：「山谷自黔州以後，句法最高，筆勢放縱，實天下之奇作，自宋以來，一人而已。」(註二八九)其詩生澀瘦硬，拗峭豪險，一語不苟，力避俗氣，所以遠離尋常語，化俗爲雅，好新奇，多奇想奇句，具古人未曾言之趣向。然風格因尙峭拔，故其詩每失自然而有流於隱僻之弊，所謂有奇無妙，難免有缺乏詩味之譏。陳師道平生精力盡於詩，雄健淸勁，幽邃雅淡，有一塵不染之概。初學於曾南豐，後見山谷詩而愛之，卒從其學，（註二九〇）格律一變。其詩極意仿杜，深得其法，非冥搜旁引，莫窺其用意深處，法嚴而力勁，學贍而用變，山谷以後，殆難與敵也。師道文行雖高，以晚出東坡門下，故不及四子之顯，自言亦不敢齒於四子之列。五古出入於孟郊賈島之間，七古學韓愈，五古逼近杜甫，往往僻澀，七律風骨磊落，間或失之太快太盡，五七言絕句，雖屬杜甫遺興之格，但猶不合中聲。詩句可稱精妙，惜每流於艱澀，遠離正聲之傾向，山谷詩所謂「閉門覓句陳無己」（註二九一）者也。東坡流輩能詩者，尙有淸江三孔。三孔者文仲，字經父，武仲，字常父，平仲，字毅父，臨江新喻人，嘉祐治平中，相繼登進士第。文仲仕至中書舍人，武仲至禮部侍郎，平仲至金部郎中。三孔之詩，文仲贍麗，武仲幽峭，平仲夭矯流麗，當時極負盛名，有三孔淸江集，其中文仲詩稿最少。但以時稱二蘇三孔，皆文章之雄也。又有文同（一〇一八－一〇七九）者，字與可，蜀梓州人，皇祐元年登進士第，爲東坡中表，仕至太常博士，集賢校理。元豐初，出守湖州，道卒，稱石室先生。自謂有四絕，卽詩、楚辭、草書與畫也。有丹淵集，其詩淸蒼蕭散，無俗學補綴氣，有孟襄陽韋蘇州之致。司馬光謂：「與可襟韻瀟灑，如晴雲秋月，塵埃不到，光心服者非特辭翰之美而已。」（註二九二）然其以墨竹流傳，遂爲畫名所掩耳。

江西詩派之說，起自呂本中。本中、字居仁，好問子，祖謙其孫也。詩文汪洋閎肆，兼備衆體，間出新意，愈奇而愈渾厚，一時學士宗焉。自言傳衣鉢江西，作江西詩社宗派圖，意在尊黃山谷，以明詩法之相傳。陸象山論詩，謂：「至豫章而益大肆其力，包含欲無外，搜抉欲無私，體制通古今，思致極幽眇，貫穿馳騁，工力精到。一時如陳、徐、韓、呂，三洪、二謝之流，翕然宗之。由是江西遂以詩社名天下，雖未極古之源委，而其植立不凡，斯亦宇宙之奇詭也。」（註二九三）自山谷而下，列陳師道、潘大臨、謝逸、洪芻、饒節、僧祖可、徐俯、洪朋、林敏修、洪炎、汪革、李錞、韓駒、李彭、晁冲之、江端本、楊符、謝薖、夏倪、林敏功、潘大觀、何顒、王直方、僧善權、高荷二十五人，（註二九四）以爲法嗣，而以已爲殿，皆源出於黃庭堅，故稱爲江西詩派。其序云：「唐自李杜之出，焜燿一世，後之言詩者，皆莫能及。至韓、柳、孟郊、張籍數人，激昂奮厲，終不能與前作者並。元和以後至國朝，歌詩之作，或傳者多依效舊文，未盡所趣。惟豫章始大出而力振之，抑揚反覆，盡兼衆體。而後學者，同作並和。雖體制或異，要皆所傳者一。予故錄其名字，以遺來者。」此序對山谷過份推崇，爲後人所譏議，（註二九五）而宗派作者，亦非皆江西人，去取之意難明。（註二九六）况后山與山谷，同在蘇門，詩格亦與山谷不相似，乃抑之入江西派，尤似不倫。然「江西宗派詩者，詩江西也，人非皆江西也。人非皆江西而詩曰江西者何？繫之也。繫之者何？以味不以形也。」（註二九七）居仁爲此圖，因選擇不精，議論欠詳，自難免後人之爭辯。惟蘇黃詩派，確能牢籠一代，而爲宋詩之特色，則不可誣也。

江西詩派，流衍於後者，則由曾幾（一〇八四—一一六六）以啓南渡四大家，其最著者也。曾幾、字吉甫，贛州人，徙居河南。紹興間官浙西提刑，以忤秦檜去位。居上饒之茶山，自號茶山居士。吉甫學於韓駒，詩以杜甫、黃庭堅爲宗，風骨高騫，而含蓄深遠。昔人稱其介乎豫章、劍南之間，蓋有山谷之清新，而能變其生硬，漸趨於圓活者也。四大家者，曰尤、楊、范、陸，皆師事吉甫，其詩更趨於明朗平熟。尤袤（一一二七—一一九四）、字延之，號梁溪，無錫人，光宗時爲禮部尙書，詩名與楊、范、陸並稱。楊萬里之詩，始學江西諸子，自謂少作有詩千餘篇，至紹興三十二年（壬午）七月皆焚之，大抵江西體也。故其詩至壬午而始變，乾道庚寅（六年）再變，淳熙丁酉（四年）又變，每變則有進也。自是晚年學五律於陳后山，七絕於王荊公，又絕句於唐人。其作詩自壬午至丙午（淳熙十三年）凡二千二百三十首，編爲江湖、荊溪、西歸、南海、朝天等詩集，一官一集，每集必變一格，時目爲誠齋體。其後淳熙十六年有江西道院集，紹熙元年朝天續集，三年江東集，則又有一千一百首。最後爲退休集，有二百七十八首，產品不可謂不多也。范成大、字致能，號石湖居士，吳縣人，紹興二十四年進士。孝宗時權吏部尙書、參知政事，後帥金陵，進資政殿學士。所居石湖，在太湖之濱。其詩「縟而不釀，縮而不窘，清新嫵麗，奄有鮑謝；奔逸俊偉，窮追太白。」（註二九八）有范石湖詩集，凡古今體一千九百一十六首。萬里與成大之詩，皆好詠田園雜興之作。陸游（一一二四—一二一〇）、字務觀，號放翁，山陰人。十二歲能詩文，蔭補登仕郎，但爲秦檜所嫉，迄不得志。孝宗時，除樞密院編修，歷官禮部郎中兼實錄院檢討官，太中大夫寶謨閣待制等。范成大帥蜀，爲參議官，以文字交，不拘禮法，人譏其狂放，因自號放翁。乾道中，授夔州通判，因「三日無詩卽堪憂，」既愛作詩，又愛蜀道風土，故題其生平所爲詩曰劍南詩稿，詩一萬餘首，淸新刻露，圓潤自然，篇什豐富，冠絕今古。尤詩婉雅平淡，於律尤勝，惜梁溪集已佚失，所傳無多。楊詩才思健拔，間雜俚語，殊見天機。范詩溫潤清新，「其才調之健，不及萬里，而亦無萬里之粗豪；氣象之潤不及游，而亦無游之窠臼。」（註二九九）蓋其初年，實沿溯中唐而下，仿效李賀王建，且雜有長慶體，其後骨力漸遒勁，追溯蘇黃遺法，而約以婉峭，自成一家也。然四家之中，要以放翁爲第一。放翁天性忠厚，富愛國心，詩多悲憤，耿耿忠誠，至死不變。劉克莊謂：「近歲詩人，雜博者堆隊仗，空疏者窘材料，出奇者費搜索，縛律者少變化，惟放翁記問足以貫通，力量足以驅使，才思足以發越，氣魄足以陵暴，南渡而後，故當爲一大宗。」（註三〇〇）放翁詩宗杜，而因其思想身世環境學力均相似，故神亦近之。其詩凡三變：初則宗杜而摹白，偏於雅正，不落纖佻，步步摹倣，務求工巧，學江西派，脫生硬之氣，一變而爲自然，另闢蹊徑，別樹風格。其次，由四十歲從戎起，一變而爲宏肆，意氣豪邁，情緒熱烈，如「樓船夜雪瓜洲渡，鐵馬秋風大散關，」格調似岑參，多雄渾悲壯，感激豪宕之作。到晚年，則又變成恬淡，取材半寫慷慨時事之意，半敘田園閒適之趣，才情繁富，觸手成佳作，多託興深微，遣詞雅儁，尤長於七律，善寫景，隊仗工整，使事熨貼，名章儁句，層見疊出。其詩之妙處在於精鍊，趙翼曰：「意在筆先，力透紙背，有麗語而無險語，有艷詞而無淫詞。看似華榮，實則雅潔；看似奔放，實則謹嚴。」（註三〇一）此可見其精鍊之功矣。

自宗派圖出後，至宋末，方回撰瀛奎律髓，選唐宋兩代之詩，分爲四十九類，所錄皆五七言近體，故名律髓，大旨排斥西崑體，而主張江西派，倡一祖三宗之說。一祖者杜甫；三宗者，黃庭堅、陳師道、及陳與義也。與義（一〇九〇—一一三八）、字去非，號簡齋，汝州葉縣人，紹興七年爲參知政事。簡齋生少晚，故宗派圖不之及。然靖康以後，北宋詩人凋零殆盡，而簡齋巋然獨存，實爲蘇黃一派之後勁。其詩雖亦學蘇黃，而以老杜爲師，並推尊陳無己，故能「以簡嚴掃繁縟，以雄渾代尖巧，第其品格，故當在諸家之上。」（註三〇二）自謂詩至老杜極矣，蘇黃復振之，而正統不墜。要必識蘇黃之所不爲，然後可以涉老杜之涯涘，味此足以定其品格矣。（註三〇三）其詩「清邃紆餘，高舉橫厲，上下陶、謝、韋、柳之間，」（註三〇四）惟仍以黃爲主，風格遒上，思力沉摯，理致樸思，音調鏗鏘，能卓然另闢蹊徑。作品以五古五律七絕七律居多，尤其五言古詩，章法嚴整，脈絡清楚，層次分明。

道學家理之所至，時或發之於詩，亦有別趣。道學派詩之始祖邵雍，宣寄情意，著有擊壤集，詩思精妙，語奇格高。其詩多風化雪月，古今往來之作，自云：「所作不限聲律，不沿愛惡，不立固必，不希名譽，如鑑之應形，如鍾之應聲。其或經道之餘，因閑觀時，因靜觀物。因時起志，因物寓言。因志發詠，因言成詩。因詠成聲，因詩發音。是故哀而未嘗傷，樂而未嘗淫，雖曰吟詠情性，曾何累於性情哉？」（註三〇五）作品最多吟體，全部志趣在首尾吟一百三十五首。絕句短吟最多，如「月到天心處，風來水面時。一般清意味，料得少人知，」（註三〇六）洵璞玉良金，溫粹精明。其他詩體，如七律亦志趣高逸，詞意玄妙灑脫，清朗可誦。「蘄身於堯舜之民，寄意於唐虞之際，」此類詩原由理智中透發情感出之，淡易清和，不見其廉隅鋒穎，亦毫不沾染華艷氣，而以心地空明，性靈豁達爲主。其淡易之詩體，亦源出於白居易，但有時太淡，且有時以詩爲說理之工具，不啻爲有韻之格言，乃其瑕病耳。二程不重作詩，而重用詩，程頤所詠：「閒來無事不從容，睡覺東窗日已紅。萬物靜觀皆自得，四時佳興與人同」（秋日偶成）之詩，亦屬此派。此一詩派，源出於寒山（唐貞觀僧寒山文殊，有寒山子詩集二卷，山谷稱爲淵明之流亞）、拾得（拾得普賢有豐干拾得詩一卷）；在唐朝不甚流行，至宋而始興，如周敦頤、張載、程頤等，皆其嫡派，其他如富弼、司馬光，可與其同調。迨至南宋，道學家能爲詩者，以朱熹之父松及劉子翬爲最著。朱松字喬年，號韋齋，第進士，除秘書省正字。建炎紹興間，詩名籍甚，高遠而幽潔。秦檜主和議，上章極言其不可，出知饒州，未至卒。劉子翬字彥冲，崇安人，通判興化軍，以羸疾丐祠，歸隱屏山，學者稱屏山先生。嘗與呂居仁、曾茶山、韓子蒼相往還，故所詣殊高，詩境清絕，絕似劉長卿。五言幽淡卓鍊，及陶、謝之勝，而無康樂繁縟細澀之態，蓋以其用經學不同，所得之理異也。金履祥編濂洛風雅六卷，作濂洛詩派圖，選四十八人，北宋以邵雍爲代表，南宋則首推朱熹。熹學力深厚，且遊心漢、魏，以經史事理，播之吟詠，故醇穆有古意，氣宇冲和，品格甚高，多爲五十以前作，晚年詩不多見。擅長五古，以寫景、題詠、懷念等爲多，幾駕凌唐詩，意趣風骨，自具德人之音，性情渾厚，而有才思橫溢之妙。其齋居感興二十首、效陳子昂感遇詩之體，言近而易知，皆切於日用之實，直爲歷史教化與義理學究之吟詠。七絕詩如觀書有感：「半畝方塘一鑑開，天光雲影共徘徊。問渠那得清如許，爲有源頭活水來。」「昨夜江邊春水生，蒙衝巨艦一毛輕。向來枉費推移力，此日中流自在行。」此爲恬靜自在，趣味雋永而富有靈感之作。嘗自註詩云：「僕不能詩，雖不役志於詩，而中和條貫，渾涵萬有，無事模鏞，自然聲振，非淺淺所能窺也。」(註三〇七)

永嘉後學，以詩名者甚多。葉適之詩，用工苦而造境生，皆鎔液經籍，以義理勝，自見天眞。且宗法晚唐，精嚴高遠，卓然自立於江西派之外。江西派出四大家後，其末流流於粗澀，欲矯正此弊，水心之後有四靈。徐照，字道輝，一字靈輝，自號山民，有芳蘭軒集。徐璣(一一六二—一二一四)，字文淵，一字致中，號靈淵，有二薇亭集。翁卷，字續古，一字靈舒，有葦碧軒集。趙師秀，字紫芝，一字靈秀，有清苑齋集。彼等皆永嘉人，出自水心先生之門，以其字號皆有靈字，稱之爲永嘉四靈。四人擅長五言律體，風調流麗，詩格皆清而不高。「昔人以浮聲切響單字集句計巧拙，蓋風騷之至精也。近世乃連篇累牘，汗漫而無禁，豈能名家哉？」(註三〇八)遂鍊句鍊字，刻意雕琢，反對江西派而主張復晚唐之詩風。賈島幽僻，爲其先導，而主要摹仿，乃在姚合之武功體。

永嘉四靈及江西派之餘派相合，遂成江湖派，此以陳起選編江湖集而得名。起，字宗之，號陳道人，錢塘人，設書肆於睦親坊，世所傳宋本書，稱「臨安陳道人家開雕」者是也。起亦能詩，有芸居吟稿刊行，一時江湖詩人，多與之善，乃彙所得，刊爲是書。小集有六十六家及高僧之詩，後集錄六十七人(其中在小集者有二十餘人)之詩，多是端平、淳祐、寶祐之詩家。除永嘉四靈姜夔等之外，其他有價値之詩極少，且可窺知當時之詩風，實流於五季衰颯之氣。「宋末詩格卑靡，所錄不必盡工。惟南渡後詩家，姓氏不顯者多賴是書以傳，其摭拾之功，亦不可沒也。」(註三〇九)起書蓋在當時，隨得隨刻，故詩刻非一時，版非一律，輾轉傳鈔，眞贋錯雜，莫詳孰爲原本。永樂大典所載，有江湖集、江湖前集、江湖後集、江湖續集、中興江湖集諸名，其接次刊刻之跡，略可考見。此書既接次刊刻，而在當時又經史彌遠指爲謗訕（以秋雨梧桐皇子府，春風楊柳相公橋句）之文字獄，槧板被劈，固宜其傳本之錯雜也。列名江湖集中者有劉克莊，年少時受四靈派之影響，刻琢精麗，與之並驅。已而厭之，謂諸人極力馳驟，纔望見賈島姚合之藩而已。欲息唐律，專造古體，自是思益新，句益工，涉歷老練，佈置濶遠，爲詩用當代之故事，極新穎明暢，自成一家，但格調不高。論者謂：「江西苦於麗而冗，莆陽得其法而能瘦能淡，能不拘對，又能變化而活動，」蓋雖令衆作，而自爲一宗者也。(註三一○)戴復古，字式之，號石屛，天台黃巖人，負奇尙氣，慷慨不羈。詩清健輕快，不費斧鑿，本於陸游而自成一家，非囿於江湖派者。詩名馳騁於江湖者五十年，著有石屛集，方回極稱之。方岳在宋末詩人中，詩亦清新鏤琢，故刻意入妙，尤妙於運用虛字也。

四靈、江湖，其才力雖皆不能自振拔，而宋之亡，一二孤臣遺老，歌哭湖山，頗有雄奇之概，幽怨之思。其精忠義烈最著者當推文天祥及謝枋得。天祥詩學杜甫，渾灝流轉，正氣一歌，久爲世所傳誦，他作亦能稱是。枋得之詩，清寒淡遠，自饒逸致。遺民中如謝翶（一二四九—一二九五）、字皐羽，一字皐父，長溪人，自號晞髮子，有晞髮集，詩極奇崛；宋亡後之詩，每多惻悽動人，各體皆長，五律與七絕最精巧。林景熙；字德陽，號霽山，平陽人，宋亡不仕，有白石樵唱集，詩極纏綿，風格不逾，然不乏激昂慷慨之音，與謝翶相表裏，——翶詩奇崛，熙詩幽宛也。又有鄭思肖、眞山民、汪元量等，雖詩格或異，而所感則同，辭吐危苦，心主悲哀，其氣格實非江湖派詩人所能及。思肖，字憶翁，號所南，福州連江人。元量，字大有，號山雲，錢塘人，宋亡，從三宮北去，留燕甚久，後乞爲黃冠，釋歸，往來匡廬、彭蠡間，著有水雲詩集，叙述宋亡北徙事，與去國之憂苦及間關愁歎之狀，詩詞可歌可泣，蓋流亡國淚也。山民是宋末隱士，始末不可考，但自云山民，或云李生喬嘗歎其不愧乃祖文忠西山，因疑爲德秀後。或又謂本名桂芳，括蒼人，嘗登進士第。有眞山民集，其詩皆探幽賞勝之作，未嘗有江湖應酬語，然缺乏渾雄之氣，只能抒發亡國之音。

宋代婦人，亦多能詩。天聖間，謝景山之母好學通經，自敎其子。妹希孟所爲詩百餘篇，「隱約深厚，守禮而不自放，有古幽閒淑女之風。」(註三一一)王荊公家，能詩者甚衆，張奎妻，荊公之妹也，佳句爲最，如「草草杯盤供笑語，昏昏燈火話平生」等是。吳安特妻，荊公女也；劉天保妻，平甫女也，皆擅吟詠。朝奉郎丘舜，諸女皆能文詞，每兄弟內集，必聯詠爲樂焉。(註三一二)董文和(景仁)之妻李仲琬(建中靖國元年卒)，贊皇人，十歲能爲詩，晚益工，他文皆能之，而書法尤妙麗。

論詩之作，至宋而漸多。宋人詩話，其著者如歐陽修之六一詩話，劉攽之中山詩話、陳師道之后山詩話、陳師道之后山詩話(陸游謂決非后山作)、呂本中之紫微詩話、葉夢得之石林詩話、楊萬里之誠齋詩話、周必大之二老堂詩話等。采摭最富者，當推胡仔之苕溪漁隱叢話、魏慶之之詩人玉屑。胡書采摭北宋詩話，魏書則采摭南宋詩話，輯蒐略備，然多東鱗西爪之談，能確立一家宗旨者甚罕。有之，其惟嚴羽之滄浪詩話乎？羽，字儀卿，一字丹邱，自號滄浪逋客，邵武人。此書由詩辨、詩體、詩法、詩評、詩證及與吳景僊論詩等編輯而成。其於江西、四靈、及江湖派等以晚唐爲高，皆深致不滿，惟有返諸渾厚超妙之境，大旨以盛唐爲宗，以妙語爲主，謂：「詩者，吟詠情性也，盛唐諸人，惟在興趣。羚羊掛角，無迹可求，故其妙處，透徹玲瓏，不可湊泊。如空中之音，相中之色，水中之月，鏡中之象，言有盡而意無窮。近代諸公，乃作奇特解會，遂以文字爲詩，以才學爲詩，以議論爲詩，夫豈不工，終非古人之詩也。」（註三二三）論詩之極致在於入神，後世王漁洋繼之而確立神韻說。姜夔之白石道人詩說，論述詩體詩法。劉克莊之後村詩話，評論詩之優劣，採錄其菁華，在詩話中僅次於滄浪之價値。與嚴羽共同鼓吹盛唐詩者，又有周弼。弼、汶陽人，生於端平中，撰三體唐詩。三體者，指七絕七律五律，論其詩法，以幽麗之辭流暢之調爲貴，匡救當時江湖派末流流於油腔滑調之弊而編者也。

丁、詞

詞起於中唐而盛於宋，所謂至宋人而詞始霸，名亦始大備。夫詩（樂府）亡然後詞作，故詞曰詩餘。詩人大多兼爲詞人，詞爲長短句之新詩體，自成一種詩人之詞。詩分平仄，而詞分五音、五聲、六律，又分淸濁輕重，以協音律，故可合樂。北宋承平盛世，人民有熙攘之樂，上自宮庭閥閱顯宦，下至文人學士，市儈妓女，武夫走卒，以至隱逸方外之人，皆能製詞以應歌，聲調諧美，而教坊娼樓妓院，更爲此風靡一世。

北宋之詞，初期受五代影響，仍沿唐花間詞之餘波，所謂承十國之遺者爲晏、歐。晏殊、字同叔，撫州臨川人，仁宗時爲相。其詩近西崑體，詞不蹈襲人語，時去五代未遠，馨烈所扇，得之最先，不僅胎息南唐二主，直堪步武晚唐溫、韋。其詞語特婉麗，爲北宋倚聲家初祖。有珠玉詞一卷，如「舞低楊柳樓心月，歌盡桃花扇底風」之句，不愧六朝宮掖體。殊幼子幾道，字叔原，號小山，亦能爲詞，又稱小晏，著有小山詞一卷，原名補亡，意謂補樂府之亡也。其詞酷肖乃父之風韻，黃庭堅評叔原樂府，「寓以詩人句法，精壯頓挫，能動搖人心。」(註三一四)臨江仙一闋，可爲其代表作。歐陽修之詞，大抵是小詞，秀逸委婉，與晏殊同出南唐。著有六一詞及醉翁琴趣外篇。琴趣收艷詞頗多，後人遂疑此艷詞是僞作。在六一詞中，如采桑子、踏莎行、蝶戀花、臨江仙，皆表現其天眞之詩人面目。劉攽謂：「晏元獻尤喜江南馮延巳歌詞，其所自作亦不減延巳，」(註三一五)而歐詞纏綿悱惻者居多，所作蝶戀花一闋，或與延巳所作相混，仍是花間一派。

詞之體裁，以字之多寡，分調之長短，有小令(小調，五十八字以內)、中調(五十九至九十字)、長調(九十一字以上)三種。其始有小令，唐人樂府皆小令也，其後演小令微引而長之，於是有引、近、犯之調名，引而愈長者則爲慢，浪淘沙慢多至一百三十三字，故慢調卽長調也。小令專於比興，只能寫斷片感興之情，以含蓄爲佳，而長調則描寫環迴深刻之情緒，兼有賦，詞境展拓，才氣要大。宋翔鳳曰：「詞自南唐以來，但有小令，其慢詞蓋起自仁宗朝。中原息兵，汴京繁庶，歌臺舞榭，競賭新聲。耆卿失意無俚，流連坊曲，遂盡取俚俗語言編入詞中，以便使人傳習。一時動聽，散播四方。其後東坡、少游、山谷輩，相繼有作，慢詞遂盛」（註三一六）故自柳永出而詞乃一變。柳永初名三變，字耆卿，崇安人，景祐元年登進士第，會改京官，乃以無行黜之。後改名永，官至屯田員外郎，故世稱爲柳屯田。其詞脫下花間派之衣衫，自創一格，運用俚語與淺顯文字，並善作長詞，爲其特色，著有樂章集三卷。永爲詞，全國詠之，「凡有井水飲處，即能歌柳詞，」（註三一七）遂傳禁中，仁宗頗好之，每對酒，必使侍妓歌之再三。永聞之，作宮詞，號醉蓬萊，因內官達後宮，且求其助。後仁宗聞而覺之，自是不復歌此詞矣。永喜尋花問柳，後流落不遇，到死時家無餘貲，羣妓醵金葬之於郊外，每逢清明上塚，名曰弔柳會。其詞格不甚高，但音律諧婉，詞意纏綿細膩，如非羈旅窮幽之辭，則爲閨幃淫媟之語，然多創作新調，有雨淋鈴一闋傳於世。與永並時者爲張先，先、字子野，烏程人，天聖八年進士，官至都官郎中，詩格清麗，樂章擅名於時，多爲官妓作詞。自謂雲破月來花弄影，嬌柔嬾起簾壓捲花影，柳徑無人墜飛絮無影，爲其平生得意之作，（註三一八）故又有張三影之稱。有子野詞一卷，詞才不足而情有餘，且韻高，近柳永。晁無咎謂：「張子野與耆卿齊名，而時以子野不及耆卿，然子野韻高，是耆卿所乏處。」（註三一九）

柳詞是充詞之質，蘇詞足以大詞之流。柳詞陰柔，只發兒女之情；蘇詞陽剛，可見名士之氣。詞至蘇軾，別開一新意境，新風格，悲壯飄逸，「曲終覺天風海雨逼人。」東坡自謂其作小詞，「雖無柳七郎風味，亦自是一家。」（註三二〇）胡寅曰：「詞至東坡，一洗綺羅香澤之態，擺脫綢繆宛轉之度，使人登高望遠，舉首浩歌，超乎塵垢之外，於是花間爲皁隸，而柳氏爲輿儓矣。」（註三二一）東坡引古文以入詞，粗豪恣放之作，遂開南宋辛棄疾等一派。「東坡在玉堂，有幕士善謳，因問我詞比柳七何如？對曰：柳郎中詞，只好七八女孩兒，執紅牙拍板，唱楊柳外曉風殘月。學士詞，須關西大漢，執鐵板，唱大江東去。」（註三三二）然東坡詞實兼具豪放婉約二格，氣味清雋似歐陽修，雄健過之；鋪陳曼衍似柳永，而奔放過之。最有名之作品，爲念奴嬌大江東去及水調歌頭明月幾時有兩首，眞可使人一唱而三歎。念奴嬌一闋，殊近粗豪，但語意高妙，眞古今絕唱；水調歌頭一闋，則設想高奇，寄情幽渺，誠非他家所有，足見東坡之本色也。作品類能充分抒攄其懷抱，豪放不喜裁剪，故不爲音律所拘束，其樂府詞間有不協者，或由是而致歟？

東坡以詩爲詞，原非其本色，黃庭堅與秦觀，仍爲後來居上。陳后山曰：「今代詞才，惟秦七黃九耳，餘人不逮也。」（註三三三）柳詞明媚，蘇詞豪放，黃詞疏宕，秦詞婉約，各有其特性也。黃庭堅之山谷詞，足與東坡相敵，瘦健峭拔有興致，造語亦高妙，品格在柳永與秦觀之間。好以俗語入詞，風格頗似永，如沁園春一闋，比永爲尤近於白話，故論者譏其褻諢。然琢飾典雅者亦有之，小詞韶秀，實不減秦觀也。秦觀雖名列蘇門，遙挹花間，近規二晏，與東坡之雄健豪放迥異。其淮海詞，辭情韻兼勝，得名遠駕蘇黃之上。詞格律細，嫌失之弱，但亦豐潤而婉約，如幽花媚春，自成馨逸。小詞奇麗，「東坡嘗以所作小詞示無咎文潛曰何如少游？二人皆對云：少游詩似小詞，先生小詞似詩。」（註三三四）此可見爲人重視。晁補之曰：「近世以來作者，皆不及秦少游，如斜陽外，寒鴉數點，流水繞孤村，雖不識字人，亦知是天生好言語。」（註三三五）此語本出隋煬帝，少游借用之，天衣無縫，韻味彌傳，當時盛唱於都下，爲少游詞之特色也。同時能爲詞者，尚有晁補之、陳去非、李之儀、程垓。晁無咎詞，神姿高秀，頗近東坡。去非無住詞，僅十八闋，然亦頗峻拔。之儀、字端叔，無棣人，元豐進士，其姑溪詞，小令清婉，近於淮海。垓、字正伯，眉山人，爲東坡中表兄弟，所傳書舟雅詞，以淒婉綿麗爲宗，善託新意，揮灑自在，爲北宋人別開生面，長調亦頗豪縱。其酷相思、四代好、折紅英，皆佳作也。

北宋詞人，負盛名者，又有賀鑄（一〇六三—一一二〇）。鑄、字方回，衞州人，元祐中，通判泗州。以尚氣使酒，不獲美官，悒悒不得志。晚退居吳下，自號慶湖遺老，有東山寓聲樂府，所謂寓聲者，蓋用舊調譜詞，即摘取本調中語，易以新名。其詞深婉麗密，如次組繡，筆力遒勁，與秦觀爲近，山谷、文潛、放翁均極稱之。其青玉案詞，有「一川煙草，滿城風絮，梅子黃時雨」之句，爲時所傳誦，人因稱爲賀梅子。其詞最傳誦人口者，有薄倖、青玉案、望湘人、踏莎行諸闋。張文潛稱其樂府之詞，高絕一世，「盛麗如遊金張之堂，妖冶如攬嬙施之袪，幽潔如屈宋，悲壯如蘇李。」（註三二六）或謂方回詞意境不求甚深，讀者悅其輕倩，漸失拙、大、重三要。清代浙派之但事綺藻韻致，方回實開其源云。

北宋盛於文人而衰於樂工，詞雖可歌，然詞人所作，亦未必盡協律。塡詞之與知音，究爲二事也，惟周邦彥（一〇五七—一一二一）妙解音律。邦彥、字美成，錢塘人，曾作汴都賦凡七千言，極鋪張揚厲之工，神宗命近臣讀於邇英閣，由諸生擢爲學官，其後哲宗置之文館，徽宗列之郎曹，一賦而得三朝之眷。「好音樂，能自度曲，製樂府長短句，詞韻清蔚傳於世。」(註三二七)所製諸調，不但音之平仄判然可分，而且仄聲之上去入三音，亦不容相混。當時有方千里者，嘗和美成之清眞詞，一一按譜塡腔，不敢稍有出入，足見其法度之謹嚴矣。美成是一音樂家而兼詞人，故其詞音調諧美，鍊字琢句，情旨濃厚，精深華麗，風趣細膩，無一點市井氣。長篇鋪敘最工，而渾然天成，短篇亦淒婉凝重，實集北宋之大成也。陳郁曰：「美成自號清眞，二百年來，以樂府獨步。貴人學士，市儂妓女，皆知美成詞爲可愛。」(註三二八)著有片玉詞、清眞集等，多寫兒女之情，所謂「周情柳思」，後人每將其與柳永並論。其實周詞風格高，遠非柳詞所能比，故其詞風對後代以一大影響。

宋代爲詞學極盛之世，帝王將相、釋子羽流、婦人孺子無不解者。今爲衆所傳誦之作，特其尤著者耳。諸帝中，太宗爲詞曲第一作家，眞、仁、神三宗，俱曉聲律。徽宗尤擅勝場，其於倚聲，實足與南唐二主媲美。前期有探春令，盡猥紅倚翠之致；後期傳其有燕山亭一詞，乃其遷北後作，哀情哽咽，促節曼聲，兩極其妙。女詞人則有李清照，自號易安居士，濟南人，格非女，母親爲王拱辰之女，亦能文。嫁爲湖州守趙明誠妻，夫婦皆擅學問，長詩文，精金石。易安詩筆稍弱，詞則極婉秀，且亦妙解音律。所作詞無一字不協律，能蔚然成一大家。所傳漱玉詞，音調清新，格力高秀，可抗軼周、柳，實倚聲之正宗。「宋人塡詞，李易安亦稱冠絕，使在衣冠，當與秦七黃九爭雄，不獨雄於閨閣也。」(註三二九)曾布妻魏夫人(魏泰之妹)，能詞，有菩薩蠻、好事近、點絳唇、江城子、捲珠簾等作，朱熹稱其與漱玉齊名。

南渡後，國步日艱，時局雖陷於阽危之境，然建都錢塘，湖山明秀，風物清淳，江南漸復歌舞昇平之象，文學之美，殆與表裏。詞人之盛，不可勝數。道學家如朱熹、胡銓，皆有小詞流傳；大臣如眞德秀、魏了翁、周必大等，又各有樂府名世；乃至淄流名妓，亦有佳作，而成爲詞之黃金時代，臻於極盛之境界。詞人皆流連詩酒，沉溺於小朝廷局面，心滿意足，曼聲高唱，因歌艷曲，復趣典雅婉和之路。此一派詞家最多，以朱敦儒最先出。敦儒，字希眞，洛陽人，約生於元豐初年，卒於淳熙初年。少時以布衣負重名，爲東都名士。靖康時，召至京師，將授學官，固辭還山。南渡後，避亂客南雄，屢次徵召，方應命。賜進士出身，爲秘書省正字，遷兩浙東路提點刑獄，後被人劾罷。秦檜當國，喜用詩人，以文太平。其子熺，亦雅好文學，遂除敦儒爲鴻臚少卿，因老愛其子，而畏避竄逐，不敢不起。秦檜死後，復被廢黜。敦儒素工詩及樂府，婉麗清暢，情至文生，天資曠逸，有神仙風致。南渡時，其詞多家國之感慨，身世之悲哀。晚年閒居，飽經世故，變爲樂天自適之詞人，有獨到意境。如賦月詞，揷天翠柳，被何人推上，一輪明月；賦梅詞，橫枝銷瘦，一如無，但空裏疏花數點，詞意奇絕，似不食煙火人語。（註三三〇）故其詞中之樵歌，極似詩中之擊壤集，而文字價値，抑又過之。然紹興以降，聲律之文，自以稼軒、白石、碧山爲優，梅溪、夢窗次之，草窗又次之。至竹屋、竹山輩，瑜瑕互見矣。詞至南宋末期（卽紹熙慶元後），文人多組詞社，聚歡應酬之作，純爲文人雅士遣興性質，以技巧工麗見長，故曰南宋詞應社。慢詞更爲發展。玆選述七大名家，自辛棄疾始。

辛棄疾，字幼安，號稼軒居士，歷城人。以縛張安國獻行在，忠義炳然，故早年才氣橫溢，豪縱不可一世，表現英雄本色。孝宗時，爲湖南安撫使，治軍有聲，但晚年英雄氣銷磨殆盡。自其紹東坡而開豪放之風，可謂胸有萬卷，筆無點塵，撫時感事，以激揚奮厲爲工，其佳處有性情，有境界，情感濃摯，充滿英雄語，驅使莊騷經史，無一點斧鑿痕，掃盡纖豔，屹然別立一宗。有稼軒詞，以賀新郎一首爲冠，別茂嘉十二弟，亦沉鬱蒼凉。長調每悲壯激烈，達深厚之情，或放恣流動，傳曲折之意。而中調小令，間作嫵媚語，言情寫景，無不佳妙。劉潛夫曰：「公所作，大聲鞺鞳，小聲鏗鍧，橫絕六合，掃空萬古，自有蒼生以來所無。其穠麗綿密者，亦不在小晏、秦郎之下。」（註三三一）然則稼軒之「端莊雜流麗，剛健含婀娜，」又非東坡所能及矣。繼稼軒之豪放作風者，有陸游、劉克莊、及劉過諸人。陸游之詞，其作量只相當於作詩百分之一，如夜遊宮、桃園憶故人、及謝池春等闋，皆含悲壯氣概。劉潛夫曰：「其激昂感慨者，稼軒不能過；飄逸高妙者，與陳簡齋、朱希眞相頡抗；流麗綿密者，欲出晏叔原、賀方回之上，而世歌之者絕少。」（註三三二）楊愼亦曰：「放翁詞，纖麗處似淮海，雄慨處似東坡。」（註三三三）劉克莊有後村詞，其作風與辛陸甚相似，於玉樓春（呈林節推）一詞足以見之。劉過（一一五四—一二〇六），字改之，江西廬陵（或云襄陽）人，號龍洲道人，有龍洲詞。當光寧二宗時，以詩遊歷江湖，放浪吳楚間，終死於窮困中。嘗客稼軒，館宴彌月。其詞本屬於稼軒，一派得其豪放，未得其宛轉，稍嫌粗率，但直寫感情，抒攄意旨，雖不雕琢，而極用氣力，故骨力遒上，善爲壯語，氣格深厚，兩人可以並存。又有楊炎者，亦與稼軒相唱和，其排奡之氣，不及稼軒，而屏絕纖穠，自抒清俊，亦非凡豔可擬。洪咨夔以才藝自負，爲官十年不調，故其詞淋漓激壯，多抑塞磊落之感，亦頗似稼軒龍洲者。詞之屬豪放一派者，另有葉夢得，字少蘊，號石林，吳縣人，紹聖四年登進士第，徽宗時翰林學士，高宗時爲江東安撫大使，後移知福州，撰有石林詞。李彌遜，字魯卿，吳縣人，大觀進士，著有筠溪樂府。葛勝仲，丹陽人，紹聖進士，常與夢得唱和，其詞格亦相伯仲。

南宋詞家，妙解音律，辨析體製者，無如姜夔。夔，字堯章，鄱陽人，秦檜當國，隱居吳興武康，與白石洞天爲鄰，自號白石道人。白石師蕭千巖，詩亦古雅，然不如其詞之精妙，長於音調諧婉。玉田稱其與秦少游、高觀國等格調不侔，句法挺異，俱能特立清新之意，刪削靡曼之詞，自成一家。（註三三四）宋代詞雖可歌，而皆無譜，或以人皆知之，不待講求，然歌譜竟因此失傳。白石乃音樂家，向音律上用功，初則率意爲長短句，然後協以音律，其曲調乃由自創，加以注譜，今所傳白石道人歌曲是也。惜皆用宋時俗字，又雜以節拍符號，今人仍不易解。然宋代歌譜，獨賴此篇之存，則此書亦可寶矣。白石詞格高秀，清空精妙，所謂「有裁雲縫月之妙手，敲金戛玉之奇聲，」（註三三五）從稼軒脫胎，變雄健爲精剛，易馳驟以跌宕，是南派與北派之折衷。張炎稱其「如野雲孤飛，去來無迹，」（註三三六）讀所製暗香、疏影二曲，寄意深遠，誠不愧此言。「前無古人，後無來者，自立新意，眞爲絕唱，」（註三三七）齊天樂是最優之作。

白石之詞，句琢字鍊，始歸雅聲，吳文英、史達祖、高觀國、王沂孫、張炎、蔣捷、周密等，各得一體，爲其羽翼，擺脫靡曼，詞體一進，而窮姸盡態，令人有觀止之歎。吳文英，字君特，號夢窗，四明人，有夢窗甲乙丙丁稿，在南派中最富清雋之風致，貴綺麗之辭句，以綿麗爲尙，運意深遠，用筆幽邃，鍊字琢句，迥不猶人，以唐多少及風入松爲代表作。嘗與白石稼軒漫遊相唱和，而學周邦彥得其妙處，所謂前有清眞，後有夢窗，又被稱爲詞界之李商隱，爲南宋之卓絕詞宗。其詞頗重修飾，引事命句，太晦處人不易曉，張炎謂其詞「如七寶樓臺，眩人眼目，拆下來不成片段。」（註三三八）然夢窗詞亦非不講氣格者，不得以偏有文采而沒其所長也。史達祖，字邦卿，號梅溪，開封人，著有梅溪詞。姜夔稱其詞「奇秀清透，有李長吉之韻，蓋能融情景於一家，會句意於兩得。」（註三三九）張鎡且謂：「辭情俱到，妥帖輕圓，特其餘事。」（註三四〇）此清新閒婉之詞，堪與周邦彥相頡抗。達祖於韓侂冑時爲堂吏，頗擅權，韓敗遂貶死，千古惜之。高觀國，字賓王，山陰人，以詞與史達祖疊相酬唱，故與白石梅溪齊名，著有竹屋癡語。其詞精於詠物，清新挺拔，好爲人所不說之語；雖受秦觀、周邦彥之影響，但其妙處，連秦周亦不及。王沂孫，字聖與，號碧山，又號中仙，會稽人，元至元中，曾充慶元路學正。遭際宋亡，有黍離之感，常與張炎等相唱和，著有碧山樂府。張炎，字叔夏，號玉田，又號樂笑翁，西秦人，家於臨安，爲張俊六世孫。宋亡不仕，著有玉田詞、詞源等。詞學白石，皆雅正，極清婉雋秀，以詠物詞著名，如春水一詞，絕唱今古。「當宋邦淪覆，年已三十三，猶及見臨安全盛之日，故所作往往蒼涼激楚，卽景抒情，備寫其身世盛衰之感，非徒以剪紅刻翠爲工。至其研究聲律，尤得神解，以之接武姜夔，居然後勁，宋元之間，亦可謂江東獨秀矣。」（註三四〕周密，字公謹，號草窗，又號蕭齋，濟南人，流寓吳興，居弁山，自號弁陽嘯翁。淳祐中，為義烏令，宋亡不仕。句鍊字琢，盡洗靡曼，獨標清麗，有蔥倩之色，有綿渺之思，對於詞律，亦極嚴謹，著有草窗詞。蔣捷，字勝欲，號竹山，吳興人，德祐進士，宋亡不仕。有竹山詞，其詞纖巧而粗豪，受辛棄疾之影響，故明白爽快，詠物詞頗能自出新意。玉田、竹山、碧山、草窗，皆當變革之際，目覩陸沉之痛，故多激楚之音。以韻致論，碧山似最勝。以魄力論，玉田實最雄也。與白石同時，又有張鎡，字功甫，西秦人，其玉照堂詞，以種梅得名，如光搖動，一川銀浪，九霄珂月，狀景至佳。周密謂其月洗高梧一闋，乃詠物之入神者，楊萬里姜夔皆稱之。

南宋婦女以詞鳴者，則有朱淑眞。淑眞、海寧人，是薄命女秀才，自稱幽棲居士。所傳有斷腸詞一卷，詞極清儁，其謁金門一闋，實足與李清照之「簾捲西風，人比黃花瘦」抗衡。又有吳淑姬，是楊子治之妻，著有陽春白雪詞五卷，其詞之佳，亦不遜於李清照。楊娃，寧宗楊后之妹，撰有訴衷情。王清惠，字冲華，宋昭儀，宋亡入燕，乞為女冠，有題驛壁滿江紅詞，文天祥嘗和之。

宋詞總集，有曾慥之樂府雅詞六卷，黃昇之花菴中興以來絕妙詞選十卷，周密之絕妙好詞七卷，又有無名氏之草堂詩餘六卷。密生於宋之末造，見韓侂冑函首，知恢復非易言，以張孝祥不附和議，故所選之詞，以孝祥為首，而終於仇遠，凡一百三十二家，去取謹嚴，最為世所稱道。又宋人詞集，今多不傳，作者姓名亦不盡見於世，零璣碎玉，皆賴此書以存，於詞選中最為善本。草堂詩餘，所錄甚雜，而元明之世盛行，故其時之詞，格調頗卑也。

戊、小說

宋代已興起語體文學，其大宗爲儒釋二家之語錄(註三四二)，及平民文學之平話。慶曆間富弼使北語錄與紹熙間倪思重明節館伴語錄，皆爲奉使伴使記錄之一體。道學家講學論議，皆有語錄，數量至多。釋家因之，宋史藝文志所載僧慧忠語錄之類是也。又有朱宋卿徐神翁語錄一卷，則道家亦襲其名矣。

小說者，正史之餘也，(註三四三)其作品，唐代始有之，至宋人而富，約分爲志怪、傳奇、話本、與諢話四類。志怪之作，平實而乏文彩，其最早者當推徐鉉之稽神錄六卷（故事一百五十則，收入太平廣記中），次則吳淑（九四七—一〇〇二，字正儀，丹陽人，鉉之婿，仕至職方員外郎）之江淮異人錄（記俠客術士二十五人）三卷，又次則張君房（安陸人，景德進士）之乘異記三卷（咸平元年序），乃志鬼神變怪之書（凡十一門五十七事）。陳彭年（九一六—一〇一七），幼年師事徐鉉，有志異十卷，亦爲記述變異之作。張思正（熙寧中爲寧州帥）之括異記（此書實魏泰所撰，泰尚有志怪集、倦游錄，亦記名思正）、宋庠之楊文公談苑（楊億里人黃鑑所撰，本名南陽談藪，庠刪其重複，易此名）、聶田（天禧中舉進士）之祖異志（推變怪之理，參見聞之異，十卷，凡二百五十則，康定元年序）、秦再思之洛中記異（記五代宋初洛中民間所流傳讖應故事）、異仲詢之幕府燕閒錄（一卷，記當代怪奇之事）、郭彖（字次象，歷陽人，高宗時由進士累官知興國軍）之睽車志（五卷，取易睽卦載鬼一車之語爲名）等，皆雜載怪異，兼有寓意之作者。傳奇則有樂史（九三〇—一〇〇七，字子正，撫州宜黃人，自南唐入宋）之綠珠傳一卷、楊太眞外傳二卷、秦醇（字子復，一作子履，亳州譙人）之趙飛燕別傳、驪山記、溫泉記、譚意歌傳（前三篇託諸漢唐，譚意歌則當時長沙娼也）。張實（字子京，魏陵人）有流紅記一卷（記晚唐御溝流紅葉故事）、柳師尹（淇上人）有王幼玉記（寫衡陽一娼女故事）。尚有不知何人所作之大業拾遺記（一名隋遺錄）二卷、開河記一卷、迷樓記一卷（皆託隋煬帝之荒淫故事）、海山記（名見劉斧青瑣高議）二卷、梅妃傳一卷。最晚出爲李師師外傳，作者或爲南宋時人。此類傳奇，皆託往事而避近聞，摹仿唐人。而其收輯最廣者則爲太平興國二年李昉等奉詔纂之太平廣記五百卷，搜輯古來之軼聞異事，佳話瑣談，上自漢魏，下迄五代，分九十二類，得五十五部，便於學者稽覽，爲一部空前巨製之小說總集。又有洪邁所撰之夷堅志，雜錄仙鬼故事，凡四百二十卷。陳振孫謂：「晚歲急於成書，妄人多取廣記中舊事，改竄首尾，別爲名字以投之，至有數卷，亦不復刪潤，逕以入錄。」（註三四四）要之，此類小說，以志怪異記軼事爲大宗，然意境既不高儁，題材亦不動人，多屬於陳腔濫調，而敘寫古質深婉不及六朝人，精緻纏綿不及唐人也。市井間，另有藝文興起，以俚語著書，敘述故事，謂之平話，即白話小說。

宋之小說，不在著述，而以說話爲事，乃民間遊樂之一。郎瑛曰：「小說起宋仁宗，蓋時太平盛久，國家閒暇，日欲進一奇怪之事以娛之，故小說得勝頭回之後，即云話說趙宋某年。」（註三四五）蘇軾曰：「王彭嘗云：塗巷中小兒薄劣，爲其家所厭苦，輒與錢令聚坐聽說古話。至說三國事，聞劉玄德敗，顰蹙眉有出涕者，聞曹操敗，卽喜唱快。」(註三四六) 茶肆廣場，定期說書講故事，視爲一種職業；聽講者亦甚爲普遍。南渡以後，此業仍不衰。「南宋供奉局，有說話人，如今說書之流。」(註三四七)「至有宋孝皇，以天下養太上，命侍從訪民間奇事，日進一回，謂之說話人，而通俗演義，乃始盛行。」(註三四八) 說話人，宮禁及民間均有之，有一種經過訓練之專技，「說話者，謂之舌辨，雖有四家數，各有門庭。……談論古今，如水之流。…聽者紛紛，蓋講得字既眞不俗，記問淵源甚廣耳。」(註三四九) 白話小說之興，是受唐代變文之影響，唐之變文，是一種講唱文學，故宋之平話，必揣心理，習方俗，亦有講有唱，如優孟搖頭而歌，然後可以動人。講述不限時日，又必多分章回，以便使人聽而忘倦，今之所謂章回小說是也。

說話之法，有演述史事者，有直陳時事者。根據夢粱錄、都城紀勝等書，其類分爲四家：(一)小說，是說無稽之事，又分三類：(甲) 說銀字兒，如煙粉、靈怪、傳奇；(乙) 說公案，如搏拳、提刀、趕棒，及發跡、變態；(丙) 說鐵騎兒，如士馬、金鼓之事。(二)談經、說參，談經是演說佛書，說參是講賓主參禪悟道等事，或雜以諢語，則所謂說諢經，蓋自唐以來，佛教盛行，故其勸懲警戒之言，亦爲人所樂聽也。(三)講史書，講說通鑑、漢唐歷代書史之傳，興廢戰爭之事，如霍四究說三分、尹常賣五代史之類是。說本朝中興名將者，亦當屬此。(四)合生，合生似爲一種談說或夾以說諢歌舞者，「江浙間路岐伶女有黠慧，知文墨，能於席上指物題詠，應命輒成者，謂之合生。其滑稽含玩諷者，謂之喬合生，蓋京都遺風也。」(註三五〇) 喬合生卽合生雜嘲。高承云：「唐書武平一傳，……平一上書，比來妖伎胡人，於御坐之前，或言妃主情貌，或列王公名質，詠歌舞蹈，名曰合生。始自王公，稍及閭巷，即是合生之原，起自唐中宗時也。今人亦謂之唱題目。」（註三五一）則合生實兼有歌舞。又有「商謎者，先用鼓兒賀之，然後聚人猜詩謎、字謎、戾謎、社謎，本是隱語。有道謎，來客念思，司語識謎，又名打謎。走智（改物類以困猜者）正猜，來客索猜下套，商者以物類相似者譏之，又名對智貼套。貼套思索橫下，許旁人猜問，因商者喝問，句頭調爽，假作難猜，以走其智。」（註三五二）此亦說話之類也。

說話以叙事爲主，與雜劇之但託故事者迥異，頗多雜以談唱者。杭州盲女，唱古今小說平話，謂之淘眞，蓋汴京之遺俗也。明郎英云：「閭閻淘眞之本之起亦曰：太祖太宗眞宗帝，四帝仁宗有道君。國初瞿存齋過汴之詩，有陌頭盲女無愁恨，能撥琵琶說趙家，皆指宋也。」（註三五三）陸放翁詩：「斜陽古柳趙家莊，負鼓盲翁正作場。身後是非誰管得，滿邨聽說蔡中郎。」（註三五四）則雖窮僻之地，亦有開場說話者矣。說話雖有上述之分類，然至後世，統其名爲小說。武林舊事謂當時說小說者，有所謂雄辯社，則其人亦自有職業性組合。說話且有底本，謂之話本，（註三五五）乃其師師相傳之舊。平話之始，大抵綴輯舊聞，俾講演者有所依據，其事實率多取自野史，至如何捏造增飾，着力渲染，以動聽者之興味，則出於講演者之所自爲。大宋宣和遺事，爲南宋人所作之話本，開端以詩起，中間以詩詞點綴，或代替人物與風景之散文描寫，末尾復以詩作結束。京本通俗小說，不知原有卷數（今本只存卷十至卷十六），每卷各有小說一篇，曰碾玉觀音、菩薩蠻、西山一窟鬼、志誠張主管、拗相公、錯斬崔寧、馮玉梅團圓等。每篇各具首尾，取材多在近時，或採自其他說部，主在娛情，而雜以懲勸。其體製，先說閒話，或敍一二段可與正文相映照之故事（或相類或相反），然後轉入正文。凡引首謂之「得勝頭回」，頭回猶云前回，聽說話者多軍民，故冠以吉祥語曰得勝。五代史平話，梁、唐、晉、漢、周各二卷（缺梁漢下卷），每卷皆以一詩起，後入正文，再以一詩結也。又有大唐三藏取經詩話三卷，用語體文寫，所謂詩話，即有詩有話，共十七節，亦後世小說分章回之祖。宋末版本廬陵羅燁醉翁談叢（十集二十卷）中，有南宋話本目錄，凡八類一百零七種。明刻各種話本中，屬於宋人作品甚多。明馮夢龍所編喻世明言、警世通言、與醒世恒言，各收話本四十種，其中有多種或為宋人所作。清平山堂話本現存十五種，其中如簡帖和尚、西湖三塔記等十種，亦似為宋人作品。錢曾也是園藏書目卷十，著錄宋人詞話十六種，曰：燈花婆婆、種瓜張老、紫羅蓋頭、女報冤、風吹轎兒、錯斬崔寧、小亭兒、西湖三塔、馮玉梅團圓、簡帖和尚、李煥王五陳雨、小金錢、宣和遺事、煙粉小說、奇聞類記、湖海奇聞。可知宋人話本，數量洵不少也。

【注　釋】

（註一）玉海，卷四十三，端拱校五經正義。

（註二）宋史，卷二六六，列傳第二十五，李至傳。

（註三）玉海，卷四十三，咸平校定七經疏義。

（註四）宋史，卷四三一，列傳第一九〇，邢昺傳。

（註五）演山集，卷四十六，策問，唐人之學。

（註六）歐陽修論經學劄子曰：「唐太宗時，始詔名儒撰定九經之疏，號爲正義，凡數百篇。自爾以來，著爲定論。凡不本正義者，謂之異端，則學者之宗師，百世之取信也。然其所載既博，所擇不精，多引讖緯之書以相雜亂，怪奇詭僻，所謂非聖之書，異乎正義之名也。臣欲乞特詔名儒學官，悉取九經之疏，刪去讖緯之文，使學者不爲怪異之言惑亂，然後經義純一，無所駁雜，其用功至少，其爲益則多。」（歐陽文忠公集，奏議集，卷十四，論刪去九經正義中讖緯劄子）。

（註七）孫明復小集，卷二，寄天章書二。

（註八）司馬文正公傳家集，卷四十二，論風俗劄子。

（註九）十駕齋養新錄，卷十八，宋儒經學。

（註十）困學紀聞，卷八，經說。

（註十一）漢儒言易，多主象數，至宋而象數之中，復歧出圖書一派。圖書出於陳摶。摶以道士居華山，搜采道書，得九宮諸術，倡先天後天之說，撰易龍圖一書，此乃道家之道，與儒家無與。及摶以易龍圖授种放，放授許堅，堅授范諤昌，諤昌授劉牧，牧作易數鈎隱圖，於是道家之說，始與周易相傳，而混於儒學矣。黃黎獻受學劉牧，撫爲略例隱訣；吳秘又受於黎獻，作通神，皆釋鈎隱圖，故牧之學，盛行於慶曆間，言數者皆宗之。又一支由陳摶傳穆修，穆修傳李之才，李之才傳邵雍，邵雍傳子伯溫，撰易學辨惑。穆修亦得之种放，與牧本同淵源，而言易則頗殊，然皆象數一派也。惟之才先示雍以陸淳春秋，意欲以春秋表儀五經，既可語五經大旨，則授易而終焉。故雍雖以易顯，創河圖先天之說，而皇極經世一書，觀其命名，亦兼有春秋之志。

（註十二）義理派起源於胡瑗，瑗作易傳。瑗弟子倪天隱作周易口義，更暢師說。其學掃除漢代災異讖緯及魏晉老莊之說，而一歸於探究性命道德之理。周敦頤作太極圖說通書，不言所出，亦隱與陳摶相應，故宋人有謂敦頤之學，亦出於陳摶者（晁公武，郡齋讀書志，卷一上，程氏易傳）。然其書言理甚精，所論入德之方，經世之具，又皆親切簡要。二程受業敦頤，亦嘗侍其父與邵雍議論，顧程頤易傳，則專闡義理，不及象數，故其作易傳，不取周氏太極圖說及邵氏圖書說，而一衷於義理，謂：「有理而後有象，有象而後有數，易因象以明理，由象以知數，得其義則象數在其中矣。」（河南程氏遺書，第二十一上，伊川先生語七上，師說，答張閎中書問）。張載講易，亦與二程不謀而合，自是義理又自爲一派。

（註十三）臨川先生文集，卷七十三。

（註十四）困學紀聞，卷八，經說。

（註十五）晁公武，郡齋讀書志（卷一上），於新經尚書義，題王雱撰；新經毛詩義，題王雱訓其辭，安石訓其義，而新經周禮義，則題安石撰。且謂安石以周禮書理財者居半，愛之，所以自釋其義者。

（註十六）郡齋讀書志，卷一上，易類，王介甫易義條。

（註十七）龔原力學，以經術尊敬王安石，始終不易，著有易傳、春秋解、論語孟子解各十卷。

（註十八）郡齋讀書志，卷一下，論語類，王介甫論語解條。

（註十九）范祖禹謂陳祥道所進禮書一百五十卷，比之聶崇義所進三禮圖，尤爲精密。（續資治通鑑長編，卷四五〇，元祐五年十一月）。

（註二十）程伊川嘗令學者須看王弼、胡瑗、王安石三家易，理會得文義，且要熟讀，然後卻有用心處。（河南程氏遺書，第十九，伊川先生語五）。

（註二十一）朱熹謂：「王氏新經儘有好處，蓋其極平生心力，豈無見得著處。」因舉書中改古注點句數處，云皆如此讀得好，此等文字，某嘗欲看一過，與摭撮其好者而未暇。又謂楊氏三經義辨中，亦有不必辨者，卻有當辨而未曾辨者。（朱子語類大全，卷一三〇，本朝四，自熙寧至靖康用人）。

（註二十二）續資治通鑑長編，卷四五三，元祐五年十二月。

（註二十三）黃山谷和張文潛詩云：「荆公六藝學，妙處端不朽。諸生用其短，頗復鑿戶牖。譬如學捧心，初不悟已醜。玉石恐俱焚，公爲分別否？」厭讀其書，不只不喜新法也。（捫蝨新話，下集，卷二，免役之法）。

（註二十四）晁說之「因安石附會周禮而詆周禮，因安石尊崇孟子而抑孟子，則有激之談，務與相反，惟以恩怨爲是非，殊不足爲訓。蓋元祐諸人，實有負氣求勝，攻訐太甚，以釀成黨錮之禍者，賢智之過，亦不必曲爲諱也。」（四庫全書總目提要，卷九十二，子部二，儒家類二，儒言條）。

（註二十五）楊時撰書義辨疑、詩辨疑、周禮辨疑。王居正撰毛詩辨學、尙書辨學、周禮辨學，皆黜王學者。

（註二十六）歐陽文忠公集，居士集卷二十七，孫明復先生墓誌銘。

（註二十七）困學紀聞，卷八，經說。

（註二十八）直齋書錄解題，卷三，七經小傳條。

（註二十九）能改齋漫錄，卷二，注疏之學。

（註三十）宋人以尊王攘夷解經者，不獨限於春秋。鄭汝諧著論語意原，大體以尊王爲主，解八佾篇云：「八佾一篇，無非傷權臣之僭竊，痛名分之紊亂，其言與春秋相表裏。有疾之之辭，有鄙之之辭，有斥之之辭，有痛之之辭，百世之下，痛其言溯其心，猶見其凜凜乎不可犯。當時之亂臣賊子聞之而不知懼，可見天理之絕滅也。」（卷一，八佾第三）蔡沈撰尚書集傳，釋文侯之命云：「方將以復仇討賊之衆，而爲戍申戍許之擧，其忘親背義，得罪於天已甚矣！何怪其委靡頹墮而不自振也哉？然則，是命也，孔子以其猶能言文武之舊而存之歟？抑亦示戒於天下後世而存之歟？」（卷六）袁燮進講毛詩，於黍離篇云：「嗚呼！周雖不競，鎬京之地猶在境內，而忠臣過之猶悲憂如此，況有甚於此者乎？我國家建都於汴，既九朝矣，宗廟宮闕于是乎在。靖康之禍，鞠爲禾黍，非能如東周之在境內。神皐未復，敵久據之。往時朝會之地，今爲敵人之居，此天地之大變，國家之大恥也。使周之大夫生于今日，過其故都，其悲慘憂戚之情又當如之何哉？」（毛詩經筵講義，卷三）陳傅良經筵孟子講義：「今敵國之爲患大矣，播遷我祖宗，丘墟我陵廟，膻腥我中原，左衽我生靈，自開闢以來，夷狄亂華未有甚於此者也。高宗崎嶇百戰，撫定江左，將以討賊，而沮於議和。孝宗憂勤十閏，經營富彊，將以雪恥，而屈於孝養。二聖人之責，至今猶未塞也。陛下以仁聖之資，嗣有神器，豈得一日而忘此耶？」（止齋先生文集，卷二十八，經筵孟子講義，昔者禹抑洪水而天下平周公兼夷狄驅猛獸而百姓寧條）。

（註三十一）四庫全書總目提要謂以禪言易，起於南宋之初，特沈作喆無成書，故始於王宗傳及楊簡。（卷三，經部三，易類三，童溪易傳條）。

（註三十二）朱子語類大全，卷十五，學五，讀書法下。

（註三十三）陳鵬飛撰書解詩解，今已佚。朱子謂其於經旨疏略，不通點檢處極多，不足據。

（註三十四）張九成，字子韶，撰尙書詳說，時瀾稱其書該而華，王應麟稱書說於君牙、冏命、文侯之命，其言峻厲激發，讀之使人憤惋。又撰論語解，周必大謂以程氏爲主。又有孟子解中庸解，朱子雜學辨謂中庸解以佛語釋儒書，其跡尤著。

（註三十五）直齋書錄解題，卷二，無垢尙書詳說條。

（註三十六）審權病談易諸家，或泥陰陽，或拘象數，乃斥去雜學異說，摘取專明人事者百家，編爲一集。李衡因其義意重複，文辭冗瑣，又刪削之爲撮要，而加程子蘇軾朱震三家之說。義海原書當時已佚，今所存者，惟義海撮要耳。

（註三十七）據樓鑰志墓，稱其搜抉無遺，訂其指歸，刪其不合者，薈萃爲一書（攻媿集，卷一〇三，高端叔墓誌銘）但此書經義考注云未見，四庫全書總目提要亦未錄。

（註三十八）其書於康定中侍講於天章閣所上，共分五門：一曰辨字同音異，二曰辨字音清濁，三曰辨彼此異音，四曰辨字音疑渾，五曰辨字訓得失，斷自易書詩禮三經春秋三傳暨孝經論語爾雅。

（註三十九）四庫全書總目提要，卷三十二，經部三十二，孝經類，引毛奇齡孝經問條。

（註四十）歐陽文忠公集，易童子問，卷三。葉適亦謂上下繫文言序卦，文義複重，淺深失中，與彖象繫辭異，而亦附之孔氏者，妄也。（水心習學記言，卷三，總論）。

（註四十一）四庫全書總目提要，卷三，經部三，易類三，周易輯聞條。

（註四十二）宋元學案，卷五十四，水心學案上，總述講學大旨。

（註四十三）陔餘叢考，卷一，宋儒疑古文尚書。

（註四十四）朱文公文集，卷五十一，答董叔重。

（註四十五）郡齋讀書志，卷第一上，歐陽詩本義十五卷條。

（註四十六）四庫全書總目提要，卷十五，經部十五，詩類一，詩集傳條。

（註四十七）同上書，卷十七，經部十七，詩類存目一，詩論條。

（註四十八）水心習學記言，卷六，詩序周南召南至豳。

（註四十九）公是集，卷四十六，雜著，疑禮。

（註五十）四庫全書總目提要，卷三十三，經部三十三，五經總義類，七經小傳條。

（註五十一）四朝聞見錄，甲集，慈湖疑大學。

（註五十二）程子亦改易繫辭天一地二一節於天數五地數五一節之上，後世讀本從之。

（註五十三）東原錄云：「洪範九疇，宜皆有所說，獨八政祇載其八事，其五紀亦然，疑王省惟歲以下所說歲月日星，及星日月之行則有冬有夏，當在歷數字下。況有冬有夏，乃似歷法，其五皇極皇建其有極，當續以無偏無黨之下，則大中之法備。如歛時五福，當在五福六極之後，乃是說福極之意爾。此漢儒所得錯亂，不能細考，以訪於伏生之類之人，使後世爲不完書，皆漢儒之罪也。」

（註五十四）四庫全書總目提要，卷三十三，經部三十三，五經總義類，七經小傳條。

（註五十五）同上書，卷十三，經部十三，書類存目一，書疑條。

（註五十六）同上書，卷十一，經部十一，書類一，尚書表注條。

（註五十七）同上書，卷十七，經部十七，詩類存目一，詩疑條。

（註五十八）同上書，卷三十三，經部三十三，五經總義類，七經小傳條。

（註五十九）「周禮缺冬官一篇，劉歆以考工記補之，漢唐以來皆無異說。至宋淳熙間，臨川俞廷椿始創論以爲冬官之屬，初未嘗缺，其官皆雜出於五官之中，乃作復古司空一篇，朱子亟稱之。永嘉王次點益引伸其說，作周官補遺，亦爲眞西山所賞。」（陔餘叢考，卷三，周禮冬官補亡之誤）。厥後王與之周禮訂義，沿俞說，謂冬官未嘗亡。元邱葵（周禮補亡）、吳澄（三禮考注），亦襲此說。於是說周官者遂有冬官不亡之一派。

（註六十）四庫全書總目提要，卷十九，經部十九，禮類一，周禮復古編條。

（註六十一）如左傳惜也越竟乃免句，後人本疑非孔子之言，敞改爲討賊則免，而仍以孔子曰冠之。（四庫全書總目提要，卷二十六，經部二十六，春秋類一，春秋傳條）。

（註六十二）改鄉黨必有寢衣一節，於齋必有明衣布之下。

（註六十三）取古文孝經，託胡宏汪應辰之說，撰孝經刊誤，分爲經一章，傳十四章，刪舊文二百二十三字。

（註六十四）水心先生文集，卷二十七，答吳明輔書。

（註六十五）朱文公文集，卷四十九，答王子合。

（註六十六）宋史稱程子出入老釋幾十年，張載訪諸釋老累年。朱子謂程子門人說中庸，淫於老佛者有之。朱子少壯時，浸漬釋老之學，不能無所取。張南軒亦出入老釋百氏。道學家既受佛教影響，尤其受禪宗一派影響最深。彼欲以禪學被諸孔子，求之經典，惟大學之格物致知及中庸之性命，可以傅合，遂融會而成爲道學。

（註六十七）本田成之謂以僞古文尚書大禹謨「人心惟危，道心惟微；惟精惟一，允執厥中，」所謂人心道心，或即心是道，是以此文爲根據，用來對抗禪學以心傳心，而創出一種心學，混入大學中庸來，做成他的道學，叫做孔門傳授之心法。（經學史論，江俠菴譯，第六章，唐宋元明的經學）。

（註六十八）通志略，校讎略第一，秦不絕儒學論。

（註六十九）錢大昕謂：「魏晉人言老莊，淸談也。宋明人言心性，亦淸談也。孔子言吾道一以貫之，忠恕而已矣。孟子言良知良能，孝弟而已矣。故曰道不遠人。後之言道者，以孝弟忠信爲淺近，而馳心於空虛窈遠之地，與晉人淸談奚以異哉？（顧寧人云：昔之淸談談老莊，今之淸談談孔孟）。」（十駕齋養新錄，卷十八，淸談）。

（註七十）宋史，卷四二七，列傳第一八六，道學一。

（註七十一）周濂溪集，卷一，太極圖說。

（註七十二）宋元學案，卷十一，濂溪學案上。

（註七十三）五峯集，卷三，周子通書序。

（註七十四）河南程氏遺書，第十一，明道先生語一。

（註七十五）宋元學案，卷十三，明道學案上，語錄。

（註七十六）同上書。

(註七十七) 朱文公文集，卷三十一，答張敬夫。
(註七十八) 河南程氏遺書，第二上，二先生語二上。
(註七十九) 同上書。
(註八十) 同上書。
(註八十一) 朱子語類輯略，卷二，持守。
(註八十二) 河南程氏遺書，第二上，二先生語二上。
(註八十三) 同上書，第十八，伊川先生語四。
(註八十四) 同上書。
(註八十五) 同上書，第二十五，伊川先生語十一。
(註八十六) 同上書，第十八，伊川先生語四。
(註八十七) 宋元學案，卷十五，伊川學案上，語錄。
(註八十八) 河南程氏遺書，第二上，二先生語二上。
(註八十九) 同上書。
(註九十) 同上書，第二十五，伊川先生語十一。
(註九十一) 宋元學案，卷十五，伊川學案上，語錄。
(註九十二) 河南程氏遺書，第二十二上，伊川先生語八上。
(註九十三) 同上書，第十八，伊川先生語四。

（註九十四）朱文公文集，卷八十，黃州州學二程先生祠記。

（註九十五）同上書，卷八十，德安府應城縣上蔡謝先生祠記。

（註九十六）近思後錄，卷一，道體。

（註九十七）宋元學案，卷二十四，上蔡學案，語錄。

（註九十八）近思後錄，卷一，道體。

（註九十九）宋元學案，卷二十六，廌山學案。

（註一〇〇）朱子語類大全，卷一〇一，程子門人總論。

（註一〇一）近思後錄，卷二，論學。

（註一〇二）宋元學案，卷二十七，和靖學案。

（註一〇三）同上書，卷二十九，震澤學案。

（註一〇四）同上書，卷三十九，豫章學案。

（註一〇五）宋史，卷四二八，列傳第一八七，羅從彥傳。

（註一〇六）朱文公文集，卷九十七，延平先生李公行狀。宋元學案，卷三十九，豫章學案。

（註一〇七）雍之八卦次序圖，最下一層爲太極，其上爲兩儀，又其上爲四象，又其上爲八卦。其序則乾一、兌二、離三、震四、巽五、坎六、艮七、坤八是也。此本於易大傳，以爲伏羲畫卦，即依此次序，純出於自然之數，故名之曰先天易。

（註一〇八）宋元學案，卷九，百源學案上，觀物內篇。

（註一〇九）同上書。

（註一一〇）同上書。

（註一一一）同上書，觀物外篇。

（註一一二）同上書。

（註一一三）同上書。

（註一一四）同上書。

（註一一五）同上書。

（註一一六）同上書。

（註一一七）同上書。

（註一一八）宋元學案，卷九，百源學案上。

（註一一九）張子全書，卷二，正蒙，太和篇第一。

（註一二〇）同上書。

（註一二一）同上書。

（註一二二）同上書。

（註一二三）同上書。

（註一二四）同上書，卷二，正蒙，誠明篇第六。

（註一二五）同上書，卷二，正蒙，太和篇第一。

（註一二六）同上書。

（註一二七）同上書，卷二，正蒙，誠明篇第六。

（註一二八）同上書，卷二，正蒙，太和篇第一。

（註一二九）同上書。

（註一三〇）同上書，卷二，正蒙，誠明篇第六。

（註一三一）同上書。

（註一三二）同上書，卷二，正蒙，大心篇第七。

（註一三三）同上書。

（註一三四）同上書，卷一，西銘。

（註一三五）張南軒先生文集，卷六，跋西銘。

（註一三六）宋元學案，卷十八，橫渠學案下，附錄。

（註一三七）朱子語類大全，卷五，性理二。

（註一三八）朱文公文集，卷三十二，答張欽夫。

（註一三九）宋元學案，卷六十三，勉齋學案。

（註一四〇）同上書，卷六十八，北溪學案。

（註一四一）宋史，卷四三〇，列傳第一八九，黃灝傳。

（註一四二）宋元學案，卷六十二，西山蔡氏學案。

（註一四三）象山先生全集，卷三十五，語錄下。

（註一四四）朱子語類大全，卷一二四，陸氏。

（註一四五）「張子韶嘗參宗杲禪，陸象山又嘗參杲之徒德光，故其學往往流於異端而不自知。」（齊東野語，卷十一，道學）。

（註一四六）象山先生全集，卷一，與曾宅之。

（註一四七）同上書，卷三十四至三十五，語錄。

（註一四八）朱文公文集，卷五十四，答項平父。

（註一四九）同上書，卷六十三，答孫敬甫。

（註一五〇）象山先生全集，卷二，與王順伯。

（註一五一）同上書，卷三十五，語錄下。

（註一五二）和鵝湖教授韻一詩，陸九淵次韻謂：「易簡工夫終久大，支離事業竟浮沉」；朱熹則謂：「舊學商量加邃密，新知培養轉深沉。」學旨懸殊，詞意正針鋒相對。

（註一五三）象山先生全集，卷三十六，年譜。

（註一五四）朱文公文集，卷三十六。答陸子美。

（註一五五）象山先生全集，卷二，與朱元晦。

（註一五六）朱文公文集，卷三十六，答陸子靜。

（註一五七）同上書。

（註一五八）宋元學案，卷七十六，廣平定川學案。
（註一五九）同上書，卷五十二，艮齋學案，艮齋浪語集。
（註一六〇）同上書，艮齋學案。
（註一六一）水心先生文集，卷十六，寶謨閣待制中書舍人陳公墓誌銘。
（註一六二）朱子語類大全，卷一二三，陳君舉。
（註一六三）宋元學案，卷五十三，止齋學案。
（註一六四）習學記言，卷四十九，文鑑。
（註一六五）同上書，卷四，易上繫下繫。
（註一六六）同上書，卷二十二，漢書志。
（註一六七）同上書，卷七，周禮儀禮。
（註一六八）宋元學案，卷六十，說齋學案，全祖望語。
（註一六九）同上書，顏曾論。
（註一七〇）同上書，卷五十一，東萊學案，附錄。
（註一七一）朱子語類大全，卷一二二，呂伯恭。
（註一七二）龍川文集，卷二十一，與吳益恭安撫。
（註一七三）呂東萊文集，卷三，與朱侍講元晦。
（註一七四）同上書，卷三，與張荊州敬夫。

（註一七五）宋元學案，卷五十一，東萊學案。
（註一七六）龍川文集，卷二十，甲辰答朱元晦秘書。
（註一七七）同上書，卷一，上孝宗皇帝第一書。
（註一七八）水心先生文集，卷十二，龍川集序。
（註一七九）宋史翼，卷二十九，列傳二十九，喻偘傳。
（註一八〇）宋元學案，卷八十二，北山四先生學案。
（註一八一）同上書，卷八十六，東發學案。
（註一八二）同上書，卷五十，南軒學案。
（註一八三）朱文公文集，卷八十九，右文殿修撰張公神道碑。
（註一八四）宋元學案，卷五十，南軒學案。
（註一八五）同上書，與朱元晦。
（註一八六）張南軒先生文集，卷一，答彪德美書。
（註一八七）四庫全書總目提要，卷五十七，史部十三，傳記類一。
（註一八八）水心先生文集，卷二，辯兵部郎官朱元晦狀。
（註一八九）志雅堂雜鈔，卷七，道學。
（註一九〇）宋史紀事本末，卷八十，道學崇黜。
（註一九一）志雅堂雜鈔，卷七，道學。

（註一九二）曝書亭集，卷三十一，與李武曾論文書。

（註一九三）河南穆公集，卷二，答喬適書。

（註一九四）范文正公集，卷六，尹師魯河南集序。韓琦謂：「文章自唐衰，歷五代日淪淺俗，寖以大敝。本朝柳公仲塗，始以古道發明之，後卒不能振。天聖初，公（尹師魯）獨與穆參軍伯長，矯時所尚，力以古文爲主。次得歐陽永叔以雄詞鼓動之，於是後學大悟，文風一變，使我宋之文章將踰唐漢而躡三代者，公之力爲最多。」（安陽集，卷四十七，故崇信軍節度副使檢校尚書工部員外郎尹公墓表）

（註一九五）王應麟謂宋代爲古文者，始自柳開穆修與鄭條三人。條、蘇州人，天聖八年進士。（困學紀聞，卷十五，考史）。

（註一九六）東都事略，卷三十八，列傳二十一，柳開傳。

（註一九七）河東先生集，卷一，應責。

（註一九八）歐陽文忠公集，居士外集，卷二十三，論尹師魯墓誌。

（註一九九）宋史，卷三〇六，列傳第六十五，孫何傳。

（註二〇〇）同上書，卷二八三，列傳第四十二，丁謂傳。

（註二〇一）歐陽文忠公集，卷四十一，蘇氏文集序。

（註二〇二）同上書，居士外集，卷二十三，雜題跋，記舊本韓文後。

（註二〇三）嘉祐集，卷十一，上歐陽內翰第一書。

（註二〇四）捫蝨新話，上集，卷一，歐公作文擬韓文。

（註二〇五）歲寒堂詩話，卷上。

（註二〇六）嘉祐集，卷十一，上歐陽內翰第二書。

（註二〇七）西臺集，卷六，歐陽叔弼傳。

（註二〇八）見於蘇洵上歐陽內翰第二書，蘇軾東坡集，卷二十四，居士集敍，蘇轍歐陽文忠公神道碑，曾鞏上歐陽學士第一書。

（註二〇九）晁公武郡齋讀書志，卷四下，別集類下下，曾子固元豐類稿條。

（註二一〇）惜抱軒文集，卷六。

（註二一一）宋史，卷三一九，列傳第七十八，曾鞏傳。

（註二一二）元豐類稿，卷十六，與王介甫第三書。

（註二一三）歐陽永叔集，卷七，贈王介甫詩。

（註二一四）臨川先生文集，卷七十七，上人書。

（註二一五）鶴山先生大全文集，卷五十二，臨川詩註序。

（註二一六）梁啓超，王安石評傳，第二十一章，荊公之文學上。

（註二一七）曝書亭集，卷三十一，與李武曾論文書。

（註二一八）朱文公文集，卷六十四，答鞏仲至。

（註二一九）豫章黃先生文集，卷十九，答洪駒父書三首。

（註二二〇）蘇東坡集，後集，卷十四，答劉沔都曹書。

(註二二一)宋史，卷三三八，列傳第九十七，蘇軾傳。
(註二二二)李廌，師友談記。蘇長公外紀，卷五，文譚。
(註二二三)老學庵筆記，卷八。
(註二二四)欒城遺言。
(註二二五)蘇東坡集，卷三十，答張文潛書。
(註二二六)四庫全書總目提要，卷一五二，集部五，文正集條。
(註二二七)豫章黃先生文集，卷二十，與秦少游書。
(註二二八)同上書，卷十九，答洪駒父書三首。
(註二二九)司馬文正公傳家集，卷六十一，答張尉耒書。
(註二三〇)張右史文集，卷十四，與友人論文因以詩投之。
(註二三一)同上書，卷五十八，答李推官書。
(註二三二)宋史，卷四四四，列傳第二〇三，張耒傳。
(註二三三)四庫全書總目提要，卷一五四，集部七，後山集條。
(註二三四)浮溪集，卷十七，鮑吏部集序。
(註二三五)後村先生大全集，卷一七九，詩話續集。
(註二三六)五峯集，卷三，程子雅言全序。
(註二三七)四庫全書總目提要，卷一五二，集部五，孫明復小集條。

（註二三八）石介怪說：「昔楊翰林欲以文章為宗於天下，憂天下未盡信己之道，於是盲天下人目，聾天下人耳。使天下人目盲不見有周公、孔子、孟軻、揚雄、文中子、吏部（韓愈）之道。使天下人耳聾不聞有周公、孔子、孟軻、揚雄、文中子、吏部之道。俟周公、孔子、孟軻、揚雄、文中子、吏部之道滅，乃發其盲，開其聾，使天下惟見己之道，惟聞己之道，莫知其他。今天下有楊億之道四十年矣，今欲反盲天下人目，聾天下人耳，使天下人目盲不見有楊億之道，使天下人耳聾不聞有楊億之道。俟楊億之道滅，乃發其盲，開其聾，使目惟見周公、孔子、孟軻、揚雄、文中子、吏部之道，耳惟聞周公、孔子、孟軻、揚雄、文中子、吏部之道。」（皇朝文鑑，卷一〇七，石介怪說下）。

（註二三九）朱文公文集，卷三十，答汪尚書。

（註二四〇）曝書亭集，卷三十一，與李武曾論文書。

（註二四一）林下偶談，卷二，水心文不為無益之語。

（註二四二）宋史，卷四三六，列傳第一九五，陳亮傳。

（註二四三）習學記言，卷四十七，呂氏文鑑。

（註二四四）范文正公集，卷七，奏上時務書，天聖三年。

（註二四五）「交鄰國有道乎？大而事小；遣使臣以禮也，遠而有光。自昔才難，於今任重。十九年誠著夷狄，孰謂世無蘇子卿？數千里口伐可汗，必有人如鄭元璹。惟樂天者保天下，故和戎而得戎心。乘軺之人，銜筆於道。臨軒優遣，固盛世之非常；杖節請行，實大臣之未有。揚旌亟去，締兩朝魚水之歡；接淅言還，際千載風雲之會。」（攻媿集，卷六十四，代賀王樞密倫奉使回啓）。

（註二四六）王公四六話，卷上。

（註二四七）宋史，卷三一八，列傳第七十七，張方平傳。

（註二四八）歐陽修謂世人所謂四六者，非修所好。少爲進士時，不免作之；自及第，遂棄不復作。又謂意思零落，非工之作，「其屑屑應用，拘牽常格，卑弱不振，宜可羞也。」（歐陽文忠公集，內制集序）

（註二四九）歐陽文忠公集，試筆，蘇氏四六。

（註二五〇）四庫全書總目提要，卷一六三，集部十六，四六標準條。

（註二五一）同上書，卷一六四，集部十七，秋崖集條。

（註二五二）滄浪詩話，詩評第四。

（註二五三）宋詩鈔，序。

（註二五四）滄浪詩話，詩體第二。

（註二五五）四庫全書總目提要，卷一九〇，集部四十三，御定四朝詩條。

（註二五六）瀛奎律髓，卷四十七，僧文兆宿西山精舍批。

（註二五七）蘇學士文集，卷十三，石曼卿集序。

（註二五八）歐陽文忠公集，詩話。

（註二五九）四庫全書總目提要，卷一五二，集部五，寇忠愍公詩集條。

（註二六〇）湘山野錄，卷上。

（註二六一）宋詩鈔，初集，小畜集鈔。

（註二六二）歐陽文忠公集，居士集，卷三十三，梅聖俞墓誌銘。

（註二六三）後村先生大全集，卷一七六，詩話後集。

（註二六四）歐陽文忠公集，居士集，卷四十二，梅聖俞詩集序。

（註二六五）四庫全書總目提要，卷一五三，集部六，宛陵集條。

（註二六六）歐陽文忠公集，詩話。

（註二六七）同上書。

（註二六八）詩人玉屑，卷十七，蘇子美。

（註二六九）石林詩話，卷上。但捫蝨新話謂歐陽能變文格而不能變詩格，及荊公蘇黃輩出，然後詩格遂極於高古。（下集，卷三，歐公不能變詩格）。

（註二七〇）歐陽文忠公集，書簡卷五，與劉侍讀原父。

（註二七一）苕溪漁隱叢話，後集，卷三十三，張芸叟，引復齋漫錄。

（註二七二）豫章黃先生文集，卷三十，跋王荊禪簡。

（註二七三）石林詩話，卷上。

（註二七四）詩人玉屑，卷十七，西崑體，荊公晚年喜稱義山。

（註二七五）王安石評傳，第二十二章，荊公之文學下。

（註二七六）甌北詩話，卷五，蘇東坡詩。

（註二七七）沈德潛，說詩晬語，卷下。

（註二七八）蘇東坡集，續集，卷三，追和陶淵明詩引，子由作。
（註二七九）豫章黃先生文集，卷十九，與歐陽元老書。
（註二八〇）捫蝨新話，上集，卷一，東坡文字好嫚罵。
（註二八一）苕溪漁隱叢話，前集，卷五十。
（註二八二）張右史文集，卷五十一，送秦觀從蘇杭州爲學序。
（註二八三）敖陶孫，詩評。
（註二八四）詩人玉屑，卷十八，秦太虛，引呂氏童蒙訓。
（註二八五）豫章黃先生文集，卷十二，贈子勉四首。
（註二八六）宋詩鈔，第九册，淮海集鈔。
（註二八七）歲寒堂詩話，卷上。
（註二八八）鶴山先生大全文集，卷五十三，黃太史文集序。
（註二八九）文獻通考，卷二三六，經籍六十三，黃魯直豫章集條。
（註二九〇）師道自言曰：「僕於詩初無師法，然少好之，老而不厭，數以千計。及一見黃豫章，盡焚其稿而學焉。……僕之詩，豫章之詩也。」（陳后山集，卷九，答秦覯書）。
（註二九一）豫章黃先生文集，卷七，病起荆江卽事十首。
（註二九二）丹淵集，附錄諸公書翰詩文，司馬光小簡。
（註二九三）象山先生全集，卷七，與程帥得江西詩派一部二十家。

（註二九四）潘大臨，字邠老，黃岡人，爲詩精苦，常有佳句，自云師法杜甫，東坡山谷尤喜之。謝逸，字無逸，臨川人，布衣，名重搢紳。學古高潔，詩富贍，文詞鍛鍊，篇篇有古意。黃山谷閱其與老仲元詩，許其爲張晁之流。呂紫微評其詩似謝康樂，劉克莊則稱其輕快有餘，而欠工緻，遺有溪堂集。洪芻，字駒父，朋之次弟，擧進士，才氣筆力，超邁乃兄，靖康中，仕至諫議大夫，後謫沙門島以卒。饒節，字德操，撫州人，作詩有句法，苦學副其情，不愧前輩，後爲僧，號倚松道人，詩更高妙，陸放翁稱之爲當時詩僧之一。僧祖可，默讀詩書，料多無蔬筍氣，僧中一角麟也。徐俯，字師川，分寧人，少豪逸出衆，詩亦清逸，在龜父無逸之上，江西諸人皆從服焉。爲人磊落不羣，英才英發，官至參知政事，著有東湖集。獨醒雜識謂汪藻之詩，得之徐俯；徐得之其舅黃庭堅云。洪朋，字龜父，南昌人，山谷之甥，與弟芻、炎、羽（鴻父）號爲四洪，遺有洪龜父集。林敏修，敏功弟，昆季皆爲隱君子，以詩人相高，敏修所作凡千餘篇，號松坡集。洪炎，字玉父，元祐末進士，仕至秘書少監。汪革，字信民，臨川人，紹聖進士，從滎陽學，故呂本中尤推尊之，著有清谿類稿及詩話。李錞，字希聲，與徐俯潘大臨諸人同時，官至秘書丞。韓駒，字子蒼，蜀仙井監人，政和中，召試舍人院，賜進士出身，累除中書舍人，出知江州。文字師法蘇氏，其詩甚推敲，密栗以幽，意味老淡。王梅溪詩云：「近來江西立宗派，妙句更推韓子蒼。非坡非谷自一家，鼎中一臠曾已嘗，」蓋推重之也。李彭，字商老，建昌人，與駒父爲南州人物之冠，頗博覽彊記，甚精釋典。詩文富贍宏博，鍊鍾精研，句多警意，有日涉園集，集中多與蘇軾、黃庭堅、呂本中、陳師道、張耒、何頡、徐俯、韓駒、蘇庠、謝薖相唱和。字有鍾王之風，筆畫一出，人爭傳寶。晁冲之，字叔用，號具茨先生，鉅野人，其詩意度沉潤，氣力寬餘，一洗詩人窮餓酸辛之態。江端本，字子之，開封人，官至太常少卿，有七里先生自然菴集。楊符，字信祖。謝薖，逸弟，字幼槃，號竹友，詩文不亞乃兄，時稱二謝，遺有竹友集，呂紫微評其詩似元暉。夏倪，字均父，蘄州人，文詞富麗，尤工於詩，集中如擬陶韋五言，亹亹逼眞，律詩用事琢句，趣出繩墨，言近旨遠，可以諷味。林敏功，字子仁，蘄春人，年十六，鄉薦下第，杜門不出者三十年，屢徵不起，賜號高隱處士。潘大觀，字仲達，大臨弟，山谷誦其五言句，覺翰墨之氣如虹。何顒，字人表。王直方，字立之，南州人，補承奉郎，著立之詩話，山谷稱其詩以韻勝。僧善權，與祖可相上下。高荷，字子勉，自號還還先生，荊南人，元祐太學生，學杜詩，作五言，頗得句法。詩押險韻，略無窘態，集中健語層出。晚爲童貫客，得蘭州通判以終，不爲時論所與，其詩亦不復傳。

(註二九五) 苕溪漁隱叢話云：「豫章自出機杼，別成一家。清新奇巧，是其所長。若言抑揚反覆，盡兼衆體，則非也。至和至今，騷翁墨客，代不乏人。觀其英詞傑句，眞能發明古人所不到處，卓然成立者甚衆。若言多依效舊文，未盡所趣，又非也。所列二十五人，其間知名之士，有詩句傳於世，爲時所稱道者，止數人而已，其餘無聞焉。」(前集，卷四十八)。

(註二九六) 劉克莊亦云：「派中如陳后山，彭城人；韓子蒼，陵陽人；潘邠老，黃州人；夏均父，二林，蘄人；晁叔用，江子之，開封人；李商老，南康人；祖可，京口人；高子勉，京西人，非皆江西人也。同時如曾文靖，乃贛人，又與紫微公以詩往還，而不入派，不知紫微去取之意云何？當日無人以此印之。」(後村先生大全集，卷九十五，江西詩派總序)。

（註二九七）誠齋集，卷七十九，江西宗派詩序。

（註二九八）同上書，卷八十二，石湖先生大資政范公文集序。

（註二九九）四庫全書總目提要，卷一六〇，集部十三，石湖詩集條。

（註三〇〇）後村先生大全集，卷一七四，詩話前集。

（註三〇一）甌北詩話，卷六，陸放翁詩。

（註三〇二）後村先生大全集，卷一七四，詩話前集。

（註三〇三）宋詩鈔，第十一冊，簡齋詩鈔。

（註三〇四）宋史，卷四四五，列傳第二〇四，陳與義傳。

（註三〇五）伊川擊壤集，序，治平丙午中秋日。

（註三〇六）同上書，卷十二，清夜吟。

（註三〇七）宋詩鈔，第十四冊，文公集鈔。

（註三〇八）水心先生文集，卷二十一，徐文淵墓誌銘。

（註三〇九）四庫全書總目提要，卷一八七，集部四十，總集類二，江湖小集條。

（註三一〇）宋詩鈔，第二十一冊，後村詩鈔。

（註三一一）歐陽文忠公集，卷四十二，謝氏詩序。

（註三一二）苕溪漁隱叢話，前集，卷六十，隱居詩話。

（註三一三）滄浪詩話，詩辯第一。

（註三一四）豫章黃先生文集，卷十六，小山集序。

（註三一五）中山詩話。

（註三一六）樂府餘論。

（註三一七）避暑錄話，卷下。

（註三一八）古今詞話，詞評，卷上，張先安陸詞。

（註三一九）能改齋漫錄，卷十六，黃魯直詞謂之著腔詩。

（註三二〇）蘇東坡集，續集，卷五，與鮮于子駿。

（註三二一）古今詞話，詞評，卷上，蘇軾東坡詞。

（註三二二）吹劍錄續錄。

（註三二三）古今詞話，詞話，卷上，宋。

（註三二四）蘇長公外紀，卷七，詩話。

（註三二五）能改齋漫錄，卷十六，黃魯直詞謂之著腔詩。

（註三二六）張右史文集，卷五十一，賀方回樂府序。

（註三二七）宋史，卷四四四，列傳第二〇三，周邦彥傳。

（註三二八）藏一話腴。

（註三二九）詞品，卷二。

（註三三〇）古今詞話，詞評，卷上，朱敦儒樵歌。

（註三三一）後村先生大全集，卷九十八，辛稼軒集。

（註三三二）同上書，卷一八〇，詩話續集。

（註三三三）詞品，卷五，陸放翁。

（註三三四）詞源，卷下。

（註三三五）古今詞話，詞評，卷上，姜夔白石詞，范石湖語。

（註三三六）詞源，卷下，清空。

（註三三七）同上書，雜論。

（註三三八）同上書，清空。

（註三三九）絕妙好詞箋，卷二，史達祖。

（註三四〇）梅溪詞，梅溪詞序。

（註三四一）四庫全書總目提要，卷一九九，集部五十二，詞曲類二。

（註三四二）「達磨西來，自稱敎外別傳，直指心印，數傳以後，其徒日衆，而語錄興焉。」「釋子之語錄，始於唐；儒家之語錄，始於宋。」（十駕齋養新錄，卷十八，語錄）。

（註三四三）今古奇觀，序。

（註三四四）直齋書錄解題，卷十一，夷堅志條。

（註三四五）七修類稿，卷二十二，小說。

（註三四六）湯雲孫，東坡志林，卷一，懷古，塗巷小兒聽說三國語。

(註三四七) 古今小說，序。
(註三四八) 今古奇觀，序。
(註三四九) 夢粱錄，卷二十，小說講經史。
(註三五〇) 夷堅志，支乙卷六，合生詩詞。
(註三五一) 事物紀原，卷九，博奕嬉戲部第四十八，合生。
(註三五二) 夢粱錄，卷二十，小說講經史。
(註三五三) 七修類稿，卷二十二，小說。
(註三五四) 陸放翁集，劍南詩稿，卷三十三，小舟遊近村捨舟步歸。
(註三五五) 夢粱錄，卷二十，影戲。

第六章 學藝(二)

第四節 史學

甲、史籍之盛

世界各國史籍以中國爲最繁最備，成爲一套完整之學問，蓋自古有國則有史；有史則有書，是以墳典索丘，可汗牛而充棟也。況古今成敗得失之理，張弛盛衰之迹，施之於政，以史爲鑑，則窮究殫慮，積而爲學也固宜。歐陽修曰：「史者，國家之典法也，自君臣善惡功過與其百年之廢置，可以垂勸戒示後世者，皆得直書而不隱，故自前世有國者，莫不以史職爲重。」（註一）汪藻認爲南渡之世，雖名中興，實兼創業，國家守文者，不可無史；國家創業者，更不可無史，「故自古史官無不錄，況三十年之間，朝廷之施設，豪傑之謀謨，政事之廢興，人材之進退，禮文之因革，法度之罷行，歲事之豐凶，羌戎之服叛，有本有末，有源有流。」（註二）國史之重要，其義誠昭彰甚明矣。漢法：太史公位丞相之上，天下計書先上太史公，副上丞相。唐宋兩朝，宰相皆兼史館，故國史由宰相監修，學士修撰，必經宰相，始得上聞。宋既以宰相監修國史，次相則領集賢，——集賢院者，刋輯經籍，搜求佚書之機關也。建興元年，令馮拯（次相）專切提舉監修眞宗實錄，於是又增提舉之名。至天聖中，詔王會監修先朝正史，又別敕命之提舉，於是監修提舉，始分爲二職矣。南宋紹興間，秦檜獨相，以監修兼提舉。自後凡兩相則首相監修，次相提舉，或首相闕而次相已提舉，則命參知政事權監修。修史職事之重視，抑又可知矣。

宋代士人，重詞賦，好性理，私人研究歷史之風氣，似非濃厚。司馬光嘗言洛中士大夫淵藪，談空說性者多矣，惟史事無所啓口。又謂其資治通鑑，人多欲求觀，讀未終一紙，已欠伸思睡。然資治通鑑是代表元祐之精神，崇寧禁史者，毋寧禁元祐之學也。秦檜主和議，亦有私史之禁，檜死遂弛。南宋道學家，大多不重史學，科舉之士亦然。淳熙十一年，太常博士倪思言：「舉人輕視史學。今之論史者，獨取漢唐混一之事，三國六朝五代，以爲非盛世而恥談之。然其進取之得失，守禦之當否，籌策之疏密，區處兵民之方，形勢成敗之迹，俾加討究，有補國家。請諭春官，凡課試命題，雜出諸史，無所拘忌。」(註三) 此欲從取士考試中雜出諸史爲題，以提倡史學之風也。然南宋私史之撰著甚多，郡國皆鋟本，人競傳之。「嘉泰二年春，言者因奏禁私史，且請取李燾續通鑑長編、王季平東都事略、熊子復九朝通略、李丙丁未錄，及諸家傳等書，下史官考訂，或有裨於公議，乞即存留，不許刊行。其餘悉皆禁絕，違者坐之。」(註四) 惟私史之撰鋟既成風，雖有法令禁抑，不啻具文而已。

宋代史學，由於朝廷注重記載，故史館有官，職司其事。史官之地位，甚爲重要，故孝宗謂要識、要學、要才，三者兼之。史館之組織，監修國史一人，修撰、直館、檢討無常員。修撰以朝官充，直館檢討以京官以上充，常修日曆及典司圖籍之事。元豐時，改爲國史實錄院。元祐復置國史院。南渡後復建史館，修前朝國史、實錄、日曆、時政記、起居注等。(註五)「書榻前議論之辭，由兩府之臣撰時政記。柱下見聞之實，選三館之士當升擢者命修起居注。類而次之，謂之日曆。修而成之，謂之實錄，所以廣記備言，垂一代之典也。」(註六)以實錄言，「自東都以前，凡一百六十八年，不過一千餘卷，而南渡以後，高宗孝宗皇帝兩朝實錄，僅六十餘年，遂至一千卷。」(註七)兩宋各朝實錄，凡三千八百三十三卷，(註八)皆有成書，流傳於士大夫之間。南宋各朝日曆，亦有四千七百八十二卷。起居注要經皇帝寓目，故有不敢據實直書之傾向。此外，又有會要、玉牒、勅令、制草、聖政寶訓等書，及百司未行指揮典故之類，故官史資料，至爲浩繁。而私人撰著纂編雜史傳記，百家小說稗史與士大夫語錄行狀誌銘之類，不可勝紀。宋代以人文之盛，史學成就頗大，是以史籍之豐，實逾唐代也。

乙、正史

朱子論讀史之法，先讀史記及左氏，却看西漢、東漢、及三國志，次看通鑑。「史記漢書事多貫串，通鑑是逐年事；逐年過了，更無討頭處。故以其讀通鑑，不如讀正史。」(註九)正史者，世之述史以司馬遷、班固之紀傳體，分記君臣行事之終始者而擬之也。故正史之作，以史記漢書爲準。宋代正史，其最著者有如下表。

書目	卷數	主編者	纂修始末	成書時期
新唐書	二五五	歐陽修等	慶曆中，仁宗詔王堯臣、張方平等重修唐書，久而未就。至和初，曾公亮等被詔刪定，歐陽修撰紀志，宋祁撰列傳，范鎮、王疇、宋敏求、呂夏卿、劉羲叟同編修，補正劉昫舊唐書之舛漏。「其事則增於前，其文則省於舊」，運用原資料而以簡略方法纂成之。廢傳六十一，增傳三百三十一，志三，表四。書末附釋音二十五卷，歷七年修成。 舊唐書爲駢文全盛時期產物，使用之史料多爲駢文，取材方面，殆皆爲實錄等官方資料。新唐書全部幾改爲古文，取材多爲小說軼事等，且用春秋筆法，直書無隱。	嘉祐五年
五代史	一五〇	薛居正	開寶六年，詔修梁、唐、晉、漢、周書，命宰相薛居正監修，盧多遜、扈蒙、張澹、李昉、劉兼、李穆、李九齡同修。	開寶七年閏十月
新五代史	七五	歐陽修	歐陽修以薛居正五代史，繁猥失實，重加修定，但以私撰藏於家。修沒後，朝廷聞之，取以付國	

			子監印行。 薛史如左氏之記事，本末賅具，而斷制多疏。歐史如公穀之發例，褒貶分明，一字一句饒有意義。敍述祖史記，故文章高簡，爲薛史所不及，而事實不甚經意，傳聞多謬。兩家並立，各有優劣。然歐史盛行，而薛史亦幾廢。	
三朝國史	一五五	呂夷簡等	景德四年，詔王旦、李文元、楊億等九人，撰太祖、太宗兩朝史，凡一百二十卷。至天聖五年，詔呂夷簡、宋綬、劉筠、陳堯佐、王居正、李俶、黃鑑、謝絳、馮元同修，加入眞宗朝史，王曾監修。曾罷，夷簡代之。	天聖八年
兩朝國史	一二〇	王珪等	熙寧十年，詔修仁宗英宗兩朝史，王珪監修，史官蒲宗孟、李清臣、王存、趙彥若、曾肇、蘇頌、黃履、林希、蔡卞、劉奉世、吳充、宋敏求同修。	元豐五年
四朝國史	三五〇	李燾、洪邁	神宗、哲宗、徽宗、欽宗四朝史。紹興二十八年，置修國史院，修三朝正史。三十一年，提舉陳	淳熙十三年

康伯奏紀成，乞選日進呈。至乾道三年閏九月，始與太上聖政同上。淳熙五年，同修史李燾言：修四朝正史，開院已十七年，乞責以近限。七年十月，修史王希呂志修成，十二月進呈。至十三年，修史洪邁奏：昨得旨限十年內修成列傳，今已書列。十二月，與會要同進，蓋首尾三十年，所歷史官，不知其幾矣。

此三部國史，各自記事，至於天文、地理、五行等志，不免煩複。命大臣以總提，邀鴻儒以撰輯，秘諸金匱，傳寫有禁。元豐中，欲謀纂成，未果。淳熙十二年，洪邁承乏修史，請合九朝爲一，亦不行。理宗淳祐二年，更修高宗、孝宗、光宗、寧宗四朝史，修成志傳，五年更潤飾上之。此等國史，皆紀表志傳兼具，純屬正史體裁也。

言行錄，亦紀傳之體也。私人以記事體而撰史者，蘇轍以司馬遷史記多不得聖人之意，乃因遷之舊，上自伏羲神農，下訖秦始皇，爲本紀七、世家十六、列傳三十七，成古史十六卷。自謂追錄聖賢之遺意，以明示來世，至於得失成敗之際，亦備論其故。黃震有古今紀要十九卷，撮舉諸史，括其綱要，上自三皇，下迄哲宗元符。每載一帝之事，則以一帝之臣附之，其僭竊割據，亦隨時附見，辭約事該，頗有條貫。婁機（一一三三—一二一一）有歷代帝王總要四卷，始自唐虞以至光宗。凡君道之隆污，治效之優劣，既書其大略，以至離合割據，餘分閏位，五德之相生，世系之聯屬，靡不提綱撮要。又擇前賢立論精確者，各系世次之末，開卷粲然，如指諸掌。（註一〇）

丙、編年史

編年一體，原爲古代史官所通用，故自古史法，皆以編年，春秋是也。自司馬遷史記創爲紀傳之體，史家皆宗之，故編年體遂微。呂東萊曰：「編年與紀傳，互有得失。論一時之事，紀傳不如編年；論一人之得失，編年不如紀傳。」（註一一）及司馬光編資治通鑑，始復編年法，貫穿一千餘年之事，網羅宏富，提綱挈要，體大思精，系統前後一致。修史體裁一變，故當時爲新派學問，而影響於史學界亦最大。

治平三年，光奉詔編集歷代君臣事迹，許自辟官屬，借以館閣書籍，在外聽以書局相隨。至元豐七年，凡十七年始修竣奏御，上起戰國，下迄五代，凡一千三百六十二年，二百九十四卷，另目錄三十卷，考異三十卷，釋例一卷，而考異者爲明史料去取之故也。此書特詳於治亂之迹，致嚴於鑑戒之義，以「臣光曰」三字爲起辭，發揮其議論，凡關國家盛衰，繫生民休戚，善可爲法，惡可爲戒者，以纂成巨帙，故上表自謂精力已盡於此書。神宗賜名資治通鑑，御製序以冠其首（今不傳），視爲帝王必要之參考書，元祐七年刻板。樓鑰曰：「資治通鑑始於周威烈王二十三年，命三晉爲諸侯以爲天子自壞其紀綱，周衰既久，自此遂不可支。故極論禮與名分最詳，以爲此書首篇，誠足爲後世之深戒。」又曰：「左氏傳以三晉事終，通鑑以三晉事始，其實繼左氏傳編年之法，此讀通鑑者之所宜知也。」（註一二）光患資治通鑑浩大，難以領略，而目錄無首尾，晚著通鑑舉要歷八十卷，即通鑑之節本。又撰有稽古錄二十卷，起自伏羲，下至周威烈王二十二年，略序大要。子康亦撰有通鑑釋文六卷。

當光之修通鑑也，辟劉恕（一〇三二—一〇七八）爲屬。通鑑託始於周威烈王命韓魏趙爲諸侯，下迄五代，恕嘗語光，曷不起上古或堯舜，欲爲前紀。因撰起自三皇五帝，止周共和，載其世次而已；起共和元年庚申至周威烈王二十二年丁丑，四百三十八年爲一編，號曰資治通鑑外紀十卷，猶國語稱春秋外傳之義也。始司馬光通鑑有目錄、舉要，後人效之，江贄有少微通鑑節要五十卷，胡安國又修資治通鑑舉要補遺一百二十卷，呂祖謙有呂氏家塾通鑑節要二十四卷，洪邁有節資治通鑑一百五十卷，曾慥有通鑑補遺一百篇，崔敦詩有通鑑要覽六十卷，沈樞有通鑑總類二十卷，金履祥有通鑑前編十八卷，又撰舉要三卷。此皆爲通鑑之節補舉要，以便學者。通鑑之副產物，史炤有資治通鑑釋文三十卷，喩漢卿有通鑑總考一百一十二卷。胡三省有資治通鑑音注九十七卷，資治通鑑釋文辨誤十二卷，此校注之作，世稱爲通鑑之功臣，亦猶顏師古之於漢書也。王應麟有通鑑答問四卷，又有通鑑地理通釋十四卷，地名考核明確，足與胡三省之書互參。至於延續資治通鑑者，有李燾（一一一四—一一八三）續資治通鑑長編五百二十卷，舉要六十八卷，並總目五卷。燾仿司馬光資治通鑑例，斷自建隆元年，迄於靖康元年，亦爲編年體。用力四十年，采當代史料，仿資治通鑑初稿長編例，姑謙稱續資治通鑑長編，於淳熙七年撰成，自謂精力幾盡於此書。其所掇拾，或出野史。然葉適謂：「李氏續通鑑，據變復之會，乘歲月之存，斷自本朝，春秋以後，纔有此書，信之所聚也。」（註一三）楊仲良以燾書卷帙最爲繁重，乃將其別爲分門編類，每類之中，仍編年紀事，各有事目，目中復有子目，成皇宋通鑑長編紀事本末一百五十卷。汴京百七十年禮樂兵刑之沿革，制度政令之舉廢，粲然具備，可以按目尋求。慶元初，陳傅良略依司馬遷年表大事記、司馬光稽古錄，與李燾舉要，撰建隆篇一卷，撮取太祖一朝節略，繫以年月，其上譜將相大臣除罷，而記其政事因革於下，隨時考訂，併及累朝之始末，對治亂成敗，釐然可曉。劉時舉有續宋編年資治通鑑十五卷，始建炎元年，迄寧宗嘉定十七年，此書成於理宗之世，蓋繼李燾之長編而作。李心傳（一一六六—一二四三）撰建炎以來繫年要錄二百卷，仿通鑑之例，編年繫月，亦與李燾之長編相續也。徐夢莘（一一二四—一二〇五）撰三朝北盟會編二百五十卷，又有綱目一卷，專輯集徽、欽、高三朝與金和戰之資料，自政和七年海上之盟迄金亮之斃，上下四十五年，按編年排比，亦爲長編性質。此書蒐羅野史及他文書，多至二百餘家，具列事實制勅詔誥國書奏疏記序碑誌之文，有正史所不及載者，捃摭無遺。

夫宋人論史，常泥於春秋大義，如歐陽修所修新唐書及新五代史，皆注重褒善貶惡，而忽於考證史實。循至朱熹之通鑑綱目，亦專尚此義，蓋變更溫公體裁而改編原書也。乾道八年，熹依春秋大義，手擬凡例一卷，其門人依凡例而擬綱，目則全由門人趙師淵一人任之，成通鑑綱目五十九卷，「蓋表歲以首年，而因年以著統，大事以提要，而分注以備言，使夫歲年之久近，國統之離合，辭事之詳略，議論之同異，通貫曉析，如指諸掌，名曰資治通鑑綱目。」（註一四）其所謂義例者，「朱氏綱目出，然後女主始不得以移國命，閏位不得以移正統，揚雄始不得不爲莽大夫，狄仁傑始不得不爲周司空，諸葛亮始得爲漢相，陶潛始得爲晉處士，可以破一世之盲瞶，開千古之心胸矣。」（註一五）熹並撰有提要五十九卷。又有改編年爲兼紀事者，嚴州教授袁樞（一一三一—一二〇五）以溫公書所載，一事之首尾，或散出於數十百年之間，不相綴屬，讀者病之，而其部居門目，始終離合之間，又皆曲有微意。乃分通鑑爲二百三十九事，一事爲一編，創紀事本末之例，在紀傳編年之外，另爲一體，使端緒分明，易於下學之循覽，成通鑑紀事本末四十二卷。龔茂良得其書奏之，孝宗讀而嘉歎，刋於淳熙三年，以賜東宮及分賜江上諸帥，且令熟讀曰：「治道盡在是矣！」

其他所撰之編年史，宋初，范質將五代實錄（三百六十卷）刪其煩文，摭其妄言，成五代通錄六十五卷。宋庠撰紀年通譜十二卷，自漢文帝後元戊寅（元年）至周恭帝顯德庚申（七年）爲九篇，以宋建隆元年至慶曆元年爲一篇，皆曰統元，以甲子貫之。有五號，曰正、閏、僞、賊、蠻夷，以正爲主，而附列其左，號統元，爲十卷。其二卷，舉字爲類，各以部分，曰類元。章衡（嘉祐二年進士）撰編年通載十五卷，編歷代年號，貫以甲子，始於帝堯，訖於宋治平四年，質之經史，資以傳記百家之書，聖賢勳德、姦雄簒竊、及蠻夷盜賊，凡繫於存亡紀綱之大者，無不詳錄，三千四百年，且刋正史書之謬誤，熙寧七年表獻之。胡宏撰皇王大紀八十卷，體用編年，述三王五帝，至周赧王。前二卷，自盤古至帝嚳，年不可考信，姑載其事而已。自堯以後用皇極經世歷，起甲辰，始著年紀，博采經傳，而附以論斷，自成一家之言。然或取莊周寓言及敘邃古之初，終於無徵不信。晁公邁撰歷代記年十卷，熊克撰九朝通略一百六十八卷，中興小歷四十一卷，往往疏略多牴牾，不稱良史。呂祖謙撰大事記十二卷，解題十二卷，通釋一卷。大事記有續春秋之志，自周敬王三十九年以下，采左傳、歷代史、皇極經世、通鑑、稽古錄，輯而廣之，雖上接獲麟，而書法則視太史公所錄，不盡用策書凡例。初意欲起春秋，接於五代，祖謙於淳熙七年而作是書，又二年而沒，故僅及漢武征和三年而止。朱熹謂大事記甚精密，古今蓋未有，若能續而成之，豈非美事？大抵祖謙不敢任作書之意，故左傳、通鑑已載者不復載，其載者皆左傳、通鑑所無者耳。解題者如經之有傳，略具本末而附以己意，多所發明。通釋者如說經家之有綱領，爲經典綱要，孔孟格言，以及歷代名儒大議論。朱黼撰紀年備遺一百卷，起陶唐，終顯德，三千餘篇。張公明撰大宋綱目一百六十七卷。（註一六）陳均撰宋九朝編年備要三十卷，取日曆、實錄、及李燾續通鑑長編，刪繁撮要，勒成一帙。兼採司馬光、徐度、趙汝愚等十數家之書，博考互訂，始太祖至欽宗凡九朝事蹟，以通鑑綱目爲式，特據事直書，不加褒貶耳。

丁、雜史

出於正史、編年之外者曰雜史，皆爲野史雜記之流，其類繁多而蕪冗，不勝枚舉。宋史藝文志分之爲別史、史鈔、故事、職官、傳記等類，不過略爲粗分耳。以狹義言，文獻通考仍有雜史一類，與故事、傳記並列。宋三朝志曰：「雜史者，正史編年之外，別爲一家，體制不純，事多異聞，言或過實，然藉以質正疑謬，補緝闕遺，後之爲史者有以取資。」（註一七）然此類雜史，文獻通考未列有宋人之書目，而廣義之雜史，則以傳記類爲最多，其撰著亦最盛。傳記者，列傳之屬也，有傳、家傳、年譜、遺事、年表等，所記者一人之事，然固有名爲一人之事，而實關係一代一時之事者，又有參錯互見者。（註一八）其次爲故事，包括寶訓、聖政記、政要、及其他遺事、雜記等。職官者爲百官年表、官制、儀典、職官源流等。別史所舉之書目，與故事類無異，而史鈔所列，乃歷史節錄要略耳，有專鈔一史者，有合鈔衆史者，分類混淆，未能釐正。然大別之，則有四例：一、沈樞通鑑總類之類，則離析而編纂之；二、呂祖謙十七史詳節之類，則簡汰而刊削之；三、史漢精語之類，則採摭文句而存之；四、楊侃兩漢博聞之類，則割裂辭藻而次之。（註一九）霸史類爲紀割據諸侯僭僞列國之書，自可列入雜史。其餘如儀注、刑法、目錄、譜牒（唐以後殆絕）、地理等類，各有特殊之內容，從性質言，未應盡屬於史學之範圍也。

宋代史籍之特色，有如下數種，從廣義區分，似亦可列入雜史類。

（一）正統論　歷代政治，移鼎易姓，不知凡幾，興滅循環，孰爲正統？此爲治史者所發生一大問題。陳壽著三國志，以魏爲正統，而以蜀吳爲偏僭，習鑿齒非之。自是蜀魏之正閏論，論者紛紛。宋儒議論最力，如歐陽修之正統論，蘇軾之正統辨論，司馬光之資治通鑑，仍本陳壽，以魏爲正統，大抵本於君子大居正，王者大一統之義也。朱熹加以解釋曰：「只天下爲一，諸侯朝覲，訟獄皆歸，便有始不得正統而後方得者，是正統之始；有始得正統而後不得者，是正統之餘。如秦初猶未得正統，及始皇并天下，方始得正統。晉初亦未得正統，自泰康以後，方始得正統。隋初亦未得正統，自滅陳後始得正統。如本朝至太宗，并了太原，方是得正統。又有無統時，如三國、南北朝、五代皆天下分裂，不能相君臣，皆不得正統。」（註二〇）熹秉春秋之義，撰通鑑綱目，以蜀漢昭烈帝續漢正統，而以魏吳爲偏僭，至是始有明確之大義名分，史家宗之。注重正統而貶僭逆者，胡旦有漢春秋、宋庠有紀年通譜（十二卷）、楊備有歷代紀元賦（一卷）、張栻有經世紀年（二卷）、朱黼有紀年備遺正統論（一卷）。

（二）類書　類事之書，考之四部之內，乃無類可歸。自唐代創編文化史性質之類書通典以來，宋代亦有編纂。王欽若等奉敕撰冊府元龜一千卷，卷帙繁富，多聞博識，集歷史事實之大成，校核詳慎，甄綜貫串，爲帝王必要之參考書。鄭樵撰通志略二百卷，自序謂總天下之大學術而條其綱目，名之曰略，凡二十略，百代之憲章，學者之能事，盡於此矣。樵以爲修史之難，無出於志，其次莫如表。仿遷固爲紀傳，而改表爲譜，志爲略，本紀列傳皆以史記爲規矩，綜合古今之學術，而成一部文化通史之巨著，雖列於別史，但其二十略，爲精心之結撰。其校讐略一篇，完全將目錄學當作學問而研究。章如愚撰山堂考索，前集六十六卷，後集六十五卷，續集五十六卷，別集二十五卷，共分四十六門。以考索爲名，重於考證，博采諸家，而折衷以己意，不但淹通掌故，亦頗以經世爲心，大致網羅繁富，考據亦多所心得。王應麟撰玉海二百卷，分二十一門，凡二百四十餘類，輯集制度掌故，貫串奧博，唐宋諸大類書，未有能逾之者也。至於王溥撰唐會要一百卷，於唐代沿革損益之制，極其詳核，又撰五代會要三十卷，於典章制度，足補歐史之闕而訂其謬。徐天麟西漢會要七十卷，東漢會要四十卷，貫串綜括，大體詳密。此等書雖列爲政書類，但包括典章文物制度甚詳，似亦屬於類書性質。

（三）圖譜　宋人撰史，有用圖譜以解釋者。龔頴撰運歷圖六卷，起於秦昭王滅周之歲乙巳，止於宋雍熙丁亥，以歷代興亡大事附見於下，歐陽修稱其精博。司馬光讀史，患其文繁事廣，難得綱要；又諸國分列歲時先後，參差不齊，於治平間，嘗采獵經史，上自周威烈王二十三年，下盡周世宗顯德六年，略舉每年大事，編次爲圖。年爲一行，其年取一國爲主，而以朱書他國元年綴於其下，蓋欲指其元年，以推二三四五，則從可知矣。（註二二）六十行爲一重，五重爲一卷，凡一千三百六十二年，共成五卷，謂之歷年圖。劉恕撰疑年譜一卷，年略譜一卷。恕謂春秋起周平、魯隱，史記本紀自軒轅列傳首伯夷，年表起共和，共和至魯隱其間七十一年，即與春秋相接矣。共和以前，恐史難信，故以周厲王以前三千五百一十九年，撰疑年譜，而共和以下至元祐七年之一千九百一十八年，撰年略譜，從實紀載，四夷及寇賊僭紀名號，附之於末。鄭伯邕撰帝王年代圖一卷，韋光美撰帝王年號圖。諸葛深（元祐中）撰紹運圖，頗流行於世俗。何許撰甲子紀年圖一卷。張栻撰經世紀年二卷，用邵雍皇極經世譜之歷，考自堯甲辰至宋乾道改元之歲，凡三千五百二十二年，列爲六圖，以便閱覽。唐仲友撰帝王經世圖譜十六卷，「其書分類纂言，大要以周禮爲綱，而諸經史傳，以類相附，於先聖大經大法，咸縱橫貫串，曲暢旁通，故以帝王經世爲目，其所繪畫，州居部分，經緯詳明，具有條理。」

（註二二）

四、金石學　宋代史料研究最發達者爲金石學。鄭樵曰：「方册者古人之言語，款識者古人之面貌，以後學跂慕古人之心，使得親見其面而聞其言，何患不與之俱化乎？……今之方册所傳者，已經數十萬傳之後，其去親承之道遠矣。惟有金石所以垂不朽，」（註二三）蓋證經典之同異，正諸史之謬譌，皆可爲多識之助，而爲歷史之補助科學也。研究金石學，以歐陽、呂、薛、洪、王、趙諸氏爲著。搜集金石資料作爲史料者，始自歐陽修之集古錄，季子棐撮其大要，成集古錄目錄二十卷，金石之文，多至千卷，跋尾四百餘篇。曾鞏南豐類稿末錄金石跋十四則。郭忠恕汗簡六卷，本小學書，但引碑銘不下二十種，其於金石頗有采取。田槩輯京兆金石六卷，元豐五年王欽臣爲序，皆記京兆府縣古碑所在，惜其書不傳。呂大臨輯考古圖十卷，所藏古器物，皆圖而錄之。元祐中，劉涇輯成都刻石總目三帙，自東漢初平，迄孟蜀廣政，凡二百六十八通。黃伯思（一〇七九—一一一八），字長睿，邵武人，以古文名家，子訒合其法帖刊誤及金器石刻論述，編爲三卷，名曰東觀餘論。曾著博古圖說十一卷，後之修博古圖者頗采取焉。董逌撰廣川書跋十卷，亦多關金石碑文。趙明誠（一〇八一—一一二九）著金石錄三十卷，聚古碑二千卷，題跋五百零二卷，仿歐陽修集古錄例，編排成帙，凡目錄十卷，跋尾二十卷。王黼輯宣和博古圖錄三十卷，雖辨證多疏謬，然古銘字、古器形尚存，有助於考古。薛尚功著歷代鍾鼎款識二十卷，鈎摹古器銘詞，爲之牋釋，訂譌考異，具有辨證。紹興間，翟耆年著籀史（今只存上卷），俱采錄金石遺文，所錄各種之後，皆附論說，括其梗概。其書不及薛尚功之備載篆文，而考述原委，較薛爲詳。朱長文著墨池編二十卷，其第十七、十八卷，專叙碑刻，自周秦起，唐碑止，不下千通。葉夢得（一〇七七—一一四八）著金石類考五十卷。胡世將撰資古紹志錄，多考訂金石文。洪适著隸釋二十七卷，隸續二十一卷，專爲考隸而作，漢碑之存者，以今文寫之而爲之疏釋，兼核著其關切史事者，爲之論證。自有碑刻以來，推是書爲最精博。王厚之著復齋碑錄，又著石鼓文、詛楚文音，石鼓考辨，尤爲精詣。李丙類其所有金石，著於錄者千卷，號博古圖正訛。王俅著嘯堂集古錄二卷，聚古器款識，各以今文釋之。王象之輯輿地碑記目四卷，以天下碑刻地志之目，分郡編次，而各註其年月姓氏於下，起臨安訖龍州，皆南宋疆域，其中頗有考訂精確者。陳思輯寶刻叢編二十卷，多列古碑之目，與王象之輿地碑記目略同。鄭樵通志略有金石略，叙述金石之學。婁機著漢隸字原，以漢魏碑字，依韻書分爲二百零六部，編爲五卷，引漢碑三百有九，魏晉碑三十一，各紀其年月地里，書人姓名，文字異同，間有考證。程大昌（一一二三—一一九五）輯雍錄，有石鼓考，以爲成王時作，甚辨核。又其所著考古編中，以瑯琊臺碑文，證秦以前已嘗石刻，亦精確。楊文昺著周秦石刻釋音，載石鼓文、詛楚文、秦嶧山泰山諸碑。施宿著石鼓文音。陳櫄有負暄野錄二卷，上卷多論石刻。張世南宦遊紀聞，內辨古器款識及顏色制度極詳備。趙希鵠洞天清錄，辨古鍾鼎彝器，更爲精審。

研究石經者，晁公武有石經考異，張㒟有石經註文考異四十卷，范成大有石經始末記，曾宏父有石刻鋪叙二卷，趙希弁有蜀石經考，皆以蜀石經及高宗御書石經爲題材而校訂叙述之。王應麟玉海藝

文門歷代石經，俱有論次；器用門述鼎鼐尊彝之屬，徵引甚爲詳備，又著困學紀聞，小學門論金石八則更精確。(註二四)

(五)日記　趙翼曰：「宋士大夫多尚名譽，每一鉅公，其子弟及門下士，必記其行事，私相撰述。」(註二五) 家傳有遺事，其所錄日記、手錄者，有司馬光溫公日記一卷、王安石王氏日錄八十卷、曾布曾相手記三卷、趙槩趙康靖日記一卷、吳敏吳丞相手錄一卷，故宋世士大夫事蹟傳世者亦多也。

(六)蕃志　記載外國事略之蕃志，以宋代爲最多，其可稽之書目，計有趙汝适諸蕃志二卷。陳承韞南越記一卷、趙勰交趾事迹八卷、無名氏占城國錄一卷。徐雲虔南詔錄三卷、無名氏南蠻錄十卷。雞林類事三卷、王雲雞林志三十卷、徐兢高麗圖經四十卷、吳栻雞林志二十卷。契丹降人趙志忠虜廷雜記十卷、陰山雜錄十六卷、契丹錄一卷、葉隆禮契丹國志二十七卷、李季興東北諸蕃樞要二卷、思卿武珪燕北雜錄五卷、無名氏辨鴂錄一卷(契丹譯語)、史愿北遼遺事二卷、張隱契丹機宜通要四卷、契丹事迹一卷。宇文懋昭大金國志四十卷、張匯金虜節要一卷、張棣金虜志一卷。劉溫潤西夏須知一卷、孫巽夏國樞要二卷、無名氏蕃爾雅(以夏人語依爾雅體譯以華言)一卷。

(七)史評　史評之理論，未見進步，求如劉知幾之史通，不可多得。惟鄭樵通志略之總序，對史學之體例義法，有深刻之研究。論斷史事之作，呂夏卿撰唐書直筆四卷，貫穿唐事，博采傳記雜說，折衷整比，別有所見。孫甫撰唐史論斷三卷，頗以議論勝。范祖禹撰唐鑑二十四卷，撮取大綱，繫以論斷，爲當世所推重。劉羲仲撰通鑑問疑一卷，對於三國至南北朝事，凡所辨論，皆極精核。胡寅以資治通鑑事備而義少，撰讀史管見三十卷，議論宏偉嚴正，但用春秋筆法以評騭史事，不近人情，不揆事勢，尙論頗傷於嚴刻。葛洪撰涉史隨筆一卷，所論皆古大臣之事，多因時勢立論，亦胡寅讀史管見之流，而持論和平，不似寅之苛刻偏駁。張栻有通鑑論篤三卷，取通鑑中言論之精確者，表而出之，多或全篇，少至一二語，取舍甚嚴。李燾撰六朝通鑑博議十卷，詳載三國六朝勝負攻守之迹，而繫以論斷。呂中撰大事記講義二十三卷，對於北宋九朝，事以類叙，間加論斷，凡政事制度，及百官賢否，具載於編。錢時撰兩漢筆記十二卷，評論漢史，以兩漢書舊文爲綱，而合附論斷於其下，前一二卷，頗染胡寅讀史管見之習，三卷以後，乃漸近情理，持論多得是非之平。

批評史料之選擇，自宋以後始有專書。吳縝撰新唐書糾繆二十卷、五代史纂誤三卷，以歐陽修專重書法，疏於考證，故摘其四百餘事而加以批評，雖有意掊擊，不免吹毛求疵，然其校勘頗多精審，有糾繩其謬與誤者。劉敞、劉攽、劉奉世，皆精於漢書，各有校釋。劉攽所作兩漢書刊誤四卷，後又合三劉之書爲三劉漢書標注六卷。孝宗時，吳仁傑又據三劉之書爲兩漢刊誤補遺十卷，有考證，且有解釋。李心傳撰舊聞證誤四卷，凡所見南北宋私史小記，上自朝廷沿革，下及歲月之參差，名姓之錯互，皆詳徵博引，以折衷其是非，大致如司馬光之通鑑考異，而先列舊文，次爲駁正，條分縷析，於史學亦洵有裨益也。

第五節 地理

甲、總輿圖

歷朝故事，每三年一令天下貢地圖與版籍，皆上尚書省。宋初，以閏年爲限，所以周知山川之險易，戶口之衆寡也。故諸州逢閏卽上閏年圖。（註二六）全國輿圖，是歸職方郎中掌管，「兵部職方郎中員外郎，掌天下圖籍，以周知方域之廣袤，及郡邑鎭砦道里之遠近。凡土地所產，風俗所尚，具古今興廢之因，州爲之籍，遇閏歲造圖以進。」（註二七）納儀鸞司。雍熙中，天下閏年圖，州府上軍監，幾於四百。（註二八）淳化四年，令再閏（五年）一造。至道三年，吳淑（九四七—一〇〇二）遷職方員外郎，上言曰：「天下山川險要，皆王室之秘奧，國家之急務，請以今閏年所納圖上職方。又州郡地里犬牙相入，向者獨畫一州地形，則何以傅合他郡？望令諸路轉運使，每十年各畫本路圖一上職方，所冀天下險要，不窺牖而可知；九州輪廣，如指掌而斯在。」（註二九）從之。除各州閏年圖外，各路每十年造呈本路總圖於職方。咸平四年詔：「諸州所上閏年圖，自今每兩閏一造，每三次納儀鸞司，卽一次納職方，換職方舊圖，却付儀鸞司。其諸路轉運司卽十年一造。」（註三〇）大中祥符三年十二月詔：「重修天下圖經，令職方遍牒諸州，如法收掌，自今每閏依本錄進。」（註三一）至熙寧六年，職方之權擴大，已獨掌全國地圖，儀鸞司不得以地圖供應。

太宗時，滋福殿所藏各地方輿圖，甚爲詳備。至道三年七月四日，太宗御滋福殿，召輔臣觀西鄙地圖。咸平四年十月，眞宗示輔臣以陝西二十三州地圖、靈璧州圖、甘、沙、伊、涼等州圖、幽州北契丹國界圖。五年六月，對輔臣於便殿，出河北東路地圖，指示山川之要害。（註三二）可見其地方區域地圖，或懸於殿壁，或藏於籍庫，甚爲完備也。收得各州地圖後，則繪一總圖而藏之。淳化四年，「令畫工集諸州圖，用絹百匹，合而畫之，爲天下之圖，藏秘閣。」（註三三）其後又屢加重修。各州之山川形勢，每遣畫工前往實地繪造。景德元年，令張齊賢、丁謂具青、淄、齊、鄆、濮等州山河道路形勢，畫圖以聞。四年，詔翰林除遣畫工分詣諸路，圖上山川形勢，地里遠近，納樞密院。每發兵屯戍、移徙、租賦，以備檢閱。（註三四）

總輿圖之見於著錄者，有晏殊之十八路州軍圖，而熙寧六年集賢校理趙彥若之十八路圖爲最著。彥若奉命管畫天下州府軍監縣鎭地圖，乃上十八路圖二卷，及圖副二十卷，（註三五）費時一年八月而成。九年，三司使沈括以天下州府軍監縣鎭圖未精備，欲再於職方借圖經地圖等圖稿，躬親編次，從之。元祐三年，沈括賜絹百匹，以賞賚其上編修之天下州縣圖。（註三六）括又爲守令圖，以二寸折百里爲分率，此以比例尺而製圖。至於以記志爲主地圖爲輔者，有王洙等之皇祐方域圖志、（註三七）李德芻之元豐郡縣志、（註三八）及薛季宣之九州圖志，（註三九）與寰宇記、輿地廣記之無圖者有別也。南宋時，王象之繪有輿地圖十六卷，紀勝以逐州爲卷，圖則逐路爲卷，西蜀諸郡，記載尤詳。（註四〇）陸九韶製有州郡圖。（註四一）光宗時，黃裳亦製有輿地圖，「披圖則思祖宗境土，半陷於異域而未歸。」(註四二) 至於天下至京地理圖，(註四三) 馬寔諸道行程血脈圖，(註四四) 十七路轉運圖，(註四五) 雖撰者及時期未明，要皆爲路程之總圖也。

立體模型之地圖，沈括先以麵糊木屑製之而未成，又鎔蠟爲之，乃改製木圖，並令邊州倣製。(註四六) 黃裳作輿地圖，以木爲之。(註四七) 此即地理之木圖。朱熹亦用膠泥起草，製地形模型。(註四八) 又有刻石爲圖者，如王致遠地理圖，得自蜀中，淳祐七年仲冬摹刻，王氏所題，其碑藏於吳縣舊蘇州府學。乾道元年，選德殿御座後有金漆大屏風，其背繪有華夷圖，以便於御覽，孝宗且指示都堂，亦可依此倣製。(註四九) 至於地圖繪法，以賈耽爲師承，北宋時，禹跡圖是用長安舊本翻刻，然東南諸水，例皆疏略，謂蜀江至瀘州東南，乃分派南流，東折逕二廣，自番禺入海，至爲繆誤。劉豫阜昌七年(紹興七年) 在西安府上石之禹跡、華夷二圖，倣賈耽海內華夷圖之製，而方幅縮其什之九，每寸折地百里，誌古今地名極精，爲世所稱道。南宋時，華夷、禹跡二圖上石，賈圖勢力，殆同強弩之末矣。

元符中，蜀人稅安禮製地理指掌圖一卷，乃沿革地圖性質。(註五〇) 蘇軾爲指掌圖二卷，始帝嚳迄於宋朝，圖其疆域，著其因革，刋其同異，(註五一) 統貫古今之沿革地圖，實以此書爲最早。

又有通用之地圖，可見於如下四類：(一)山川圖。陳舜俞廬山記五卷，又爲俯視圖。蔣炳作有西山圖。大中祥符二年八月己丑，眞宗出洞庭山圖，以示羣臣。(註五二) 程大昌撰禹貢論二卷、圖二卷。又爲山川地里圖，就經筵進呈。(註五三) (二)治河圖。大中祥符五年正月戊戌，著作郎李垂上導河形勢書三篇並圖。(註五四)天聖二年八月，李垂與張君平曾畫圖報告滑、衛二州潰決情形。慶曆八年十二月，判大名府賈昌朝作澩川、横隴、商胡三河圖。嘉祐五年，河北轉運使韓贄作有二股河圖。㈢水利圖。程師孟以「晉地多土山，旁接川谷，春夏大雨，水濁如黃河，俗謂之天河，可灌溉。師孟勸民出錢，開渠築堰，淤民田萬八千頃。裒其事爲水利圖經，頒之州縣。」(註五五)其書凡二卷。仁宗朝進士單諤，考察蘇、常、湖水利凡三十餘年，作吳中水利書，附圖一本。燕肅在明州，爲海潮圖，著海潮論二篇，則又屬地文地理之性質。㈣交通圖。至道二年十一月，江淮發運使楊允恭進沿江地圖。明道二年五月，參知政事王隨等使淮南，備有淮南運河圖等，又有驛路里程圖可買而得之。

乙、邊疆地圖

北宋邊疆，多淪爲異域，朝廷常有收復失地之意。故邊疆地圖，既多且備，而尤以契丹及幽燕一帶，最爲需要。至道三年，眞宗御滋福殿觀西鄙地圖，卽注意邊防形勢。咸平四年十月，帝以陝西二十三州圖示輔臣，歷指山川險易，蕃部居處。又指秦州曰：「此州在隴山之外，號爲富庶，且與羌戎接畛。昨已命張雍出守，冀其綏撫有方也。」次復指殿北壁靈州圖曰：「此馮業所畫，頗爲周悉。山川形勝如此，安得智勇之士爲朕守之乎？」又指南壁甘、伊、凉等州圖及東壁幽州以北契丹圖，帝曰：「契丹所據地，南北千五百里，東西九百里，封域非廣也，而燕薊淪陷，深可惜耳。」(註五六)五年六月，帝對輔臣於便殿，出河北東路地圖，指山川要害曰：「契丹入鈔，濱、棣之民頗失業，今冬若再來，朕必過邢洺之北，驅逐出境，以安生聚。」（註五七）帝又常欲編錄四夷述職圖。此可見北宋重視邊疆之一斑。

凡外夷朝貢，館伴詢其國邑風俗，道途遠近，及寫衣冠形貌，一以進呈，一存史館。出使外國者及僧侶自外國歸者，其所聞見及風俗土地所宜，亦詢問以聞。此為邊疆及海外諸蕃地理一部份資料之來源。太祖時，曹翰有幽燕地圖。至道元年，府州折御卿大破契丹，內臣楊守斌乃上其山川形勢之地圖。嘉祐二年，通判黃州趙至忠上契丹地圖，及虜廷雜記十卷，言虜中事尤詳。五年，歐陽修為樞密副使，與曾公亮考全國兵數及三路屯戍多少，地理遠近，更為圖籍，凡邊防久闕屯戍者，必加蒐補。（註五八）而沈括使遼圖抄，乃因出使而親歷其境，圖其山川險易迂直，風俗之純龐，人情之向背，為此圖抄，上之，內容當較為精確。（註五九）此外，關於契丹地圖，另有契丹地理圖一卷、契丹疆宇圖二卷，（註六〇）作者與撰期均未詳悉。另契丹疆宇圖一卷，不著名氏，錄契丹諸夷地及中國所失地。（註六一）又有契丹疆宇圖二卷、地理圖一卷，亦不知作者，（註六二）或為圖名之複出也。

關於西北地圖，咸平中命相府召詢策略，鄭文寶因獻河西隴右圖，並言靈州可棄。（註六三）咸平三年，環慶路兵馬都鈐轄曹瑋上涇原、環慶兩路州軍山川城寨圖，真宗出示王欽若曰：「處置得宜，儲備詳悉，華夷山川城郭險固，出入戰守之要，盡在是矣。宜令別繪二圖，用樞密印，一付本路，一留樞密院，令諸將按圖以計事。」（註六四）盛度奉使陝西，因覽疆域，參質漢唐故地，繪為西域圖以獻，大中祥符六年，遷知制誥。明年，奏事便殿，帝問山川形壤之制，內出繪命畫工別繪。度因言已圖漢所置五郡（酒泉至金城）。復究尋五郡之東南，自秦築長城，唐置節度，繪其山川道路區聚堡壘，爲河西隴右圖以獻。（註六五）康定二年，劉渙抵靑唐，得誓書與西州地圖以獻，因而擢爲秦隴招安蕃落使。（註六六）右班殿直閤門祇候趙珣，隨其父振在西邊，訪得五路徼外山川邑居道里，凡地勢之利害，究其實作聚米圖經五卷，韓琦言於帝，慶曆元年，詔取其書。（註六七）西夏元昊之叛，西師失利，尹洙歸咎於地利不明，特奏請博訪地圖，複製而頒給將領，俾按圖出師。其言曰：「國朝自繼遷之叛，棄磧西之地，年紀已遠，圖書亡逸，故其道里之迂直，山川之險易，世人罕有詳悉者。……朝廷圖任詩書之將，調發精銳之卒，副以屬國羗胡邊城射士，塞上之兵，不下二三十萬。然而限以流沙之阻，山川回遠，莫敢進軍。故未能拔朔方之城，馘元昊之首，使其游魂於疆場之外者幾一年矣。近者王文忠潘湜失利，皆以不知山川險易，爲其邀擊。此不按地輿之失，非戰士材武之劣也。昨聞屯田員外郎劉復曾進西鄙地圖，頗亦周備。平夏圖牒，秘府及民間當有存者，伏望博加求訪，命近臣參較同異，形於繪素，而頒之於邊將，俾其見利則按圖而出師，寇出則分兵而守險，此禦戎之急務也。」（註六八）嘉祐四年，知麟州王慶民撰成麟府二州絹圖一面，並序目二冊，詣闕上進。元豐五年五月，手詔沈括所上邊略，可畫圖二本，逐一貼出，一繪卽今賊界地形成壘，一繪將來成就邊形，務要得實，異時悉可按圖考驗不差，勿得增飾減損。（註六九）六年，知延州劉昌祚以鄜延邊面，東自義合，西至德靜，綿亘七百里，堡寨疏密不齊，烽燧不相應，乃立爲定式，凡耕墾訓練戰守屯戍強弱，分地望，畫山川形勢上之，帝嘉納。（註七〇）元祐五年十二月，知熙州范育，爲與西夏議畫疆界事言：「準朝旨於定西城以北二十里相照拶邊堡寨接連取直，合立界至，兼蒙降到甲乙丙丁圖子及回答夏國書，許一抹取直，內定西城以東合與秦州隆諾特堡一抹取直，本路已依準朝旨，條畫逐件利害及彩畫地圖奏聞去訖。」(註七一) 元符二年八月，詔「熙河依界道圖樣，以十里爲一方，取現今城寨地名，考尋古驛程相去里數，畫西蕃圖聞奏。」(註七二) 西北沿邊防務，使用邊疆地圖，已甚爲普遍。

對境圖者，蓋爲當時沿邊之敵境圖也。舊有西界對境圖，自興師西討，奏報文字，指畫山川道里，多有異同，無以考證。元豐五年，乃逐路選委出界熟知賊境次第者，差畫工同指說山川堡寨，西賊聚兵處地名，畫對境地圖，以色別之，上樞密院；候到，取舊對境圖及軍興奏報，比對考校，繪爲五路都對境圖，(註七三) 又有大遼對境圖、大金接境圖、及西夏賀蘭山圖，(註七四) 但其作者及撰期均未詳。此外，更有「六合運掌圖一卷，不著名氏，凡爲四十圖，首列禹跡，次爲中興後南北二境。其後則爲諸邊關阨險要，以及虜地疆界亦著之。」(註七五) 此亦爲邊境地圖之性質。

至於海外諸蕃地圖，多由邊境官吏搜求進呈。「太平興國二年正月，知廣州李符獻海外諸域圖、嶺表花木圖各一。」(註七六) 咸平六年五月，知廣州凌策獻海外諸蕃地理圖。(註七七) 景德三年七月，「緣海安撫使邵煌，上邕州至交州水陸路及控制宜州山川等圖。」(註七八) 其次，由館伴使詢訪者，「天聖九年正月，資政殿學士晏殊言：「占城、龜茲、沙州、邛部川蠻族，往往有挈家入貢者，請如先朝故事，委館伴使，詢其道路風俗，及繪人物衣冠，以上史館，」從之。(註七九)

地圖禁流出國外，如契丹、西夏、高麗等國，驛舍中禁懸地圖。熙寧中，高麗入貢，使者所得地圖，至揚州，被州守陳秀公給取而盡焚之。元豐元年，知定州韓絳言：「北人郝景過南界榷場，闇畫地圖，已密遣人收捕。」（註八〇）

丙、總地志

太平興國中，全國統一，直史館樂史撰太平寰宇記二百卷，取自古山經地志；考正訛謬，始於河南道，終於四夷，纂成此書上之。又有總記傳一百三十卷，坐知天下記四十卷，掌上華夷圖一卷。（註八一）史自述其撰此書之旨曰：「我宋朝太祖，以握斗步天，掃荆蠻而斡吳蜀；陛下以呵雷叱電，蕩閩越而縛幷汾。自是五帝之封區，三皇之文軌，重歸正朔，不亦盛乎？有以見皇王之道全，開闢之功大。其如圖籍之府未修，郡縣之書罔備，何以頌萬國之一君，表千年之一聖？眷言闕典，過在史官。雖則賈躭有十道述，元和有郡國志，不獨編修太簡，抑且朝代不同。加以從梁至周，郡縣割據，更名易地，暮四朝三。臣今沿波討源，窮本知末，不量淺學，撰成太平寰宇記二百卷，幷目錄二卷，起自河南，周於海外。至若賈躭之漏落，吉甫之闕遺，此盡收焉。」（註八二）此書「始於東京，迄於四裔。然是時幽嬀營檀等十六州，晉所割以賂遼者，實未入版章。史乃因賈躭十道志，李吉甫元和郡縣志之舊，概列其名，蓋太宗置封樁庫，冀復燕雲，終身未嘗少置。史亦預探其志，載之於篇，非無所因而漫錄也。史進書序譏賈躭李吉甫爲漏闕，故其書採摭繁富，惟取賅博。於列朝人物，一一竝登。至於題詠古蹟，若張祜金山詩之類，亦皆竝錄，後來方志必列人物藝文者，其體皆始於史，蓋地理之書，記載至是書而始詳，體例亦自是而大變。然史書雖卷帙浩博，而考據特爲精核，要不得以末派冗雜，追咎濫觴之源矣。」（註八三）至於增以人物，偶及藝文，則末大於本。（註八四）編入姓氏人物，官爵詩詞雜事，亦相因而濫載。（註八五）然有宋一代志輿地者，當以樂氏爲巨擘焉。地志之詳述人物瑣事，徐鍇之方輿記，亦「紀郡國事跡」，疑寰宇記之作，或即由方輿記而增廣者。故王應麟有「李吉甫、徐鍇、樂史諸書，雖詳略不同，大抵皆相因」之說也。（註八六）樂史作寰宇記以後，其子黃目又著聖朝郡國志二十卷，殆即寰宇記與坐知天下記之節略，猶之賈耽於郡國道縣四夷述之外，另著貞元十道錄也。

皇祐三年，知制誥王洙、直集賢院掌禹錫上新修地理圖五十卷、圖繪要覽一卷，詔賜名皇祐方域圖志。至和元年，洙禹錫又上皇祐方域續圖，（註八七）是爲圖志兼備之作，其體制殆與元和郡縣志相似。其後元豐三年，光祿寺丞李德芻上元豐郡縣志三十卷，圖三十卷，（註八八）則又與皇祐方域圖志相類。惟其志與圖，疑不相間，而分爲兩部，且自是以後，宋代總地志之有圖者絕少矣。

熙寧八年，都官員外郎劉師旦言：「今九域圖自大中祥符六年修定，至今涉六十餘年，州縣有廢置，名號有改易，等第有升降，所載古跡，有出於俚俗不經者，乞選有地理學者重修。」乃命館閣校勘曾肇，及李德芻刪定，而以知制誥王存總其事。元豐三年書成，其進書原序，以舊書不繪地形，難以稱圖，更賜名九域志，稱：「國朝以來，州縣廢置，與夫鎮戍城堡之名，山澤虞衡之利（始四京終化州外），前書所略，則謹志之。至於道理廣輪之數，昔人罕得其詳；今則凡一州之內，首敘州封，次及旁郡，彼此互舉，弗相混淆。總二十三路，京府四，次府十，州二百四十二，軍三十七，監四，縣一千二百三十五，離爲十卷。」（註八九）此由景德大中祥符以來，由十道圖、九域圖、而變爲無圖之地志，是爲由地圖演變而爲地志矣。紹聖四年，兵部侍郎黃裳言：「今九域志所載甚略，願詔職方，取四方郡縣山川民俗物產古跡之類，輯爲一書，補綴缺遺，」詔秘書省錄山海經等送職方檢閱。大觀二年，詳定九域圖志，強淵明上言續修其書，詔四方以事來上，（註九〇）作增廣之工作，宣和罷書局，不及成。此爲宋代地志趨重文字之記錄，而忽略地圖之表證。且在大觀中，程縯撰職方機要四十卷，縯按新舊九域二書，上據歷代諸史地志，旁取左傳水經注釋，並通典言郡國事，採異聞小說，紬次爲書。（註九一）是則大觀間已有新舊九域志之別矣。政和元年，漢州教授陳坤臣進郡國人物志一百五十卷，又參與詳定九域志，何志同言其書包括千載，文婉事詳，詔藏秘府。（註九二）及歐陽忞撰輿地廣記三十八卷，亦考摭史傳，及山經地志等古籍而成。（註九三）由上述書目，可知地志之重人物傳記，雖不自太平寰宇記始，而宋代地志之注重史實故事，且爲後世地志之濫觴，則固爲顯然之事。

及至南宋，大抵在相同時期，有兩總志尙存留於今日者，一爲嘉定十四年東陽王象之之輿地紀勝二百卷，其自序略云：「余披括天下地理之書，參訂會粹，每郡自爲一編，以郡之因革見之編首，而諸邑次之，以及山川人物，詩章文翰，皆附見焉。東南十六路，則倣范蔚宗郡國志條例，以在所爲首，而西北諸郡，亦次第編集。」（註九四）每府州軍監分子目十二，曰府州沿革、縣沿革、風俗形勝、景物上、景物下、古跡、官吏、人物、仙釋、碑記、詩、四六。所載皆南宋疆域而爲寶慶以前沿革也。嘉熙三年建陽祝穆之方輿勝覽七十卷，所記惟南渡疆域，分十七路，各係所屬府州軍於下，而以行在所臨安府爲首。「書中體例，大抵於建置沿革，疆域道里，田賦戶口，關塞險要，他志乘所詳者，皆在所略。惟於名勝古跡，多所臚列，而詩賦序記，所載獨備，蓋爲登臨題詠而設，不爲考證而設，名爲地記，實則類書也。然採摭頗富，雖無補於掌故，而有益於文章，摛藻掞筆，恆所引用。故自宋元以來，操觚家不廢其書焉。」（註九五）是則由注重史傳而變爲典故類書之性質者矣。淳熙六年，新池州守王日休撰九丘總要三百四十卷。「郡邑廢置，地理遠近，人物所聚，古跡所在，物產所宜，該載詳備。郡縣隨以今名爲正，舊所名者，聲韻編次，附之卷末。」（註九六）可謂地志後附有古地名索引者。此書是舊體裁，但今已不存。二爲東陽王希先之皇朝方域志二百卷，「凡前代謂之譜，十六譜爲八十卷。本朝謂之志，爲一百二十卷。譜敘當時事實，而注以今之郡縣；志述今日疆理，而系於古之州國。古今參考，譜志互見，地理學之詳明者，無以過於此矣。」（註九七）至於范子長皇州郡縣志一百卷、李和篪輿地要覽二十三卷、余嚞聖域記二十五卷，其撰期與內容，尚待考證也。

丁、方志

隋代以後，地方志之作漸少，至宋代始盛。宋代地方志之修撰，始於開寶八年盧多遜等修定諸道圖經。（註九八）景德四年二月，眞宗朝陵，次西京，命侍講學士邢昺、侍學士呂祐之、龍圖待制杜鎬、戚綸、陳彭年，編集車駕所經地理古跡以聞。大中祥符元年，昺等纂成景德朝陵地里記三十卷。

（註九九）三年，御史知雜事趙湘言車駕祀汾陰，請依周禮置土訓誦訓，錄所經州縣山川古跡風俗，纖日聞奏，以資宸覽，從之。四年，命直集賢院錢易、直史館陳越、秘閣集賢校理劉均、宋綬，集所過地志風物故實，修圖經，每舍止，進一卷，賜名土訓纂錄。（註一〇〇）又中書門下牒，別寫錄頒下諸道圖經新本共三百四十二本。初，景德四年，既命邢昺等編集車駕所經古跡，眞宗因覽西京圖經有所未備，詔諸路州府軍監以圖經校勘，編入古跡，選文學之官纂修校正，補其闕略來上。及諸路以圖經獻，詔知制誥孫僅、待制戚綸、直集賢院王隨、評事宋綬、邵煥校定。僅等以其體制不一，遂加例重修，命翰林學士李宗諤、知制誥王曾領其事，並增張知白、晏殊，又擇選人李垂、韓羲等六人參其事。大中祥符元年，戚綸請令修圖經官先修東封所過州縣圖經進內，仍賜中書、樞密院、崇文院各一本，以備檢閱，從之。三年十二月，書成，凡一千五百六十六卷，目錄二卷，宗諤等上之。詔嘉獎，命宗諤爲之序。又詔重修定大小圖經，令職方牒諸州謹其藏。每閏依本錄進。序曰：「景德丁未歲，展孝山園，循功鼎邑，覽山河之形勝，酌方志之前聞。勑土訓而夾車，校地官之著籍。亟詔方州，精加綜緝，曾未半載，悉上送官。毛擧百代，派引九流，擧春秋筆削之規，遵史官廣備之法。立言之本，勸戒爲宗。守令循良，罔不採尋，畯良攸產，往牒備陳。自餘經界之疆畔，道里之遐邇，版賦耗登，軌跡昭晦，土毛良苦，氣俗剛柔，具有差品，無相奪倫。」六年，將朝謁太淸宮，命直集賢院石中立、錢易修車駕所過圖經，以備顧問；又命晏殊同修。（註一〇一）此種纂集，彷彿隋代之編修區宇圖志與諸州圖經，及土俗物產記。惟歷來各地方所進圖經，雖圖說並重，至此而參入地記土訓，文字之分量大增，而地圖自退爲附庸矣。唐代韋述撰西京記，宋敏求則演之爲河南志二十卷，「凡其廢興、遷徙，及宮室、城郭、坊市、第舍、縣鎮、鄉里、山川、津梁、亭驛、廟寺、陵墓之名數，與古先之遺迹、人物之俊秀、守令之良能、花卉之殊尤，無不備載。考諸韋記，其詳不啻十餘倍。」(註一〇二)又有長安志十卷、東京記三卷，純爲方志性質之書。至於風土記，則備載山川形勢、人物古迹、節序物產、風土人文，如范致明岳陽風土記一卷、孟元老東京夢華錄十卷、王十朋會稽三賦三卷、吳自牧夢粱錄二十卷、耐得翁都城紀勝一卷等是也。

各都邑地志賡續修輯，每冠以年號，前後相踵。其編撰，至南宋而特盛，大多限於江南之州郡，如周淙乾道臨安志、范成大吳郡志、施宿會稽志、羅濬四明志、周應合建康志等，卷帙甚多。宋史藝文志所錄，已有一百六十種，且其書大抵已具後世方志之規模，極少唐以前雜地記之體制。至其名稱，則或曰圖經，或曰圖志，或僅稱志，而卷首未必一律有圖，但其稱圖經與圖志者，或均有附圖耳。

南宋時，有論邊防之利害，攻守之形勢者，如陳克吳若撰東南防守利便三卷，大略謂立國東南，當聯絡淮甸、荊、蜀之勢。陳武撰江東地利論一卷，所論凡十篇，論江、淮、巴、蜀之地勢，合淝濡、襄漢、荊南、壽春之要衝，以至西臨關、隴東瞰青、齊以取中原之道。江默撰有邊防控扼形勢圖論一卷，謂邊防急務，在守淮西，其論亦剴切。程大昌撰北邊備對一卷，作於淳熙二年，凡二十一則，摭史傳舊文，以論塞外山川。(註一〇三)此等論著，頗類於地略學之性質。

第六節　法　律

甲、法律之觀念

中國法律，充滿儒家之精神，以儒家之禮治，——道之以德，齊之以禮，居於主位；禮有弗及，始以法律為其輔助。古有禮然後有刑，所謂禮者免刑之大閑，刑者復禮之嚴師也。質言之，儒家重視禮治或德治，而非在法治。故禮之精義浸淫於法律條文之內，使法律全部深受禮化，即以情制律，以禮制刑。「雖知律之文，要知律之意；雖知律之意，要知律之變。」（註一〇四）所謂意也，變也，皆以禮之精義為折衷。唐律如是，而摹倣唐律之宋刑統，亦莫不然。蘇軾詩曰：「讀書萬卷不讀律，致君堯舜知無術。」（註一〇五）此雖刺諷熙豐之新法，然其含意仍在非薄法律也。要之，儒家之治，為之教以明之，為之刑以弼之；明刑以弼五教，使人畏威遠罪，導之以善，而期於無刑。故刑之設，國家不得已而用之，仍有憫傷之心存焉。德主刑輔之說，為論法之中心思想也。

宋代重文，治法尚寬。建隆三年詔：「王者禁人為非，乃設法令，臨下以簡，必務哀矜。世屬亂離，則糾之以猛；人知恥格，則濟之以寬。」（註一〇六）寬猛相濟，務宜其平。故自開寶以來，犯大辟，非情理深害者，多貸其死，——由二年至八年，詔所貸死罪者四千一百零六人。仁宗凡有疑慮奏裁者，亦率貸其死，歲至活千餘人，蓋不敢以疑法殺人也。蘇洵衡論，以時代不同，法有繁簡之異，謂：「古之法簡，今之法繁。簡者不便於今，而繁者不便於古。非今之法不若古之法，而今之時不若古之時也。」（註一〇七）然而儒者不盡信法而治，以法網太密，則有深文之弊。熙寧新政，法稍繁密，即爲元祐諸臣所詬病，職是之故。良以任法以治天下，「蓋其弊非獨法不足以盡其情，而其極乃至於變情而合諸法。」（註一〇八）楊萬里刑法論，亦論法之不勝用，謂：「古之立法，不惟懲天下之已犯，亦所以折天下之未犯。欲折天下之未犯，惟不使仁之究而民之狎也，是以法立而刑不試。後之法蓋詳且密矣，然文詳而舉之也略，網密而漏之也疏，殺人者有曰盜曰鬪之目焉，有曰故曰謀曰誤之別焉。虛名不實，則法不執；法不執則吏可賣；吏可賣則民遁。此之謂法不執而多爲之歧。古之法始乎必用而終於無所用；今之法始乎不用而終乎不勝用，此之謂法徒設而自廢其禁焉。」（註一〇九）儒者雖不主張用刑，亦不主張輕刑，斟酌倫理道德，裁之以經術義理，論輕重之序，測淺深之量，而爲義刑義殺，刑一人而天下之人聳然不敢肆意於爲惡，此爲斷獄唯允之旨也。

乙、輕刑緩獄

宋承五代極亂之後，太祖太宗之初治，頗用重典，以繩姦慝，歲時躬自折獄。然用刑至愼，而以忠厚爲本，一以寬仁爲治，立法之制嚴，而用法之情恕，獄有小疑，覆奏輒得減宥。（註一一〇）治竊盜之法，較唐代爲輕。太祖時，竊盜贓滿五貫足陌者，方處死刑。雍熙二年，滿十貫始奏裁。而嶺南強盜持杖不傷人者止計贓論。對於罪犯，遇赦機會極多。（註一一一）除大赦外，每三年必行冬至郊祭而下恩宥之令，視爲常例。此種有定期之大赦，爲漢唐所無。囚犯之請給衣食醫藥，有律條保障：「諸囚應請給衣食醫藥而不請給；應聽家人入視而不聽；應脫去枷鏁杻而不脫去者，杖六十，以故致死者徒一年。即減竊囚食笞五十，以故致死者絞。」(註一一二)囚犯之禁繫，皆輕重異處，「囚家送飲食，獄官檢視即時付與，無使減節滯留。若囚死罪枷杻，婦人及流以下去杻，杖罪散禁。八十以上十歲以下及廢疾懷妊侏儒之類，雖犯死罪，亦散禁。」(註一一三)囚犯之受苦，明令憐恤。開寶二年五月，太祖以暑氣方盛，深念縲繫之苦，乃下手詔，兩京諸州長吏督獄掾，五日一檢視，灑掃獄戶，洗滌杻械。貧不能自存者，給飲食，病者給醫藥，輕繫即時決遣無淹滯。(註一一四)雍熙三年四月，太宗亦有是詔。自是每歲仲夏，申勅官吏，下詔恤刑，遂爲定制。咸平元年，諸路置病囚院，徒流以上有疾者處之。神宗即位，詔諸州軍巡司院所禁罪人，一歲在獄病死及三人；五縣以上州，歲死三人；開封府司軍巡歲死七人，推吏獄卒，皆杖六十，增一人則加一等，罪止杖一百。典獄官如推獄，經兩犯即坐從違制。提點刑獄歲終會死者之數，上之中書檢察，死者過多，官吏雖已行罰，當更黜責。而失入死罪者，官吏且受嚴懲。(註一一五)至南宋開禧二年，復因論囚，又命提點刑獄使者，仲冬巡歷，如仲夏之法，每歲必再舉行。又命御史劾其不虔者。欽恤之恩，復益廣矣。

司法制度，相當成熟，紹興末，右司郎中汪應辰奏言：「國家累聖相授，民之犯於有司者，常恐不得其情，故特致詳於聽斷之初。罰之施於有罪者，常恐未當於理，故復加察於赦宥之際。是以參酌古義，並建官師，上下相維，內外相制，所以防閑考覈者，纖悉委曲，無所不至也。蓋在京之獄，曰開封，曰御史，又置糾察司以糾其失。斷其刑者曰大理，曰刑部，又置審刑院以決其平。鞫之與讞者，各司其局，初不相關，是非可否，有以相濟，無偏聽獨任之失。此臣所謂特致詳於聽斷之初也。至於赦令之行，其有罪者，或叙復，或內徙，或縱釋之。其非辜者，則爲之湔洗，內則命侍從館閣之臣，置司詳定，而昔之鞫與讞者，皆無預焉。外之益、梓、夔、利，去朝廷遠，則付之轉運鈐轄司，而提點刑獄之官，亦無預焉。蓋以獄訟之初，旣更其手，苟非以持平彊恕爲心，則於有罪者或疾惡之太甚；於非辜者或遂非而不改，故分命他官，以盡至公。此臣所謂復加察於赦宥之際也。」（註一一六）

夫欲聽斷之得其情，司法機構，斷獄與治獄劃分，故大理斷獄，刑部治獄也。淳化二年，朝廷懼刑部大理寺用法之失，增置審刑院於禁中，覆大理之奏案，以樞密直學士知院事，置詳議官六員。斷獄皆在大理，詳法總在審刑，故審刑院之作用，爲覆審機關。司法程序，遂有斷獄、治獄、與議獄三層手續也。凡獄上奏，先由審刑院印訖，付大理寺、刑部斷覆以聞，乃下審刑院詳議，申覆裁決訖，以付中書省，當者即行之。其未允者，宰相覆以聞，始命論決。若疑獄讞有不能決者，則下兩制，與大臣或臺諫雜議，蓋愼重之至也。除覆審外，眞宗時又置糾察機關。大中祥符二年，朝廷以京師獄訟之繁，懼有寃滯，始置糾察在京刑獄司，以省寃濫。凡在京刑獄，御史、開封府皆得糾之。然大理寺決天下之獄，刑部詳覆，於事已足，又加審刑院，糾察司，實爲駢枝，元豐新官制即罷廢之。大理兼獄事，置少卿二人，一以治獄，一以斷獄，治獄與斷獄亦劃分。刑部置郎官四人，分左右廳治事，左以詳覆，右以叙雪，同僚而異事，覆審之權，置於刑部之內也。至於地方司法編制，淳化初，諸路置提點刑獄司，凡管轄內之州府，十日一報囚帳，有疑獄專決，卽馳傳往視之。州縣稽留不決，按讞不實，長吏則劾奏佐吏小史，許便宜按劾從事。各州有司理院，太平興國三年，改司寇參軍爲司理參軍，於選部中選歷任淸白能折獄辨訟者爲之。又置判官一員，委諸州於牙校中擇幹局曉法律高貲者爲之。雍熙三年，始用儒士充當。太宗時，幾廢訊刑，太平興國六年詔：「自今繫囚，如證左明白而捍拒不伏，合訊掠者，集官屬同訊問之，勿令胥吏拷決。」(註一一七)此乃重視證據，用以代替口供，不得以迫供成罪，是以人人自安。又令諸州獲盜，非狀驗明白，未得掠治；其當訊者，先具白長吏，得判乃訊之。然淳化以後，尙多非法之刑，故錢易奏論之。南宋時，訊刑不惟不廢，且變本加厲。理宗時，監司郡守，擅作威福，多施淫刑，非法殘民，不勝枚舉。決獄定有期限，以免淹滯。太宗頗慮有滯獄，太平興國六年，復建三限之制：大事四十日，中事二十日，小事十日，有不須追捕而易決者不過三日。至道二年，敕大理寺所決天下案牘，大事限二十五日，中事二十日，小事十日。審刑院詳覆，大事十五日，中事十日，小事五日。(註一一八)哲宗時，期限縮短。元祐二年九月，刑部、大理寺言：應限奏獄，二百紙以上爲大事，十二日；十紙以上爲中事，九日；不滿十紙爲小事，四日。在京八路，大事十日，中事五日，小事三日。臺察並刑部等處舉劾諸處約法狀並十三日，三省樞密院再送，各減半，有故量展不得過五日。又公案二百紙以上者爲大事，限三十五日，斷二十四日；議十一日；十紙以上爲中事，限二十五日，斷十七日，議八日；不滿十紙爲小事，限十日，斷七日，議三日。在京八路大事限三十日，斷二十日，議十日；中事限十五日，斷十日，議五日；小事限十日，斷

七日，議三日。臺察並刑部等處舉劾諸處約法，並限三十日，斷二十日，議十日。從之。(註一一九)

刑罰有大辟、流、徒、杖、笞，而流徒等刑，太祖定折杖之制。凡流刑四：加役流者，脊杖二十，配役三年；流三千里，脊杖二十；二千五百里，脊杖十八；二千里，脊杖十七，並配役一年。凡徒刑五：徒三年，脊杖二十；徒二年半，脊杖十八；徒二年，脊杖十七；徒一年半，脊杖十五；徒一年，脊杖十三。凡杖刑五：杖一百，臀杖二十；杖九十，臀杖十八；杖八十，臀杖十七；杖七十，臀杖十五；杖六十，臀杖十三。笞刑五：笞五十，臀杖十下；笞四十三十，臀杖八下；笞二十一十，臀杖七下。(註一二〇)杖長三尺五寸，大頭濶不過二寸，厚及小頭徑不得過九分。大辟案，須刑部詳覆，不得任意殺人。「諸死罪囚不待覆奏報下而決者，流二千里；即奏報應決者，聽三日乃行刑。若限未滿而行刑者徒一年；即過限違一日杖一百，二日加一等。」(註一二一)老幼殘廢及婦人之犯法，其刑罰亦異。「諸年七十以上十五以下及廢疾，犯流罪以下收贖。八十以上十歲以下及篤疾，犯反逆殺人應死者上請。盜及傷人者亦收贖。餘皆勿論。九十以上七歲以下，雖有死罪不加刑。」(註一二二)各刑皆可以銅贖其罪。唐律無淩遲之刑，惟五代有之。宋初，頒行刑統，重罪不過斬絞(可贖銅一百二十斤)，亦無淩遲法，故仁宗朝以前，雖兇惡殺人之盜，未嘗輕用此罰，至熙寧始有之。韓絳嘗請用肉刑，——肉刑者，卽免死而以墨劓剕宮代之。曾布復上議，謂今大辟之目至多，取其情可貸者處之以肉刑，則人之獲生者必衆。肉刑之下，而後爲流徒杖笞之罪，則制刑有差等矣。神宗問於執政王安石馮京，互有論辯，迄不果行。(註一二三)元豐之法，有情輕法重，情重法輕，若入大辟，刑名疑慮，並許奏裁。蔡京當國，請降御筆手詔，以快私意，皇帝獨裁之御筆，往往與法律抵觸，有司莫知適從。建炎四年詔：「靖康元年正月一日以前所降御筆，多出於法令外，奉行牴牾，甚非恤刑之意。自今除靖康元年正月一日以前御筆，有出於法之外者，依累降指揮施行。其餘減杖恤刑之類，並合遵守。」（註一二四）南渡後威柄下逮，州郡之吏，亦頗專行，而刑之寬猛，繫乎其人，然累世猶知以愛民爲心也。故凡刑名疑慮，情理可憫，屍不經驗，殺人無證，此四者皆許奏裁，提刑司詳覆。刑罰仍未盡濫施也。

有司所守者法，法所不載，然後用例。北宋舊法，不許用例破條，但嘉祐間已廢條用例。孝宗時，法令雖具，然吏一切以例從事，是以司法之弊，乃引例以破法。許應龍曰：「臣聞有法之弊，有例之弊。法之弊易見，例之弊難革。舍法而用例，此今日之大患也。……乃若例者，或出於一時之特恩，或出於一時之權宜。有徇其親故而開是例者，有迫於勢要而創是例者，揆之於法，大相牴牾，而後來者，扳援不已。案牘在胥吏之手，有司不可得而知也；執已行之比，有司不可得而拒也，豈不曰例之弊難革乎？」（註一二五）至於治全國之獄，其詳覆讞議，原據州縣之文案，故欲斷獄平允，必自清源始。朱熹曰：「今天下之獄，死刑當決者，皆自縣而達之州，自州而達之使者。其有疑者，又自州而上之朝廷，而下之棘寺；棘寺讞議而後致辟焉。其維持防閑可謂周且審矣。然而憲臺之所詳覆，棘寺之所讞議者，不過受成於州縣之具獄，使其文案粗備，情節稍圓，則雖顚倒是非，出入生死，蓋不得而察也。是故欲清庶獄之源者，莫若遴選州縣治獄之官。」（註一二六）此先改造人才而後可澄清司法之論也。然而實際則不然，隆興時臣僚言：「近歲以來，大理獄多取決於大臣，州縣獄多取決於太守，獄官不循三尺，專以上官私喜怒爲輕重。」（註一二七）主訴訟者弁髦法律，求民無冤，不可得矣。

丙、法律典籍

宋代法制，因唐律令格式而隨時損益。唐代法典爲唐律疏，宋代則爲刑統，——刑統者卽刑律統類之省文也。初，范質既相周，建議律條繁廣，輕重無據，特詔詳定，號大周刑統二十一卷。宋建隆元年，詔蘇曉、竇儀、奚嶼、張希遜等重加詳定。四年，頒行刑統爲三十一卷，二百一十三門，律十二篇（名例、衞禁、職制、戶婚、廐庫、擅興、賊盜、鬪訟、詐僞、雜律、捕亡、斷獄），五百零二條，並疏令格式敕條一百七十七，起請條三十二。此爲宋代最重要亦最成熟之法典，蓋其書采掇唐開成編敕、大中統類、周廣順編敕諸書而成，遞加刪定，條制愈密，故終有宋之世，用之不改也。天聖七年，判國子監孫奭言：「律疏與刑統不同，本疏依律生文，刑統參用後敕，雖盡引疏義，頗有增損。」遂校定律文及疏爲音義，自名例至讞獄，歷代異名皆著之。又有紹興刑統申明一卷、傅霖刑統賦兩卷。此賦櫽括其詞，編爲韻語，雖未可據爲典要，然原書久佚，猶可藉之以見梗概，以便律學之誦習。

律令之書，初則有律與敕，律是歷代相傳，敕是太祖時修，律輕而敕重，如敕中刺面編配，律中無之，便是一例。宋代之律卽刑統，凡律所不載者，一斷以敕，自太祖以後，歷代修之。自熙寧以來，便分其目爲敕令格式四事，成一獨立體系。禁於未然之謂敕，禁於已然之謂令，設於此以待彼之謂格（集平時之常令而成者），設於此使彼效之之謂式（律令之施行細則）。「凡入笞杖徒流死，自名例以下至斷獄十有二門，麗刑名輕重者皆爲敕。自品官以下至斷獄三十五門，約束禁止者皆爲令。命官之等十有七，吏庶人之賞等七十有七，又有倍全分釐之級凡五等，有等級高下者皆爲格。表奏帳籍關牒符檄之類凡五卷，有體制模楷者皆爲式。」（註一二八）敕者前代之律，專屬於刑法，爲斷獄用之；令與格，一般之法律；式者事爲之所守，皆資律以行者也。然敕令格式，罪皆太重，不合於理者甚多，實不如律之平允。宋以文治，法律之學，趨於發達；法令之數量，超越前代。置編敕司，凡改一年號，必有編敕一次；每更修定，號爲新書。其有續降指揮者，謂之後敕，以待他時修入。敕之編纂，有建隆編敕四卷，凡一百零六條。太平興國編敕十五卷，蘇易簡淳化編敕三十卷。柴成務咸平編敕十二卷，芟其繁亂，定可爲敕者二百八十六條。陳彭年大中祥符編敕四十卷，一千三百七十四條。宋庠等天聖編敕六十卷，改修唐令，參以今制而成，分爲官品、戶祠、選舉、考課、軍防、衣服、儀制、鹵簿、公式、田賦、倉庫、廐牧、關市、捕亡、疾醫、獄官、營繕、喪葬、雜等二十一門。賈昌朝慶曆編敕十二卷，總例一卷。韓琦端拱以來宣敕劄子六十卷，又嘉祐編敕十八卷，總例一卷。熙寧初，置局修敕，元豐中始成書，二十六卷。元符敕令格式一百三十四卷。政和重修敕令格式五百四十八冊。張守政和以後敕十五卷。建炎三年，取嘉祐條法與政和敕令對修而用之，（註一二九）至紹興元年，編成紹興敕令格式一百二十三卷，其中敕十三卷。乾道六年，重修敕令格式一百二十卷。淳熙重修敕令格式二百四十八卷。慶元重修敕令格式十二卷。淳祐敕令格式四百三十卷。除編敕總集外，另有單行集，如崇寧諸路將官通用敕二十卷，宣和軍馬司敕十三卷。敕令格式每編爲總集，而令格式亦皆有專書。孝宗既編有淳熙敕令格式，復以其書散漫，用法之際，官不暇遍閱，吏因得以容姦，乃令敕令所分門編類爲一書，名曰淳熙條法總類四十卷，前此法令之所未有也。嘉泰元年，謝深甫等編慶元條法事類八十卷。嘉定吏部條法總類五十卷，視淳熙總類則增多十卷矣。

其他斷例獄案，皆有編纂。元符二年，編修刑房斷例，採元豐四年至八年，紹聖元年二年斷草並刑部舉駁諸路所斷差錯刑名文字共一萬餘件，並舊編成刑部大理寺斷例，除情法分明不須立例外，其情法可疑，法所不能該者共編到四百零九件。所編刑名斷例分兩種：一爲一百四十一件，刑部雕印，頒之全國。一爲二百六十八件，頒降刑部大理寺檢用施行。(註一三〇)至於獄案，五代和凝疑獄集，爲闡明疑獄之第一部著作。鄭克採是書而增廣之，撰折獄龜鑑二十卷，分二十門。其間論斷，雖意主尙德緩刑，而時或偏主於寬，未能悉協中道，所輯故實，務求廣博，多有出正史之外者，而亦或兼收猥瑣，未免龐雜。然悉究物情，用以廣見聞而資觸發，較和氏父子之書，特爲賅備。(註一三一)嘉定四年，桂萬榮又取和凝疑獄集及鄭克折獄龜鑑，編爲棠陰比事一卷，附錄一卷，比事屬詞，聯成七十二韻，仿唐李翰蒙求之體，括以四字韻語，以便記誦，而自爲之註，凡一百四十四條，皆古來剖析疑獄之事。明吳訥刪補之。夫獄事莫重於大辟，大辟莫重於初情，初情莫重於檢驗，蓋死生出入之權輿，直枉屈伸之機括，於是乎決。疑獄集及折獄龜鑑，皆論平反冤濫，抉摘奸慝之事，而於檢驗未詳。嘉定中，湖南廣西刋印正背人檢驗格目。江西提刑徐似道言之於朝，四年，詔頒行於諸路提刑司，名曰檢驗正背人形圖，此爲現今屍格之所自始，而檢驗一詞，亦始自宋代。宋時有內恕錄、結案式等書，言檢驗之事，皆不傳。至淳祐中，湖南提刑宋慈（惠父）念獄情之失，由定驗之誤，乃會萃諸書，編洗寃集錄二卷，記述詳細而正確，前有淳祐七年嘉平節自序，是世界最早一部法醫學之書，凡入官佐幕者，無不肄習之。此書載有驗滴骨親法，父母骸骨，如親生子女，試令就身刺一兩點血滴骸骨上，則沁入骨內，否則不入。又有滴血之法，親子兄弟欲相辨認者，令各刺出血滴一器之內，眞則共凝爲一，否則不凝也。祖孫亦可依此法驗。此與今日之驗血型者相類。殺人等刑事案件，如屍燒檢地之法，及申請驗屍，皆應用醫學常識與經驗而定者也。

丁、司法之專業

宋代法律，乃國家之學，私人不得而有也。故司法一門，無私人授徒，亦罕私人著述。其學識淵源於前代律令，及當代之刑統敕令格式，並揣摩斷例判案等官書，以爲師承。司法選吏，以此爲考試之內容，士人之欲以刑名爲專業者，亦由此磨礱而研習之也。景德二年，詔大理寺刑部所舉詳斷、詳覆官，止試斷獄案五道，差官與二司互考。又詔刑部大理寺三司法直官、副法直官，令吏部銓選流內官一任三考以上，謹幹無過，工書判、官具名引對，試斷案五道，中格者授之三司大理寺一年，刑部三年，無私罪者授京官。先是，悉自令史遞補，端拱中，寇準典選，奏用士人，至是復舉前詔。審刑院詳議官，就刑部試斷案三十三道，取引用詳明者充之。太宗嘗勉臣下讀法律之書，以爲可益智識。太平興國十年詔：自今京朝官幕職州縣，並須習讀律令格式，秩滿至京者，當加試問，其全不明習者，量加殿罰。(註一三一)

熙寧七年，置律學，此乃視司法爲專業而實施正式訓練之始。士初試官，皆習律令，提倡其專門學識。置（大理寺）詳斷習學官十四名，詳覆習學官六名。元豐初，置新明法科取士。又類其所試，成元豐廣案二百卷。法律書籍，以熙豐間所編著者爲最多最詳。權判刑部杜紘嘗言配隸編管太密，亦可見其法令之繁，每爲反新法者引爲攻訐藉口之一也。例如明法科，元祐初，司馬光論之，謂律令格式，皆當官者所須，何必置明法一科，使爲士者豫習之。「夫禮之所去，刑之所取，爲士者果能知道義，自與法律冥合。若其不知，但誦徒流絞斬之書，習鍛鍊文致之事，爲士已成刻薄，從政豈有循良？非所以長育人材敦厚風俗也。」(註一三二)此似是而非之論，足以見反新法者用心之偏也。政和五年，依熙豐故事，復置習學公事四員，長貳立課程，正丞同教導，以恢復此專業之訓練。至於訴訟一門，江西人好訟，每設訟學教人，此乃以鬧訟辯勝之術授徒，而非司法之全套學識也。

第七節　書　法

甲、宋代書學

五代書法，在喪亂之餘，無精妙之品。宋踵其敝，書學榛蕪。建隆以後，豐碑鉅製，皆出於袁正已、孫崇望，其次則為張仁愿。唐以身言書判設科，故士皆習書。宋朝此科廢，書遂無用於世，非自好之者不習，故工者少，勢使之然也。歐陽永叔曰：「余嘗與蔡君謨論書，以為書之盛，莫盛於唐；書之廢，莫甚於今。……蓋唐之武夫悍將，暨楷書手輩，字皆可愛。今文儒之盛，其書屈指可數者，無三四人，非皆不能，忽不為耳。」（註一三四）故宋之書家，不及唐代之盛。宋有翰林御書院，置書待詔、書藝祗候等職，如雍熙四年，翰林畫學趙偉等七人，並為翰林書待詔；大中祥符元年，翰林書藝楊昭度、御書待詔盛亮，三年，翰林書藝王德甫；天聖四年，御書院祗候王文度，皆其例也。宋代書法，有兩大特點：一為承續唐人，由其變化而來，惟各自發展其獨有之風格，自成一家，如北宋之蔡、蘇、黃、米四大家，成就特高，後人殆無發展之餘地。二為自唐代以來，確立楷書之規模，為後世準則，其勻圓豐滿者，謂之館閣體。宋朝幾無純粹正楷，即使楷書，亦帶有行筆，故宋朝書法，可稱為行書時代。

書之為學，首重規模，揣摩前代名家之書法，故宋代法帖特盛。南唐徐鉉徐鍇兄弟，皆邃於文字之學，曾選輯古今名書，以成法帖，即有名之澄清堂帖（今尚有四冊傳世），稱為字帖中之鼻祖（僅王羲之之字）。李後主亦刻有昇元帖，宋代效之，遂有法帖之編輯。太宗萬幾之暇，遊意翰墨，收購古帝王名家之墨本，淳化三年，出御府所藏，命侍臣王著臨搨，將自古至唐之名筆，輯成淳化閣帖十卷，（註一三五）以棗木鏤刻，題曰上石，其實木也。用歙州貢墨印。大臣初登二府，以一本賜之，其後不復賜。淳化閣帖，其中二王居半，故宋初之書法，可謂尙王。然唐人宗王，率皆眞蹟；閣帖之王，大抵贗鼎，且多行草小字，蓋是時秘府墨蹟，眞贗雜居，著不能辨，徒以奉敕選集，敷衍塞責。是以其全帖中，贗造僞作，做書甚多，而第五卷爲尤甚。迨元符中，黃伯思始撰刊誤二卷，評論第三卷最精。法帖之學，雖風靡天下，然自帖學興、世不知有北朝書法，故古法日亡，後人拘泥楷法，成爲鄙俗之體。尙書郎絳人潘師旦摹淳化帖，並參入別帖，刻爲絳帖二十卷，北紙北墨，極有精神，藏於家，爲絳本。慶曆八年，劉沆在潭州亦摹刻淳化帖而成潭帖十卷，蘇軾最激賞，謂比淳化待詔所摹者爲勝，黃庭堅亦嘗嘆閣帖眞本不易得，故僅藏潭絳兩帖也。元祐五年，奉旨以御府所藏眞蹟，除淳化帖外，刻續法帖。建中靖國初，曾布命劉燾爲館職，取淳化所遺與近出者別爲續法帖十卷，字多燾體，肥而多骨，但粗硬而少風韻。大觀三年，命龍大淵摹搨內府所藏之眞蹟，重刻於太清樓，稱大觀帖，或大觀太清樓帖，共二十二卷，字行稍高，而先後之次，與淳化帖則少異。南渡後，紹興年間，重刻淳化閣帖，稱紹興監帖。淳熙十三年，覆刻淳化秘閣續帖十卷。

私人摹刻者，又有臨江戲魚堂帖（元祐間，劉次莊以家藏淳化閣帖摹刻）、廬陵帖（蕭氏本法帖十卷，用潭帖摹刻）、黔江帖（黔人秦世章命湯正臣父子刻於長沙，即僧寶月古法帖，載入黔江之紹聖院）各十卷；烏鎭帖（舊傳湖州烏鎭張氏以絳閣二帖，鋟木家塾）二卷；福清帖（福州福清縣民家舊有板刻絳、閣、急就章、雁塔題名四帖）四卷；澧陽帖（澧陽舊有法帖石本，其後散失，僅存者右軍數帖而已）十卷；蔡州帖（上蔡州重摹絳帖十卷，出於臨江、潭帖之上）、武岡帖（武岡軍重摹絳帖）各二十卷；彭州帖（重刻歷代法帖，不甚精采，紙類北紙）、汝州帖（摘諸帖中字牽合爲之，每卷後有汝州印）各十卷；並利州帖（慶元中，四川總領權安節以戲魚堂帖並釋文，重刻於益昌官舍，釋文字畫較臨江帖稍大），亦皆有名。官私各帖之中，大抵以淳化閣帖爲祖，絳帖次之，舊臨江帖、潭帖、武岡帖又次之。南宋以北碑難得，故輕潭而重絳。王右軍之蘭亭帖，以唐歐陽詢臨摹，最爲逼眞，唐太宗爲之刻石。慶曆中，初由李學究得之，後李氏子負官緡無償，宋祁守定武時，以公帑金贖而藏於庫，此世所謂定武本也。大觀中，詔取此石於薛紹彭家，龕置於睿宣殿東壁。金人入汴，刼取文物，不知此石之可寶獨留焉。宗澤乃獻之高宗，虜騎突犯揚州，倉卒渡江，竟復失之，而紛紛翻刻，以訛傳訛，直至理宗之世，凡一百一十七刻。世所傳者，每有肥瘦不同。尤延之謂瘦者爲眞定武，而王順伯則主肥者，莫衷一是也。宣和書譜所載內府收藏之目錄，書譜一百九十八家，法書一千二百五十二件。宋代法帖如此之盛，對於後世之書家，影響不少。

士欲工書者，用筆最爲重要。黃庭堅謂：「心能轉手，手能轉筆，書字便如人意。故古人工書，但能用筆。」（註一三六）又曰：「凡學書，欲先學用筆。用筆之法，欲雙鈎回腕，掌虛指實，以無名指倚筆則有力。古人學書，不盡臨摹，張古人書於壁上觀之，入神則下筆時隨人意。」（註一三七）此以諦觀古人行筆之意，使心領神會，方易於臨摹。然「臨書易失古人位置而多得古人筆意；摹書易得古人位置而多失古人筆意，」（註一三八）欲得古人筆意，又在臨而不在摹也。既得行筆之意，宜明用筆之理，「筆正則鋒藏，筆偃則鋒出」；「用筆不欲太肥，肥則形濁；又不欲太瘦，瘦則形枯。不欲多露鋒、芒，露則意不持重；不欲深藏圭角，藏則體不精神」；「轉折者方圓之法，眞多用折，草多用轉。折欲少駐，駐則有力；轉欲不滯，滯則不通。然而眞以轉而後遒，草以折而後勁，不可不知也。」至於執筆之法，「大抵作字在筆，要執之欲緊，運之欲活，不可以指運筆，當以腕運筆。執之在手，手不主運；運之在腕，腕不知執。」（註一三九）故古人作書，每用提筆，如腕著紙，則筆端有指力而無臂力矣。用筆精熟，再而講求字體，士人作字，有眞（正）、行、草、隸、篆五體，以筆意不同，往往篆隸各成一家，而眞行草又自成一家。習書必先得眞書者，以八法皆備，不相附麗，勤加臨池，則點畫便有位置。知學書者，必知眞草二體，「前人多能正書，而後草書，蓋二法不可不兼，有正則端雅莊重，結密得體，若大臣冠劍，儼立廊廟；草則騰蛟起鳳，振迅筆力，穎脫豪舉，終不失眞。」（註一四○）「用眞貴方，草貴圓，方者參之以圓，圓者參之以方，斯爲妙。」（註一四一）蘇軾亦嘗言：「眞書難於飄揚，草書難於嚴重。大字難於結密而無間，小字難於寬綽而有餘。」（註一四二）欲求字體之優美，筆勢終不可以不講也。然筆勢渾熟，實無分於字之大小。米芾謂：「凡大字要如小字，小字要如大字。寫大字時，用力捉筆，字愈無筋骨神氣；要須如小字，鋒勢備至，都無私意做作乃佳。」（註一四三）要言之，字要圓熟，肥字須要有骨，瘦字須要有肉，——肉須裹筋，筋須藏肉，筆揮毫淨，方見工夫。學書是樂事，古人視爲養生之一法，歐陽修曰：「有暇即學書，非以求藝之精，直勝勞心於他事耳。」（註一四四）又曰：「作字要熟，熟則神氣完實而有餘，於靜坐中自是一樂事。」（註一四五）蘇子美嘗言明窗淨几，筆硯紙墨，皆極精良，亦自是人生一樂事。（註一四六）此蓋從藝術觀點以論學書也。

學書之用具，紙筆墨硯，謂之四寶，玆分述如下：

㈠**紙**　紙較絹爲耐久，故書畫多用之。澄心堂紙卽宣紙，乃江南李後主在宣城所製者，滑如春冰密如繭。南唐亡，秘府存有數千幅，運回汴京。初不甚以爲貴，自劉敞首爲題之，又邀名卿賦之，世始以爲貴，有百金售一幅者，所謂銀光十丈，米襄陽不敢下筆。諸名公寫字及李伯時繪畫，多用此紙。澄心堂紙外，尚存會府紙，長達二丈，濶亦有一丈。蜀王衍所造霞光牋，幅度比會府紙更大。四川有取布頭機餘經不受緯者製紙，故名布頭箋，頗名貴。(註一四七)安徽亳州、池州、歙州（紙光滑瑩白可愛，又有一種濃淡斑紋之藏經紙，色蠟黃，稱金粟箋）、福建福州（漿硾紙）、河北（桑皮紙）、浙江紹興（蠟紙）、海鹽（金粟心藏經紙），皆產紙。峽州夷陵紙不甚精，然最耐久。河中府紙，惟供公家及館閣寫官書之用。製紙原料，蜀中多用麻，江浙間多以嫩竹，河北以桑皮，剡溪以藤，或用麥莖稻稈等。其餘紙類，有玉版紙、烏田紙、藤白紙、觀音紙（匹長三丈）、鵠白紙、日繭紙、竹紙、大箋紙、碧雲春樹箋、龍鳳箋、團花箋、金花箋、鄱陽白（匹長三至五丈）、彩色粉箋（其色光滑）等。

㈡**筆**　造筆用兔毫，有用栗鼠鬚或猩猩毛以爲奇，然不若兔毫之便於書。江浙無兔，造筆多用羊毛，惟明信州所產爲佳，毛柔和而不彎曲；亦有用鹿毛者，但脆易禿。湖南二廣用鷄毛，尤爲軟弱。高麗用猩猩毛，反太堅勁也。(註一四八)又有鵝毛筆，每枝三錢。製筆以尖齊圓健爲四德，捲心要圓。著名之筆，有宣城諸葛家、常州許頔、及毗陵（江蘇武進縣）周名。諸葛家筆又稱爲諸葛筆，自唐以來，世傳其業，每爲學書人所喜用。「筆工諸葛高，海內稱第一。」(註一四九)治平嘉祐前，有得諸葛筆者，率以爲珍玩，云一枝可敵他筆數枝。「蘇翰林用宣城諸葛齊鋒筆，作字疏疏密密，隨意緩急，而字間姸媚百生。」(註一五〇)又如諸葛高之鼠鬚筆及長心筆、嘉陽嚴永之獺毛無心棗核筆、弋陽李展之鷄距筆、傅少璞之紫毫棗心筆、吳無至之無心散草筆，皆爲上等名筆，尤以棗心筆，含墨圓健爲最佳。熙寧以後，人雖講求用筆，但外形與材料，悉求精美，世始用無心散草筆，而諸葛筆亦寖不見貴。紹興初，屠希之筆，一枝售至千錢，爲高宗愛賞，公卿朝士四方士大夫皆貴之。淳熙間，建安蔡藻，以筆名家，其用羊毛所製棗心筆，尤爲勁健。咸淳間，湖州筆工馮生，製筆得截法，圓不至輭媚，勁不至峭直，一筆可作萬字。(註一五一)

㈢**墨**　五代時奚廷珪，初名廷邽，南唐賜國姓，遂稱李廷珪，爲製墨能手。其製法，每松煙一斤，用眞珠三兩，玉屑一兩，龍腦一兩，和以生漆，擣十萬杵，故堅如玉石，能置水中三年不壞，(註一五二)故其製品最珍貴。宋代以歙州貢墨爲最著名。熙寧間，張遇製御墨，用桐油煙加腦麝，貼以金箔，名龍香劑，始有油煙墨之製。元祐初，潘谷賣墨於都下，負墨筐而酣詠自若，每笏止取百錢。所製有狻猊墨、九子墨等，蘇軾與黃庭堅最推重之。其墨光輝有餘，而不甚黟墨，故用歙州貢墨模打則色濃，用潘谷墨則色淡。崇寧以來，都下墨工有張孜、陳昱、關珪及弟瑱、郭遇，皆有聲稱。大觀間，眞定人張滋，善和墨，色光黳，膠法精絕，舉勝江南李廷珪，命造墨入官庫，自後歲加錫錢至三十二萬，至政和末而止。(註一五三)至論製墨，詔聖二年，李孝美撰墨譜三卷，論製墨有八法，即採松、造窰、發火、取煙、和製、入灰、出灰、磨試，而以牛皮膠或鹿角膠和之。墨如點漆光浮水者爲佳。

㈣**硯**　自唐以來，硯以產自廣東端溪者爲最著名。「色紫如豬肝，密理堅緻，潑水發墨，呵之即澤，研試則如磨玉而無聲，此上品也。」（註一五四）以石質佳，而採取亦不易，故列爲貢品。南唐硯，出歙州硯務，石甚精，四方而平淺，宋代沿用之。陶硯，通常不耐用，但武昌萬道人所製爲最精，如風字樣。米芾撰硯史二卷，記諸硯凡自玉硯至蔡州白硯二十六種，端歙二石爲最佳。高似孫於嘉定十六年亦撰有硯箋四卷，論端硯歙硯與諸品硯，備採諸家之說。

士大夫書必以小紙圓緘，故多用圓印。作者押印於書畫之款識上，始於宋代，以蘇軾、米芾、徽宗、趙子固等爲元祖。索書者，如寫字作墓碑，皆得報酬，謂之潤筆也。

乙、宋初書家

宋初書家，首推徐鉉。鉉精於小學，篤好李斯小篆，並工隸書，筆實而字畫勁。至於篆則氣質高古，與陽冰並驅爭先也。（註一五五）誠以自陽冰而後，篆法中絕，獨鉉當亂離之世，仍能存遺法於不墜，其功匪淺。初患骨力不及陽冰，然精熟奇絕，點畫皆有法度。迨入宋代，獲見嶧山摹本，自謂：「得師於天人之際」，更盡力搜求遺跡，銳意臨摹，故卒能入於妙品，爲一代名家。鉉弟鍇，亦能作八分小篆。太宗時，兵部員外郎鄭文寶，字仲賢，善篆書，師徐鉉小篆，嘗效其體。章友直，字伯益，亦在鉉之門，以小篆著名，尤工金釵體。除徐鉉外，宋初以書法名者，有如下數家。

李建中（九四五—一〇一三）、字得中，其先本京兆人，祖禍避地入蜀，始爲蜀人。太平興國進士，累官太常博士。性簡靜，淡於榮利。前後三求留掌西京御史臺，故人稱爲李西臺。愛洛中風土，構園地居之，號曰靜居。好吟詠，詩有唐人風度。善書札，尤工行筆，別有新意，其字體精倣王羲之，而氣格不減徐浩，然行筆結字，主於肥厚，而無秀異，僅勝周越。時蔡蘇未出，遂擅書名，士大夫得其筆跡，莫不奉爲楷法。至於草、隸、篆、籀、八分亦妙，人爭摹習。嘗手寫郭忠恕汗簡集，皆用科斗文字，奉詔嘉獎。西臺書不多見，獨見其永州澹山岩詩，清勁簡遠，不減晉唐間人書法。歐陽修以西臺比於五代之楊凝式，謂二人筆法不同，而書名爲一時之絕。黃庭堅云：「李西臺出羣拔萃，肥而不剩肉，如世間美女豐肌而神氣清秀者也，但摹手或失其筆意可恨耳。」（註一五六）朱熹亦謂：「西臺書，在當時爲有法，要不可與唐中葉以前筆跡同日而語也。」（註一五七）王著，字知微，成都人，舉孟蜀明經及第。仕宋，爲御書院祇候，遷翰林侍書，究心書學，筆跡嫵媚，頗有家法。太宗御札，常示著以求評定。太宗亦臨學益勤，卒成善書。黃庭堅謂：「王著臨蘭亭序、樂毅論、補初禪師周散騎千字皆妙絕。同時極喜用筆，筆法圓勁，然病在無韻。」（註一五八）著善大書，其筆甚大，全用勁毫，號散卓筆。勾中正，字坦然，華陽人，仕於孟蜀，入宋爲氾水令，能爲書，楷法極可觀，古文篆隸行草無不工。太宗召對，訪以書法，擢任三館。郭忠恕，河南洛陽人，舉童子及第。後周廣順中，召爲宗正兼國子書學博士。宋太宗卽位，授國子監主簿。善書，工篆籀，楷法尤精，惟性情乖僻，好使酒罵人，卒以流竄而死。所著汗簡佩觿二集，皆有根據條理，爲談字學者所稱許。書法傳世者，有重修五代漢高祖廟碑，筆力脆弱。晚年所作懷嵩樓記，則書法老勁。宋代所刻之三體陰符，亦忠恕所書。

周越，字子發，淄州人，官至主客郎中，書名盛行於天聖慶曆間，落筆有法度，字字不妄作，眞行入妙，草字入能，學者翕然宗之。然筆法軟俗，殊乏古氣。米芾評其書「如輕薄少年舞劍，空健而鋒刄交加。」(註一五九)宋綬，明道二年爲參知政事，謚曰宣獻。其書富於法度，點畫皆不妄作，雖清癯而不纖弱，輕活秀潤，小字眞書，整整可觀。仁宗嘗取所書千字文及其墨蹟，藏之天章閣。傾朝學其書，號曰朝體。蘇軾謂：「今世多稱李建中宋宣獻，此二人書，僕所不要，宋寒而李俗，殆是浪得名。」(註一六〇)然黃庭堅稱之：「宋宣獻富有古人法度，清瘦而不弱，此亦古人所難。」(註一六一)又曰：「前日裕陵（神宗）游心藝文，頗歸翰墨於宋氏，於是天下靡然承風，牆隅敗紙，蛛絲煤尾之餘，無不軸以象玉，表以綈錦。」(註一六二)子敏求，字次道，書法溫厚清峻，能世其家，故二宋之書，人皆稱之。蘇舜元在仁宗朝，書法亦有名，作字筆簡而意足，工草隸，行草多得之懷素，獨步當世。喜作大字，筆力豪壯，徽宗極重之。其弟舜欽，書法俊秀，出入顏魯公徐季海之間，楷書端勁沉着，得於魯公爲多，亦善草書。歐陽修推重之，謂：「蘇子美死後，遂覺筆法中絕，近年君謨獨步當世。」(註一六三)米芾評其書，「如五陵少年，訪雲尋雨，駿馬春衫，醉眠芳草，狂歌翫樂。」(註一六四)黃庭堅則稱其與蔡君謨皆翰墨之豪傑也。(註一六五)

其餘如杜衍，眞書行草皆有法，晚乃學草書，筆勢翩翩，遂逼魏晉，爲一代之冠，而其楷法，清勁可愛，諦玩心畫，如見其人。（註一六六）范仲淹書法，落筆痛快沉着，極近晉宋人書。蘇舜元筆法妙天下，不肯一世人，惟稱仲淹書與樂毅論同法。其鈎指回腕，皆優入古人法度中。（註一六七）書伯夷頌，極得前人筆意。（註一六八）眞書小楷，亦清勁有精神。韓琦工眞書，字體端嚴厚重，骨力壯偉，雖與親戚卑幼，未嘗有一筆作行草勢，蓋其胸中安靜詳密，雍容和豫，故無纖芥忙意。以其好顏書，故士俗皆學顏體。歐陽修喜用尖筆乾墨，以作方濶之字，神采秀發，暐如清眸豐頰。蘇軾跋其書，謂筆勢險勁，字體新麗，自成一家。（註一六九）黃庭堅亦謂：「歐陽文忠公頗於筆中用力，乃是古人法，但未雍容耳。」（註一七〇）朱熹跋云：「歐陽公作字如其文，外若優遊，中實剛勁，惟觀其深者得之。」（註一七一）其書有孫明復墓銘碑。石延年少以氣自豪，亦工於書，筆畫遒勁，體兼顏柳，有劍拔弩張之勢。寶元康定間，文詞筆墨，照映流輩，得之者不異南金。其眞書入妙品，大字妙天下，湖州學經史閣三字，乃其書也。又題洪澤口龜山寺佛殿三牓，濡墨作方丈字，一揮而成，筆力健勁，人以爲絕筆。（註一七二）林逋，善行書，字畫尤工，筆意殊類李西臺，而清勁處尤妙，清氣照人，端勁有骨。文同草書，落筆如風，初不經意，與詩、楚辭、畫號爲四絕。王廣淵，字才叔，臨字大觀，兄弟皆喜作大字，魁梧擁腫，乃以筆力豪壯爲主。治平初，才叔筆墨，字價千金，人多求之。小字師宋綬，大字法石曼卿，然獨少古意耳。

丙、蔡蘇黃米四大家

仁宗無所玩好，惟親翰墨，字學顏體，而飛白尤爲神妙，凡宮殿門觀，多躬親題牓。是時名書家始出，以蔡襄、蘇軾、黃庭堅、米芾爲最著名。此四家書法，皆縱橫揮灑，變化淋漓，與唐之歐、虞、褚、柳等神趣，截然不同，而自創一代風氣。茲將四大家書法，分述如下。

㈠**蔡襄** 襄字君謨，工書，字字有法度，張栻謂：「如禮法之士，盛服齋居，不敢少有舒肆之志，見者自是起敬。」(註一七三)楷書筆圓韻滿，士庶學之；眞行草書，皆入妙品。少務剛勁，氣勢雄偉；晚年淳淡，歸於婉美。始學周越書，並學於宋綬，變體蓋出於顏平原。眞書以晝錦堂記、蕭公神道碑爲佳；而行草以茘枝譜、永城縣學記，特尤精而有法者也。至於洛陽橋記、吐谷渾詞，共推大書冠冕。歐陽修謂其「工於書畫，頗自惜，不妄爲人書。故其殘章斷稿，人悉珍藏，而仁宗尤愛稱之。御製元舅隴西王碑文，詔公書之。」(註一七四)蘇軾謂：「歐陽文忠公論書云：蔡君謨獨步當世，此爲至言。君謨行書第一，小楷第二，草書第三。」(註一七五)又曰：「古人以散筆作隸，號曰散隸。近年君謨又以散筆作草書，亦可謂之散草，或名飛草。」(註一七六)蘇頌且贊之盡風雲龍蛇之變也。

㈡**蘇軾** 宋初重楷法，是以歐陽修蔡襄之書，如端人正士，自蘇黃米一洗翰墨蹊徑而行書多矣。軾書法娟秀，結字穩密，姿態橫生，雖好用濃墨而韻有餘。平生極不惜書，然不可乞；有乞書者，正色詰責之，或終不與一字。因腕著而筆臥，士大夫多譏其用筆不合古法。蘇轍謂其「幼而好書，老而

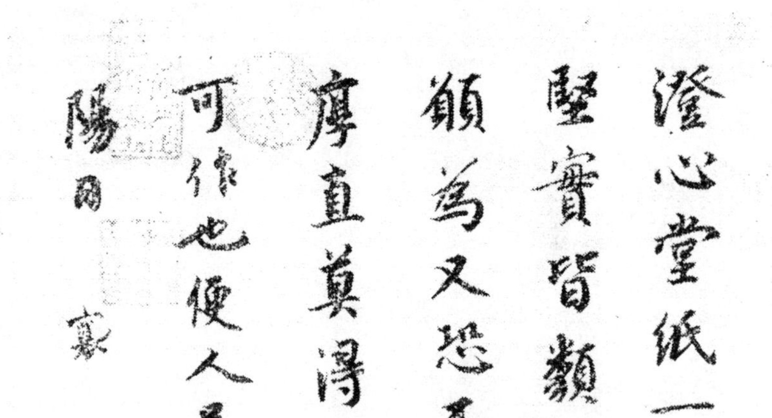
澄心堂紙一幅闊狹厚薄
堅實皆類此乃佳工者不
願為又恐不能為之試與
厚直莫得之見其楮細似
可信也便人只求百幅癸卯重
陽日　襄　書

圖二十　蔡襄求澄心堂紙尺牘（國立故宮博物院藏品）

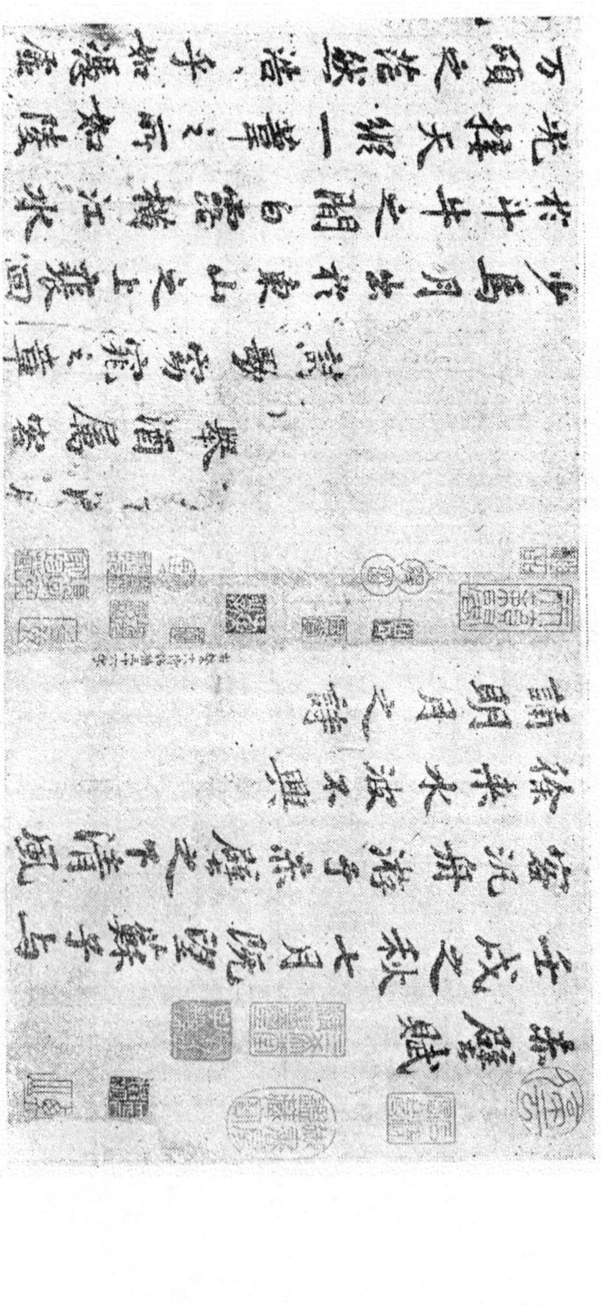

圖二十一　蘇軾墨蹟（國立故宮博物院藏品）

不倦。自言不及宋人，至唐之褚、薛、顏、柳，則髣髴近之。」(註一七七)黃庭堅曰：「東坡道人，少日學蘭亭，故其書姿媚似徐季海。至酒酣放浪，意忘工拙，字特瘦勁，迺似柳誠懸。中歲喜學顏魯公、楊風子書。其合處不減李北海。本朝善書，自當推爲第一。」（註一七八）崇觀間，軾以黨籍被黜，禁毀其文辭墨蹟。宣和間，忽又弛禁，求其眞蹟甚急，上自內府搜訪，一紙値至萬錢，而梁師成以三百千錢取英州石橋銘，譚稹以五萬錢掇「月林堂」榜名三字。其遺留之眞蹟，有楷書表忠觀記（元豐元年，在浙江杭州）、上清宮碑（元祐二年，在陝西盩厔）、阿育王寺宸奎閣碑（元祐六年，在浙江鄞縣）、醉翁亭記（元祐六年，在安徽滁州）、潮州韓文公廟碑（元祐七年，在廣東海陽）、眞相院釋迦舍利塔銘（宣和三年，在山東長淸）、及行書贈李方叔馬卷（元祐四年，在四川眉縣祠堂）等。又有祭黃幾道文、太虛詩、寒食帖、天際烏雲帖、牡丹帖等。寒食帖兼顏魯公、楊少師、李西臺筆意；牡丹帖頗似顏楊氣骨，瘦硬通神。至於惠州、儋耳及北歸等帖，挾海上風濤之氣，書法豪壯，力愈勁，尤爲老筆。子過，字叔黨，行草亦潤麗，筆法近亞乃翁。

㈢**黃庭堅**　庭堅楷法姸媚，自成一家，字體瘦硬，有如高人畸士，修竹寒松，無半點塵埃氣。自云極喜顏魯公書，時時意想爲之。遊荆州，得古本蘭亭，愛玩之不去手，因悟古人用筆意，故其懸腕書，變化萬端，深得蘭亭風韻。善草書，初以周越爲師；晚得蘇才翁子美書觀之，乃得古人筆意。其後又得張長史僧懷素及高閑之墨蹟，乃窺其筆法。建中靖國元年，五十七歲作品，如伏波神祠詩卷，字大如拳，筆酣墨飽，力可扛鼎，而風神俊逸，自謂：「若持到淮南，見余故舊，可示之，何如元祐中黃魯直也？」自出峽，見少年時書便厭。晚年衰病，百事不進，仍覺書倍增勝，草書尤工，得意處自謂優於懷素。張孝祥謂：「山谷之書入神品，徽宗皇帝評其書，謂如抱道足學之士，坐高車駟馬之

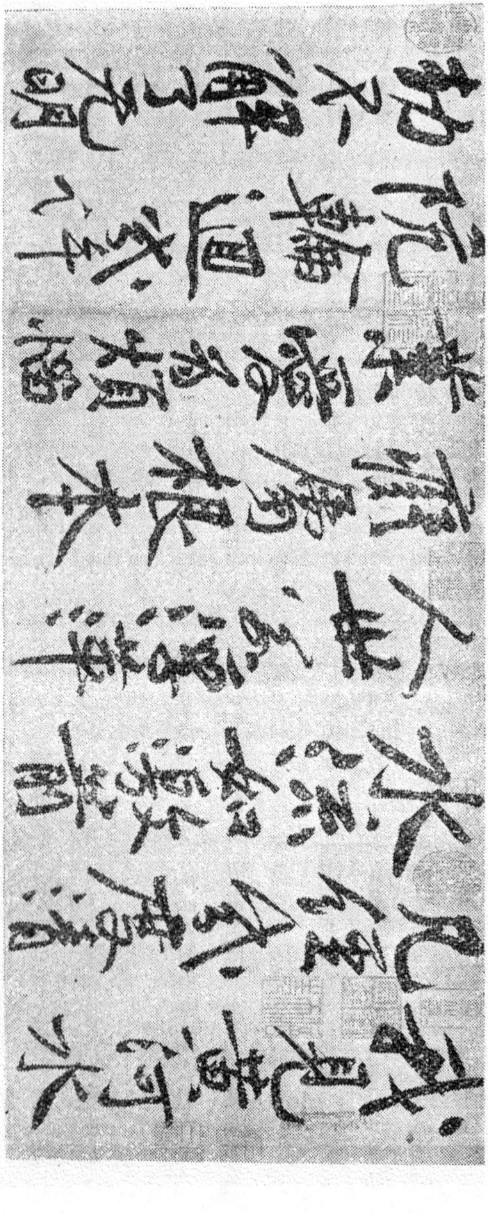

圖二十二　黃庭堅墨蹟（國立故宮博物院藏品）

上，橫斜高下，無不如意。」（註一七九）南宋士大夫家，皆珍藏山谷墨蹟，可見對其重視。康有爲曰：「宋人之書，吾尤愛山谷，雖昂藏鬱拔，而神閑意穠，入門自媚。若其筆法瘦勁婉通，則自篆來。吾以山谷爲行篆，魯公爲行隸，北海爲行分也。山谷書至多，而玉虹鑒其所刻陰長生詩，有高謝風塵之意，當爲第一。」（註一八〇）可謂山谷知音矣。山谷名蹟，有松風閣詩、李白憶舊遊草書卷、寒食帖跋、贈張大同卷等，而宜州帖書，最爲老筆。

(四)**米芾**　芾字元章，襄陽人，號鹿門居士，嘗居吳，號海岳外史。工於翰墨，召爲書畫學博士。其爲書，執筆翩翩，神氣飛揚，結體飄逸，筋骨雄毅。最工臨摹，幾與眞蹟莫辨，尤精鑒別。其大字雅逸，細書結密，皆有可法。嘗奉旨倣作黃庭小楷，又作周興嗣千言韻語，得入宣和殿，觀御府秘藏，寵眷之隆，罕有倫比。壯年學蕭誠書，後學段季展，得其刷掠奮迅，後悉意師褚遂良，其體三變，晚復規模王獻之，得其筆意。「芾於眞楷篆隸不甚工，惟於行草，誠入能品。以芾收六朝翰墨，副在筆端，故沉着痛快，如乘駿馬，進退裕如，不煩鞭勒，無不當人意。」(註一八一)寸紙數字，人爭售之，以爲珍玩。請求作碑榜書者屨跡恒滿戶外。富於收藏，名其所居曰：「寶晉齋」。曾以書學博士召對，徽宗問：「本朝以書名世者幾人？」芾曰：「蔡京不得筆，蔡卞得筆而乏逸韻。蔡襄勒字，沈遼排字，黃庭堅描字，蘇軾畫字。」帝復問：「卿書如何？」對曰：「臣書刷字耳。」又蔡京一日問芾曰：「近世工書者幾人？」芾曰：「晚時柳氏，近時君家兄弟」，蓋指京與卞也。更問其次，則曰：「芾耳。」。芾書每豪氣自矜，時有豎畫之怪僻，其技巧推爲北宋第一。黃庭堅曰：「米元章書如快劍斫陣，強弩射千里，所當穿徹。書家筆勢，亦窮於此。」(註一八二)朱熹亦謂：「米老書如天馬脫銜，追風逐電，雖不可範以馳驅之節，要自不妨痛快。」(註一八三)其遺蹟有行書並篆額蕪湖縣新學記(熙寧元年，在安徽蕪湖縣)、篆書眞宗御製文宣王贊(熙寧四年，在安徽無爲縣學宮)、行書章吉老墓表(大觀元年，在無爲縣)。芾子友仁(一〇八六—一一六五)，字元暉，小字虎兒，力學嗜

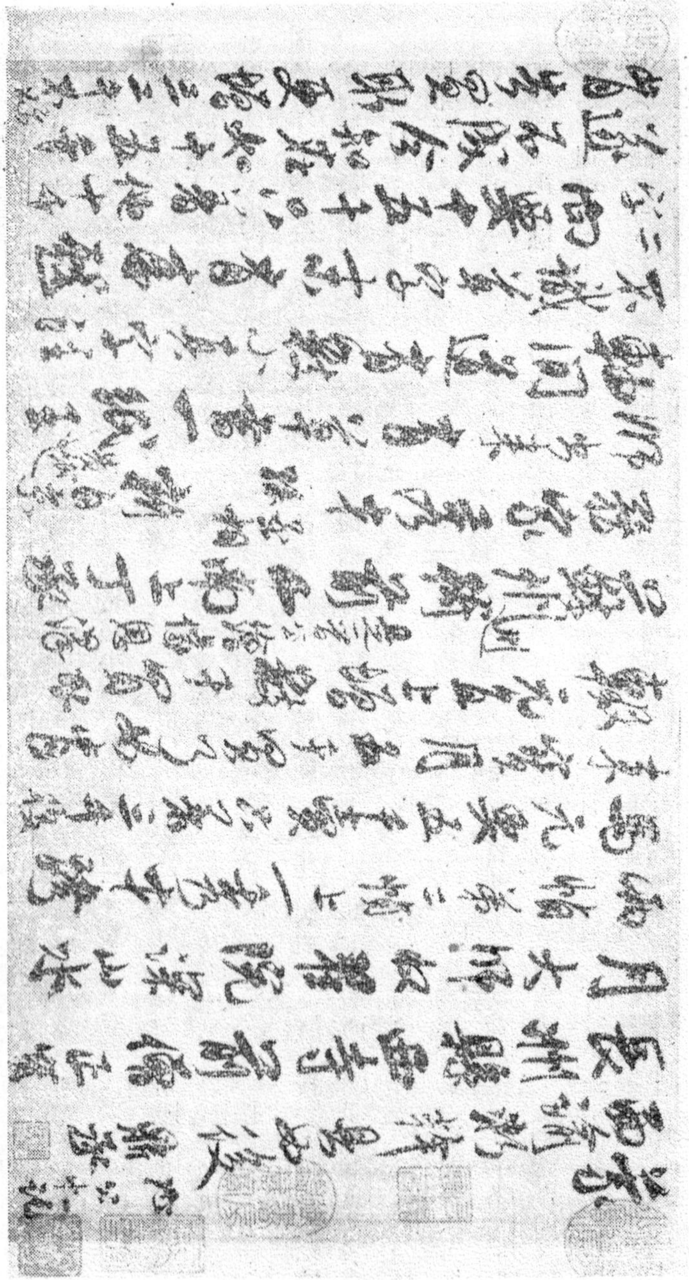

圖三十二 米芾墨蹟（國立故宮博物院藏品）

古，亦工書畫，世號小米。元章嘗曰：「吳皖王子韶題大隸榜書，雅有古意，與吾兒友仁所作相似。」其筆亦效父體，而用力太過。又其子尹知，代芾書碑，大字更難辨。

除四大家外，北宋善書者不乏其人。熙寧中，審官西院主簿沈遼，字叡達，最善行草，嘗謂書之神韻雖得於心，而書之法度必資乎學。王安石曾布師其筆法，王得其淸勁，曾得其眞楷。王安石書法奇古，似晉宋間人筆墨，得無法之法，然不可學。(註一八四)行筆多用淡墨疾書，若未嘗經意者，士俗多學其體。自言學王濛書，米芾則謂其學楊凝式。張邦基曰：「王荆公書淸勁峭拔，飄飄不凡，世謂之横風疾雨。」(註一八五)朱熹亦盛稱其書，謂：「熹先君子少喜學荆公書，收其墨蹟爲多。其一紙乃進鄴侯家傳奏草，味其詞旨，玩其筆勢，直有跨越古今，開闔宇宙之氣。」(註一八六)張栻不悅荆公，但謂：「予喜藏金陵王丞相字畫，丞相於天下事多鑿以己意，顧於字畫，獨能行其所無事如此。此軸又其晚年所書，尤覺精到，予所藏他帖皆不及也。」(註一八七)司馬光眞書不甚善，但隸法端勁，左準繩，右規矩，似其爲人。南屏山興教寺摩崖作家八卦及中庸大學篇，即爲其所書。許翰謂：「溫公字畫，秦隸之始變，蕭散精勁，冰淸弦直，此其胸中必無脂韋之氣矣。」(註一八八)章惇善書，眞書殊類逸少所臨鍾繇宣示帖，意氣高古。自稱墨禪，程沙隨評之爲宋朝第一。嘗謂書字極須用意，不用意皆不佳，殊有妙理。(註一八九)黃伯思云：「近世惟章申公能傳筆意，雖精巧不逮唐，而筆勢超超出褚薛上矣。」(註一九〇)張友正，字義祖，張士遜之幼子，學書積三十年不輟，遂以書名，作草書自云得漢人心法，神宗評其草書爲宋朝之冠。(註一九一)王子韶，字聖美，浙右人，喜作眞書，學本宗褚顏，而暮年自變爲一家。李隲，字顯夫，以能書名，東坡嘗師之，其子時雍，字致堯，與米芾同爲書學博士，嘗以書出外國敕，以絳紗封臂，非被旨不得輒書，能以襟袖濡墨走步以作大字。其弟時敏，亦以書名。當時士大夫碑記題榜，多出時雍父子之手，蓋其書得眞行草三體，而眞書尤勝，結字嫵媚，雖乏遒勁，然自成一家。蔡京亦善書法，其字嚴而不拘，逸而不外，規矩眞書，題榜不可勝計。其太師試筆帖，骨氣深穩，姿媚橫生，如行雲流水之閑暇。鐵圍山叢談謂魯公始受筆法於伯父君謨，旣學徐季海，未幾棄去，學沈傳師。及元祐末，又厭傳師而從歐陽率更，由是字勢豪健，痛快沉着。迨紹聖間，天下號能書，無出魯公之右者。其後又厭率更，乃深法二王，晚每歎右軍難及，而謂中令去父遠矣，遂自成一法，爲海內所宗焉。（註一九二）其弟卞，自少喜學書，初爲顏行，筆勢飄逸，但圓熟未至，故圭角稍露，其後自成一家。亦長於大字，厚重結密，如其爲人。（註一九三）「二蔡書跡，自徽宗皇帝好書，筆法瘦勁，一時鼓舞。故京卞書札，亦尚枯健，今往往於碑刻中見之。士大夫少稱之者，以人廢耳。」（註一九四）薛紹彭，字道祖，薛向之子，以翰墨名世，作眞草行書，皆得自晉唐，紹無側筆惡態。翰墨志謂蘇黃米薛筆勢瀾翻，各有趣向。米芾曰：「薛紹彭與余以書畫情好相同，嘗見有問，余戲答以詩曰：世言米薛或薛米，猶如弟兄與兄弟。」（註一九五）紹興中，購薛米書最急，後御府刻米帖十卷，而紹彭書不得入石，殆以其書精神峻整，而有按摹之嫌也歟？黃伯思以古文名家，篆隸眞行草章草飛白，皆至妙絕，尤善隸，能得古人用筆意。初仿歐虞，後乃規摹鍾王，筆勢簡遠，有魏晉之風，得其尺牘者，多視同拱璧。（註一九六）

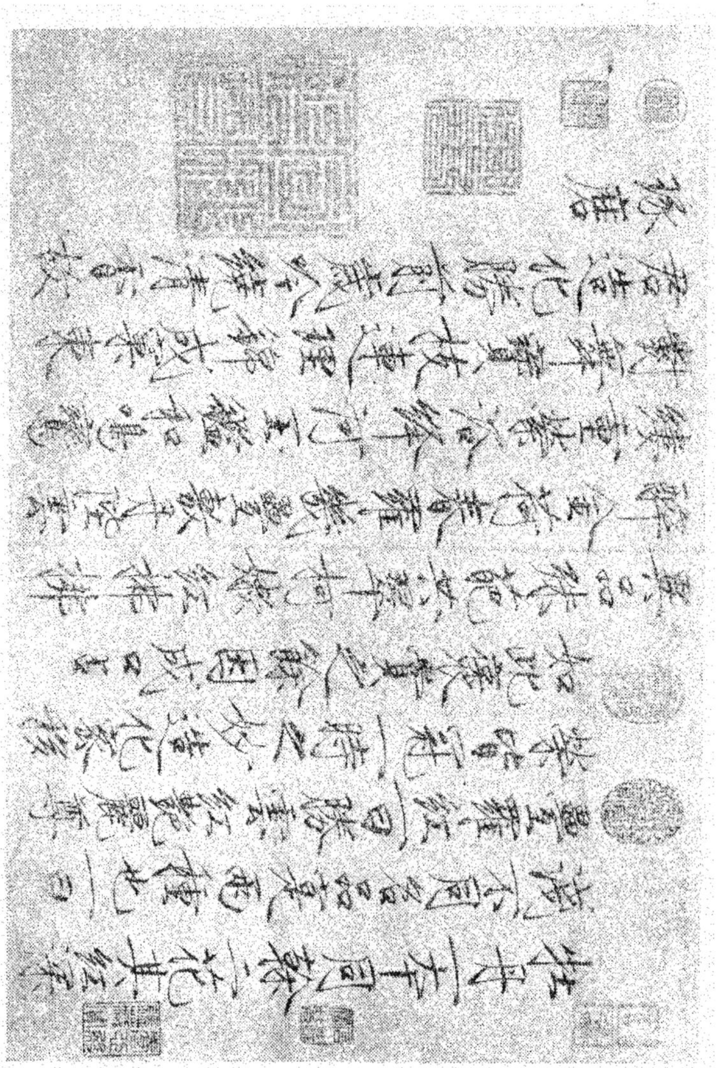

圖二十四 宋徽宗牡丹詩（國立故宮博物院藏品）

高宗嘗謂：「本朝士人，自國初至今，殊乏以字畫名世，縱有不過一二數，誠非有唐之比。然一祖八宗，皆喜翰墨，特書大書飛帛分隸，加賜臣下多矣。」（註一九七）徽宗詞翰爲帝中第一，深通百藝，書畫尤工。行草眞書，筆勢勁逸，初學薛稷，自變其法度，號瘦金書。兼好收藏，凡御府所儲，必以御筆金書小楷題簽。政和七年，親書國子監辟雍大成殿額。宣和四年，幸秘書省，御書千字十體書、洛神賦、及行草近詩等。又曾御書臨王右軍蘭亭序。

丁、南宋書家

宋代諸帝，對國計治道，雖無可取，而藝術則以楮墨見長，徽宗然，高宗亦無不然也。「思陵妙悟八法，留神古雅，當干戈俶擾之際，訪求法書名畫，不遺餘力；消閒之燕，展玩摹搨不少怠，蓋睿好之篤，不憚勞費，故四方爭以奉上無虛日。又於榷場購北方遺失之物，故紹興內府所藏，不減政宣。」（註一九八）自謂五十年未嘗一日捨筆墨，極留心書學，用功亦最深。始爲黃庭堅書，改用米芾，動皆逼眞。至紹興初，專倣二王，得其筆意，楷法益妙。最後作孫過庭字，而孝宗亦效之。（註一九九）其所書神女賦，法度全類孫過庭，且善用筆，沉毅而兼有飄逸之態。嘗謂宋代無字法可稱，於北宋但舉蔡襄、李時雍及蘇、黃、米、薛，於同時但舉吳說、徐兢，而皆有不滿之辭。惟於米芾行草，較爲許可，然大旨所宗，惟在羲、獻。（註二〇〇）其所翻刻或續刻之法帖，多盛行於世，作士林之範本也。吳說，字傅朋，錢塘人，「紹興以來，雜書游絲書，惟錢塘吳說。」（註二〇一）其書圓美流麗，以韻勝，小楷極佳，但世不傳。曾書九里松牌，高宗取入禁中。徐兢（一〇九一—一一五三）善書，宣和間嘗爲書學博士。徽宗嘗召至禁中書「進德修業」四字，運筆精熟，周旋曲折，體勢端勁，徽宗稱善。小篆甚精，以李斯爲本，四明人家多有之；眞行遒麗超逸，褚、薛、顏、柳衆體兼備。晚好作草，尤迫懷素，夭橫馳騁，其用無窮。故言書者，當時以兢爲宗。岳飛長於章草，力斫餘地。曾紆，字公袞，布之子，篆隸行草，沉著痛快，得古人用筆意，其神娓娓，意盡則止。江南大牓豐碑，率爲其墨蹟。(註二〇二)蔣璨，字宣卿，紹興間戶部侍郎，善行書，亦長於大字，豫章諸寺扁額，多爲其所書，圓媚縝密，然少蕭散。楊旡咎，書學率更，少變其體，江西碑碣，多其所書，小字尤淸勁可愛。謝諤字昌國，書法似東坡而少變其體，大抵窘於舒放，然自成一家。嘗書重華宮扁，爲高宗所稱。張孝祥篆書極工，眞書師顏魯公亦佳。

朱熹之書，筆勢迅疾，曾無意於求工，然點畫波磔之間，無一不合書家規矩，所以不甚顯著者，蓋爲學名所掩也。晦翁之書，榜額之外不多見，端州友石臺記，法近鍾繇，亦復有分隸遺意。遊晝寒亭詩，爲乾道七年寫，此帖筆意在東坡山谷之間，骨力險勁，精采奕奕。陸游草書學張旭，行書學楊凝式，書蹟飄逸，遒勁可愛。范成大以能書稱，筆勁體遒，學山谷米老，神韻不逮，而遒勁可觀。姜夔亦工書法，運筆勁健，體勢老成。

兩宋婦女亦能書，刺史張閣子祺之室史琰，字炎玉，作字用禿筆，體法古勁。章友直之女女煎，能篆書，傳家學。兪似之妻趙氏，書似詩於英州金山寺壁，字體徑四寸，遒勁類薛稷。狀元黃由妻胡氏，號惠齋，能草書。悟空道人徐氏，學虞書，得楷法。蓬萊女宮徐淸，字靜之，書效黃山谷，妍妙可喜。而楚州官妓王英英，善筆札，學顏書體，蔡襄教以筆法，晚年作大字甚佳。彭澤妓楚珍，善三色書，草篆八分皆工。（註二〇三）

釋氏之能書者，南宋廬山釋顯彬、釋茂蔣，壽春釋惠崇，善王書。浙東釋苑基，善顏書。豫章釋素垌，學率更。其餘如關右釋夢貞、長沙釋希白、錢塘釋思齊、政禪師，以至釋德止、釋靜師、釋敏傳、釋智成、釋省肇、釋夢英、釋言法華，亦皆以善書稱。（註二〇四）

戊、書法論著

書家所撰之論著，依其內容之性質，可分爲書法評論與墨蹟書史兩類：

㈠**書法評論**　淳化法帖既焚板，元祐中，劉次莊摹刻之石，復取帖中草書所病讀者爲釋文，行於世。米芾有海岳名言一卷，皆其平日論書之語，於古人及當代書家，多所譏貶。然其所言運筆布格之法，實能脫落蹊徑，獨湊單微，爲書家之圭臬。高宗有翰墨志一卷，亦爲評書法之作。姜夔有絳帖評二十卷，又有續書譜一卷，乃續唐孫過庭之書譜，輯論書之語，所載凡二十則：總論、眞書、用筆、草書、用筆、用墨、行書、臨摹、書丹、性情、血脉、燥潤、勁媚、方圓、向背、位置、疏密、風神、遲速、筆鋒（其燥潤勁媚二則，均有錄無書），議論精到，爲臨池者所宜探索也。陳思撰書苑精華二十卷，集古人論書之語，與其所撰書小史相輔而行。內容卷一卷二曰法，卷三曰勢曰狀曰體曰旨，卷四曰品，卷五曰評曰議曰估，卷六曰斷，卷七曰錄，卷八曰譜曰名，卷九卷十曰賦，卷十一卷十二曰論，卷十三曰記，卷十四曰表曰啓，卷十五曰箋曰判，卷十六曰書曰序，卷十七曰歌曰詩，卷十八曰銘曰贊曰敍曰傳，卷十九曰訣曰意曰志，卷二十曰雜著，所收凡一百六十餘篇。以意主閎博，故編次叢雜，不免疏舛。然裒錄諸家緒言，薈萃編排，以資考訂，較唐張彥遠法書要錄等，尤爲賅備。

(二)墨蹟書史　景祐三年，國子博士周越知國子監書學，上所纂集古今人書幷所更體法，名曰書苑，二十九卷。米芾有書史一卷，評論前人眞蹟，皆以目歷者爲斷，始自西晉，迄於五代。凡印章跋尾，紙絹裝褙，俱詳載之。對於墨蹟眞僞，辨別精確。又有寶章待訪錄一卷，皆紀同時士大夫所藏晉唐墨蹟，成於元祐元年。懼久廢忘，故作此以俟訪，內分目覩、的聞兩類。目覩者，王羲之雪晴帖以下凡五十四條；的聞者，唐僧懷素自序以下凡二十九條。大概與其書史相出入，然書史詳而此較略，亦可互相考證焉。宣和書譜二十卷，不著撰人名氏，記徽宗內府所藏諸帖，首列帝王諸書爲一卷，以次列篆隸爲一卷，正書四卷，行書六卷，草書七卷，末列分書一卷，而制誥附焉。宣和之政，無一可觀，而賞鑒則爲獨絕，此書其一例也。宣和中，與黃伯思均以考據賞鑒擅名者有董逌，撰廣川書跋十卷，皆古器欵識，及漢唐以來碑帖。末亦附宋人數帖，論斷考據，皆極精當。岳珂寶眞齋法書贊二十八卷，是書以其家所藏墨蹟，自晉唐迄於南宋，各繫以跋而爲之贊；於諸家古帖，徵人論世，考核精審。此書大抵以類分編，首以歷代帝王，次晉眞蹟，次唐摹，次唐五代至宋眞蹟。每類之首，有總標，總標之下，先繫以贊。晉唐以前，簡幅省少，帖各為贊；南北宋人，篇翰繁多，則連類為贊。此書不止考證頗為有功，而所載諸帖，多已泯沒零落，亦幸因其彙集以傳也。董史書錄三卷，附外篇，淳祐二年撰，皆紀宋代書家姓名，分上中下三篇。上篇載藝祖至高宗；中篇載北宋書家一百一十人；下篇載南宋書家四十五人。有所見輒鈔於帙，故不復以人品高下為詮次。凡諸書所有評論書法者，悉加採摭，彙次每人之後。更以外篇，附於卷末。錄中所紀，雖未為賅備，而徵引典核，考據精審，亦殊有體裁。陳思書小史十卷，咸淳三年謝愈修序，以歷代書家小傳纂次成帙。書中所載，自庖犧迄五代，凡紀一卷，載帝王為五十一人。傳九卷，首后妃十人，附以諸女十三人；次諸王二十七人；次蒼頡至郭忠恕共四百三十人。排比薈萃，用功勤劬，蒐羅編輯，亦足供考古者檢閱之助也。(註二〇五)

第八節　圖　畫

甲、圖畫院

宋自統一宇內，凡五代所珍藏之名畫，多收歸御府。蜀江南有名之畫家，亦被招攬，集於汴京，而加以獎勵優待。太宗詔全國搜求名蹟，設秘閣於崇文院，珍藏古今名畫，每年夏季開放，以供近侍館閣諸臣展覽。而歷朝皇帝亦愛好美術，以身作則，領導提倡。待詔官名，溯自唐代；翰林圖畫院之設，則仿自五代南唐。翰林院在禁中，乃人主燕居之地，應供奉者皆稱翰林，故有待詔之名。翰林圖畫院職官，置待詔、祗候、藝學、畫學正、學生、供奉六級。咸平元年，待詔三人，藝學六人，祗候四人。至和間，待詔三人，藝學六人。朝廷既設有畫院，納入官制，延攬名畫家，授以職位，享以俸祿，故丹青名手，多出於畫院。宋代繪畫比唐代爲盛者，蓋賴於是焉。茲將歷朝圖畫院人物，臚列如次。

朝別	待詔	其他畫職	備考
太祖朝	王凝、蔡潤（南唐轉入）。	（祗候）厲昭慶（蜀轉入）。（藝學）趙元長（蜀轉入）、夏侯延祐、董羽（南唐轉入）。（學生）趙光輔（蜀轉入）。	（不明者）黃惟亮、楊棐。
太宗朝	王靄、高益、高文進、高懷節、南簡、夏侯延祐、牟谷（初爲祗候）。	（祗候）李雄、呂拙、高懷寶、王道眞。（畫學）趙偉。	（不明者）燕文貴。
眞宗朝	陶裔（初爲祗候）、卑顯、荀信。	（祗候）高元亨、燕貴。（藝學）劉文通。	（不明者）馮清閔、王端、龍章。

仁宗朝	高克明、裴覬、任從、郭熙。	（祗候）屈鼎、梁忠信、支選、陳用志。	
神宗朝	鍾文秀、侯文慶、董祥、王可訓。	（祗候）勾龍爽、葛守昌、周照、杜用德。（藝學）李吉、崔白。（學生）侯封。	
徽宗朝	和成忠、馬賁、郭待詔（佚名）、黃宗道、李端、周儀、劉宗古、楊士賢、蘇漢臣、朱銳、張浹、顧亮、李從訓、閻仲、焦錫、李迪、李安忠、胡舜臣、張著。	（翰林入閣供奉）戴琬。（翰林應奉）張戩。（翰林畫史）張擇端。（畫院學諭）張希顏、兼至誠、朱漸、（年未三十不受職）。（畫學正）陳堯臣。（補入畫院）李唐。	（不明者）能仁甫、朱宗翼、徐確、何淵、李希成、戰德淳、韓若拙、孟應之、宣亨、盧章，劉益、富燮、田逸民、侯宗古、郗七、（名佚）、任安、薛志、周怡、黃道寧、趙宣、王道亨、郭信（補畫院賜緋待詔）。

高宗朝	吳炳、馬和之、馬興祖、李瑛、劉思義、陸青、馬公顯、馬世榮、林俊民、蕭照、王訓成、尹大夫（名佚）。（由徽宗朝轉來者）李唐、劉宗古、楊士賢、李迪（畫院副使）、李安忠、蘇漢臣、朱銳、（授迪功郎）、李端、張浹、顧亮、李從訓（補承直郎）、閻仲、周儀、焦錫、胡舜臣、張著。	（祗候）賈師古、韓祐。（補入畫院）朱光普。	（不明者）陳喜。
孝宗朝	毛益、蘇焯、林椿、李珏。	（祗候）閻次平、閻次于。（祗應修內司）魯莊。（祗應甲庫）陳椿。	（不明者）梁松、何昌世。
光宗朝	劉松年、李嵩。		（不明者）張茂。

寧宗朝	蘇堅、白良玉、梁楷、陳居中、高嗣昌、蘇顯祖、夏珪、馬逵、馬遠。	（祗候）馬麟。	（不明者）李興宗。
理宗朝	孫覺、魯宗貴、陳宗訓、俞珙、胡彥龍、史顯祖、吳俊臣、李德茂、孫必達、顧興裔、張仲、崔友諒、馬永忠、陳清波、范安仁、陳可久、陳珏、朱玉、白用和、宋汝志、朱懷瑾、毛允昇、侯守中、曹正國、王華、豐興祖、錢光甫、徐道廣、謝昇、顧師顏、宋碧雲。	（祗候）戚仲、方椿年、王輝。	（不明者）李永。
度宗朝		（祗候）樓觀、李永年、李權。	（不明者）朱紹宗。

郭若虛著錄畫家，自建隆元年至熙寧七年，凡一百五十八人。（註二〇六）鄧椿畫繼，錄自熙寧七年

至乾道三年，凡二百一十九人。(註二〇七)元陳德輝著續畫記一卷，再錄自建炎初至德祐元年，能畫者一百五十一人。(註二〇八)厲鶚著南宋院畫錄，載南宋畫家九十六人。夏文彥錄北宋畫家四百五十二人，南宋三百一十二人，共七百六十四人。(註二〇九)此類畫家，大多爲畫院之人物，足見宋代繪畫人才之鼎盛也。由圖畫院名手所繪之畫，稱爲院畫。院畫繪染，皆循守師承，拘謹細密，從工力中表現。非畫院人物所繪者，則爲院外之畫，每表現其天才，發揮其個性，有特殊創造，成不朽之作。良以朝廷激勵於上，社會風行於下，士大夫無不喜拈筆弄墨，以爲怡情陶性之具。因此繪畫一藝，遂由專門之職業，變爲文人學士業餘之消遣品，文人畫之蹊徑，益爲擴闢矣。

繪畫分類中，以山水爲傑出，花鳥次之，而人物與雜畫，亦多名作。茲摘要敍述如次。

乙、山水畫

宋人對於自然與人生之最高理想，每藉山水畫來表現，胸中丘壑，賦有無窮之逸致也。汪藻曰：「山林之樂，至陶淵明、謝康樂、王摩詰之徒，始窮探極討，盡山水之趣，納萬境於胸中，凡林霏空翠之過乎目，泉聲鳥哢之屬乎耳，風雲霧雨，縱橫合散於冲融杳靄之間而有感於吾心者，皆取之以爲詩酒之用。蓋方其自得於言意之表也，雖宇宙之大，終古之遠，其間治亂興廢，是非得失，變幻萬方，日陳於前者，皆不足以累吾之眞。故古人有貴於山水之樂者如此，豈與夫槁項黃馘欺世眩俗者同年而語哉？」(註二一〇)夫用筆墨之靈，開拓胸次，而與造物爭奇者，莫如山水。故大好自然界，觸於目而感於心，立萬象於胸中，反應一種新意境，新生機，形之於翰墨，或繪成山水畫，或詠爲詩詞，以透發其情趣。是以山水常與詩爲緣，「詩是無形畫，畫是有形詩」，(註二二一)蓋境界已熟，心手相應，爲文詞爲韻色以狀之一也。

山水畫自唐分派以後，至宋名家蔚起，闡微發奧，實能開唐人所未開，盡唐人所未盡。變化既多，派別亦繁。故山水畫至宋，可謂羣峯競秀，萬壑爭流，法備而藝精，宜爲後世所師法。郭若虛曰：「佛道人物士女牛馬，則近不及古；若論山水林石花竹禽魚，則古不及近」，正謂此也。文人之畫，始自王維，其人品、學問、才情、思想，每表現於楮素而變爲文學化，而工山水者多文人學士，恒藉是以陶寫性情，發抒胸臆，專一丘之娛，擅一壑之美，爲遣興娛情之作。山水畫自五代荆浩關仝崛起後，北宋之李成、董源、范寬，承其遺風，發揚而光大之，遂超邁唐世，三家鼎立，成爲代表作，前無古人，師啓來者，山水之格法始備。「董源得山之神氣，李成得山之體貌，范寬得山之骨法，故三家照曜古今，而爲百代師法。」(註二二二)李成(乾德五年卒)，字咸熙，長安人，唐之後裔，避居北海之營邱，善屬文，氣調不凡，因才命乖舛，遂放意於詩酒，寓興於圖畫以自娛。初受業於關仝，畫峯巒林屋雪景，皆以淡墨爲之，而水天空處，全用粉填。木石瘦硬，煙雲遠近，一以色取之。凡煙雲變滅，水石幽閒，樹木蕭森，川原淸曠，莫不曲盡其妙。好寫平遠寒林，惜墨如金，又近於王維之畫風，以風雨圖爲最著。董源，字叔達，鍾陵人，事南唐爲後苑副使，因咸稱爲董北苑。善畫山水，樹石幽潤，峯巒淸深，天眞爛漫，意趣高古。其山水可分爲二類：一是水墨，一是著色。論者謂其水墨極似王維，著色如李思訓。前者採渲淡法，下筆均直，為疏林遠樹，平淡深幽，用滲輭之皴法（即麻皮皴）畫山，而揷以礬頭（山上有小石塊成堆謂之礬頭）之石；後者皴文不多，用色極淡。宣和畫譜謂：「至其自出胸臆，寫山水江湖、風雨溪谷、峯巒晦明、林霏煙雲，與夫千巖萬壑，重汀絕岸，使覽者得之，眞若寓目於其處也。」（註二一三）米芾亦評之曰：「董源平淡天眞多，唐無此品，在畢宏上，近世神品，格高無與比也。峯巒出沒，雲霧顯晦，不裝巧趣，皆得天眞。嵐色鬱蒼，枝幹勁挺，咸有生意。溪橋漁浦，洲渚掩映，一片江南也。」（註二一四）故其山水畫，多寫江南眞山。黃子久謂：「董源坡脚下多有碎石，乃畫建康山勢。董源小山石，謂之礬頭，山中有雲氣，此皆金陵山景。」（註二一五）范寬，名中正，字仲立，華原人，性溫厚有大度，故時人目為范寬。寬作山水，初師李成，又師荆浩，山頂好作密林，水際作突兀大石。既而自嘆曰：「與其師諸人，不若師造化」，於是棄去舊作，卜居於終南太華，終日危坐於山林間十年，縱目四顧，以求天趣，雖雪月之際，必徘徊凝覽，以發思慮，抒筆為畫，遂為一代作者。落筆厚重生硬，眞得山骨，而表現峯巒渾厚勢狀雄偉之美，對自然有深切體會。屋宇用墨色籠染，後人名之曰鐵屋。其谿山行旅圖，取正面雄強形勢，具見其巖巖氣象，此為范寬畫風之特徵。米芾曰：「范寬山水，嶪嶪如恒岱，遠山多正面，折落有勢。晚年用墨太多，土石不分，本朝自無人出其右。溪出深虛，水若有聲。其作雪山，全師世所謂王摩詰。」（註二一六）董其昌亦曰：「范寬山川，渾厚有河朔氣象，瑞雪滿山，動有千里之遠，寒林孤秀，挺然自立，物態嚴凝，儼然三冬在目。」（註二一七）論者謂宋代山水，惟李成與范寬稱絕，蓋李成之筆，近視如千

圖二五　范寬谿山行旅圖（國立故宮博物院藏品）

里之遠；范寬之筆，遠望不離坐外，皆所謂造乎神者也。

師李成一派者，有許道寧、翟院深、郭熙、燕肅、宋迪、范坦、李宗成、劉明復、李遠等，僅得一體，卓然名家。許道寧，長安人，工詩善畫，性頗跌宕不羈。山水學李成而得其氣，行筆簡易，峯頭直皴而下，林木平遠野水，皆造其妙，傳其法者有侯封、邱訥等。翟院深，營丘人，善山水，喜爲

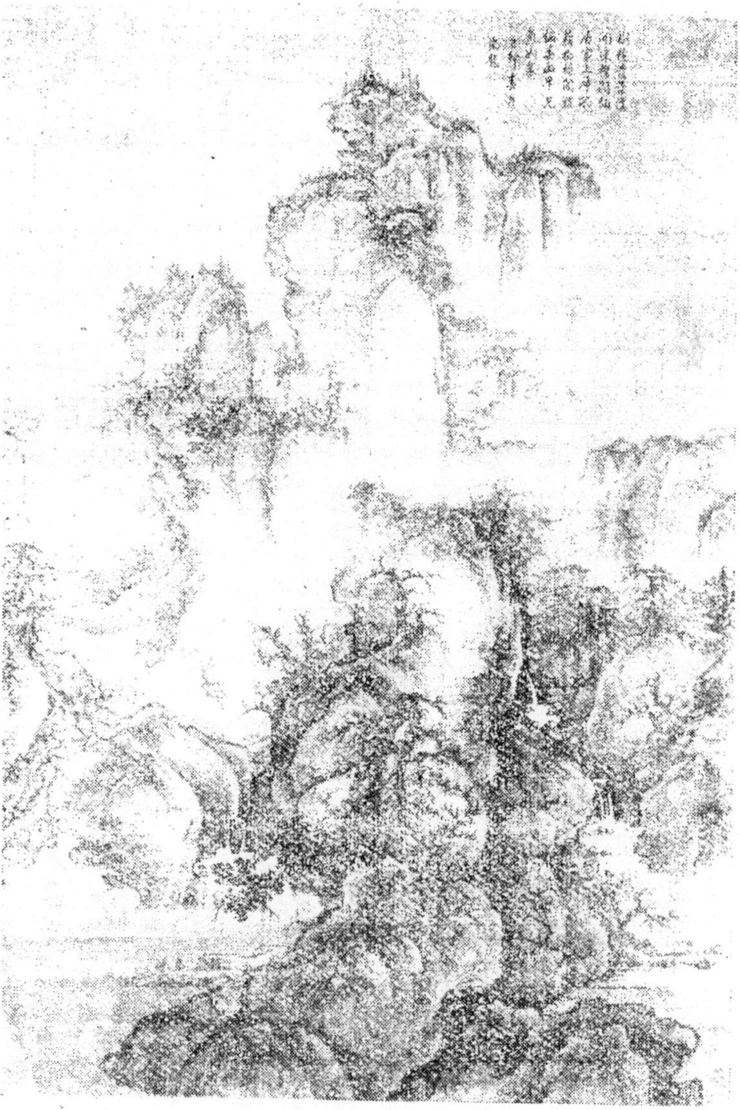

圖二十六 郭熙早春圖（國立故宮博物院藏品）

峯巒之景，得營丘之風，可以亂眞。郭熙，字淳夫，河南溫縣人，喜山水，畫蟹爪樹之寒林，宗李成法，得煙雲出沒，山川遠勢，峯巒隱現之態，對於氣候變形之觀察，尤爲深沉，布置筆法，獨步一時。郭熙之於李成，猶巨然之於董源也，「風雨圖本出於李成，超軼不可及也；近世郭熙，時得一筆，亦自難得。」（註二二八）元豐官制行，內兩省諸廳照壁，自僕射而下，皆郭熙畫樹石。學士院玉堂中屏，有熙所繪春江晚景爲尤工。（註二二九）東坡詩有云：「玉堂畫掩春日閑，中有郭熙畫春山。」（註二三〇）當時備受推許，可以概見。熙之壁畫，自出新意，令圬者不用泥掌，只以手塑泥於壁，或凹或凸，俱所不問，乾則隨其形迹，施以繪畫，暈成峯巒林壑，加以樓閣人物之屬，宛然天成。（註二三一）燕肅（康定元年卒），字穆之，陽翟人，喜畫山水寒林，蹈王維之蹤，做李成之範，獨不爲設色，官至禮部尙書。宋綬爲學士時，肅作六幅山水屏寄之，遂置於玉堂中。（註二三二）宋迪，字復古，度支員外郎，畫山川草木，妙絕一時。尤工平遠，運思高妙，筆墨淸潤。其平生得意之作，有平沙雁落、遠浦帆歸、山市晴嵐、江天暮雪、洞庭秋月、瀟湘夜雨、煙寺晚鐘、漁村落照，謂之瀟湘八景，——初未嘗命名，乃後人目之也。（註二三三）范坦，字伯履，洛陽人，善畫山水，其筆法學關仝、李成。李宗成，鄜時人，工畫山水寒林，破墨潤媚，取象幽奇，林麓江皐，尤爲盡善。劉明復，善畫山水，師李成，官至直龍圖閣。李遠，靑州人，學李成。氣象深遠，馳名崇觀間。

師董源一派者，有釋巨然、劉道士等。劉道士，亡其名，建康人，工山水，與釋巨然同時，作風亦與巨然相同，唯劉畫道士在左，巨然則以僧在左耳。巨然爲鍾陵僧，祖述源法，皆臻妙理，「工畫山水，筆墨秀潤，善爲煙嵐氣象，山川高曠之景，但林木非其所長。隨李主至闕下，學士院有畫壁，兼有圖軸傳於世。」（註二二四）巨然少年時，多作礬頭，古峯峭拔，風骨不羣，老年平淡趣高。董其昌曰：「宋畫至董源巨然，脫盡廉纖刻畫之習，」（註二二五）蓋以墨染雲氣，有吞吐變滅之勢，有筆有墨而若無筆無墨，「近視之，幾不類物象，遠觀則景物粲然，幽情遠思，如覩異境。」（註二二六）宋初，自以李、董、范三家爲山水之代表作，然亦有加巨然爲李、范、董、巨四家者。傳巨然之衣鉢，有建陽僧惠崇，工小景，善畫寒汀遠渚，有瀟灑清曠之致，王荊公最爲賞識，蘇東坡亦爲之題詩（春江曉景）。黃庭堅謂：「惠崇得意於荒寒平遠，亦翰墨之秀也。」（註二二七）但遠景不踰於吳頭楚尾，故宣和畫譜堅黜之。再傳有西湖淨慈寺僧玉硼，師惠崇，亦善畫山水。

師范寬一派者，有黃懷玉、紀眞、商訓等，然黃失之工，紀失之似，商失之拙，各只得其一體。黃懷玉，華原人，學范寬頗有其格，樹木皴剝，人物清灑，意思孤特，得其岩嶠之骨。紀眞工山水，學范寬而能畢眞。商訓，善鼓琵琶，工畫山水，師范寬，但筆勢勾研，山石少皴，頗失之拙。

此外，以山水名於當時者，尚有燕文貴、高克明、王端、賀眞，以及特擅屋木之郭忠恕、王士元等。燕文貴本隸尺籍，工畫山水，不專師法，自立一家規範，而景物萬變，觀者如眞臨焉，稱爲燕家景致。預玉清昭應宮之役，偶畫山水一幅甚精，因補圖畫院祗候。高克明，絳州人，性幽默，多行郊野間，覽山林之趣，箕坐終日，歸則求靜室以居，沉屏思慮，神遊物外，景造筆端，得蒼古清潤之趣。大中祥符中入畫院，與王端、燕文貴、陳用志爲畫友，凡佛道、人馬、花竹、翎毛、禽蟲、畜獸、鬼神、屋木，皆造其妙，尤工山水，雖未及李、董之門，而採擷諸家之美，參成一藝之精，足爲後世楷法。然山水雖工，不免畫人之習，而乏深厚高古之氣。景祐初，畫四時之景於彰聖閣。王端，瓘子，字子正，山水專師關仝，好爲罅石濺水，怪樹老根，出人意思。賀眞，延安人，擅人物山水，古木怪松，得郭熙筆法。宣和初，建寶眞宮，在講堂高壁作雪林圖，觀者嗟賞。郭忠恕，字恕先，洛陽人，始亦常師關仝，善畫林泉樓觀木石，絕類王維。常畫重樓複閣於天外，峯嵐之間，略有筆墨，皆極精妙。數峯天外，潑墨成畫，較王洽潑墨更奇。宮室畫最難工，以畫時需用尺，折算無差，循然有法度，畫者往往束於繩墨，難逞筆墨，稍涉畦畛，便落庸匠，獨郭氏以沉宏精審之才，博聞強識之資，游心於規矩繩墨之中，而不爲窘，可謂絕藝。王士元，仁壽子，精父藝，人物師周昉，山水師關仝，屋木師郭忠恕，傳其法。善作樹石雲水，漁村浦嶼雪景，類江南畫，其景趣在關仝之上。

神宗以後，山水作風，一時頗偏向於工整，如李公麟、王詵、趙令穰、馮覲、周純等，著色山水，多近李思訓一派，惟晁補之，則集諸家之長，自成一格。李公麟，字伯時，號龍眠居士，舒城人，第進士，亦善山水，似李思訓，繪畫集顧、陸、張、吳及先世名手之所長，而自成一家，尤長白描，多以澄心堂紙爲之。元符三年致仕，曾畫龍泯山莊圖，傳爲世寶。王詵，字晉卿，本太原人，後爲開封人，爲駙馬都尉。丹青絕妙，山水淸潤可愛。又作著色山水，師李思訓，不古不今，自成一家。嘗繪山水橫卷，善畫金線皴法，論者謂脫胎於李成之靑綠皴法。趙令穰，宋宗室，字大年，長山水松石，平遠絕似王維。其江鄉淸夏卷，仝倣右丞筆意，脫去院體，秀潤天成，眞宋代之文人畫。小

圖二十七　米芾春山瑞松圖（國立故宮博物院藏品）

山叢竹學東坡，淸麗而有思致，其胸次瀟灑，見於筆端。但以宗室不得遠遊，每得一新境，輒目之曰又是上陵回也，蓋所見只京洛間景不出五百里故也。內侍馮覲，字遇卿，開封人，少好丹青，作江山四時之景，頗爲精妙，慕王詵筆墨，臨摹亂眞。周純，字忘機，成都華陽人，少爲浮屠，弱冠遊京師，以詩畫爲佛事，都下翕然，知名士大夫與之遊，後坐累編管惠州。工畫山水，師李思訓，又能作花鳥松竹牛馬之屬，變態多端，一一淸絕。晁補之，才氣飄逸，書畫不凡，人物鞍馬山水花鳥，無所不作。徽宗時，始有米芾爲畫學博士，遠仿王洽，近學董源，好以積墨點寫，滿紙淋漓，天眞煥發，自成一家。芾畫作雲山，獨創手法，用其潑墨，參以破墨、積墨、焦墨、淡墨，融厚有味。抉摘雲煙奇景，大氣波動之神趣，而以疏簡之筆出之，深得氣韻之秘密。枯木怪石，自有奇思。樹木之簇點，卽米點法之本也。芾子友仁，略變父法，氣滿神眞。煙雲變滅，林泉點綴，生意無窮。所畫楚山淸曉圖，芾於賜對便殿時上之。米氏父子，時稱爲大米、小米。米氏專寫江南雲山，爲山水畫之又一變。董其昌曰：「唐人畫法，至宋乃暢，至米家又變耳。」又謂：「詩至少陵，書至魯公，畫至二米，古今之變，天下之能事畢矣。」（註二三八）由李成、董源、范寬、及僧巨然、米芾父子，統稱爲山水畫之南宗。文同亦善山水，有晚靄橫卷，黃庭堅謂：「觀之歎息彌日，瀟灑大似王摩詰，而工夫不減關仝。」（註二三九）則文同之山水，亦爲南宗也。

南渡後，山水畫風大變。北宋山水，除少數兼習李思訓靑綠山水者外，全尙水墨渲染，重寫意之文人畫，而趨向於王維一派。至北宋末，南宋初，始有趙伯駒伯驌昆季，以及李唐劉松年等，蔚起於畫院，尚鈎斫法，筆法細潤雅秀，色彩金碧輝煌，大興精麗巧整之作風，代表皇帝之堂皇華貴。宣和舊人，流派相傳，復樹畫院之新幟，世稱院體，卽李思訓青綠之一派也。院體畫復分爲兩派：一爲趙伯駒伯驌，另一爲李唐。伯駒，字千里；伯驌（一一二四—一一八二），字希遠，宋宗室，昆季皆善寫山水，傳北宗衣鉢，而發揚光大，筆法纖細如牛毛，極富麗巧整之致，而伯駒遠師李思訓，爲此派中興之大將。李唐，字晞古，河陽三城人，徽宗朝曾補入畫院，畫已著名；建炎間，授畫院待詔，時年近八十。善畫山水人物，筆意不凡。山水多寫中州山，初師李思訓，其後變化，愈覺淸新，高宗嘗題其夏江寺卷，可比李思訓。劉松年，錢塘人，師張敦禮，工畫樓臺人物山水，神氣精妙，名過其師，而山水精緻細潤，綵繪麗巧，與趙伯駒同工。師趙氏一派者，有閻邦顯、張敦禮、史顯祖等。傳

圖二十八　李唐雪江圖
（國立故宮博物院藏品）

李氏一派者，則有徐改之父子，蕭照、高嗣昌、陸青等。閻次平次于昆季，彷彿李唐，亦屬此派，皆爲北宗山水之正宗。畢邦顯，吳郡人，學千里、希遠，畫林木山水。張敦禮（後避光宗諱，改名訓禮）兼學李唐，盡山水人物，恬潔滋潤，時輩所不及。史顯祖，杭州人，善畫人物仕女，青綠山水。蕭照，護澤人，頗知書，亦善畫，靖康中，流入太行山爲盜。一日，掠至李唐，檢其行囊，不過粉奩畫筆而已，叩知其姓氏，照雅聞唐名，卽辭賊，隨唐南渡，得以親炙。唐感其生全之恩，盡以所能授之。其畫山水，得北苑法，而皴法遒勁過之，異松奇石，蒼涼古野。西湖奇絕之孤山涼堂，規模壯麗，以備遊幸，中有素壁四堵，幾三丈，命照繪山水，畫成，高宗爲之歎賞。高嗣昌，珣之從子，師李唐，作山水寒林古木。陸青，工山水，用筆清秀，喜用濃墨，木葉不分，唯風雨圖最佳。閻仲，工畫人物絳色山水，其子次平次于，能世其學而過之，亦善山水人物。次平頗似李唐，而跡不逮意，次于又次之。隆興初，進畫圖稱旨。

孝宗時，海宇稍靖，淳熙間，畫院人才輩出。光宗寧宗時，畫院更盛。有馬遠夏珪出，師李唐，而參以南宗水墨之法，行筆粗硬，不主細潤，雖同爲院體，屬於北宗系統之下，然焦墨枯筆，蒼老淋漓，別開簡率蒼勁之風，世稱水墨蒼勁派，蓋已受南宗董、巨、范、米諸家之陶鎔，而開南北混合之新格。王元美曰：「山水大小李一變也，關、董、巨又一變也，李成、范寬又一變也，劉、李、馬、夏又一變也。」（註三三〇）馬遠，號欽山，先爲河中人，世以畫名，後居錢塘，爲畫家馬興祖之孫，世榮之子，畫山水人物花禽，種種臻妙，與夏珪齊名，時稱馬夏。下筆嚴整，用焦墨作樹石，枝葉夾

圖二十九　馬遠山徑春行圖（國立故宮博物院藏品）

圖三十 夏珪溪山行旅圖（國立故宮博物院藏品）

筆，石皆方硬，以大劈斧帶水墨皴甚古。不尙纖穠嫵媚，惟以高古蒼勁爲宗，極簡淡之趣，所謂形不足而意有餘。遠所繪多殘山賸水，不過南渡後臨安風景，水墨西湖，畫不滿幅，故人稱之爲馬一角。其兄逵及子麟，亦善山水，惟稍遜。夏珪，字禹玉，錢塘人，工山水，初學李范，又加米法，筆法蒼老，用墨如傅彩。其皴法作拖泥帶水皴，先以水墨皴，後卻用墨筆，突兀奇怪，氣韻尤高。樓閣不用界尺，信手而成。有長江萬里圖，層巒叠嶂，平川遠浦，其勢動蕩，彷彿萬里，潑墨縱筆，濃淡醞釀，出於自然，眞奇筆也。院中人畫山水，自李唐以下，無出其右。其子森，亦工山水，運筆不及珪，獨林石差勝。繼此派者，則有樓觀、蘇顯祖、朱懷瑾、龍升等。樓觀，錢塘人，工畫花鳥人物山水，得夏珪筆法，與馬遠齊名。蘇顯祖，錢塘人，工山水人物，與馬遠同時，筆法相類但稍弱。朱懷瑾，錢塘人，作人物山水樹木窠石，多畫雪景，筆法用墨，全師夏珪，謹守規矩，不敢肆筆。

至於師范寬之畫法者，有李昭（字晉卿，鄄城人）、楊安道（九江人，筆法有江湖氣韻）、田宗源（字子濟，東京人，後居金陵）、林俊民、王洪（蜀人）、龍祥（蜀人）。習郭熙之畫法者，有楊士賢，筆法挺勁，多作小景山水。又有張浹、顧亮、胡舜臣、張著。著與浹亮爲同門。此四人者，亮能作大幅巨軸，浹喜布置，著畫重山叠巘，頗繁冗，舜臣則謹密有法，雖皆不逮其師，然後人亦無有及之者。陳椿，杭州人，亦以郭熙爲師承。若夫南宋山水作家，尙有李覺、馬和之、張茂、江參、崔友諒、朱銳、陳淸波、龔開、李永等。李覺，字先民，京師人，工潑墨，曲盡自然之妙。馬和之，錢塘人，紹興中登第，山水工爲平遠，寫山頭者少。張茂，杭州人，善山水花鳥甚爲精緻，小景更佳。江參，字貫道，江南人，居霅川，長於山水，深得湖天之景，平遠曠蕩，盡在方寸，師董源，豪放過之。崔友諒，金陵人，多作大幅雪景。朱銳，河北人，工山水人物，師王維，尤好畫騾綱、雪獵、盤車等圖形，形容佈置，曲盡其妙，筆法類張敦禮。銳之弟森，亦工山水人物，佈置行筆，俱不逮兄。陳清波，錢塘人，多作西湖全景，敍致典雅，筆墨嫣潤。龔開，字聖予，淮陰人，善書畫，山水師二米。李永亦稱營丘，以山水擅名，其餘技時作寫生，便覺風神高逸，非李迪諸人所得齊驅也。

丙、花鳥畫

花鳥自五代時徐熙黃筌競起，號徐黃體，駸駸乎有與人物畫並駕齊驅之勢。入宋以後，純粹審美之風大盛，因而玩賞圖畫，除山水外，花鳥益復向榮。初有輕淡閒逸之徐崇嗣及穠豔富麗之黃居寀，遙相對峙，幾取人物畫中心之地位而代之。崇嗣爲熙之孫，除水墨淡彩之外，復創新意，不筆不墨，以丹鉛疊色點染，趣味淸雅，意境超逸，命意用筆，輒入於文學化，世以其無筆墨骨氣，號沒骨體（始於梁張僧繇），張旗幟於畫院外，與黃氏雙勾畫一派相頡抗。世稱黃家富貴，不及徐氏淡雅焉。居寀爲筌之季子，字伯鸞，工花卉翎毛，其畫法先行勾勒，後塡色彩，默契天眞，冥周物理。其家多養鷹鶻，觀其神俊以描寫之，故得其妙。始事孟蜀爲翰林待詔，乾德三年，隨蜀主至闕下，太宗尤加眷遇，恩寵優異，委之搜訪名畫，銓定品目，一時儕輩，莫不斂袵，故其畫爲畫院標準，大成院體花鳥之一派。當時徐、黃兩大派，一則嗚高於院外，一則獨矜於院內，各擅芬芳，學花鳥者，不入於黃則入於徐，其情形頗與北宗山水發展於院內，南宗山水宏揚於院外者相似。繼黃派者，有夏侯延祐（蜀郡人）、李懷袞（蜀郡人）、李吉（開封人）等，皆其嫡傳；傳文用（開封人）、李符（襄陽人）、陶裔（京兆鄠人）等，均彷彿黃氏，實亦受其影響也。繼徐派者，則有崇嗣之弟崇勳、崇矩、唐希雅（嘉興人）之孫宿、忠祚、以及易元吉等。又艾宣（金陵人）之孤標高致，每多野逸；趙士雷（字公震，宋宗室）之落筆荒寒，思致絕勝；李甲（華亭人）之逸筆翎毛，有意外之趣，亦均近於徐氏。至於繼其沒骨點染一派者，眞宗時有趙昌，仁宗時有劉常（金陵人），徽宗時有費道寧（懷安人）。除徐黃外，又有邱慶餘者，西蜀人，師藤昌祐，善畫花卉翎毛，而兼長於草蟲，以墨之深淺透寫，亦極形似之妙，風韻高雅，爲世所推，人謂其得意處不減徐熙也。因事南唐，後隨李後主歸宋。

趙昌，字昌之，劍南人，性傲易，遊巴、蜀、梓、遂間，善畫花果，兼工草蟲，初師滕昌祐，後過其藝。趙氏畫花，特擅寫生，妙於傅色。每晨早起，自園中實地察驗，然後調彩色寫之，自號「寫生趙昌。」歐陽修謂：「趙昌花寫生逼眞，而筆法輭俗，殊無古人格致，然時亦未有其比。」（註二三一）其折枝尤妙，花則含煙帶雨，笑臉迎風；果則賦形極似，莫辨眞僞，設色如新，年遠不退。昌亦善徐氏體，但徐氏畫花傳花神，意不在似；昌畫花則傳花形，意在於似。家富，晚年復自購已畫，頗自珍惜，故世所罕傳。王友，其高弟，傳彩入昌之室，寫生則未逮。繼友之後者，唯長沙吳澤，南宋林椿亦宗之。易元吉，爲徐氏體之名家，字慶之，長沙人，天資頴異，靈機深敏，創出富有野趣之花鳥畫，花鳥蜂蝶，動輒精奧。所作花鳥，間以亂石叢花，疏篁折葦，時稱徐熙後一人。其初以花鳥專

圖三十一　趙昌牡丹圖（國立故宮博物院藏品）

門，及見趙昌畫，乃曰：「世未乏人，須要擺脫舊習，超軼古人之所未到，方可以成名家，」遂遊荊湖，入山以覘猿狖獐鹿之屬。每蓄水禽山獸，窺伺其動靜遊息各態，然後著筆寫繪，故翎毛猿獐，無出其右。秦觀曾詠其獐猿圖曰：「參天老木相樛枝，嵌空怪石銜青漪。兩猿上下一旁掛，兩猿熟視蒼蛙疑。蕭蕭叢竹山風吹，海棠杜宇相因依。下有兩獐從兩兒，花殘草嫩含春嬉。」（註二三二）趙易二人，可謂爲中國花鳥寫生派巨子。英宗神宗時，有崔白崔慤昆季。白字子西，濠梁人，多用古格作花鳥，必先作圈線，勁利如鐵絲，塡以衆彩，生動逼眞。以敗荷鳧鳥得名，尤長寫生，極工於鵝，體製淸贍，而於道釋人物鬼神，無不精絕。慤字子中，工畫花鳥，推重於時，規模與白相若，尤喜作兔，自成一家。吳元瑜，字公器，開封人，畫學崔白，描法纖細，傅染鮮潤，革去院體故態，稍稍放筆墨以出胸臆，故亦自成一家。翰林圖畫院校藝優劣，必以黃筌父子之筆法爲程式，自兩崔及吳元瑜之出，而畫格乃變。（註二三三）北宋花鳥畫，不在徐黃兩系統之下者，作家殊少。宋初，僅有王曉之（泗州人），似郭乾暉而得精神筋骨之妙。劉夢松（江南人），水墨花鳥，淺深輕重，自成氣格。哲宗時有陳常（江南人），以飛白筆作樹石，折枝花亦以逸筆一抹爲枝，以色亂點花頭，淸逸欲奪造花，時稱妙手。馬賁，河中人，長於鳥獸，以寫生有名於元祐紹聖間，作百雁百猿百馬百牛百羊百鹿圖，位置不亂。政宣時，有韓若拙，洛陽人，善翎毛，每作一禽，自嘴至尾足，皆有名稱，而毛羽有數，兩京推爲絕筆。戴琬，供奉翰林，恩寵特異，工翎毛花竹，因求者甚衆，徽宗聞之，至封其臂，不得私畫，足見其作品之名貴矣。韓戴兩人，非徐非黃，而作花鳥山石人物入妙品，其墨花墨石，間有入神品者。徽宗善畫山水，而花鳥尤工，畫風屬徐氏體，而施以極巧麗之彩色。其所謂墨花者，點以渴筆之焦墨，於叢密處微現一白道，亦畫法之一種。又專寫鳥獸，其畫翎毛，多以生漆點睛，隱然豆許高出紙素，儼如活動，衆史莫能也。

南宋花鳥畫，其錚錚者，趙伯駒伯驌，兼善花禽竹石，傅粉輕盈，頓有生意。李迪，河陽人，工畫花鳥竹石，是學徐氏沒骨體，山水小景不逮。張紀（錢塘人）、戚仲、王安道、曹瑩、衞光遠皆宗之。李從訓，工花鳥，傅彩精妙，亦學徐派。李端，汴京人，工梨花鳩子。李安忠，工畫花鳥走獸，差高於李迪，子公茂，世其家學，然不逮父；又子瑛，亦工畫花竹禽獸。父子最善勾勒法，則兼宗黃派。乾道間有王會，字元叟，畫花竹翎毛，頗拘院體，枝葉爪羽，窮極細微，亦爲黃派之遺。王持傅色輕淡，淸雅不凡，爲屬黃派而近崔吳者。已而黃派漸與徐派融合，其情形頗與當時之山水畫相似。又紹興間之馬興祖及其子公顯世榮，乾道間之毛益，淳熙間之何昌世，光寧朝之馬逵，紹定間之魯宗貴（錢塘人），寶祐間之陳可久，咸淳間之樓觀等，均以善畫花鳥著稱。趙孟堅，宋宗室，字子固，號彝齋居士，居海鹽廣陳鎭，寶慶二年進士，修雅博識，人比米南宮，載書滿船，放舟湖上，東西遊適。善水墨，白描水仙花梅蘭山礬竹石，淸而不凡，秀而雅淡，片紙可値錢百貫，有梅譜傳世。其弟孟淳，字子眞，墨竹亦可觀。馬逵，得家學之妙，花果禽鳥，疏渲極工，毛羽燦然，飛鳴生動之態逼眞，殊過於遠。吳炳，毗陵人，工畫花鳥，宗徐氏沒骨派，寫生折枝，可奪造化，彩繪精緻富麗，光宗李后多愛之。其他學趙昌之花鳥者有林椿，錢塘人，工畫花鳥翎毛，傅粉輕淡，深得造化之妙，亦師徐氏沒骨派，彭杲（錢塘人）、韓祐（石城人）宗之。又有錢選，字舜舉，烏程人，景定三年進士，人物花鳥師趙昌，青綠山水師趙千里，尤善作折枝，其得意者，賦詩其上，鄉人經其指授，類皆以能畫稱。學易元吉者有陳善，紹興間，畫猿獐禽鳥花果，頗能逼眞，傅色輕淡，過於林椿吳炳。張仲工畫花禽，筆法可並林椿。又其他如何昌、王華、毛允昇、侯守中，亦皆爲花鳥畫之翹楚。

丁、道釋人物畫

人物畫可分爲道釋人物與非道釋人物兩種，故羅漢畫及仕女畫頗爲流行。然道釋人物畫，佛教不及道教之盛，大抵屬於道教之像者十居六七，佛像者只十之三四。北宋道釋畫，又較南宋爲盛，故能畫人物者亦較多，沿六朝以來之風尚，多作曹（達）吳（道子）體。非道釋人物，大部份以山水或臺閣爲背景，其中人物或衣冠裙屐，有表現風俗者，有描寫故事者，比道釋人物畫，更爲複雜。在畫院內專長或兼長道釋人物畫者，有王靄（開封人）、趙元長（蜀人）、趙光輔（耀州華原人）、高益、李雄（北海人）、厲昭慶（建業人）、楊棐（京師人）、高文進、王道眞（蜀郡新繁人）等。在院外者，有王瓘、孫夢卿（東平人）、石恪（成都人）、孫知微（眉陽彭山人）、李用及（開封人）、李象坤、童仁益（蜀人）、侯翌（安定人）、陸文通（江南人）等。在院內者以高益高文進爲知名；院外者，以王瓘孫知微爲特出。高益本契丹人，遷涿郡，太祖時入宋。初於都市賣藥以自給，每售藥時，畫鬼神犬馬於紙上藉藥與之，得者驚異，由是稍稍知名。後客於孫四皓，待之厚，畫鬼神搜山圖一本以酬其意，四皓以圖上進。太宗遂授益爲圖畫院待詔，敕畫相國寺行廊，及崇夏寺殿壁，尤長大像，極於神變，而稱其筆力，允爲宋初院內佛畫之領袖。所作寺壁畫樣，爲世所傳摹，是名大高待詔。高文進，後蜀名畫家高從遇之子，工畫道佛，曹吳兼備。蜀平，以俘至闕，後授翰林待詔。未幾，重修相國寺，太宗命倣高益舊本，畫四廊佛變化相，及太乙宮壽寧觀啓聖院，暨開寶塔下諸功德牆壁，皆稱旨。是名小高待詔。黃庭堅謂其「落筆高妙，名不虛得，」（註一三四）爲翰林畫工之宗。其子懷節懷寶，均供奉畫院，而有父風。王瓘，字國器，河南洛陽人，少志於畫，北邙山老子廟壁，吳生所畫，世稱絕筆，瓘常往觀之，雖窮冬積雪，亦無倦意，由是得其遺法。又能變通不滯，取長捨短，聲響動遐邇，世稱小吳生，乾德開寶間，諸畫人莫與敵者。高克明嘗謂人曰：「得國器畫，何必吳生？」武宗元亦曰：「觀國器之筆，不知有吳生矣。」孫知微，字太古，性介潔高逸，隱於畫，師沙門令宗，善道釋，精雜畫，用遊絲筆作人物，宛轉放逸，不蹈前人筆墨畦畛。張詠鎮蜀，雅聞其名，欲一見之，終不可致。晚居青城山白侯壩之趙村，愛其水竹深茂，以助逸興。

大中祥符中，初營玉淸昭應宮，募天下畫流，逾三千數，武宗元爲左部長，王拙爲右部長，如王兼濟、孫懷悅、高元亨、楊朏、高克明、張昉等，皆爲一時作者。武宗元（皇祐二年卒）字總之，河南白波人，佛道鬼神學吳生，年十七，卽能畫北邙山老子廟壁，頗稱精絕，論者謂宗元道釋畫，備曹吳之妙，筆如流水，神采活動，猶寫草書。王拙，字守拙，河東人，畫玉淸昭應宮壁，與宗元爲對手，時人多許之。其子居正，善畫士女，酷學周昉，精密有餘，而氣韻不足。王兼濟，洛陽人，畫學吳生，得其餘趣，嘗與武宗元對手畫嵩嶽廟天封觀壁，宗元畫出隊，兼濟畫入隊，爲衆稱絕。高元亨，字彥德，京師人，工道釋人物，兼長屋木。楊朏，京師人，工畫佛道人物，尤長觀音，得名全國。高克明奉命畫三朝祖宗故事——三朝寶訓，人物寸餘，宮殿山川鑾輿皆備。張昉字升卿，汝南人，學吳生得其法，大中祥符中，玉淸昭應宮成，召昉畫三淸殿天女奏樂隊，昉奮筆立就，高丈餘；又於汝南開元寺，畫護法善神，最爲精緻。此後道釋畫作者漸少。仁宗時，僅有陳用志、孟顯、郝澄、武洞淸。神宗時，亦僅有李元濟、勾龍爽、司馬寇、劉宗古數人。陳用志（或稱用智），許州郾城人，工畫佛道人馬山川林木，精詳巧贍。孟顯，華池人，畫佛像人馬屋木等，出於己意，自成一家，轉動飄逸，不能窮其來去之跡。郝澄，字長源，金陵句容人，作道釋人馬，筆法清勁，善設色，尤工寫貌。武洞清，長沙人，武岳之子，世傳其學，工道釋人物，特爲精妙，大抵與武宗元相上下，而神采勝之。李元濟，太原人，佛道人物學吳生，熙寧中，召畫相國寺壁，與崔白爲勁敵，議者以元濟落筆不妄，推爲第一。勾龍爽，蜀中人，神宗時工佛道人物，及古體衣冠，多作野質不媚之狀，尤善嬰孩之態，爲一代奇筆。司馬寇，汝州人，佛像鬼神人物，種種能之，宣和間稱第一手，然多師法吳生，並無特點。劉宗古，汴人，宣和間待詔，畫人物山水佛像，長於傳染，不施背粉，而正面自有神采。靖康亂後，流落江左。紹興二年，復職除提舉車輅院事。

山水花鳥作家而兼工人物畫者，如董源、王士元、湯子昇、高克明、徐兢、顧大中等。王士元畫人物師周昉，山水學關仝，屋木類郭忠恕，皆造其微。湯子昇，蜀人，擅山水人物，志慕高逸，多繪方外事，有文簫彩鸞圖、鑄鑑圖等傳世。顧大中，江南人，工花竹及人物牛馬，有韓熙載縱樂圖、杜牧詩思圖，殊有思致。徐兢，字明叔，嘗爲高麗使屬，盡圖其山川器物以歸，畫入神品，山水人物俱冠絕，濡毫漱墨，成於須臾，有剡溪雪霽圖。當時可稱爲專門人物畫者，僅有葉進成、葉仁遇、及趙宣、黃宗道、劉浩等。葉進成，江南人，善畫人物仕女，設色清潤，得閻令之體。仁遇，進成族弟，工畫人物，多狀江表市肆風俗，田家人物，有維揚春市圖，狀其土俗繁浩，貨殖相委，往來疾緩之態，至其春色駘蕩，花光互照，深得淮楚之勝。趙宣，宣和元年，試中畫人，好用飛白筆作人物，得人物畫之創格。黃宗道，工畫馬人物，師胡瓌李贊華，胡畫馬得肉，李畫馬得骨，宗道二法俱備。劉浩，無錫人，居華陰，愛作雪驢水磨，故事人物，意氣幽遠，筆法輕清。此輩畫家，各有所長，然少特殊發展，對畫學無大貢獻耳。肖像畫爲人物畫之一支，志在形肖，不計神韻，逐漸落於工匠之手。但畫家有寫貌者，如王靄、李德柔（道士，河東人）、郝澄、郝處、何充；亦有自畫像者，如三朵花、白玉蟾、蜀僧元靄、及米芾。而米芾自寫眞，有服古衣冠者、有服唐裝者，興致悠閒，留有數本。至於理宗御像，郭蕭齋所寫；度宗御像，俞似齋所寫，郭俞蓋亦當時以寫像著名者也。

道釋畫受畫院畫風之影響，體格日趨纖細，然名作家如孫夢卿、孫知微、陳用志、馮淸、李德柔等，所作佛畫脫出印度畫風之拘束，自成一派，卽以世俗狀貌畫羅漢。迨李公麟出，其畫羅漢，耳穿金環，豐頤蹙額，隆鼻深目長眉，容貌與服裝，雖不脫印度風，惟掃去粉黛，輕毫淡墨，高雅超誼，描法流麗，而成中國化之羅漢。公麟集前人之長，成一代作者，「尤工人物，能分別狀貌，使人望而知其廊廟館閣、山林草野、閭閻臧獲、臺輿皀隸。至於動作態度、顰伸俯仰、小大美惡，與夫東西南北之人，才分點畫，尊卑貴賤，咸有區別，非若世俗畫工，混爲一律，貴賤妍醜，止以肥紅瘦黑分之。」(註二三五)曾繪懇寂圖、天女、娠子軍、胡騎等，佛像追吳生，人物似韓滉。其最精妙者爲畫十國圖，有日本、于闐、三童、日南、天竺、拂菻、女國、堅昆、波斯，又一國佚名。所畫「其王或蓬首席地，或戎服踞坐，或剪髮露骭，或髻了跣行，或與羣下接膝而飲，或瞑目酣醉，曲盡鄙野乞索之態。惟天竺者乘象，往往國俗皆然，不必文殊普賢也。荒遠小夷，非有衣冠禮樂之教，而其國人所以奉其主者甚恭，或執蓋，或奏技，或獻寶，或雅舞，或膜拜，或進上，或扶上鞍。其笙簫鼓笛樽罍牲果之類，亦與今同。又一國不知名者，爲鷙獸將犯穹蒼，或張弓抽矢，或徒手欲搏之狀。華人尊君親者，無以加也。畫外國人物非一家，精妙鮮有及此。」（註二三六）當時畫家多好以水墨寫道釋，形相之外，復競競於筆趣墨妙，於是開道釋人物白描之風，而李公麟爲之魁，素雅簡秀，謂之鐵絲描，蓋出於晉顧愷之也。

南渡後，人物畫之作者，高宗朝，有李從訓、揚補之、周儀、蘇漢臣、張擇端、張敦禮等。李從訓，錢塘人，工畫道釋人物花鳥，位置不凡，傅彩精妙，高出流輩。其養子嵩及顧師顏繼之。揚補之，字無咎，號逃禪老人，南昌人也，高宗朝累徵不起，水墨人物學李公麟，梅竹松石水仙，筆法清淡閒野，爲世一絕。畫法傳其甥湯正仲（叔雅）、姪揚李衡，及僧仁濟（學其梅）。周儀善畫人物，謹守法度，清秀入格。蘇漢臣，開封人，師劉宗古，工畫道釋人物，尤善嬰兒，紹興間復官，隆興初，畫佛像稱旨。其子焯及婿徐珂，能世其學，孫堅、孫必達、陳宗訓、劉朴亦宗之。張擇端繪清明上河圖，寫北宋時汴京人民生活之安定富庶，與一片祥和景象，爲歷史上一幅名畫。張敦禮，汴梁人，畫人物，師六朝筆墨。山水畫兼作人物畫者，有趙伯駒、伯驌，又有李唐、劉松年、朱銳、閻仲及子次平次于、馬遠、夏珪、蘇顯祖、樓觀等。道釋畫家兼作人物者，有梁楷、陳宗訓、龔開等。梁楷，東平人，嗜酒自樂，號曰梁風子，善畫人物山水道釋鬼神，師賈師古，寫佛道諸像，細入毫髮。創減筆之新畫風，以飄逸勁銳之筆墨，描寫人物山水道釋鬼神諸圖，故畫法始從梁楷變。俞珙（錢塘

圖三十二　劉松年羅漢圖（國立故宮博物院藏品）

人）、李權（錢塘人）師之，均爲白描派之能手。陳宗訓，杭州人，師蘇漢臣，畫道釋人物仕女，描染未精，人呼爲鐵陳。龔開，山水師二米，人物師曹覇，描法甚粗，尤喜作墨鬼鍾馗等。白良玉，亦工畫道釋鬼神。吳俊臣，江南人，善人物山水，多作雪景。顧興裔，錢塘人，專師馬和之筆法，設色俱不逮。陳珏，錢塘人，工人物著色山水，次子琳，字仲美，善山水人物花鳥，無不臻妙，見畫臨摹，咄咄迫眞。朱玉，杭州人，善畫天神雷部兵將，宋汝志，錢塘人，善畫人物山水花鳥，師樓觀。曹正國，善畫佛像天神。王輝，錢塘人，工人物山水釋道，與李嵩同家，間用左筆，人目爲左手工，

圖三十三　梁楷潑墨仙人圖(國立故宮博物院藏品)

其子用之，亦畫釋道人物。專門人物畫者，紹興間有李嵩、賈師古；乾道間馬和之；端平間史顯祖；紹定間胡彥龍；景定間謝昇。李嵩少爲木工，工畫人物道釋，尤長於界畫，其觀潮圖最有名，姪永年世其家學，馬永忠、豐興祖、顧師顏皆師之。賈師古，汴人，善畫道釋人物，學李公麟白描一派，傳於梁楷，其人物極得閒逸自在之狀。馬和之，善畫人物佛像，效吳道子之蘭葉白描派，筆法飄逸，務去華藻，專爲淸雅圓融，自成一家，高孝兩朝皆重之，馬遠亦宗此派。史顯祖，杭州人，善人物仕女，宛然如生；青綠山水，富麗可愛。胡彥龍，儀眞人，善畫人物天神，寒林水石，描法用大落墨，亦自成一家。謝昇，杭州人，善畫仕女，兼工花鳥。

戊、雜畫

繪雜畫者，名家頗多。專畫龍水有董羽、吳進、吳懷、孫白、侯宗古、徐友、陳容、陳珩等。其中以董羽、吳懷、孫白三家爲特出。羽，字仲翔，毗陵人，太宗時，善畫魚龍海水，喜作禹門砥柱，驚雷怒濤。太宗嘗令畫端拱樓壁龍水四堵，極其精思，凡半載功畢。吳懷，江南人，善龍水，其最佳處，據孤島，憑老木，伏平陵，拿怒浪，呼雲自蔽，有夭矯欲飛之勢。孫白，專長畫水，極意作潭沼浚源，平波細流，停爲瀲灩，引爲決泄，出前人意外，別爲新規勝概。蒲永昇，成都人，善畫水，東坡謂永昇始作活水，得二孫（孫位、孫知微）本意，自黃居寀兄弟李懷袞之流皆不及也。（註二三七）宋迪兼工畫松，或高或偃，或孤或雙，以至於千萬株，森森然殊可駭也。畫工爲鬼神之狀，以其無常形，可以欺世，畫之者易，未始以爲貴，唯犬馬牛虎有常形，畫者難工，世之人見其似莫不貴之。包貴，宣城人，善畫虎，世號老包；子鼎，傳其學，子孫亦世以畫虎爲業。（註二三八）卑顯工畫馬，有韓幹之風，而筆力勁健。李公麟善畫牛馬，每過太僕廐舍，終日縱觀馬，不暇與客語。論者謂其鞍馬逾韓幹。曾摹韓幹三馬，又畫天馬圖、飛騎習射圖。東坡詩：「龍眠胸中有千駟，不獨畫肉兼畫骨，」一（註二三九）蓋謂筆力俊壯也。趙令松，字永年，大年之弟，畫犬尤得名。邱士元，不知何許人，工畫水牛，精神形似外，特有意趣。裴文睍，仁宗朝京師人，工畫水牛，骨氣老重，淵渲謹密。支選工畫太平車及江州車。釋靜賓工長松怪石，虎踞龍騰。杭州瑪瑙寺僧溫日觀，字仲言，能書，善水墨葡萄，枝葉勁硬，出自草書法，自成一家。牛戩善寒雉野鴨，蘇軾善畫蟹，裴叔泳善松石窠木，釋擇仁善墨松，寶覺善蘆雁，希白善白捧荷花，倪濤（一〇八七—一一二五）善墨戲草蟲，徽宗善水墨鴛鴦，均爲雜畫之有名者。

南宋時，畫虎者有戚仲（寶慶年間殿前司軍士）及包宋（宣城人）。畫龍者有陳容及歐陽楚翁。容，字公儲，自號所翁，福建長樂人，端平二年進士，畫龍得變化之意，潑墨成雲，噀水成霧，每不經意而得，皆神妙，世傳所翁龍。楚翁，字無塵，龍虎山道士。畫牛者有李唐，得戴嵩遺法，閻仲父子，亦工此道。畫馬者有龔開，甚瘦骨勁。畫蕃馬者有居中。畫貓犬者有朱紹宗、王友端。畫猿獐猴鹿者，有牟仲甫（隨州人）及陳善（紹興間人，學易元吉）。畫雞雛鴨黃者有魯宗貴。畫草蟲者，有許迪（毗陵人）、師居寧（毗陵人，作黃花紫菜，青草紅葉，形意俱足）、秦友諒（毗陵人，少爲縣吏，尤善蟬蜨，傳色輕妙）、韓祐、及曾雲巢。畫魚者，有連鰲，字仲華，紹興年間人，自號石臺居士，筆法幾於徐白；其餘范安仁（錢塘人，俗呼范癩子）、錢光甫（杭州人）、陳可久，亦有名。畫荷花者，有於青年，毗陵人，嘉定間，專畫荷花草蟲，世號於荷；又有馮大有，自號怡齋，寓居吳門。畫牡丹者有畢生，寓居吳郡。水墨翎毛有揚李衡。釋法常（一一七九—一二四一），號牧溪，畫龍虎猿鶴蘆雁山水人物，皆隨筆點墨而成，意思簡當，不費粉飾，為晚宋知名之雜畫家也。

己、墨戲畫

神宗哲宗間，文同、蘇軾、米芾等，以遊戲之態度，草草之筆墨，純任天眞，不假修飾，從大自然之外觀，顧及內在之精神，以發其所向，故先取氣韻，次觀筆意、骨法、位置、傳染，然後形似，由此六法而成所謂墨戲畫者，此以繪畫之文學化，轉為文人之餘事也。其畫材多為簡筆水墨之林木窠石、梅蘭竹菊，以及簡筆水墨之山水人物等，已開明清寫意派之先聲。梅竹二者，最為當時所愛好，恒日寫梅寫竹寫蘭而不稱畫者，蓋花之至清，畫者當以意寫之，不在形似。良以文人之情趣、學養、品格，注之筆端，隨意寫出，以為寄興，表現作者高尚純潔之感情思想，故世稱梅蘭竹菊為四君子。墨竹一端，發源甚早，宣和畫譜特闢一科，並謂：「有以淡墨揮掃，整整斜斜，不專於形似，而獨得於象外者，往往不出於畫史，而多出於詞人墨卿之所作，蓋胸中所得，固已吞雲夢之八九，而文章翰墨，形容所不逮，故一寄於毫楮，則拂雲而高寒，傲雪而玉立，與夫招月吟風之狀，雖執使人亟挾纊也。」（註二四〇）哲宗時，文同操韻高潔，自號笑笑先生，擅寫墨竹，集格法之大成，以濃墨爲面，淡墨爲背，富瀟灑之姿，如迎風而動。學者宗之，稱湖州竹派。黃庭堅謂：「文同畫竹，極其變態，其筆墨之運，疑鬼神也。」（註二四一）蘇軾效之，自言盡得與可之法，獨生意不逮。然其運筆淸拔，英風動氣，往來逼人，使人應接不暇。軾又創朱竹新格，爲後人所沿習。繼文蘇衣鉢者，有黃斌老（潼川安泰人，文同妻姪）、李時雍（成都人）、楊克老（張耒之甥）、程堂（眉州人）、周堯敏、張嗣昌（文同外孫）、蘇過（蘇軾季子）、高述等。而李漢擧、田逸民（濟南人）、廉布（字宣仲，以古木戲墨得名於紹興間）、尹大夫（紹興待詔）、趙士安、趙與懃（號蘭坡，嘉熙間知臨安府）、趙孟淳、吳琚、單煒、丁權（越人）、韓侂胄（善寫琅玕大葉，自號太師竹）、艾淑（建寧人）、李昭（字晉傑、鄄城人）、楊鎭（字子仁，自號中齋，尙理宗周漢國公主）、楊簡（陸象山門徒）、楊瓚（字繼翁，自號守齋，度宗朝官列卿）、陳虞之（字雲翁，號止所，溫州人，咸淳初進士）等，皆擅長墨竹，有名於時。

梅，唐人鮮有畫者，至五代滕勝華，始寫梅花白鵝圖，而宋趙士雷繼之，又作梅汀落雁圖。自時厥後，丘慶餘徐熙輩，或儷以山茶，或雜以雙禽，然均以色彩爲之。陳常創以飛白寫梗，用色點花一派，爲著色梅花之又一變。然所謂以飛白寫梗者，已爲墨梅之張本。至僧人惠崇，每以皀子膠畫梅於生絹扇上，燈月下映之，宛然影也，實爲墨梅之先緒。其專用水墨者，則創自紹聖初釋華光長老仲仁，住衡山花光山，矮紙稀筆，以墨暈作梅如花影，半枝數朵，儼如疏影橫斜於明月之下，別成一家，正所謂寫意者也。繼之者有汴人尹白，得華光扶疏縹緲之致，蘇軾謂：「世多以墨畫山水竹石人物，未有以畫花者，汴人尹白能之。」(註二四二) 至南宋揚无咎，爲華光入室弟子，作梅花習宮體，更創圈花點蕚不著色法，下筆尤勝華光，鐵梢丁橛，枝幹蒼老，葩蘤芳敷如玉雪，得繁花如簇之妙，爲墨梅之極致。身後寸紙千金，詞畫既妙，而行書姿媚精絕，誠爲後世墨梅之祖。其姪李衡、甥湯正仲、湯叔用、同邑劉夢良以及趙孟堅、釋仁濟等，爭相效法，大暢墨梅之泉源。兩湯各出新意，謂之倒暈花枝；正仲作三香圖，踰二丈，遺其女準奩田四十畝。此皆爲墨梅中有勢力之畫派焉。又茅汝元善墨梅，與善墨竹之艾淑，並稱爲茅梅艾竹。道士丁野堂，善梅竹。蕭太虛畫墨梅墨竹，松栢雜樹，每畫須用濃墨作枝梢，其上幹暈梅花，有山林清幽氣象，清奇可愛，自成一格。此亦以墨梅有名於時者。墨蘭似起於宋，而源流未審，或謂與墨菊起於唐殷仲容，或云東坡兼能墨蘭，均無稽考。至宋末，湯正仲趙孟堅等，文人寄興，多好寫之，而孟堅於水仙尤得意作，晚作梅自成一家。至鄭思肖更得畫蘭之極則，宋亡後，所畫皆露根，或問其意，曰：「以無宋土，」畫竹亦妙。繼之者有趙孟奎等。畫戲筆人物者有石恪，其畫人物，惟面部手足用畫法，衣紋則粗筆成之。畫鬼神奇怪，筆畫勁利，前無古人，後無作者。趙子雲，江西人，善一筆畫，寫人面及手，描畫極工，至衣褶則一筆而就，亦石恪之流亞也。

皇帝如太宗、仁宗、徽宗、高宗，對書畫皆重視，亦擅丹青。王子多師心風雅，而能繪畫，如周王元儼（太宗第八子）、景王宗漢、益王頵（英宗第四子）、鄆王楷（徽宗第三子）、漢王士遵等，均長繪事，兼喜鑑藏。鄆王府畫目，至數千計。婦女亦有善畫者，北宋時，宗室婦曹氏，善花鳥；越國夫人王氏，端獻王婦，以淡墨寫竹，整整斜斜，曲盡其態；婦人盧氏，許州人，能作墨竹，梅聖俞嘗賦詩題之；和國夫人王氏（徽宗顯恭皇后妹），宗室仲輗之妻，善字畫，兼長翎毛。任才仲妾艷艷，善著色山水。桐廬方氏，陳晦叔子婦，作梅竹，極淸遠。朝議大夫王之才妻李氏，李公擇之妹也，能臨松竹木石畫，曾臨文同之竹，米元章謂非黃魯直自陳，不能辨也。魯直亦有題姨母李夫人墨竹二首，載其集中。南宋時，高宗慈烈皇后吳氏，善畫列女。平江胡元功尚書女，黃尚書由之妻，善書札，畫梅竹小景，俱不凡，時比李易安。翠翹者，洪內翰适之侍人，以好作風枝稱。寧宗后妹楊妹子畫鶴。湯正仲之女（趙希泉妻）寫梅竹。徐珙妻祝氏、忠恕之曾孫女郭氏、澤文初妻謝氏、陳暉之子婦方氏，亦皆善畫。蘇氏，建寧人，淳祐間，流落爲妓，以蘇翠名，嘗寫墨竹及梅蘭。至於武臣、內侍、道釋之善繪事者，不可勝計。朝廷官廨，廟廊寺院，每多壁畫。小幅畫自南宋以後始盛；長卷畫亦惟院體諸人有之。畫人落款，多以姓名寫於樹石上，又於姓名之外，或繫以圖名，或紀以年月，其通例也。

庚、論畫著作

宋代論畫，遠比唐代爲盛，論畫之著作亦多。茲從類別而分述之。

㈠鑑賞及收藏者，敍述公卿巨室之家藏名畫，論其優劣眞僞。皇帝每以名畫分賜功臣名卿，故鑑藏風盛，如丁謂、米芾、王文慶等，皆收藏繁富。米芾之海岳畫史二卷，舉其生平所見名畫，品題眞僞，或間及裝褙收藏，考訂譌謬，歷代鑑賞家，奉爲圭臬。李廌之德隅齋畫品一卷，就所見名畫二十二人，加以敍述評論，皆趙德麟襄陽行橐中所貯者，其文或即當時題畫之作，妙中理解，持論甚精。宣和敕撰之宣和畫譜十卷，不著撰人姓名，當爲內臣編集者，記徽宗朝內府所藏諸畫，計二百三十一人，六千三百九十六軸，分爲十門：一、道釋附鬼神；二、人物；三、宮室；四、蕃族附蕃獸；五、龍魚；六、山水附窠石；七、鳥獸；八、花木；九、墨竹附小景；十、蔬果附藥品草蟲。周密亦撰有雲煙過眼錄三卷，記歷代名帖名畫。

㈡史傳及品評者，敍述歷代之畫家，品評其等第。黃休復之益州名畫錄三卷，自唐乾元迄於宋乾德，所錄蜀圖畫之精者五十八人，分逸神妙能四品，與朱景元之唐朝名畫錄體裁略同（但景元則置逸品於三品之外），而神逸兩品，只選取一二人，妙能又各分上中下三品。其書敍述古雅，而詩文典故，所載尤詳。劉道醇之宋朝名畫評三卷，分六門：一、人物；二、山水、林木；三、畜獸；四、花草翎毛；五、鬼神；六、屋木（屋木之制，多取工細）。從唐張懷瓘例，每門分神妙能三品，每品復分上中下三等。所錄凡九十餘人，各系以傳，傳後加以評語，或二三人併爲一評，而說明所以列入各品之故，詞簡意賅，洵稱佳構。道醇以胡嶠嘗作粱朝名畫錄，因廣之，而撰五代名畫補遺一卷，所錄凡二十四人，五代五十餘年中圖畫情形可考焉。郭若虛之圖畫見聞志，繼張彥遠歷代名畫記而作，凡六卷。第一卷，敍論十六篇，論繪畫製作及氣韻。第二卷起紀藝，自唐會昌二年迄宋熙寧七年，計得畫家二百八十四人，末一篇敍「術畫」，斥方術怪誕之謬，以明畫道之正軌，章法謹嚴，述事亦佳。鄧椿之畫繼，又繼郭若虛之後而作，凡十卷，由熙寧七年迄乾道三年，故名畫繼。計九十四年間，得畫家二百一十九人，然不用張郭二家體裁，別立門類，一至五卷以人分，如聖藝、侯王貴戚、軒冕才賢、巖穴上士、縉紳韋布、道人衲子、世胄婦女附宦者。卷六卷七，以藝分，如仙佛鬼神、人物傳寫、山水林石、花卉翎毛、畜獸蟲魚、屋木舟車、蔬果藥草、小景雜畫，不純以時代爲次，而以事類立名，如正史世家及食貨游俠之例。卷八曰銘心絕品，記所見奇蹟，愛不能忘者，爲書中之特筆，惜有目而不加疏說，後人無由稽考耳。卷九卷十，曰雜說，分論遠論近二子目，論遠多品畫之詞，論近則多說雜事，實爲書中之總斷。其持論以高雅爲宗，不滿徽宗之尚法度，亦不滿石恪等之放佚，洵稱平允。

㈢關於畫法之論述者。畫法至宋而始全，闡論畫理，指陳畫忌，繪畫論著，以作法方面爲最多。李成有山水訣一卷，論畫山水之原理。沈括撰有圖畫歌。韓拙有山水純全集一卷，一論山，二論水，三論林木，四論石，五論雲霞、煙靄、嵐光、風雨、雪霧，六論人物、橋彴、關城、寺觀、山居、船車、四時之景，七論用筆墨格法氣韻之病，八論觀畫別識，九論古今學者。自序謂有十篇，今本祇九篇，諸篇所論，具主規矩，分類詳說，適於初學之用。郭熙林泉高致集一卷，凡六篇，曰山水訓，曰畫意，曰畫訣，曰畫題，曰畫格拾遺，曰畫記。前四篇爲熙所作，其子思爲之註，後兩篇爲思自撰。（註二四三）其中山水訓、畫訣兩篇，論畫至爲精到。熙論山水，定把捉山水之美爲四個程序：一、所養擴充；二、所覽純熟；三、所經衆多；四、所取精粹，以追求藝術之實在。宋元以前，畫筆多用中鋒，煕於畫訣論筆法，區分爲八：一曰幹（淡墨重疊，旋旋而取之），二曰皴（以銳筆橫臥，惹惹而取之），三曰渲（擦以水墨，再三而淋之），四曰刷（以水墨滾同而澤之），五曰捽（以筆頭直往而指之），六曰擢（以筆頭特下而指之），七曰點（以筆端而注之），八曰畫（以筆引而去之）。此八法爲畫人用筆之所本也。劉道醇之宋朝名畫評，亦有論畫六要六長之說。所謂六要者：一、氣韻兼力；二、格制俱老；三、變異合理；四、彩繪有澤；五、去來自然；六、師學捨短。所謂六長者：粗鹵求筆一也，僻澀求才二也，細巧求力三也，狂怪求理四也，無墨求染五也，平畫求長六也。（註二四四）對於畫法，頗有發明。郭若虛論畫，則曰畫有三病，皆繫用筆，所謂三病：一曰版，版者腕弱筆癡，全虧取與，物狀平褊，不能圓渾也。二曰刻，刻者運筆中疑，心手相戾，勾畫之際，妄生圭角也。三曰結，結者欲行不行，當散不散，似物凝礙，不能流暢也。（註二四五）韓拙論此三病，又論一病，謂之確病，其自釋曰：「筆路謹細而癡拘，全無變通，筆墨雖行，類同死物，狀如雕切之迹者確也。」（註二四六）

(四)關於題跋者，鑑賞圖畫，每著短文爲跋，寓以品評論據之意。董逌之廣川畫跋六卷，計題跋一百三十四篇，其文偏重考據，引據精核，議論樸實。其論山水者，惟王維一條，范寬二條，李成三條，時記室所收一條而已。逌雖與蘇黃同爲宋人，而題跋風趣迥殊。題故事圖畫，應以此體爲正宗。

(五)關於專門論著及圖譜者，此乃新興之著述，如黃庭堅之論墨竹，蘇軾陳造之論寫神，龔開之論畫鬼，羅大經之論畫馬及草蟲，彭乘之論鑑賞，與董羽之畫龍輯議等，皆爲單科畫理與方法之論著。理宗時，湖州宋伯仁著梅花喜神譜，所謂喜神者，宋代俗語謂寫生也。寫梅花百圖，由蓓蕾至於就實，分八類，凡二卷，每圖各綴五言絕句，爲寫梅之意態而作，惟所吟亦見於江湖小集，蓋江湖派中人也。(註二四七)趙孟堅撰有梅竹譜，釋仲仁亦有梅譜。

宋代繪畫思想之傾向，畫院中人，雖全力追求形體之寫實，然院畫每不足重者，以巧太過而神不足也。院外作家，以及文人學士，以藝術視繪畫，則竭力提倡靈感機趣之表現，講求神情氣韻、生動活躍，涵蓄大自然無限之意趣。「論書當論氣節，論畫當論風味。」(註二四八)繪畫首觀其氣，次觀神，而畫筆又次之，故畫法以氣韻生動爲第一。此種重理意輕形似之風氣，使南宋畫院中，亦產生水墨簡寫之一派。卽以最重形式之人物畫，梁楷猶創減筆之新格，成一時之特尚。理意與傳神，遂奉爲當時繪畫之準則。夫「畫者文之極也。」(註二四九)「學問文章之餘，寫出無聲之詩，玩其蕭然筆墨間，足以想見其人，此乃可寶。」(註二五〇)繪畫既成文學化，同趣於精神最高境界，是以學畫可以養性情，且可滌煩襟，破孤悶，釋躁心，迎靜氣，對於人生修養，大有裨益。良以澄澈寸衷，忘懷萬慮，或求品格襟懷之高遠，或求道德學養之湛純，以達氣韻神趣之全，乃爲繪畫理想之極致也。

【注　釋】

(註一) 歐陽文忠公集，奏議集，卷十二，論史館日曆狀，嘉祐四年。

(註二) 浮溪集，卷二，乞修日曆狀。

（註三）日知錄，卷十六，史學。

（註四）建炎以來朝野雜記，甲集卷六，嘉泰禁私史。

（註五）文獻通考，卷五十一，職官五。

（註六）浮溪集，卷二，乞修日曆狀。曲洧舊聞曰：「凡史官記事所因者有四：一曰時政記，則宰相朝夕議政，君臣之間奏對之語也。二曰起居注，則左右史所記言動也。三曰日歷，則因時政記起居注潤色而爲之者也。舊屬史館，元豐官制屬秘書省國史案，著作郎佐主之。四曰臣僚行狀，則其家之所上也。四者惟時政記執政之所自錄，於一時政事最爲詳備。」（卷九）

（註七）鶴山先生大全文集，卷十六，論實錄缺文。

（註八）據載籍，太祖實錄（重編）五十卷，太宗實錄八十卷，眞宗實錄一百五十卷，仁宗實錄二百卷，英宗實錄三十卷，神宗實錄（再重編）二百卷，哲宗實錄（重編）一百五十卷，徽宗實錄（重編）二百卷，欽宗實錄四十卷，高宗實錄五百卷，孝宗實錄五百卷，光宗實錄一百卷，寧宗實錄四百九十九冊，理宗實錄（初稿）一百九十冊。

（註九）朱子語類大全，卷十一，學五，讀書法下。

（註十）攻媿集，卷五十三，歷代帝王總要序。

（註十一）呂東萊文集，卷十九，史說。

（註十二）攻媿集，卷二十五，講筵論資治通鑑。

（註十三）水心先生文集，卷十二，巽巖集序。

（註十四）朱文公文集，卷七十五，資治通鑑綱目序。

（註十五）後村先生大全集，卷一〇六，方蒙仲通鑑表微。

（註十六）文獻通考，卷一九二，經籍二十。宋史，卷二〇三，志第一五六，藝文二。

（註十七）同上書，卷一九五，經籍二十二。

（註十八）同上書。

（註十九）四庫全書總目提要，卷六十五，史部二十一，史鈔類。

（註二十）朱子語類輯略，卷五，論自注書。

（註二十一）司馬文正公傳家集，卷五十二，乞令校定資治通鑑所寫稽古錄劄子，元祐元年。

（註二十二）四庫全書總目提要，卷一三五，子部四十五，類書類一，帝王經世圖譜條。

（註二十三）通志略，二十三，金石略一，金石序。

（註二十四）李遇孫，金石學錄，卷二，宋。

（註二十五）陔餘叢考，卷十八，宋人好名譽。

（註二十六）續資治通鑑長編，卷十八，太平興國二年。例如天禧二年六月，富州刺史向通漢以五州地圖來上。

（同上書，卷九十二）是年閏四月也。

（註二十七）宋史，卷一六三，志第一一六，職官三。

（註二十八）同上書，卷八十五，志第三十八，地理一，志序。

（註二十九）同上書，卷四〇〇，列傳第二〇〇，吳淑傳。

（註　三　十）宋會要輯稿，第七十二冊，職官二二之五。
（註三十一）同上書，第六十八冊，職官一四之二〇。
（註三十二）玉海，卷十四，至道滋福殿觀地圖。
（註三十三）宋會要輯稿，第六十八冊，職官一四之二〇。
（註三十四）玉海，卷十四，景德山川形勢圖。
（註三十五）同上書，卷十五，熙寧九域志。
（註三十六）同上書，卷十四，天下州縣圖。
（註三十七）同上書，卷十四，皇祐方域圖志。宋史，卷二九四，列傳第五十三，掌禹錫傳。
（註三十八）同上書，卷十五，元豐郡縣志。宋史，卷二〇四，志第一五七，藝文三。
（註三十九）倪燦，宋史藝文志補。
（註　四　十）直齋書錄解題，卷八。
（註四十一）宋史，卷四三四，列傳第一九三，陸九韶傳。
（註四十二）同上書，卷三九三，列傳第一五二，黃裳傳。
（註四十三）通志略，藝文略，第四地里。
（註四十四）同上書，圖譜略，第一記無，地里。
（註四十五）同上書。
（註四十六）沈括言：「予奉使按邊，始為木圖，寫其山川道路。其初徧履山川，旋以麪糊木屑寫其形勢於木案上。未幾寒凍，木屑不可爲，又鎔蠟爲之，皆欲其輕易賫故也。至官所，則以木刻上之。上召輔臣同觀，乃詔邊州皆爲木圖，藏於內府。」（夢溪筆談，卷二十五，雜誌二）。

（註四十七）玉海，卷十四，乾道選德殿華夷圖。

（註四十八）朱熹依謝莊方丈木圖，以兩三路爲一圖，而傍設牝牡，使其犬牙相入，明刻表識，以相離合。河西、陝西、河東、河北、燕雲、京東西、淮南、兩浙、江東西、湖南北、西川、二廣、福建，各爲一圖。（朱文公文集，卷三十八，答李季章）。

（註四十九）玉海，卷十四，乾道選德殿御屏華夷圖。

（註 五 十）直齋書錄解題，卷八。

（註五十一）玉海，卷十四，祥符州縣圖經。宋史藝文志亦載之，或即此書。但朱熹謂：「指掌圖非東坡所爲。」（朱子語類大全，卷一三八，雜類）。梁谿漫志亦謂：「今世所傳地理指掌圖，不知何人所作，其考究精詳，銓次有法，上下數千百年，一覽而盡。」最後有宋朝陞改廢置州郡一圖，乃有崇寧以後迄建炎紹興所廢置者，此書託蘇軾所爲。（卷六，地里指掌圖）。

（註五十二）續資治通鑑長編，卷七十二。

（註五十三）山堂肆考，角集，文學第二十七卷，著書下，山川地里圖。

（註五十四）續資治通鑑長編，卷七十七。

（註五十五）宋史，卷四二六，列傳第一八五，程師孟傳。

（註五十六）續資治通鑑長編，卷四十九。

（註五十七）續資治通鑑，卷二十三，宋紀二十三。
（註五十八）玉海，卷十四，元祐職方圖。
（註五十九）宋史，卷三三一，列傳第九十，沈遘傳，附從弟括。
（註　六　十）同上書，卷二〇四，志第一五七，藝文三，地理類。
（註六十一）直齋書錄解題，卷八。
（註六十二）玉海，卷十六，熙寧北道刊誤志。
（註六十三）同上書，卷十四，咸平河西隴右圖。
（註六十四）同上書，卷十四，祥符山川城寨圖。宋史，卷二五八，列傳第十七，曹彬傳，附曹瑋。
（註六十五）同上書，卷十四，咸平河西隴右圖。宋史，卷二九二，列傳第五十一，盛度傳。
（註六十六）同上書，卷十六，景德交州圖。
（註六十七）續資治通鑑長編，卷一三二，慶曆元年五月條。
（註六十八）河南先生文集，卷二十三，奏議，按地圖。
（註六十九）續資治通鑑長編，卷三二六。
（註　七　十）玉海，卷十四，元祐職方圖。
（註七十一）續資治通鑑長編，卷四五二。
（註七十二）同上書，卷五一四。
（註七十三）玉海，卷十六，異域圖書，元豐五路對境圖。

（註七十四）通志略，圖譜略，第一，記有。
（註七十五）直齋書錄解題，卷八。
（註七十六）玉海，卷十六。
（註七十七）續資治通鑑長編，卷五十四。
（註七十八）同上書，卷六十三。
（註七十九）同上書，卷一一〇。
（註 八 十）宋會要輯稿，第一百八十六冊，兵二八之二〇。
（註八十一）玉海，卷十五，太平寰宇記。
（註八十二）欒史，太平寰宇記，序。
（註八十三）四庫全書總目提要，卷六十八，史部二十四，地理類一。
（註八十四）同上書，地理類一，總敍。
（註八十五）洪北江詩文集，更生齋文甲集，卷三，萬刺史廷蘭重校刊太平寰宇記序。
（註八十六）玉海，卷十五，地理志。
（註八十七）同上書，卷十四，皇祐方域圖志。
（註八十八）同上書，卷十五，元豐郡縣志。宋史，卷二〇四，志第一五七，藝文志三，作「圖三卷」
（註八十九）同上書，卷十五，元豐九域志序。
（註 九 十）同上書，卷十五，元豐郡縣志。

（註九十一）同上書，卷十五，熙寧都水名山記。

（註九十二）同上書，卷十五，政和郡國人物志。

（註九十三）同上書，政和郡國人物志。按晁公武讀書志謂歐陽忞實無其人，乃著書者所假託。然陳振孫書錄解題則以爲其書成於政和中。忞乃歐陽修族孫，以行名皆連心字爲據云。（卷八，輿地廣記條）。

（註九十四）四庫未收書目提要，卷五。

（註九十五）四庫全書總目提要，卷六十八，史部二十四，地理類一。

（註九十六）玉海，卷十五，淳熙九丘總要。

（註九十七）直齋書錄解題，卷八。

（註九十八）玉海，卷十四，開寶修圖經。

（註九十九）同上書，卷十五，景德地里記。

（註一〇〇）同上書，卷十五，祥符土訓錄。

（註一〇一）同上書，卷十四，祥符州縣圖經。

（註一〇二）司馬文正公傳家集，卷六十八，河南志序。

（註一〇三）四庫全書總目提要，卷七十五，史部三十一，地理類存目四。

（註一〇四）傅霖，刑統賦解，卷上，二韻。

（註一〇五）蘇東坡集，卷三，戲子由。

（註一〇六）文獻通考，卷一六六，刑考五。

（註一〇七）嘉祐集，卷五，衡論，申法。

（註一〇八）張右史文集，卷五十三，憫刑論上。

（註一〇九）誠齋集，卷八十九，刑法下。

（註一一〇）宋史，卷一九九，志第一五二，刑法一。

（註一一一）北宋時，各朝赦令：太祖十次，太宗十一次，眞宗二十一次，仁宗二十次，英宗三次，神宗十一次，哲宗十一次，徽宗三十二次，欽宗二次。計一百六十六年中，共宣赦一百二十一次。南宋高宗在位三十二年，亦宣赦二十五次。

（註一一二）宋刑統，卷二十九，斷獄律，囚應請給醫藥衣食。

（註一一三）宋會要輯稿，第一七〇册，刑法六之五一，禁囚。

（註一一四）宋史，卷一九九，志第一五二，刑法一。

（註一一五）同上書，卷二〇一，志第一五四，刑法三。

（註一一六）歷代名臣奏議，卷二一七，論刑部理寺讞獄當分職劄子。

（註一一七）文獻通考，卷一六六，刑考五。

（註一一八）同上書。

（註一一九）續資治通鑑長編，卷四〇五。

（註一二〇）宋史，卷一九九，志第一五二，刑法一。

（註一二一）宋刑統，卷三十，斷獄律，決死罪。

（註一二二）同上書，卷四，名例律，老幼疾及婦人犯罪。

（註一二三）宋史，卷二〇一，志第一五四，刑法三。

（註一二四）文獻通考，卷一六七，刑考六。

（註一二五）南宋文範，卷二十四，許應龍，論法例劄子。

（註一二六）朱文公文集，卷十四，延和奏劄二。

（註一二七）宋會要輯稿，第一六七冊，刑法三之八五。

（註一二八）宋史，卷一九九，志第一五二，刑法一。

（註一二九）王洋謂：「嘉祐勅條目絕省，政和勅條目甚繁。嘉祐勅之文詳，政和勅之文簡。嘉祐勅立法多重，政和勅立法多輕。夫條目省則易行，立文詳則易曉，而法重則不輕犯。條目繁則難行，立文簡則難曉，姑息從輕則易犯。」（東牟集，卷九，後論今日之法當然劄）。又曰：「嘉祐勅者，不分四門，具載於勅，謂如創造一物，在嘉祐勅則曰：凡造某物，先集人工材植，計多寡，限某日爲之，功成獲某賞，工廢定某罪。此嘉祐文意也。政和勅者，分勅令格式四門：集人工材植，令也；計多寡限某日，式也；功成獲某賞，格也；功廢定某罰，勅也。故嘉祐勅一閱而盡在，不習法者舉能知之，此士人百姓之利也。政和勅，反覆尋閱，有終日不盡一事者，法吏侮文者之利也。」（同上書，卷九，次論嘉祐政和法意不同劄）。大抵嘉祐法出於士人之手，政和法則出於文吏之手。

（註一三〇）續資治通鑑長編，卷五〇八，元符二年四月條。

（註一三一）四庫全書總目提要，卷一〇一，子部十一，法家類。

（註一三二）文獻通考，卷一六六，刑考五。

（註一三三）司馬文正公傳家集，卷五十四，起請科場劄子，元祐元年。

（註一三四）歐陽文忠公集，詩話。

（註一三五）淳化閣帖十卷：第一卷，漢晉至唐帝王書。第二卷，漢魏吳晉人書。第三卷，晉宋齊人書。第四卷，梁陳唐人書。第五卷，蒼頡孔子禹湯及秦隋唐人書，並隋僧智果評書。第六第七第八卷，羲之書。第九第十卷，獻之書。各卷尾俱有篆書題云「淳化三年壬辰歲十一月六日奉聖旨摸勒上石。」（新增格古要論，卷三，古墨跡論下，淳化閣帖）。

（註一三六）豫章黃先生文集，卷二十八，題絳本法帖。

（註一三七）同上書，卷二十九，跋與張載熙書卷尾。

（註一三八）姜夔，續書譜。

（註一三九）同上書。

（註一四〇）翰墨志。

（註一四一）續書譜。

（註一四二）豫章黃先生文集，卷二十九，書贈福州陳繼月。

（註一四三）海岳名言。

（註一四四）歐陽文忠公集，筆說，學書靜中至樂說。

（註一四五）同上書，試筆，作字要熟。

（註一四六）同上書，試筆。
（註一四七）蘇軾，東坡先生志林，卷十一。
（註一四八）雞肋編，卷上。
（註一四九）宛陵先生集，卷二十一，次韻永叔試諸葛高筆戲書。
（註一五〇）豫章黃先生文集，卷二十八，跋東坡書帖後。
（註一五一）清容居士集，卷四十四，贈番易筆工童生。
（註一五二）筠軒清閟錄，卷中，論墨。
（註一五三）鐵圍山叢談，卷六。
（註一五四）翰墨志。
（註一五五）豫章黃先生文集，卷二十九，跋湘帖羣公書。
（註一五六）同上書。
（註一五七）朱文公文集，卷八十二，題西臺書。
（註一五八）豫章黃先生文集，卷二十九，跋周子發帖。
（註一五九）雲麓漫鈔，卷五。
（註一六〇）蘇軾，東坡先生志林，卷八。
（註一六一）豫章黃先生文集，卷二十九，跋湘帖羣公書。
（註一六二）同上書，跋常山公書。

（註一六三）歐陽文忠公集，試筆，蘇子美蔡君謨書。
（註一六四）雲麓漫鈔，卷五。
（註一六五）豫章黃先生文集，卷二十九，跋湘帖羣公書。
（註一六六）朱文公文集，卷八十四，跋杜祁公與歐陽文忠公帖。
（註一六七）豫章黃先生文集，卷三十，跋范文正公帖。
（註一六八）同上書，跋范文正公伯夷頌。
（註一六九）山堂肆考，角集，字學第三十七卷，書法，字體新麗。
（註一七〇）豫章黃先生文集，卷二十九，跋湘帖羣公書。
（註一七一）朱文公文集，卷八十一，跋歐陽文忠公帖。
（註一七二）宣和書譜，卷六，正書四。
（註一七三）南軒文集，卷六，跋蔡端明帖。
（註一七四）歐陽文忠公集，居士集，卷三十五，端明殿學士蔡公襄墓誌銘。
（註一七五）蘇軾，東坡先生志林，卷九。
（註一七六）同上書。
（註一七七）欒城集，後集，卷二十二，亡兄子瞻端明墓誌銘。
（註一七八）豫章黃先生文集。卷二十九，跋東坡墨跡。
（註一七九）于湖居士文集，卷二十八，跋山谷帖。

（註一八〇）廣藝舟雙楫，卷六，行草。
（註一八一）翰林志。
（註一八二）豫章黃先生文集，卷二十九，跋米元章書。
（註一八三）朱文公文集，卷八十二，跋米元章帖。
（註一八四）豫章黃先生文集，卷二十五，跋王荆公書陶隱居墓中文。
（註一八五）墨莊漫錄，卷一。
（註一八六）朱文公文集，卷三十八，與周益公。
（註一八七）南軒文集，卷六，跋王介甫帖。
（註一八八）襄陵文集，卷十，跋溫公帖。
（註一八九）夢溪筆談，補筆談，補第十八卷後五件。
（註一九〇）東觀餘論，卷上，論書六條。
（註一九一）宋史，卷三一一，列傳第七十一，張士遜傳。
（註一九二）鐵圍山叢談，卷五。
（註一九三）宣和書譜，卷十二，行書六。
（註一九四）皇宋書錄，卷中，蔡京條。
（註一九五）米芾，書史。
（註一九六）宋史，卷四四三，列傳第二〇二，黃伯思傳。

(註一九七) 翰墨志。

(註一九八) 齊東野語，卷六，紹興御府書畫式。

(註一九九) 誠齋集，卷一一四，詩話。

(註二〇〇) 四庫全書總目提要，卷一一二，子部二十二，藝術類一，翰墨志條。

(註二〇一) 翰墨志。

(註二〇二) 浮溪集，卷二十八，右中大夫直寶文閣知衢州曾公墓誌銘。

(註二〇三) 皇宋書錄，卷下，外篇。

(註二〇四) 同上書，卷下。

(註二〇五) 四庫全書總目提要，卷一一二，子部二十二，藝術類一。

(註二〇六) 圖畫見聞志，卷三，紀藝中。

(註二〇七) 畫繼，序。

(註二〇八) 南村輟耕錄，卷十八。

(註二〇九) 圖畫寶鑑，卷三至卷四。

(註二一〇) 浮溪集，卷十八，翠微堂記。

(註二一一) 畫墁集，卷一，跋百之詩畫。

(註二一二) 湯垕，古今畫鑒，宋畫。

(註二一三) 宣和畫譜，卷十一，山水二。

（註二一四）米芾，畫史。
（註二一五）南村輟耕錄，卷十八，寫山水訣。
（註二一六）米芾，畫史。
（註二一七）董其昌，畫眼。
（註二一八）豫章黃先生文集，卷二十七，題燕文貴山水。
（註二一九）蘇東坡集，卷十六，郭熙畫秋山平遠。
（註二二〇）避暑錄話，卷上。
（註二二一）畫繼，卷九，雜說論遠。
（註二二二）苕溪漁隱叢話，前集，卷四十二，東坡五，引蔡寬夫詩話。
（註二二三）夢溪筆談，卷十七，書畫。
（註二二四）郭若虛，圖畫見聞志，卷四，紀藝下，山水門。歐陽修謂：「巨然之筆，惟學士院玉堂北壁猶存，人間不復見也。」（歐陽文忠公集，歸田錄，卷二）。
（註二二五）董其昌，畫眼。
（註二二六）夢溪筆談，卷十七，書畫。
（註二二七）豫章黃先生文集，卷二十七，題惠崇九鹿圖。
（註二二八）董其昌，畫眼。
（註二二九）豫章黃先生文集，卷二十七，書文湖州山水後。

（註二三〇）筠軒清閟錄，卷上，論名畫。
（註二三一）歐陽文忠公集，歸田錄，卷二。
（註二三二）秦淮海集，卷二，觀易元吉獐猿圖歌。
（註二三三）宣和畫譜，卷十八，花鳥四。
（註二三四）豫章黃先生文集，卷二十七，書士星畫。
（註二三五）宣和畫譜，卷七，人物三。
（註二三六）後村先生大全集，卷一〇二，李伯時畫十國圖。
（註二三七）蘇東坡集，續集，卷十二，畫水記。
（註二三八）歐陽文忠公集，歸田錄，卷二。
（註二三九）蘇東坡集，後集，卷三，次韻吳傳正枯木歌。
（註二四〇）宣和畫譜，卷二十，墨水敍論。
（註二四一）豫章黃先生文集，卷十六，道臻師畫墨竹序。
（註二四二）蘇東坡集，卷十五，爲尹白賦墨花詩序。
（註二四三）四庫全書總目提要，卷一一二，子部二十二，藝術類一。
（註二四四）六如畫譜，卷二。
（註二四五）圖書見聞志，卷一，論用筆得失。
（註二四六）山水純全集，卷四，論筆墨格法氣韻之病。

（註二四七）阮元，四庫未收書目提要，卷一。

（註二四八）梁谿漫志，卷六，論書畫。

（註二四九）鄧椿，畫繼，卷九，雜說。

（註二五〇）梁谿漫志，卷六，論書畫。

第七章　學　藝(三)

第九節　音　樂

甲、雅　樂

歷代建國之初，作樂與制禮並重。唐自安史之亂，雅樂工器，什不一存。逮於黃巢之亂，蕩無孑遺。殷盈孫更案考工記，始鑄鎛鐘十二，五代用之。周世宗患雅樂淩替，顯德六年，詔命判太常寺王朴考正其音律，（註一）乃依京房爲律準，用七聲爲均，樂成而和。宋初雅樂，仍用王朴所製之周樂。然五代雅樂，已形混亂，至宋代遂整理之，自建隆訖崇寧，改作凡六次：

（一）太祖以雅樂聲高，近於哀思，不合中和，因詔判太常寺和峴討論其理。峴言以朴所定律呂之尺，較洛陽銅望臬古制石尺短四分，樂聲之高，良由於此。乃詔依古法別創新尺，以定律呂，下一律，自此雅音和暢。（註二）

（二）仁宗留意音律，景祐元年，判太常寺燕肅等建言，大樂制器，歲久鐘律不調，欲以王朴所造律準，更加考詳修治。乃命直史館宋祁、集賢校理李照、及內侍李隨，同肅等典其事。照謂朴準視古樂高五律，與古制殊，請用黍尺求聲，依神瞽律法鑄編鐘。旣成，遂請改定雅樂，比朴下三律，於是有所謂李照樂。又詔翰林學士馮元，同祁照等論樂理，修撰景祐廣樂記，爲一代之典。（註三）未幾，諫官御史，交論其非，竟復舊制。

（三）景祐二年，詔天下有深達鐘律者，亟以名聞。於是杭州鄭向薦阮逸，蘇州范仲淹薦胡瑗，皆精通古樂，詔遣詣闕。又詔侍從禮官參定聲律，阮逸胡瑗典樂事，既屏房庶之說不用，而李照之樂適罷，以太常舊樂，暫代一時而已，胡阮更造鐘磬，上下一律，以尺生律，新樂既成，詔名大安。五年九月，仁宗御崇政殿，召近臣觀新樂。乃試考擊，鐘聲弇鬱震掉，不和滋甚。言者以其制不合於古，遂獨用之常禮及朝會，此所謂阮逸樂。胡瑗等並撰皇祐新樂圖記。嘉祐元年，御製恭謝樂章，詔用舊樂，由是胡阮所定之樂又罷矣。

（四）神宗時，知禮院楊傑條上舊樂有七失，元豐三年，詔秘書監致仕劉几，禮部侍郎致仕范鎮等，與傑參議。几傑下王朴樂二律，用仁宗時所制編鐘，追考成周分樂之序，辨正二舞容節。其樂大抵即李照之舊，而加四清聲。（註四）但范鎮仍主房庶之說，（註五）欲求一稃二米眞黍，以律生尺，改修鐘量，廢四清聲。詔悉從几、傑議。樂成，奏之郊廟，此所謂楊傑、劉几樂。傑並撰有元豐新修大樂記五卷。

（五）范鎮言楊傑劉几樂聲雜鄭衛，請太府銅制律造樂。元祐三年，鎮上新樂，按試於庭，比李照樂下一律，哲宗御延和殿召執政共觀，賜詔嘉歎，此所謂范鎮樂。楊傑復議其失，謂鎮樂法自是一家之學，難以參用，請樂如舊制，卒置不用。自李照至此，宋初爭辯樂律之事，乃告一結束。

（六）崇寧元年，徽宗詔羣臣議大樂，博求知音之士。大司樂劉昺，以蜀人魏漢津薦。漢津之說，破先儒累黍之非，用夏禹以聲爲律，以身爲度之文，以帝指爲律度，先鑄帝鼐、景鐘，然後均絃裁管，爲一代之樂制。四年，樂成，賜名大晟，謂之雅樂，頒之天下，播之教坊，此所謂魏漢津樂。昺爲之緣飾，並撰大晟樂書二十卷、雅樂圖譜一卷。夫古樂注重律以考其聲，自分而九之以爲宮，自寸而九之以爲黃鐘，尺度權衡之正，皆起於律，律管定尺正也。以黍定律，起於西漢，原失樂之本。所謂帝指定律者，以寸爲律徑，圍爲容盛，當時不過竊京房之故智，上以取君之信，下以遏人之議，非眞帝指之度也。其說荒誕，爲後世所詬病。迨金人取汴，樂器亡缺，魏漢津樂遂廢。

南渡之後，大抵皆用先朝之舊，未嘗有所改作。姜夔號爲知樂，慶元三年，上書論雅樂，並進大樂議一卷，欲正廟樂，詔付有司收掌，以議不合而罷。朱熹蔡元定輩，亦相與講明律呂及古今制作之本原，以究其極，著爲成書，理明義析，具有條制，（註六）然亦徒託空言而終未行也。馬端臨謂樂制雖曰屢變而原未嘗變。（註七）諸家之說，卒無一定不易之論，其旋作旋廢，皆非復眞古雅樂也。

雅樂與舞，有密切關係。凡國家大典，祭享郊廟，必用雅樂。雅樂又必有舞，步武容體，各應樂節，先奏文舞，後奏武舞。建隆元年，判太常寺竇儼專樂章事，改文舞爲文德之舞，武舞爲武功之舞，樂章十二安，（註八）安者，取治世之音安以樂之義也。乾德四年，復二舞十二案（註九）之制，二舞郎及引舞共一百五十人。和峴上言：郊廟殿廷，通用文德武功之舞，主張改殿宇所用之文舞，爲玄德升聞之舞，象揖讓，用一百二十八人，倍八佾之數，分爲八行，每行十六人，皆著履執拂，服袴翟，戴進賢冠。引舞二人，各執五采纛。其舞文容變數，聊更增改，未有法度。武舞人數行列，亦與文舞同，其人皆被金甲持戟，引舞二人，各執五采旗。其舞有六變之象：一變象六師初舉；二變象上黨克平；三變象淮揚底定；四變象荆湖復歸；五變象邛蜀納款；六變象兵還振旅。每變皆有樂章歌詠，此爲象南征北伐，平定宇內，而爲太祖天下大定之舞也。太宗以後，舞名及變象，亦屢更改。淳化二年，文舞改爲化成天下之舞，武舞爲威加海內之舞，而武舞變象，亦因時而易焉。皇祐二年，樂曲舞名亦更。治平元年，郊廟時所奏文武二舞，共用舞郎六十八人，文舞罷，舍羽籥，執干戚，就爲武舞，此爲八佾之數，而文武二舞引，各爲二人。二年，以禮官李育言其蹙迫，乃定二舞各用六十四人，以備八佾，自是二舞之數全矣。元豐二年，詳定文舞武舞，各爲四表，表距四步，爲酇綴各六十四。舞者戴進賢冠，左執籥，右秉翟，分八佾，二工執纛引前，衣冠同之。舞者進蹈安徐，進一步則兩兩相顧揖，三步三揖，四步爲三辭之容，是爲一成。餘成如之。自南第一表至第二表爲第一成，至第三表爲再成，至北第一表爲三成，覆身卻行至第三表爲四成，至第二表爲五成，復至南第一表爲六成。武舞服平巾幘，左執干右執戈，二工執旌居前，執鼗執鐸各二工，金錞二四工，舉二工，執鐲執鐃執相在左，執雅在右，亦各二工。夾引舞者，衣冠同之，分八佾於南表前，先振鐸以通鼓，乃擊鼓以警戒。舞工聞鼓舞則各依酇綴，總干正立定位，堂上振鼓以咏嘆之。於是播鼗以導舞，舞者進步，自南而北，至最南表以見舞漸，然後左右夾振鐸，次擊鼓，以金錞和之，以金鐲節之，以相而輔樂，以雅而陔步。舞者發揚蹈厲，爲猛賁趫速之狀。每步一進，則兩兩以戈盾相嚮，一擊一刺爲一伐，四伐爲一成，成謂之變。至第二表爲一變，至第三表爲二變，至北第一表爲三變。舞者覆身嚮空卻行而南，至第三表爲四變，乃擊刺而前，至第二表回易行列，舂雅節步，分左右而跪，以右膝至地，左足仰起，象以文止武爲五變。舞蹈而進，爲兵還振旅之狀，振鐸搖鼗擊鼓，和以金錞，廢鐲鳴鐃，復至南第一表爲六變而舞畢。(註一〇)元祐四年，大樂正葉防撰朝會二舞儀，其節奏較元豐舞儀爲詳備，自是朝會則用之。(註一一)崇寧四年，命大司樂劉昺改定二舞各九成，每三成爲一變，執籥秉翟揚戈持盾威儀之節，以象治功，蓋大晟新樂肇興，法夏籥九成之數也。(註一二)又崇寧二年，陳暘進所撰樂書二百卷，自第一卷至九十五卷，引五經孝經、論語、孟子之言，各爲之訓義。自第九十六卷至二百卷，則專論律呂本義，樂器樂章，及五禮之用樂者，爲樂圖論。至於俗樂胡部歌舞，及優伶雜戲，亦無不備載。引據浩博，辨論精當，洵樂聲大全之作也。宋室南渡，樂器亡闕，補緝章制，恢復成規，樂舞一仍舊典，無大變易焉。

樂工人數，原無一定。乾德元年，選開封府樂工八百三十人，權隸太常寺習鼓吹。(註一三)此乃準備樂工訓練之數也。景德二年，裁定太常樂鼓吹兩署工人試補條式及肄習課程。祭祀郊廟，禮之較大者，樂工人數，以使用宮架多寡而定。元豐七年，親祠用宮架二十六，樂工三百零六，舞人一百二十四。(註一四)至於郊祀，儀注場面偉大，樂舞所用之人數亦極多。例如紹興二十八年郊祀，用儀仗一萬五千零三十人，鼓吹警場一千一百五十九人，八音二舞樂工四百五十九人，歌壇上樂四十八人，二舞九十人，壇下宮架二百零七人，琴二十人，瑟十二人，笙二十人，簫十人，笛二十人，篪十二人，壎十人，歌二十人，鐘磬四十八架。(註一五)隆興元年，以樂工充數太濫，禮官裁減壇下宮架二百零七人，省十分之一；琴二十人，瑟十二人，各省其半。笙簫篴可省者十八人，箎壎可省者十人。其分詣給祠凡一百一十四，止用八十人。鐘磬凡四十八，止設三十二人。其宮架鐘磬仍舊。乾道加尊號，用宮架三十六，樂工一百一十三人。淳熙二年，上皇行慶壽禮，依大禮例，用宮架四十八，樂正樂工一百八十八人。(註一六)

乙、燕　樂

燕樂始於隋唐，至宋仍習用之。宋初置教坊，得江南樂，汰其坐部不用，——坐部伎以琵琶爲主者也。自後因舊典，創新聲，如長春樂曲、萬歲昇平曲、紫雲長壽樂鼓吹曲，皆建隆乾德間所作也。太平興國二年冬至皇帝壽，復用教坊樂。教坊之樂，即燕樂也，被之管絃，用琵琶、五絃琴、箜篌、箏、笙、觱栗、簫、笛、杖鼓、羯鼓、拍板、方響等。採宮商羽角四聲，而生二十八調。(註一七)太宗洞曉音律，前後親制大曲十八，小曲二百七十，曲破二十九，獨彈曲破十五，及因舊曲創新聲者五十八，共三百九十曲。試舉其大小曲目如下：

（一）**大曲**　(正宮)平戎破陣樂，(南呂宮)平晉普天樂，(中呂宮)大宋朝歡樂，(黃鐘宮)宇宙荷皇恩，(道調宮)垂衣定八方，(仙呂宮)甘露降龍庭，(小石調)金枝玉葉春，(林鐘商)大惠帝恩寬，(歇指調)大定寰中樂，(雙調)惠化樂堯風，(越調)萬國朝天樂，(大石調)嘉禾生九穗，（南呂宮調）文興禮樂歡，（仙呂調）齊天長壽樂，（般涉調）君臣宴會樂，（中呂調）一斛夜明珠，（黃鍾羽）降聖萬年春，（平調）金觴祝壽春。

（二）小曲　（正宮）一陽生、玉窗寒、念邊戍、玉如意、瓊樹枝、鷓鴣裘、塞鴻飛、漏丁丁、息鼙鼓、勸流霞。（南呂宮）仙盤露、冰盤果、芙蓉園、林下風、風雨調、開月幌、鳳來賓、落梁塵、望陽臺、慶年豐、青駿馬。（中呂宮）上林春、春波綠、百樹花、壽無疆、萬年春、擊珊瑚、柳垂絲、醉紅樓、折紅杏、一園花、花下醉、遊春歸、千樹柳。（仙呂宮）折紅葉、鵲塡河、紫蘭香、喜堯時、猗蘭殿、步瑤階、千秋樂、百和香、佩珊珊。（黃鍾宮）菊花杯、翠幕新、四塞清、滿簾霜、畫屏風、折茱萸、望春雲、苑中鶴、賜征袍、望回戈、稻稼成、泛金英。（高宮）嘉順成、安邊塞、獵騎還、遊兎園、錦步帳、博山爐、煖寒杯、雲紛紜、待春來。（道調宮）會夔龍、泛仙杯、披風襟、孔雀扇、百尺樓、金樽滿、奏明庭、拾落花、聲聲好。（越調）翡翠帷、玉照臺、香旖旎、紅樓夜、朱頂鶴、得賢臣、蘭堂燭、金鏑流。（雙調）宴瓊林、汎龍舟、汀洲綠、登高樓、麥隴雉、柳如煙、楊花飛、玉澤新、玳瑁簪、玉階曉、喜清和、人歡樂、征戍回、一院香、一片雲、千萬年。（小石調）滿庭香、七寶冠、玉唾盂、辟塵犀、喜新晴、慶雲飛、太平時。（林鍾商）採秋蘭、紫絲囊、留征騎、塞鴻度、回鶻朝、汀洲雁、風入松、蓼花紅、曳珠佩、遵渚鴻。（歇指調）榆塞清、聽秋風、紫玉簫、碧池魚、鶴盤旋、湛恩新、聽秋蟬、月中歸、千家月。（高大石調）花下宴、甘雨足、畫秋千、夾竹桃、攀露桃、燕初來、踏靑回、拋繡毬、潑火雨。（大石調）賀元正、待花開、採紅蓮、出谷鶯、遊月宮、望囘車、塞雲平、秉燭遊。(小石調)月宮春、折仙枝、春日遲、綺筵春、登春臺、紫桃花、一林紅、喜春雨、汎春池。(雙角)鳳棲燈、九門開、落梅香、春冰坼、萬年安、催花發、降眞香、迎新春、望蓬島。(高角)日南至、帝道昌、文風盛、琥珀杯、雪花飛、皀貂裘、征馬嘶、射飛雁、雪飄颻。(大石角)紅爐火、翠雲裘、慶成功、冬夜長、金鸚鵡、玉樓寒、鳳戲雛、一爐香、雲中雁。(歇指角)玉壺冰、卷珠箔、隨風簾、樹青葱、紫桂叢、五色雲、玉樓宴、蘭堂宴、千千歲。(越角)望明堂、華池露、貯香囊、秋氣淸、照秋池、曉風度、靖邊塵、聞新雁、吟風蟬。(林鐘角)慶時康、上林果、畫簾垂、水精簟、夏木繁、暑氣淸、風中琴、轉輕車、淸風來。(仙呂調)喜淸和、芰荷新、淸世歡、玉鈎欄、金步搖、金錯落、燕引雛、草芊芊、步玉砌、整華裾、海山青、旋絮綿、風中帆、靑絲騎、喜聞聲。(南呂調)春景麗、牡丹開、展芳茵、紅桃露、囀林鶯、滿林花、風飛花。(中呂調)宴嘉賓、會羣仙、集百祥、凭朱欄、香煙細、仙洞開、上馬杯、拂長袂、羽觴飛。(高般涉調)喜秋成、戲馬臺、汎秋菊、芝殿樂、瀲灩杯、玉芙蓉、偃干戈、聽秋砧、秋雲飛。(般涉調)玉樹花、望星斗、金錢花、玉牕深、萬民康、瑤林風、隨陽雁、倒金罍、雁來賓、看秋月。(黃鐘羽)宴鄒枚、雲中樹、燎金爐、澗底松、嶺頭梅、玉爐香、瑞雪飛。(平調)萬國朝、獻香盤、魚上冰、紅梅花、洞中春、春雪飛、翻羅袖、落梅花、夜遊樂、鬪春雞。(註一八)

此種宮調,卽唐人燕樂之舊。其後南北曲卽由此而生,亦有名與南北曲同者,如上林春、囀林鶯、金錢花之類是也。然唐人樂學精深,尙有雅律遺法,宋之燕樂,經五代離亂,古聲多亡,聲律差舛，比唐樂高，故新聲大率皆無法度。(註一九)如劉昺輯燕樂新書，惟以八十四調爲宗，非復雅音。眞宗不喜鄭聲，而或爲雜詞，未嘗宣佈於外。然建興以來，仍通用太宗所制之曲。仁宗洞曉音律，每禁中度曲，以賜教坊，或命教坊使撰進，凡五十四曲，朝廷多用之。唐代燕樂，以琵琶爲主，宋則用琴。此或由太宗對古琴之偏愛，故宋代燕樂，易以琴爲主也。宋置官局製琴，俱有定式，長短大小不一，謂之官琴。宋製二絃之琴，每絃各六柱，又爲十二絃以象十二律，其倍應之聲，靡不畢備。太平興國中，琴待詔朱文濟鼓琴，爲天下第一。至道元年，太宗作九絃琴，五絃阮，頒示中書，以九絃琴按曲轉入大樂，十二律清濁，互相合應。二年，以九絃琴、五絃阮冠雅樂，遂廢拱宸管。(註二〇)五絃阮如琵琶而小，爲唐樂器，而九絃琴乃太宗所自創也。大晟樂府嘗罷一三七九，惟存五絃，謂其得五音之正，最優於諸琴。神宗時有一絃琴，不過爲其變制耳。(註二一)宋人嘗以樂之趣者莫如琴，衆器之中，琴德最優。論藝之琴譜，撰著頗多。朱熹與姜夔，則以擅琴樂聞名。

凡祭祀大朝會，常用太常雅樂；歲時宴享，則用教坊諸部樂，故太常寺主雅樂，教坊主燕樂也。宋初循舊制，置教坊凡四部。迨平荆南，得樂工三十二人；平西川，得一百三十九人；平江南，得十六人；平太原，得十九人，餘藩所貢者八十三人。又太宗藩邸有七十一人，由是四方執藝之精者，皆在籍中。太平興國二年冬至太宗壽，復用教坊樂。每春秋聖節三大宴，其節目如下：一、皇帝升坐，宰相進酒，庭中吹觱栗，以衆樂和之。賜羣臣酒，皆就坐，宰相飲，作傾杯樂；百官飲，作三臺。二、皇帝再舉酒，羣臣立於席後，樂以歌起。三、皇帝舉酒如第二之制，以次進食。四、百戲皆作。

(註二二)五、皇帝舉酒如第二之制。六、樂工致辭，繼以詩一章，謂之口號，皆述德美及中外蹈詠之情，初致辭，羣臣皆起聽，辭畢再拜。七、合奏大曲。八、皇帝舉酒，殿上獨彈琵琶。九、小兒隊舞，(註二三)亦致辭，以述德美。十、雜劇罷，皇帝起更衣。十一、皇帝再坐，舉酒，殿上獨吹笙。十二、蹴鞠。十三、皇帝舉酒，殿上獨彈箏。十四、女弟子舞，(註二四)亦致辭如小兒隊。十五、雜劇。十六、皇帝舉酒如第二之制。十七、奏鼓吹曲，或用法曲，或用龜茲。十八、皇帝舉酒如第二之制，食罷。十九、用角觝。宴畢。其御樓賜酺同大宴崇德殿、宴契丹使，惟無後場雜劇及女弟子舞隊。每上元觀燈，樓前設露臺，臺上奏教坊樂，舞小兒隊。臺南設燈山，燈山前陳百戲。山棚上用散樂，女弟子舞，餘曲，宴會，賞花，習射，觀稼。凡游幸，但奏樂行酒，惟慶節上壽，及將相入辭，賜酒則止奏樂。所奏者十八調四十六曲而已。(註二五)政和三年，詔以大晟樂施於燕饗，御殿按試，補徵角二調，播之教坊，頒之全國，聲容節奏，亦只用唐八十四調。尙書省言：大晟燕樂已撥歸教坊，所有樂生，原隸大晟府教習者，今當並令就教坊習學，從之。建炎初，省教坊。紹興十四年復置，凡樂工四百六十人。紹興末復省。孝宗朝，不置教坊，遇有慶節，臨時點集，止令修內司先兩旬教習，更不用女樂。因陋就簡，樂制之殘缺可知。故中興燕樂，比前代尤簡也。

除教坊外，另有雲韶部，黃門樂也。開寶中，平嶺表，擇廣州內臣之聰警者得八十人，會於教坊習樂藝，賜名簫韶部。雍熙初，改名雲韶。每上元觀燈、上巳、端午、觀水嬉，皆命作樂於宮中。遇南至、元正、清明、春秋分社之節，親王內中宴射，則亦用之。奏大曲十三，樂器用琵琶、箏、笙、觱栗、笛、方響、杖鼓、羯鼓、大鼓、拍板；雜劇用傀儡。鈞容直，軍樂也。太平興國三年，詔籍軍中之善樂者，命曰引龍直，每巡省游幸，則騎導車駕而奏樂。若御樓觀燈賜酺，則載第一山車，後增加人數。淳化四年，改名鈞容直，蓋取鈞天之義。初用樂工同雲韶部，大中祥符五年，因鼓工溫用之請，增龜茲部如教坊。嘉祐元年，樂工係籍三百八十三人；六年，增置四百三十四人。其樂舊奏十六調，凡三十六大曲，鼓笛二十一曲，並他曲甚衆。紹興三十年罷。

至於小型樂隊，有東西班樂。太平興國中，選東西班習樂者，樂器獨用銀字觱栗小笛小笙，每騎從車駕而奏樂，或巡方則夜奏於行宮殿庭。淸衛軍習樂者，令鈞容直教之，內侍主其事，園苑賜會及館待契丹使人用之。四夷樂者，元豐六年五月，召見米脂砦所降戎樂四十二人，奏樂於崇政殿，以三班借職王恩等六人差監。其後奏罷之。諸軍與親征，亦有樂隊焉。(註二六)

丙、戲　曲

合歌舞以演一故事，起自唐代之大面撥頭，——更遠溯北齊；而其用詞曲以敍事，則實自宋人始。戲劇之中心，卽配合管絃而歌唱之詞，故戲曲乃由宋詞轉變而成。由是唱詞與唱曲逐漸劃分，蓋詞曲各有譜，詞只分平仄，而曲則須分平上去三聲也。詞曲旣分，歌舞則唱曲，由獨唱變成合唱，由合唱而加上對白，以表演故事，乃成爲戲曲。

宋初，依舊制置教坊四部，其演奏者，不過唐代教坊二十八調之遺聲十八調，然僅用小令而已。

宋代大曲，只有四十四，太宗通音律，自作三百餘曲。至徽宗時，周邦彥等曾作雜劇。又有宗室趙令時（德麟）者，約在元祐之後，靖康之前，作有元微之崔鶯鶯商調、蝶戀花詞十闋，爲西廂記之粉本，是合樂器而歌，附有散序等，此乃戲劇之鼻祖，但以合鼓而歌之詞曲，亦稱爲鼓子詞。迨至南宋，鼓子詞盛行於民間，且雜劇亦不僅如北宋之單純滑稽嘲笑演一故事而已，詞曲說白等俱備，使從事流行之大曲、隊舞、小說等渾然集大成，開金元戲劇之先端。宋代戲劇，約有如下數種：

（一）**雜劇** 雜劇者是雜戲也，脫胎於唐代滑稽諧戲。雜劇是有歌詞，所謂有白有唱者爲雜劇，全用故事，務在滑稽，卽一種滑稽性短劇。以歌舞形式，演出一段帶有詼諧意味之情節，不在表述故事之全套，而在載歌載舞中，以優伶之機智與幽默，運用諧音雙關語，而以滑稽之表情說出，故言語多戲謔刺諷，或援引經史，以佐口吻，資爲笑談，歡娛觀衆，然大率徒歌而不舞。此小型戲劇，由於內容活潑，做作生動，極受歡迎。故宋人宴集，無不歌以侑觴，而欣賞之餘，文人士子亦愛撰著其劇目。演出時，共分四段（折），以唱曲之音節來分段，而非講究故事內容之段落。其角色以末泥爲主，每用四五人爲一場，唱者僅限主角一人，獨唱到底，其餘配角，只能對白，不能對唱。先做尋常熟事一段，謂之艷段（開場戲）；次做正雜劇，通常爲兩段，末泥色主張，引戲色分付，副淨色（古謂之參軍）發喬（喬與驕通，因爲發以滑稽者），副末色（古謂之蒼鶻，能擊禽鳥，末可打副淨故云）打諢（假裝癡呆，以滑稽動作或語言取笑），又或添一人裝孤（臨時添入角色）。最後有雜扮一段，打打鬧鬧，以資笑端，乃雜劇之散段。其吹曲破斷送者，謂之把色。（註二七）雜劇劇詞，重在最後一句，用「歇後語」點眼，引起聽衆發噱笑樂。每劇之「歇後語」，多摭拾經典字音或文辭之相同者，而逞其詭辯之能事。(註二八)此種雜劇，取材甚廣，或諷刺當時文人撏撦李義山詩句，或諷刺權臣誤國，或諷刺宰相濫用私人，甚至朝政亦在其搬演之列，而寓有諫諍之義焉。

（二）**轉踏**　其歌舞相兼者謂之轉踏，(註二九)亦謂之傳踏，(註三〇)又謂之纏達。(註三一)轉踏恒以一曲重疊歌之，以一首詠一事，若干首則詠若干事，間有合若干首以詠一事者，如石曼卿作拂霓裳傳踏，述開元天寶遺事(註三二)是也。其曲調唯調笑一調用之最多，鄭僅（彥能）之調笑轉踏，即其一例。(註三三)此種轉踏，當開場之初，有人先念一段勾隊詞，念畢，歌舞隊入場；又念一段致語，旋即開始歌舞，歌者以一詩一曲相間。歌舞完畢，再念一段放隊詞，即出場。勾隊詞與放隊詞，皆用七絕，宋初之體式如此。然至汴宋之末，則其體漸變。吳自牧謂：「在京時，只有纏令纏達，有引子、尾聲爲纏令，引子後只有兩腔遞互循環間用者爲纏達。」(註三四)以勾隊之詞變爲引子，放隊之詞變爲尾聲，曲前之詩，後亦變而用他曲，故云引子後兩腔遞互循環也。傳踏之制，以歌者爲隊，且歌且舞，以侑賓客。

（三）**曲破**　曲偏繁聲，則謂之入破，言破碎也。宋時舞曲，樂工奏大曲纏令段數中，必有入破聲，舞者亦藉以演故事，謂之舞曲破。太宗洞曉音律，製曲破二十九。(註三五)史浩所言之劍舞，(註三六)是其一例。

（四）**大曲**　兼歌舞之伎，則爲大曲，——大曲者，即單人舞曲也。大曲之名，肇於南北朝，至唐而爲雅樂、清樂、燕樂、及西涼、龜茲等胡樂。傳於宋者，爲胡樂大曲，教坊所奏，凡十八調四十大曲。雜劇中有三分之二以上用大曲。陳暘樂書謂：「優伶常舞大曲，唯一工獨進，但以手袖爲容，蹋足爲節。其妙中者，雖風旋鳥騫，不踰其速矣。然大曲前緩叠不舞，至入破，則羯鼓、震鼓、大鼓與絲竹合作，句拍益急。舞者入場，投節制容，故有催拍、歇拍之異，姿勢俯仰，百態橫出。」(註三七)可見大曲兼有歌舞。王灼謂：「凡大曲有散序、靸、排遍、攧、正攧、入破、虛催、實催、袞遍、歇指、煞袞，始成一曲，此謂大遍。」(註三八)故大曲遍數多，如鄮峯眞隱大曲之各舞，有樂語，有歌詞，有吹有演，次序姿勢，纖悉皆備，幾同劇本。遍數既多，裁截而用以敍事自便，宋人詠事多用焉。但其舉動，皆有定則，欲以演一故事甚難，故現存宋人大曲，皆敍事體而非代言體，仍爲歌舞之一種而非戲劇也。樂府雅詞之董頴薄媚(西子詞)、玉照新志所載曾布之水調歌頭、及鄮峯眞隱大曲所載採蓮等三曲爲最長，可惜其遍數仍不全也。

(五) **諸宮調**　集合許多宮調之各曲所組成之敍事歌曲，稱爲諸宮調。諸宮調者，乃孔三傳所創，說唱故事，爲小說之支流，而被之以樂曲者也。王灼謂熙寧元豐間，「澤州孔三傳者，始創諸宮調古傳，士大夫皆能誦之。」(註三九)孟元老謂：「崇觀以來，瓦舍技藝，有孔三傳、耍秀才諸宮調。」(註四〇)吳自牧亦謂：「說唱諸宮調，昨汴京有孔三傳，編成傳奇、靈怪，入曲說唱。今杭城有女流熊保保及後輩女童，皆效此說唱，亦精於鼓板無二也。」(註四一)周密且謂諸色伎藝人諸宮調傳奇，有高郎婦、黃淑卿、王雙蓮、袁太道等四人。(註四二)故諸宮調者，南北宋均有之。今其詞尚存者，惟金董解元之西廂耳。夫雜劇結構，一本必爲四折，曲數無論多寡，以同宮調之曲一套爲一折。一折易一宮調，一折又限用一韻。諸宮調結構則不同，並不限定齣數（傳奇稱齣不稱折），有多至五六十齣，一齣之中，既不限一宮調，又不限用一韻。每宮調中，多則十餘曲，少或一二曲，即易他宮調；合若干宮調以詠一事，故謂之諸宮調。各角色有白有唱，數角色可合唱一齣，亦可合唱一曲。大曲、轉踏等，用固有之曲以敍事，此則因敍事而製曲。曲調之來源，一是大曲，其次爲唐宋之詞，故歌聲繁複而多變化，不比雜劇之單調。

（六）**賺詞**　賺詞，或稱唱賺，亦爲一種敍事歌曲。此歌曲起源於北宋，至南宋而極盛。「唱賺，在京時，只有纏令、纏達，有引子、尾聲爲纏令，引子後只有兩腔迎互循環間有纏達。紹興年間，有張五牛大夫，因聽動鼓板中有太平令，或賺鼓板，即今拍板大節揚處是也，遂撰爲賺，——賺者，誤賺之義也。正堪美聽中，不覺已至尾聲，是不宜爲片序也。又有覆賺，其中變花前月下之情及鐵馬之類。」（註四三）初期唱賺，內容簡單，只有引子與尾聲，至於纏達之轉變，不過是勾隊詞變成引子，放隊詞變成尾聲。然纏達是歌舞相間之娛樂，而唱賺則淘汰舞之部份，不需勾隊與放隊，而改成引子與尾聲。爲便於歌唱，詩之部份亦改成曲。及張五牛受太平令與鼓板之暗示，乃將初期賺詞加以變化充實，變成一種內容極豐富之敍事歌曲，可以歌詠隱居生活，談情說愛，英雄戰鬥，又可詠社會事，而成爲覆賺。賺詞合一宮調中若干曲子以敍一事，是音樂上一大進步，故下之瓦舍娛人，上之宴會、官儀、娛神皆用之，爲南曲散套之祖，在當時有相當勢力，而影響於後來歌唱及元曲甚大。

雜劇流行於北方，以供粲笑，與傀儡不甚相遠，其所用曲調稱爲北曲，樂器以絃樂爲主。吳自牧謂：「向者，汴京教坊大使孟角毬，曾做雜劇本子，葛守誠撰四十大曲。」(註四四)北宋雜劇，亦似有劇本。南渡時，內廷供奉之曲，散佚殆盡，然官本雜劇，多至二百八十本，其中用大曲者一百零三，法曲者四，諸宮調者三，普通詞調者三十五。(註四五)另有一種以爨命名者，卽爨弄，或謂徽宗見爨國人來朝，衣裝鞵履巾裹，傅粉墨，舉動特異，使優人效之以爲戲。(註四六)其冠以曲名者，如醉花陰爨、夜半樂爨；冠以故事名者，如借衫爨、鍾馗爨等是。此則雜劇亦流行於南宋。古教坊有雜劇而無戲文，自有南戲，卽有戲文，故南戲與戲文，實一物而異稱。但所謂南戲者，祝允明謂：「南戲出於宣和之後，南渡之際，謂之溫州雜劇。予見舊牒，其時有趙閎夫榜禁，頗述名目，如趙眞女、蔡二郎等，亦不甚多。以後日增，今遍滿四方。」(註四七)徐渭考其創始期更後，謂：「南戲始於宋光宗朝，永嘉人所作趙貞女、王魁二種實首之。……或云宣和間已濫觴，其盛行則自南渡，號曰永嘉雜劇。」又曰：「永嘉雜劇興，則又卽村坊小曲爲之，本無宮調，亦罕節奏，徒取其畸農市女順口可歌而已。」(註四八)故溫州流行之溫州雜劇，是南戲之祖。南戲源出於北宋雜劇，但置宮調而不顧，其曲則爲融合宋詞與里巷之歌謠，故不爲士大夫所重視，其戲文傳至杭州，當時爲北曲所壓倒。自南渡後，戲曲遂分南北兩派：北曲發達於金，南曲發達於南宋。聽北曲使人神氣鷹揚，毛髮灑淅，足以作人勇往之志，北方之慷慨豪越也；而南曲紆徐綿眇，流麗婉轉，南方之柔媚也。杭州社會，仍盛行北曲，又有鼓子詞，則流行於民間。因此南戲至南宋末，咸淳四五年間，王煥戲文盛行於都下，始自太學，有黃何道者爲之，方逐漸推廣也。直至明朝，雖有南曲，祇用絃索官腔。至嘉隆間，崑山有魏良輔者，乃漸改舊習，始備衆樂器，而劇場大成，以笛管笙琵按節而唱南曲或崑曲。故南戲實並不太多，南詞敘錄所載宋元舊篇，其名目爲六十五種，永樂大典採輯，不過三十三種。然中國戲劇，創自南宋，而南戲開元代雜劇之先河，殆無疑問也。

丁、樂舞技藝

宋代音樂與舞蹈之專藝，其比諸前代較爲特色者，有如下三端：

（一）**工尺字譜**　樂譜中工尺等字，最先見於遼史樂志，（註四九）繼見於沈括夢溪筆談，（註五〇）及蔡元定律呂新書。（註五一）而姜夔白石道人歌曲，朱熹琴律說，及張炎詞源，並有一種簡字，乃宋時俗工尺字譜。然工尺等字，與宮商角徵羽黃鐘大呂等律呂相配究何若？聚訟紛紜，莫衷一是。宋以來載籍所言工尺，皆屬於燕樂而言，而樂譜則每用簡字以爲代表。如朱熹琴律說曰：「今俗樂之譜，△則合之爲黃（鍾）也。マ，則四下之爲大（蔟）也。マ，則四上之爲大（呂）也。＝、則一下之爲夾（鍾）也。＝、則一上之爲姑（洗）也。マ，則上之爲中（呂）也。ム，則勾之爲蕤（賓）也。ム，則尺之爲林（鍾）也。フ，則工下之爲夷（則）也。フ，則工上之爲南（呂）也。リ，則凡下之爲無（射）也。リ，則凡上之爲應（鍾）也。ㄥ，則六之爲黃（鍾）清也。丌，則五下之爲大（呂）清也。丌，則五上之爲太（蔟）清也。丌，則五緊之爲夾（鍾）清也。」（註五二）晦翁此說，與沈括筆談所配者相近。字譜所記之號，可見大概，但或以傳寫訛舛，以姜夔歌曲校之，不能盡合。姜夔謂予頗喜自製曲，初率意爲長短句，然後協以律。其白石道人歌曲旁註工尺簡字譜，謂之旁譜，此爲有譜之宋詞，然亦可考見宋代工尺之法，如慢等十三首，「合作△。下四，四，並作マ。下一，一，並作一。上作么（亦或作ㄣ）。勾作ㄥ。尺作人。下工，工，作工（詞源作フ）下凡，凡，作リ。六，作ㄆ（亦或作六）。下五，五，並作の。一五（高五也，即緊五）作す。」（註五三）張炎詞源所載八十四宮調譜，每宮調之下，排列簡字，亦與白石道人歌曲譜所用者相同，然頗爲繁重。自是以後，談樂律者皆用此工尺譜矣。

（二）**歌聲與字**　沈括論歌唱之聲與字音宜融合爲一，甚爲精當，其言曰：「古之善歌者有語，謂當使聲中無字，字中有聲。凡曲止是一聲清濁高下如縈縷耳，字則有喉唇齒舌等音不同，當使字字舉本皆輕圓，悉融入聲中，令轉換處無磊塊，此謂聲中無字。古人謂之如貫珠，今謂之善過度也。如宮聲字，而曲合用商聲，則能轉宮爲商歌之，此字中有聲也。善歌者謂之內裏聲。不善歌者，聲無抑揚，謂之念曲；聲無含韞，謂之叫曲。」（註五四）唱時，歌聲與字音之運用，應注意講求也。

（三）**舞譜**　宋人舞蹈之藝，有譜記載，周密曰：「予嘗得故都德壽宮舞譜二大帙，其中新製曲，多妃嬪諸閣分所進者。所謂譜者，其間有所謂一、左右垂手：雙拂、抱肘、合蟬、小轉、虛影、橫影、稱裏。二、大小轉竄：盤轉、叉腰、捧心、叉手、打場、攙手、鼓兒。三、打鴛鴦場：分頸、回頭、海眼、收尾、豁頭、舒手、布過。四、鮑老搬：對窠、方勝、齊收、舞頭、舞尾、呈手、關賣。五、掉袖兒：拂、躦、綽、覷、掇、蹬、焌。六、五花兒：踢、搕、刺、攧、繫、搠、捽。七、雁翅兒：靠、挨、拽、捺、閃、纏、提。八、龜背兒：踏、儹、木、摺、促、當、前。九、勤步蹄：擺、磨、捧、拋、奔、擡、擫。」(註五五)上述各種姿勢，許多當為今世戲場中所採用者也。(註五六)

第十節 醫　藥

甲、醫術重視

有宋一代，對醫術頗為重視，醫藥與民生並重。「乾德初，令太常寺考較翰林醫官藝術，以(劉)翰為優，絀其業不精者二十六人。自後又詔諸州訪醫術優良者籍其名，仍量賜裝錢，所在廚傳給食，遣詣闕。」(註五七)並徵求醫籍與藥方以獻。開寶六年，知制誥王祐等上重定神農本草經二十卷，帝製序摹印，以頒全國。(註五八)太宗在藩邸時，暇日多留意醫術，藏驗方千餘首。太平興國初，詔翰林醫官院，各具家傳經驗方以獻，又得萬餘首。六年十二月，詔諸州士庶家有藏醫書者，許送官，願詣闕者令乘傳，縣次續食，第其卷數，優賜錢帛，及二百卷以上者與出身，已仕官者增其秩。未幾，徐州民張成象以獻醫書補翰林醫官，自是誘致來者，所獲頗多。(註五九)雍熙四年十月，翰林學士賈黃中等奉命與醫工研校，雜取古方，上神農普救方一千卷，詔頒行之。(註六〇)淳化三年，命醫官參次編類，集成太平聖惠方一百卷，鏤板頒行全國，每州擇明醫術者一人，各置醫博士令掌之，聽吏民傳寫。並校訂歷代醫書，訪購醫籍。又詔太醫署良醫，視京城病者，賜錢五十萬具藥，中黃門一人按視之。五年六月，京師疫，遣太醫和藥救之。廣南西路，其俗有疾不服病，唯禱神，咸平初，陳堯叟爲轉運使，以集驗方刻石於桂林驛舍，自後始有服藥者。(註六一)景德三年六月，賜廣南聖惠方，歲給錢五萬，市藥以療病者。(註六二)初，王燾外臺秘要曾力言誤鍼之害，蓋腧穴不明故也。天聖五年，詔王惟德(玉海作王惟一)考次鍼灸之法，鑄銅人爲式二，分臟腑十二經，旁注腧穴所會，刻題其名，一置醫官院，一置大相國寺仁濟殿。又並爲圖法，及主療之術，爲新鑄銅人腧穴鍼灸圖經三卷，刻板傳於世。(註六三)極邊之地，人皆不知醫術，慶曆三年，賜德順軍太平聖惠方及諸醫書各一部。又詔全國選善醫者赴闕，當較試方術，以補太醫。慶曆善救方，是南方病方之輯集，八年敕刊行，頒給各州郡。知雲安軍王端請官爲給錢配藥予民，遂推行於全國。京師大疫，嘗命太醫配藥。又蠲公私僦舍錢十日，令太醫擇善診脈者，卽縣官授藥,審處其症狀予之,無使貧民爲庸醫所誤。(註六四)皇祐三年，命醫官使周應撰簡要濟衆方五卷，鏤板刋行，以賜郡縣，俾人得傳錄，推廣療治；郡守書以方板，揭之通會。嘉祐二年八月，韓琦言：朝廷頒方書諸道，以救民疾，而貧下之家，力或不能及，請自今諸道節鎮及幷、益、慶、渭四州，歲賜錢二十萬，餘州軍監十萬，委長吏選官合藥，以時散給。從之。紹聖間，吳居厚知和州，創將理院，致醫藥，使病者有歸，多所全活，後朝廷設坊安濟，殆仿居厚之法也。

南宋於行都贍診贍藥，明令施行。紹興十六年詔：方此盛暑，切慮庶民闕藥服餌，令翰林院差醫官四員，遍詣臨安府城內外看診，合用藥仰戶部行下和劑局應副，置歷支破，依例支給食錢，仍於本部轄下差撥擔藥兵士二名，候秋涼日住罷，每歲如此。（註六五）二十二年，並推廣至縣鎮。乾道五年，更通令切實奉行。監本藥方頒發諸路。諸州縣醫藥方書，州職醫縣醫生掌之，聽借人傳錄。諸災傷及流民所聚，疾疫稍多，而歲賜藥錢不足者，申監司審量，以係省不係省頭子錢增給，不得過歲賜錢之半。給賜格，歲賜病囚合藥錢京府節鎮一百貫，餘州五十貫，大縣三十貫，小縣二十貫。南宋一百五十二年間，疫病流行二十七次（北宋紀錄只有四次），平均五年餘發生一次，半數在杭州流行，計十四次。紹興二十六年夏，行都疫，高宗出柴胡製藥，活者甚衆。民間知疫病能傳染，凡有病此者，鄰里斷絕，不通訊問，雖骨肉至親，亦或委之而去。朱熹以道學觀念，倡無染論，以爲染與不染，似亦係乎人心之邪正，氣體之虛實，不可以一概論。（註六六）此由昧於衛生原理故也。

乙、醫藥機關

中央醫藥機關，太常寺雖設有太醫署，但主以醫學教授生徒，其掌醫之政令者，實在翰林醫官院，與書畫琴棋等，只列爲伎術人，地位甚低，置有使副各二人，直院四人，醫官、醫學、祗候無定員，掌供奉醫藥及承詔視療衆疾之事。嘉祐二年，自直院以下以一百四十二人爲額。元豐五年，改翰林醫官院爲醫官局，醫官額止於四員，選保試之制甚嚴。政和三年，詔全國貢醫士。宣和三年，自和安大夫至翰林醫官，凡一百一十七人，直局至祗候凡九百七十九人，人員冗濫，可謂已極。五月，始詔大夫以二十員，郎以三十員，醫效至祗候，以三百人爲額。(註六七)旋又罷醫官局。

醫官編制，有和安、成和、成安大夫(從六品)；成全、保和、保安大夫、翰林良醫(正七品)；和安、成和、成安、成全、保和、保安郎、翰林醫正、醫官、醫效、醫痊(從七品)；翰林醫愈、醫證、醫診、醫候(從八品)；太醫局丞(正九品)；翰林醫學(從九品)。凡此皆爲醫官，以二十二階分高下。紹興二年，詔行在醫官，以四十三人爲額。舊額：和安大夫至翰林良醫二十員，改爲五員；和安郎至翰林醫官三十員，改爲四員；醫效七員改爲二員；翰林醫痊十員改爲一員；翰林醫愈至祗候大方脈，原額一百五十員，改爲十五員。(註六八)小方脈兼風科原二十四員改爲四員；針科原十四員改爲二員；瘡腫科兼折傷科原十四員改爲二員；眼科原十六員改爲二員；產科原十八員改爲二員；金鏃科兼書禁科原三十二員改爲三員；口齒科兼咽喉科原十二員改爲一員。(註六九)翰林醫官，選年四十以上者，經過考試，試本科經義或方脈用藥次第一二道，以通六七分以上者爲合格。至和二年，詔提舉醫官院，自今試醫官，並問所出病源，令引醫經本草藥之州土，主療及性味畏惡，修製次第，君臣佐使，輕重奇偶條對之，每試十道，以六道爲合格。(註七〇)淳熙十五年，令由明年起，文武臣於內外州縣選白身醫人一員，委保具狀，經禮部陳乞於省試前一年附銓試場，隨科目試脈義一場三道，以二道爲合格。就本所拆卷，出給公據，照會赴次年省試場，試經義三場，共一十二道，將五通爲合格，以五人取一名，令禮部給帖補充習醫生。候次舉再赴省試場，試經義三場，共一十二道，以五人取一名，八通補翰林醫學，六通補祗候。大方脈科、風科、小方脈科，試脈義三道。其眼科以下依舊法試大道二道，假令法一道，以二通為合格。其次年省試經義一十二道，依舊法以六通為合格。(註七一)州縣亦有醫官，元豐六年禮部奏：諸醫生，京府節鎮十人，內小方脈三人；餘州七人，小方脈二人；縣每一萬戶，一人至五人止。三人以上，小方脈一人。遇闕差官於所習方書試義十道，及五道者給帖補之。大方脈習難經、素問、傷寒論、兼巢氏病源二十四卷。小方脈習難經兼巢氏病源六卷，太平聖惠方十二卷。(註七二)南宋乾道間，令諸州，如職醫闕，選助教充之；助教闕，於本州縣醫生內選術優效著者充之；如無其人，選能者比試，雖非醫生，亦可聽補。諸醫生，每三人內，置小方脈一名；止有二人者，亦置一名。如有闕者，就本州差官考試，以五通為合格。醫生藝業不精，治療多失者，長吏驗實，聽行別補之。

藥物管理，設有機關。殿中省六局之中，有尚藥局，掌和劑診候之事。有典御、奉御、醫師之職。(註七三)又有御藥院，掌按驗方書，修合藥劑，以待進御及供奉禁中之用。(註七四)尚藥局歸殿中省，御藥院歸內侍省，為皇帝御用之內藥局，多以宦官領之。官立藥局之設置，崇寧中設熟藥所於京師，以辨驗藥材。又設和劑惠民藥局七所，供應藥材於各地。南宋有和劑局（紹興六年置），製藥以供給太平惠民局（紹興十八年由熟藥所改置），而太平惠民局共置五局，以藏熟藥，定價售以惠民也。(註七五)紹興二十一年，詔諸州置惠民局。南宋末年，此等局多有名無實，弊端百出，往往為諸吏藥生盜竊偷換，一劑成，則又皆為朝士及勢家所得，故都人謂惠民局為惠官局，和劑局為和吏局，未嘗分毫有利於民也。私人藥肆，亦有經營，以供應民間之用。金陵善應軒，為成修（字德餘）之藥肆，世以醫行，名傾東南。其先人良臣，由王荊公薦，曾官太醫。德餘先從進士，遊庠序，徽宗朝，晚乃以醫藥世其家。黃庭堅曰：「藥肆不飢寒之術也，然市中人治藥，以丁代丙，以乙代甲，其貴則闕不用，其治病十不能愈三四。」（註七六）此指江南藥肆，多以僞藥欺人也。南宋時，杭州藥肆，有生藥熟藥之分，頗具規模。

御醫負責至大，其有效者，或遷秩，或賜服色；無效者，或罰銅，或除名勒停編管。乾德元年，皇后王氏初寢疾，翰林醫官王守愚進藥不精審，疾遽加劇，已而崩，守愚坐減死，流海島。（註七七）元豐三年，以治蜀國長公主疾無驗，醫官陳易簡罰銅六十斤，沈士安三十斤，杜壬追兩官，國子四門助教楊文蔚退一官，並勒停。（註七八）神宗不豫，醫治無驗，大批醫官除名勒停編管。王涇醫高宗，以脾疾而誤用瀉藥，不治而崩，指其用藥不依方書，不隨病證，率意自任，乃杖脊於都市，刺配筠州。凡近臣皇親諸大校有疾，必遣內侍挾醫療視，羣臣中有特被眷遇者亦如之。邊郡屯帥，多遣醫官醫學隨行，三年一代。出師及使境外，貢院鎖宿，皆令醫官隨之。京城四面，分遣翰林祗候療視將士。暑月，又以夏藥賜遠近臣僚。至於醫士違方詐療病而取財物者，按法以盜論。（註七九）庸醫誤傷害人命者，以法律繩之。「諸醫爲人合藥及題疏鍼刺誤不如本方殺人者，徒二年半。其故不如本方殺傷人者，以故殺傷論。雖不傷人，杖六十。卽賣藥不如本方殺傷人者，亦如之。」又主管機關不恤所屬人員病苦者，亦嚴予懲處。「諸丁匠在役及防人在防，若官戶奴婢疾病，主司不爲請給醫藥救療者，笞四十；以故致死者徒一年。」（註八〇）

江西人遇病多信巫鬼，劉彝知虔州，其民多疫，乃集醫作正俗方，專論傷寒之疾，盡籍管轄下巫師，得三千七百餘人，勒之，各授方一本，使以醫爲業。廣南人多死於瘴癘，其俗又好巫尚鬼，疾病不進藥餌。景德中，邵曄出爲西帥兼顧漕事，始請於朝，願賜聖惠方與藥材之費，以幸一路。眞宗皆從其請，歲給錢五百緡。自是每歲夏至前，漕臣製藥以賜一路之官吏。(註八一)紹興十九年六月，朱同知南雄州，代還，言嶺南無醫，凡有疾病，但求巫祝鬼，束手待斃，請取古今名方治瘴氣者集爲一書，頒下本路，從之。(註八二)然自南宋兵興後，北人多流寓兩廣，風俗漸變，有病稍知服藥，不專巫祝之事矣。(註八三)大中祥符八年六月，以牛疫，羣牧司選醫牛古方，頒下諸路，即使獸病，有司未嘗不關懷而急救之也。

雜病之療治，茲舉一二，可略窺其法。軍士有被槍傷者，即令醫官處療。咸平中，有軍士嘗中流矢，自頰貫耳，衆醫不能取，醫官閻文顯以藥敷之，信宿而鏃出，(註八四)此乃精於治跌打金瘡之術也。慶曆間，福州醫士林士元，善醫蠱，詔錄其方，又命太醫集諸方之善治蠱者，爲慶曆善救方。小兒痘瘡，視爲危事，要不可擾之。醫眼，用金篦刮膜。醫士拔除病齒，須候根脫，取之則省力。南宋時，有人發明烏鬚藥，以贈光宗皇帝。(註八五)道士鍊丹，授人服食，每生毒疽而死。薛居正服丹沙遇毒卒，吳玠餌金石，得咯血疾死，然人終不悟也。

丙、知名醫士

宋世士大夫，好涉獵醫籍，類通醫理，如蘇軾沈括等，其著者也。朱熹語朋舊，無事時不妨閱讀藥方，欲知得養生之理也。(註八六) 然以醫爲業者，不及隋唐間巢元方、孫思邈等之特享盛名，類多無所發明，謹守師承而已。故宋代醫術，雖頗有意於發揚，但仍陷於遲滯時期，似曠野平川，並無奇峯特出。醫學設教，亦以宋代較爲完備，然徒具官學形式，而未能培育眞實之人才。其絕技異能之士，堪稱爲名醫者，敍述如次。

劉翰，滄州臨津人，世習醫業。周顯德初，詣闕獻經用方書二十卷、論候十卷、今體治世集二十卷，世宗嘉之，命爲翰林醫官，其書付史館。宋太祖北征，命翰從行。乾德初，考校醫官，以翰爲優。開寶五年，翰與道士馬志治愈太宗病，轉尙藥奉御。詔詳定唐本草，命翰與馬志，及醫官翟煦、張素、吳復圭、王光祐、陳昭遇同議，凡神農本草經三百六十種，名醫別錄一百八十二種，唐蘇恭本草附一百一十四種，有名無用者一百九十四種，翰等又參定新附一百三十三種。既成，詔中書舍人李昉、知制誥王祐、扈蒙詳覆後上之。以新舊藥共九百八十三種，並目錄二十一卷，廣頒全國，傳而行焉。翰後加工部員外郎。太平興國四年，命爲翰林醫官。淳化元年，復爲藥官使。卒年七十二。

王懷隱，宋州睢陽人，初爲道士，住京城建隆觀，善醫診。太平興國初，詔歸俗，命爲尙藥奉御，三遷至翰林醫官使。太宗命懷隱與副使王祐、鄭奇，醫官陳昭遇（嶺南人，醫術精驗）參對名方編類，每部以巢元方病源候論冠其首，而方藥次之。淳化初編竣，書成一百卷，太宗御製序，賜名曰太平聖惠方，鏤板頒行。懷隱後數年卒。

趙自化（九四九—一〇〇五），先世本德州平原人，顯德中，其父偕其兄自正及自化到開封，悉以醫術稱。淳化五年，授自化醫官副使。咸平三年加正使。景德二年卒，遺表以所撰四時養頤錄爲獻，眞宗改名調膳攝生圖，仍爲製序。又嘗纂自古以方技至貴仕者，爲名醫顯秩傳三卷。

馮文智（九五三—一〇一二），幷州人，世以方技爲業。太平興國中，詣都自陳，召試補醫學，加樂源縣主簿。端拱初，授少府監主簿，逾年轉醫官，加少府監丞，嘗隸幷代部署。咸平三年，明德太后不豫，文智侍醫旣愈，加尚藥奉御，賜金紫。六年，直翰林醫官院；東封，轉醫官副使；祀汾陰，加檢校主客員外郎。

沙門洪蘊（九三七—一〇〇四），本姓藍，潭州長沙人，以醫術知名。太平興國中，詔購醫方，洪蘊錄古方以獻。眞宗在蜀邸，洪蘊嘗以方藥謁見。洪蘊又工診切，每先歲時，言人生死無不應。湯劑精至，貴戚大臣有疾者，多詔遣診療。（註八七）

許希善，開封人，以醫爲業，補翰林醫學。天聖中，仁宗不豫，國醫進藥久未效，或薦希善用鍼，刺心下包絡之間，三鍼而疾愈，仁宗大喜，命爲翰林醫官。（註八八）以所得賞金，創扁鵲廟，仁宗爲築廟於城西隅，封靈應侯。其後廟益完備，學醫者歸趨之，因立太醫局於其旁。希善至殿中省尚藥奉御卒，著有神應鍼經要訣行於世。

孫用和，衞州人，以避事客河陽。自言爲思邈後，善用仲景法治傷寒，名聞全國。曾治仁宗光獻后，自布衣除尚藥奉御、太醫令。其子殿中丞兆，父子皆以醫名，迄於熙豐，無能出其右者。嘉祐二年，置校正醫書於編修院，與孫奇高保衡等同校正。著有孫氏傳家秘寶方三卷。

僧智緣，隨州人，善醫。嘉祐末，召至京師，舍於相國寺。每察脈知人貴賤禍福休咎，診父之脈而能道其子吉凶，所言若神。士大夫爭造之。

龐安時（一〇四二—一〇九九），字安常，蘄州蘄水人。自少時善醫術，爲人治病，處其生死多驗，尤其用鍼治病之術奇妙，名傾江淮諸醫。四方之請者，日滿其門。安時亦饒於田產，不汲汲於利，爲邸舍以居病者，親視餅粥藥物，必愈而後遣之；其不可爲者必實告之。病家厚酬，不盡取也，故其聲益高。父世醫也，授以脈訣。安時曰：「是不足爲也」，獨治黃帝扁鵲之脈書，能通其說。益讀靈樞、素問、甲乙諸秘書，靡不通貫。著難經解，謂其術所自出，以之視淺深決生死，若合符節。觀草木之性，與五臟之宜，秩其職任，官其寒熱，班其奇偶，以療百病，著主對集一卷。古之良醫，皆不預爲方，惟仲景傷寒論，論病處方，安時竊憂仲景傷寒論有病證而無方者，續著傷寒論數卷，多得古人不言之實。藥有後出，古所未知，今不能辨，嘗試有功，不可遺也，作本草補遺一卷。所藏醫籍，至萬餘卷。（註八九）其弟子張擴，字子元，歙縣人，嘗從安時遊，同學六十餘人，安時獨喜擴。後從蜀王朴學脈，習太素，亦以醫術知名。

錢乙，字仲陽，鄆州人，父顥，善鍼醫。乙始以顱顖方（中國小兒科始於唐之顱顖經）知名。元豐中，至京師，視長公主女疾，授翰林醫學。明年，以黃土湯治愈皇子瘈瘲病，擢太醫丞，爲當時幼科之聖，由是公卿宗戚家延無虛日。其論醫，諸老宿莫能及，旋以病免。哲宗復召入宿直禁中，久之復辭疾，賜告，遂不復起。乙患周痺症，左手足攣不能用，退居里舍，常爲人治疾。嘗謂熊膽奇藥，家有嬰兒，不可不備。著有小兒藥證直訣，乃兒科專書，具備規模，影響頗大，後人有以兒科仲陽與內科仲景相比。尤邃本草諸書，辨正闕誤。卒時八十二歲。

朱肱，字翼中，歸安人，元祐三年進士，喜論醫，尤精於傷寒。在南陽時，以小柴胡湯治愈太守盛次仲。潛心二十年，撰成活人書。嘗過洪州，聞名醫宋道方在焉，因携活人書就見。宋留肱款語，坐中指駁數十條，皆有考據，肱憫然自失。屬朝大興醫學，求深於道術者爲之官師，起肱爲醫學博士。坐書東坡詩貶達州，以宮祠還，僑居西湖上。（註九〇）

宋道方（一〇四八—一一一八），字義叔，河東人，父可德，從方外士客遊梁宋間，遂家襄陵。道方年十五，念貧無以爲養，輟詩書而學爲醫，取神農帝嚳以來方書舊聞，晝夜伏而讀之，邃張仲景，遵孫思邈。二年，曰可矣，始出刀圭，專用古法以治人，病往往愈。議論博綜羣書，藥石條理，皆有本原。邑中老醫，皆靡然屈服，遂爲醫宗，名擅南北。政和三年，興太醫學於京師，以將仕郎太醫學諭起之，遷修職郎。居數月，請去，乃除中山府北嶽廟，使之歸食其祿。行醫凡五十四年，求診者恒戶爲之滿。（註九一）

張銳，字子剛，太醫教授，官至成州團練使，以醫知名，居鄭州。政和中，蔡京之孫婦產後，大泄而喉痺不入食，銳以附子理中丸裹以紫雪丹治愈之。起居舍人慕容彥逢母病，亦召銳於鄭，至則死矣。時方暑，銳揭面帛注視，曰汗不出而魘耳，無亟斂，趨出取藥，命以水兩升，煮其半灌之。夜半，遺糞滿席，出穢惡物斗餘而復蘇。再以平胃散一帖服之，數日良愈。（註九二）著有雞峯方。

皇甫坦，蜀之夾江人，善醫術。紹興二十八年，顯仁太后苦目疾，國醫不能療，詔募他醫，臨安守臣張偁薦坦。高宗召見，引醫之，用精神療治，立愈，賜清虛二字。

王克明（一一一二—一一七八），字彥昭，饒州樂平縣人，紹興乾道間名醫也。初生時，母乏乳，餌以粥，遂得脾胃疾，長益甚，醫以爲不可治。克明自讀難經素問以求其法，刻意處藥，宿病乃愈。始以術行江淮，入蘇湖，最後家烏程鎮。鍼灸尤精，未嘗多用藥，病雖數症，亦纔下一藥，曰：此病之本也，本除而餘病去矣，故醫術極著名。金使黑鹿谷，過姑蘇館，病傷寒垂死，克明醫愈之，並名聞北方。從張子蓋救海州，戰士大疫，賴其救活者幾萬人。初試禮部中選，累任醫官，以四川宣撫使王炎劾避事坐貶秩，後遷至額內翰林醫痊，賜金紫。(註九三)

史堪，字載之，四川眉州人，第政和進士，官郡守。治醫用藥，初不求異，炮炙製度，自依本法。審症精切，不過三四服立愈。蔡京苦大腸秘，醫不能通，堪診脈已，曰請求二十錢。京曰何爲？曰欲市紫菀耳。已而購紫菀以進，須臾遂通，京大驚，問其說，曰大腸肺之傳送，今之秘以肺氣濁，紫菀清肺氣，此所以通也。著有指南方二卷，凡分三十一門，門各有論。(註九四)

劉溫舒，里居未詳，以醫通籍，官至朝散郎太醫學司業。溫舒以素問氣運爲治病之要，而答問紛糅，文辭古奧，讀者難知，因撰素問入式運氣論三卷（元符二年自序），爲三十論二十七圖上於朝。卷末另附刺法論一卷，以補素問之亡，題黃帝內經素問遺篇，大抵依託而併入也。

唐慎微，字審元，成都華陽人，世爲醫，深於經方。元祐間，李端伯招之居成都，治病百不失一，爲士人療病，不取一錢，但以名方秘錄爲請，故士人喜之。每於經史諸書中，得一藥名，一方論，必錄以告，遂輯集爲經史證類備急本草三十二卷，即大觀本草，書中所錄藥名一千五百餘種，藥名之多，遠超前人著述之上，惜系統紊亂，名稱複雜，錯誤含混，未足稱爲佳作。

王貺，字子亨，考城人，本士人，南京名醫宋道方之婿，傳其學。宣和中，以醫得幸，官至朝請大夫，著有全生指迷方三卷，每證之前，詳其病狀，並論其病源。其脈論及辨脈法諸條，皆明白曉暢，冠之書首。醫者多用之。

許叔微，字知可，眞州人，紹興二年進士，醫家謂之許學士，與龐安常同爲宋一代醫師。凡有病者，診候與藥，不取其值。晚歲，取平生已試用之方，並記其事實，取本事詩之例，編成證類普濟本事方十卷，以黑錫丸、神效散、溫脾湯、玉眞丸、退陰散等方爲最精。並撰傷寒歌三卷，共百篇，皆本仲景法。又有治法八十一篇，及仲景脉法三十六圖，翼傷寒論二卷，辨類五卷。

陳自明，字良父，臨川人，官建府醫學教授。以李師聖郭稽中所著產育寶慶諸集，綱領散漫而無統，節目簡略而未備，醫者不能深求徧覽，乃採摭諸家之書，附以家傳驗方，編成婦人大全良方二十四卷（嘉熙元年自序），凡八門，每門數十條證，共二百六十餘論，論後列方。明金壇王肯堂撰證治準繩，女科一門，全用其書。

陳言，字無擇，甫田人，長於方脈，治病立效。作三因極一病證方論六卷，其說出於金匱要略。此書論病理，分爲三因：一、內因，爲七情發自臟腑，形於肢體者；二、外因，爲六淫起於經絡，舍於臟腑者；三、不內外因，為飲食飢飽叫呼傷風，以及虎狼毒蟲金瘍壓溺之類，每類有論有方。研窮受病之源，用藥之等，所述方論，往往皆古書也，醫者宗之。其徒王碩為易簡方並三論，行於世。

沈應善，豫章人，學醫於蜀之韓隱庵，初授素問內經諸書，研究不輟，徐進以導引之術，及秘藏之方。三年後，名益振，濟世醫人。居旁築一舍曰來安堂，諸藥餌飲食，無不具備。年八十一卒，著有素問箋釋二卷行世。

羅知悌，字子敬，武進人，世稱大無先生，理宗朝寺人。精於醫學，得金劉完素再傳，而旁通張從正李杲二家之說，明朱震亨從其學。

宋代名醫，除上述者可考之外，尚有馬志、王惟德、趙汝古、謝復古、紀天錫、劉元賓（通眞子）、翟煦、王從蘊、吳復圭、張洞、曹孝忠、林億、孫兆、秦宗古、丁德用、賈祐、蘇頌、朱有章、劉禹錫、初虞世、王光祐、蔣淮、安自良、張素、陳遇明、楊介（泗州人）等。（註九五）論證處方，以龐安時、錢乙、陳言、許叔微為最精。傷寒論之研究，北宋有龐安時、錢乙、朱肱，南宋有許叔微，而錢乙之小兒科，陳自明之婦科，更具有專門醫術之權威也。

醫學師承所聚之地，河北路為衛州，皆本高若訥之學，孫兆杜壬之徒，始聞其緒餘，猶足名一世。京東舊多名醫，鄆州尤盛，其學皆有師承。「單州醫者張宗元，家本大富，少喜醫術，故學醫卒為名醫。其初學也，師教之刮厚紙上茸毛，以手撚之，閉門靜坐，晝夜撚紙茸不輟，一夜忽大悟曰：吾得之矣，由是脈輕重虛實皆究，纖悉不差。」（註九六）曹州醫生劉大順，比宗元尤精審，則鄆州、單州、曹州，亦皆產名醫也。南宋以後，醫病分南北之論，北方之治病，當以攻伐外邪爲先；南方之治疾，宜以保養內氣爲本，謂北人陽常有餘，南人陰常不足。夫儒之門戶分於宋，醫之門戶分於金、元，宋代醫士，則皆沿波討流，各以專門名家，而無學派之爭，其平淡無奇，尙乏卓拔者蓋以此歟？

丁、醫藥著作

古代醫籍之校勘，開寶、天聖、景祐、嘉祐、政和間，共有五次。其中仁宗朝最重要，經三次考校整理，學方有所本。天聖四年，命醫官院校定黃帝內經素問及難經、病源候論等，下館閣看詳，翌年，詔國子監摹印頒行。高若訥兼通醫術，於張仲景傷寒論孫思邈千金方、及王燾外臺秘要，久不傳，悉考校訛謬行之，世始知有是書。(註九七)然若訥只爲醫藥作家，而非擅長醫術之醫士，常拘古方法治疾，多無效。景祐二年，丁度等校正素問。嘉祐二年，韓琦言：醫書如靈樞、素問、甲乙經、廣濟、千金、外臺秘要之類，本多訛舛。神農本草，雖開寶中嘗命官校定，然其編載，尙有所遺，請擇知醫書儒臣與太醫參定頒行。乃詔卽編修院置校正醫書局，命直集賢院崇文院檢討掌禹錫等四人，並爲校正醫書官。(註九八)校勘嘉祐八書：靈樞、素問、廣濟方、千金翼方、脈經、傷寒論、金匱要略、金匱玉函經。孫兆校勘外臺秘要，至治平初校成，總四十卷，目錄一卷，四年三月進呈。熙寧二年春鏤板。兆又與林億高保衡等校勘黃帝內經素問二十四卷，正其謬誤六千餘字。素問一書，唐寶應年間有王冰補注，熙寧初刊行校正本，紹定年間又重刊之。此書雖依王冰本之舊，但疑其竄入天元紀大論等七篇，(註九九)爲後世學者所責難。素問之成書，爲黃帝岐伯之問答，司馬光已疑之，林億、程顥、程頤、邵雍、朱熹，皆認爲戰國之作品，乃託古以取信也。開寶間，節度使高繼冲上傷寒論，經嘉祐校正，治平二年刊行，元祐三年爲普及計，將小字本刊行。唐本草，開寶七年增藥品一百三十三種，謂之開寶本草。蜀孟昶又嘗增益，謂之蜀本草。及至嘉祐六年掌禹錫林億等重加校正，更爲補注，合新舊藥爲一千零八十二種，謂之嘉祐補注本草。大觀本草復略增之。政和六年，完成政和經史證類備用本章，至紹興二十九年，又完成紹興校定經史證類備急本草，此爲官定之正統本草。南宋時，汪伯壽復齋編有醫家書目。官撰醫書，如聖濟總錄、太平聖惠方、太平惠民和劑局方等，或博而寡要，或偏而失中，均不能有實益於治療。然私人著述，頗爲宏富，其數量殆與唐人相埒，以單方爲最多，蓋備實用也。其次爲病理與醫理之通論。著述之中，以王惟德銅人鍼灸圖、陳言三因極一病證方論、朱肱南陽活人書、初虞世必用方、陳自明婦人大全良方、錢乙小兒藥證直訣等，較爲著

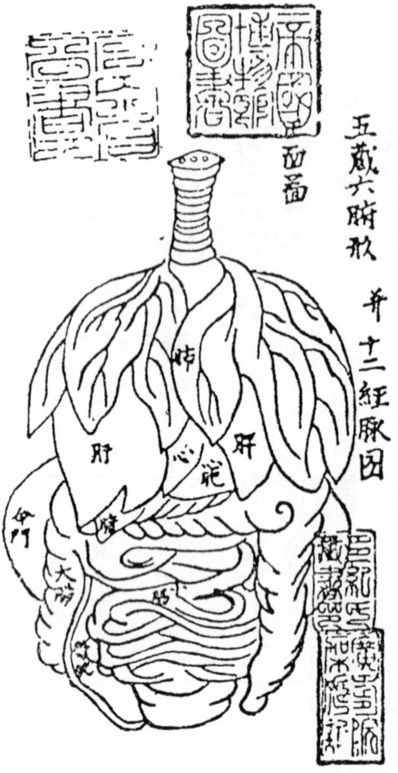

圖三十四　歐希範五臟圖

名。北宋時，人體解剖兩次，成立解剖圖。一爲慶曆五年，賊徒歐希範就戮，宜州推官吳簡，命醫師畫工繪解剖圖，成歐希範五臟圖。二爲崇寧年間，泗州賊行刑時，郡守李夷行命醫師楊介描寫解剖圖，政和三年成存眞環中圖。二書已軼，但此爲中國醫學史上稀有之事例，在醫學上貢獻甚大。茲將醫籍分爲七類，錄其書目如下。

（一）**釋經**　林億黃帝三部鍼灸經，高若訥素問誤文闕義一卷、傷寒類要四卷，吳復珪金匱指微訣一卷，龐安時難經解義一卷、傷寒總病論六卷，錢乙傷寒指微論，劉溫舒素問入式運氣論奧三卷，丁德用注難經五卷，虞庶注難經五卷，通眞子傷寒訣一卷，朱肱傷寒百問、南陽活人書二十卷，王作肅增釋南陽活人書，韓祗和傷寒微指論二卷，王實傷寒證治三卷，史崧靈樞十二卷。

（二）**病理醫理**　王惟德銅人鍼灸經七卷，司馬光醫問七卷，朱肱內外二景圖三卷，通眞子脈訣機要三卷、脈要新括一卷，曹孝忠聖濟總錄（政和間敕撰，醫學大全書，逐病分門，門各有方，據經立論，論皆有統）二百卷，無求子傷寒百問三卷，程玠醫經正本書一卷，葉玠五運指掌賦圖一卷，蕭世基脈粹一卷，楊介存眞圖一卷、四時傷寒總病論，莊綽膏肓灸法二卷，初虞世尊生要訣二卷，張杲醫說十卷，婁居中食治通說一卷，陳直奉親養老書四卷，楊退修通神論十四卷，許叔微傷寒歌三卷，李檉傷寒要旨二卷，平堯卿傷寒證類要略二卷、傷寒玉鑑新書一卷，陳言三因極一病證方論六卷。

（三）**本草**　盧多遜開寶新詳定本草二十卷（開寶六年），李昉開寶重定本草二十卷（開寶七年），掌禹錫等嘉祐補注神農本草二十卷（嘉祐六年），文彥博藥準一卷，蘇頌校本草圖經二十卷，曹孝忠校新修政和經史證類備用本草三十二卷，寇宗奭本草衍義二十卷（政和六年），王繼先紹興校定本草二十二卷，余彥國新編類要圖注本草四十二卷。

（四）藥方　王懷隱等太平聖惠方一百卷，葛懷敏神效備急單方一卷，沈括良方十卷、靈苑二十卷、蘇沈良方十卷（疑與沈括良方爲同一書），（註一〇〇）皇祐簡要濟衆方五卷，董汲（崇寧大觀間）旅舍備要方一卷，許叔微類證普濟本事方十二卷，王袞王氏博濟良方五卷，慶曆善救方一卷，張銳雞峯備急方一卷，史載之指南方二卷（曾治蔡京疾得名），王貺濟世全生指迷方四卷，陳師文等太平惠民和劑局方十卷，劉彝贛州正俗方二卷，孫用和孫氏傳家秘寶方三卷，龐安時龐氏家藏秘寶方五卷、元豐太醫局方十卷，陸游陸氏續集驗方三卷，羅適傷寒救俗方一卷，初虞世古今錄驗養生必用方十卷，（註一〇一）楊退修楊子護命方五卷，趙士紆九籥衛生方三卷，楊倓楊氏家藏方二十卷，王俁本草單方三十五卷，何偁經驗藥方二卷，鄱陽洪氏方一卷，莫伯虛莫氏方一卷，李朝正備急總效方四十卷，孫紹遠大衍方十二卷，錢竿海上方一卷，李觀民集效方一卷，葉大廉葉氏方三卷，吳彥夔傳信適用方二卷，陳抃陳氏手集方一卷，夏德衛生十全方三卷、奇疾方一卷，余綱選奇方十卷、後集十卷、陳孔碩傷寒瀉痢要方一卷，福建提舉司諸家名方二卷，王碩易簡方一卷，屠鵬四時治要方一卷，朱佐類編朱氏集驗醫方十五卷（咸淳二年序）。

（五）婦科　郭稽中婦人產育寶慶方二卷（論二十一篇，評十六篇，產乳備要，經氣調治法，姙娠調養法），陸子正胎產經驗方一卷，陳自明婦人大全良方二十四卷，無名氏產寶諸方一卷。

（六）**兒科**　吳復珪小兒明堂鍼灸經一卷，錢乙小兒藥證直訣三卷、錢氏小兒方八卷，闕名顱顖經二卷，(註一〇二)董汲小兒斑疹論一卷，張渙小兒醫方妙選三卷，李檉小兒保生要方三卷，劉昉幼幼新書五十卷、漢東王氏小兒方三卷，湯衡湯氏嬰孩妙訣二卷，何大任保幼大全二十卷，陳文中陳氏小兒病源方論四卷，無名氏小兒衞生總微論方二十卷。

（七）**外科雜症**　張耒治風方一卷，紹聖重集醫馬方一卷，董汲腳氣治法總要二卷，謝天錫瘡疹證治一卷，龔慶宣劉涓子鬼遺方論（治癰疽）十卷，東軒居士衞濟寶書（治癰疽）二卷，張允蹈外科保安要用方五卷，李迅李氏集驗背疽方一卷（凡五十二條，論議詳盡曲當），無名氏急救仙方六卷。(註一〇三)

第十一節　曆　算

甲、曆法更易

中國天文學，以曆爲主。宋初，分曆書與天文爲二。測驗天文，考定曆法，初設司天監以掌之。禁中另有翰林天文院，亦設漏刻、觀天臺、銅渾儀、與司天監互相檢察，並置翰林天文之官。監有曆生，而曆生亦經考選，以爲造士掄才之法。私習天文，雖明令嚴禁，然私人傳授，亦所在有之。熙寧四年，詔司天監印賣曆日，民間無得私印。元豐五年新官制行，罷司天監，立太史局，隸秘書省，凡日月星辰風雲氣候祥眚之事，日具所占報告。有渾儀臺，晝夜測驗辰象。(註一〇四)故觀測占候，校驗疏密，有預推，有紀錄，事工規定，職位分明，推步工作，比前代爲重視。日食無不在朔，月食無不在望。史志常有當食不食，雲陰不見之紀載，可知其先期預推者，尤較唐代爲勤。惟「天體之運，星辰之動，未知有窮，而度以一法，是以久則差，差則敝而不可用，曆之所以數改造也。」(註一〇五)故曆法頒行後，旋發覺推驗漸差，而又因太史局之推算曆法與司天監之實測天文，儒家與術士之法互異，以致曆分兩途。儒家侈談玄理，術士則拘泥成數，兩者各有門戶之見，每藉是以較勝負，促使曆法之更易，遂愈見頻繁矣。

宋曆凡十八易，東都自開國至靖康元年之一百六十年間，共行九曆，改九次：㈠建隆二年五月，以王朴之欽天曆(初仍行周顯德曆)推驗稍疏，詔司天少監王處訥(九一六—九八三，洛陽人)別造新術，四年四月，新法成，爲書六卷，太祖自製序，賜號應天曆。㈡太平興國間，因應天曆置閏有差誤，六年，冬官正吳昭素獻新術，經監官屬學生精加詳定，考驗無差，可以施行永久，遂賜號乾元曆。㈢眞宗嗣位，以乾元曆朔餘太強，致朔望復差，命司天監史序(九三五—一〇一〇，字正倫，京兆人)考驗前法，研覈舊文，取其樞要，編爲新曆，咸平四年二月，曆成，賜號儀天曆。宋史以此三曆合爲三卷，以應天爲本，乾元、儀天附而注之，此其律曆志之創格也。㈣儀天曆頒行二十一年，而星躔失度，建興初，議改曆，命曆官宋行古造術，天聖元年八月，曆成，賜號崇天曆，至皇祐四年十一月，日食不驗，然頒行逾二十年，比前三曆爲少密。㈤崇天曆行至嘉祐之末，已四十年，以五星行度不合，氣節早晚有差，日食比測不驗，英宗卽位，詔判司天監周琮等七人作新術，治平二年而成，遂賜名明天曆。㈥熙寧三年七月，月食卽已不驗，時人以爲明天曆不可用，於是復用崇天曆，但七年月食東方，崇天曆又不協，詔曆官雜候造新曆，提舉司天監沈括言衞朴（淮南人）通算法，召朴至。朴言崇天曆，氣後天，明天曆，朔先天，失在置元不當。詔朴改造，朴以已學爲之，視明天曆朔減二刻，八年曆成，行之，卽奉元曆也。奉元曆議，沈括實主之，此曆南渡後已亡失，故紹興二年修神宗實錄，詔陳得一裴伯壽補修之，然其後亦不存。㈦元祐二年九月，以奉元曆疏，詔保章正黃居卿等六人考定。初，衞朴曆冬至後天一日，元祐五年十一月癸未冬至，驗景長之日乃壬午，遂改造新曆，六年十一月八日，賜名觀天曆，紹聖元年頒行。㈧徽宗朝，有司以觀天法推崇寧二年十一月朔爲丙子，頒曆之後，始悟其朔當進而失進，姚舜輔遂造占天曆，改十一月朔爲丁丑，而再頒曆焉。行用三年，曆官言占天成於私家，不經考驗，不可施用，乃命姚舜輔等復造新曆，五年曆成，視崇天減六十七刻半，始與天道相合，賜名紀元曆，自大觀元年頒用。

自南渡至景炎二年之一百五十年，亦行九曆：㈠紹興五年二月，詔常州布衣陳得一改造新曆，八月曆成，賜名統元曆，於六年頒行。㈡統元曆行之十五年稍差，劉孝榮（光州進士）乃採萬分曆作三萬分以爲日法，號七曜細行曆，乾道四年，詔用新曆，名曰乾道曆，五年頒行。㈢淳熙元年，劉孝榮等復造新曆成，較之紀元、統元、乾道諸曆爲密，賜名淳熙曆，四年頒行。㈣紹熙元年八月，詔太史局更造新曆，二年曆成，賜名會元曆，亦孝榮等所造也。㈤慶元四年，會元曆占候多差，成忠郎楊忠輔造新曆，賜名統天曆，頒行之。㈥開禧三年，大理評事鮑澣之，以統天曆推測日食不驗，其法乃民間小曆，頗多舛戾，遂造開禧曆，詔以嘉定元年權附統天曆頒之，行於世者四十五年。㈦淳祐十二年，譚玉造新術，賜名會天曆，寶祐元年頒行之。㈧咸淳六年，陳鼎以會天曆氣閏不合，再造新術，卽成天曆，七年頒行。(註一〇六)㈨景炎間，禮部侍郎鄧光薦造本天曆，當益王出亡海上時用之，其法不傳，故宋志不詳。兩都各行九曆，而宋史律曆志各紀七曆，詳於東都而略於臨安，亦事實使然。東都又有王睿之至道曆，張奎之建興曆；臨安有李德卿之淳祐曆（淳祐十年），萬石之五星再聚曆（淳熙十四年），或未經行用，或法數無存，故宋志只紀其沿革大略而已。

綜觀宋曆凡二十二，雖法有疏密，數有繁簡，但條例稍殊，綱目小異，所謂寫子換母，增損於積年日法之間，以求合於一時，大抵憑諸演撰之法，累積強弱之率者也。然此爲術士算曆之技術，律曆雖稱爲儒者之能事，而「宋代諸儒，尙虛談而薄實用。數雖聖門六藝之一，亦鄙之不言，卽有談數學者，亦不過推衍河洛之奇偶，於人事無關。故樂屢爭而不決，歷亦每變而愈舛，豈非算術不明，惟憑臆斷之故歟？」(註一〇七)朱晦翁與蔡季通極喜數學，然其所言之數理，不可施之實用，祗有一沈括，號爲博洽，而春秋日食三十六，又爲衞朴所欺，其他可知也。宋曆之中，惟崇天行用最久，明天論曆最詳，紀元歲朔最密。至若楊忠輔之統天，暗廢積年日法，隱藏歲實消長，剏立新率，獨有心得，爲元授時曆所取法焉。

乙、天算之智識

治曆之本，首重曆元。古之治曆，以夜半爲日首，朔旦爲月首，冬至爲歲首，又以干支計日配演而成六十甲子，必以甲子、朔旦、夜半、冬至齊同，爲起算之端。斯時日月五星又須同度，如合璧聯珠之象，謂之上元。欲推究上元，須觀測星象，故曆之本在於觀測。天文現象，研究有書，如司天監楊惟德，奉命以周天星宿度分及占測之術，纂而爲景祐乾象新書三十卷，又有無名氏大宋天文書十五卷，王及甫天經十九卷，蘇頌天象法要三卷，鄒淮天文考異二十五卷，(註一〇八)皆論天象之學也。觀測天象之器，莫先於儀表，而以渾天儀爲中心。北宋時，鑄造凡四次，有至道儀、皇祐儀、熙寧儀、及元祐儀。熙寧七年，沈括上渾儀、浮漏、景表三議，說明改制儀器之原理，並將多項天文學之錯誤理論，加以辯正。此三者爲測候天文之器也，浮漏卽刻漏之法，景表卽候景之表，度量日景之長短，尤有特見，而渾儀以觀察星辰，推考天度，爲測定天體之儀器。故熙寧之造渾儀，是由沈括所指導者也。水運運天之法，創於漢張衡而其制不傳，成於唐梁令瓚而其法始備。宋有張思訓、韓顯符、周琮、于淵諸家，或據開元之遺法，或依李淳風之舊規，相繼建製，逐有改進。元祐間，請別製渾儀，因命蘇頌提舉。頌始集各家之善，而別出心裁，以吏部令史韓公廉曉算術，有巧思，奏用之。公廉常以勾股法推考天度。會蘇頌請製渾儀，公廉因撰九章鈎股測驗渾天書一卷。其渾儀之制，爲臺三層：上層如露臺，設渾儀以觀星。渾儀之制，爲輪三重：一曰六合儀，縱置於地渾中，象上下四方天地之體也。二曰三辰儀，置六合儀內，分布周天度數，又設黃道赤道，東西相交，隨天運轉。三曰四游儀，在三辰儀內，內置望筒，隨游儀轉動，以窺知天象。渾下植四龍柱以支之，四龍柱下設十字水趺以平高下。四游儀中之望筒，可窺測四方之星度，運用低昂，悉隨人意，並覆以脫摘板屋，便移動啓閉也。中層設渾象，有晝夜機輪，能自運動，常使儀面星度，與天象相合。下層設木閣，閣凡五層，皆有門，以見木人出入，謂之司辰。第一層木人左搖鈴，右扣鐘，中擊鼓。第二層報時初及時正。第三層報刻，皆有木人持牌出告。第四層擊夜漏金鉦。第五層報夜漏更籌。運動機輪，設在木閣之後，旁設天池河車水壺諸器，引水昇降以轉其輪，每一晝夜，周而復始。不假人力，時至刻臨，則司辰出告，星度躔度所次，占候測驗，不差晷刻，晝夜晦明，皆可推見。(註一〇九)紹聖間，蘇頌作新儀象法要三卷，以紀其詳。此渾儀製作，與近代鐘錶輪齒旋轉之原理相似，精微處實超越前人，爲有宋一代機械技術之精華。靖康之變，彝器盡歸金人。高宗南渡，欲重創渾儀，已乏專家，乃訪求頌書，由頌子携進呈之。但廷臣讀之不解，而携亦莫識父書，遂不能仿造之。觀測之功，自不如前矣。

宋代天算之學，頗爲進步，如天體吸力原理，朱熹已能言之：「問：天有形質否？曰：無，只是氣旋轉得緊，如急風然。至上面極高處轉得愈緊，若轉纔慢，則地便脫墜矣。」(註一一〇)其他問題，發現與現代天文智識有關者，玆舉數例如下。

(一)日月蝕之理論　宋史天文志所推算紀錄之月食，自開寶元年至咸淳九年之三百年間，計爲二百三十七次；文獻通考象緯所記可補天文志未備者四次，續通考二次，合共爲二百四十三次。月蝕之原理，東漢張衡嘗謂月光生於日之所照，魄生於日之所蔽；當日則光盈，就日則光盡也。(註一一一)沈括引伸其說，謂：「日月之形如丸，何以知之？以月盈虧可驗也。月本無光猶銀丸，日耀之乃光耳。光之初生，日在其傍，故光側而所見纔如鉤；日漸遠則斜照而光稍滿。如彈丸，以粉塗其半，側視之，則粉處如鉤；對視之，則正圓，此有以知其如丸也。」(註一一二)程大昌謂：「沈括取銀圜爲喻曰：月如銀圜，本自無光，日耀之乃有光。其圓非圓，乃月與日相望，其光全耳。及其闕也，亦非眞闕，乃日光之所不及耳。此喻最爲精審。」(註一一三)此對月球形狀，月光來源及其盈虧之理，進一步說明。太陽非在月旁，但月球盈虧之道理，大致上與現代天文學理論相符合。程氏又曰：「揚子雲曰：日未望則載魄於西，既望則終魄於東，其溯於日乎。沈括能發越其狀，使聞者豁然也。」(註一一四)鄭樵所言之理亦同：「月者，太陰之精也，其形圓，其質清，日光照之，則見其明；日光所不照，則謂之魄。故月望之日，日月相照，人居其間，盡覩其明，故形圓也。二弦之日，日照其側，人觀其傍，故半魄也。晦朔之日，日照其表，人在其裏，故不見也。」(註一一五)

沈括復拓展張衡與北齊張子信之學說，從技術上說明日月蝕之原理，曰：「又問：日月之行，日一合一對，而有蝕不蝕，何也？予對曰：黃道與月道，如二環相疊而小差，凡日月同在一度相遇，則日爲之蝕，正一度相對，則月爲之虧。雖同一度，而月道與黃道不相近，自不相侵；同度而又近黃道月道之交，日月相値，乃相陵掩。正當其交處則蝕；而既不全當交道，則隨其相犯淺深而蝕。」(註一一六)括提出月道（白道，月行軌道）與黃道（太陽道）二平面有交道，太陽與月球位置距離月道與黃道交點蝕限之內，卽發生日蝕或月蝕，此與現代天文學智識之解釋相符。對於日月蝕過程之觀察，括又曰：「凡日蝕，當月道自外而交入於內，則蝕起於西南，復於東北；自內而交出於外，則蝕起於西北，而復於東南。日在交東，則蝕其內。日在交西，則蝕其外。蝕既則起於正西，復於正東。凡月蝕，月道自外入內，則蝕起東南，復於西北；自內出外，則蝕起東北，而復於西南。月在交東，則蝕其外；月在交西，則蝕其內。蝕既則起於正東，始於西。交道每月退一度餘，凡二百四十九交而一朞。」(註一一七)日月軌道之交點，沿黃道向西移動，月球運動一週，交點移動約一度五分，歷十八年零七月，交點旋轉適爲一個圈，此時對白道又回到原來位置，此爲交點之退行。括所言二百四十九交點月約相當十八年零六個月，每月後退之度數一度餘，與今日天文學推算所得之値數一度五分，極爲接近也。日月蝕之智識，在宋代甚爲普遍，道學家如朱晦翁，亦能明晳言之。(註一一八)

(二) 客星之發現　現代天文學所稱之超新星現象(Supernova)，漢代中葉以前稱爲新星，前漢書則稱爲客星。「至和元年(一〇五四)七月二十二日，守將作監致仕楊惟德言：伏覩客星出見，其星上微有光彩，黃色。初，至和元年五月晨出東方守天關，晝見如太白芒角四出，色赤白，凡見二十三日。嘉祐元年(一〇五六)三月，司天監言：客星沒。」(註一一九)超新星現象有歷史紀錄者僅有三次：一爲中國至和元年，發現之客星；二爲丹麥人第谷(Tycho Brade, 一五四六—一六〇一)發現之新星；三爲第谷之弟子德人克白爾(Johannes Kepler, 一五七一—一六三〇)所發現者。但此等新星之發現，被人忽略。其後約在一七〇〇年英國天文學家貝維斯(John Bevis)，一九二一年瑞典天文學家倫麥克(K. Lundmark)之先後注意，觀察精研，發現有一團星雲，但未敢斷言此爲楊惟德所發現之客星。迨由一九五〇年起，當五十團星雲之位置被決定時，僅發現有七團爲視覺可見之物，其中之一團，爲在金牛座(Taurus)之蟹狀星雲(The Crab Nebula)，以強力機械測望時，發覺爲太空中極有興趣物之一。天文學家遂公認此蟹狀星雲，實乃楊惟德所發現之客星。其放射出之能量，相當於太陽一百億年中所放射者，可在一年中全部放射出。故此座客星發出光度，約比太陽強一百億倍左右。宋代發現此客星，可證明其天文學之進步。

(三) 彗星之紀錄　宋史天文志紀錄彗星凡二十八次，見則有兵燹水災除舊布新之兆，但彗星、孛星(彗芒氣四出曰孛)、客星，常夾雜混書，星別難分。天文學家哈雷(Edmund Halley, 一六五六—一七四二)，由一四五六，一五三一，一六〇七，及一六

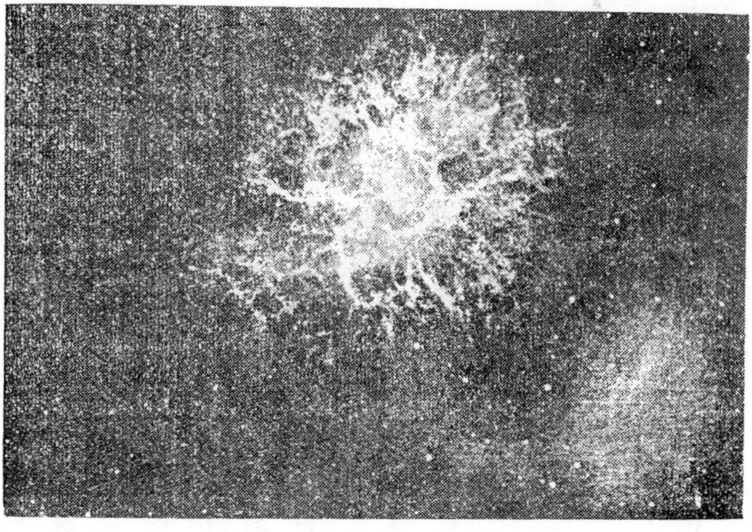

圖三十五　蟹狀星雲

八二年，將過去觀察彗星而計算其軌道後，注意此四次軌道之相似，認爲同一彗星之四次連續出現，推論其爲一週期彗星，在七十六年餘過程中，沿一極端偏側之橢形軌道而轉動。哈雷撰彗星之天文要略（Astronomiae Cometicae Synopsis, 一七〇五）一巨著，計算此彗星轉動之軌道及說明其環繞太陽轉動之理論，對天文學有極大貢獻。而宋史紀錄，端拱二年（九八九）七月戊子，有彗出東井積水西，凡三十日而沒。越七十六年八個月，於治平三年（一〇六六）三月己未，彗出營室，積六十七日而滅。越七十九年一個月，於紹興十五年（一一四五）四月戊寅，彗見於東方，至六月丁亥乃銷。又越七十七年兩個月，於嘉定十五年（一二二二）八月甲午，彗出右攝提，歷兩月乃沒。（註二〇）此四次彗星之出現，似可爲哈雷彗之佐證。中國古代天文紀錄，實具有科學上之重大價值。

（四）最古星圖之製訂　中國天文學家，以渾天儀觀測天文，對恒星觀測，著有紀錄。歷來曆法之計算，常觀測二十八宿之距及恒星之位置，但罕有測定全太空之恒星位置者。仁宗之景祐、皇祐，神宗之元豐，徽宗之崇寧等年間，共測定四次。此四次觀測中，最著名者爲皇祐與元豐年間之兩次，有測定值之紀錄。蘇頌新儀象法要，有描寫元豐年間觀測之基星圖。南宋淳祐天文圖，七年（一二四七）石刻，是光宗初年黃裳所作，即利用此觀測資料所得之星圖來畫者，以北極爲中心。此天文圖置於蘇州孔廟，爲世界最古之星圖，當極爲珍貴。

（五）陽曆之提倡　沈括以舊法曆日與節氣常有脫節之現象，遂提倡廢除陰曆，採用陽曆，雖其法不行，「然異時必有用予之說者。」括以歲差而置閏，置閏遂使氣朔不正。「自此氣朔交爭，歲年錯亂，四時失位，算數繁猥。凡積月以爲時，四時以成歲，陰陽消長，萬物生殺，變化之節，皆主於氣而已。但記月之盈虧，都不繫歲時之舒慘。今乃專以朔定十二月，而氣反不得主本月之政。時已謂之春矣，而猶行肅殺之政，則朔在氣前者是也，徒謂之乙歲之春，而實甲歲之冬也。時尙謂之冬也，而已行發生之令，則朔在氣後者是也，徒謂之甲歲之冬，乃實乙歲之春也。是空名之正二三四反爲實，而生殺之實反爲寓，而又生閏月之贅疣，此殆古人未之思也。」此由於氣朔不正，春行冬令，冬行春令，欲改正此弊，遂主張用節氣定月份之法：「今爲術莫若用十二氣爲一年，更不用十二月，直以立春之日爲孟春之一日，驚蟄爲仲春之一日，大盡三十一日，（小盡三十日），歲歲齊盡，永無閏餘。十二月常一大一小相間，縱有兩小相併，一歲不過一次。（兩小相併之年共有三六五日，否則共三六六日）。如此則四時之氣常正，歲政不相陵奪，日月五星亦自從之，不須改舊法，唯月之盈虧，事雖有繫之者，如海胎育之類，不預歲時寒暑之節，寓之曆間可也。借以元祐元年爲法，當孟春小，一日壬寅，三日望，十九日朔；仲春大，一日壬申，三日望，十八日朔。如此曆術，豈不簡易端平，上符天運，無補綴之勞？」（註一二二）此法用十二氣爲一年之新曆法，不管朔望，而又將閏月廢除，與現時之陽曆法頗相近，且在曆法計算似較爲合理也。

丙、算學家

中國之曆，以計算爲主流，天文學之發展史，不啻爲計算技術之發展史，是以曆學家必精於算學，曆學家殆皆爲算學家也。宋代司天算者，以楚衍爲首，衍於九章、緝古、綴術、海島諸算經，尤得其妙。有弟子二人，賈憲朱吉最著名，有女亦善算學。劉羲叟，字仲更，澤州晉城人，精算術，兼通大衍諸術，其曆學爲宋第一。歐陽修薦其學術，試大理評事，權趙州軍事判官。及修唐書，令專修律曆、天文、五行志。尋爲編修官，著有劉氏輯術。元豐間，秘書監趙彥若等校定孫子、五曹、緝古、海島、及夏侯陽等五部算經。七年，刻算經十書入秘書省，並試算學，上等爲博士。崇寧、大觀、宣和之間，算學廢置無常，而在野之研修者，日益隆盛。金人破汴京，秘閣所藏算學書板片，全被刼去。南宋嘉定五六年，汀州守鮑澣之傳刻元豐監本算經十書，使古代算學書，得普遍流傳。宋代最著名之算學家，略舉如次。

（一）賈憲，仁宗時曾任右班殿值，有算法斅古集二卷，宋史稱「黃帝九章細草九卷」是也。楊輝詳解九章算法，引有賈憲立成釋鎖平方法及立方法。永樂大典本楊輝詳解九章算法，引有「開方作法本原」，蓋輝發明增乘開方法，求任何高次冪之正根，自註稱：「出釋鎖算書，賈憲用此術。」此開方術與第十七世紀法國數學家巴斯噶（Blaise Pascal, 一六二三—一六六二）之三角形法相似也。

（二）劉益，北宋末中山人，以勾股之術，治演段、鎖方，作議古根源，撰成直田演段百問，其書引用帶從開方、正方損益法、與帶益隅開方，爲前古所未聞。帶從開方，雖僅及一元二次方程式，已與現代所習知之解高次方程式不盡根之霍納法(Horner's Method, 一八一九)相似。厥後賈憲黃帝九章細草、秦九韶數學九章、金李冶測圓海鏡（一二四八）、益古演段（一二五九）、元郭守敬授時曆

（一二八〇）、朱世傑算學啓蒙（一二九九）、祖頤四元玉鑑（一三〇三）所引正負開方術，並本於此。楊輝田畝比類乘除捷法卷下，亦引有其帶從開方中益隅法。

（三）秦九韶，字道古，自題魯郡人，或謂家於蜀，或稱秦鳳間人。年十八，在鄉里爲義兵首。寓居湖州，多交豪富。性極機巧，星象音律算術以至營造等事，無不精究。父季槱，寶慶中官潼川，早歲侍親中都，因得訪習於太史。嘗從隱君子受數學，又嘗從李劉學駢麗詩詞。李劉曾爲成都漕，九韶差校正，當在其時，或以曆學薦於朝，得對。淳祐四年八月，以通直郎通判建康府。旋丁母憂，解官。寶祐間，爲沿江制置司參議官。嘗知瓊州數月，與吳潛交尤稔。景定元年，吳潛罷相，旋竄潛於潮州，詔吳潛黨人，永不錄用。九韶被竄於梅州，亦當在此時，後竟殂於梅。九韶於淳祐七年九月，成數學九章十八卷，（註一二三）自序云：「因取八十一題，釐爲九類，立術具草，間以圖發之。」疇人傳載九韶之九章：一曰大衍。二曰天時，亦大衍及古少廣法也，其推氣、推閏、演紀、推星、揆日諸術，皆當時司天舊法，演紀一條，得以考見古人推演積年日法之故，尤爲獨得。三曰田域，古少廣及方田勾股法也，其環田三積術，以徑冪進一位爲周冪，其率爲徑一百，周三百一十六，奇與古率徽率密率不同。四曰測望，古少廣重差夕桀法也。其遙度圓城術，以開九乘方得數，運算尤爲繁頤。五曰賦役，古衰分粟米互易法也，復邑修賦術，答數至一百七十五條，爲自來算書所未有。六曰錢穀，古方田均輸粟米換易法也。七曰營建，古商功均輸法也。八曰軍旅，古少廣商功均輸及盈朒法也。九曰市易，古盈朒方程法也。諸術所載開方圖，於正負加減益積翻法，說之尤詳。凡開方、開立、及開三乘以上方通一為道，有投胎、換骨、玲瓏、連枝諸目。(註一二三)九章中，其田域、測望、賦役、錢穀、營建、軍旅、市易七類，皆擴充古法，取事命題，自出新意，精確者居多。尤其正負開方術一項，用數字高次方程求正根法，更多發明與創見。每題答案之後，有術說明解題之方法，有草說明演算之步驟，必要時則用圖來顯示之。此雖以九章為名，而與古九章門目逈別，蓋古法取其術，九部則別其用耳。至於大衍術，所載立天元一法，卽為借根方；借根方者，乃算學中假借根數方數以求實數之法也。其法與代數學相似，不及代數學之精，然在數學上有極大貢獻。又有堆積術以計尖垛；招法術以計造石壩。其解決方程式殆與霍納法相同——算式雖異，但運算則一，故九部發明解決數字方程式之「霍納法」，比魯菲尼(Paolo Ruffini, 一七六五—一八二二)與霍納提早五百年。(註一二四)九部論小數，一之下，有分、釐、毫、絲、忽、微、塵、沙、渺、莽、輕、清、煙。分數之類，有中半、少半、太半、弱半、強半之分；正負數，則用紅黑算籌以別之。

(四)楊輝，字謙光，錢塘人，景定二年，作詳解九章算法，後附纂類，總十二卷，今所傳者，非其全帙；詳解算法若干卷，盡乘除、九歸、飛歸之蘊。三年，作日用算法二卷，以乘除加減為法，秤斗尺田為問，編詩括十三首，立圖草六十六問，用法必載源流，命題須責實用，永嘉陳幾先為之題跋。咸淳十年，作乘除通變本末三卷，——上中卷乘除通變算寶為輝自撰，下卷法算取用本末，則與史仲榮合撰。德祐元年，作田畝比類乘除捷法二卷，上卷是詳解九章算法方田章之延續，下卷對五曹算經之批評。是年冬，因劉碧澗、丘虛谷及刊遺忘之文，而作續古摘奇算法二卷，(註一二五)然編輯成書，內容蕪雜，並非精心之作。

除上述四大算學家外，尚有科學家之沈括，字存仲，錢塘人，熙寧間曾司天監，亦擅長數學，其隙積會圓二術，補九章所未及。楊輝詳解九章算法「商功第五」之四隅垛、方垛、芻甍果子垛、芻甍果子垛、三角垛等五種垛積術，其中芻童垛與沈氏方法完全相同，皆依隙積術立算，故刱起之功，斷推沈氏。「隙積者，謂積之有隙者，如累棊、層壇，及酒家積罌之類，雖似覆斗，四面皆殺。緣有刻缺及虛隙之處，用芻童法求之，常失於數少。予思而得之，用芻童法為上行下行，別列下廣，以上廣減之，餘者以高乘之，六而一，併入上行。」（註一二六）此堆垛之術，即高等級數求總和之法也。會圓者，凡圓田既能拆之，須使會之復圓，應用平面幾何學。會圓之術，「置圓田徑半之以為弦，又以半徑減去所割數，餘者為股，各自乘，以股除弦，餘者開方除為勾，倍之為割田之直徑。以所割之數自乘，退一位倍之。又以圓徑除所得，加入直徑，為割田之弧。再割亦如之。減去已割之數，則再割之數也。」（註一二七）此乃就已知圓之直徑與弓形之高（即矢），而求弓形底（即弦）與弓形弧之法也。

丁、算學著作

算學著述之見於載籍者，除上述算學家所撰者外，有王守忠求一術歌一卷、算範要訣二卷、明算指掌三卷。江本一位算法二卷。任弘濟一位算法問答一卷。楊鍇明微算經一卷、法算機要賦一卷、法算口訣一卷、算法秘訣一卷、算術玄要一卷。（註一二八）紹興中，秘書省續編到四庫書目，於求一指蒙算術玄要一卷（李紹穀撰）外，復有應時算法一卷、算法序說一卷、算法一卷、乘除算例一卷、田里要例算法一卷。明程大位謂元豐紹興淳熙以來刊刻者，有議古根源（劉益撰）、益古算法（蔣周撰）、證古算法、明古算法、辯古算法、明源算法、金科算法、指南算法、應用算法（一卷，蔣舜元撰）、曹唐算法、賈憲九章、通微集、通機集、盤珠集、走盤集、三元化零歌（宋史有張祚注法算三平化零歌一卷）、鈐經（石信道撰）、鈐釋諸書十八種。嘉定咸淳德祐所刊，有詳解黃帝九章、詳解日用算法、乘除通變本末、及摘奇四種。（註一二九）鄭樵通志又載靑陽人中山子著算學通元九章一卷。（註一三〇）

算學發展至宋，雖漸躋高峯，但仍用算籌或稱算子。上述之盤珠集走盤集二書，似爲算盤專著之最早者。錢大昕謂：「古人布算用籌，今用算盤，以木爲珠，不知何人所造，亦未審起於何代。案陶南村輟畊錄，有走盤珠算盤珠之喩，則元代已有之矣。」（註一三一）

第十二節　工藝

甲、瓷器

晉時，東甌出靑瓷（又名越窰，在浙江永嘉縣）。北魏時，關中（在咸陽）、洛陽均有瓷器，然未甚發達。唐以後，始漸進步。唐之瓷器，有壽窰（安徽壽縣）、洪水窰（江西昌南鎭）、邢窰（河北邢台縣）、越窰（浙江紹興縣）、鼎窰（陝西涇縣）、婺窰（浙江金華縣）、岳窰（湖南岳陽縣）、蜀窰（四川大足縣）諸名，而色彩富麗之唐三彩，其出產地，東窰在洛陽縣北邙山，西窰在陝西長安。五代時，吳越有秘色窰（浙江餘姚縣上林湖窰），周有柴窰（河南鄭縣），其瓷皆青翠。至宋則窰業大盛，瓷器陶製，乃臻於發達之時期。

宋代窰業，最著名者有定窰、汝窰、鈞窰、磁州窰、官窰、龍泉窰、建窰等，所產瓷器，各有特色，極為精美。

（一）**定窰**　定窰在定州，舊窰址在今河北省曲陽縣靈山鎮澗磁村。定窰燒製，遠溯至北宋初年，而以政和宣和之際為最精美，故定器以北定為貴，而北定以政宣間窰為最佳，有專供官用之精品。此後隨宋室南渡，而同歸衰落，以至廢絕。定窰產品，製法承襲邢窰，以土脈細，白色而滋潤者為正，是在微橙之潔色瓷胎上，敷以乳白色之釉，呈淚痕者俗稱粉定，亦為當年大量出產之白定。其質粗而微黃者低，俗稱土定。此外，又有柿色釉之紅定，漆黑釉之黑定，及醬色釉之紫定，此乃有色之定瓷，出產極少。紅定黑定內面，間有施以金彩，更為罕見。蘇東坡詩：「定州花瓷琢紅玉」，（註一三二）則又有紅色花瓷也。白定有素質、劃花（以刀或竹木片刻）、繡花（以針在胎上錐刻而成）、印花（將花紋作成笵印於器胎上）、錐花（以錐尖鑿成）、堆花（用泥另外作成一種飾物，然後黏在胎上）等。花多作牡丹、萱草、飛鳳、盤螭等形，源出秦鏡。尊爵盤碟佛像及各種玩器，雕琢精巧，靡不全具。定窰之作風，端麗清嚴，在宋窰中品格特別高超，當時仿製之者極多。在定州所造者名曰北定，南渡後在景德鎮製者曰南定。北定胎質極薄，其體極輕，有各種花款，名定州花瓷，大抵有花者多，無花者少。開片者，其開片皆係柳紋。口底率漏胎，故其口往往有銅鑲之者。「南定之胎質極細，色極白，其釉亦係白玻璃釉，惟澄淸之外，略閃豆綠色耳。釉中有鼓花者，有不鼓花者，其形式與北定相同，而胎釉微有小異。」(註一三三)此爲南北定之分別也。當宋室南渡時，定州陶人，亦有南遷至吉州廬陵縣永和鎭，(註一三四)設窰燒造，傳此之器，並有「永和蘇家燒造」及紹興年份之款識，則吉州亦爲南定之產地也。(註一三五)

（二）**汝窰** 汝窰與定窰，同爲北宋窰業之冠，舊窰址在河南臨汝縣附近一帶，窰址散在歸仁里、中王里、向一里、大峪店、張叶里、陳家里、魯一里、金溝、水峪里等處，地域遼濶，爲華北最大之古窰址。宋初，汝窰之作似定窰，以定器有芒不堪用，故命汝州建靑器窰，其名始著。所製靑瓷，一爲素質，一爲刻劃印花，但以素質靑瓷爲最佳。精美之汝窰，僅爲大觀元年命將作少監蕭服監設之汝州窰務時期，但盛時不過十九年，卽遭靖康之變。監製瓷品，專供上用之靑瓷，胎骨爲一種淺黃色之堅緻泥土，卽後世所謂銅骨，形制精細而優美，土脈滋潤，釉色淡靑，瑩厚如堆脂，有開片者及不開片者，現寶石光。器多滿釉，底部有芝麻花式細小掙釘。因歷史甚暫，傳世之器不多。河南唐邑、鄧州、及陝西耀州等窰皆效之。

（三）**鈞窰** 鈞窰亦爲北宋之名窰，乃白瓷靑瓷以外之多色瓷，中心產地在河南禹縣西南之神垕鎭。禹縣舊稱鈞州，故曰鈞窰。剏始燒製，爲時甚早，胎骨有白灰、紅黃等，以白爲上。以前瓷尚靑，至鈞窰始尙紅色。瓷分紅靑紫三色，紅有硃砂紅、火焰紅、豬肝紅；靑有葱翠靑、鸚哥綠；紫有茄皮紫。紅若臙脂者爲最，青若葱翠色，紫若墨色者次之。(註一三六)所造器多盆奩、水底花盆、器皿，釉水葱倩肥厚，光彩奪目。(註一三七)傳世之器極多，但多屬仿製及宋以後所製者。

（四）磁州窰　磁州窰在河北磁縣西之彭城鎮，爲宋時所建。州產磁石，取石鍊陶，磁器之名，乃專指此。器有白釉，有黑釉，有白釉黑花不等，大率仿定居多，但無淚痕，亦有劃花凸花者。白釉者儼然同牛乳色，黑釉中多有鐵繡花，黑花之色，與貼殘之貼藥無異。(註一三八)「好者與定器相似，但無淚痕，亦有劃花繡花，素者價高於定器，新者不足論也。」(註一三九)磁州窰大體爲一種細緻堅瓷，形制較定窰爲厚重。最常見者，是灰色胎敷以堊釉爲地，地上用黑色或褐色畫蘭竹菊或纏枝描花，然後再敷一層無色玻璃釉，其錐花技巧，亦極純熟，於黑色釉地作出錐拱纏枝花葉紋樣，而敷以青釉面，顯出奇特之色澤。此種技巧，亦施諸白色或褐色釉地上。產品雖略帶粗野風味，不大爲人重視，但繪畫技巧，有闊放自由之風。

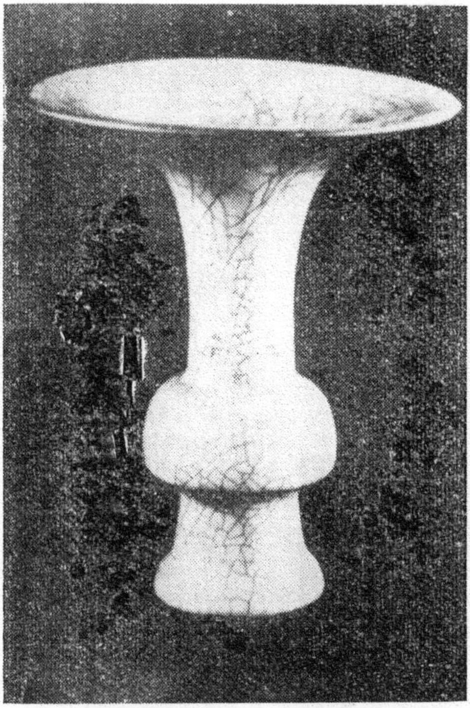

圖三十六　官窰粉青花觚
(國立故宮博物院藏品)

（五）官窰　官窰有北官南官之分，但北官古窰址，未有發現，傳世之器既少，且與他窰極難有明確之界限，因此使人懷疑其存在。北宋之有官窰，最初見諸南村輟耕錄引葉寘坦齋筆衡：「宋大觀間，汴京自置窯燒造，多爲官窰。」（註一四〇）此一簡略記載，以開封不產瓷土，致有人疑爲汝州窰務之誤。其產品土脈細潤，體薄色青，帶粉紅，濃淡不一，有蟹爪紋，紫口鐵足，色好者與汝窰相類。（註一四一）大觀中，釉分粉青、月白、大綠三種。政和以後，惟有分濃淡。紋取冰裂、鱔血爲上，梅花片墨紋次之，細碎紋爲最下。（註一四二）

南宋有官窰兩處：一爲修內司。修內司者，在北宋時屬將作監，掌宮城太廟繕修，南渡後，將作監併入工部，職務多由修內司代掌，故官窰亦屬之。葉寘坦齋筆衡云：「中興渡江，有邵成章提舉後院號邵局，襲故京遺製，置窯於修內司，造青器，名內窯，澄泥爲範，極其精緻，泑色瑩澈，爲世所珍。後於郊壇下別立新窯，比舊窯大不侔。」（註一四三）燕閒清賞

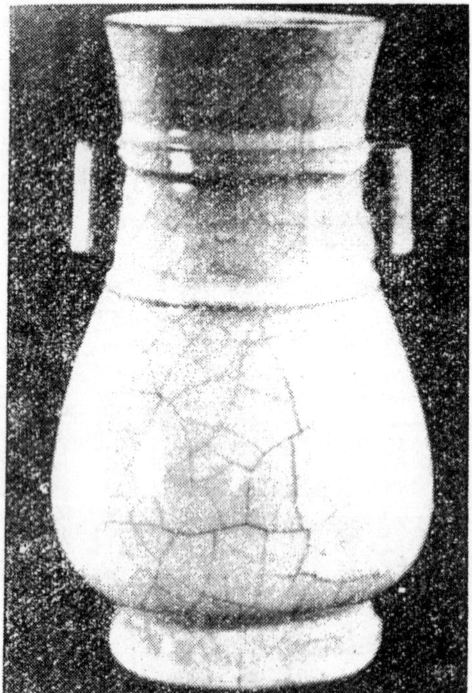

圖三十七　南宋修內司官窰粉青貫耳壺
（國立故宮博物院藏品）

箋載：「所謂官窰者，燒於宋修內司中，爲官家造也。窰在杭之鳳凰山下，其土紫，故定色若鐵。」一（註一四四）官窯品格與哥窰大約相同，胎釉極似龍泉之粉靑器，其色俱以粉靑色爲上，淡白色次之，油灰色最下。紋片有名金絲鐵線蟹爪諸紋者，多瓶尊玩器，獨少碗碟之屬。釉澤肥厚，內泛紅色爲佳。（註一四五）二爲郊壇。壇在嘉會門外以南四里，與今日所發現烏龜山下之古窰址相合。所產靑瓷色如碧玉，胎甚薄，乃一種黑褐色或灰黑色之胎土，外施以粉靑釉，有大開片，製作精細，釉藥沉靜，令人有神秘幽玄之感。

圖三十八　南宋郊壇下官窰油灰三孔方壺
（國立故宮博物院藏品）

（六）龍泉窰　龍泉琉田窰，是南宋最大之名窰，古窰址在處州龍泉縣及其附近，約有百餘處。初，處州人章氏兄弟，合營琉田窰，後來分造。兄名生一，當時別其所陶曰哥窰，土細質薄，色靑，濃淡不一，有紫口鐵足，多斷紋，隱裂如魚子，釉惟米色粉靑二種，汁純粹者貴。生一之弟生二，所陶者用章龍泉窰，又簡稱章窰，土脈細膩質薄，亦有粉靑色翠靑色，深淺不一。足亦鐵色，但少紋片，故有紋無紋，爲兄弟窰之別。(註一四六)龍泉窰之製作中心在大窰，大窰者卽坑田，而四圍窰基散佈，計有三十餘處。兩窰所燒青瓷，哥窰多作豆綠，弟窰多作豆青，滋潤瑩澤，並皆佳妙，而哥窰尤勝。龍泉窰瓷之胎土，爲白色或灰色堅緻之瓷質，經火後露胎處現橘紅色。釉有粉青、天青、翠青、葱翠青、淺青等，以粉青爲最珍貴。但哥窰與弟窰之窰址，究在何處，實難區別。龍泉窰之產品，除普銷南宋本土外，並輸出於日本、高麗及南洋各地，但其後因產量過多，素質與作風漸次低下。

(七)**建窰**　建窰乃在宋代著名之青白瓷外，別出一格之黑釉瓷器，而且是最先用黑釉者。古窰址在福建泉州德化縣北約三十里之地。建瓷爲灰暗胎骨，經火後呈紫褐色，釉面厚潤，所謂黑色，實爲濃紺褐色，有時現青耀光，因佈以棕朱色斑紋，而名爲兎毫盞。另有所謂滴珠，是成點形之斑紋。

此外，又有耀州窰(陝西銅川縣黃堡鎭)、建陽窰(福建建陽縣永吉鎭)、吉州窰(江西吉安縣永和市)、麗水窰(浙江麗水縣)、廣窰(廣東陽江縣)、及景德鎭窰等多處，亦有名於時。昌南鎭(在昌水之南故名)之瓷器，尤爲工緻絕倫，自陳以來，土人多業此。唐武德中，鎭民陶玉者，載瓷入關中，稱爲假玉器，始聞於全國。至宋景德中，鎭民燒造瓷器，質薄膩而色滋潤，色白花青，眞宗命進御，因改名景德鎭。瓷器底書「景德年製」四字。其器尤光緻茂美，著行海內，於是天下盛稱景德鎭瓷器，而昌南之名遂微。(註一四七)景德鎭陶工，多永和人，蓋吉州窰於宋末停閉，陶工皆趨景德鎭，所謂先有永和，後有景德鎭也。

自藝術觀點言，各朝瓷器，評價最高者爲宋瓷。宋瓷質地堅硬，釉色美妙，模樣凝重，意境淡雅，所表現者有如宋人之山水畫，講究內在美與含蓄美，淸新簡潔，淡而彌永，有陶謝之詩意，又帶有道學意象與禪宗哲理之氣味。許之衡曰：「觀於宋瓷，汝鈞哥諸器，製作凝重古雅，而瓷質之腴潤，釉色之晶瑩，歷千載而常新。……宋代製瓷，雖研鍊極精，瑩潤無比，而體製端重雅潔，猶有三代鼎彝之遺意焉。」（註一四八）

乙、剔紅漆器

剔紅是將漆塗在器物上，雕成浮雕之圖像，首由唐代發明，但僅知用印板刻平錦，雕法古質，至宋始大盛。剔紅漆器之胎骨，大部是木胎，木胎之製法，亦與其他漆器相同，用松木劈成薄片，在旋牀上膠黏而成。繼而在胚胎上塗漆，層層加厚，累積至數十層，然後在漆上刻各種浮雕紋飾，刀法之工，雕鏤之巧，儼如圖畫。亦有用金胎銀胎者，多是宮中器物，而民間所作，不過為木胎或錫胎。漆之顏色，以紅為主，故有剔紅之名；亦有用別種顏色，遂有剔黃、剔綠、剔黑諸名。其用各種漆色者，則稱為剔彩，但此種名稱並不多見，統稱之為剔紅。

剔紅器物之製作技術，應注意者，「刀法圓熟，藏鋒不露，用朱極鮮，漆堅厚而無敲裂。」（註一四九）設計圖案，須由自己構思，運刀當筆，得心應手雕出，方有藝術上價值。一件器物之雕刻，又必須成為一幅圖畫，稜角要圓滑淸朗，不能鋒芒顯露，此所謂圓熟。宋人用奇巧之刀法，鐫鏤各種山林、樓臺、人物、鳥獸、花草之屬，成為一幅精美之浮雕。至於剔彩器物，有先上黃漆，後上紅漆，雕刻時，紅漆雕成花，黃漆雕成錦，成爲一幅黃錦紅花之畫面。另有用紅漆爲地，上刻黑花者。又有依次塗五色之漆，由於雕刻之深淺，現出各種顏色，如紅花綠葉、黃花黑石等，鮮豔奪目。其所雕器物，以盆子爲最多，其次爲盤匣之屬。宋代漆器，慶曆以後，以湖州溫州爲最發達，所謂「蜀錦定瓷浙漆」，當時齊名，成都亦有製造。瓷器與剔紅，通常是不具款。

丙、雕　刻

士民因膜拜佛釋，常造像以事之，或鑄金，或雕石，造像亦爲美術中雕刻之一藝也。後周顯德年間滅佛，至宋太祖降詔許置佛像，其藏匿者，遂復出現。雍熙元年，天台壽昌寺造有羅漢五百一十六尊。端拱二年，開寶寺八隅十一層塔落成，上置有細雕佛像三千尊，下層有阿育王分舍利之像。此塔是杭州塔工喻浩費時八年所造成，同時又修飾峨嵋山之普賢像。太宗在五臺山又造金銅文殊像一萬軀。景德四年，眞宗修飾泰山佛像三十二軀。大中祥符八年，命沙門栖演又修飾龍門石像一萬七千三百三十九尊。四川富順之羅浮洞，大足北山，廣元千佛崖，資州簡州大佛崖，山東臨朐之仰天山羅漢洞，亦有不少造像。造像或用泥塑，或用石雕，或用金鑄，均賴雕刻之殊技而成。至於鑄像，南渡以後仍盛行之。

工藝品之雕刻，眞宗時，一嚴姓女子，爲沙門蘊能之妹，雕木之技術極妙，用檀香刻造一座瑞蓮山，山上有樹木廟宇神龕，龕中透雕有五百尊羅漢及其侍者，衆相悉備，極爲神巧細密。眞宗悅之，欽賜爲技巧夫人。高宗時，有匠人詹成者，雕刻精妙無比，嘗見所造鳥籠，四面花版，皆於竹片上刻成宮室人物山水花木禽鳥，纖悉俱備，其細若縷，而且玲瓏活動，求之二百餘年，無復此一人矣。(註一五〇)又有王劉九者，用靑田石楚石等鐫刻壽星、呂洞賓、觀音、彌陀等神像，不只唯妙唯肖，且能將似笑似談之神態，完全表現。螺殼雕刻，乃一種名貴藝術品，有雕觀音普陀等坐像，有雕山水樹石等物。觀音之毛髮衣紋，乍看似白描，細若遊絲。(註一五一)玉之雕刻，亦極重視，宮廷中設有玉院，製作各種古禮器服玩等物。玉工能就玉材色澤，施以適宜之雕刻，稱巧色玉。孝宗時，甘黃玉葵花盆，中央有天生之紫心，黑色處作爲人物之頭髮，白色處作爲其身體，滿斑爲其衣紋。又有黑首黃胸之蜩蟬，其雙翅是渾白，當時玉琢之巧合自然，洵稱佳妙。精巧玉工，常於印璽上刻獅子、蟠螭、天祿、辟邪等鈕。又於杖頭、壓尺、笛管、鳳釵、絛環、盃盂、簪珥等物，皆有絕妙之鐫鏤。

丁、刺繡刻絲

宋代絹織業，飛躍發展，絢燦豪華，稱爲宋錦，凡四十二種，極有名。乾德四年，以平蜀所得錦工二百人，置內綾院。太平興國二年，分東西二院。端拱元年合而爲一，以京朝官諸司使副內侍三人監領。咸平元年，令改織絹，有錦綺機四百餘座。除開封綾錦院外，洛陽、眞定、靑、益、梓州，亦置場院，織造錦綺、鹿胎、透背。江寧府潤州有織羅務(限十二日成一匹)。梓州有綾綺場。亳州織縐紗，大名府織縐縠，靑、齊、鄆、濮、淄、濰、沂、密、登、萊、衡、永、全諸州織平絁。泉州女織之絹頗細薄，如蟬翼。亳州輕紗亦頗輕，裁衣恰如霧。湖州織綾務，則織綾羅，爲宮廷之用。熙寧元豐間，絹織物年間歲收，錦綺、鹿胎、透背六千三百零七匹，綾絁綾縠子隔織爲高級產品，產於開封府、河北、四川、山西，八萬零五百三十七匹，羅紬絹（平絹）爲低級產品，產於兩浙江南。蜀錦頗有名，紡織業亦盛。元豐六年，成都轉運司錦院，募織匠五百人，織機一百五十臺，織手五十人，挽綜工一百六十四人，製絲、絲繰、撚絲一百一十人，練染工十一人。

刺繡是以色線與針之運用，而替代顏料描寫之繪畫，以成一種特殊藝術。其所用之布料，以緞爲最，綾次之，綢絹又次之；所用之針，爲朱湯匠氏所製，金頭黃綱小品，大三分以製衣，小三分以作繡。乾德四年，令改畫衣爲繡衣，至開寶三年而成，謂之繡衣鹵簿，自是車輿鹵簿皆用繡，刺繡之用益廣。崇寧三年，置文繡院，招刺繡工三百人，仍下諸路選擇善繡匠人以爲工師，負責教習，刺繡乘輿服飾。（註一五二）又設繡畫專科，繡畫分類爲山水、樓閣、人物、花鳥，因獎勵之故，思白墨、林啓美等之名繡工相繼輩出，至宣和年間發達至最高境界。「宋人以墨絲織樓閣，精於刺綉，眞古之所謂絲絕針絕。」（註一五三）「宋之閨繡畫，山水人物樓臺花鳥，針線細密，不露邊縫。其用絨只一二絲，用針如髮細者爲之，故眉目畢具，絨彩奪目，而丰神宛然，設色開染，較畫更佳。女紅之巧，十指春風，迴不可及」。（註一五四）刺繡名匠有朱如一、定海陳氏、周貞觀等。樓鑰詩云：「廬山高哉山谷字，蜀女織就新冰綃。」（註一五五）蜀女刺繡織成字畫，亦甚著名。

刻絲傳由隋唐「織成錦」發展演變而成者。刻絲與織絲不同，以絲質績成之經線爲骨骼，然後用各色之緯線，分段織成，稱爲刻絲，又有稱爲緙絲或克絲。唐貞觀開元間極爲流行，典雅書畫，用此織造，士大夫每視爲高尚之淸玩。宋代刻絲業，以宣和年間爲最盛。刻絲生產地爲河北定州，「定州織刻絲，不用大機，以熟色絲經於木梈上，隨所欲作，花草禽獸狀，以小梭織緯時，先留其處，方以雜色線綴於經緯之上，合以成文。若不相連，承空視之，如雕鏤之象，故名刻絲。」（註一五六）故刻絲者，爲經線緯線交互交叉之平織也。宋人刻絲山水人物花鳥，每痕剜斷，所以生意混成。花鳥山水，亦如宋繡，有極工巧者。「宋繡針線細密，設色精妙，光彩射目。山水分遠近之趣，樓閣得深邃之體，人物具瞻眺生動之情，花鳥極綽約嚵唼之態。」（註一五七）故有時比原作書畫尤精絕。此可知唐繡以精細

圖三十九　緙絲花鳥
（國立故宮博物院藏品）

勝，宋繡及刻絲以生動勝。精細原屬女紅之本色，生動乃繪畫之擅長，此與當時繪畫之進展，頗有關係，而刻絲與刺繡傳世之品，體材多為院體繪畫，其中尤以花鳥較多。從刻絲粉本所取者，多為當時極負盛名之作品，如崔白、趙昌、黃居寀、宋徽宗之畫，及米芾之書，可知其梗概。定州刻絲勃興與宣和畫院之美術，同為急激之發展。宋室南遷，職匠移住江南，以浙西秀州華亭縣（江蘇松江縣）傳其技術，刻絲極有名，故刻絲之工，妙於南宋者，蓋出於華亭也。刻絲名家有朱克柔、沈強（子蕃）、吳煦（子潤）等。朱克柔遺留有牡丹、山茶等，明文從簡彥可跋其作品山茶云：「朱克柔，雲間人，宋思陵時，以女紅行世，人物樹石花鳥精巧，疑鬼工品，價高一時，流傳至今，尤成罕覯。此尺幀古澹清雅，有勝國諸名家風韻，洗去脂粉。至於運絲如運筆，是絕技，非今人所得夢見也。」（註一五八）

戊、建築工程

宋代建築工程，以泉州萬安橋（一名洛陽橋）為最艱鉅。泉州東二十里有萬安渡，即洛陽江入海口上，水濶五里，上流接大溪，外乃大洋也。蔡襄守泉州，於皇祐五年興建跨江石橋，歷六年，至嘉祐四年訖功。橋長三百六十丈，廣一丈五尺，兩旁翼以扶欄，分為四十七孔石梁，為南北中三亭。兩岸依山，中托巨石，用錢一千四百萬，橋岸造屋數百楹為民居，以其僦直入公帑。三歲度一僧，俾掌橋事。春夏大潮，水及欄際，往來者不絕，民莫不便。職其事者盧錫、王寔、許忠、浮圖義波、宗善等十五人。（註一五九）當橋之初建也，「知潮力豪大，徒柱不能勝，遂出新意，壘石以為壯趾，其制中間濶兩頭銳，銳故不與潮鬪，濶故能勝鋪架也。」(註一六〇)此石墩石梁橋式，乃仿唐洛陽天津橋(貞觀十四年建)之建築法，橋墩並種蠣以固其基礎。紹興八年颶風，橋壞，郡守趙思誠修復，以餘金分諸剎生息，爲修橋費。其後又經淳熙間郡守張堅顏、嘉熙初郡守劉煒、淳祐十二年郡守汪應之等重修。石筍橋，跨筍江上，紹興三十年，僧文會董其役，始作石橋，於乾道五年完成，長八十餘丈，翼以扶欄。鳳嶼之盤光橋，寶祐間僧道詢募建，石橋一百六十間，長四百餘丈，廣一丈六尺，道詢曾造橋梁二百餘所，實爲一造橋專家。此兩橋之結構，皆模仿萬安橋之建築式也。(註一六一)眞定僧懷丙，亦爲造橋專家。趙州洨河，鑿石爲橋，鎔鐵貫其中，自唐以來，相傳數百年，大水不能壞。歲久，鄉民多盜鑿鐵，橋遂欹倒，計千夫不能正。懷丙不役衆工，以術正之，使復故。河中府浮梁，唐明皇時始建，用鐵牛八維之，一牛且數萬斤。後水暴漲，梁絕，牽牛沒於河，募能出之者。英宗時，懷丙以大舟實土，夾牛維之，用大木爲桔槔狀，鈎牛，徐去其土，舟浮牛出。至治平四年閏三月，新橋乃成。轉運使張燾以聞，賜紫衣。(註一六二)「百粵第一橋」之廣濟橋，舊稱濟川橋，俗名湘子橋，建於潮州城東惡溪之上，結構宏偉。建築施工，分東西兩段進行。乾道七年，知潮州軍事曾汪，首創西岸橋墩，其後經知州事朱江、王正功、丁允元、孫叔謹等增築之，共十墩九洞，長四十九丈五尺。紹熙五年，沈宗禹創東岸橋墩，陳宏規、林嘌、林會等繼建之，至嘉泰間始竣功，共十三墩十二洞，長八十六丈八尺。墩纍石爲之，兩端尖形，以分水勢，深者高五六丈，低者四五丈，上架石梁，面廣二丈，其跨度四丈或五丈，長短不盡相同。中流驚湍，水尤深，不可爲墩，又欲便船筏通航，故橋之中段，造舟二十四艘爲浮橋，長二十七丈三尺，兩旁欄楯有鐵綯（紖）三，每綯重四千斤，連亘以維之。（註一六三）此橋全長共一百八十丈，因地制宜，特殊設計，建築歷三十年，實爲當時最艱巨工程之一也。

建塔專家有都料匠喻皓（或稱預浩），浙東人，太宗時，建開寶寺塔，皓料一十三層。監丞郭忠恕以所造小樣（模型）末底一級折而計之，至上層餘一尺五寸，殺收不得，謂皓曰宜審之。皓因數夕不寐，以尺較之，果如其言。黎明，即叩門以謝。（註一六四）塔初成，望之不正，而勢傾西北，人怪而問之。皓曰：「京師地平無山，而多西北風，吹之不百年，當正也。」其用心之精蓋如此，爲宋朝建築匠之最著者。有木經三卷行於世，自是木匠皆以喻皓爲法。（註一六五）

自來水工程，紹興間，曾由一道士發明。羅浮山道士鄧守安，字道立，道行過人，廣惠間敬愛之，好爲勤身濟物之事。嘗對蘇軾言：廣州一城人，飲鹹苦水，春夏疾疫時，所損多矣，惟官員及有力者得飲劉王山井水，貧下何由得？故擬一計劃，欲將城東北白雲山蒲澗有滴水巖，於巖下作大石槽，以五管大竹爲水管，用痲纏漆塗之，隨地高下，接駁安裝，約經二十里，直入城下，爲大石槽以受之。又以五管分引散流域中爲小石槽，以便汲者。此項工程，使用大竹約萬餘竿，沿途竹管用葵茆苫掩蓋，用費不過數百千可成。須於循州置少良田，歲得租課五七千者，每年買大筋竹萬竿運廣州，以備抽換。其後王敏仲遂作管行之。（註一六六）此爲自來水裝置之先聲。

建築工程唯一專書，由李誡（明仲）所撰。初，熙寧中，敕將作監官編修營造法式，至元祐六年成書。紹聖四年，以所修之本，祗是料狀，別無變造制度，難於行用，遂命將作少監李誡別加撰輯。誡乃考究羣書，並與人匠講說，分列類例，於元符三年，撰成營造法式一書上之。崇寧二年，鏤板頒行，凡三十六卷（今本三十四卷），計三百五十七篇。紹興十二年平江府王喚再度刋印，世稱為紹興本。此書法式設計，周密精詳；裝飾圖案，大方美觀；五彩套印，精巧絕倫，洵稱奇書。李誡設計造成之大建築，有龍德宮、棣華宅、朱雀門、景龍門、九成殿、開封府廨、及太廟等。

己、鋼鐵機械

宋代鍊鋼，河北磁州有鍛坊，卽鍊鋼場。沈括曾參觀之，記其事曰：「予出使至磁州鍛坊，觀煉鐵，方識眞鋼。凡鐵之有鋼，如麪中有筋，濯盡柔麪，則麪筋乃見。煉鋼亦然，但取精鐵鍛之百餘火，每鍛稱之。一鍛一輕，至累鍛而斤兩不減，則純鋼也，雖百煉不耗矣。此乃鐵之精純者，其色清明，磨瑩之，則黯黯然青而且黑，與常鐵迥異。亦有煉之至盡而全無鋼者，皆產地之所繫。」（註一六七）

機械之轉動，乃利用齒輪之作用，指南車之製造，其著例也。燕肅，字穆之，青州益都人，舉進士，為名吏，多才多藝，並精於機械。天聖五年，肅奏言自製指南車之方法：「用獨轅車，車箱外籠上有重構，立木仙人於上，引臂南指。用大小輪九，合齒一百二十。足輪二，高二尺，圍一丈八尺。附足立子輪三，徑二尺四寸，圍七尺二寸，出齒各二十四，齒間相去三寸。轅端橫木下立小輪二，其徑三寸，鐵軸貫之。左小平輪一，其徑一尺二寸，出齒十二；右小平輪一，其徑一尺二寸，出齒十二。中心大平輪一，其徑四尺八寸，圍一丈四尺四寸，出齒四十八。齒間相去三寸，中立貫心軸一，高八尺，徑三寸，上刻木爲仙人。其車行，木人指南。若折而東，推轅右旋，附右足子輪順轉十二齒，繫右小平輪一匝，觸中心太平輪左旋四分之一，轉十二齒。車東行，木人交而南指。若折而西，推轅左旋，附左足子輪隨輪順轉十二齒，繫左小平輪一匝，觸中心太平輪右轉四分之一，轉十二齒。車正西行，木人交而南指。若欲北行，或東或西轉亦如之。」（註一六八）此爲利用齒輪之差動作用，維持車上木人之永久南指。記里鼓車，是記錄里數之儀器，車上裝置四種齒輪，隨車輪轉動，每行一里，車上木人自動擊鼓爲記。製法早已失傳，天聖五年，內侍盧道隆亦上其制。船以輪激水而行，謂之車船，創自唐代之李皐（冊府元龜作王皐），至宋代而盛行。楊么負固洞庭，浮舟湖中，以輪激水，其行如飛。（註一六九）其船有用九輪，有用十三輪，而大樓船則有多至二十四輪者。金主亮南犯時，虞允文拒之於京口，以海鰌巡於江上，人在舟中踏車以行船，但見船行如飛，而不見有人。此爲車船用於作戰者。汪藻領撫州時，每州奉命造分抛二十六車、二十車船各一艘。其有用於遊樂者，在杭州西湖，「船棚上無人撐駕，但用車輪，脚踏而行，其速如飛。」（註一七〇）但此種車船，只能駛行於波濤不大之江河或湖澤，而不能犯巨浪作長程之航行。

至於精細之機械，有如下兩例。慶曆中，有一術士姓李，多巧思，嘗木刻一舞鍾馗，高二三尺，右手持鐵簡，以香餌置左手中。鼠緣手取食，則左手扼鼠，右手用簡擊斃之。以獻荊王，王館於門下，(註一七一)後補司天學生。水傀儡，製造亦精緻，「又有一小船，上結小綵樓，下有三小門，如傀儡棚，正對水中樂船。上參軍色進致語。樂作，綵棚中門開，出小木偶人。小船子上有一白衣人垂釣，後有小童舉棹划船，繚繞數回，作語。樂作，釣出活小魚一枚。又作樂，小船入棚，繼有木偶築毬舞旋之類，亦各念致語，唱和，樂作而已，謂之水傀儡。」(註一七二)上述兩者雖小道，然亦可見其機械構思之精巧也。

庚、指南針與火藥

中國文明傳於西方，最重要者爲指南針與火藥。此兩者在宋代有明顯之進步，蓋已能優爲之也。徐兢奉使赴高麗，航次大洋，謂：「是夜洋中不可住，惟視星斗前邁，若晦冥則用指南浮針以揆南北。入夜舉火，八舟皆應。」(註一七三)趙汝适曰：「海南……至吉陽，迺海之極，亡復陸塗，……渺茫無際，水天一色。舟船往來，惟以指南針爲則，晝夜守視唯謹，毫微之差，生死繫焉。」(註一七四)指南針之製法，沈括謂用蠟將絲線黏在指南針中心，掛在無風處，磁針就較正確南指。又謂：「方家以磁石摩針鋒，則能指南，然常微偏東，不全南也。」(註一七五)地磁子午線與地理子午線不一致，即磁針不是指正南之事實，爲地磁偏角之最早紀錄，西方於十五世紀始發現之。沈括之說，與現代科學對地磁偏角現象之解釋，完全符合。

火藥製造，甚爲普遍，其原料用硝石與硫磺混合製成。趙葵丞相溧陽私第，常作圈，豢四虎於火藥庫之側。一日焙火藥作衆砲，倏發，聲如震霆，地動屋傾，四虎悉斃，(註一七六)其爆炸力之猛烈可知。宋初，火藥開始用於軍事，發明火箭與砲。太祖時，有馮義昇岳義，用火藥造成火箭，加上引線，用弓射出，就發生燃燒。眞宗咸平三年八月，神衛兵器軍隊長唐福，獻親製火箭、火毬、火蒺藜。(註一七七)五年九月，冀州團練使石普，自言能爲火毬火箭，眞宗召至便殿試之，與輔臣同觀。(註一七八)十二月，知甯化軍劉永錫製手砲以獻，且言戎寇攻逼城壘，唯此可以抵抗，詔緣邊造以充用。(註一七九)仁宗康定元年，曾公亮、丁度編武經總要，列有火毬、火彈與煙毬三種方子。通常所謂砲者，用機發石也。開封城北有砲場，至和元年十月，仁宗嘗往觀發砲，宴從臣。攻城用大砲，有重百斤以上者，樓櫓中之，無有不被摧毀。有大砲小砲之別，遠砲射程，可達三百五十步外。靖康汴京被圍，有獻策欲結索網以障之，使敵砲無所施。李綱下令發霹靂砲，擊退金兵。紹興二年，鎮守德安之陳規，發明火槍，用長竹管製造，先將火藥放置竹管內，作戰時，燃點火藥，噴射而出，可將敵人燒傷。火砲實起於南宋，孝宗時，魏勝創砲車，施火石可遠射二百步，其火藥用硝石、硫磺、柳炭爲之。開禧二年，荆鄂都統趙淳守襄陽，當金人猛烈攻城之際，以霹靂砲打出城外，虜人驚惶失措，人馬奔潰。又有泥砲，用黃泥以牛馬鹿毛攪和爲之，如氣毬樣，或曬乾或火炙，打於城外，人中之無不立死。圍城戰九十日，故能以萬餘之卒，抗敵二十萬，用砲作戰之效也。嘉定十四年，蘄州防守戰，趙與褣使用火藥箭、火蒺藜、火砲及皮大砲等，但金人有鐵火砲，其形如匏狀而口小，用生鐵鑄成，厚有二寸，震動城壁，殺傷力較大。(註一八〇)紹定五年，金人守汴之戰，雙方用砲攻擊，金人有大砲各震天雷者，以壺型鐵礶盛火藥，以火點之，用抛石機發射至敵陣，爆炸之聲如雷，威力甚大，所爇圍半畝以上，火點著鐵甲皆透。蒙古爲牛皮洞攻城，金人以鐵繩懸震天雷轟炸之，人與牛皮皆碎迸無跡。又有飛火槍，注藥以發之，輒前燒十餘步，蒙古唯畏此二物。(註一八一)開慶元年，壽春府造突火槍，其製法，用巨竹爲筒，內裝置火藥，並裝子窠，將火藥點燃後，發生火焰，子窠隨卽射出，響如砲聲。(註一八二)子窠似爲子彈，開用子彈發射之先聲。元人圍攻襄陽，得回回亦思馬因所獻新砲法，一砲中譙樓，聲如震雷。德祐元年十月，元人攻常州，使用回回砲，猛於常砲，打入城，寺觀樓閣，盡爲之碎。(註一八三)但此類砲仍爲投石機，宋人亦仿製之，以爲助戰之用。至於火藥其他用途，南宋時，以之製造煙火、地老鼠、除夕爆竹等，爲慶節燃放之需也。

(註一) 司馬文正公傳家，集卷六十二，與景仁第五書。

(註二) 宋史，卷一二六，志第七十九，樂一。

(註三) 宋史，卷一二六，志第七十九，樂一。景祐初，李照以知樂著聞，定樂全出其手，馮元嘗駁之。以照製鐘磬用十二枚，而元主張用十六枚，然帝卒採照說，用十二枚，而考擊之法，則兼採元說。樂成，宋祁等上景祐大樂圖二十篇，馮元等上景祐廣樂記八十一卷（二書今佚），此時乃專用李照所定樂也。李照斥王朴樂音高，乃作新樂，比舊樂下三律，太常歌工病其太濁，歌不成聲，私賂鑄工，使減銅劑，而聲稍清，歌乃叶而成聲，然照卒莫之辨。至景祐五年，以右司諫韓琦言，悉用太常舊樂，李照所作勿復施用。（宋史，卷一二七，志第八十，樂二）。所謂太常舊樂者，仍用和峴所定之樂也。

（註四）古樂相傳有四淸聲，故編鐘編磬，皆用十六，以十六應十二律，餘四應四淸聲也。蓋黃鐘、大呂、太簇、夾鐘四律，更有微高之聲，故曰四淸聲，實爲調和音節之用，仍與本律所差無幾也。

（註五）皇祐中，宋祁田況薦益州進士房庶曉音律，祁上其樂書補亡三卷（今佚），召詣闕。房庶論樂，直秘閣范鎭是之，請如其法試造尺律，乃詔鎭同於修制所，如庶說造律。是時胡瑗阮逸制樂已有定議，遂格不行。乃補庶秘書省校書郎遣之。鎭屢以爲言，仍主庶說。司馬光數與之論難，以爲弗合。世鮮鐘律之學，卒莫辨其是非焉。胡阮長於鐘律，與李照之說，亦多不同。司馬光則主胡阮之說，范鎭則主房庶之說，爭辯至數萬言。大抵胡阮之說，主張先定律尺。其定律尺之法，以橫黍起度，管容黍一千二百，而空徑三分四釐六毫。房庶則以一千二百黍，實之管中，隨其長短斷之，以爲黃鐘九寸之管，空徑三分。此其不同之大較也。司馬光略言古律已亡，非黍無以見度，非度無以見律；律不生於度與黍，將何從生？范鎭譏其以度起律，而謂庶所言以律生尺，爲衆所不及云。（宋史，卷八十一，志第三十四，律曆十四）。

（註六）朱熹定鐘律、詩樂、樂制、樂舞等篇，彙分於所修禮書中，皆聚古樂之根源，簡約可觀。蔡元定所著之律呂新書三卷，倡十八律，此於王朴制定雅樂十二律上加六個變律，使音樂發展至十八律。其法以律生尺，如房庶范鎭之論，亦祖兩漢志蔡邕說。朱熹稱此書法度甚精，近世諸儒莫能及。然元定貶死舂陵，雖有其書，卒爲空言。

（註七）文獻通考，卷一三〇，樂三。

（註八）十二安：祭天爲高安，祭地爲靜安，宗廟爲理安，天地宗廟登歌爲嘉安，皇帝臨軒爲隆安，王公出入爲正安，皇帝飲食爲和安，皇帝受朝皇后入宮爲順安，皇太子軒縣出入爲良安，正冬朝會爲永安，郊廟俎豆入爲豐安，祭享酌獻飲福受胙爲禧安。（宋史，卷一二六，志第七十九，樂一）。

（註九）十二案：其制設氍牀十二，爲熊羆騰倚之狀，以承其下。每案設大鼓羽葆鼓金錞各一，歌簫笳各二，凡九人，其冠服同引舞之制。（同上書）

（註十）宋史，卷一二七，志第八十，樂二。

（註十一）同上書，卷一二八，志第八十一，樂三。

（註十二）同上書，卷一二九，志第八十二，樂四。

（註十三）同上書，卷一二六，志第七十九，樂一。

（註十四）同上書，卷一二八，志第八十一，樂三。

（註十五）盤洲文集，卷四十三，乞減樂員劄子。

（註十六）宋史，卷一三〇，志第八十三，樂五。

（註十七）宮聲七調：卽正宮、高宮、中呂宮、道宮、南呂宮、仙呂宮、黃鍾宮，皆生於黃鍾。商聲七調：卽大食調、高大食調、雙調、小食調、歇指調、商調、越調，皆生於太簇。羽聲七調：卽般涉調、高般涉調、中呂調、正平調、南呂調、仙呂調、黃鍾調，皆生於南呂。角聲七調：卽大食角、高大食角、雙角、小食角、歇指角、商角、越角，皆生於應鍾。此其四聲二十八調之略（宋史，卷一四二，志第九十五，樂十七），蓋沿唐人之舊也。南宋時，只行七宮十二調。七宮者：黃鍾宮、仙呂宮、正宮、高宮、南呂宮、中呂宮、道宮。十二調者：大石調、小石調、般涉調、歇指調、越調、仙呂調、中呂調、正平調、高平調、雙調、黃鐘羽、商調。（張炎，詞源，卷上，宮調應指譜）此比太宗所製曲二十八調爲更少矣。

（註十八）宋史，卷一四二，志第九十五，樂十七。

（註十九）夢溪筆談，卷六，樂律二。

（註二十）和峴所定樂，有拱宸管一物，最爲特別。拱宸管者隸鼓吹部，卽古之叉手管。和峴言樂器中有叉手笛，樂工考驗，皆與雅音相應。其制如雅笛而小，長九寸，與黃鐘管等，其竅有六，左四右二。樂人執持，兩手相交，有拱揖之狀，請名之曰拱宸管。（宋史，卷一六二，志第七十九，樂一）。

（註二十一）熙寧中宮宴，教坊伶人徐衍戛嵇琴，方進酒而一絃絕，衍更不易琴，只用一絃終其曲。自此始爲一絃嵇琴之格。（夢溪筆談，補筆談）。

（註二十二）百戲有蹴毬、踏蹻、藏擫、雜旋、獅子弄槍、鈴瓶、茶盌、氈齪、碎劍、踏索、上竿、筋斗、擎戴、拗腰、透劍門、打彈丸之類。（宋史，卷一四二，志第九十五，樂十七）。

（註二十三）小兒隊，凡七十二人：一、柘枝隊，衣五色繡羅寬袍，戴胡帽，繫銀帶。二、劍器隊，衣五色繡羅襦，裹交脚幞頭，紅羅繡抹額，帶器仗。三、婆羅門隊，紫羅僧衣，緋掛子，執錫鐶拄杖。四、醉鬍騰隊，衣紅錦襦，繫銀鞊鞢，戴氈帽。五、諢臣萬歲隊，衣紫緋綠羅寬衫，裹簇花幞頭。六、兒童感聖樂隊，衣青羅生色衫，繫勒帛，總兩角。七、玉兎渾脫隊，四色繡羅襦，繫銀帶，冠玉兎冠。八、異域朝天隊，衣錦襖，繫銀束帶，冠夷冠，執寶盤。九、兒童解紅隊，衣紫緋繡襦，繫銀帶，冠花砌鳳冠，綬帶。十、射鵰回鶻隊，衣盤鵰錦襦，繫銀鞊鞢，射鵰盤。（宋史，卷一四二，

志第九十五，樂十七）

東京夢華錄記聖節典禮：「小兒隊舞，選十二三歲小兒二百餘人，列四行，每行，隊頭一名，四人簇擁，並著小隱士帽，著緋綠紫青生色花衫，各執花枝排定。先有四人，裹脚帕頭者，擎一綵殿子，內金貼字牌，擂鼓而進，謂之隊名牌。牌上一聯語，如九韶翔綵鳳，八佾舞青鸞之句。樂部舉樂，小兒隊舞步進前，直叩殿階，參軍色作語問小兒，班首近前進口號。雜劇人皆打和畢，樂作，羣舞合唱，且舞且唱，又唱破子軍。小兒班首入進致語，勾雜劇入場。一場兩段，內殿雜劇爲有使人在座，不敢深作諧謔，惟用羣隊裝其似像市語，謂之拽串。雜劇畢，參軍色作語，放小兒隊。又羣舞應天長曲子出場。女弟子隊舞雜劇，與小兒略同，惟節次稍多。此徽宗聖節典禮也。」（卷九，宰執親王宗室百官入內上壽）。

（註二十四）女弟子隊，凡一百五十三人：一、菩薩蠻隊，衣緋生色窄砌衣，冠卷雲冠。二、感花樂隊，衣青羅生色通衣，背梳髻，繫綬帶。三、抛毬樂隊，衣四色繡羅寬衫，繫銀帶，奉繡毬。四、佳人剪牡丹隊，衣紅生色砌衣，戴金冠，剪牡丹花。五、拂霓裳隊，衣紅花砌衣，碧霞帔，戴仙冠，紅繡抹額。六、採蓮隊，衣紅羅生色綽子，繫暈裙，戴雲鬟髻，乘綵船，執蓮花。七、鳳迎樂隊，衣紅仙砌衣，戴雲鬟鳳髻。八、菩薩獻香花隊，衣生色窄砌衣，戴寶冠，執香花盤。九、綵雲仙隊，衣黃生色道衣，紫霞帔，冠仙冠，執旌節鶴扇。十、打毬樂隊，衣四色窄繡羅襦，繫銀帶，裹順風脚，簇花幞頭，執毬杖。（宋史，卷一四二，志第九十五，樂十七）。

（註二十五）十八調四十六曲：一、正宮調，其曲三，曰梁州、瀛州、齊天樂。二、中呂宮，其曲二，曰萬年歡，劍器。三、道調宮，其曲三，曰梁州、薄媚、大聖樂。四、南呂宮，其曲二，曰瀛府、薄媚。五、仙呂宮，其曲三，曰梁州、保金枝、延壽樂。六、黃鐘宮，其曲三，曰梁州、中和樂、劍器。七、越調，其曲二，曰伊州、石州。八、大石調，其曲二，曰清平樂、大明樂。九、雙調，其曲三，曰降聖樂、新水調、採蓮。十、小石調，其曲二，曰胡渭州、嘉慶樂。十一、歇指調，其曲三，曰伊州、君臣相遇樂、慶雲樂。十二、林鐘商，其曲三，曰賀皇恩、泛清波、胡渭州。十三、中呂調，其曲二，曰綠腰，道人歡。十四、南呂調，其曲二，曰綠腰、罷金鉦。十五、仙呂調，其曲二，曰綠腰、綵雲歸。十六、黃鐘羽，其曲一，曰千春樂。十七、般涉調，其曲二，曰長壽仙、滿宮春。十八、正平調，無大曲小曲，無定數。（宋史，卷一四二，志第九十五，樂十七）。

（註二十六）宋史，卷一四二，志第九十五，樂十七。

（註二十七）耐得翁，古杭夢遊錄。

（註二十八）獨醒雜志卷九云：「崇寧二年鑄大錢，蔡元長建議俾爲折十，民間不便之。優人因內宴爲賣漿者，或投一大錢，飲一杯而索償其餘。賣漿者對以方出市，未有錢，可更飲漿，乃連飲至於五六。其人鼓腹曰：使相公改作折百錢，奈何？上爲之動，法由是改」。

岳珂桯史記載：「秦檜以紹興十五年四月丙子朔，賜第望仙橋。丁丑，賜銀絹萬兩匹，錢千萬，綵千縑。有詔就第賜宴，假以教坊優伶，宰執咸與。中席，優長頌致語退。有參軍者，前褒檜功德，一伶以荷葉交椅從之，詼語雜至，賓歡既洽，參軍方拱揖謝，將就椅，忽墜其幞頭，乃總髮爲髻，如行伍之中。後有大巾鐶，爲雙疊勝。伶指而問曰：此何鐶？曰二勝鐶。遽以朴擊其首曰：

爾但坐太師交椅，請取銀絹例物，此鐶掉腦後可也。一坐失色。檜怒，明日下伶於獄，有死者，於是語禁始益繁。」（卷七，優伶詼語）二勝鐶，即徽欽二聖還之意。

又四朝聞見錄載：「韓侂胄用兵既敗，爲之鬚髮俱白，困悶莫知所爲。優伶因上賜侂胄宴，設樊遲、樊噲，旁一人曰樊惱。又設一人揖問遲，誰與汝取名？對以夫子所取，則拜曰：此聖門之高弟。又揖問噲曰：爾誰名汝？對曰：漢高祖所命，則拜曰：眞漢家名將也。又揖惱曰：誰名汝？對以樊惱自取（煩惱自取）。」（戊集，優伶戲語）。

（註二十九）樂府雅詞，卷一。

（註 三 十）碧鷄漫志，卷三。

（註三十一）夢粱錄，卷二十，妓樂。

（註三十二）碧鷄漫志，卷三。

（註三十三）樂府雅詞，卷一。

（註三十四）夢粱錄，卷二十，妓樂。按纏令纏達，皆隊舞中樂曲體裁之名，纏令者較短之曲，纏達者較長之曲也。

（註三十五）宋史，卷一四二，志第九十五，樂十七。

（註三十六）鄮峯眞隱大曲，卷二。「劍舞，二舞者對廳立裀上，竹竿子勾念，二舞者自念。竹竿子問，二舞者答。竹竿子再問，二舞者答。樂部唱劍器曲破作舞一段了，二舞者同唱霜天曉角。樂部唱曲子作舞劍器曲破一段，舞罷二人分立兩邊。別兩人漢裝者出，對坐，桌上設酒果。竹竿子念，樂部唱曲子舞劍器曲破一段。一人左立者上裀舞，有欲刺漢裝者之勢。又一人舞進，前翼蔽之。舞罷，兩舞者並退。漢裝者亦退。復有兩人唐裝出，對坐，桌上設筆硯紙，舞者一人換婦人裝，立裀上。竹竿子勾念，樂部唱曲子舞劍器曲破一段，作龍蛇蜿蜒曼舞之勢。兩人唐裝者起，二舞者一男一女對舞。結劍器，曲破徹，竹竿子念。念了，二舞者出隊。」

（註三十七）文獻通考，卷一四六，樂十九。
（註三十八）碧鷄漫志，卷三。
（註三十九）同上書，卷二。
（註　四　十）東京夢華錄，卷五，京瓦伎藝。
（註四十一）夢粱錄，卷二十，妓樂。
（註四十二）武林舊事，卷六，諸色伎藝人。
（註四十三）夢粱錄，卷二十，妓樂。
（註四十四）同上書。
（註四十五）武林舊事，卷十。
（註四十六）輟耕錄，卷二十五，院本名目。
（註四十七）祝允明，猥談。
（註四十八）南詞叙錄。
（註四十九）遼史樂志云：「大樂聲各調之中，度曲協音，其聲凡十，曰五、工、凡、尺、上、一、四、六、

勾、合。」（卷五十四，志第二十三）

（註五十）沈括云：「十二律並清宮，當有十六聲。今之燕樂，止有十五聲，蓋今樂高於古樂二律以下，故無正黃鍾聲，只以合字當大呂，猶差高，當在大呂、太蔟之間。下四字，近太蔟。高四字，近夾鍾。下一字，近姑洗。高一字，近中呂。上字近蕤賓。勾字近林鍾。尺字近夷則。工字近南呂。高工字近無射。六字近應鍾。下凡字爲黃鍾清。高凡字爲大呂清。下五字爲太蔟清。高五字爲夾鍾清」。（夢溪筆談，卷六，樂律二）。

（註五十一）蔡元定嘗爲燕樂一書，黃鍾用合字，大呂、太蔟用四字，夾鍾、姑洗用一字，夷則、南呂用工字，無射、應鍾用凡字，各以上下分爲清濁。其中呂、蕤賓、林鍾不可以上下分，中呂用上字，蕤賓用勾字，林鍾用尺字。其黃鍾清用六字，大呂、太蔟、夾鍾清各用五字，而以上下緊別之。緊五者夾鍾清聲，俗樂以爲宮。此其取律寸律數用字紀聲之略。（宋史，卷一四二，志第九十五，樂十七）。

（註五十二）朱文公文集，卷六十六。

（註五十三）張文虎，舒藝室餘筆，古今譜法。

（註五十四）夢溪筆談，卷五，樂律一。

（註五十五）癸辛雜識，後集，舞譜。

（註五十六）以現代語釋之，雙拂，大抵卽戲中之雙抖袖。抱肘，卽合抱，雙手交於胸際。合蟬，卽雙背袖，雙負手，兩袖往後一背，如蟬合翼。小轉卽半轉身，往後一看，回顧及半轉身之狀。虛影卽擺，或一擺或兩擺。橫影卽雙舒袖，兩手旁伸，則橫寬於高。稱裏，卽左右整裝，左右看裝裹之相稱與否。

其餘爲古代舞蹈所用之術語，實未易明。

（註五十七）宋史，卷四六一，列傳第二二〇，劉翰傳。

（註五十八）續資治通鑑長編，卷十四。

（註五十九）同上書，卷二十二。

（註 六 十）同上書，卷二十八。

（註六十一）東都事略，卷四十四，列傳第二十七，陳堯叟傳。

（註六十二）續資治通鑑長編，卷六十三。

（註六十三）周密云：「嘗聞舅氏章叔恭云：昔倅襄州日，嘗獲試鍼銅人全像，以精銅爲之，腑臟無一不具。其外俞穴，則錯金書穴名於旁。凡背面二器相合，則渾然全身，蓋舊都用此以試醫者。其法，外塗黃蠟，中實以汞，俾醫工以分析寸，案穴試鍼，中穴則鍼入而汞出。稍差則鍼不可入矣，亦奇巧之器也。後趙南仲歸之內府，叔恭嘗寫二圖，刻梓以傳焉。」（齊東野語，卷十四，鍼砭）。

（註六十四）宋史，卷一七八，志第一三一，食貨上六，振恤。

（註六十五）宋會要輯稿，第七十九冊，職官三六之一〇四。

（註六十六）朱文公文集，卷七十一，偶讀謾記。

（註六十七）容齋隨筆，三筆，卷十六，醫職冗濫。

（註六十八）文獻通考，卷五十五，職官考九。

（註六十九）宋會要輯稿，第七十九冊，職官三六之一〇三。

（註七十）同上書。
（註七十一）同上書，第七十九冊，職官三六之一〇六。
（註七十二）續資治通鑑長編，卷三三五。
（註七十三）文獻通考，卷五十五，職官考九。
（註七十四）宋史，卷一六六，志第一一九，職官六，內侍省。
（註七十五）夢粱錄，卷九，監當諸局。
（註七十六）豫章黃先生文集，卷二十五，書藥說遺族弟友諒。
（註七十七）續資治通鑑長編，卷四。
（註七十八）宋會要輯稿，第七十九冊，職官三六之一〇三。
（註七十九）宋刑統，卷三十五，詐偽律。
（註八十）同上書，卷二十六，雜律，醫藥故誤傷殺人。
（註八十一）獨醒雜志，卷三。
（註八十二）續資治通鑑，卷一二八。
（註八十三）莊簡集，卷十七，跋再刊初虞世必用方。
（註八十四）宋史，卷四六一，列傳第二二〇，馮文智傳。
（註八十五）四朝聞見錄，乙集，烏髭藥。
（註八十六）朱子語類大全，卷一〇七，雜記，言行。

（註八十七）宋史，卷四六一，列傳第二二〇，沙門洪蘊傳。
（註八十八）宋史翼，卷三十七，列傳第三十七，許希善傳。
（註八十九）張右史文集，卷五十九，龐安常墓誌。
（註　九　十）宋史翼，卷三十八，列傳第三十八，朱肱傳。
（註九十一）襄陵文集，卷十二，修職郎宋侯墓誌銘。
（註九十二）夷堅乙志，卷十，張銳醫。
（註九十三）宋史，卷四六二，列傳第二二一，方技下。
（註九十四）直齋書錄解題，卷十三，指南方條跋。
（註九十五）魏了翁，學醫隨筆。輟耕錄，卷二十四，歷代醫師。
（註九十六）東萊呂紫微師友雜志。
（註九十七）宋史，卷二八八，列傳第四十七，高若訥傳。
（註九十八）續資治通鑑長編，卷一八六。
（註九十九）如第十九卷，天元紀大論六十六，五運行大論六十七，六微旨大論六十八。第二十卷，氣交變大論六十九，五常致大論七十。第二十一卷，六元正紀大論七十一。第二十二卷，至眞要大論七十四。此言五運六氣乃運氣論之基礎。
（註一〇〇）沈括自序中嘗謂治病有五難：辨疾難、治疾難、服藥難、處方難、別藥難。前兩項爲審證言，後三項爲用藥言。此書所載多奇秘之方，於病證治驗皆詳著其狀，爲有據之醫案。

（註一〇一）李光曰：「初公和甫，本朝儒醫，博學能文，精通醫術，所著必用方，最爲有方。五十年來，中原士大夫，家藏此書。其間所居僻遠，一旦老少疾恙　難致良醫，按方治療，無不愈者，雖門類不多，而包括殆盡，信奇書也。」（莊簡集，卷十七，跋再刊初虞世必用方，紹興癸亥）。

（註一〇二）此書首論脈候至數之法，小兒與大人不同。次論受病之本與治療之術。論火丹證治，分別十五名目，皆他書所未嘗見。論雜證亦多秘方。或爲錢乙所撰。

（註一〇三）宋史，卷二〇七，志第一六〇，藝文六。文獻通考，卷二二一至二二三，經籍考四十九至五十。四庫全書總目提要，卷一〇三，子部十三，醫家類一。

（註一〇四）宋史，卷一六四，志第一一七，職官四，秘書省。

（註一〇五）同上書，卷七一，志第二十四，律曆四。

（註一〇六）疇人傳，卷二十至二十二，宋一至四。

（註一〇七）四庫全書總目提要，卷一〇七，子部十七，天文算法類二。

（註一〇八）文獻通考，卷二一九，經籍四十六。

（註一〇九）蘇頌，新儀象法要，卷上中下。朱文鑫，天文學小史，下冊，上編，古天文學史，一、中國天文學史，㈣唐、宋、元、明。

（註一一〇）朱子語類大全，卷二，理氣下，天地下。

（註一一一）疇人傳，卷三，張衡。

（註一一二）夢溪筆談，卷七，象數一。

（註一一三）演繁露，卷一，日圓與日說通。

（註一一四）同上書，卷八，月受日光。

（註一一五）通志略，六，天文略第二，七曜。

（註一一六）夢溪筆談，卷七，象數一。

（註一一七）同上書。

（註一一八）朱熹曰：「天日月星皆是左旋，只有遲速。天行較急，一日一夜繞地一周，三百六十五度四分度之一，而又進過一度。日行稍遲，一日一夜繞地恰一周，而於天爲退一度。至一年，方與天相值在恰好處，是謂一年一周天。月行又遲，一日一夜繞地不能匝，而於天常退十三度十九分度之七，至二十九日半強，恰與天相值在恰好處，是謂一月一周天。月只是受日光，月質常圓不曾缺，如圓毬，只有一面受日光。望日，日在酉，月在卯，正在對，受光爲盛。天積氣，上面勁，只中間空，爲日月來往。地在天中，不甚大，四邊空，有時月在天中央，日在地中央，則光從四旁上受於月，其中昏暗，便是地影。望以後，日與月行便差背向一畔，相去漸漸遠，其受光面不正，至朔，行又相遇，日與月正緊相合，日便蝕無光。月或從上過，或從下過，亦不受光。景亦是受日光，但小耳。日月薄蝕，只是二者交會處，二者緊合，所以其光掩沒，在朔則爲日蝕，在望則爲月蝕。所謂紓前縮後，近一遠三，如自東而西，漸次相近，或日行月之旁，月行日之旁，不相掩者皆不蝕。唯月行日外，而掩日於內，則爲日蝕。日行月外，而掩月於內，則爲月蝕。所蝕分數，亦推其所掩之多少而已。」（朱子語類大全，卷二，理氣下，天地下）。

（註一一九）宋會要輯稿，第五十二册，瑞異一，客星。續資治通鑑長編謂：「至和元年五月乙丑(二十六日)，客星出天關之東南，可數寸。」（卷一七六）宋史亦謂：「至和元年五月己丑，出天關東南，可數寸，歲餘稍沒。」（卷五十六，志第九，天文九，客星）其所記載發現日期不同。

（註一二〇）宋史，卷五十六，志第九，天文九，彗星。

（註一二一）夢溪筆談，補筆談，補第十卷後七件。

（註一二二）直齋書錄解題卷十二稱數術大略九卷，周密癸辛雜識引作數學大略。明永樂大典中抄錄此書九卷，題稱數學九章。明季常熟趙氏脉望館藏有另一抄本，萬曆四十五年正月趙琦美撰跋云：「數書九章十八卷，宋淳祐間魯郡秦九韶撰。」

（註一二三）疇人傳，卷二十二，宋四，秦九韶。

（註一二四）Florian Cajori, A History of Mathematics, P.75

（註一二五）楊氏算法三卷，「成於德祐間，分田畝、比類、乘除捷法、及算術通變本末爲上卷。乘除通變算法爲中卷。算法取材本末爲下卷。末附續古摘奇，於古算經，若五曹、張邱建諸家，多疏通而證明之。如張邱建云：不患乘除爲難，而患分子母爲難，則云分子母有二：本不爲難，較其多寡者則用課分，均不齊之數者則用平分，斤連銖兩，疋帶尺寸，非乘分除分不能治之。又於五曹算經，亦多正其誤答之處。與秦九韶數學九章，並爲習算術者之所究心者也。」（四庫未收書目提要，卷五）。

（註一二六）沈括解釋芻童法求隙積：「假令積罌最上行縱廣各二罌，最下行各十二罌，行行相次，先以上二行相次率至當十二當十一行也。以芻童法求之，倍上行長得四，併入下長得十六，以上廣乘之，得之二十二。又倍下二長得十六，併入上長得四十六，以下廣乘之，得三百一十二，併二倍得三百四十四，以高乘之，得二千七百八十四。重列下廣十二，以上廣減之餘十，以高乘之，則一百一十，併入上行，得三千八百九十四。六而一，得六百四十九。此爲罂數也。芻童求見實方之積，隙積求見合角不盡益出羨積也。」（夢溪筆談，卷十八，技藝）。

（註一二七）沈括解釋拆會之數式：「假令有圓田徑十步，欲割二步，以半徑爲弦，五步自乘得二十五。又以半徑減去所割二步，餘三步爲股，自乘得九，用減弦外，有十六開平方，除得四步爲勾，倍之，爲所割直徑。以所割之數二步自乘爲四，倍之得爲八。退上一倍爲四尺，以圓徑除今圓徑十，已是盈數，無可除，只用四尺加入直徑，爲所割之弧，凡得圓徑八步四尺也。再割亦依此法。如圓徑二十步求弧數，則當折半，乃所謂以圓徑除之也。」（夢溪筆談，卷十八，技藝）。

（註一二八）宋史，卷二〇七，志第一六〇，藝文六。

（註一二九）算法統宗，卷十二，算經源流。

（註一三〇）通志略，藝文略六，算術。

（註一三一）十駕齋養新錄，卷十七，算盤。

（註一三二）蘇東坡集，卷三，試院煎茶。

（註一三三）飲流齋說瓷，說窰第二。

（註一三四）格古要論，卷七，吉州窯。

（註一三五）景德鎭陶錄，卷七，古窯考，吉州窯：「昔有五窯，具白花紫色，紫有與紫定相類者。五窯中惟舒姓燒者頗佳。舒翁工爲玩具，其罏瓮諸色，幾的哥窯等價，花瓶大者值數金，小者有花。」

（註一三六）筠軒清閟錄，卷上，論窯器。
（註一三七）南窰筆記，均窰。
（註一三八）飲流齋說瓷，說窰第二。
（註一三九）格古要論，卷七，古磁器。
（註一四〇）輟耕錄，卷二十九。
（註一四一）格古要論，卷七，官窯。
（註一四二）景德鎭陶錄，卷六，鎭仿古窯考，官窯。
（註一四三）輟耕錄，卷二十九。
（註一四四）燕閒清賞箋，清賞諸論，論官哥窰器。
（註一四五）南窰筆記，觀窰。
（註一四六）景德鎭陶錄，卷六，鎭仿古窯考，哥窯章龍泉窯。
（註一四七）同上書，卷五，景德鎭歷代窯考，景德窯。
（註一四八）飲流齋說瓷，概說第一。
（註一四九）長物志，卷七，總論銅玉雕刻窰器。
（註一五〇）輟耕錄，卷五，雕刻精絕。
（註一五一）燕閒清賞箋，清賞諸論，論剔紅倭漆雕刻鑲嵌諸器。

（註一五二）宋會要輯稿，第七十五冊，職官二九之八。

（註一五三）妮古錄，卷二。

（註一五四）考槃餘事，卷二，宋繡畫。

（註一五五）攻媿集，卷五，錢文季少卿以蜀中織成山谷書廬山高爲壽次韻。

（註一五六）鷄肋篇，卷上。

（註一五七）長物志，卷五，宋繡宋刻絲。又董其昌云：「宋人之繡，針線細密，用絨只一二絲，用針如細髮者爲之。設色精妙，光彩奪目。山水分遠近之趣，樓閣得深邃之體，人物具瞻眺生動之情，花鳥極綽約嚵唼之態。佳者較畫更勝，望之三趣悉備，十指春風，蓋至此乎？余家蓄一幅，作淵明潦倒於東籬，山水樹石，景物粲然也。傍作蠅頭小楷十餘字，亦遒勁不凡，用以配子昂歸田賦眞蹟，亦似得所。」（筠軒清閟錄，卷中，論宋繡刻絲）

（註一五八）朱啓鈐，清內府藏刻絲書畫錄，卷三，宋刻絲繡線合璧條。

（註一五九）宋史，卷三二〇，列傳第七十九，蔡襄傳。蔡襄萬安渡石橋記（皇朝文鑑，卷七十九）。方勺，泊宅編，卷中。

（註一六〇）演繁露，卷五，洛陽橋。

（註一六一）泉州府志，卷十，橋渡。

（註一六二）宋史，卷四六二，列傳二二一，方技下，僧懷丙傳。能改齋漫錄，卷十三，河中府浮橋。

（註一六三）潮州府志，卷十二，姚友直，廣濟橋記；卷十九，津梁。

（註一六四）玉壺野史，卷二。

（註一六五）歐陽文忠公集，歸田錄，卷一。

（註一六六）蘇東坡集，續集卷四，與王敏仲八首。

（註一六七）夢溪筆談，卷三，辯證一。

（註一六八）宋史，卷一四九，志第一〇二，輿服一，指南車。

（註一六九）同上書，卷三六五，列傳第一二四，岳飛傳。

（註一七〇）夢粱錄，卷十二，記西湖車船。

（註一七一）夢溪筆談，卷七，象數一。

（註一七二）東京夢華錄，卷七，駕幸臨水殿觀爭標錫宴。

（註一七三）宣和奉使高麗圖經，卷三十四，半洋焦。

（註一七四）諸蕃志，卷下。

（註一七五）夢溪筆談，卷二十四，雜誌一。又三柳軒雜識云：「陰陽家以磁石引針定南，每有子午之異。按本草演義磁石磨針鋒，則能指南，然嘗偏東，不全南也。其法取新纊中獨縷，以豕子蠟綴於針腰，無風處垂之，則針嘗指南，以針橫貫燈心浮水上亦指南，然常偏丙位。」此書或為元人所撰也。

（註一七六）癸辛雜識，前集，砲禍。

（註一七七）宋會要輯稿，第一八五冊，兵二六之三七。

（註一七八）續資治通鑑長編，卷五十二。

（註一七九）同上書，卷五十三。

（註一八〇）辛巳泣蘄錄。

（註一八一）續資治通鑑，卷一六六，紹定五年三月條。

（註一八二）宋史，卷一九七，志第一五〇，兵十一，器甲之制。

（註一八三）鄭思肖，心史，中興集，哀劉將軍序。

下篇　宋代文化教育之影響

第一章　對元明清之影響

第一節　學校與貢舉

遼金諸主多習漢文，皆重視中國文化，尊重中國士人。元之諸主則否，征服之初，工匠得保護，儒士被俘虜者反遭奴役，猶羅馬征服希臘，哲人博學之士，被俘爲奴隸者相似焉。此爲中國儒士遭遇最悲慘之時期。幸有耶律楚材（一一九〇—一二四三）者，遼人也，以俘臣之地位，輔佐元主，其最大之事功，在減少殺戮，建議用儒臣，效漢法，元人始接受中國文化，而士人方獲得保護與尊重。嘉熙元年，耶律楚材言於蒙古主曰：「守成者必用儒業」，乃命稅課使劉中隨郡考試，儒人被俘爲奴者亦令就試，其主匿弗遣者死，得東平楊奐等四千三百人，免爲奴者四之一。（註一）景定二年四月，蒙古主詔軍中所俘儒士，聽贖爲民。時淮蜀士遭俘虜者皆沒爲奴，翰林學士高智耀言：「以儒爲驅役，古無有也，陛下方以古道爲治，宜除之，以風天下。」蒙古主從之，命循行郡縣，區別之，得數千人。（註二）咸淳九年，蒙古兵攻下襄陽，敕南儒爲人掠賣者官贖爲民。攻下鄂州時，俘虜儒人贖還者五百餘人。及德祐元年（至元十二年）二月，元兵已得池州，安慶等沿江州郡次第納降，大勢已定，遂詔諭江、黃、鄂、岳、漢陽、安慶等處歸附官吏士民軍匠僧道人等，令農者就耒，商者就塗，士庶緇黃各安已業。（註三）自是士人始消除奴役之威脅，得有自由之保障，逐漸恢復其原有之地位。然元自統一中國後凡十年，雖有設學，零星建置，未成系統。至元二十四年（一二八七）正式成立國子學，並訂定學制。二十八年（一二九一）始確定地方教育制度，凡師儒之命於朝廷者曰教授，路府上中州置之；命於禮部、行省、及宣慰司者曰學正、山長、學錄、教諭，路州縣及書院置之。路設教授、學正、學錄各一員，散府上中州設教授一員，下州設學正一員，縣設教諭一員，書院設山長一員。（註四）

元代教育制度，大致沿襲宋代，一爲學校，二爲書院。學校方面，中央國子學，因種族關係，另置蒙古國子學，與回回國子學，其制視國子學稍異。國子學之組織，較宋制爲詳備，生員初定名額八十人，其後增至二百人。地方教育，由大司農司掌管，路有路學，增置蒙古字學與陰陽學。州有州學，縣有縣學。至元二十八年，令先儒過化之地，名賢經行之所，與好事之家，出私錢贍學者，並立爲書院，其餘各路府州，皆有官立書院，山長地位，與諸路府州各學之教授相等，待遇與郡縣學完全相同。明代教育制度，凡入學、升格、考試、教導、管理、及給假等，皆有定章，不僅比唐宋爲詳備，即對學生待遇之優厚，與管束之謹嚴，亦非前代所可及。洪武永樂間，太學生徒，動以千計，類多俊秀，仿自南宋，分爲六齋，而教養之法，至爲周詳。故國學之政，莫備於明。其較爲特色者，爲學校與科舉並重，在宋早有人提倡，至明始付諸實行，科舉出身，必須經學校一階段之培養，始有應試之資格，此則與前代之制稍異也。中央教育有國學、宗學、武學。地方教育，洪武二年（一三六九），詔天下府州縣皆立學；八年（一三七五），詔選太學諸生中年長學優者往各郡分教，儒學所屬者有府州縣衛所立之學，此外有宗學與武學。又有社學，爲地方之正式小學。元世祖至元二十八年，令江南諸路學及各縣學內，附設小學一所，選老成之士教之，但徒爲具文。而明代之社學，始於洪武八年，至弘治十七年（一五〇四），加以推廣，令全國府州縣治所，一律設立，多由官立或私立，數量頗爲普遍，其地位僅次於書院。太祖平定宇內，卽立國學，洪武三年（一三七〇），又詔開科舉，兩者對士子吸引力大，因而趨向於書院者少，故明初書院講學之風不盛。由英宗至憲宗之間，地方官吏雖創立或重修書院，但寥寥可數，遠不及元代之普遍。武宗朝，王守仁（一四七二—一五二八）倡良知之學，東南景從，書院頗盛，但世宗嘉靖十六年（一五三七），御史游居敬論劾王守仁湛若水（一四六六—一五六〇）爲僞學，乞毀其書院，朝廷許之，私立書院便罷。萬曆七年（一五七九），張居正（一五二五—一五八二）惡學者之議論不利於已，令毀天下書院，先後毀應天等府書院六十四處，書院講學之風，又被阻壓。二十二年（一五九四），顧憲成（一五五〇—一六一二）重修無錫東林書院，熹宗天啓初，鄒元標與馮從吾在京師建首善書院，皆名重一時，惟忌於魏忠賢，旋又罷歇。天啓五年（一六二五），詔毀天下書院，皆被拆毀。故明代書院，講學不及宋代之自由，其地位又不及元代之重視也。清代教育，中央學校，有國子學，有宗學，有旗學。國子監旣爲掌管全國學校最高行政機關，而又爲直接主持國子學之機關，此與宋明兩代之制相同。國子學編制，分設率性、修道、誠心、正義、崇志及廣業六堂，抄自明代之六齋，但辦法不及明代之詳備，而課程則倣效宋胡安定之湖州學制，分經義與治事兩科。經義科以御纂經說爲主要教材，兼授諸家之學術。治事科則授兵刑、天官、河渠、樂律一類之教材，學生各習一項，務求綜晰其源流，詳論其得失。國子監管轄下，又有算法館及鄂羅斯學館，前者倣唐宋之算學，設漢助教一人，專司教授算術等科；後者設滿漢助教各一人，教授鄂羅斯之子弟。宗學分宗學與覺羅學二種，爲貴冑之最高學校。旗學則種類極多，爲滿蒙八旗及漢軍八旗子弟讀書之機關，中央與滿蒙等處，均有設置，大小不一。宗學與旗學，不受國子監管轄，乃另一特殊系統。地方教育，儒學之系統下，有府學、州學、縣學、及衞學，與明代相似，直接受本省學政管轄，間接受中央國子監管轄。然此只爲課而不教之機關，其實際教學者則爲義學、社學、及私塾。清初，沿襲明社學制，維持一時，其後漸廢，代之以義學，僅次於書院，當未有書院之設，只有義學。書院制度，最爲發達，除各府州縣有官立書院外，尚有私立書院，爲清代中上級實際教學之場所，仍秉宋代書院之規制與精神，以課教學生。

元代科舉，初無定制。太宗始得中原，輒用耶律楚材言，以科舉選士。世祖既定天下，王鶚獻計，許衡（一二〇九—一二八一）立法，事未果行。至仁宗皇慶二年（一三一三）始斟酌舊制，規定條格，詔行科舉，令全國郡縣於延祐元年（一三一四）八月，將境內賢能之士，選送有司。二年（一三一五）二月，會試京師，中選者由天子親策，並定三年一試鄉試，全國共取合格者三百人，赴京師會試，取一百人，蒙古、色目、漢人、南人各佔二十五名。蒙古色目人爲右榜，漢人南人爲左榜。由延祐二年至順帝至元元年（一三三五）罷，但至元六年（一三四〇）又復開科，五十餘年間，先後開科不過二十次而已。元雖開科取士，但朝廷用人，往往不重科舉出身，延祐中，由進士入官者僅百分之一，由吏致顯達者常十分之九。然其因襲宋制者，一爲三年一開科，二爲分鄉試、會試與廷試三級，三爲榜第別爲三甲。廷試爲三場，會試及鄉試則各爲兩場。又分蒙古、色目人、與漢人南人隔別考試，並分榜發表。考試只有進士一科，其內容亦猶宋制，有經問、經義、詞賦、試策，而經問由四書內出題，答案規定以朱熹之章句集註爲標準。至於制科保舉，亦沿宋舊。明代科舉，最爲狹隘，只有進士一科，亦分鄉試、會試、殿試三級，每三年舉行一次，謂之大比。洪武十七年(一三八四)頒科舉定式，鄉試定於子午酉卯年之秋季八月初九日試初場，至十五日而三場畢。會試定於辰戌丑未年之春季二月初九、十二、十五日爲三場。殿試則於三月十六日帝御皇極殿，親賜策問，欽定甲第，賜進士及第出身有差。鄉試取中者謂之舉人，殿試取中者謂之進士，仍仿宋制分三甲發榜：第一甲只取三名，第一名（從六品）爲狀元，第二名（正七品）爲榜眼，第三名（正七品）爲探花，賜進士及第。第二甲若干人（正七品），賜進士出身。第三甲若干人（正八品），賜同進士出身。鄉試亦有解額。會試額數無定，皆臨期請旨，明初不過百名，後以三百名爲率，至多可增四五十名，遇覃恩有加至四百名者。取士亦仿宋分路取人之法，以百卷爲率，南卷取十之六，北卷取十之四，南北各退五卷爲中卷。北卷爲北直隸、山東、山西、河南、陝西、遼東等省。南卷爲南直隸、浙江、江西、福建、湖廣、廣東等省。中卷爲四川、廣西、雲南、貴州、北安徽等省。考試之內容，鄉試初場試四書義三道，經義四道；次場試論一道，詔誥表內科一道，判五條；末場時務策五道。(註五)會試亦考經義，當代之詔誥律令，及史事與時務策三類。經義中，只限於四書五經。成化以後，經義之文體，略仿宋代之經義，語氣揣摩古人，格調多用排偶，自成一種場屋文體，謂之制義。開國之初，四書以朱子章句集註爲主，易經以程傳朱子本義爲主，書經以蔡沈傳及夏僎詳解爲主，詩經以朱子集註爲主，春秋以三傳及胡安國張洽所傳爲主，後專主胡傳，禮記以陳澔（一二六一——一三四一）集說及古注疏爲主。至永樂年間，頒佈四書五經大全爲科舉考試所用之唯一教本，乃僅元人之遺，剽竊舊文，雜爲鈔錄，此後廢除注疏不用，純以宋儒程朱學說爲經義考試之標準。至於封彌、迴避、釋褐，與宋制無異焉。

清代科舉，科名雖不及宋代之廣，但視明代爲寬，可別爲三類：一爲特科，如山林隱逸科、博學鴻詞科、及經濟特科等，大半在網羅明朝遺老，以消滅其復國之思而設置；二爲常科；三爲繙譯科，由漢文經書譯爲滿蒙文，提倡滿洲蒙古文字，藉以保存其國俗。而常科又分爲文科與武科兩種，表示文武並重，但事實上仍右文，而末期武科更爲無用。常科亦分爲鄉試、會試、與殿試三級，其程式與手續，仍用明舊。惟應試資格，規定必須爲儒學生員，而國子監之貢監生，只能與儒學生員一律應鄉試方得應會試。鄉會兩試，一律分爲三場：第一場試四書文三篇，性理論一篇；第二場試經文四篇，與五言八韻排律一首；第三場試時務策五道。考試經文（經藝）則按照其所選修之本經出題。對於解經之標準，四書以朱子集註，易經以程朱二傳，詩經以朱子集傳，書經以蔡氏傳，春秋以胡氏傳，禮記以陳澔集說爲主。清代學術思想，雖傾向於漢學，但教育則完全以宋儒之程朱學說爲圭臬。殿試時，由皇帝御製策問，令貢士條舉以對，試目較爲簡單。武科試期，與文科一致，惟考試內容，分術科與學科兩類，尤以術科爲主，第一二場考騎射步射等術科；第三場考論二道，一以論語孟子爲範圍，一以孫子、吳子、司馬法爲置問。唐宋原設有武科，元代廢置，明雖有武學而無考試，至清代始恢復舊制。

第二節　各種學藝

宋代儒學集大成於朱熹，自寶慶而後，朱學盛行，凡治經者，莫不崇尚朱說。惟是時宋室偏安，南北道絕，載籍不相通，朱學所漸，止於南土。北人雖知有朱子，未能盡見其書也。及元兵下江漢，姚樞（一二一九—一二九六）奉命卽軍中求儒士，得趙復（一二〇〇—一二七七）以歸。復以所記程朱所著諸經傳注，盡錄以付樞，自是北方知有程朱之學。許衡（魯齋，一二〇九—一二八一）、蕭䢼（一二三〇—一三〇七）講學爲大師，皆誦法朱子者也。金履祥爲私淑朱子者門人，許謙（一二六九—一三三七）又受業於履祥，朱子之學，得履祥與謙而益尊。迨南北混一，衡爲國子祭酒，謙雖屢徵不起，爲朝廷所敬禮，承學之士，聞風而興，四書集註章句、及近思錄，小學通行於海內矣。（註六）朱學之地位，亦猶鄭學之在漢魏間也。蔡沈書經集傳，祖述晦翁，在元明兩代居然成爲標準之經注，元儒如金履祥、陳櫟（一二五二—一三三四）、董鼎、陳師凱、朱祖義等，皆宗沈傳。明代輯書傳大全，亦以沈傳爲主，且頒爲功令。朱熹詩集傳，元儒如許謙、劉瑾、梁益、朱公遷、梁寅（一三〇三—一三八九）等皆以此集傳爲依歸。明代胡廣（一三七〇—一四一八）等輯詩經大全，依據劉瑾詩傳通釋一書，頗爲功令，蓋朱熹詩集傳，已取毛鄭詩學之正統地位而代之。至於三禮，周禮，俞廷椿撰復古篇，陳友仁撰周禮集說，吳澄（一二四九—一三三三）撰周禮敍錄，欲從五官中以補苴冬官，完全爲宋儒改經之習氣。淸代重考證，故周禮學復反於漢。儀禮，吳澄撰儀禮逸經傳，汪克寬（一三〇四—一三七二）撰經解補佚，雜採諸書，指爲儀禮逸文。敖繼公撰儀禮集說，且疑喪服傳爲僞作，蓋依然宗宋學之懷疑精神。宋學春秋，以棄傳談經爲特色，胡安國撰春秋傳，假經文以論時政，更不顧經傳之原意。張洽春秋集說，亦與胡傳相似。然自宋陳深讀春秋編尊崇胡傳以後，元俞臯春秋集傳釋義大成，汪克寬胡傳纂疏繼之，胡傳遂佔有相當之地位。明洪武間，取胡傳張洽傳與公穀左氏，合稱五傳。永樂間之五經大全，直以胡傳頗爲功令。有明科舉中所謂春秋經義者，實胡安國之傳義而已。元明以降，論語學大抵以朱注爲中心，淸初治論語者，尙不脫宋學之範圍。及劉台拱（一七五一—一八〇五）撰論語駢枝，方觀旭撰論語偶記，錢坫（一七四四—一八〇六）撰論語後錄，包愼言撰論語溫故錄，焦循（一七六三—一八二〇）撰論語通釋，始復漢注之舊。朱熹信古文孝經，撰孝經刊誤，元董鼎撰孝經大義，更就宋本加以訓釋。同時，吳澄又信今文孝經，撰孝經章句，仿朱熹刊誤之法，分爲經一章，傳十二章。朱子撰孟子集注，亦爲元明以降治孟學之範本。

元初，姚樞與楊惟中特建太極書院及國子祠，以二程張楊游朱六子配饗。趙復以江漢學者携程朱學說講授於太極書院，並作傳道圖，以周程等道學家書目條列於後。著伊洛發揮以標其宗旨，作師友圖以寓私淑之志，又作希賢錄，使學者知所嚮慕，由是北方始知有程朱之學。（註七）夫元至世祖之世，始眞正用儒，然由許衡方大開庭戶，使有元一代尊崇儒學，程朱義理，定於一尊，開不傳之道統。元初學者，北方以許衡劉因（靜修，一二四九—一二九三），南方以吳澄三人爲著。許衡聞姚樞退隱講學於蘇門，，特往拜訪，得見程朱遺書，而改從程朱講習之法，一以朱子之言爲師，教授門人。衡與劉因同傳趙復之學，但許氏崇拜朱子，爲程朱之正統。劉氏頗服膺於周濂溪，惟近於邵雍，謂：「邵至大也，周至精也，程至正也，朱子極其大盡其精而貫之以正也，」然其學旨仍以周子之說爲宗。吳澄會合朱陸兩家學說爲一，實爲朱陸二家之調和派。其爲學之基礎，主張陸子尊德性明本心之說，論爲學之工夫，則主張朱子格物誠意之說；至於論性，則又主張程子「性卽理」之說也。澄會參配宋儒胡程朱三家之成法，定爲敎法四條，卽將國學課程，定爲四系，令學生自由選入：一爲經學系，二爲行實系，三爲文藝系，四爲治事系。法制業已草定，但澄因事辭歸，卒未施行。元朝道學，已爲程朱之天下，象山學說，幾偃旗息鼓。然陸學在此寖衰中，中興之者，江西有陳苑（一二五六—一三三〇），浙東有趙偕。陳苑字立夫，上饒人，學者稱靜明先生，專心於陸象山及其門人楊簡傅夢泉等遺書之研究，倡心卽理之說，一洗訓詁支離之習，由是人始知陸學。其弟子祝蕃（蕃遠）、李存（明遠）、舒衍（仲昌）、吳謙（尊光）等，皆崇陸學，世稱爲江東四先生。趙偕，字子永，號寶峯，慈溪人，崇拜慈湖，學尚靜坐凝神，恭默自省，以靜虛爲宗，頗近於禪學。又有鄭玉（一二九八—一三五八）者，字子美，徽州歙縣人，嘗搆師山書院以處學者，故稱師山先生。其學原出於楊簡，後來用力，篤於程朱學說，欲和會朱陸異同，謂：「近時學者，未知本領所在，先立異同。宗朱則毀陸，黨陸則非朱。此等皆是學術風俗之壞，殊非好氣象也。」(註八)又謂陸子之質高明，故好簡易；朱子質篤實，故好邃密，是以「朱子之說，教人爲學之常也；陸子之說，才高獨得之妙也。然二家之說，亦不能無流弊，陸氏之弊，如釋子之談空說妙，工於鹵莽滅裂，而不能盡夫致知之功；朱子之弊，如俗儒之尋行數墨，至於頽隋委靡，而無以收其力行之效。然豈二先生垂教之罪哉？蓋學者之流弊耳。」(註九)推論朱陸二家之長短，衡斷公允，實足以結束朱陸異同之論戰。吳澄與鄭玉皆持調和之說，然論者謂草廬多右陸，師山仍多袒朱也。

明初諸儒，皆朱子門人之支流餘裔，故學術思想，依然繼承程朱之舊說，矩矱秩然。代表者有曹端(月川，一三七六—一四三四)、薛瑄(敬軒，一三八九—一四六四)、吳與弼(康齋，一三九一—一四六九)、胡居仁(敬齋，一四三四—一四八四)諸人，主敬與下學工夫，皆謹守程朱之繩墨，以刻苦自修，躬行實踐爲學問，誠如薛瑄謂：「自考亭以還，斯道已大明，無煩著作，直須躬行耳。」(註一〇)故自永樂所定三大全，尊顯宋學，天下之士篤守朱晦翁所注經，如金科玉律，不敢少抵忤，因此對於思想之貢獻不大。中明時期，由正嘉至隆萬百年之間，學術始分：初有陳獻章(白沙，一四二七—一五〇〇)，後有王守仁(陽明，一四七二—一五二八)，皆師承吳康齋。白沙近禪，主靜，以體認天理爲宗，其弟子湛若水(甘泉，一四六六—一五六〇)更倡隨處體認天理，與王學對峙，謂之江門學派。王守仁提倡心卽理致良知之說，謂之姚江學派。自良知之說起，人於程朱，始敢爲異論，別立宗旨，顯與程朱背馳。此兩派約近於陸九淵而不與陸學盡同，然於宋學衰敝之餘，另闢一新門涇，議論新出，工夫簡單，足以救程朱支離之弊，故天下之言學者，不歸王陽明，則歸湛甘泉，曾盛極一時。嘉隆而後，篤信程朱，不遷異說者，無復幾人。(註一一)其猶守程朱衣鉢不變者，惟呂柟（涇野，一四七九—一五四七）與羅欽順（整菴，一四六五—一五四二）而已。呂主窮理實踐，羅講格物致知。陽明謂心卽理，而呂羅謂性卽理，仍為王學之勁敵。自萬曆以後，晚明時期，王學已到末流，愈講愈空疏，放誕無所歸宿，而國勢日弱，外患日逼，又不足以挽此頹風。欲濟其末流者，於是顧憲成（一五五〇—一六一二）、高攀龍（一五六二—一六二六）之東林一派出，亦談心性，主修養，然以有益於實用為旨，雖出於王學，此乃對王學末流所生之反動，擁朱學而不盡同，蓋以一般豪傑風之學者，極力提倡氣節以挽救時弊也。明末，又有劉宗周（念臺，一五七八—一六四五）者，其學主愼獨，亦出王學，左袒非朱，右袒非陸，然欲融和程朱陸王為一家者也。清初，承明末王學空疏之後，為欲懲其失，康熙帝首倡朱子學說，列入十二哲以配饗孔子，又刋行朱子全書。清初儒士，遂力排王學，尊崇程朱，故其學風，乃由明以返於宋，稱為性理學派。其著名學者有孫奇逢（夏峯，一五八四—一六七五）、李顒（二曲，一六二七—一七〇五），折衷朱王二學。張履祥（楊園，一六一一—一六七四）、陸世儀（桴亭，一六一一—一六七二）、沈昀（一六一七—一六七九）、應撝謙（一六一五—一六八三）、陸隴其（稼書，一六三〇—一六九二）、李光地（一六四二—一七一八）等，則反對陽明而崇拜程朱。方苞（望溪，一六六八—一七四九）、姚鼐（姬傳，一七三八—一八一五）所倡之古文派，亦崇拜程朱，述歐陽修「因文見道」之言，以道統自任，挾其古文宋學，與漢學之儒競名。雍乾間，臨川李紱（一六七三—一七五〇），確宗陸學，全州謝濟世（一六八九—一七五六）黨於紱，亦崇陸黜朱。然同時有顧炎武（亭林，一六一三—一六八二）之考證學派，其學風則由宋以返於漢，大倡「舍經學無理學」之說，對王學作猛烈之攻擊，教學者擺脫宋明儒羈勒，直接反求之於古經。閻若璩（一六三六—一七〇四）辨僞經，喚起求眞觀念。胡渭（一六三三—一七一四）攻河洛，掃架空說之根據，於是淸學之規模立焉。繼之以惠棟（一六九七—一七五八）、戴震（一七二三—一七七七）崛起，漢學大張，以宋學鳴者，頗無顏色。中葉以後，又有莊存與（一七一九—一七八八）、劉逢祿（一七七六—一八二九）等之今文學派，以疑古精神，考證學業；康有爲（一八五八—一九二七）從而激厲之，古書皆從新檢討估價，經學思想發生大動盪，宋學遂日以衰微矣。

文學方面，宋南渡以後，程學行於南，蘇學行於北，金人尊蘇，不獨文也。如蔡松年、趙秉文（一一五九—一二三二）之屬，蓋皆蘇氏之支流餘裔。及元好問（一一九〇—一二五七）崛起，器識超拔，始不隨蘇氏之餘波。金元散文不足論。明前後七子之文，步趨秦漢。然洪武間，朱右（一三一四—一三七六）爲文，不矯語秦漢，惟以唐宋爲宗，嘗選韓、柳、歐陽、曾、王、三蘇爲八先生文集，八家之目，實權輿於此。八大家中，宋得其六，而眉山三蘇與江右歐曾王，各得其半焉。李東陽（一四四七—一五一六）主張宗法唐宋文章，一洗當時臺閣體之陋習。同時王鏊（一四五〇—一五二四）、羅玘亦盛倡唐宋文，尤其王鏊致力於學蘇。而唐宋八家派，矯七子之秦漢僞體，由王愼中（一五〇九—一五五九）、唐順之（一五〇七—一五六〇）、茅坤（一五一二—一六〇一）、歸有光（一五〇六一一五七一）主之。徐渭（一五二一—一五九三）、湯顯祖（一五五〇—一六一七）亦相繼起而祖法，唐宋文派遂稱盛一時。王愼中悟歐曾作文之法，便主張文宗歐曾，詩法初唐，盡焚舊作，一意師仿，尤得力於曾鞏。唐順之初不服，久亦變而從之。茅坤最心折順之，所著文編，自韓、柳、歐、三蘇、曾、王八家外無所取，故選八大家文鈔，以爲操觚者之劵，唐宋八大家之名，因以成立。此文鈔似亦爲舉業而編，其書盛行海內，是以鄉里小生，無不知有茅鹿門者，鹿門，坤別號也。後世綴文之士，常稱述歸有光，其文遠宗於司馬，近跡乎歐曾，徐渭曾譽之爲「今之歐陽子」也。學唐宋文，以八家爲極則，八家之中，尤以歐陽之神韻，三蘇之縱橫爲上乘。學歐陽者所以便於八股，習三蘇者所以利於策論，「近時俗學，皆尙三蘇文字，不復知有唐文矣，況秦漢乎？故不拘大小試卷，主司大率批曰：宛然蘇子口氣，或曰深得蘇氏家法，即中式矣。」（註二）一言以蔽之，此皆爲科舉之計而已。錢謙益（一五八二—一六六四）以爲歐陽修眞得司馬遷血脉，而下開歸氏；又翹歸氏以追配唐宋八大家，故桐城派之治古文，由歸氏以踵歐陽修而窺司馬遷。至淸代，方苞摹仿歐曾，明於呼應頓挫之法，以空議相演；又敍事貴簡，或本末不具，舍事實而就空文，桐城文士多宗之，海內人士亦震其名，至謂天下文章莫大乎桐城。師事苞者有劉大櫆（一六九八—一七八〇），與大櫆友善而深得方苞義法者有姚範（一七〇二—一七七一），皆桐城人也。而姚鼐親受文法於大櫆與姚範，所編古文辭類纂一書，士人尤服其精鑒。其私淑姚鼐者，湘鄉有曾國藩（一八一一—一八七二），長沙有王先謙（一八四二—一九一七），後者編續古文辭類纂一書，取精用宏，論者謂足繼姚氏而無愧色。陽湖派起於武進張惠言（一七六一—一八〇二）惲敬（一七五七—一八一七），亦導源於桐城也。元代駢文中衰，明代所尚者爲律賦與八股文，皆駢文之支流餘裔也。對於駢文，粗製濫造，庸廓膚淺，然應用頗廣，公文小簡，每多儷句，戲曲中亦多有之。清代駢文復興，初以陳維崧（一六二五—一六八二）爲最有名，次則爲毛奇齡（一六二三—一七一六）。中葉以胡天游（一六九六—一七五八）、洪亮吉（一七四六—一八〇九）、汪中（一七四四—一七九四）爲三大家。吳鼒（一七五五—一八二一）輯八家四六文鈔，王先謙又輯十家四六文鈔，故駢文之風，可謂極盛。然清代駢文，刻意復古，故無取乎宋四六，惟張之洞（一八三七—一九〇九）廣雅堂駢文，以宋人氣息行之，尚不失爲清切自然。清代章奏，本多用駢體文字，學陸宣公而不似，則流爲宋之四六，文襄工章奏，固擅此體也。宋詩影響於後代者雖不及唐詩之大，然蘇黃之詩，每爲元明詞客之所宗。元初四家之虞集（道園，一二七二—一三四八）、楊載（仲宏）、范梈（德機，一二七四—一三三〇）、揭傒斯（曼碩，一二七四—一三四四），一變宋末以來粗獷詩風，而創清麗之詩體，皆源本於蘇黃。初明，皆追踪唐詩。盛明時，陳束（約之）爲嘉靖八才子之一，其詩初期偏向六朝，晚年則心折東坡。孫一元（太初，一四八四—一五三〇）自號太白山人，其詩得自黃山谷，有淋漓豪宕之氣，但缺蟠孥倔強之勢。陳獻章之白沙集與莊昶（一四三七—一五〇五）之定山集，以邵雍擊壤集爲宗，後人稱爲陳莊體。楊一清（應寧）詩兼唐宋二調，俊拔典則，古體源本韓蘇，近體則以陸放翁爲宗也。自嘉靖隆慶以後，詩家皆諱言宋，以爲宋詩欠含蓄，失唐詩悠揚韻味，遂有「漢無騷，唐無賦，宋無詩」之稱，宋人詩集，亦庋閣不行。

至公安派興起，袁宏道（中郎）推崇宋詩，舉東坡以軼李杜。迄明末清初，學者鑒於明代詩風衰弊，徒以刻意學唐，謹守繩墨，而氣體反弱，遠不如宋人無意學唐，卻能天趣間出，於是復趨於宋詩，欲以矯當日詩壇鈎棘塗飾之病。文人學士，更從事於宋人詩集之整理工作，吳自牧有宋詩鈔，曹廷棟（一六九九—一七八五）有宋人百家詩存，厲鶚（一六九二—一七五二）、馬曰琯（一六八八—一七五五）有宋詩紀事，於是宋詩由晦而顯，詩客乃專尚之。清初之提倡宋詩者，有湯右曾（西厓，一六五六—一七二二）與查愼行（夏重，一六六〇—一七二七）。右曾乃浙派領袖，詩仿宋調，溫雅爽朗，有懷清堂集。愼行之詩近陸游，古體源於蘇軾，神采奕奕，辭意均達。又有厲鶚，詩學宋調，吐辭嫺雅，有修潔自喜之風，著樊榭山房集。蔣士銓（清容，一七二五—一七八四）之詩，大體奉黃庭堅爲宗。道光以後，郭麐（祥伯，一七六七—一八三一）初仿李長吉，後入蘇黃，詩極盡幽秀生峭之致，清臞如鶴。鄭珍（一八〇六—一八六四）字子尹，貴州人，其詩是儒者之詩，調子偉大，語氣鋒銳，仍從宋詩變化而來。曾國藩亦好黃庭堅之詩。宋之詞，在元演而爲曲，可以歌唱，調分南北，詞句簡潔顯淺，雅俗共賞，作家不可勝數。其中有關漢卿、王實甫、喬吉、鄭光祖等之清麗派，與馬致遠、白樸等之豪放派（受蘇辛詞派影響），並皆爲元之雜劇大家。而元之雜劇、院本、諸宮調，亦淵源於宋，直至明初，流行仍盛。元詞就衰，凌夷至明代，其所宗尚，不出花間、草堂二集，藝非專習，體益卑下，故明人之詞，鮮有可觀也。洎乎清朝，是詞之復興時代，清初詞人，一派沿明人遺習，以花間、草堂爲宗，而工力特勝，其至者乃欲上追五代，如王士禎（一六三四—一七一一）、彭孫遹（一大三一—一七〇〇）、納蘭性德（一六五五—一六八五）諸人是；一派宗蘇辛，發揚蹈厲，以自寫其胸中塊磊不平之氣，開拓詞之新境界，如曹貞吉、陳維崧諸人是。康熙乾隆之際，浙派樹立於朱彝尊（竹垞，一六二九—一七〇九），而肇端於曹溶（秋岳），奉姜夔爲圭臬，直接南宋典雅派之系統。然浙派只以姜夔張炎爲止境，每爲人詬病，遂日就於衰微。乾嘉間，常州派倡始於張惠言（皋文），光大北宋名家之緒，輯詞選一書，以說經之見解，推論詞之本體與起源，遂使詞體道尊，而奪浙派之席。周濟（止庵）受詞學於董士錫（晉卿），董則師其舅張惠言與張琦（翰風，一七六四—一八三三）昆季，淵源有自，因從其說而推拓之，標舉周邦彥、辛棄疾、吳文英、王沂孫四家，教學者問塗碧山，歷夢窗稼軒，以還清眞之渾化，由是常州詞派，遂大行於嘉慶道光以後矣。同治光緒以降，主持風會者，崇倡意格，亦皆宗南宋之詞也。宋代平話，至元演爲講史，盛行一時。士子在異族橫壓之下，欲借古人之嬉笑怒罵，以洩其悲憤心懷，不喜歌曲者，則致力於小說寫作，多是歷史故事，故平話小說極流行。羅貫中三國志通俗演義與施耐庵水滸傳，在文藝上可稱爲最大成就。至明代，小說戲曲，亦頗有創製，西遊記（淮安吳承恩撰）與金瓶梅（傳爲王世貞作）等，亦甚著名。

宋代史學雖盛，傳至元代，實暗然無光，誠以蒙古對漢人既多猜疑，歷史著述，每涉及政治批評，文士爲避免受禍，故對史學不感興趣。至正三年，右丞相脫脫奏請設局重修遼金宋三史，翌年遼金二史撰成，又翌年，宋史亦竣功。此由於官方編纂，故宋史失之冗雜，遼史過於簡略，金史雖較詳核，亦非一完善之佳構。除此三史外，元人對於史學，幾無著述可言，亦無顯著之變化。官方所編纂者，尙有經世大典八百卷（今已殘缺），幾網羅元代一切文物制度，乃一部大類書，在史料上有極大價値。明代史學，中葉以前，民間之野史甚多。宋代新唐書與資治通鑑等撰著，多取材於野史，使歷史生動而有趣，風氣亦由此而盛。但中葉以後，正史與野史間究以何者爲取材之資，卽發生問題，引致自宋以來史學上一大變化。是時王世貞（一五二六—一五九〇）、焦竑（一五四一—一六二〇）諸人不信野史，而以朝廷之掌故爲重，採盡量載錄史料之方法，一時蔚爲風氣。甚至指舊唐書較新唐書爲正確，蓋對野史取捨問題以爲權衡也。南宋浙東之學，金華一派，由呂祖儉傳入寧波，而有王應麟胡三省等史學家輩出，而金華本支，曾因由史入文，遂呈中衰之象。至明初，宋濂（一三一〇—一三八一）、王褘（一三二一—一三七二）、方孝孺（一三五七—一四〇二）諸人出，乃爲之復振。紹興又有劉宗周（一五七八—一六四六），開浙東史學中興之新局。其門人黃宗羲（一六一〇—一六九五），承其衣鉢，加以發揚，爲淸代史學之祖，而蔚成寧波萬斯同（一六三八—一七〇二）、全祖望（一七〇五—一七五五）與紹興邵廷采（一六四八—一七一一）、章學誠（一七三八—一八〇一）兩大史學系焉。淸初史學，完全繼承明末諸儒之遺風，尤以黃宗羲、顧炎武兩人爲中心，治史之目的，以爲經世之用。宗羲之門人萬斯同，獨力編纂明史，爲淸代史學興盛之始。炎武之甥徐乾學（一六三一—一六九四）編纂淸一統志，爲淸代初葉之巨製。然乾隆以前，史學家致力於舊史之補修與考訂，而自顧炎武開其流，歷史之考證學，趙翼（一七二七—一八一四）、錢大昕（一七二八—一八〇四）、洪頤煊輩出，可稱姣姣。乾嘉諸儒，考史之學，最爲勤劬，恒鄙夷宋人。乾隆以後，歷史評論，王夫之

（一六一九—一六九二）已肇其端；而研究史法最盛，章學誠（一七三八—一八〇一）尤能開拓心胸，其著者也。宋代地理，其影響於後世者，一曰地輿圖，一曰方志。然輿圖之學，自南宋時華夷、禹跡二圖上石，賈圖勢力，幾同強弩之末。降及元代，朱思本出，輿圖之作，足與賈圖抗衡。思本周遊各地，考覈地理，參考古今，量校遠近，竭十年之力，實地爲圖，著輿地圖二卷，原圖今不存。明嘉靖間，羅洪先（一五〇四—一五六四）所著廣輿圖，實脫胎於朱圖，極流行於明清之間。至於方志之作，元明以降，汗牛充棟，皆由宋代開其先河。

圖畫之法，莫備於宋，影響後代至深且大。蒙古入主中國，廢除畫院，畫人在社會上地位，遠不如唐宋時代之受人重視，然畫學並不因此而衰，而畫風反因此起一大變化。元初畫家，如陳琳、趙孟頫（一二五四—一三二二）輩，尚能繼承宋代餘韻，上追古風，產生不少高古細潤之作品。花鳥不及宋代之盛，然承黃筌、趙昌衣鉢，競尚工麗，最著名者當推錢選（舜舉），其畫宗法趙昌。其時宗黃筌者，有李仲仁、王淵。仲仁寫生花鳥，含豪命思，追配古人。淵能以墨畫花鳥，稱當代絕藝。此外，如林伯英之學樓觀，謝佑之之仿趙昌，皆有可觀。山水畫如錢選等所作，亦多青綠巧整，但不過嗣南宋院體一派趙伯駒、李唐、劉松年三家之餘緒而已。趙孟頫先以細潤著名，得劉松年、李營丘之結構，祖趙伯駒、李嵩之設色，法夏珪馬遠之生意。然同時有高克恭一派，主寫意，尚氣韻，初學二米，後用李成、董、巨法，造詣精絕，時稱第一。孫君澤、丁野夫、張遠、張觀等，則承馬遠夏珪之遺風，所作多屬水墨蒼勁一派，而君澤之沉鬱滄勁，稱此派勁將。後有黃公望（子久，一二六九—一三五四）、王蒙（叔明，一三〇九—一三八五）倪瓚（元鎭，一三〇一—一三七四）、吳鎭（仲圭，一二八〇—一三五四）輩出，稱元季四大家。公望初師董巨，後爲夏李源流。王蒙初學其外祖父趙孟頫，後用董范家法。倪瓚吳鎭亦皆宗董巨。然此四家之畫法，爲寫意畫，運筆落思，皆有所主，其簡淡高古之畫風，實能變宋格而爲元格，而啓發明清二代南宗之大輅。至宗李成郭熙者，又有朱德潤（一二九四—一三六五）、唐棣、曹知白（一二七二—一三五五）、姚彥明、方從義輩，然與宗董巨者一派相較，其勢未免相形見絀也。李衎（一二四五—一三二〇）繼宋文同而專以畫竹著名，竹葉濃淡，層次甚多。若夫人物畫，錢選亦宗法龍眠，張遠、沈月溪、丁野夫則學馬夏，所作往往亂眞，亦名手也。氣韻生動，爲元人獨得之秘，然由濃入淡，由俗入雅，開元人之先者，實惟宋之文同、蘇軾、米芾諸人之力爲多,所謂繪畫不重神似而尙意之說也。明代繪畫，多屬因襲，未有異彩可言，畫壇則派別分歧，各成一格。然各派繪畫，大都襲取唐宋元三代之體裁，以自成其時代之表別，而缺少其創作精神也。嘉靖以前，山水畫家概從南宋院體，金碧與水墨兩派並行，其紹述馬夏遺規，略變其故有渾厚沉欝之趣而爲勁拔者，戴進（一三八八—一四六二）乃有浙派之創立，繼之者爲吳偉（一四五九—一五〇八）與杜堇。其紹述劉李遺規，略於原有細巧濃麗之中，稍變秀潤者，遂有院派之復延。此派名手，有武林冷謙（啓敬）、錢塘石銳（以明）、吳縣周臣（東邨，一四七二—一五三五）、吳縣唐寅（伯虎，一四七〇—一五二三）、吳縣朱綸（理三）、太倉仇英（實父）、長洲尤求（子求）、吳縣陳祼（叔祼）、無錫陳言（國楨）、長洲沈昭（秋蕣）、嘉興張渙（文甫）、長洲沈碩（直謙）、吳縣錢貢（禹方）等，而尤以周臣、唐寅、仇英爲最著。而唐寅仇英與吳派之沈周（一四二七—一五○九）、文徵明（一四七○—一五五九），皆爲吳人，被稱爲明代四大家。其追摹元代四大家爲主要法門，作家多爲吳人，故稱吳派，以沈周、文徵明爲代表。然沈周變化出入於宋元諸家，而獨得於董巨李成，文徵明晚年師李晞古吳仲圭，翩翩入室。晚明華亭派之孫克弘（一五三三—一六一一），參馬遠法，而以米芾爲宗。董其昌（一五五五—一六三六）、陳繼儒（一五五八—一六三九）皆遠溯荆關董巨，以爲號召。吳派爲明代文人畫之中樞，其勢力直波及於清朝，但重臨摹而少創作，主秀潤而乏雄偉，末流之弊，遂致空疏薄弱，無以自拔。明代花鳥畫，極爲發達，但皆以黃徐二體爲宗，如邊文進、呂紀是宗黃氏，作品姸麗工緻，後世稱爲工麗派。王問（一四九七—一五七六）、魯治、孫克弘則追踪徐氏。此外，林良、范暹等放筆縱墨，如意揮寫，不求工而見工於筆墨之外，不講秀而含秀於筆墨之內，別創寫意派。周之冕出，合宗黃氏派及寫意派，又創所謂鉤花點葉體之一派，寫花最有神韻，設色亦皆鮮雅，爲清代常州派之津梁。此三派爲明代花鳥畫之正宗。至於人物道釋畫已衰退，陳遠、陳鳳、丁雲鵬、王鑑、李麟等均善白描，則效法於龍眠也。清代山水畫，大別之，亦效法於宋之南北兩宗，而以南宗爲盛。傳習董北苑者爲趙文度，號爲松江派；王翬（一六三二—一七二○），常熟人，亦仿其萬壑松風圖。程正揆、程邃（一六○五—一六九一）則宗荆巨。查士標亦有仿米氏雲山之作。惲壽平（一六三三—一六九○）之花鳥，習徐熙、崇嗣，爲清花鳥畫之正宗，學者風靡。張雍敬、曹之植、遲煓、胡毓奇等，則皆宗黃筌。人物畫亦多效法龍眠者也。元代書法家不少，以趙孟頫、鮮于樞（一二五七—一三〇二）、楊維禎（一二九六—一三七〇）、康里巙巙（一二九五—一三四五）、柯九思（一三一二—一三六五）、鄧文原（一二五八—一三二八），最負盛譽，並影響於日本高麗。各名家書法，大都師法鍾、王、歐、褚、虞、顏、李北海，而效法宋人者少，只鮮于樞學李北海與米元章，圓勁渾秀，與趙孟頫相伯仲。明代，沈周書法黃庭堅，筆姿勁拔，丰神跌宕，深得山谷風韻。吳寬（一四三五—一五〇四）書法東坡，渾穆清潤，有魏晉人法度。米萬鍾行草宗米芾家法，與董其昌、邢侗、張瑞圖，爲明末四大家，書法渾穆簡淨，得東坡之神髓。陳繼儒書法蘇米，平樸深穩，耐人尋味。清代書家多學鍾、王、虞、褚、顏、柳，習宋人者少，但米法亦偶有宗之。

由北宋時代培養之數學與醫學，流入金而傳於元。宋秦九韶之大衍術中，所載立天元一法，元郭守敬（一二三一—一三一六）用之於弧矢，李冶之測圓海鏡，用之於勾股方圓，言之甚詳，此即代數也。(註一三)宋代醫學，影響於後代者，不及金元。金之劉完素（守眞，河間人），著宣明論方與素問玄機原病式，立諸病皆屬於火之論，主清火，好用凉劑以降心火。張從正（子和）宗之，撰儒門事親，用藥多寒凉，主攻破，有張子汗吐下三法。元之李杲（東垣老人）師張元素（潔古），撰有內外傷辨惑論、脾胃論，主重脾胃，特製補中益氣湯，醫家視爲名方。劉守眞再傳有朱震亨（丹溪，一二八一—一三五八），著有格致餘論及局方發揮，丹溪心法諸書，立陽有餘陰不足，及陰虛火動之說，主滋陰。此爲金元間之醫學四子，各具張仲景之一體。自唐孫思邈以降，醫學理論，至是始稍有創作，對宋人醫學無與焉。然北宋之聖濟總錄、類證本草，在元代重印流行。陳自明婦人良方、錢乙小兒眞訣，常爲後代醫家所取法。淳熙中，南康道士崔嘉彥之崔紫虛脉訣，爲淸御定醫宗金鑑（乾隆十四年奉敕撰）之四脉要訣所取材。自宋金以來，太平惠民和劑局方流行於南方，與劉守眞之宣明論方流行於北方者相對，前者多用溫燥之藥，而後者則主瀉火之說，各有所偏，其弊亦適相等耳。

瓷器製作，元瓷間有花彩，大都步宋規模，且不及宋製之精。元鈞較宋鈞爲粗拙，龍泉雖仍興盛一時，但僅迴光返照，品質漸劣，已近消沉。元設有浮梁瓷局，專掌景德鎭瓷器，而民間所造者，則有宣州、臨川、南豐諸窰，然其成績，仍不逾兩宋。及至明代，以日用之需要，挽救元代瓷器之衰落，一變宋代瓷器淸淡之作風，如過去宗教色彩及神仙故事，皆不感興趣，而改從現實資料。龍鳳之文最古，殆沿宋制，由是而蟲魚鳥獸，花卉人物，戲嬰圖、耕織圖，增華飾美，皆在描繪之列，然其時繪事猶見古樸疏宕之氣焉。宣德、成化時所出者最爲上品，永樂時次之，嘉靖、隆慶時又次之。以靑花瓷爲最著，再由靑花、油紅，演進而爲五彩。永樂影靑及宣德祭紅，天下稱爲寶瓌。嘉靖官窰花彩，有五十餘種。明初之景德鎭，因置有官窰，而成爲瓷器生產之中心。淸代沿明之舊，製作仍集中在景德鎭，惟規模較大，出品更爲精緻。康熙朝專以名工製瓷，名手繪畫，殆純入於美術範圍，而高穆渾雅之氣猶未盡掩。入雍正朝，則專以佚麗勝，至乾隆朝，華縟精巧，爲有淸瓷器之極盛時代。

自宋盛行印刷，元代初年所印之書，仿宋板字體，其後多參用趙孟頫字體，後人稱爲元體字。明初亦沿用元體字，但嘉靖以後每好摹仿北宋字體，整齊方正，稜角峻厲。明末淸初更變爲橫輕直重，橫細直肥，四角整齊，名曰宋體字（今稱老宋體）。又有仿南宋字體，稱爲長宋體。宋代已有活字印刷，明代發明銅刻活字，與木刻活字並行於世，然印書以雕板爲多，南北兩監，爲藏板之所，歷代正史，一再雕印也。

第二章　對高麗之影響

第一節　朝聘之往來

中國文化之澤被東洋，唐代因日本之傾慕者深，學生學僧之往來頻繁，使趨於唐化；宋代則傳與高麗爲最盛。自北宋建隆之初，高麗朝貢不絕，不只政治上有藩屬關係，而中國文化學藝，亦源源東渡焉。茲將高麗朝貢之事跡，表列如次，宋代之中韓關係，可略見其梗概。

宋年份	高麗年份	進奉使	奉使性質	朝聘經過情形
建隆三年十月	光宗（昭，大成大王，九二五—九七五）十三年。	廣評侍郎李興祐、副使李勵希、判官李彬。	朝貢	四年春，降制錫命昭開府儀同三司檢校太師玄菟州都督，充大義軍使、高麗國王。
乾德元年九月	十四年	時贊等	朝貢	渡海時値大風，船破溺死者七十餘人，時贊僅免，王特厚勞之。十二月，始行宋年號。

開寶五年	二十三年	內議侍郎徐熙、副使內奉卿崔鄴、廣評侍郎康禮、廣評員外郎劉隱。	朝貢	來獻方物，制加食邑，賜推誠順化守節保義功臣。進奉使人等，皆加爵厚禮遣之。
九年	景宗（伷，獻和大王，九五五—九八一）元年。	趙遵禮	朝貢	光宗昭卒，其子伷權領國事，以父沒當承襲，奉土貢，來聽朝旨。授伷檢校太保玄菟州都督，大義軍使，封高麗國王。
太平興國二年	二年	其子元輔	朝貢	宋太宗卽位，遣于延超、徐煥文使其國，遂以良馬方物兵器來貢。
三年	三年	遣使	朝貢	貢方物兵器，加伷檢校太師，以太子中允直舍人院張洎、著作佐郎直史館勾中正爲報聘使。四年，復遣供奉官閤門祗候王僎使其國，冊王爲侍中，加食邑一千戶。

五年六月	五年	遣使	朝貢	獻方物。
六年	六年	遣使	朝貢	獻方物。
七年	成宗（治，文懿大王，九六八—九九七）元年。	侍郎金昱	朝貢	七月伷卒，其弟治知國事（亦行兄終弟及制），遣金昱奉金銀線罽錦袍褥金銀飾刀劍弓矢名馬香藥來貢，求襲位。翌年，授治檢校太保玄菟州都督，充大順軍使，封高麗國王，以監察御史李巨源、禮記博士孔維奉使。
雍熙元年	三年	韓遂齡	朝貢	貢方物，翌年，加治檢校太傅，遣翰林侍書王著、侍讀呂文仲充使。
三年十月	五年	遣使	朝貢	初，女眞來愬，以契丹侵伐，路由高麗之界，且兩國倚爲勢援，剽略其民，不復放還。太宗諭韓遂齡歸白之，還其所俘之民。及出師北伐，以其國接契丹境，常爲所侵，遣監察御史韓國華賚詔諭之，治面辯女眞之事。國華申戒師徒，採掎角之勢，俟其發兵而還，奏報女眞之事。高麗旋遣使朝貢。

端拱二年	八年	選官侍郎韓藺卿	朝貢	端拱元年，加治檢校太尉，以考功員外郎呂端、起居舍人呂祐之爲使。治遣使朝貢，詔其使韓藺卿、副使魏德柔並授金紫光祿大夫，判官少府丞李光授檢校水部員外郎。治前遣僧如可來請大藏經，至是賜之，仍賜如可紫衣，令同歸。
淳化二年	十年	兵部侍郎韓彥恭	朝貢	淳化元年，加治爲推誠順化功臣，食邑千戶，遣戶部郎中柴成務，兵部員外郎趙化成往使其國。至是遣使朝貢，求印佛經，詔以大藏經並御製秘藏銓、逍遙詠、蓮華心輪賜之。
三年正月	十一年	翰林學士白思柔	朝貢	貢方物並謝賜經及御製。二月，遣秘書丞陳靖、劉式爲使，加治檢校太師，仍降詔存問軍吏耆老。白思柔孔目吏張仁銓，上書獻便宜，思柔意其持國陰事以告，仁銓懼，不敢歸。至是，帝命靖等領以還國，仍詔治釋仁銓罪。治迎使於郊，盡藩臣之禮。靖等回，治上言願賜板本九經書，用敦儒教，從之。

五年六月	十三年	元郁	乞師	愬以契丹寇境，朝廷以北鄙甫寧，不可輕動干戈，爲國生事，但賜詔慰撫，厚禮其使遣還。自是受制於契丹，朝貢中絕。
咸平六年	穆宗（誦，宣讓大王，九八〇—一〇〇九）七年。	御事戶部侍郎李宣古	朝貢	治卒，弟誦立，嘗遣兵校徐遠來候朝廷德音，遠久不至。咸平三年，其臣吏部侍郎趙之遴命牙將朱仁紹至登州訪之。州將以聞，眞宗特召見仁紹，因自陳國人思慕華風爲契丹刼制之狀，乃賜誦錮函詔一道，令仁紹賚還。至是，又遣使謝恩，且言契丹屢來攻伐，乞師屯境上，爲之牽制。詔書優答之。誦卒，弟詢權知國事。
大中祥符七年	顯宗（詢，元文大王，九九二—一〇三一）五年	內史舍人尹徵古	朝貢	聯女眞擊敗契丹後，以金線織成龍鳳鞍幞，綉龍鳳鞍幞各二幅，細馬二疋，散馬二十疋來貢，仍請歸附如舊。眞宗詔登州置館於海次以待之。徵古還，賜詢詔書七通，並衣帶銀綵鞍勒馬等。

八年	六年	御事民官侍郎郭元	朝貢	仍告契丹連歲侵犯，元辭貌恭恪，粗有文采，每受宴賜，必自爲表謝，朝廷待之亦厚。翌年辭還，賜詢詔書七通，襲衣金帶器幣鞍馬及經史曆日聖惠方等。元又請錄國朝登科記及所賜御詩以歸，從之。
天禧元年	八年	御事刑官侍郎徐訥	朝貢	奉表獻方物於崇政殿，又賀封建壽春郡王。
三年	十年	禮賓卿崔元信、李守和	朝貢	入朝賀正。九月，登州言高麗進奉使崔元信至秦王水口，遭風覆舟，漂失貢物。詔遣內臣撫之。十一月，元信等入見，貢罽錦衣褥烏漆甲金飾長刀匕首罽錦鞍馬紵布藥物等。又進中布二千端，求佛經一藏。詔賜經還布。以元信覆溺匱乏，別賜衣服繒綵。翌年，崔元信等以奉使汚辱，並流之，詢又遣金猛入朝。
五年	十二年	御事禮部侍郎韓祚等一	朝貢	來謝恩，且言與契丹修好，又表乞陰陽地理書、聖惠方，並賜之。建興元年二月，祚等辭歸

		百七十九人		國，帝賜聖惠方、陰陽二宅書、建興曆、釋典一藏。會眞宗晏駕，又賚遺物以贈詢。
天聖八年	二十一年	御事民官侍郎元頴等二百九十三人	朝貢	奉表入見於長春殿，貢金銀器、銀罽、刀劍、鞍勒馬、香油、人參、細布、銅器、硫磺、靑鼠皮等物。明年二月辭歸，賜予有差，遣使護送至登州，其後絕不通中國者四十三年。
熙寧三年	文宗（徽，仁孝大王，一〇一八—一〇八三）二十四年。	御事民官侍郎金悌等一百一十人	朝貢	高麗以壓於遼朝貢斷絕。熙寧二年，由福建轉運使羅拯，藉高麗商人黃愼、洪萬來示恢復通好之意，高麗覆牒。三年，拯以聞於朝，議者謂結之以謀遼，神宗許之，命拯諭徽。高麗遂遣使來，由登州入貢。詔待之如夏國使，復通中國。五年，悌還，帝賜徽衣帶錦綺銀器等物。
七年	二十八年	太僕卿金良鑑	朝貢	高麗欲遠避遼，乞改途由明州詣闕，從之。供費悉由官給，並禁私與相交。徽問遣二府甚厚，詔以付市易務售縑帛答之。又表求醫卜畫塑四工，以教國人，詔羅拯募人前往。

九年	三十年	工部侍郎崔思諒	朝貢	謝恩並獻方物，詔命治館待之，寖厚其使，來者亦益多，嘗獻伶官十餘輩。帝以其國尚文，每賜書詔，必選詞臣筆撰而擇其善者。
元豐三年	三十四年	戶部尚書柳洪、禮部侍郎朴寅亮	朝貢	元豐元年，朝廷遣左諫議大夫安燾、起居舍人陳睦賚詔賜徽衣帶、鞍馬、彩段、樂器、金銀器。徽迎詔禮畢，謂左右曰：豈謂皇帝陛下，不遺小國，遠遣大臣特示優賜，榮耀雖極，兢慚實多。時與中國絕通已久，燾等初至，徽及國人欣慶，自呂端使還後，中國使臣始再至。燾還，徽附表以謝，且自陳風痺，請醫官藥材。(註一四)九月，詔遣閤門通事舍人王禹封挾翰林醫官邢慥、朱道能、沈紳、邵化及等賚詔往，瞺藥診治。至是乃遣使來謝，仍獻方物，海中遇風，失所貢物。洪上章自劾，敕書安慰，尋獻日本所造車一乘。
四年	三十五年	吏部侍郎崔思齊、禮部	朝貢	獻方物兼謝賜醫藥，翌年正月十四日，神宗幸集禧觀，詔思齊等侍從，因賜子威等宴於東闕

		尚書李子威等一百三十五人。		下。又令所遺樂工對御獻樂，賜袍帶銀帛有差。（註一五）
八年	宣宗（運，思孝大王，一〇四九—一〇九四）二年。	僧統	朝貢	六年徽卒，子順王勳嗣，百日而卒，是爲順宗。七年，朝廷遣祭奠使左諫議大夫楊景略、副使禮賓使王舜封，弔慰使右諫議大夫錢勰、副使西上閤門副使宋球等赴高麗，聚僧徒設道場弔祭文順兩宗。弟宣王運立，遣其弟祐世僧統來朝，求問佛法，並獻經像。
元祐元年	三年	戶部尚書金上琦、工部尚書林暨、兵部侍郎李資仁、禮部侍郎崔思文。	朝賀	哲宗立，遣使金上琦奉慰，林暨等賀登極。並請市刑法之書、太平御覽、開禮通寶、文苑英華，詔惟賜文苑英華一書，以名馬錦綺金帛報其禮。

四年	六年	僧統王子義天，手下侍者僧壽介、繼常、顯流院子金保、裴善等五人	來祭亡僧	王子義天等至杭州，祭亡僧闍棃，言國母使持二金塔爲兩宮壽，知州蘇軾奏卻之。
五年	七年	戶部尚書李資義、禮部侍郎魏繼廷等二百六十九人。	朝貢	謝恩兼進奉，賜銀器五千兩。
八年	十年	兵部尚書黃宗懿、工部侍郎柳伸。	朝貢	獻黃帝鍼經，請市書甚多。蘇軾言高麗入貢，無利而有五害，今請諸書與收買金箔，皆宜勿許。詔許買金箔，然卒市冊府元龜以歸。
元符元年十一月	肅宗（熙，明孝大王，	尹瓘、趙珪。	朝貢	紹聖元年宣宗卒，子懷王堯嗣，未閱歲，以病不能爲國，國人請其叔父雞林公熙攝政。二年

	一〇五四—一一〇五）三年。			，堯卒。三年，熙乃立，至是遣使告嗣位，獻方物。
三年	五年	六月，尚書任懿、侍郎白可臣。	弔慰	哲宗崩，遣使弔慰。
		七月，尚書王嘏、侍郎吳延寵。	朝賀	徽宗立，遣使朝賀。翌年，任懿等還，賜神醫普救方；王嘏等還，賜太平御覽。熙曰：「太平御覽，文考嘗求而不得，神醫普救方，濟世要術也，今朕而得之，此使者之能也。」熙避遼帝嫌名，改名顒。
崇寧三年	九年	樞密院使崔弘嗣、秘書監鄭文。	謝恩	崇寧二年，朝廷遣戶部侍郎劉逵、給事中吳拭使高麗，賜顒衣帶、匹段、金玉器、弓矢、鞍馬等物，並遣醫官牟介、呂昞、陳爾猷、范之才等四人往，從表請也。至是遣使謝恩。

政和元年	睿宗（俁，文孝大王，一〇七八—一一二二）六年。	樞密院副使金緣、少府監林有文。	報聘	肅宗顒於崇寧四年卒，子俁嗣立。大觀四年，朝廷遣兵部尚書王襄、中書舍人張邦昌齎詔賜俁衣帶、段匹、金玉器、弓箭、鞍馬。賜詔去權字，即寵俁以眞正之禮，以高麗對遼較親密，欲盡力籠絡之。至是，高麗遣使報聘，書狀官直翰林院金富轍上表乞赴辟雍觀講，帝優詔答之。使還，擢富轍監察御史。
三年	八年	西頭供奉官安稷崇	觀禮	禋祀觀大禮，因明懿王太后卒，未遑遣使，至是禮賓省移牒明州，以達禮情。翌年使還，帝賜俁新樂器及譜訣。
五年	十年	吏部尚書王字之、戶部侍郎文公美。	謝恩	謝恩兼進奉，並遣金端等五人入太學。
六年	十一年	李資諒、李永。	謝恩	謝賜大晟樂。

重和元年	十三年	鄭克永、李之美。	謝恩	先是太子附奏乞大方脈瘡腫科等醫，帝令閤門祇候曹誼押翰林醫官楊宗立等七人送之。至是，遣使入朝，謝賜權適等制科御筆詔書。俁親製手書。
宣和五年	仁宗（楷，恭孝大王，一一〇九—一一四六）元年。	使	告哀	睿宗俁於宣和四年卒，子楷嗣立，遣使告哀。詔給事中路允迪、中書舍人傅墨卿奠慰。
六年	二年	樞密院副使李資德、御史中丞金富轍。	謝恩	謝恩兼獻方物，是年乞遣能書者至高麗，於是得旨，以徐兢爲國信所禮物官，兢是善書法也。及歸，因撰高麗圖經。
靖康元年	四年	樞密院副使金富軾、刑部侍郎李周	朝賀	七月，朝廷遣閤門祇候侯章、歸中孚等六十餘人詣高麗，齎詔請援助夾擊金人，答以國弱多災，固難造次，賊勢兇強，未宜輕觸爲詞。欽宗

		衍。		立，九月遣使賀登極。建炎元年五月至明州，會金兵入汴，道梗不得入，乃歸國。
建炎二年	六年	禮部侍郎尹彥頤	謝罪	朝廷遣刑部尚書楊應誠赴高麗，欲求助以迎徽欽二帝，但高麗懾於金人之威，通好唯謹，不願相援。應誠留六十四日，無結果而還。十一月，乃遣使奉表謝罪。朝廷賜酒食，如禮遣還
紹興二年	十年	禮部員外郎崔惟淸、閤門祗候沈起。	朝貢	爲不能相助而謝罪修好，貢金百兩，銀千兩，綾羅二百匹，紙二十匹，人參五百斤。惟淸所獻亦三分一。帝御後殿引見，賜惟淸起金帶，又賜酒食於同文館，以溫詔遣還。
六年	十四年	持牒官金稚圭	朝貢	紹興五年，朝廷遣迪功郎吳敦禮詣高麗，講明舊好，並探問兩宮消息。至是，遣使至明州，但懼其爲金間諜，賜銀帛遣之，自是不至者二十餘年。
隆興二年	毅宗（晛，莊孝大王，	借內殿崇班趙冬曦、借	朝貢	紹興三十二年，綱首徐德榮詣明州，言高麗欲遣賀使，詔止之。至是，明州言高麗入貢，但

一一二四—一一七〇）十八年。	右侍禁朴光通。		史不書引見日曆。孝、光、寧三朝；使命遂絕。（註一六）

高麗首都在開州蜀莫郡，曰開成府。依神嵩山爲城，周圍六十里，建置宮室，正西門爲宣義門，王城之門，唯此最大而壯麗，蓋爲宋使而設也。民居皆茅茨，大止兩椽。以新羅爲東州樂浪府，號東京；百濟爲金州金馬郡，號南京；平壤爲鎮州，號西京，其中以西京爲最盛。地方行政組織，有府州軍縣，凡三京、四府、八牧，郡一百一十八，縣鎮三百九十，洲島三千七百。郡邑之小者或只百家，男女二百一十萬口，兵民僧各居其一。軍民雜處，隸軍者不黥面。百官名稱階勳功臣檢校，頗與中國相類。百官以米爲俸，皆給田，納祿半給，死乃拘之。國無私田，民計口授業，十六歲以上則充軍。地產銅，不知鑄錢，市不用錢，第以布米貿易，中國所予錢，藏之府庫，時出傳玩而已。崇寧後，始學鼓鑄，有海東通寶、重寶、三韓通寶三種錢，然其俗不便也。士人以族望相高，柳崔金李四姓，門第稱貴。俗崇尚佛教，雖王子弟，亦常以一人爲僧。信鬼拘陰陽，病不相視，斂不撫棺。王城有佛寺七十區而無道觀，大觀中，朝廷遣道士往，乃立福源院，置羽流十餘輩。俗不知醫，自宣和間王俁來請醫，後始有通其術者。地產龍鬚席、藤席，堂上設席，升必脫屨，見尊者則膝行必跪，應必唯，其拜無不答，子拜父猶半答。風俗頗似中國，每正月一日，五月五日，祭祖禰廟。又正月七日，

家爲王母像戴之。二月望，僧俗燃燈，如中國上元節。上巳日，以靑艾染餅爲盤羞之冠。端午有鞦韆之戲。士民家器皿，多以銅爲之，所鑄大銅盆，運入中國曰高麗盆。文物產品，有白硾紙、鼠狼尾筆、而墨丸與松扇，(註一七)，且爲貢使精品也。王城有華僑數百，多爲移居之閩人；因賈船至者，每密試其所能，誘以祿仕，或強留之終身。朝廷使至，有陳牒來訴者，則取以歸焉。

中國與高麗之使節海上往來，分爲南北兩途：南由明州(熙寧七年起)，北由登州。由登州往高麗者，自東牟趣八角海口啓航，從芝罔島順風泛大海，再宿抵甕津口，登陸行一百六十里，抵高麗之境曰海州。再行百里至閻州，四十里至白州，四十里至其國。此爲淳化四年陳靖使高麗時所經之道也。登州海邊，置館舍(大中祥符八年)以待使者。明州及定海縣，亦有高麗貢使館曰樂賓，亭曰航濟(元豐二年)。由明州往高麗者，自明州定海泛舟，遇便風三日入洋。又五日抵墨山，入其境，卽全州羣山島，再行六七日至禮成港，正式登岸，入碧瀾亭。次日，遵陸行四十里，乃至王城。明州與高麗間海上航行，出發時乘南風，歸時乘北風，但風勢有順逆，故航期難定。宣和六年徐兢奉使高麗，初發明州，五月二十八日放洋，得順風。六月六日卽達羣山島。回程時風勢不順，躭誤時間，離高麗返回明州界，海道歷四十二日。但如遇順風，則歷險如夷，六日可抵明州。通常五晝夜至高麗境上，回程七晝夜方至。當時航行通常所用之舟型曰客舟。自元豐元年後，新造兩神舟，較客舟大三倍，爲遣使之官舶。

第二節　中韓關係

高麗臣事中國，其態度之親疏，每以國際情勢對本身利害之大小為轉移。宋雖上邦，然高麗密邇鷙悍之契丹，既慮其投靠強鄰，又防其遣使潛雜奸細，諸多顧忌。自淳化五年，宋既無法相援，高麗遂服事於契丹，行其年號，又遣童子往習其語言。及王詢大破契丹，大中祥符七年，遣使請班正朔，朝廷從之。九年，遂復行大中祥符年號。自天聖八年後，又壓於契丹，朝貢斷絕者四十三年。至熙寧三年始恢復來往。熙寧以前編敕，客旅商販不得往高麗新羅及登萊州界，違者並徒二年，船物皆沒入官，至是稍稍改變慶曆嘉祐之法。高麗王徽，在位三十八年（一〇四六—一〇八三），治尚仁慈，號稱賢主，雖恢復通使，然採兩面政策，蓋是時高麗亦受契丹冊封，奉其正朔，歲貢至於六次，尚誅求不已。宋既不能制勝契丹而保護東藩，雖有疑忌，亦不得不羈縻之。元豐六年，王徽卒，訃聞，神宗詔明州修浮屠供一月，又遣楊景略等往祭奠，以維持關係。八年九月十七日勅，惟禁往遼國及登萊州，其餘皆不禁；又許諸蕃願附船入貢或商販者聽。元祐編勅，亦只禁往新羅，仍無碍與高麗之交通也。靖康之變後，朝廷曾欲求高麗之助，取捷徑，以圖迎回二帝。高麗以形格勢禁，婉謝，事不果行。其後金人之禍日亟，防高麗之為金諜，止其朝貢，關係復中斷。夫高麗之遣使朝貢，其目的原慕華風而利歲賜，而中國之招徠高麗也，蓋欲柔遠人以飾太平耳，此則自唐以來之傳統政策，對西域對南海各民族皆然，不獨限於高麗也。高麗朝貢使曰進奉使，有正使有副使，但有時只遣正使而無副使，渡海入貢，乘高麗綱首之船，或假中國海賈之舶。其所貢土物依禮接受，估値回答，本厚往薄來之旨，往往優遣之。進奉使所經各州，皆有贄。(註一八) 天禧五年，別給登州錢十萬，充高麗朝貢使之費。熙寧六年，命用新式迎勞，一切取給於官。自熙寧初恢復朝貢至元豐之末，十六七年間，館待賜予之費，不可勝數。每次入貢，朝廷及淮浙兩路賜予餽送宴勞之費，約十餘萬貫，而修飾亭館，騷動行市，調發人船之費，尙不計在內。南宋時，高麗入使明越，州官困於供給，朝廷館遇宴賚賜予之費，亦以鉅萬計，饋其主者不在焉。貢使必攜有其本國禮賓省牒，作爲正式外交文件。抵步後，州官覓地安置，選差官兵照管，不許外出接客，並將情形具報，等候朝旨。如非法入境，守臣雖以禮待之，但其去留，亦不敢作主也。熙寧中，高麗入貢，所經州縣，悉要地圖，所至皆造送，山川道路，形勢險要，無不備載。(註一九)但防閑頗嚴，詔高麗人使不通華語，慮規利之人私與交易，令所在密止約。又詔引伴禮賓副使王謹初等與知明州李綎訪進奉入貢三節人中有無燕人以聞。(註二〇) 京師招待貢使，置有客館，都亭、西驛所招待西夏契丹人使，而同文館則招待高麗人使，授以館舍，以賓禮待之，皆有條例，以資約束。(註二一)使人到闕，逗留不過月餘，即遣發歸國。元豐初，高麗入貢，以中書舍人爲館伴，以陪臣處之，下契丹一等。契丹館於都亭驛，使命往來，稱國信使。高麗館於同文館，不稱國信，其恩數儀制，皆次於契丹。(註二二)政和中，升高麗使爲國信，禮在夏國上，蓋是時方經營朔方，賴以爲援，故一切視契丹，皆隸樞密院。改引伴押伴官爲接引館伴，賜以大晟、燕樂、籩豆、簠簋、尊罍等器，宴使者於睿謨殿中，待遇至隆。建炎三年後，仍復元豐舊儀。高麗遣宋使，資歷最爲重視，其後多躋至宰輔執政者。入貢人物，又多擅通中國文學，朴寅亮於熙寧三年隨貢使入中國，曾爲泗州龜山寺詩云：「門前客棹洪濤急，竹下僧棋白日閑，」中州人士嘗稱之。(註二三)寅亮文詞雅麗，所著尺牘表狀及題詠，與金梯合刋詩文集，號小華集。(註二四)元祐六年，高麗使人入貢，上元節於闕前賜宴，皆賦觀燈詩，時有佳句。進奉副使魏繼延句有「千仭綵山擎日起，一聲天樂漏雲來；」主簿朴景綽句有「勝事年年傳習久，盛觀今屬遠方賓。」(註二五)大觀間，葉夢得館伴高麗使，帝欲留觀殿試放榜及上巳，幾達七十日。使者頗修謹詳雅，葉撫之甚厚，每相感，辭歸，餞行至占雲館而別。其副韓繳如馬上忽使人持一大玉帶贈葉云：此唐故物，其家世傳以爲寶，今以爲獻，且於笏上自書一詩相別云：「泣涕汍瀾欲別離，此生無復再來期。謾將寶玉陳深意，莫忘思人見物時。」葉力辭之，詞樸拙亦可見其意也。(註二六)政和六年，進奉使李資諒至汴，賜宴，仍製詩示之，命和進，資諒卽應製，帝大加稱賞。

中國報聘，國書用白詔書寫，御寶印，間金鍍匣子盛之。聘使之行，費亦不貲。元豐元年，遣安燾，陳睦往聘，造兩新舟於明州，一曰凌虛致遠安濟神舟，次曰靈飛順濟神舟。此巨型艟艨，自定海絕洋而東，既至，高麗人歡呼出迎，王徽具袍笏玉帶拜受詔。禮待燾睦，館之別宮，標曰順天館，言尊順中國如天云。(註二七)六年，王徽卒，朝廷遣楊景略、王舜封祭奠，錢勰、宋球弔慰，並試選學問博洽器宇整秀者爲書狀。然出使高麗，以海道險惡，每視爲畏途。傳朝議欲以蘇軾使高麗，大臣有惜其去者，白罷之。宣和間，再造二舟，比元豐二神舟之制更大，增其名，一曰鼎新利涉懷遠康濟神舟，二日循流安逸通濟神舟。五年，以王俁卒，遣路允迪、傅墨卿使高麗祭奠弔慰，以此二神舟偕六客舟而往焉。

第三節　海上交通

除遣使官船外，海賈之船，亦常來往高麗。福建一路，民多以海商爲業，專營高麗之交通，往來貿易，以圖牟利。據高麗史節要記載，宋商或宋都綱抵高麗者，眞宗天禧間有王肅子、陳文軌、虞瑄、懷贇等二百二十餘人，建興間有福州陳象中等。仁宗天聖間，有李文通、李頵、莊文寶、盧遵等百餘人，明道間有林藹等五十五人，景祐間有陳諒、林贇、陳亮等二百餘人，寶元間有惟積等五十人，慶曆間有王諾、林禧等，皇祐間有徐贊、林興、趙受等二百三十四人，至和間有黃炘，嘉祐間有葉德寵、黃文景、傅男、黃助、徐意、郭滿、林寧等百餘人。英宗治平間有林寧、郭滿、黃宗等。神宗熙寧間，有林寧、楊從盛、郭滿、李元積、王華、許滿、王滿、林慶等三百餘人，元豐間有林慶、李元積、陳儀等百餘人，而綱首之中，以林寧操航海業二十餘年爲最久，郭滿十餘年者次之。熙寧三年，高麗遣使，以泉州黃愼爲嚮導，蓋以航海爲專門職業也。哲宗元祐間，有徐戩、傅高、楊註、徐成、李珠、楊甫、楊俊等四百餘人，紹聖間有徐祐、徐義、歐保、劉及、楊保、陳義、黃宜、洪輔、愼奐等二百六十餘人，元符間有洪保等二十人。徽宗崇寧間，有楊炤、周頌等四十人，政和間有陳守獻、宣和間有林淸、柳誠等五十餘人。此等人數，包括綱首、水手、商人、旅客，多來自泉州、福州、廣南、明州等地。海道管制甚嚴，往來高麗者，必須持有文據，關口然後放行。抵步時進獻方物，然後貿易；及歸，申請離境，待詔許而後行。此類海賈，浮海作業，實有利可圖。如元祐二年，泉州人徐戩，爲高麗於杭州雕刻夾注華嚴經板二千九百餘片，運往高麗，受酬報銀三千兩。而高麗僧統義天等五人抵明州，亦乘徐戩之舶，則又兼營運客也。海道既通，中國人私往高麗者頗衆。紹興二年閏四月，定海縣言：民亡入高麗者約八十人，願奉表還國。詔候到日，高麗綱首卓榮等量與推恩，則彼等是乘高麗海舶而歸也。三十二年三月，高麗綱首徐德榮詣明州，可見高麗海賈，亦備有巨舶。慶元間，詔禁商人持銅錢入高麗。自南宋後，高麗使節雖中斷，但通商仍繼續，綱首往來，未嘗中輟，惟不及北宋之盛耳。至於船舶之堅固，航海術之嫻練，高麗與日本，皆不及中國，故失事者多，其海上漂流人常賴中國救助，將其送回。天禧三年，明州登州屢言：高麗海船有風漂至境上者，詔令存問，給渡海糧遣還，仍著爲例。

第四節　中國文物東漸

由於高麗貢使之乞求及皇帝之賜賚，中國文物典籍，供給高麗，源源不絕。淳化四年、大中祥符九年、天禧五年，曾賜高麗九經、史記、兩漢書、三國志、晉書、諸子、曆日、聖濟方、陰陽地理等書。高麗使臣，常乞購書籍，熙寧七年，詔國子監許售與九經子史諸書；元豐八年，又許售與大藏經一藏、華嚴經一部，但乞買刑法文書則不許。元祐令：「凡諸蕃國進奉人欲置書者，具名件向尚書省申請。」元年二月，館伴高麗使言：高麗人乞開寶通禮、文苑英華、太平御覽，詔許賜文苑英華。八年二月，高麗遣使買歷代史及冊府元龜等書，禮部尚書蘇軾言宜卻其請，詔書籍曾經買者聽之。又有私人運售書籍者，如天聖五年，江南人李文通等詣高麗獻書凡五百九十七卷。(註二八)僧釋煦於元豐七年，潛入宋，翌年返國，携回釋典及經書一千卷。(註二九)而高麗亦能雕板印書，慶曆五年（靖宗十一年），秘書省進新刊禮記正義七十本，毛詩正義四十本，命各藏一本於御書閣，餘賜文臣。(註三〇)又嘉祐元年（文宗十年），西京留守奏：京內進士明經等諸業舉人，所讀書籍，率皆傳寫，字多乖錯，請分賜秘閣所藏九經、漢、晉、唐書、論語、孝經、子、史、諸家文集、醫卜、地理、律算諸書，置於諸學院，命有司各印一本送之。(註三一)徐兢奉使到高麗，詢知臨川閣藏書至數萬卷，又有清燕閣，亦實以經史子集四部之書。(註三二)高麗能精印書籍，已受宋人之重視，元祐六年（宣宗八年），李資義等自宋歸國，時帝聞高麗書籍多佳本，命館伴書所求書目錄授之，謂雖有卷第不足者，亦須傳寫附來。(註三三)是以高麗亦向宋獻書，內有黃帝鍼經九卷，已爲海內孤本，詔令秘書省選奏醫官校對，下尚書工部雕核送國子監摹印施行。(註三四)除典籍外，高麗對於圖畫，亦注意訪求。熙寧七年，遣使金良鑒入貢訪求中國圖畫，銳意購取，稍精者十無一二，然猶費三百餘緡。九年冬，復遣使崔思訓入貢，因將帶畫工數人，奏請摹寫相國寺壁畫，詔許之，於是盡摹之持歸。(註三五)又七年二月，王徽表求醫藥畫塑四工，以教國人，詔羅拯於四色人中募願行者，各擇三兩人，先令赴闕，然後遣往。(註三六)李寧以畫知名，宣和六年隨李資德入宋，徽宗命其畫本國禮成江圖，贊爲妙手。政和七年，中書省言：高麗賜雅樂，乞習教聲律大晟府撰樂譜辭，詔許教習，仍賜樂譜。(註三七)高麗之樂，分爲左右兩部，左曰唐樂，中國之音也；右曰鄉樂，其故習也。

高麗置國子監，而選擇儒官甚備，新敞黌舍，頗遵太學月書季考之制。太平興國七年（成宗元年），王治問禮於孔維，維對以君臣父子之道，升降等威之序，治喜曰：「今日復見中國夫子也！」元豐間，高麗國子監、四門學學者至六千餘人。宣和元年（睿宗十四年），詔廣設學舍，教養諸生，置儒學六十人，武學十七人，以近臣管勾事，選擇名儒爲學官博士，講論經義，王銳意經術，文風稍振。鄉塾里學，亦以孝經論語教童稚。太平興國七年，御事上柱國崔承老上書，謂華夏之制，不可不遵，然四方俗習，各隨土性，似難盡變。其禮樂詩書之教，君臣父子之道，宜法中華，以革卑陋。其餘車馬衣服制度，可因土風，使奢儉得中，不必苟同。(註三八)貢舉之制，仿自中國。大中祥符八年十一月，高麗進奉告奏使郭元自言風俗頗類中國，三歲一試舉人，有進士諸科算學，每試百餘人，登第者不過一二十。(註三九)貢士三等，王城之內曰土貢，郡邑曰鄉貢，他國人曰賓貢。間歲試於所屬，合格解貢者合三百五十餘人，萃於國子監令試，所取不過三四十人，然後王親試以詩賦論三題，謂之簾前重試，中格者分甲乙丙丁戊五等賜第而官之，及第亦賜詩。自政和間，遣學生金端等入朝，賜科第，自是取士間以經術時務策，較其程試優劣以爲高下，故業儒者尤多。(註四〇)亦有制科宏詞之目，然特文具而已。

第五節　入宋賓貢留學

高麗除在本國貢試之外，並遣士入宋賓貢及遣學生入宋留學，茲分述如下：

（一）**入宋賓貢**　咸平元年，詔禮部放孫僅榜，取高麗所貢一人，並賜及第，蓋是年二月，賜高麗賓貢進士金成積及第，附春榜。景祐元年，高麗賓貢進士康撫民，召試舍人院，四月三日，賜同出身，仍附春榜。(註四一)元符二年，詔許高麗國王遣士賓貢。(註四二)然以程度之不齊，海道之險惡，直接賓貢考試，終不及入宋留學，較爲實際，雖偶有一二，非常例也。大抵賓貢入宋者，多附國學肄業，爲官送學生性質，迨學成而試，始賜以科第焉。

（二）**入宋留學**　開寶中，康戩隨賓貢入宋，肄業國學。太平興國五年，登進士第，累官至京西轉運使，以淸白幹力聞。太平興國元年，高麗王伷，遣金行成入宋就學於國子監。二年，擢進士第，累官至殿中丞。(註四三)雍熙三年十月，高麗遣學生崔罕、王彬詣國子監肄業，至淳化三年三月，太宗親試諸道貢舉人，詔賜高麗賓貢進士王彬、崔罕等四人及第，授秘書省秘書郎，遣還本國。四年，陳靖等使回，高麗王治上表謝曰：

「學生王彬、崔罕等入朝習業，蒙恩並賜及第，授將仕郎守秘書省校書郎，仍放歸本國。竊以當道薦修貢奉，多歷歲年。蓋以上國天高，遐荒海隅，不獲躬趨金闕，面叩玉階，唯深拱極之誠，莫展來庭之禮。彬罕等幼從匏繫，嗟混迹於嵎夷；不憚蓬飄，早賓王於天邑。緼袍短褐，玉粒桂薪，堪憂食貧，若爲卒歲。皇帝陛下天慈照毓，海量優容，豐其館穀之資，勗以藝文之業。去歲高懸軒鑑，大選魯儒，彬罕接武澤宮，敢萌心於中鵠？濫巾英域，空有志於羨魚。陛下以其萬里辭家，十年觀國，俾登名於桂籍，仍命秩於芸臺。憫其懷土之心，慰以倚門之望。別垂宸旨令歸故鄉。玄造曲成，鴻恩莫報。臣不勝感天戴聖之至。」（註四四）

元豐七年二月，詔高麗王子僧統，從其徒三十人來游學，非入貢也，其令禮部別定儐勞之儀。吏部乞於四選補算學博士闕，從之。（註四五）政和五年，高麗遣進士金端、甄惟底、趙奭、康就正、權適等五人赴太學，表曰：

「化民成俗，由乎大學之風；用夏變夷，藉彼先王之教。故呼韓遣子於漢室，吐蕃請書於唐家，事雖不同，義則無異。顧惟敝邑，夙慕華風，在乎開寶之時，及至神宗之世，每從使介，參遣生徒，俾以觀周，期於變魯。厥後偶因中廢，久闕前修。傳聞承習之已遙，廣記備言之半脫。士無定論，學有多歧。混混末流，寥寥幾歲。況乎法度憲章之際，聲名文物之儀，或歷代之遺經，或諸家之異說。苟非質疑於有識，豈能成法於將來？每及興言，思遵舊貫。今也良辰在遇，素志可伸，謹遣學生五人，令隨入朝赴闕。惟此諸生，並非秀穎，目不見膠庠之禮，耳不聞雅頌之聲。難可與言，有類互鄉之子；未嘗無誨，蓋存闕里之仁。伏望陛下愍惻深哀，推明故事，特下國子監或於辟雍收管，許令就便學業，則容迹於諸生之末，摳衣於博士之前。懷我好音，庶見鴞鳴之變；遷於喬木，免同鴂舌之頑。儻令吾道以東行，永荷大明之下燭。」（註四六）

賜詔許之。七年二月九日，試權適、趙奭、金端、甄惟底四人，徽宗御集英殿試策曰：

「朕惟道之在政事，以上治而觀於天，則七星可得而齊，五辰可後而撫；以下治而察於地，則萬物各得其宜，山川䆗如，鳥獸魚鼈咸若。通於神明，則裁成輔相，贊天地之化育，和同天人而使之無間，顧何施而可以臻此？昔武王垂意而問箕子，盡道而陳，始之以五行，次之以五事，終之以五福。子大夫所常學而知者，悉著於篇，朕將施之於政，無俾前人專美有周，不其韙歟？」

四人皆賜上舍及第釋褐，以適爲承事郎，趙奭、金端並文林郎，甄惟底從事郎。(註四七) 後東就正、甄惟底死於中國，權適等三人隨進奉使李資諒歸國。至於高麗人流寓中國，其後代成爲師儒者有之。(註四八)

第六節　宋人流寓高麗

宋人移居於高麗者甚多，對於華化之促進，不無裨助。根據高麗史節要紀載：景德元年（穆宗八年），溫州文士周佇投高麗，授禮賓注簿。皇祐四年（文宗六年），宋進士張廷來高麗，授秘書省校書郎。嘉祐二年（文宗十一年），命有司試宋投化人張琬所業遁甲三奇法六壬占，授太史監候。四年（文宗十三年），醫人江朝東等將還，詔止之。五年（文宗十四年），以宋進士盧寅有文才，授秘書省校書郎。六年（文宗十五年），以宋進士陳渭爲秘書省校書郎，蕭鼎、蕭遷爲閤門承旨，葉盛爲殿前承旨。

渭有文藝，鼎等三人曉音律。又有蕭宗明，原爲商人，權知閣門祗候。熙寧四年（文宗二十五年），宋人禮賓省注簿周沆，本以文藝見用，因犯贓，收職田遣還。七年（文宗二十八年），揚州醫助教馬世安等八人來高麗。元豐四年（文宗三十五年），宋人楊震隨商船入高麗，自稱擧子，屢試不中，遣還本國。元祐六年（宣宗八年），宋人田盛善書札，陳養有武藝，留止加職秩，以勸來者。建中靖國元年（肅宗六年），參知政事致仕愼修卒，修、宋人也，頗有學識，尤精於醫。崇寧元年（肅宗七年），試宋進士章忱，賜別頭乙科及第。政和元年（睿宗六年），以左右衞錄事胡宗旦權知直翰林院，宗旦、福州人，嘗入太學爲上舍生，聰敏博學能文，兼通雜藝，遊兩浙，後寄商舶來高麗，王俁寵顧優厚，驟登淸要。四年（睿宗九年），別賜宋進士林完及第。重和元年（睿宗十三年），尙書右僕射劉載卒，載、泉州人，嘗隨商舶入高麗，性樸素，又能文，時人多之，卒爲名卿。(註四九)高麗之公卿詞臣，每用宋人充當。宋之士子不得志，亦有遠詣高麗而應貢試。況技藝之士，紛紛東渡，故高麗薰沐中國文化之深，洵非偶然也。

第三章　對日本之影響

第一節　宋日之交通

宋日之交通，不及唐代之盛，蓋自日本宇多天皇寬平六年（唐昭宗乾寧元年，八九四）第十四次遣唐使以事廢止後，對外貿易頗形退步。藤原氏執政時期（八五七—一一五〇），閉關自守，禁止商船入宋。直至平清盛（一一一八—一一八五）恢復與宋交通時，在此三百五十年間，日本採取鎖國主義，嚴禁國人私自渡海。兩國無正式國交，使節船完全中斷，往來宋日間，只有宋船航行。宋太祖朝，宋日並無來往之紀錄。由太宗朝起，兩國之間，是藉宋船交通，以從事於民間貿易或載運僧侶之往來而已。此等宋船，携有本國公憑（提舉兩浙路市舶司所發），又領有日本之護照，規定赴日之年限。每艘海船，可載六七十人，由浙東橫渡東海，而至日本肥前值嘉島，自此又廻航至筑前之博多灣，警固所報告於太宰府，太宰府使及通事查詢來由，查驗其出國公憑、船員名簿、及貨物單等件，轉報於京師。若許其交易，則派遣交易唐物使至博多灣處理之。宋商則安置於鴻臚館，供給衣糧。惟其末期，更由博多入日本海而至越前敦賀者不少。朝貢曾有一次，天聖四年（後一條天皇萬壽三年，一〇二八），日本太宰府遣人至宋貢方物，抵明州，以未持有其本國表，詔卻之。自後亦未有至者。航行多利用東海之季風節，故赴日者多在夏季，回航則在秋末冬初，航程歷七或十晝夜。

北宋時，宋船運貨來往日本者極多。著名之海賈，其見於載籍者，有陳仁爽、徐仁滿、鄭仁德、朱仁聰、周文德、楊仁紹、林庭幹（太宗朝）；周世昌、曾令文（眞宗朝）；周文裔、陳文祐、周良史、慕晏誠、張守隆、林養、俊政（仁宗朝）；王滿（英宗朝）；盧範、潘懷淸、陳一郎、孫忠、楊宥（神宗朝）；張仲、堯忠（哲宗朝）；李充、李侁、鄭淸、孫俊明（徽宗朝）等，包括吳越、台州、福州、泉州之商人。赴日之宋商，有長期居留者，至道元年（一條天皇長德元年，九九五），宋商朱仁聰、林庭幹七十餘人抵日本若狹，命移住越前國；咸平五年（一條天皇長保四年，一〇〇二），建州海商周世昌，遭海風漂流至日本，經七載，始與日商藤木吉歸國。眞宗召見之，世昌以日人唱和詩呈獻，詞甚雕刻，膚淺無所取。後賜木吉時裝錢遣還。此等海商，皆諳日語，如熙寧五年（三條天皇延久四年，一〇七二）日僧成尋入宋時，由宋商陳一郎，通事陳詠（後爲成尋之佛弟子，改名悟本）等照料，極爲周到。二人善操日語，來往宋日間，曾多至五次。

南宋初期三十年間，商船來往殊少，只紹興二十年（近衛天皇久安六年，一一五〇），有宋商劉文仲赴日。迨日本武家興起，有志進取，如平淸盛執政時，見有利可圖，獎勵海外貿易，一反藤原時代對外消極態度，日本商船入南宋者遂漸繁，而與明州貿易頗盛。平淸盛修築淸庫港，及音戶之瀨戶海峽，以利海舶之往來，藤原氏及保守派均反對，淸盛皆不顧也。乾道八年（高倉天皇承安二年，一一七二），明州刺史致書日本，有「賜日本國王物色」之句，舉朝大譁，咸主退還，並不復書。然平淸盛爲謀貿易之利，不肯與宋決裂，不顧滿朝反對，翌年復書，並附明州綱目以方物獻宋。茲以其海上遇難之紀錄而言，可見日船來往之數不少。淳熙三年（高倉天皇安元二年，一一七六），日本商船漂至明州，衆皆不得食，行乞至臨安府者復百餘人，詔每人日給錢五十文，米二升，俟其國有海船至時遣歸。十年（安德天皇壽永二年，一一八三），日本人七十三名漂流至秀州華亭縣，給常平倉錢米以振之。紹熙四年（後鳥羽天皇建久四年，一一九三），日本人漂流至泰州及秀州華亭縣，詔勿取其貨，出常平米振給而遣之。慶元六年（土御門天皇正治二年，一二〇〇），日本商船漂至平江府，給錢米歸國。嘉泰二年（土御門天皇建仁二年，一二〇二），日本商船漂至明州定海縣，亦給錢米遣歸國。日本入宋之海船，其數初未有限定，至後深草天皇建長六年（宋寶祐二年，一二五四），規定爲五艘，其餘悉毀之。日商船入宋海港後，市舶司官吏檢查其貨品，經抽分博買後，始許與一般商人交易。南宋時期，銅錢大量流入日本，高宗下禁令，派吏檢查出口船，以防偷運出口。宋日之貿易，由中國輸往日本者，爲銅錢、錦綾、絹織品、香料、藥材、茶、瓷器、文具、書籍等。從日本輸出者，則爲錦、絹布、扇子、刀劍、金漆、砂金、水銀、硫磺、松杉等類。日本紙扇，繪有山水畫，甚精緻，熙寧間，在相國寺市攤中有發售。歐陽修撰有日本刀歌，（註五〇）爲輸入之日本刀而詠，然此歌所言，日本人乃徐福之遺裔，永叔早已倡之。（註五一）

第二節　日僧入宋吸收文物

日本入宋僧人數，不及入唐僧之衆，史籍紀載，可稽者約有二十人。入唐僧志在求法，入宋僧所抱之願，在消滅自己罪障，爲後生菩提而巡禮佛蹟，卽爲修行而來。日僧乘宋船入宋，素無禁限。太平興國八年（圓融天皇永觀元年，九八三）八月，日本東大寺大朝法濟大師奝然，偕其徒成算、祚一、嘉因等五六人，乘吳越商陳仁爽徐仁滿等之船入宋，獻銅器十餘事、並本國職員令、年代紀、鄭注孝經、越王孝經新義（唐越王貞記室參軍任希古等撰）第十五各一卷。奝然自云姓藤原氏，善隸書而不通華語，問其風土，但書以對云：「國中有五經書及佛經，白居易集七十卷，並得自中國。國王以王爲姓，傳襲至今王六十四世，卽守平天王也。」至雍州，禮拜開元寺有名之栴刻佛像，又詣五臺山，繼入東京，太宗召見之，存撫甚厚，賜紫衣，館於太平興國寺，授法濟大師之號。復求詣五臺山，許之，令所過續食。又求勅版大藏經（開封太平興國寺印經院刋印），詔亦給之。雍熙三年（花山天皇寬和二年，九八六）隨台州寧海縣商人鄭仁德船歸國。端拱元年（一條天皇永延二年，九八八），仁德還，奝然遣其弟子嘉因並宋僧祈乾奉表入謝，又別啓貢佛經納靑木函、琥珀、靑紅白水晶、紅黑木槵子念珠各一連、及其他硯筆墨扇等。景德元年（一條天皇寬弘元年，一〇〇四），日本僧寂照等八人來朝，其所率領弟子，有元燈、念救、覺因、明蓮等。寂照不曉華語，而識文字，繕寫甚妙，凡問答，以筆札代之，謂日本書有史記、漢書、文選、五經、論語、孝經、爾雅、醉鄉日月御覽、玉篇、蔣魴歌、老子、列子、神仙傳、朝野僉載、白氏集、六帖、初學記等。詔號圓通大師，賜紫方袍。寂照曾受其師源信之託，携天台疑問二十七條，訪問四明知禮（法智尊者），遍遊天台、蘇州、杭州、五臺等處，留宋三十餘年，客死於中國。熙寧五年（後三條天皇延久四年，一〇七二），日本岩倉大雲寺僧成尋，偕其弟子賴緣、快宗、聖秀、惟觀、心賢、善久、長明等七人，乘宋商孫忠之船入宋，時年六十三歲。先至明州，次至杭州，止天台山國淸寺，願留，州以聞，詔使赴闕。成尋獻銀香爐、木槵子、白琉璃、五香、水精、紫檀、琥珀所飾念珠、及青色織物綾。神宗以其遠人而有戒業，處之開寶寺（元豐四年寂），授善慧大師，盡賜同來僧紫方袍。六年十月，成尋命其弟子賴緣、快宗、惟觀、心賢、善久，並宋僧悟本等，乘孫忠之船，携回神宗御筆文書及贈日本之金泥法華經、錦二十四、並在宋求得之新譯經，如顯聖寺印經院印本新譯經二百七十八卷、蓮華心輪廻輪偈頌一部二十五卷、秘藏銓一部三十卷、逍遙詠一部十一卷、緣識一部五卷、景德傳燈錄三十三卷、胎藏教三冊、天竺字源七冊、天聖廣德錄三十卷，合計四百餘卷。白河天皇以日本與中國之關係久絕，所受神宗賜物，以書中有「廻賜日本國」等語，發生狐疑，遲遲未敢作答。至十年（承曆元年，一〇七七），議定由大宰府草覆神宗書，並定回答禮用六丈織絹二百匹，水銀五千兩。元豐元年（承曆二年，一〇七八），交通事僧仲回乘孫忠之船携之入宋，神宗賜其號慕化懷德大師。明州刺史以旣得日本貢物，但其回書持平等地位，朝廷不受，乃請自移牒報而答其物值，付仲回東歸，從之。翌年，孫忠齎宋人致大宰府令藤原經平之牒於日本。三年（承曆四年，一〇八〇），又齎明州之牒到越前敦賀之港，蓋宋日兩國來往接觸之對手，只爲明州刺史與日本大宰府也。宋日之間，雖曾經發生此一段關係，但因有此枝節，未獲順利發展而中絕。此後，間有文牒來往，至南宋乾道九年（高倉天皇承安三年，一一七三），當平淸盛欲通宋好之際，始附明州綱首以方物入貢。

日本僧侶，從來只接受中國經典文物，而能以其自己創作傳入中國者，自僧源信始。源信者，延曆寺奉天台宗之高僧也，於寬和元年（宋雍熙二年，九八五）撰往生要集三卷，問答體，描寫淨土莊嚴，教導往生之法。永延二年（宋端拱元年，九八八），托宋商朱仁聰攜回中國，使其傳布。正曆三年（宋淳化三年，九九二），又以其所著因明論疏四相違略註釋三卷，托宋商揚仁紹攜贈雲黃山七佛道場僧行辿。源信又錄因明之大意，著因明義斷纂要注釋一卷，托宋杭州西湖水心寺沙門齊隱，復送弘道大師門人，請其決疑。中國亡佚之古書，亦藉日僧攜獻，以補其闕。至道二年（一條天皇長德元年，九九六），杭州奉先寺僧源清，以自撰之法華示珠指二卷、龍女成佛義一卷、十六觀經記二卷，及同門僧鴻羽作佛國莊嚴論一卷、學生僧慶照注心印銘一卷，共五部七卷，送往日本比叡山延曆寺，而求換取宋人所闕之智者大師撰仁王般若經疏、彌勒成佛經疏、小彌陀經疏並決疑、金光明經玄義、荊溪之華嚴骨目等，天台座主覺慶乃寫此等經疏贈之。奝然、寂照入宋，亦有獻書，寂照所攜之經典，有南嶽禪師之大乘止觀與方等三昧行法，此書蓋宋已亡佚。成尋攜天台、眞言等經典六百卷入宋，獻於神宗。其在洛陽時，示人以源信之往生要集與行狀，而介紹其德業。又示人以慶耀所書之梵字不動、梵字文殊眞言一卷、尊勝眞言一卷，以矜書法之端麗焉。

南宋時，入宋之日僧，史乘可考者，約有八十餘人。時禪宗名刹，散布江南，故多為傳布禪學。其著者，乾道四年（六條天皇仁安三年，一一六八）四月，千忍法師明菴榮西（一一四一——一二一五）入宋，九月，與僧重源同歸國，攜回福州版大藏經、淨土五祖像及十六羅漢像。七年（高倉天皇承安元年，一一七一），僧覺阿與法弟金慶同入宋。淳熙十四年（後鳥羽天皇文治三年，一一八七），榮西再入宋，就天台山萬年寺之虛庵懷敞學禪，嗣其法，孝宗賜以千光法師之號。紹熙二年（建久二年，一一九三）歸國，携回天台宗之新章疏三十餘部六十卷，在博多構聖福寺，在鎌倉開壽福寺，在京都建建仁寺，鼓吹禪宗。禪宗雖非始傳於榮西，但至榮西而漸盛，故日人稱榮西爲日本禪宗之開山祖。十六年（文治五年，一一八九），攝津三寶寺僧大日能忍，遣弟子練中、勝辨二人，赴宋明州育王山，贈書幣於拙庵德光。慶元五年（土御門天皇正治元年，一一九九），大興正法國師俊芿偕弟子安秀、長賀，由博多入宋，巡遊天台山，就明州景福寺之如菴學律宗。又赴明州之雪竇及臨安之徑山學禪，就華亭縣之超果院學天台宗。後又至臨安與禪宗律宗諸名師論道，寓留中國十二年（嘉定四年歸國），携回經典，有律宗大小部文一三二七卷、天台教觀文字七一六卷、華嚴章疏一七五卷、儒學書籍二五六卷、雜書四六三卷、法帖御書堂帖等碑文七六卷、水墨羅漢十八幅、及釋迦牟尼佛像等。嘉定七年（順德天皇建保二年，一二一四），僧安覺良祐歸國。又法忍淨業入宋，留中國十四年，理宗賜忍律法師之號，至紹定元年歸國。六年（四條天皇天福元年，一二三三）再入宋，又留七年，淳祐元年歸國。嘉定十年（順德天皇建保五年，一二一七）僧慶政滯留於泉州，而僧思齊、幸命二人入宋。十六年（後堀河天皇貞應二年，一二二三），承陽大師希玄道元（一二〇〇—一二五三），從師明全、與廓然、亮照，同發博多入宋。明全客死於中國，道元就天童山之長翁如淨學禪宗，寶慶三年（安貞元年，一二二七）歸國，在越前開永平寺，傳曹洞宗之正脉。端平二年（四條天皇嘉禎元元，一二三五），僧圓爾辨圓、神子榮尊由肥前之平戶入宋。神子榮尊於嘉熙二年（曆仁元年，一二三八）歸國，是歲僧明觀智鏡亦入宋，而聖一國師圓爾辨圓於淳祐二年（後嵯峨天皇仁治二年，一二四二）返回博多。圓爾辨圓藏書有三百三十九部一千餘卷，大多是由宋携回。四年（寬元二年，一二四四），僧湛海（字聞陽，俊芿弟子）歸國（嘉熙初入宋），而圓明佛演禪師一翁院豪入宋。五年（寬元三年，一二四五），僧妙見、道祐、悟空、敬念在宋。九年（後深草天皇建長元年，一二四九），法燈圓明國師心地覺心入宋（留五年歸國）。十一年（建長三年，一二五一），大明國師佛心禪師無關普門入宋（景定三年，弘長二年歸國）。十二年（建長四年，一二五二），法海禪師無象靜照入宋（咸淳元年，文永（二年歸國）。寶祐元年（建長五年，一二五三）僧源心在宋，是歲寒岩禪師義尹（道元弟子）入宋（咸淳三年，文永四年歸國）。六年（正嘉二年，一二五八），佛智禪師山叟惠雲入宋，寓留中國十年（咸淳四年，文永五年歸國）。開慶元年（正元元年，一二五九），僧徹通義介（道元弟子）入宋。景定三年（龜山天皇弘長二年，一二六二），圓鑑禪師藏山順空入宋。五年（文永元年，一二六四），大覺禪師禪忍在宋。咸淳二年，佛照禪師白雲惠曉入宋（至元十六年，弘安二年，一二七九歸國）。此等僧徒，歷波濤之險入宋，或從名師受業，或訪名刹遊歷，或尋侶友講貫。迨乘船而歸，則携回經典、佛像、佛物、旁及儒書圖籍，此時文物之傳播，自歸功於沙門也。

第三節　宋僧赴日鼓吹禪風

宋僧之赴日本者，直至南宋末期始盛。淳祐六年（寬元四年，一二四六），陽山無明慧性之法嗣蘭溪道隆（大覺禪師），偕弟子義翁紹仁、龍江等數人赴日，是爲中國禪僧傳化日本之始。建長元年（一二四九）建立僧堂，此又爲鎌倉有禪宗道場之始。旋於巨福山造建長寺，依中國清規，鼓吹禪風，故道隆可稱爲日本禪宗之始祖。中國僧侶東渡，對日本文化有重大影響者，在唐爲鑑眞（揚州龍興寺僧），在宋則爲道隆也。景定元年（龜山天皇文應元年，一二六〇），南禪福聖寺僧兀菴普寧赴日，由博多上京都，訪法弟圓爾辨圓（同爲杭州徑山無準師範之法嗣）於東福寺。繼應北條時賴之請，下鎌倉，承道隆之讓席，住建長寺，至咸淳元年歸國。在日五年，能陶化執政權之時賴，而使其達徹悟之境，遂令鎌倉武士與禪結合。咸淳五年（文永六年，一二六九），徑山石谿心月法嗣大休正念（佛源禪師）赴日，承道隆之讓，住禪興寺，正應二年（一二八九）寂，歷住建長、壽福、圓覺等寺，鼓吹石谿宗風，多化鎌倉武士。七年（文永八年，一二七一），天童山石帆惟衍之法嗣西澗士曇（大通禪師）赴日，遊歷京都鎌倉之間凡七年（弘安元年，一二七八歸國）。弘安元年七月，道隆寂於建長寺，北條時宗欲迎宋之名德繼其任，十二月，遣德銓、宗英二僧赴宋。二年五月，迎無學祖元（佛光國師）赴日。無學祖元者，與辨圓、普寧同爲徑山無準師範門下之俊傑，既被邀，遂偕法姪鏡堂覺圓、弟子梵光一鏡等赴日，到鎌倉，住建長寺，與住壽福寺之正念對峙，大揚禪風。五年（一二八二）十一月，鎌倉建立圓覺寺，請爲開山第一祖。隨其赴日之鏡堂覺圓（大圓禪師），爲明州天童山環溪惟一之法嗣，歷住禪興、淨智、圓覺、建長、建仁等寺。

第四節　中國文化傳進日本

當北宋時，在日本爲藤原時期，本土文化之發展，逐漸成熟，漢文學衰微，物語和歌，普遍流行。然一面尚攝取宋人文化，一面且欲以其成就者輸入於宋。迨南宋時，則爲鎌倉時代文化，傳統之「公家」（朝官）文化與創新之「武家」文化對立並存，而亦相互交流，同時又受宋人文化之影響，各自變化發展，蓋宋人有其特殊文化，能適應日本新起「武家」之好尙，因而至南宋時，日人盡力吸收，與遣唐使時代移植唐人文化者相似。然而由唐代所傳進者爲文化制度，而南宋所輸入者，主要爲思想信仰，文物次之，各具有時代之特色也。茲就宋日交通之結果，中國文化影響於日本者言之。

從中國輸入之佛教，叡山學僧榮西兩次入宋，學臨濟宗之禪學而歸，著興禪護國論，謂禪學是佛法之極致，引起佛教界對禪宗之興趣。自是仰慕禪風而入宋者，遂絡繹於途。榮西並非純粹之禪僧，亦學天台眞言，然終不諒於叡山僧徒，羣起反對，乃赴鎌倉，受幕府皈依，旋於京都築建仁寺。禪宗之自力主義，與武士之克己態度，有暗合相通之點，故武士多信仰之，結果，禪宗幾成爲「武家」之佛教。臨濟宗受上層武士皈依（下層武士與農商諸色人等，多信日蓮宗，卽法華宗），在京都及鎌倉營造大伽藍，頗有形成第二個貴族佛教之勢。然禪宗內部，由不滿而發生分裂，遂有曹洞宗之興。曹洞宗者，乃道元自宋歸後所傳入。彼厭惡名利，不受幕府之招，閑居於越前之永平寺，在嚴格規律下，傳授弟子。其主要著作，有正法眼藏。夫舊派佛教徒，如淨土、如眞言、如華嚴、如法相等宗，多營私利，逞私慾，此時腐敗墮落，已達於極點，而禪宗專以寡欲質素爲宗旨，專心爲道。當時禪宗之興盛，蓋有二因：鎌倉幕府執權之北條時賴，既使鎌倉成爲政治之中心，亦欲使爲宗教之中心，乃思利用新興之禪宗，建立大寺，迎奉道元，自受菩薩大戒，並修大伽藍使居之。此爲時賴提倡禪宗之始。鎌倉武士，素以勤儉樸素著稱，而禪宗之修養，出入生死之途，如同遊戲之場，泰然安靜，看破塵世，正合武士道視死如歸之精神。又叢林清規之嚴正，禪家機鋒之銳利，亦爲重禮節尚意氣之鎌倉武士所最悅服。道元歸越前，時賴又迎宋僧道隆至鎌倉，創建運長寺，使爲開山始祖。禪宗自此發達，而養成以鎌倉爲中心之「武家」禪。及至執權之北條時宗，對禪宗之信仰更隆。日人讚時宗爲武士之典型，而其修養乃得力於禪宗，初就道隆參禪，後又招請無學祖元至鎌倉，從其學，道法益深，養成果斷而鎮定之精神。當元師渡海侵犯日本時，無學祖元曾激勵時宗發大勇猛心，從容赴國難，兩斬來使，作積極抵抗者，蓋得力於修禪之功不少焉。

當禪宗之傳入日本也，學者謂其僧侶並傳宋儒朱子之學。(註五二)後深草天皇寶治元年（宋淳祐七年，一二四七），日人覆刻宋槧本論語集註十卷，則其他大學、中庸、孟子等集註之書，殆必同時傳入日本，而引起研究四書之興趣。宋末，廣東東莞人道學家李用，流亡日本九州博多，以濂洛之學授徒，(註五三)當其前，自有人開風氣之先者也。在較開通之「公家」間，已有人開始治此學，講天理，明人道，逐漸助成「公家」之思想。當時宋儒之勢力，足以左右朝政，厥後儒家之學，遂構成日本政治社會思想之中心。至於儒家圖籍，源源輸入日本。景德三年，宋賈曾令文以白氏文集及五臣註之文選，贈與一條天皇之攝政藤原道長，道長獻於朝廷。又有入宋之日僧念救，於大中祥符八年歸國，帶回摺本白氏文集，贈於道長，道長再以此書獻於皇太子（後朱雀天皇）。天聖七年，中臣藤原輔親自宋商購得新輸入之書籍，後一條天皇之關白藤原賴通親詣輔親邸參觀，輔親獻唐晉玉篇及白氏文集等書於朝廷。在平安朝貴族中，凡餽贈於巨卿貴戚，每以宋板書爲禮物，中國圖籍之珍貴可知。紹興二十年，宋商劉文仲抵日，以東坡指掌圖二帖、五代史記十帖、唐書十帖，贈送左大臣藤原賴長，翌年，賴長以沙金二百兩回餽文仲。淳熙六年，平清盛以新由宋輸入之太平御覽一部，上於高倉天皇。景定二年，藤原罰繼以錢三十貫，向宋商購得太平御覽一部一千卷。當時日本公卿向宋求此書者甚多，公卿間亦互相餽遺。慶元五年，俊芿入宋，携回典籍，除佛經外，有儒道書籍二百五十六卷，法帖、御書、堂帖等碑文七十六卷。入宋僧歸國，除携回佛典外，並有大量之儒書、詩文集、醫書等。

奝然携回印本大藏經，實影響日本之雕板事業，禪家募人印刷禪宗語錄，以廣傳播，此風一開，遂廣印語錄相貽。覆刻宋槧本，亦頗流行。日本曆學，受宋人之影響。入宋僧侶，習得宋人曆法，時人稱造曆僧爲宿曜師，其道爲宿曜道。曆博士因循固陋，瞠乎其後，三條天皇長和四年（一〇一五），曆博士加公茂守道特請仁統法師與之共造曆法，其明證也。重源最初入宋，巡禮五臺山聖蹟，其目的即在作再建大佛殿之準備；以後再入宋，亦爲研究宋之建築樣式。源賴朝重建東大寺大佛殿，督工者爲重源，從宋招請工人，倣用宋寺院之建築樣式，稱爲「天竺樣」。榮西兩次入宋，曾參加天台山萬年寺及天童山千佛閣等修建工程，頗具建築經驗，歸國後，在博多建聖福寺，在鎌倉建壽福寺，在京都建仁寺，皆仿宋之禪刹樣式，稱爲「唐樣」。然純粹禪式之寺院，當以建長寺爲始，圓覺寺之舍利殿，亦可爲代表。此式對日本建築界，影響甚大。禪式建築流行之時，住宅建築亦效之，住宅之所謂書院造及玄關，乃由禪刹之廻廊等蛻化而成者。入宋僧道元，歸國後於天福元年（一二三二）在山城建興聖寺之僧堂，亦全仿宋式。圓爾辨圓對於寺院建築，頗有研究，曾督工建築京都東山之東福寺，其模樣非純禪式，而帶有天台眞言之氣派。東大寺鑄大佛像時，計劃之初，頗費躊躇，壽永元年（一一八二），宋之鑄師陳和卿與其弟陳佛壽及工匠七人抵日本，招致參與鑄工，對於日本鑄事之發達，多所貢獻。又南大門之石獅子與四千王像，亦爲宋工雕造。繪畫方面，色彩之淡雅，用筆之巧妙，描線之粗細，受宋代新畫法之影響。因禪風之盛，繪畫禪師頂相，開始時尚。禪僧傳入宋人之書法，後宇多天皇、後醍醐天皇等，亦能寫遒勁之書體。加藤景正嘗隨道元入宋，學陶器製造法於天目山，留宋五年，歸國後首在京都附近開窰，不幸失敗；後在尾張國之瀨戶，發現優良陶土，創瀨戶燒，爲日本製陶術開一新紀元。又有彌三右衛門者，從圓爾辨圓入宋，傳習廣東織法、緞子織法而歸，在博多創博多織，其名頗著。

風俗方面，自宋僧與入宋僧在宗教上所得之內容與形式，大部份爲中國化之禪宗。榮西之徒，著大袈裟、大衣。圓覺寺開堂之齋，則用饅頭。日常生活，如衣服器具、食物烹飪，亦多摹仿中國。自榮西從宋携茶種歸國，日本遂種茶。飲茶之風，初行於禪僧之間，次及於公卿，而漸普及於平民。榮西所著之喫茶養生記一卷，亦可視爲傳授養生術之醫書，謂：「今日唐醫口傳，治諸病無不得效驗矣，」此可見其曾就宋醫而學習醫方也。隨道元入宋之木下道正，學習解毒丸之製法而歸。宋醫朗元房者，東渡日本，寄寓鎌倉三十餘年，得時賴、時宗之知遇，爲其侍醫，對日本醫學之發展，亦當有貢獻。(註五四)

第四章　對越南之影響

越南古爲交趾，漢置交州。唐武德中，改交州總管府，隸屬於嶺南道。安南之名，始於唐肅宗至德中改交州都督府爲安南都護府，與安東、安西、安北等都護府之名相對，蓋以中國爲中心，視之爲藩籬也。至南宋孝宗封李天祚爲安南國王，安南始成國號。當日安南境土，卽今北圻中圻之區也。

第一節　黎朝受宋册封

宋乾德三年，南漢所封之靜海軍節度使兼都護吳昌文，討伐叛部，中流矢卒，羣雄競起，各據郡道，號十二使君。最後爲丁部領所統一，建國稱號，爲自立王朝之始。越南歷屬中國之郡縣，至是關係一變，而成爲兄弟之邦。故中國之待越南，實以宋代爲最優。

丁部領爲驩州刺史丁公著之子，勇略蓋世，平定吳昌熾、矯公罕等十二使君，號萬勝王；於開寶元年稱大勝明皇帝，國號大瞿越，都於華閭洞（淸華安康），封其子丁璉爲南越王。起宮殿、制朝儀、置百官、立社稷。三年，改元太平，鑄太平興寶錢，一時境內安堵。七年，聞宋平南漢，丁部領懼，遣丁璉入貢。封丁部領爲交趾郡王，授丁璉爲檢校太師，充靜海車節度使安南都護，制詞稱其「夙慕華風，不忘內附。」太宗卽位，又遣使以方物來賀。丁部領封子璿爲衞王，立季子項郎爲太子，命阮子猷來修好，分全國爲十道軍。厥後使臣往還，朝貢不絕。太平興國四年（卽太平十年）春，丁璉殺太子欲奪其位。十一月，丁部領父子夜宴於宮中，爲福候宏杜釋所弑。部領幼子丁璿嗣立，年僅六歲，稱節度行軍司馬權領軍府事，由十道將軍黎桓攝政。桓、愛州人，擅權樹黨，內亂叠起，乘機篡立，改元天福元年，降封丁璿爲衞王，遷於別第，舉族禁錮之，代總其衆。丁朝傳世，只歷二主，享國十三年。五年秋，太宗命將往征，黎桓大敗之，繼又南破占城，不久復遣使入貢通好，請求冊封。雍熙三年，朝廷遣左補闕李若拙、國子博士李覺，齎制冊，冊封桓爲安南都護充靜海軍節度使，京兆郡侯。桓郊迎受制，饗禮甚厚。端拱元年，又遣戶部郎中魏庠、虞部員外郎直史館李度，賜封加檢校太尉。淳化元年元月，左正言宋鎬、右正言王世則使交州，以加恩制書賜黎桓。交州城中無居民，府署湫隘，題其門曰明德門。風俗鄙陋，未脫野蠻之風。桓張皇虛誕，務爲誇詫以迎使臣。（註五五）四年，進封桓爲交趾郡王。眞宗卽位，又進封爲南平王。桓屢遣使朝貢。交州由懷遠驛掌之，屬鴻臚寺，對來使授以館舍，以賓禮相待。景德元年，桓子明提入貢，仍授驩州刺史。二年上元節，賜明提錢，令與占城大食使觀燈宴飲，因遣工部員外郎邵曄充國信使。桓以博通經史之北人（中國人）洪獻爲太師，倚畀甚殷。三年，桓卒，第三子龍鉞卽位，凡三日，其兄龍全刼庫財而遁，桓第五子開明王龍廷殺龍鉞而自立。明提以國亂不能還，特詔廣州優加資給，賜錢十五萬，米百五斛，仍並給館券。知廣州凌策等言：桓諸子爭立，衆心離叛，請本道兵討之。邵曄亦上邕州至交阯水陸路及控制宜州山川等圖，眞宗曰：「祖宗闢土廣大，唯當愼字，不必貪無用地，苦勞兵力，」蓋以桓素修職貢，不欲伐喪。乃改邵曄爲緣海安撫使，移書勸諭，勿自戕骨肉，否則興師問罪。四年，龍廷稱權安南靜海軍留後，遣弟明昶等入貢。詔拜龍廷特進檢校太尉、安南都護，仍封交阯郡王，賜名至忠，屢遣使入貢，文武官制，一遵於宋。龍廷性好殺人，待人虐酷，有痔疾，臥以視朝，號臥朝王。至大中祥符三年，爲四廂軍副指揮親衛公李公蘊所弑，並殺明提明昶等，自稱留後。所謂前黎朝，僅傳世三主，歷三十年而亡。

第二節　李朝政敎漸興

丁黎二氏，均爲越南人。李公蘊之先世，則爲閩人，徙居交州之古法州（北寧天德），寬慈仁恕，明通經史，頗得衆心。奪取政權後，自華閭徙都大羅城，改名昇龍城（今河內），建造宮殿，年號應昌，一切多如中國之制。宋用桓故事，封公蘊爲交阯郡王，領靜海軍節度使，是爲李氏太祖（一〇一〇—一〇二八）。天禧元年，進封公蘊爲南平王。公蘊以間歲或仍歲遣使入貢。天聖六年，公蘊卒，其子德政（太宗，一〇二八—一〇五四）自稱權知留後事。德政通文武大略，儒學亦精諳，屢遣使入貢。儂智高反，德政率兵二萬，欲由水路入助，朝廷優其賜而婉卻之。至和二年卒，其子日尊（聖宗，一〇五四—一〇七二）卽位，重農恤刑，柔遠能邇，置博士科，厚養廉禮，文修武備，海內謐寧。宋神宗卽位，進封爲南平王。自帝其國，改國號大越，改元寶象，又改神武。熙寧二年，曾大破占城，上表告捷於宋。五年，日尊卒，乾德（仁宗）繼位，歷五十六年（一〇七二—一一二七），爲李朝之盛世。八年，宋越一度失和，越軍三道北犯，連陷欽州、廉州、邕州。翌年，朝廷以郭逵爲安南道行營都總督，帥師征討，並命占城、眞臘夾擊，大挫越軍，進至富良江（紅河），乾德請和，繼續入貢受封。自是不復敢猖獗，南陲安枕且百年。張方平曾奏論當時越南之情勢曰：「向自日南貢職已廢，朝廷濶略不問，邊臣苟慢，防禁益弛，凶惡盜賊，姦蠹之民，諸配徙者，不瘶逋逃，頗從亡匿。亦有人頑嚚不逞，挺身亡命，赴其招集，敎之治兵，助爲邪計，故令乾德敢奸王命。凶黨用事，多是華人。往時遣使，例抵其國，見城中無居民，府舍湫陋，有茅竹屋數十百區，以爲軍營。兵器有弓弩木牌梭槍竹槍，弱不堪用，勢不能爲中國患，故遠而易之。至景德中，李氏竊此疆域，及今七十餘年，王人久不涉其地，不復知其虛實。今聞其城柵隍壍，乃有數重，兵力民衆，必益充足。頗略旁占城等諸小國，事勢設施，比前爲強大。」（註五六）元豐四年，交阯入貢，人數一百五十六人，比舊制增五十六人，以後準此。（註五七）建炎元年，乾德卒（追封爲南越王），無嗣，由繼子陽煥立，進封爲交趾郡王，是爲神宗（一一二八—一一三八）。紹興八年，陽煥得瘋疾卒，其子天祚（英宗，一一三八—一一七五）立。「舊制安南使者，班在高麗上。建炎南渡，李天祚乞入貢，朝廷嘉其誠，優詔答之。紹興二十六年，乞入貢許之，乃遣使由欽入，正使安南右武大夫李義嗣，安南武翼郎郭應，以五象充常進綱外，更進昇平綱，以安南太平州刺史李國爲使，所獻方物甚盛。」（註五八）此次入貢，窮國之力以爲之，志在乞賜國名授印，但其使人過境，沿途州縣供應招待，不勝煩苦，故其後數乞入貢，莫之允許。淳熙元年，册封天祚爲安南國王。二年八月，賜天祚以「安南國王之印」，又賜曆日，是爲安南國獲中國承認之始。其政制組織，有內職外職，內職治民，外職治兵。輔國太尉，猶宰相也。

左右郎司空、左右郎相、左右諫議大夫、內侍員外郎以上爲內職。曰樞密使、金吾、太尉、都領兵、領兵使、又有判及同判安南都護府，皆爲外職。仕者或由科舉，或由任子，或由入貲。科舉最貴，入貲始爲吏職，再入貲補承信郎，可累遷爲知州。(註五九)三年，天祚卒，龍翰（高宗，一一七六－一二一〇）立。嘉定五年，龍翰卒，子昊旵（惠宗，一二一一－一二二四）立，宋寧宗曾遣使弔慰之：「勑安南國王嗣子李昊旵，維乃先王，世守藩邦，恭勤匪懈，貢獻以時。三紀於今，始終一德。奄茲訃告，良惻予懷。卿嗣事云初，銜哀罔極。尙其節抑，式迓寵光。」(註六〇)李昊旵時，朝貢漸微，然朝廷之賜贈未已。昊旵卒，無子，以次女佛金主國事，是爲昭聖女王（一二二四－一二三〇），時年七歲，納越臣陳守度之姪日煚爲婿，日煚時年八歲也。紹定三年，禪位於日煚。李朝自宋眞宗大中祥符三年起至南宋理宗紹定三年止，傳世九祖，歷二百一十六年，與宋關係，至爲密切。至是李朝遂亡。

第三節　宋亡遺臣南奔

陳氏之新朝建立，始自陳日煚（太宗，一二三〇－一二五八）。煚之先世，爲閩之長樂人（一說爲桂林人），徙居交州南定省天長府之卽墨。此時蒙古勃興，已佔有雲南。宋寶祐五年，蒙古大將兀良哈台進攻安南，陳日煚遁入海島，破其國都昇龍城，以天氣酷熱，疫癘大作，且對宋戰事方殷，越人請款，遂班師北歸。六年，朝廷詔安南情狀叵測，申飭邊備。是歲，陳日煚傳位於太子陳光昺（威晃，卽聖宗，一二五八—一二七八）。景定三年，始上表求世襲，詔日煚授檢校太師安南國太王，威晃授靜海軍節度使安南國王。在宋越之關係中，陳朝只經二世，五十三年（陳朝直至明建文二年胡季犛自立止，享國實一百七十五年）。安南雖爲蒙古所屈，仍通貢於宋。當時「海外諸國，懼韃靼（蒙古）垂涎，月貢金銀米帛，充給朝廷軍需，爲屛蔽攻賊計」。所謂海外諸國，安南自在其內。而宋室「曾子淵等諸文武臣，流離海外，或仕占城，或婿交趾，或別流遠國。」（註六一）尤其當咸淳九年，蒙古攻佔襄陽，全局大震，宋人以海舶三十艘，携帶妻子，滿載財物，浮海而至安南，陳光昺安置之於昇龍城。未幾，宋亡，遺臣南奔安南者愈多，其可稽者，陳宜中沈敬之等投占城，趙忠等竄安南，皆欲覓取外援，以圖恢復。厓山兵敗，吏部尙書陳仲微（一二一二—一二八三）亦遁往安南。紛紛遷移，殆以安南爲逃難之尾閭矣。

元既征服中國，對安南之控制亦嚴，設達魯花赤（地方監治官）監臨，挾持凌虐，限定由中統四年（一二六三）起，三年一貢，又不時要索儒醫工匠，調民服役，越人疲於奔命，不勝其苦。（註六二）至元十四年（一二七七），陳光昺卒，子日烜立，不肯赴闕。元責其不請命而自立，乃立其季父遺愛代爲安南國王。及元兵假道征占城，日烜遣兵守境，拒之。二十年（一二八三），平定占城，翌年，元世祖封皇子脫歡爲鎭南王，命與左丞李恒帥兵入安南，會合破占城之唆都部而夾擊之，日烜遁走。越軍雖敗，而拒敵之心仍堅。元軍又因水土不宜，患疫而死者甚衆。脫歡乃引兵北還，越人乘勢襲擊，李恒殿後，中毒矢而死。而唆都部被截擊於乾滿江（富良江支流），唆都兵敗戰死。二十四年（一二八七），又詔脫歡、參知政事樊楫等帥大軍入越，水陸並進。大小十七戰，越人不敵，日烜逃遁入海，暫避其鋒。翌年，脫歡班師，日烜復由海上返國，集散兵三十萬，堅守東關（安南國之北），遏元軍歸路。樊楫戰死，脫歡由間道逃歸。日烜雖勝，自知以蕞爾安南之力，終難抵敵大國，旋遣使至燕京，貢金人以代罪，自是臣服於元。

第四節　越南深染華風

安南不僅其越族與中國有深長之歷史關係，而長歸中國郡縣制度下，已深染華風，服色飲食，略與中國同。早在東漢初年，交阯太守錫光，九眞太守任延，教民耕稼，制爲冠履，初設媒娉，始知姻娶，建立學校，導之禮義。東漢末，交阯太守士燮（一三七—二二六），統治四十餘年，使越南之人，通詩書，習禮樂，爲文獻之邦。唐代分天下爲十道，以安南屬嶺南道，分爲交（今河內）、峯（紅河三角洲之北，今山西越池、永安等地）、愛（今淸華）、驩（今河靖省德壽縣）四州，越人更濡漬漢化。安南獨立後，歷朝文物制度，大都摹仿中國。丁朝建國之初，卽已崇尙孔子，是時佛教衰而儒學復興，朝廷官制，亦悉效中國。李聖宗時，在昇龍城修文廟，塑周公孔子像，並繪七十二賢像，四時享祀。越人尊孔之風，由是開始。李仁宗五年（一〇七五），正式開科取士，亦如中國之三場試。翌年，設國子監太學，而儒家輩出，有蘇獻誠、李道成、李常傑、張伯玉等。李高宗貞符四年（一一七九），試三教子弟，辨寫古詩及賦、詩、經義、運算等科。天資嘉瑞十一年（一一九七），又舉行考試，賜及第出身有差。翌年，詔國子入學。十四年（一二〇〇），省試學生。陳朝時，儒學更盛，陳太宗年間，亦尊崇孔道，重漢學，考取太學生及設三魁之試，科舉制較爲完備。置國學館，詔學生講解四書五經，故有陳一代，越南儒學家具經綸才智者極多。洎乎中葉，自朱文安等出，儒學日益弘揚，成爲越南學術思想之淵源。

中國版本圖書之傳入越南者，始見於景德二年（黎朝應天十二年），「賜黎桓印大藏經，從其請也。」（註六三）四年，復有儒書及釋藏傳往，「景德四年七月乙亥，交州來貢，賜黎龍廷九經及佛氏書。」（註六四）大中祥符三年（李太祖順天元年）十二月，交州郡王李公蘊遣使表乞大藏經及御札八體書法，從之。乃頒大藏經、太宗御書一百軸，降詔書賜之。（註六五）七年（順天五年）八月，李公蘊貢方物，仍求賜大藏經，從之。（註六六）天禧二年（順天九年）夏，遣員外郎阮道清、范鶴如等入宋，表求三藏經，眞宗許之。及還，命僧費智往廣西迎接，置於大興樓。景祐元年（太宗通瑞元年）秋八月，遣員外郎何授、杜寬等貢馴象，朝廷以大藏經答贈。李朝佛教較前朝更盛，李公蘊出身佛門，極重佛教，遍建寺院，奬勵皈依佛法，故求佛經較切，因而朝廷賜大藏經前後凡六次。元豐元年詔：「除九經外，餘書不得出界。」（註六七）但「崇寧二年五月二十六日，李乾德乞釋典一大藏，詔印經院印造賜之。大觀元年十月十日，詔交阯進奉人乞市書籍，法雖不許，嘉其慕義，可除禁書卜筮、陰陽、曆算、術數、兵書、敕令、時務、邊機、地理外，許買。」（註六八）故越南圖籍，完全仰給於中國，自雕印圖書，尙未有焉。越南仿中國而有史記，始自第十世紀。陳朝開國，潘輝註著列朝獻章，中興實錄。厥後，黎降元著安南誌略，胡宗粟著越南世誌、越史綱目，黎文休著大越史記（紹隆十五年，一二七三編成），皆依中國之編年體而撰也。

夫越族文化，原以越南人之漢化風俗文教爲主流，融合地方土著之文化而成。中國文化之傳播於越南，宋較前代爲盛。受印度化之占婆王朝，曾與越南毗鄰而歷長時間之對立，然並未使越南之中國文化傳統，爲之中斷。越南雖亦崇奉佛教，仍含有調和儒釋道三教之精神，李陳兩朝，且以三教開科取士，此乃受晉唐以來三教同源思想之影響也。

【注　釋】

（註一）續資治通鑑，卷一六九，宋紀一六九，嘉熙元年八月條。

（註二）同上書，卷一七六，宋紀一七六。

（註三）元史，卷八，本紀八，世祖五。

（註四）元史，卷八十一，志第三十一，選舉一，學校。

（註五）明書，卷六十四，選舉志二，貢舉。

（註六）新元史，卷二三四，列傳第一三一，儒林傳序。

（註七）元史，卷一八九，列傳第七十六，趙復傳。

（註八）宋元學案，卷九十四，師山學案，師山文集，與王眞卿。

（註九）同上書，送葛子熙序。

（註十）明史，卷二八二，列傳第一七〇，薛瑄傳。

（註十一）同上書，卷二八二，列傳第一七〇，儒林。

（註十二）留青日札摘鈔，卷四。

（註十三）四庫全書總目提要，卷一〇七，子部十七，天文算法類二，測圓海鏡條。

（註十四）高麗史節要，卷五，文宗二。

（註十五）文昌雜錄，卷四。

（註十六）宋史，卷四八七，列傳第二四六，高麗。高麗史節要，卷二至卷十一。

（註十七）高麗圖經：「松扇取松之柔條細削成縷，槌壓成綫，而後織成。上有花文，不減穿藤之巧。」（卷二十九，松扇）。鄧椿畫繼：「高麗松扇，非松也，乃水柳木之皮也，故柔膩可愛。又有用紙而以琴光竹爲柄，極精緻，展之廣尺三四，摺合之止兩指許。所畫多作士女乘車跨馬踏青拾翠之狀，亦有以絹素爲團扇，特柄長數尺。」（卷十，雜說）。

（註十八）元豐類稿，卷三十五，明州擬辭高麗送遣狀。元豐三年正月，神宗批高麗國王每朝貢回賜浙絹萬匹，須下有司估准貢物乃給。自今國王貢物不估値回賜，永爲定數。（續資治通鑑長編，卷三〇二）熙寧七年，高麗供奉使改道明州，自此明越困耕，朝廷館、餼，賜予三節，官吏人舟之費，無慮數萬。元豐以後，待高麗之禮特厚，所過州皆旋爲築館，別爲庫以儲供帳什物，始至，太守皆郊迓，其餞亦如之。（石林燕語，卷三）。

（註十九）夢溪筆談，卷十三，權智。

（註二十）續資治通鑑長編，卷二四七，熙寧六年十月條。

（註二十一）高麗使條約：「諸人從出外買到物，並檢察有違礙者即婉順留納（以雜支錢統還價值），係特政論議及言邊機等文字，即開元資處關閉封存。諸進奉人到闕，司錄司及曉示行人，許將物入館，至設廳兩廊與進奉人交易，仍關監門，不得阻節。諸親事官隨人，從出外遊看買賣，輒呼樂藝人飲酒，作過及買違禁物者杖八十，情重者奏裁（差到先責知委狀）。諸下節日，聽二十人番次出館遊看買賣，仍各差親事官一人隨，願乘馬者於諸司人馬內，各借一匹并牧馬兵士一人，至申時還，仍責隨人所往處狀。諸進奉人乞贖藏經者，申尚書祠部，餘相度應副，即不許買禁物禁書及諸毒藥。諸進奉使乞差伎藝人教習三節，並關管勾同文館所。公使錢五十貫關左藏庫供，限一日到，每三日或五日買時物花果之類送進奉使副，並上中下節，關即再關取。」（欒城集，卷四十五，乞裁損待高麗事件劄子）。元豐間，有高麗入貢儀式條令三十卷。

（註二十二）石林燕語，卷七。

（註二十三）陸放翁集，家世舊聞。

（註二十四）高麗史節要，卷七，肅宗。

（註二十五）夢溪筆談，續筆談。

（註二十六）石林詩話，卷中。

（註二十七）宋史，卷四八七，列傳第二四六，外國三，高麗。

（註二十八）高麗史節要，卷三，顯宗十八年。

（註二十九）同上書，卷六，宣宗二年。

（註三十）同上書，卷四，靖宗。

（註三十一）同上書，卷四，文宗一。

（註三十二）高麗圖經，卷四十，儒學。

（註三十三）高麗史節要，卷六，宣宗。

（註三十四）皇朝類苑，卷三十一，詞翰書籍，藏書之府，二十。

（註三十五）圖畫見聞志，卷六，高麗國。

（註三十六）續資治通鑑長編，卷二五〇。

（註三十七）宋史，卷一二九，志第八十二，樂四。

（註三十八）高麗史節要，卷二，成宗。

（註三十九）續資治通鑑長編，卷八十五。

（註四十）高麗圖經，卷十九，進士。

（註四十一）玉海，卷一一六，咸平賓貢。

（註四十二）宋史，卷十八，本紀第十八，哲宗二。

（註四十三）康戩，字休祐，高麗信州永寧人。父允，三世爲兵部侍郎。少好學，時紇升與契丹交兵，戩從允戰木葉山下，連中二矢，神色不變。後陷契丹，遁居墨斗嶺，又至黃龍府，間道得歸高麗，時允猶在。開寶中，允遣戩隨贄貢肄業國學。太平興國五年登進士第，解褐，授大理評事，知湘鄉縣。再遷著作佐郎，知江陰軍、江州，改太常博士。蘇易簡在翰林，稱其吏才。命爲廣南西路轉運副使，賜緋魚，就遷正使，再轉度支員外郎，戶部判官。出知峽越二州，連被詔褒其能政。又爲京西轉運使，加工部郎中，賜金紫。戩所至好行事，上章多建白，以竭誠自任。景德二年卒。眞宗特以其子希齡爲太常寺奉禮郎官，給奉終喪。

金行成，賓貢擧進士中第，高麗王表乞放還。行成自以筮仕中朝，不願歸國。又以父母垂老，在海外且暮思念，恨祿不及，令工圖其像，置於正寢。淳化元年，通判安州，被病。知州李範與僚佐數人省之。行成病已篤，泣且言曰：「行成外國人，爲朝官佐郡政，病且死，二子宗敏宗訥皆幼，家素貧，無他親可依，且暮委溝壑矣。」未幾，行成死，其妻養二子，織縷以給。範表其事，詔以宗敏太廟齋郎，令安州月給其家錢三緡，米五斛，長吏歲時存問。（宋史，卷四八七，列傳第二四六，外國三，高麗）。

（註四十四）宋史，卷四八七，列傳第二四六，高麗。

（註四十五）續資治通鑑長編，卷三四三。

（註四十六）高麗史節要，卷八，睿宗二。

（註四十七）宋會要輯稿，第一一〇冊，選擧七之三五。

（註四十八）高元（一一四二—一一九七），字端叔，曾祖韓國武烈王曾孫士寧朝議大夫，祖公仔右宣教郎燕山府路宣撫使司主管機宜文字，考世埴修職郎致任。高氏家薊門，五代之亂，徙濠梁，又徙亳，是爲蒙城高氏。後居京師，建炎衣冠南渡修職，始寓明州，爲鄞士師表，門人殆數百人。尤邃於春秋，著有義宗一百五十卷。乾道四年薦於鄉。淳熙改元，又爲第一，凡五上春官，卒不第。（攻媿集，卷一〇三，高端叔墓誌銘）。

（註四十九）高麗史節要，卷四至卷八，文宗一至睿宗二。

（註五十）日本刀歌：「昆夷遠道不復通，世傳切玉誰能傳。寶刀近出日本國，越賈得之滄海東。魚皮裝貼香木鞘，黃白閑雜鍮與銅。百金傳入好事手，佩服可以禳妖凶。傳聞其國居大島，土壤沃饒風俗好。其先徐福詐秦民，採藥淹留丱童考。百工五種與之居，至今器玩皆精巧。前朝貢獻屢傳來，士人往往工詞藻。徐福行時書未焚，逸書百篇今尙存。令嚴不許傳中國，擧世無人識古文。先王大典藏夷貊，蒼波浩蕩無通津。令人感激坐流涕，鏽澁短刀何足云。」（歐陽永叔集，居士外集，卷四）。

（註五十一）陳霆曰：「史傳多言日本國乃徐福之後，福誘秦皇，請以童男女各五百人入海求神仙。久之，莫得，恐歸則被誅，遂止而不返。今倭之北京有徐福祠，雖倭人亦自謂福爲其始祖也。偶閱金仁山通鑑前編，於勾踐滅吳之下註云：吳自太伯至夫差二十五世，今日本國亦云吳太伯之後，蓋吳亡，其子孫支庶入海爲倭也。金氏博綜羣書，其言當必有據，是徐福未止之前，倭固有開先者矣。予意倭之先不起於福，而倭之後風氣日開，種類日滋，則福之衆實遺育焉，然則福乃再基之祖也。」（兩山墨談，卷四）。

（註五十二）漢學紀源之著者伊地知季安，認爲始傳朱子四書者是俊芿，留宋十二年，多購儒書，於嘉定四年歸國，乃朱子門人劉爚刊行四書之時也。但日本宋學史著者西村碩園博士則認爲宋學傳入日本，始於圓爾辨圓與蘭溪道隆。辨圓由宋返日，其所講之大明錄，引有程明道之說。又著有三教要略，述儒釋道之大意。道隆著有大覺禪師語錄二卷，頗合宋儒之口吻。然此似皆臆測之詞，尚未有實據。木宮泰彥謂虎關師練爲日本有志於宋學最早之一人，其研究朱學，由元僧一山一寧（一二四七—一三一七）所啓發者爲多。（中日交通史，第十六章，歸日元僧與文化之移植）。一山一寧於正安元年（元大德三年，一二九九）赴日，博學多識，鼓吹禪風，影響於日本精神界甚大；對於儒學，貢獻於日本亦不少。

（註五十三）「李用，字叔大，東莞人，初業科舉，及讀周程諸書，即棄之，杜門潛心理學不出者將三十年，而踐履日熟，士之從學者，館無虛日。自號竹隱，人稱曰竹隱先生。當宋末，使其婿熊飛起兵勤王，而身浮海至日本，以詩書教授，日本人多被其化，稱曰夫子。比死，以鼓吹一部送喪返里。」（廣東通志，卷二百七十，列傳三，李用傳）。

（註五十四）宋史，卷四九一，列傳第二五〇，外國七，日本國。木宮泰彥，中日交通史，陳捷譯，第十一至第十三章。

（註五十五）續資治通鑑長編，卷三十一。

（註五十六）樂全集，卷二十六，論討嶺南利害九事。

（註五十七）續資治通鑑長編，卷三七〇。

（註五十八）嶺外代答，卷二。

（註五十九）文獻通考，卷三〇三，四裔七，交趾。

（註六十）眞文忠公文集，卷二十三，弔祭安南國王勑書。

（註六十一）鄭思肖，心史，雜文，大義略叙。
（註六十二）宋史，卷四八八，列傳第二四七，外國四，交阯。
（註六十三）安南志略，卷十一。
（註六十四）宋史，卷七，本紀第七，眞宗二。
（註六十五）安南志略，卷十二。
（註六十六）同上書。
（註六十七）宋史，卷十五，本紀第十五，神宗二。
（註六十八）宋會要輯稿，第一九七册，蕃夷四之四一，交趾。

結論

讀唐史喜見中國之強，讀宋史竊嘆中國之弱。唐治三百年，武功強雄，揚威域外，聲敎四海，爲唐人之天下。宋治三百年，泱泱大國，空有聲華，對外戰爭，前後連續，殆經二百年，爲歷史上最長期之用兵。敵騎犯闕，天子蒙塵，中原鼎沸，版圖變色。唐之國勢，文治武功能調協發展，屢挫而終強；宋之國勢，輕武重文，愈趨而愈弱。迨唐之衰也，武人跋扈割據，演爲藩鎭，而至大盜移國，故唐之亡，實亡於內。宋尙虛文，民風浮薄，紀綱不振，姦慝蠹政，且以重文故，抑制武功，國力由是削弱，馴至戰敗而亡，故宋之亡，亡於外也。唐代爲北方型，擅關中豪雄之氣，內外皆堅，人主不能自安；而宋爲南方型，以文密爲治，內外皆柔，雖欲自安，而有大不可爲者。嗚呼！治道體統，剛柔強弱之不可不講也。

昔人嘗謂宋人聲容盛而武備衰，議論多而成功少。前者徒重形式，後者好爲空論，蓋尙文之極，流於華而不實，容休之規有餘，發揚之氣不足故也。宋雖治天下以仁，常病國勢不振，政經軍事，聚訟紛紜，罕有成就，是以論宋人治績，實不足觀。然而以文治之邦，重禮節儀文，社會之所崇尙，人民之所趨習，上行下效，蔚爲風氣，故文學藝術與義理之學，頗擅特色，可抗手前代，在中國文化史上，繼唐之後又別進一境界焉。

第一節　建國之特徵

宋太祖開國之初，鑒於五代藩鎮之禍，實行強榦弱枝之策，輕於對外而重於對內，陽爲文治而陰採獨裁。故太祖心法，務弱其兵，弱其將，以弱其民，外王內覇之術，使天下之人，柔其志，弱其力而我獨強也。孝宗謂我朝自有家法，遠過漢唐，其此之謂歟？葉適曰：「國家因唐五代之極弊，收歛藩鎮，權歸於上，一兵之籍，一財之源，一地之守，皆人主自爲之也。」(註一)故政權軍權財權，完全集於中央，並以禁旅拱衞京師，不用西北人爲三衙，一切措施，重於對內。太宗嘗曰：「國家無外憂，必有內患。外憂不過邊事，皆可預防；奸邪共濟爲內患，深可懼也。」(註二)是以其用人也，不必有大豪傑出衆之才，但取其束身寡過而已。而又多立規制以防閑之，創業之始既如此矣，三百年間，釀成風俗，道德之儒多，而功名之士少；守經之人衆，而應變之才寡。建國之廟謨，立治之方針，在重上而輕下，重內而輕外，重文而輕武也。其終極目的，在強化中央集權。誠以懲李唐五代以來之弊端，此時此地改弦易轍，乃定新方向樹新規模以爲治，針對實際環境，適應當時之需要，收拾破殘，與民更始，宇內悠然統一，不可謂無實效也。然開國草創之初，綱紐未備，多因事而行令，沿例以爲法，而乏高瞻遠矚，審察周詳，確立完美之大法，以爲長治久安之計。故其策僅行之數十年，時移境遷，已露破綻，不困於財，則困於兵，內憂未已，外患洊臻，而姑息苟且，憚於改革，既無法以應變，遂深陷而不能自拔也。雖然，因循固陋，諱疾忌醫，每爲朝代衰亡之要因，漢唐然，宋無不然也。漢初有文景武帝之盛世，唐初有貞觀開元之治績，其所以既盛而復衰者，蓋規制之已墜，有可變之勢，而無改革之實故也。北宋初期，亦有昇平景象，已而弊端迭出，治道日絀，其勢不能不變，初則有慶曆之新政，繼則有熙寧之變法，變者事之正者也。惟士大夫狃於故習，不求進取，齗齗以爭，事遂沮止。私憾之怨毒，更釀成黨禍，馴致朝政日非，一蹶不振。要言之，宋初立國之規模，原未可盡非，不能因時而變者則非也。

夫實行強榦弱枝之策，中央太集權，地方空虛無力，又為治道之一最大弱點。「并、汾、閩、越之僅平，江、淮諸郡已令毀城隍，銷兵甲矣。淳化咸平、距建隆不過四十年耳，盜發兩川，惟陵、梓、眉、遂有城可守。濮賊作於近輔，如入無人之境。王禹偁自黃岡上疏，極陳江淮空虛之害，至謂名曰長吏，實同旅人；名為郡城，蕩若平地。富弼論江、浙、荊、淮、湖、廣諸道，亦謂處處無兵，城壘不修，或數十夫持鉏耰白梃，便可盡殺守令，開府庫，誰復禦者？寶元康定以後，空內以事西邊，則武備之削滋甚。五六年間，盜殺巡尉至六十員，入城剽刼者四十州。王倫起沂，並淮渡江，歷數千里無一人禦之。張海等輩剽吏，禦人於京、淮、湖、陝間，州郡莫敢孰何。金州盜作，速召州兵，僅有二十四人。」北宋盛時，州郡之脆弱已如此，南宋更甚焉，「李元勵烏合之眾，足以震擾三道。張福千人之眾，足以披靡羣辟。虜闖梁洋三泉，如履平地。虜闚蘄黃五關，如升虛邑。」（註三）至於山賊海盜，茶梟鹽販，盤據各地，橫行無忌，其不釀成流寇者幸矣。故弱枝之策，只作消極性之杜漸防微，而非徹底固本以弭患也。

當開國之初，知守成之難，不敢用其智力，而參以仁義；知傳世之不易，不敢全恃法術以爲治，而放於道德。故外示寬仁，陰柔綏撫，輕刑薄罰，束吏尚嚴，使人心歸之。然後誘之以富貴，賞之以功名爵位，導之以尚文敬學，收天下士子，納於科舉之彀中，而增設學校，廣置科目，擴大掄才之名額，其出身較易，上進亦不難。教重於政，優遊涵煦，使人知生之可樂，業之可敬，政之可從，朝廷之可尊，此皆爲漢唐所不及。是以培養深厚之社會基礎，故得繼世享國，至三百餘年。然人君陰持權柄，御臨宇內，雖曰崇儒爲治，其實參用法家之術。政制組織，沿唐代之舊，然用其名而非其實，蓋天下初定，收拾殘局，事多從權，難復舊觀，三省六曹九寺五監，層次繁複，政令施行，或嫌迂緩。故中央機關，不能不出於簡化，以中書掌政，樞密掌軍，三司掌財，然後給舍主出納，臺諫主糾正，侍從主詢訪，人君執簡御繁，任官行政，皆以差遣出之，故政治本體，爲獨裁方式，與唐代三省政制注重分層負責者微有別。中書移置禁中，爲皇帝御前機關，承旨施政，柄操乎上。然行政手續，略有牽制作用者，以國家命令之出，必先錄黃；其過兩省，則給舍得以封駁；其下所屬，則臺諫得以論列。凡政事有大更革，必集百官議之，不然，猶使各條具利害，聽取衆意，所以盡人謀而通下情。(註四)宋之元氣，全在乎此。故北宋盛時，皇帝得疏，不留中而付中書，蓋欲大臣依常規而處理也。然有不錄黃而直降指揮者，有雖畫黃而不下六部者，亂政由是而起。昏聵之主，竟有所謂內批御筆，一日數下，前後相違者，弊端一出，姦相遂假之以竊柄，此爲亂紀禍政之厲階也。崔與之曰：「大抵獨斷當以兼聽爲先，倘不兼聽而斷其勢，必至於偏聽，實爲亂階，威令雖行於上，而權柄潛移於下矣。」

（註五）且以獨裁故，用法而非用人，用吏而非用官，是以法令日繁，治具日密，故其弊只困於繩約，束縛人才，不能自用其智，而禁防至不可動，國家遂爲之削弱。葉適曰：「人才所以日衰，不逮古人者，直以文法繁密，每事必守程度，按故例，一出意則爲妄作矣。」（註六）文天祥亦曰：「今天下大勢，所以削弱不支，實坐於文物制度之密，區區直欲割去繚繞，使內外手輕脚便，如此而後可以立國。」（註七）是故，宋代政治之本質，崇尚虛文，政令以文法而敷衍，人才以束縛而不伸，行政無效率而憚於改革。元祐曰更化、調停，紹聖曰紹述，豐亨、豫大，紹興曰和戎，隆興曰恢復、自治，以迄於曰責實，曰皇極，曰振作，曰更化，曰小康，徒標榜政治之口號，皆無其實也。南宋以乾淳爲盛，然積弊難除，故朱熹主以承氣湯治之。夫積弊既深，無法振拔，馴至官邪而不肅，財絀而日困，兵敗而難支，猶之久病羸弱之軀，外邪乘之，終至不起。嗚乎！立國之規模綱紀，不同以不講，凡用操勢御術以治國，宋其可借鑑也哉！

第二節　朋黨與士氣

宋代十六朝三百一十六年中，宰相二百二十八人，執政四百八十二人。初期名相賢輔，雖不乏其人，然自哲宗以後，姦相權臣，剝簟而出。宋之一蹶不振，曰誤於權臣可也；宋之亡，曰亡於姦相亦無不可也。然姦相權臣果何自而來哉？北宋盛時，姦相權臣較少，而南宋則獨多，一壞於紹興之秦，再壞於開禧之韓，三壞於嘉定之史。理宗四十年，一壞於史嵩之，再壞於丁大全，三壞於賈似道也。

考其故，豈非因政治之腐敗，紀綱之不振，物腐而蟲生乎？抑無耻士大夫之以蛇蝎爲心者，盜竊權柄，乃倒行逆施而不恤乎？曰：姦相權臣者，昏主所豢養，黨爭之所孕育也。宋代家法，宰相雖用讀書人，但只玩試其才，而非盡信之。正直之士，難進易退，故相位如傳舍，未有久安其職者。官僚老吏，戀纏而不欲去，則終隨臺諫之彈擊而倒焉。惟有巨姦險惡之徒，揣其意，脅其私，以迎合爲手段，控制爲目的。蒙上蔽下之術，昏主信之，權柄旁落，禍國蠹政，莫此爲甚矣。故曰：姦相權臣者，昏主豢養之也。雖然，國家政治清明，紀綱畢張，姦人亦何所憑藉哉？惟以政治之紛亂，起於朋黨之內訌，正邪糅雜；無所適從。以君子軋君子，徒授小人以隙，兩敗俱傷，使凶人得志，故曾布韓忠彥之爭而有蔡京，張浚趙鼎不協而有秦檜。朋黨之明爭暗鬥，姦相權臣遂醞釀而出焉。

夫漢唐之黨禍，生於相標榜，立崖岸，陳李之禁錮，牛李之互訟，曾流毒一時，但未有如宋代糾纏之久，株連之廣，怨毒之深，影響之大，直至國破家亡而後已。「北宋不鑒東漢之黨錮，洛蜀黨分而北宋亡；南宋不鑒元祐之敗，道學派盛而南宋亡。」（註八）然則宋代朋黨之禍，豈不酷哉？誠以宋代由於尚文，而中央太集權，秀異之士，欲立功名，羣赴京師，往往聚徒講學，又行薦舉之制，門下之士，朋附相結，遂成黨徒，各立門戶。而臺諫好議論，震人主以求顯，異已相排，勢同水火，初則意氣相競之爭，終至以深文陷害，滿朝怨懟，無智愚賢不肖，悉自投於蜩螗鼎沸之中。當慶曆之初，由於官僚政治與儒教新進政治家之對立，朋黨之論遂起，然被詆爲朋黨者，不過范仲淹、韓琦、富弼、歐陽修輩，志同道合，銳意革新，公忠體國，雖毀無傷。熙寧變法，亦不過去因循，張制度，凡百以法令從事，但反對者蜂起，羣矢攻擊，蝟集於王安石一身，初則政見異同之爭，一進而訐及私德，指其「大奸似忠，大詐似信，外示朴野，中藏巧詐。」(註九)然安石進退磊落，高風亮節，孑然自處，實無黨也。既去位，反對者並攻奉行新法之人，目之爲新黨。元祐初政，以司馬光呂公著爲魁首，黨羽滿布朝廷，以全力排擊熙豐舊臣，事無大小，皆否定之；人無賢不肖，凡稍見器重於熙豐者皆擯之。擯斥放逐，絡繹於途。以寡敵衆，作制虎之喻，(註一〇)鉤心鬥角，志在一派一系之必勝。是以由國家大計之爭論，一變而爲私鬥，實始於元祐也。元祐諸人，對神宗歌頌聖德，而對其所信任之人，則皆目爲姦惡，猛攻痛詆，必欲以罪去之而後快，其過激褊狹之態，豈正人君子之所應爲？司馬光謂明不能燭，彊不能斷，使朝廷有黨，人主當以自咎，然則元祐之黨同伐異，揚波激流，又誰尸其咎耶？朱晦翁素祖元祐者也，且曰：「至如元祐，則其失在於徒知異己者之非君子，而不知同己者之未必非小人，是以患生於腹心之間，卒以助成仇敵之態，亦非獨章蔡之能爲己禍也。」(註一一)此誠一針見血之論。是以蔡確既遠竄，元祐諸人，復自裂爲洛、朔、蜀三黨，呂大防、劉摯、劉安世、蘇轍之徒，亦互相軋轢，其黨伐之心，又何只攻擊熙豐舊臣已也？紹聖以後，新黨復起，以其人之道，還諸其人之身，舊黨被放逐，滿布嶺海，十年之間，黨爭最烈。夫元祐一羣文人，大都材致橫濶，氣魄剛直，頗能振靡一時，惜乎以立異之私，不爲國家之楨幹，只充黨派之爪牙，及政權在握，徒以閉門議論，臨事多因循，兵不能練，弊不能革，事不能整頓而無所建樹也。(註一二)徽宗立，由韓忠彥曾布主政，初欲以大公至正，消釋朋黨，已而韓曾不睦，政權終落於蔡京之手。京、狠人也。假新法之名，而行伐異之實，禁錮放逐，尤酷於紹聖，非我者去，即新黨亦受罪焉。昏主姦臣，臭味相投，二十年擾攘之局，貽至正氣消亡，邪壬充斥，遂釀成靖康之禍。夫攻新黨最力者原爲朔黨，其他二黨，不過苟同，洛黨之二程，對新法且感同調，獨不愜荊公之施爲耳。迨蔡京大興黨獄，並洛黨而禁錮之，於是二程門徒，積憤難消，含當前腹心之蠹，究已往萌蘖之生，對骨已冷，黨已散，法已不行，事勢實不相謀之王安石，羣指爲罪魁。楊時崔鶠等從而和之，胡安國之徒范如圭，楊時之徒王居正，攻擊尤烈，不僅攻新法，並詆其學術，停其從祀。黨爭餘波，至紹興戎馬荒亂，猶囂謗而未已也。

南宋時，各黨已歇滅，獨道學家者乃洛黨之餘裔也，徒以衞道故，而競立門戶，壁壘森嚴，其勢轉盛，既成學派，又好問政，常與執政爲難。孝宗以後，目道學爲僞學，指朋黨而黜之，至韓侂冑死，禁錮始息。夫二程原不肯爲司馬光效力，但其門徒，對朔黨可容，對新黨蜀黨獨不可恕，故轉而崇敬司馬光，稱譽元祐學術，對事寢已久之新法，每詆之以標榜自高，而竭力誣衊王安石與蘇軾，衆口一辭，使天下之人，盲從而附和，發洩其私怨。道學家黨伐之術如此，其他官僚之政爭者可知。楊萬里曰：「天下有無形之禍，僭非權臣而僭於權臣，擾非盜賊而擾於盜賊，其惟朋黨之論乎？蓋欲激人主之怒，莫如朋黨；空天下之才，莫如朋黨。黨論一興，其端發於士大夫，其禍及於天下。」（註一三）假黨論以譖人，爲攻擊政敵之藉口，權臣固用此術，道學家亦無不然。宋代黨爭無法澄淸，蓋有此惡潮潛湧，決裂潰覆而不悔也。

政風所以日壞，國用所以日絀，官冗亦爲一要因。宋初，事寡政閒，用人不多，故官吏未見有冗濫之象。景德以後，日漸增多，而最濫於宣和。南宋時，冗增未已，紹熙慶元之際，尤爲猥雜。由於官濫，奔競風熾，一登仕版，便爲官僚，名節不講，器識不礪。宋法，懲治貪吏極嚴，一有贓污，立卽誅戮，頗能示以綱紀，樹立廉風。自熙寧以後，貪吏只流嶺外，(註一四)嚴寬不同，貪墨者亦無所忌憚。厥後姦臣當國，政風卑靡，大官胥吏，蟻赴蠅營，攙奪剝削，務殖貨財，有利相競，有弊相瞞，廉恥盡喪，自無官常之可言矣，遑論士氣哉？

自來書生習氣，議論多而成功少。王順伯謂宋朝百事不及唐，然人物議論遠過之。(註一五)故士大夫虛名過於實用，清談多於行事，議論滔滔，不過資言以求進耳。然「眞仁之世，田錫、王禹偁、范仲淹、歐陽修、唐介諸賢，以直言讜論倡於朝，於是中外縉紳，知以名節相尚，盡去五代之陋矣。」(註一六)是以慶曆嘉祐之際，士氣頗盛，卽有朋黨之爭，仍持大體。元祐以後，黨禍滋熾，士氣消磨殆盡。當靖康艱難變故之際，一羣書生，平素隸於蔡京王黼童貫梁師成之門，攀附以進，本無器識，至是盈庭聚訟，不明事功，不曉形勢，更不恤節義，輾轉於乞和苟免之劣策，幾無一人能自拔者，才力之卑下，志氣之頹唐，此所謂一派一系之奴才，眼前之艱難，莫能負荷故也。雖然，靖康之變，雖肉食者鄙，然志士投袂起而勤王，臨危授命者，所在有之。高宗構崛起河朔，轉赴濟州，志士聞風景從，遂成朝廷，苟非有可用之士氣，宋室安能再造哉？有此士氣，高宗不善用之，惟事猜防，橫加鋟削，陳東歐陽澈慷慨忠義，慘死東市。秦檜以凶姦竊柄，竟寵信不疑，馴致陷害忠良，巨浸滔天，使人之才不獲盡，人之志不獲伸，昏然俛首，士氣索然矣。韓侂胄史彌遠，擅權弄柄，引用小人，排斥君子，耿介之士，如胡銓、王十朋、呂祖泰輩，疾惡如仇，犯難以抗，然深文羅織，竄貶無虛日。是以大臣不敢爭是非以立異，朝士徒事唯諾而苟同，官僚惡習，充滿朝廷。巨卿無所主張曰講度量，士大夫虛應故事曰守文法，以緘默爲自全之計，諂諛爲進取之具，政風頹靡，人心痲木，士氣萎縮而不復振矣。朱晦翁曰：「近年風俗浮淺，士大夫之賢者，不過守文墨，按故事，說得幾個好話而已。如狄梁公、寇萊公、杜、范、富、韓諸公規模事業，固未嘗有講之者。下至王介甫做處，亦摸索不著。」（註一七）南宋士大夫之無聊，此語足以見之。其間雖有太學生伏闕上書，批評朝政，彈擊姦邪，天下公論，多歸兩學之士。又有請纓禦敵，救國獻策，慷慨激昂，亦一洗餒怯畏敵之態。惟朝廷不善培養，又不肯起而用之，一有異議，或放逐，或編管，必欲置之絕地。由是正氣消沉，人心盡失，理宗朝起，人才更少，強虜壓境，國事遂不可爲矣。然宋雖亡，而海嶼尚有義師，勤王亦多死士，或慷慨成仁，或從容就義，或首陽之絕粒，或孤憤以狂吟，在野之士，名節相望，仍斑斑可考也。

宋世大臣，亦隱有南北之異。方國家肇造之初，將相大臣，多西北舊族，而東南罕有聞者。太祖刻石禁中，無用南人作相。（註一八）王旦亦謂臣見祖宗朝未嘗使南人當國。（註一九）眞宗欲相王欽若，旦遂發此言。然南人爲相，實自欽若始，欽若、臨江軍新喻人也。天聖以前，選用人才，多取北人，寇準持之尤力，南方士大夫，沉抑者多。雖然，宋朝文物之盛，自國初至仁宗，並從江南來，「二徐兄弟以儒學顯，二楊叔姪以詞章進，刁衎、杜鎬以明習典故用，而晏丞相歐陽少師巍乎爲一世龍門。」（註二○）仁宗兼收博采，無南北之異，多以東南士大夫參錯於諸路麾節間，於是范仲淹起於吳，杜衍起於會稽，歐陽修起於廬陵，蔡襄起於興化，余靖起於韶州，爲一時名臣，號稱得人。東南人物，遂擅天下，以氣質較敏捷，思想好進取，不安故常，每倡改革，慶曆新政，由是而推動。熙寧之初，宰相曾公亮陳旭閩人，參政王安石唐介楚人。助安石變法最力之呂惠卿爲閩人，曾布爲楚人。司馬光謂閩人狡險，楚人輕易，大抵指此而言也。元祐諸子，多爲北人，王巖叟謂祖宗遺戒不可用南人，故新黨被貶斥，如蔡確章惇等，亦多爲南人也。紹聖崇寧間，取南人更多，而北方士大夫復有沉抑之歎，陳瓘遂倡言於朝曰：「重南輕北，分裂有萌。」南人中以閩人爲多，兩浙次之，中州人每爲閩人所窘，目爲福建子，乃畏而憎之之辭。(註二二)蔡京起自興化，擅政禍國，故其後有不用莆田人之戒。北宋宰執之出身，北人二百五十八名，南人一百一十三名，爲二與一之比。南宋之宰執，北人五十二名，南人二百四十名，幾爲一與五之比，蓋以中原淪陷故，北人自少。孝宗以後，幾全以南人主政，尤以兩浙八十五名，多爲明、越、婺、信之人，佔絕對多數。故南宋朝士性質，類多江南習氣，優柔依阿，自與北宋有別也。

第三節　輕武與外患

宋集重兵於京畿，以爲固本之計，國防之策略，兵力之分配，重西北而輕東南。以河北、河東、陝西爲重路，行政管理，重點亦在西北。禁軍統於殿前侍衛兩司，凡有調遣，或防邊，或平亂，統帥則用文人，受指揮而負實際戰鬥之軍官，如都統制、統制、大將等，則爲武人，帥與將劃分，帥主統兵，將任戰鬥，此爲常制也。統帥之任用，原歷長期之培養，由京官調經府州監司轉運使邊疆之職，使其嫻練地方行政、風土人情、兵馬調遣、與邊疆險易之經驗，而後可擢爲安撫使、制置使之職。然書生統兵，狃於文墨，迂濶不濟於事，實難負方面之重任，而武臣雖有韜略，限於制度，每難舒展其長才。宋之所以缺乏名帥名將者，要因在此。呂祖謙論宋之治體，謂：「文治可觀，而武績未振；名勝相望，而幹略未優，」(註二三)可見其幹練將才之短乏。又戰爭則用馬，宋代馬政久隳，西夏不庭以後，馬之來源日短，雖有茶馬貿易，乍戰馬供應難繼，亦影響於武力也。

夫漢唐向外發展，力足以度陰山，探朔漠，越西域，蕩虜庭。中國民族經營西北，氣概雄豪，眼光宏遠，故揚威西北，奄有中亞。宋代建國之初，西北空虛，東北又阨於外患，南北力量，失去平衡，是以武功衰弱，鬱抑不伸，不得不向內沉潛，養成陰柔之性，乏慷慨之氣，外患洊至，遂一蹶不振。宋之外患，首在於遼，宋與遼釁，肇於爭燕。燕自石晉割而不合，太宗征而不定，趙普、田錫、王禹偁之流，固嘗以志復幽薊爲非矣。端拱以後，至於咸平，京師凜凜常有戎馬在郊之憂，而齊趙之間，殆無寧歲。寇準曹利用始創和約，出金帛以啗之，而後少安，中國之人，遂以燕爲外物，不置議論之內。眞宗之末，仁宗之初，遼守和約者三十八年，西夏趙德明平靖亦三十年，文恬武嬉，舞蹈太平，不見其爲弱也。及元昊叛，出師屢敗，潼關以西人無固志。慶曆中，遼主擁兵境上，索關南十縣，謀欲敗盟。范仲淹謂虜必張犯闕之勢，請亟城汴都，而呂夷簡因建魏爲北京，示將親征以伐敵情者。後使富弼重爲解之，卒至於增幣卑辭而後己。西夏亦以納幣而罷兵。於是形勢大虛，而天下皆悟其爲弱也。然以納幣而罷兵，宋人又生偷安苟且之心，故富弼上河北守禦十二策曰：「自契丹侵取燕薊以北，拓跋自得靈夏以西，其間所生豪英，皆爲其用，得中國土地，役中國人力，稱中國位號，仿中國官屬，任中國賢才，讀中國書籍，用中國車服，行中國法令，是二敵所爲皆與中國等。而又勁兵驍將，長於中國。中國所有，彼盡得之。彼之所長，中國不及。當以中國勁敵待之，庶幾可禦，豈可以上古之夷狄待二敵也？前既輕敵妄戰，不爲預備，致二敵連禍，爲朝廷深憂。今又欲以苟安之勢，遂爲無事，二敵各獲厚利，退而養勇，不數年相應而起，則無復以金帛可啗而盟誼可納也。」（註二三）此爲針砭當時局勢最確切之論，無如宋人以苟安爲心，不圖奮發，由是財用耗乏，人才頹弛，天下翫弊愈甚，故王安石佐神宗欲一反之。熙寧之兵力，原勝於曩時，七年，遼主洪基遣泛使蕭禧來言：河東地界未決。八年再來，必欲以代州天池分水嶺爲界，朝廷卒與之，東西失地七百里。當時蘇軾認爲不去二虜之患，則天下不可爲。幸而西夏漸衰，熙河又平定羌族，而遼亦滿足，故宋能苟安者四十餘年。

然遼夏之患，不及金人之酷。對遼對夏之戰，宋雖有戰敗之跡，而無戰敗之心，尙能再接再厲，敵人知宋之未可侮，故納幣媾和，卒告無事。金人不然，知宋之無可爲，有輕宋之心。而宋亦不競，羣姦盈庭，戰和無策，日惟懾於金人之畏，心已先死，百餘年之天下，喪於俄頃，以致徽欽北狩，京闕淪陷。夫以太宗新破北漢，勁旅如雲，猶不能取燕。王黼闇昧，徒欲爭取燕薊，納賂以巨百萬計，所買者山前六郡之空城，故致靖康之禍，在於取燕。深創巨痛，六十年後，猶深嗟於論者之口。高宗嗣統，雖號中興，會稽諸陵，皆稱欑所，不日葬而曰欑者，蓋以復舊京爲志也。然臨安小朝廷，寧稱臣受冊，割地輸幣，以換取苟安，全無奮發禦敵復仇雪耻之心，故陳亮謂一日之苟安，數百年之大患也。(註二四)實慨乎言之。由於畏敵如虎，甘同臣虜，造成南宋頹唐之局，受金禍凡百年，始終無圖強抗敵之志，宋人孱弱，可謂亟矣。

雖然，建炎四年以前，宋人非拱手降敵，則望風逃潰，惟知斂兵避敵，未嘗敢與之抗者。逮渡江航海，被迫不已，死裏求生，然後兵刃相接，敵人闖淮薄江，始挫其鋒，士氣稍伸，未嘗不可以有爲。無如昏主猜於上，姦臣譖於下，以爲威權不可外假，兵柄不可與人，乃屈辱求和，苟且偷安，而不敢盡用其勝，國事無可爲，蓋以私害之也。當金人之南犯也，以地方空虛，全線瓦解，論者指爲強幹弱枝之咎，遂建議用唐代藩鎭之法，作脣齒之相依，故李綱嘗欲分長安、襄陽、建康爲三都；胡舜陟嘗欲拆三京關陝爲四巨鎭；張守嘗欲以大河州郡仿唐藩鎭，付之帥守；范宗尹嘗欲分劃諸鎭，更不除代。朝廷以懲五代藩鎭之弊，此策自不敢行。然張浚開府川陝，置宣撫處置之名，而委以便宜行事，其後沿爲獨立戰區，亦建藩之意也。後因戰事日亟，韓世忠、張俊、劉光世、岳飛各以成軍，——韓世忠駐淮東，張俊建康，劉光世淮西，岳飛荊襄，分區防守，此所謂四屯大兵，雖無建藩之名，而有建藩之力。有此四屯大兵，守兩淮以屏蔽長江，取荊襄以保衛湘鄂，民族戰爭，漸有經驗，乃紹興初期踔揚蹈厲，最能戰鬥之時也。迨賊檜主和議，四帥解柄，復趨於弱耳。然因地理形勢關係，戰守策略，相沿而分爲四鎭，卽江南、兩淮、荊襄、與四川，竭東南之財力，養此三十萬大軍，以資防禦。嗚呼！禍宋者莫大於和議，大敵當前，和議之說興，便如弓弛瓦裂，人心一惰，士氣渙散而不可爲矣，賊檜之罪惡，在歷史上永不可恕者，蓋以此歟？

當南宋用兵之初，淪陷區民氣尚旺。張孝祥曰：「紹興初，諸將用兵淮上，亳、泗、徐、沂之人，簞食壺漿以迎我師。師退，虜復取之，即盡屠其民，以泄憤怒。將民終不悔，他日，我師至焉，其迎我如初。去冬，蔣州王俊，但假托本朝名字，淮北之人，信以爲然，自蔡潁至於河北尅期響應。會俊敗獲，事雖不克，然此可見吾民之心。」（註二五）洪皓使金，過河朔時，見父老指其子孫云：「是皆生長兵間已二十餘年矣，不知有宋，我輩老且死，恐無以係思趙心。」（註二六）金亮遣劉蕚領兵號二十萬，侵犯襄漢間，荆鄂諸軍屢捷。俘虜人多僉軍，自云：「我輩皆被虜中僉來，離家日，父兄告戒云：汝見南朝軍馬，切勿向前迎敵，但只投降，他日定放汝歸，父兄再有相見之期，儻不從誨戒，必遭南軍殺戮。」（註二七）孝宗朝，「乾道五年，樓鑰北行，在開封，承應人有及見承平者，多能言舊事。後生者亦云見父母備說，有言其父囑之曰：我已矣，汝輩當見快活時，豈知擔閣三四十年，猶未得見。」（註二八）民情如此，義不帝秦，南望王師，期有所待也。然自和議既成，邊事粗定，朝廷安守故常，所推行者不過簿書期會不切之細務，粉飾昇平，自我陶醉。至於攻戰防守之策，國家生存大計，皆未嘗措意。而因政治腐敗，軍紀日壞，侵刻兵食，控制將權，蠹弊相承，日積愈深。況停戰既久，軍備廢弛，老成凋謝，新補惰偷，堪戰之兵，十無四五，氣勢愞弱，實難驅策。采石之役，幾不堪一戰，獲勝乃出乎意外耳。夫以兵愈弱，則和議愈堅，一談備戰，主和之徒，則危言迫脅。隆興初，孝宗謀恢復，史浩謂一失之後，恐陛下不得復望中原。主和者低調，往往如此。果也未經長期之培養準備，遽動師北伐，迨符離受挫，人心士氣沮喪，更不敢輕言戰，亦不能再戰矣。朱熹盛年，嘗以恢復為最急議，晚歲則曰用兵當在數十年後，蓋目覩當時積弱而有此言也。「昔也畏虜之新焰，今也畏虜之餘威，」（註二九）符離之役以後，畏虜更甚焉。金人亦知宋之虛弱無能，有事則主和，無事則侵戰，採取主動，使宋人疲於應付，全無主宰。要言之，金以和愚宋，宋以和自愚。朱熹謂：「本朝禦戎，始終為和字壞，」（註三〇）誠慨乎言之。開禧政局頹唐，原無力作戰，韓侂冑欲邀功以固權，妄自開釁，用意已私，又不審敵情，致一敗塗地，國勢益蹙。開禧之役以後，金亦多事，又因蒙古突興，邊烽告急，實自顧不暇。夫國之勝敗論虛實，不在衆寡，金為新興民族，初憑新銳之氣，故能以少擊衆，席捲兩河關陝，及其氣衰，而勢轉弱，無力南侵，相安凡二十六年。宋人乘蒙古侵金之際，以復仇雪恥為快，而忘唇亡齒寒之理，當時大臣未嘗無知之者，而金人亦明言共存之利害，惟執政不察，竟出此下策。金既滅，導致蒙古入寇，遂有噬臍之禍。夷考攘外禦侮，或和或戰，應知己知彼，度勢量力，審時而定，國之興衰存亡所繫焉。可戰而主和者，貪目前之苟安，實養寇以貽患；應和而主戰者，置安危而不顧，賭國運於孤注，皆為計之左也。是以紹興隆興主和者皆小人，開禧主戰者亦皆小人。（註三一）晚宋已無可再戰，主和者則多為君子也。

蒙古侵宋，與金不同。論兵力，蒙古較金為強悍；論戰略，金人只循縱線推進，分路南下，強渡淮河，東出清河，西出渦口，以進窺長江；海軍不足，極難飛渡，故進兵每至滁、和、蘄、黃而止，得地不能守，徒然損將折兵，得失參半。蒙古則不然，戰術高強，機動性之騎兵與破壞性之火砲，爲其所長，而戰略亦精妙，每採大迂迴、大運動、大包圍之戰，破金如是，侵宋亦然。自攻下襄樊，沿漢水直下，轉而夾江東進，使長江失其險，怯弱之宋師，望風而潰。魯港敗績後，臨安雖駐重兵，但未嘗一戰，大勢已不可爲矣。雖然，蒙古滅宋，勢如破竹者，胥由降將倒戈，不費一矢，而掠地千里，版圖變色，不待崇朝。可懼哉！畏虜之病，人心崩潰如水之就下也。金人侵宋，除強徵漢人負弩前驅外，攻堅鏖殺，流血一場，宋無降將，實無所得。蒙古侵宋，適値賈似道當國，不戰不和，視同兒戲。初則劉整之叛變，知宋虛實，爲虎作倀。繼則呂文煥一門將領，聯袂反戈。賈似道平素寵豢之武夫，持節鉞握虎符者，亦遍豎降幡，全無抵抗，遂使蒙古幾兵不血刃，而直抵京闕矣。當敵兵之壓境也，朝廷大臣，聞風先遁，臺閣爲之一空。其徘徊觀望者，或彷徨無策，或窺伺投敵，幼弱之主，不戰不守不逃，由一老婦人把持而亡，事跡至奇，其被擄北遷，與靖康之變，復如出一轍。且蒙古以異族入寇，爲其疆場效命，或運籌帷幄，導之以亡宋者漢人也，(註三二)而被戮於鋒鏑刀下者亦漢人也，是以江陵常州，民無噍類，殘酷蔑以復加。叛將降臣，靦顏事敵，貪富貴，圖功名，伐宋之檄，賀平宋之表，皆出宋人手筆。(註三三)既平宋，忽必烈召宋諸將，責其投降之易。(註三四)卿相故舊，爲里胥所躪躒，片紙叱名，立召庭下，覆巢破卵，更備盡凌辱矣。

雖然，元人之滅宋，亦豈易爲哉？其鐵騎所向無敵，震鑠歐亞兩洲，但所遇唯一最強韌之勁敵者，實惟中國。當嘉定三年，蒙古開始侵金，至端平元年，歷二十五載始滅之。於端平二年開始侵宋，相持四十五年，厓山決戰，然後統一中國。以攻陷襄陽一城，前後費時六年，仍由於呂文煥出降始得之。然則元人征服中國大陸，用兵之久，費力之大，可想見矣。宋既亡，忠臣義士，不甘降服，文天祥、陸秀夫、張世傑奉二王南奔，播遷嶺海，力圖恢復。經三年奮鬥，根基不定，至厓山而覆滅。事雖不成，但轟轟烈烈之復國運動，在史冊上放出萬丈之光芒，而遺留可傳萬世之正氣也。厓山覆滅之翌年，即元世祖至元十七年，全國雖統一，然由於官吏殘虐，江南民變多至四百處。其最著者，漳州民陳桂龍兵起，有衆數萬，與建寧黃華勢合，元兵征討，十九年始平。二十年，新會林桂方趙良鈐擁衆萬餘，號羅平國，稱延康年號。象山縣之尤宗祖，亦聚衆萬人。而黃華擁衆十萬，號頭陀軍，稱宋祥興五年，破崇安浦城諸縣，復圍攻建寧，元遣史弼等引兵急擊之，華敗走自焚死，餘黨悉潰。二十一年，漳州義民復起，而邕州、賓州、梧州、韶州、衡州民黃大成等相繼起事，元命湖南宣慰使撒里蠻將兵討之。時荊、湖、閩、廣之間，兵興無寧歲。有言宋宗室居江南欲反者，乃詔遷宋宗室及大臣之仕者於內地。二十三年，以漢民就食江南者多，又從官南方者，秩滿多不還，遣使盡徙北遷，於黃河、江、淮諸津渡，設站檢查，凡漢民非携有公文適南者止之，但爲商者例外。四川趙和尚自稱宋福王子廣王，謀起事伏誅。婺州永康縣民陳巽四等亦謀起事，失敗。二十五年，廣東民董賢舉，浙江民楊鎭龍、柳世英，循州民鍾明亮，各擁衆萬餘，相繼起事，皆稱大老，明亮勢甚盛，尤烈於黃華。翌年，明亮以衆萬人攻梅州，江羅等以八千人攻漳州，韶、雄二十餘處義民，皆舉兵應之，聲勢張甚。婺州人葉萬五以衆萬人攻武義縣，漳州民陳機察率衆八千攻龍巖。二十七年，江西民華大老黃大老等掠樂昌諸郡，建昌民邱元等掠南豐諸郡，太平縣民葉大五攻寧國，興化路仙遊民朱三十五攻青山，處州民劉甲乙集衆千餘人攻溫州平陽。凡此宋代遺民，連歲弄兵，此落彼起，終忽必烈之世，未獲殄滅，史皆目之爲盜賊。夫以大宋立場觀之，亦有殷多士之倫也，蓋「忠臣義士，入海圖存，餘枿不植，而閭閻強徒，奮臂一呼，衆輒數萬，假令厓山之師不潰，太妃帝昺尚存，資其蜂聚，號召義兵，閩廣雲從，淮浙桴應，文天祥張世傑等爲之謀主，力抗犬羊，縱未能如少康光武，克復舊物，其爲蜀漢鼎立，江左偏安，尚有餘也。」(註三五)惟大勢已去，起義偏晚，又乏呼應聯絡，被逐個擊破，義勇之士，旋起旋滅，只視爲宋亡後之殘虹迴光而已，豈不惜哉？

第四節　人民性格及生活

宋代經長期之統一局面，社會基礎已定，對於民性之陶冶，產生一種新面貌與新意識，即以純中國型之社會，而涵煦純中國型之民性習俗也。唐代社會，沿北朝魏、齊、周、隋之風習，五胡遺裔，充斥北方，又與西域交通往來，商胡之貿易，色目之入仕，養成中西混合之性格，粗獷雄豪，所謂有「夷狄風」是也。故唐人富有魄力膽量，無畏無懼，少年好郊遊騎射，放鷹獵狩以自娛，有此尚武習慣，出塞遠征，視爲常事，遂使唐人足跡，遍於亞洲，剛毅氣質，遠邁前代。內部社會，亦充滿樂觀豪爽氣象，好競爭，尚進取。自經唐末與五代之亂，社會生活大變，民性亦異。宋初，人民於兵燹之餘，動極思靜，加以削藩政策，裁抑兇殘，「以寬大忠厚，建立規摹；以禮遜節義，成就風俗。」

(註三六)經此有意之倡導，養成民性溫文柔美，沉潛內向，此爲中國民族素性之大轉變，由剛強之氣一變爲文弱之姿矣。黃庭堅謂數十年來先生君子，但用文章提獎後生，可爲佐證也。自昔燕趙多慷慨悲歌之士，吳越多纖巧綺麗之文，是以北方之人，豪俠俊爽，樸質務實而保守；南人陰柔沉思，虛浮而善變，蓋地理環境孕育使然。漢唐立都關中，挾北方之強以建國；宋都大梁，與南方接近，況膴膴平原，失嵩、華、關、洛之氣，而汴淮貫通南方，爲經濟所仰給，加以南人入仕於朝者漸多，汴京商業資財，殆爲南人所操縱，故北宋民性，受南方之影響頗大。南宋以臨安爲行都，論者非之。衡以當時之事勢，欲進取中原，控制淮潁，固宜坐建康以便經略，此李綱之策也。至欲立宗廟社稷，有喘息機會，稍圖安居，採取守勢，徐謀自治，則以臨安爲鞏固，此乃趙鼎之謀也。夫南宋之衰亡，由於政治積弊而痼結，士氣萎縮而墮落，人心痲痺而癱瘓，朝野頹靡，已無奮發之象，民族趨於衰老一途，奄奄欲斃，其禍肇於秦檜，而極於賈似道。當時之國情政風如此，處於建康可亡，處於汴洛亦可亡也。而況以南人之氣質，酣嬉於富麗之錢塘，歌舞湖山，醉生夢死，民性輭弱頹唐，全無振作之氣。朱熹論浙中風俗之頹弊：「大率習爲輭美之態，依阿之言，而以不分是非，不辨曲直爲得計。下之事上，固不敢少忤其意；上之御下，亦不肯稍拂其情。其私意之所在，則千塗萬轍，經營計較，必得而後已。甚者以金珠爲脯醢，以契券爲詩文，宰相可啗則啗宰相，近習可通則通近習，惟得之求，無復廉恥。父詔其子，兄勉其弟，一用此術，而不復知其忠義名節之可貴。」(註三七)朝廷閭巷，均以此成俗。南宋衰靡始終不復振者，蓋以南人氣質之柔弱，殆亦爲其因素之一歟？

唐代與西域陸路交通甚盛，而水路由廣、泉、寧波、揚州，蕃客來往自如，從無禁限。至於落籍歸化中國者，實繁有徒。故唐代社會民性，頗受外來之影響。宋代西北陸路交通，自西夏之叛而中斷，大食、波斯南洋諸國商客之入宋，乘舶至廣泉，非奉旨不得進京。日本入宋者多爲僧人，高麗朝貢者諸多限制。故宋代是閉關自守之國，受外來之影響甚微。社會民性習俗，純爲中國型，沿此風格，迄元、明、清而不變。

人民生活，至感艱苦。北宋承平時期，雖無外患，而重賦苛斂，生計日困，兩稅之外，復有差役，里正衙前，往往破產，而蠶鹽之配給，丁米之徵收，稅外加稅，負擔益重。仁宗朝號稱盛治，而因用兵之負累，浪費之無度，國庫空虛，亦民不聊生。熙寧變法，本欲以救其弊，無如財富只知集中，而不知分配，未能藏富於民，且太重聚斂，國庫雖比前代稍裕，但人民艱於負荷，生活仍無法改進，反對者卽引此爲攻擊之主要藉口。元祐諸人，只重黨派立場，而忽於理財之道，雖斤斤以反對新法爲事，但本身墮於因循，並無建樹，民生一樣憔悴。紹聖黨爭方殷，無暇計及民瘼。政宣以後，蔡京倡豐亨豫大之謬說，盡情剝削，以供上固寵。朱勔禍東南，李彥困西北，民勞斯極，全國騷然。且因平方臘之亂，又創經制錢，剝膚椎髓，公私掃地，民生疾苦，殆難言狀矣。

北宋屢遭外患，力能捍禦，遺禍不大，人民雖不樂業，尙能安居。靖康之變以後，中原淪爲戰場，干戈遍地，難民流離，生計與安全，雙重煎迫，實苦不堪言。且自汴京陷落，河洛衣冠，相率南奔；紹興、隆興、開禧之戰，兩淮居民，渡江求活；蒙古入寇，江右之人，又竄徙嶺南。而況戰地之屠戮，饑饉之洊臻，疫癘之磨折，逃難不得而輾轉死亡者，不可勝計。中國民族之苦難，在宋代實慘遭空前之浩刼也。南宋政局日非，經濟常陷於窘境，而又軍費繁重，不能不向人民誅求，以資抵償。除繁重之賦稅外，又有經制總錢，月樁錢，和買等，層層朘削。國家財政虧空，靠濫發關子會子維持，又成通貨膨脹狀態，人民生活，更瀕絕境。由於生計之窮匱，心理更發生悲觀，南宋民氣不揚，此亦爲其原因之一也。

第五節　對文化學術之貢獻

宋代國勢荏弱，治蹟卑微，比諸漢唐，自有遜色。然其爲中國首次偏於文治之朝代，初期有百年安定之社會，頗能自立規模，粗有創造。唐代之學藝，經此時期之一番繼述，更爲發皇。宋代之文化學術，雖脫胎於唐，而因時代與社會之變遷，產生特殊之面貌，別具稍異之風格。宋代對後世之最大貢獻，厥惟在文化學術。玆提挈要點，分述如次：

㈠**教育制度之擴大**　唐代中央教育機構，有六學二館，旁系又有玄學醫學。宋代則將其範圍擴充，中央官學有國子學、太學、小學；貴胄學校有宗學、諸王宮學、內小學；專科性質之學校有律學、算學、書學、畫學、醫學、武學。地方教育，自慶曆以後，州縣普遍置學，組織規制及教學內容，比唐代爲實際，蓋唐代郡縣學校，徒有其名，不過置生員名額，在課而不在教也。宋代教育最特色者，一爲三舍法，一爲書院。三舍法創自熙寧，至崇寧而最盛，本欲使教與課合一，納學校教育與科舉於一單軌制之內，分為三級，造士按級升進，與今之學制頗相類，實為宋代學校教育系統化之先聲。由三舍出身者雖不多，而其才具，亦不亞於及第之進士。惟宋人崇拜科舉取士，故停罷數年，即又恢復，自是三舍法與科舉並行，以迄於宋末。夫三舍法主要精神在教課並重，造士甄陶，掄才而升降之，士子出身，權掌於學。自科舉復行，舍此而就彼，三舍法之作用遂失，附庸於太學，虛應故事而已。書院之名，雖肇於唐，但至北宋四大書院，始開講學之風；書院與道學相表裏，故至南宋而特盛。山林講學，不受科名所拘束，略帶自由學術之風氣，尊師重道之精神，與官學之徒重形式者有別。自來名儒設帳者在實學，士子負笈者在從師，師道尊嚴，為講學之中心，是以官學不如私學，書院教育如是，即西歐中世紀之修院學校及大學負盛名者亦莫不然。故南宋之書院，又以私學為最著者也。三舍法與書院，為宋代最富有教育意味之制度，尤其南宋書院，影響於後代頗鉅。

㈡**哲理想像之進步**　宋人之哲理想像力，實優於唐。唐人雖以文學見長，但理論不高，論性論道，不過粗枝大葉，未得精詳，蓋唐人氣質務實，不尚空談也。宋人尚文，文之極，則主思，其哲理想像之進步者，可見諸經學與道學兩端。宋人解經，雖宗唐疏，但突破藩籬，頗能以己意鑽研，獨探驪珠，富有自由探究之態度。故疑經改經，雖嫌穿鑿，但其有此懷疑精神，亦為潛思推考以求知之契機也。啖陸棄傳從經之說，至宋而大盛，故宋儒治春秋特多，揣摩經意，汰沙淘金，出自心裁，各抒所得。論乎周易，經宋儒之手而發皇，邵子闡象數，程朱主義理，繹思抽繭之功，遠邁前賢。然宋人治經，主要目的，在明體達用，治周禮以體國經野，治春秋以尊王攘夷，治易以明天命性理，而治儀禮詩書，則重名物，考故制也。要言之，宋人治經之盛，在稽古以施今，偏重於致用，並非專爲經義而治經也。若夫其繼聖人之絕學，開百世之道統者，則爲程朱之治四書，——大學之明德，中庸之性命，論語之忠恕，孟子之王道，指示學者治聖學之門徑，孔孟之道，於是乎系統明而實踐易，人皆可以爲堯舜也。至於道學，宋人合儒釋道之思想而爲一，尋出安身立命之理，含有哲學、倫理、與宗教之意味，爲東方人思想進步中特有之產物。彼欲求個人進於至善，以儒家之倫理爲安身之主體，參考禪學之主悟，道教之主靜，以爲立命之修養。道學家有此一套道理，自以爲由孔孟跨越千餘年直接傳至周程，目空今古，自立門戶。宋儒之治經與其道學之創立，自闢哲理想像之門徑，卓然有所建樹。從學術上言，自非前代所可企及。元、明、清各朝受其影響至大，故所繼述者實爲宋學而非唐學也。

(三)**學藝創作之輝煌**　宋代學藝，多淵源於唐，然傳宋以後，型格作風，每多改變，甚至遠邁前徽，青出於藍。散文力追漢唐，仿古文之體固矣，而駢文與詩之格調，稍異於唐。詩雖慕韓學杜，但另創宋人之詩風。長短句濫觴於唐，至宋而大盛，兩宋之詞，擊節歌唱，在文學史上推爲獨步，唐人不逮也。平話小說，爲語體之講唱文學，因應宋人之精神生活，故說部至宋最爲豐富，比唐代之傳奇，更爲進步。通俗演義，有詩有話，且爲後代章回小說之祖。燕樂用琴，與唐之用琵琶者有別。戲曲雖導源於唐，但宋代之雜劇有白有唱，情節變化，內容淸趣，在技藝上已進一步，其流行於溫州之雜劇，乃南戲之祖，實開中國戲劇之先河。圖畫一門，最爲精進，山水花鳥雜畫，具有創作性，渲染一派崛興，特別表現宋人之思想情趣，墨水畫，白描畫，尤爲人文畫之極致，肖像畫亦甚爲普遍。至於醫學，頗爲重視，故較唐代爲進步。針灸銅人圖、解剖圖、驗屍法，爲宋代特有之產物，醫籍之校印，本草之增編、藥物之泡製、驗方之傳布、贈診之廣置，在在表現其注意人民之衛生與康健，而講求實際之發展也。論乎曆算，如渾儀之器，日月蝕之理論，客星之發現，在天文學上有特殊之造詣。秦九韶楊輝之數學，嫺於開方法進而至解決高次方程式，更多發明與創見。中國工藝，至宋代而最精美，瓷器、織錦、刺繡、刻絲、剔紅、雕刻、玉器，纖細精緻，巧妙入微，富有藝術之價値。指南針與火藥，在宋代已普遍使用。指南針用於航海，火藥用於作戰，事例更不勝枚舉矣。

(四)**書籍印刷之普遍**　印刷術雖濫觴於唐，至宋而始盛。初則國子監校印經史典籍，其後發展至私營，於是有京本、蜀本、建本、浙本之名，精粗各殊，皆以出版地而分也。印刷之具，有雕版，又有活字。所印刷者不僅文字，且有圖畫。印刷業如此發達，版本之書有書鋪發售，故宋人購書頗便，藏書亦多，不僅官學有藏經之閣，貯書之樓，卽私人之藏書萬卷者亦所在多有，印書旣便，著作遂多，宋代文物之盛，得印刷術之助，爲其要因之一焉。

上述各類顯著之貢獻，足見宋代文化學術，紀綱法度，燦然具備。建炎遷都，中原文物南移，江南鍾毓，接踵復興，比諸前代，並無遜色。然儁秀之士，汲汲於應科舉，取功名，賢能每困於場屋，英雄常老於棘闈，埋首於詞章而湮沒人才者誠不知其幾許也。惟有博學之儒、不羈之士、嫻練之匠，憑其心得，各就專長，揣摩前人之經驗，發揮自己之智能，有意無意之發明，成一技一藝之獨創。當時或無赫赫之名，後世則視爲不朽之作。纘述繩武，奉爲師法。然則宋之巍乎文教，豈非應唐聲之玉振，開近世之奇葩者哉？

【注　釋】

（註一）水心先生文集，卷四，奏議，始論二。
（註二）宋史，卷二九一，列傳第五〇，宋綬傳。
（註三）鶴山先生大全文集，卷十五，論州郡削弱之弊。
（註四）卻掃編，卷中。
（註五）宋史，卷四〇六，列傳第一六五，崔與之傳。
（註六）水心先生文集，卷四，財總論二。
（註七）文文山先生集，卷五，回聶吉甫書。
（註八）四康全書總目提要，卷五十七，史部十三，傳記類一。
（註九）宋史，卷三二一，列傳第八十，呂誨傳。
（註十）大理鴻臚丞常安民貽書呂公著，謂去小人不爲難，而勝小人爲難。又謂以十人而制一虎則人勝，以一人而制十虎則虎勝，奈何以數十人而制千虎乎？今怨忿已積，一發其害必大，可不謂大憂乎？（宋史，卷三四六，列傳第一〇五，常安民傳）。
（註十一）朱文公文集，卷二十八，與留丞相書。
（註十二）朱子語類大全，卷一二九，熙寧人物。
（註十三）宋史，卷四三三，列傳第一九二，楊萬里傳。

（註十四）「熙寧中，蘇子容判審刑院，知金州張仲宣，坐枉法贓論當死。故事命官以贓論死，皆貸命杖脊，黥配海島。蘇請曰：古者刑不上士大夫，可殺則殺，仲宣五品，雖有罪，得乘車。今杖而黥之，使與徒隸爲伍，得無重汚多士乎？乃詔免杖黥，止流嶺外。自是遂爲例。」（石林燕語，卷六）。

（註十五）象山先生全集，卷三十四，語錄上。

（註十六）宋史，卷四四六，列傳第二〇五，忠義一。

（註十七）朱文公文集，卷四十六，答詹元善。

（註十八）邵氏聞見錄，前錄，卷二。

（註十九）東都事略，卷四十九，列傳三十二，王欽若傳。

（註二十）曲洧舊聞，卷一。

（註二十一）萍洲可談，卷三。

（註二十二）宋史，卷四三四，列傳第一九三，呂祖謙傳。

（註二十三）續資治通鑑長編，卷一五〇，慶曆四年六月條。

（註二十四）龍川文集，卷一，上孝宗皇帝第一書。

（註二十五）于湖居士文集，卷三十九，代摠得居士與葉參政。

（註二十六）盤洲文集，卷七十四，先君述。

（註二十七）揮麈錄，三錄，卷三，汪明遠宣諭荆襄。

（註二十八）攻媿集，卷一一一，北行日錄上。

（註二十九）後村先生大全集，卷一二七，丁丑上制帥。

（註三十）朱子語類大全，卷一三三，本朝七，盜賊。

（註三十一）困學紀聞，卷十五，考史。

（註三十二）元世祖多用漢人，如王文用、劉秉忠、許謙、姚樞、史天澤、張文謙、宋子貞、董文炳、楊果、賈居貞、董文忠、趙良弼、劉肅、李昶、徐世隆、竇默、王鶚、董文用、商挺、郝經、張宏範等。

（註三十三）元伯顏等賀平宋表，蓋出宣州符離人孟琪之筆，首聯云：「國家之業大一統，海岳必明主之歸；帝王之兵出萬全，蠻夷敢天威之抗？」又云：「忝司中閫，直指僞都，犄角之勢既成，水陸之師並進。」曰僞都，曰蠻夷，恣桀犬之吠。（寒夜錄，卷中）。

（註三十四）既平宋，元主忽必烈召諸將問曰：「爾等何降之易耶？」對曰：「宋有強臣賈似道，擅國柄，每優禮文士，而獨輕武臣，臣等久積不平，心離體解，所以望風而送款也。」忽必烈命董文忠告之曰：「借使似道實輕汝曹，特似道一人之過耳，且汝主何負焉？正如所言，則似道之輕汝也固宜。」（元史，卷九，本紀九，世祖六）。

（註三十五）元史紀事本末，卷一，江南羣盜之平。

（註三十六）呂東萊文集，卷一，淳熙四年輪對劄子二首。

（註三十七）朱文公文集，卷十一，戊申封事。

叄考用書

一、經　籍

程頤，易程傳，六卷，叢書集成初編本，上海商務印書館，民國二十五年。
蔡沈，尙書集傳，六卷，山東書局開雕，尙志堂藏板，同治十一年。
朱熹，大學中庸章句，一卷，國學基本叢書，上海商務印書館，民國二十四年。
鄭汝諧，論語意原，四卷，經苑本（經苑，十函，八十册，道光乙巳原刊，民國十二年重印）。
袁燮，絜齋毛詩經筵講義，四明叢書第四集，臺北，中華大典編印會影印四明張氏約園刊本。

二、史　籍

脫脫，宋史，二百五十五卷，臺北，二十五史編刊館影印元利州路刊本（仁壽本）。
脫脫，遼史，一百一十六卷，四部備要，史部據武英殿本校刊，上海中華書局。
脫脫，金史，一百三十五卷，四部備要，史部據武英殿本校刊。
宋濂，元史，二百十卷，四部備要，史部據武英殿本校刊。
柯劭忞，新元史，二百五十七卷，臺北，二十五史編刊館影印退耕堂刊本（仁壽本）。
張廷玉，明史，三百三十二卷，四部備要，史部據武英殿本校刊。
李燾，續資治通鑑長編，五百二十卷，浙江書局校印，光緒七年。
楊仲良，續資治通鑑長編紀事本末，一百五十卷，臺北文海出版社影印光緒十九年廣雅書局刊本。

畢沅，續資治通鑑，二百二十卷，德裕堂藏板，嘉慶六年。
馮琦，宋史紀事本末，一百九卷，萬有文庫第一二集簡編本，上海商務印書館，民國二十八年。
李攸，宋朝事實，二十卷，萬有文庫第二集本，上海商務印書館，民國二十五年。
王稱，東都事略，一百三十卷，淮南書局重刊，光緒九年。
徐夢莘，三朝北盟會編，二百五十卷，上海，海天書店，民國二十八年。
陳均，皇朝編年綱目備要，三十卷，臺北成文出版社，民國五十五年。
李心傳，建炎以來繫年要錄，二百卷，國學基本叢書本。
李心傳，建炎以來朝野雜記，四十卷，叢書集成初編本。
彭百川，太平治蹟統類，三十卷，校正玲瓏閣鈔本，臺北成文出版社，民國五十五年。
江少虞，皇朝類苑，七十八卷，武進董氏重刻，辛亥歲。
熊克，中興小紀，四十卷，國學基本叢書本。
陳邦瞻，元史紀事本末，二十七卷，萬有文庫第一二集簡編本。
陸心源，宋史翼，四十卷，臺北文海出版社，民國五十六年。
撰人未詳，宋季三朝政要，六卷，叢書集成初編本。
趙翼，廿二史劄記，三十六卷，湛貽堂藏板。
沈炳震，廿一史四譜，五十四卷，萬有文庫第二集本。
王夫之，宋論，十五卷，萬有文庫第二集本。

王夫之，讀通鑑論，十六卷，萬有文庫第二集本。
傅維鱗，明書，一百七十一卷，叢書集成初編本。
戴錫章，西夏記，二十八卷，臺北，華文書局影印民國十三年京華印書局本（中華文史叢書第一輯之四）。
宇文懋昭，大金國史，四十卷，國學基本叢書本。
劉祁，歸潛志，十四卷，武英殿聚珍版。
阮元，廣東通志，三百三十四卷，同治三年重刊，上海商務印書館影印，民國二十三年。
周碩勳，潮州府志，廿五冊，四十二卷，乾隆二十七年重修，光緒十九年重刻。
懷蔭布，泉州府志，七十六卷，泉州學署藏板，同治九年重刊。
樂史，太平寰宇記，二百卷，金陵書局，光緒八年。
趙汝适，諸蕃志，二卷，學津討原第七集本，琴川張氏藏板。
周去非，嶺外代答，十卷，知不足齋叢書本，長塘鮑氏刻，上海古書流通處影印，民國十年。
馬歡，瀛涯勝覽，一卷，馮承鈞校注，史地小叢書，上海商務印書館，民國二十四年。
徐兢，宣和奉使高麗圖經，四十卷，知不足齋叢書本。
金宗端等，高麗史節要，三十五卷，漢城株式會社東國文化社，檀紀四二九三年。
黎崱，安南志略，二十卷，上海樂善堂，甲申仲春。
越史略，三卷，叢書集成初編本。
倪燦，宋史藝文志補，一卷，叢書集成初編本。

蔡上翔，王荆公年譜考略，二十六卷，附雜錄等五卷，燕京大學國學研究所重訂印行，民國十九年。
楊希閔，王文公年譜考略節要，六卷（十五家年譜叢書本），陳履恒整理補刊於揚州。

三、子　集

張載，張子全書，十五卷，萬有文庫第二集本。
朱熹編，河南程氏遺書，二十五篇，萬有文庫第一二集簡編本。
朱熹，近思錄集注，十四卷，四庫善本叢書初編本，臺灣四庫善本叢書館。
朱熹，近思後錄，十四卷，四庫善本叢書初編本。
朱熹，伊洛淵源錄，十四卷，四庫善本叢書初編本。
黎靖德編，朱子語類大全，一百四十卷，明萬曆三十二年刊本。
張伯行輯訂，朱子語類輯略，八卷，萬有文庫第一二集簡編本。
胡廣，性理大全，七十卷，博古齋周桂廷藏板。
馬永卿，元城語錄解，三卷，叢書集成初編本。
黃宗羲，宋元學案，一百卷，萬有文庫第一二集簡編本。
葉適，習學記言，五十卷，江陰郡齋刊，光緒九年。
張君房，雲笈七籤，一百二十二卷，四部叢刊初編子部影印明清眞館本，上海商務印書館。
徐鉉，徐騎省集，三十卷，國學基本叢書本。
穆修，河南穆公集，三卷，四部叢刊初編集部縮印杭州葉氏藏沚古堂影宋本。

柳開，河東先生集，十五卷，四部叢刊初編縮印舊鈔本。

周敦頤，周濂溪集，十三卷，叢書集成初編本。

范仲淹，范文正公集，三十二卷，四部叢刊初編縮印江南圖書館藏明翻元刊本。

韓琦，安陽集，五十卷，晚香書屋藏板，康熙五十六年。

尹洙，河南先生文集，二十八卷，四部叢刊初編縮印春岑閣鈔本。

歐陽修，歐陽文忠公集，一百五十卷，萬有文庫第一二集簡編本。

余靖，武溪集，二十二卷，廣東叢書第一集，縮印常熟瞿氏鐵琴銅劍樓藏明成化刻本，香港余氏宗親會重印，民國四十七年。

夏竦，文莊集，三十六卷，四庫全書珍本初集，影印故宮博物院藏文淵閣本，上海商務印書館。

蘇舜欽，蘇學士文集，十六卷，四部叢刊初編縮印白華書屋本。

梅聖俞，宛陵先生集，六十卷，四部叢刊初編縮印明刊本。

孫復，孫明復小集，三卷，榮成孫葆田輯，問經精舍板，光緒己丑。

邵雍，伊川擊壤集，三十卷，四部叢刊初編縮印江南圖書館藏明成化刊本。

宋祁，景文集，六十二卷，叢書集成初編本。

張方平，樂全集，四十卷，四庫全書珍本初集本。

蘇洵，嘉祐集，十五卷，四部叢刊初編縮印無錫孫氏小淥天藏影宋本。

劉敞，公是集，五十四卷，國學基本叢書本。

曾鞏，元豐類稿，五十卷，四部叢刊初編縮印烏程蔣氏密韻樓藏元刊本。

司馬光，司馬文正公傳家集，八十卷，萬有文庫第一二集簡編本。

王安石，臨川先生文集，一百卷，萬有文庫第一二集簡編本。

劉攽，彭城集，四十卷，國學基本叢書本。

蘇軾，蘇東坡集，一百零八卷，萬有文庫第一二集簡編本。

蘇轍，欒城集，五十卷，後集二十四卷，四部叢刊初編縮印明活字印本。

文同，丹淵集，四十卷，四部叢刊縮印明刊本。

黃庭堅，豫章黃先生文集，三十卷，四部叢刊初編縮印嘉興沈氏藏宋本。

秦觀，秦淮海集，四十卷，四部叢刊初編縮印海鹽張氏涉園藏明嘉靖本。

張耒，張右史文集，六卷，四部叢刊初編縮印舊鈔本。

陳師道，后山集，二十四卷，廣州萃文堂刊，重刻趙本，光緒十一年。

晁補之，濟北晁先生雞肋集，七十卷，四部叢刊初編縮印明刊本。

釋德洪，石門文字禪，三十卷，四部叢刊初編縮印江南圖書館藏明徑山寺本。

楊時，楊龜山集，六卷，叢書集成初編本。

陸佃，陶山集，十六卷，叢書集成初編本。

張舜民，畫墁集，八卷，知不足齋叢書本。

畢仲游，西臺集，二十卷，叢書集成初編本。

黃裳，演山集，六十卷，四庫全書珍本初集本。
李新，跨鼇集，三十卷，四庫全書珍本初集本。
呂頤浩，忠穆集，八卷，四庫全書珍本初集本。
許翰，襄陵文集，十二卷，四庫全書珍本初集本。
李光，莊簡集，十八卷，四庫全書珍本初集本。
汪藻，浮溪集，三十二卷，四部叢刊初編縮印武英殿聚珍版本。
張孝祥，于湖居士文集，四十卷，四部叢刊初編縮印慈谿李氏藏宋本。
汪應辰，文定集，二十四卷，叢書集成初編本。
王十朋，梅溪王先生文集，五十四卷，四部叢刊初編縮印明正統刊本。
洪适，盤洲文集，八十卷，四部叢刊初編縮印宋刊本。
胡宏，五峯集，五卷，四庫全書珍本初集本。
周麟之，海陵集，二十三卷，外集一卷，依歸草堂刊本（泰縣韓國鈞，海陵叢刻二十三種第十二至十五冊），民國九年。
朱熹，朱文公文集，一百卷，四部叢刊初編縮印明刊本。
楊萬里，誠齋集，一百三十三卷，四部叢刊初編縮印日本鈔宋本。
陸游，陸放翁集，一百六十五卷，國學基本叢書本。
范成大，石湖居士詩集，三十五卷，國學基本叢書本。

王質，雪山集，十六卷，叢書集成初編本。
趙蕃，章泉稿，五卷，叢書集成初編本。
張守，毘陵集，十六卷，叢書集成初編本。
王洋，東牟集，十四卷，四庫全書珍本初集本。
羅願，鄂州小集，六卷，叢書集成初編本。
呂祖謙，呂東萊文集，二十卷，叢書集成初編本。
張栻，張南軒先生文集，七卷，叢書集成初編本。
陳亮，龍川文集，三十卷，叢書集成初編本。
陸九淵，象山先生全集，三十六卷，四部叢刊初編縮印明刊本。
陳傅良，止齋先生文集，五十二卷，四部叢刊初編縮印烏程劉氏藏明弘治本。
葉適，水心先生文集，二十九卷，四部叢刊初編影印烏程劉氏嘉業堂藏明黎諒刊黑口本。
樓鑰，攻媿集，一百一十二卷，四部叢刊初編縮印武英殿聚珍版本。
眞德秀，西山先生眞文忠公文集，五十一卷，萬有文庫第二集本。
魏了翁，鶴山先生大全文集，一百一十卷，四部叢刊初編縮印烏程劉氏嘉業堂藏宋刊本。
王邁，臞軒集，十六卷，四庫全書珍本初集本。
劉克莊，後村先生大全集，一百九十六卷，四部叢刊初編縮印賜硯堂抄本。
王栢，魯齋集，十卷，叢書集成初編本。

陳文蔚，陳克齋集，五卷，叢書集成初編本。

文天祥，文山先生全集，二十卷，萬有文庫第一二集簡編本。

鄭思肖，心史，四卷，上海廣智書局，光緒三十一年。

史達祖，梅溪詞，一卷，（四印齋所刻詞，十六卷），王氏家塾，光緒十四年。

袁桷，清容居士集，五十卷，四部叢刊初編縮印元刊本。

吳應箕，樓山堂集，二十七卷，叢書集成初編本。

朱彝尊，曝書亭集，八十卷，四部叢刊初編縮印原刊本。

姚姬傳，惜抱軒文集，十卷，四部叢刊初編縮印原刊本。

洪吉亮，洪北江詩文集，六十四卷，國學基本叢書本。

四、類　書

李昉，太平御覽，一千卷，嶺南荔華仙館藏本，嘉慶十七年。

鄭樵，通志略，二百卷，國學基本叢書本。

馬端臨，文獻通考，三百四十八卷，萬有文庫第二集本。

清高宗敕撰，續文獻通考，二百五十卷，萬有文庫第二集本。

王應麟，玉海，二百零四卷，江寧藩署刻板，嘉慶十一年。

彭大翼，山堂肆考，二百四十卷，京都文錦堂藏板。

宋會要輯稿，二百冊，國立北平圖書館編印，上海大東書局影印，民國二十五年。

呂祖謙，皇朝文鑑，一百五十卷，四部叢刊初編縮印常熟瞿氏藏宋本。
莊仲方，南宋文範，七十卷，外編四卷，江蘇書局印，光緒十四年。
晁公武，昭德先生郡齋讀書志，四卷，四部叢刊三編史部，上海涵芬樓影印北平故宮博物院圖書館藏宋淳祐袁州刊本。
陳振孫，直齋書錄解題，二十二卷，叢書集成初編本。
永瑢等撰，四庫全書總目提要，二百卷，萬有文庫第一二集簡編本。
阮元，四庫未收書目提要，五卷，萬有文庫第一二集簡編本。
李雨村，函海，四十函，仿萬卷樓原本，廣漢樂道齋板，光緒七年。
陶宗儀，說郛，一百二十弖（卷），杭州宛委山堂藏板，順治四年。
陶完儀，說郛，一百卷，涵芬樓藏板，據明鈔本。
陶珽，說郛續，四十六弖，杭州宛委山堂藏板，順治四年。
朱桓輯，歷代名臣言行錄，二十四卷，上海廣百宋齋校印。光緒十七年。
黃淮楊士奇等，歷代名臣奏議，六冊，三百五十卷，臺灣生書局影印中央圖書館珍藏善本，民國五十三年。
王應麟，困學紀聞，二十卷，萬有文庫第二集本。
胡應麟，少室山房筆叢，三十二卷，中都公署刻，留臺之淸議堂，萬曆三十四年。
顧炎武，日知錄，三十二卷，日知錄之餘四卷，萬有文庫第一集本，上海商務印書館，民國十八年。
錢大昕，十駕齋養新錄，二十卷，萬有文庫第二集本。

趙翼，陔餘叢考，四十三卷，乾隆庚戌，湛貽堂藏板，上海鴻章書局印。
葉德輝，郋園讀書志，十六卷，上海澹園印，戊辰年。
阮元，疇人傳，四十六卷，萬有文庫第一二集簡編本。
呂本中，童蒙訓，二卷，萬有文庫第一二集簡編本。
郎瑛，七修類稿，五十一卷，耕烟草堂板，乾隆四十年。
王昶，金石萃編，一百六十卷，上海醉六堂印，光緒十九年。
李遇孫，金石學錄，四卷，萬有文庫第一二集簡編本。
胡仔，苕溪漁隱叢話，前後集一百卷，萬有文庫第一二集簡編本。
孫梅，四六叢話，三十三卷，萬有文庫第一二集簡編本。
吳之振，宋詩鈔，二十四冊，萬有文庫第二集本。
魏慶之，詩人玉屑，二十卷，四庫善本叢書初編集部本。
方回，瀛奎律髓，紀曉嵐批點，四十九卷，光緒庚辰懺華盦重刊本，臺灣佩文書局印，民國四十九年。
楊愼，詞品，六卷，叢書集成初編本。
曾慥，樂府雅詞，六卷，拾遺二卷，叢書集成初編本。
周密，絕妙好詞箋（查爲仁厲鶚同箋），七卷，續鈔一卷，上海啓新書局，民國十二年。
曲苑，八集，上海六藝書局，民國二十一年。
沈雄，古今詞話，八卷（唐圭璋詞話叢編本）。

唐圭璋，詞話叢編，二十四册，民國二十三年刊。
彊村叢書，四十卷，民國十一年校刊。
康有爲，廣藝舟雙楫，六卷，萬有文庫第一二集簡編本。
高承，事物紀原，十卷，叢書集成初編本。
曹昭，新增格古要論，王佐增，十三卷，叢書集成初編本。
屠隆，考槃餘事，四卷，叢書集成初編本。
文震亨，長物志，十二卷，（美術叢書第三集第九輯），臺北藝文印書館印行。

五、筆記小說

筆記小說大觀，二十五册，（四部集要子部），臺北新興書局，民國四十九年。
江畬經編，歷代小說筆記選，十二册，上海商務印書館，民國二十三年。
宋祁，宋景文公筆記，二卷，叢書集成初編本。
王曾，王文正筆錄，一卷，（說庫第十三册），上海文明書局，民國四年。
趙抃，御試備官日記，一卷，（學海類編第四十一册），上海涵芬樓據六安晁氏聚珍版本影印，民國九年。
龔鼎臣，東原錄，一卷，叢書集成初編本。
田況，儒林公議，二卷，叢書集成初編本。
司馬光，涑水記聞，十六卷，叢書集成初編本。
沈括，夢溪筆談，二十九卷，國學基本叢書本。

王得臣，麈史，二卷，叢書集成初編本。
蘇軾，東坡先生志林，十二卷，叢書集成初編本。
湯雲孫輯，東坡志林，五卷，叢書集成初編本。
蘇轍，龍川略志，十卷，叢書集成初編本。
釋文瑩，玉壺野史，十卷，（守山閣叢書子部，十六函，一六〇卷），上海博古齋影印，民國十一年。
釋文瑩，湘山野錄，三卷，續集一卷，（古書叢刊本），上海古書流通處，民國十一年。
魏泰，東軒筆錄，十五卷，叢書集成初編本。
孔平仲，孔氏談苑，五卷，叢書集成初編本。
王鞏，聞見近錄，二卷（說郛，卷七十五）。
王闢之，澠水燕談錄，十卷，叢書集成初編本。
呂本中，東萊呂紫微師友雜志，一卷，叢書集成初編本。
龐元英，文昌雜錄，六卷，叢書集成初編本。
張舜民，畫墁錄，一卷，稗海（商濬編，十卷，振鷺堂藏板）第三函。
李廌，濟南先生師友談記，一卷，叢書集成初編本。
李格非，洛陽名園記，一卷（海山仙館叢書第十八册，本館藏板，五十六種），道光二十九年。
邵伯溫，河南邵氏聞見前錄，二十卷，叢書集成初編本。
邵博，河南邵氏聞見後錄，三十卷，叢書集成初編本。

張邦基，墨莊漫錄，十卷，叢書集成初編本。

張邦基，汴都平康記，一卷（說郛，弓第六十八）。

黃伯思，東觀餘論，二卷，學津討原第十三集。

方勺，泊宅編，一卷，稗海第三函。

程大昌，演蕃露，十卷（續古逸叢書之四十五），上海涵芬樓影印盧江劉氏遠碧樓藏宋刊本，民國二十七年。

馬永卿，嬾眞子，五卷，叢書集成初編本。

朱彧，萍洲可談，三卷，叢書集成初編本。

蔡條，鐵圍山叢談，六卷，學海類編本。

葉夢得，石林燕語，十卷，叢書集成初編本。

葉夢得，避暑錄話，二卷，叢書集成初編本。

葉夢得，巖下放言，三卷，（石林遺書，十冊），葉氏觀古堂校刊，宣統三年。

撰人未詳，道山清話，一卷，叢書集成初編本。

李獻民，雲齋廣錄，一卷，（說郛，弓第二十九）。

何垣，西疇老人常言，一卷，（說郛，弓第八）。

張氏可書，一卷，叢書集成初編本。

朱弁，曲洧舊聞，十卷，叢書集成初編本。

李綱，靖康傳信錄，三卷，叢書集成初編本。

王銍，默記，三卷，宋元人說部叢書本，上海涵芬樓藏板，民國九年。
王楙，宋朝燕翼詒謀錄，五卷，叢書集成初編本。
袁褧，楓窗小牘，二卷，叢書集成初編本。
袁文，甕牖閒評，八卷，叢書集成初編本。
洪邁，夷堅志，四集，八十卷，叢書集成初編本。
洪邁，容齋隨筆，五集，七十四卷，萬有文庫第二集本。
陳善，捫蝨新話，八卷，叢書集成初編本。
沈作喆，寓簡，十卷，叢書集成初編本。
吳曾，能改齋漫錄，十八卷，叢書集成初編本。
范成大，攬轡錄，一卷，（說郛，卷四十一）。
徐度，卻掃編，三卷，叢書集成初編本。
莊綽，雞肋編，三卷，宋元人說部叢書本。
周煇，清波別志，三卷，筆紀小說大觀本。
王明清，揮麈錄，二十卷，叢有集成初編本。
王明清，玉照新志，五卷，叢書集成初編本。
俞成，螢雪叢說，二卷，（說郛，弓第十五）。
曾敏行，獨醒雜志，十卷，叢書集成初編本。

費袞，梁谿漫志，十卷，學海類編本。
趙彥衛，雲麓漫鈔，十五卷，叢書集成初編本。
陳鵠，西塘集耆舊續聞，十卷，叢書集成初編本。
羅大經，鶴林玉露，十八卷，宋元人說部叢書本。
陳郁，藏一話腴，一卷，（說郛，弓第三十五）。
趙昇，朝野類要，五卷，知不足齋叢書本。
魏了翁，學醫隨筆，一卷，學海類編本。
岳珂，愧郯錄，十五卷，知不足齋叢書本。
岳珂，金佗粹編，二十八卷，續編三十卷，浙江書局，光緒九年。
岳珂，桯史，十六卷，學津討原第十九集本。
王灼，碧雞漫志，五卷，知不足齋叢書本。
韓淲，澗泉日記，三卷，（說庫第十八冊）。
孟珙，蒙韃備錄，一卷，（說郛卷五十四）。
葉紹翁，四朝聞見錄，五集，叢書集成初編本。
俞文豹，吹劍錄，四錄，四卷，（楊家駱編，宋人劄記八種），臺北世界書局，民國五十二年。
俞文豹，吹劍續錄，一卷（同上）。
趙與袞，辛巳泣蘄錄，一卷，叢書集成初編本。

孟元老，東京夢華錄，十卷，叢書集成初編本。
吳自牧，夢粱錄，二十卷，叢書集成初編本。
耐得翁，古杭夢遊錄，一卷，（說郛卷三）。
周密，武林舊事，十卷，知不足齋叢書本。
周密，乾淳歲時記，一卷，（說郛，弓第六十九）。
周密，齊東野語，二十卷，叢書集成初編本。
周密，志雅堂雜鈔，十卷，學海類編本。
周密，癸辛雜識，六卷，學津討原第十九集本。
撰人未詳，愛日齋叢鈔，五卷，叢書集成初編本。
史繩祖，學齋呫畢，四卷，叢書集成初編本。
三柳軒雜識，三卷，（說郛，卷二十一）。
黃震，古今紀要逸編，一卷，四明叢書第一集本。
吳萊，三朝野史，一卷，（說郛，弓第五十五）。
陶宗儀，南村輟耕錄，三十卷，叢書集成初編本。
劉元卿，賢奕編，四卷，叢書集成初編本。
荊溪吳氏，荊溪林下偶談，四卷，叢書集成初編本。
陸容，菽園雜記，十五卷，守山閣叢書子部本。

陳繼儒，狂夫之言，五卷，叢書集成初編本。

祝允明，猥談，一卷，（說郛續，弓第四十六）。

田藝衡，留青日札摘抄，四卷，叢書集成初編本。

陳霆，兩山墨談，十八卷，叢書集成初編本。

陳宏士，寒夜錄，三卷，叢書集成初編本。

王世貞，蘇長公外紀，十六卷，明刊本。

全像古今小說，四十卷，明天許齋原本，上海涵芬樓藏板。

繡像今古奇觀，四十卷，廣州維經堂藏板，道光二十九年。

六、專　著

司馬光，司馬氏書儀，十卷，叢書集成初編本。

袁采，袁氏世範，三卷，叢書集成初編本。

朱熹，白鹿書院教規一卷，學海類編本。

訓學齋規，一卷（青照堂叢書，次編第六十二冊，共三編，九十六冊），朝邑劉氏刻，本堂藏板，道光十五年。

饒魯編，程董二先生學則，一卷，學海類編本。

徐乃昌，宋元科擧三錄（內包括紹興十八年同年小錄），四卷，民國十二年重雕宏治刻本，南陵徐氏校刊本。

王銍，王公四六話，二卷，（說郛，卷七十九）。

葉少蘊，石林詩話，三卷，（何文煥編，歷代詩話第八冊），上海文寶書局石印。

劉攽，中山詩話，歷代詩話第五冊本。
胡才甫，滄浪詩話箋注，一卷，上海中華書局，民國二十六年。
敖陶孫，詩評，一卷，（明程兆胤錄），叢書集成初編本。
張戒，歲寒堂詩話，二卷，叢書集成初編本。
趙翼，甌北詩話，十卷，臺北廣文書局，民國五十一年。
韋居安，梅磵詩話，三卷，叢書集成初編本。
陳巖肖，庚溪詩話，二卷，叢書集成初編本。
沈德潛，說詩晬語，三卷，（螢雪軒叢書第十卷），南州外史近藤元粹評訂，青山嵩小堂出版，明治二十九年。
宋翔鳳，樂府餘論，一卷，（詞話叢編第十四冊）。
張炎，詞源，三卷，（粵雅堂叢書第十三集本，共二十集），咸豐三年。
徐渭，南詞叙錄，一卷，（曲苑，第九冊）。
史浩，鄮峯眞隱大曲，二卷，（彊村叢書，卷十二）。
宋刑統，三十卷，（國務院法制局重校天一閣本，民國七年），臺北文海出版社，民國五十三年。
傅霖，刑統賦解，二卷，郄韻釋，枕碧樓叢書，大興徐氏舊鈔本。
宣和書譜，二十卷，學津討原第十一集本。
董史，皇宋書錄、三卷，知不足齋叢書本。
米芾，書史，一卷，（美術叢書第二集第一輯），臺北藝文印書館。

宋高宗，翰墨志，一卷，叢書集成初編本。
姜夔，續書譜，一卷，百川學海本，上海博古齋影印，民國十年。
岳珂，寶眞齋法書贊，二十卷，叢書集成初編本。
蘇易簡，文房四譜，五卷，學海類編本。
宣和畫譜，二十卷，學津討原第十集本。
郭若虛，圖畫見聞志，六卷，學津討原第十一集本。
鄧椿，畫繼，十卷，學津討原第十一集本。
米芾，畫史，一卷，叢書集成初編本。
湯垕，古今畫鑑，一卷，叢書集成初編本。
米芾，海岳名言，一卷，叢書集成初編本。
郭熙，林泉高致，一卷，美術叢書第二集第七輯。
韓拙，山水純全集，五卷，美術叢書第二集第一輯。
夏文彥，圖繪寶鑑，五卷，萬有文庫第一二集簡編本。
唐寅，六如畫譜，三卷，叢書集成初編本。
董其昌，畫眼，一卷，美術叢書初集第三輯。
陳繼儒，妮古錄，四卷，美術叢書初集第十輯。
厲鶚，南宋院畫錄，八卷，錢塘丁氏竹書堂刊，光緒十年。

蘇頌，新儀象法要，三卷，萬有文庫第一二集簡編本。

程大位，算法統宗，吳繼綬增補，十二卷，廣州維經堂藏板，同治八年。

蘇沈良方，十卷，知不足齋叢書本。

高濂，燕閒清賞箋，一卷，美術叢書第三集第十輯。

董其昌，筠軒清閟錄，三卷，學海類編本。

藍浦，景德鎮陶錄，十卷，京都書業堂藏板，光緒十七年。

南窰筆記，一卷，美術叢書第四集第一輯。

許之衡，飲流齋說瓷，兩冊，上海乾記書莊，民國十三年。

張文虎，舒藝室餘筆，一卷，（彊村叢書卷十八）。

朱鈐，絲繡筆記，二卷，美術叢書第四集第二輯。

朱啓鈐，清內府藏刻絲書畫錄，七卷，美術叢書第四集第一輯。

劉蒙，菊譜，一卷，百川學海本。

范成大，范村菊譜，一卷，百川學海本。

王觀，揚州芍藥譜，一卷，百川學海本。

陳思，海棠譜，三卷，百川學海本。

周叙，洛陽花木記，一卷，（說郛，卷二十六）。

七、現代書

馬宗霍，中國經學史，中國文化史叢書第一輯，上海商務印書館，民國二十六年。
本田成之，經學史論，江俠菴譯，國學小叢書，上海商務印書館。
吳康，宋明理學，臺北華國出版社，民國四十四年。
錢穆，宋明理學概述，中華文化出版事業委員會，民國四十二年。
澤田總清，中國韻文史，王鶴儀譯，中國文化史叢書第二輯，上海商務印書館，民國二十六年。
吳梅，詞學通論，萬有文庫第一二集簡編本。
王國維，宋元戲曲史，國學小叢書，上海商務印書館，民國二十二年。
王庸，中國地理學史，中國文化史叢書第二輯。
潘天壽，中國繪畫史，大學叢書，上海商務印書館，民國二十六年。
朱文鑫，天文學小史，二冊，萬有文庫第一二集簡編本。
吳兆莘，中國稅制史，上冊，中國文化史叢書第二輯。
陳登原，中國田賦史，中國文化史叢書第一輯。
鄭肇經，中國水利史，中國文化史叢書第二輯。
陳垣，南宋初河北新道教考，四卷，北平輔仁大學叢書第八，民國三十年。
梁啓超，王安石評傳，香港廣智書局。
柯敦伯，王安石，萬有文庫第一二集簡編本。
木宮泰彥，中日交通史，七冊，陳捷譯，萬有文庫第二集本。

王輯五，中國日本交通史，中國文化史叢書第二輯。

八、英文書籍

Cajori Florian, A History of Mathematics, The Macmillan Co., New York, 1911.

Kennon William Lee, Astronomy, Ginn & Co., New York, 1948.

Needham Joseph, Science and Civilization in China, Vol. 3, Cambridge, University Press, 1959.

中華史地叢書

宋代政教史（下冊）

1912

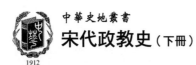

作　　者／劉伯驥 著
主　　編／劉郁君
美術編輯／中華書局編輯部

出 版 者／中華書局
發 行 人／張敏君
行銷經理／王新君
地　　址／11494 臺北市內湖區舊宗路二段181巷8號5樓
客服專線／02-8797-8396　　傳　真／02-8797-8909
網　　址／www.chunghwabook.com.tw
匯款帳號／兆豐國際商業銀行　東內湖分行
067-09-036932　中華書局股份有限公司

法律顧問／安侯法律事務所
印刷公司／維中科技有限公司
出版日期／2015年07月再版
版本備註／據1971年12月初版復刻重製
定　　價／NTD 1,403

國家圖書館出版品預行編目（CIP）資料

宋代政教史 / 劉伯驥著. -- 再版. -- 臺北市：
中華書局, 2015.07印刷
冊 ；　公分-- (中華史地叢書)
ISBN 978-957-43-0253-6(下冊：精裝)

1.文化史-中國-宋(960-1279)

635.1　　90000307

NO.G0013-2Q
ISBN 978-957-43-0253-6（精裝）